"博学而笃志,切问而近思。"
(《论语》)

博晓古今,可立一家之说;
学贯中西,或成经国之才。

复旦博学·复旦博学·复旦博学·复旦博学·复旦博学·复旦博学

内容提要

本书以马克思主义为指导对马克思主义经济理论和西方经济理论进行比较研究。主要对经济利益理论、生产力理论、产权理论、市场理论、价值理论、货币理论、劳动力理论、资本理论、剩余价值理论、经济增长理论、经济周期理论等基础经济理论进行比较研究。最后就经济理论的发展趋势作了展望。本书主要供经济学科的硕士研究生作教材使用，博士研究生和本科高年级也可作为参考教材。本书不纯粹是本教材，在一定程度上说，也是一本学术专著，所以，其他经济理论工作者和经济实际工作者也可参阅。

复旦博学·经济学系列
ECONOMICS SERIES

经济理论比较研究（第二版）

叶正茂　许　玫　洪远朋　编著

复旦大学出版社

作者简介

叶正茂，上海财经大学经济学院劳动经济学系主任、副教授、硕士生导师。复旦大学经济学院2000届优秀博士毕业生，师从洪远朋教授。上海集体经济研究会理事，上海市经济学会社会主义市场经济理论分会秘书长，中国海派经济学研究中心首届秘书长。澳大利亚墨尔本乐卓博大学与英国曼彻斯特大学访问学者。国家级精品课程"现代政治经济学"建设项目主要成员。主持并完成教育部人文社会科学研究"九五"规划项目1项，参与完成国家社科基金项目2项。合著出版《共享利益论》《组织人力资本论》《对外直接投资企业核心竞争力与人力资本研究》《经济利益关系通论》等7部著作，参编出版《现代政治经济学》等5本教材。在《马克思主义研究》《管理世界》《经济学动态》等刊物上发表论文50余篇。

许玫，海南师范大学党委副书记（主持党委工作），教授，硕士生导师。上海科学社会主义学会副会长、首届上海市高校思想政治理论课"形势与政策"和"当代世界经济与政治"分教学指导委员会委员。美国加州大学圣地亚哥分校访问学者。曾在复旦大学经济学院、上海对外经贸大学马克思主义学院和国际经贸学院担任硕士生导师，主要研究领域为：政治经济学、思想政治教育等。出版著作和教材12部，发表论文数十篇，主持承担教育部人文社科、上海市政府发展研究中心决策咨询和上海市德育决策咨询研究等课题10多项。

洪远朋，1935年10月25日生于江苏如皋。复旦大学经济学院教授，博士生导师。历任复旦大学经济系系主任、经济学院院长、经济学院学位委员会主席、复旦大学理论经济学博士后流动站站长、国家社科基金学科组成员、中国《资本论》研究会副会长、全国综合性大学《资本论》研究会名誉会长、复旦大学泛海书院院长、《世界经济文汇》编委会主任、中国社会科学院马克思主义研究院特聘研究员等。主要研究领域：《资本论》、社会主义经济理论、经济理论比较研究、利益理论与实践。主要著作和教材有：《政治经济学入门》、《〈资本论〉难题探索》、《新编〈资本论〉教程》（1—4卷）、《通俗资本论》、《社会主义政治经济学新论》、《价格理论的发展与社会主义价格形成》、《经济理论的轨迹》、《合作经济的理论与实践》、《经济利益理论与实践丛书》（8本）、《经济理论比较研究》、《共享利益》、《经济理论的过去、现在和未来》、《新时期利益关系丛书》（12本）、《论〈资本论〉》、《论利益》、《论价值》、《〈资本论〉纵横谈》、《〈资本论〉教程简编》（第二版）；参编教材和著作有：《政治经济学教材》、《我的经济观》以及福建人民出版社2017年出版的《对〈资本论〉若干理论问题争论的看法》等60多部。发表论文300多篇。曾多次获国家级、省部级教学和研究成果奖。

1984年为国家教委特批教授，1989年与蒋学模、伍柏麟教授合作的《政治经济学课程的教学改革》获普通高等学校优秀教学成果国家级特等奖，1990年获国家级有突出贡献的中青年专家，1992年起享受国务院颁发的政府特殊津贴，1992—1993年度被列入英国剑桥国际传记中心的世界名人录，收入《国际传记辞典》（第23版）。2012年6月荣获上海市2009—2011年度上海市高校系统"老有所为"精英奖，2012年10月荣获上海市第十一届哲学社会科学学术贡献奖。2014年获世界政治经济学会颁发的马克思经济学奖。

编辑出版说明

随着新时代新经济进入新发展阶段，中国经济的发展已经对世界经济起着举足轻重的作用，教育部已经组织专家撰写《中国特色社会主义政治经济学》《中国微观经济学》《中国宏观经济学》等首批中国经济学教材。在此背景下，我们组织出版《经济理论比较研究》（第二版），将对丰富中国经济学教材有着重要的理论意义和现实意义。

马克思主义经济理论和西方经济理论这两者既有相同点，又有本质的区别，通过比较研究与教学，有利于经济学相关专业本科高年级学生和研究生用更为合理的思维方法来研究具体经济理论问题，从而得出正确的结论，进而指导实践。为学生推出的《经济理论比较研究》（第二版），能使学生通过学习，提高理论水平和应用能力，扩大知识面，优化知识结构，从而打下坚实的经济学基础。尤其重要的是，对本科高年级学生或研究生进行开题报告，拓展研究方法与研究思路有重要的指导作用。

本书涉及若干经济学的基础理论，先对马克思主义经济理论本身纵向比较和西方经济理论本身纵向比较，然后对两者做横向比较。最后，在比较研究的基础上就某一领域基础理论的某些问题提出探讨性的见解。《经济理论比较研究》（第二版），在对第一版进行修订的基础上，在大部分章节中，增加了新时代新时期对这些理论的研究，特别是增加了习近平对这些理论的论述。

本书适合经济学本科高年级学生和研究生作为研讨课教材使用。《经济理论比较研究》（第二版）旨在通过研究式、探索式、互动式的教学，使学生深化对经济学专业领域的认识，并具备一定的发现问题、分析问题和解决问题能力，从而进一步激发其探索与研究的兴趣，启发其科学思维,夯实经济学基础,提高实践与创新能力。

《经济理论比较研究》(第二版)是由复旦大学资深教授洪远朋教授、上海财经大学经济学院叶正茂教授和海南师范大学许玫教授编著的,是经过复旦大学和上海财经大学等多所学校经过多年教学实践、反复修改后才定稿的。编者治学严谨,教学实践经验丰富,教学效果也比较显著。由于本书涉及的内容较广,时间仓促,难免存在不足,敬请读者指正,以便再版时加以更正和提高。

序言(一)

我1993年就开始给研究生开设"经济理论比较研究"课程了,但是长期以来没有一本名正言顺的教材,最初,是以我和王克忠主编的《经济理论的轨迹》为参考教材,后来又以魏埙为主编、我和胡培兆为副主编的《现代经济学论纲》为参考教材。现在,复旦大学研究生院把《经济理论比较研究》列为研究生重点建设教材,终于可以如愿以偿了。

当代经济理论主要有现在基本上已约定俗成的马克思主义经济学和西方经济学两大思想体系,因此,我们所作的《经济理论比较研究》主要就是马克思主义经济理论与西方经济理论的比较研究。

现在经济理论界对这两大思想体系的名称有异议。认为,马克思主义经济学与西方经济学这两种提法是不对称的,或者说是含糊不清、不精确的。马克思主义经济学是以人名命名的经济学,相应地就应该是以人名命名的凯恩斯主义经济学或某某主义经济学;西方经济学相应地就应该是东方经济学;东方和西方这两个提法含义不清,是指地域概念,还是政治概念呢?这些疑问不是没有道理的。

马克思主义经济学就是无产阶级经济学,是为无产阶级利益服务,也就是为大多数人利益服务的经济理论,西方经济学实际上是指资产阶级经济学,是为资产阶级利益服务,也就是为少数人利益服务的经济理论。

所以,经济理论的两大思想体系,严格说应该是无产阶级经济学和资产阶级经济学,或者说是劳动的经济学和资本的经济学。现在,已经习惯把无产阶级经济学称为马克思主义经济学或政治经济学,把资产阶级经济学称为西方经济学,只好约定俗成。以下我们把两大体系的经济理论比较,都称为马克思主义经济理论与西方经济理论的比较研究。

马克思主义经济理论和西方经济理论是两种有本质区别的经济理论体系,总体说来主要有以下六方面的区别。

第一,代表的经济利益不同,马克思主义经济学公开声明是为无产阶级利益,即大多数人利益服务的。所以,人们把马克思主义经济理论的代表著作《资本论》称为"工人阶级的圣经"①。西方经济学虽然打着种种旗号,但实质上是为资产阶级利益,即少数人利益服务的经济理论。正如凯恩斯所说:"在阶级斗争中会发现,我是站在有教养的资产阶级一边的。"②

第二,马克思主义经济学着重揭示事物的本质和经济运动的规律,正如马克思在《资本论》中所说的:"本书的最终目的就是揭示现代社会的经济运动规律。"③西方经济学不敢深入到经济事物的本质,往往只是在经济现象上表面的联系中兜圈子,具有很大的表面性。

第三,马克思主义经济学着重研究经济活动中的社会关系,即人与人的关系,西方经济学却着重研究经济活动中的物质方面,即人与物的关系和物与物的关系。恩格斯说过:"经济学所研究的不是物,而是人和人之间的关系,归根到底是阶级和阶级之间的关系;可是这些关系总是同物结合着,并且作为物出现。"④列宁也说过:"凡是资产阶级经济学家看到物与物之间的关系的地方(商品交换商品),马克思都揭示了人与人之间的关系。"⑤

第四,马克思主义经济理论着重研究经济发展的客观因素,是以辩证唯物论为基础的。正如马克思所说的:"我的辩证方法,从根本上来说,不仅和黑格尔的辩证方法不同,而且和它截然相反。在黑格尔看来,思维过程,即他称为观念而甚至把它变成独立主体的思维过程,是现实事物的创造主,而现实事物只是思维过程的外部表现。我的看法则相反,观念的东

---

① 《马克思恩格斯全集》第23卷,人民出版社1972年版,第36页。本书参考书目在第一次出现时会标明出版信息,再次出现时不再标注。
② 凯恩斯:《劝说集》,商务印书馆1962年版,第244—245页。
③ 《马克思恩格斯全集》第23卷,第11页。
④ 《马克思恩格斯选集》第2卷,人民出版社1972年版,第123页。
⑤ 《列宁选集》第2卷,人民出版社1972年版,第444页。

西不外是移入人的头脑中改造过的物质的东西而已。"①西方经济理论比较重视经济发展的主观因素、心理因素,回避或不重视经济发展的客观因素,具有很大的主观性。

第五,马克思主义经济学侧重于资本主义经济关系矛盾和对立的揭示,西方经济学则侧重于资本主义经济关系的和谐与统一。

第六,马克思主义经济学很重视经济活动的定量分析但着重于经济活动的定性分析,西方经济学特别是当代西方经济学也有经济活动的定性分析但偏重经济活动的定量分析。

在社会主义经济建设和经济改革中,怎样对待马克思主义经济理论和西方经济理论是一个有争议的问题,学界有各种不同的态度。

在一段时期内,对西方经济理论采取完全否定的态度,不学习,不研究,冠以"资产阶级的""庸俗的",甚至"反动的"帽子一概加以拒绝。这当然不是正确的态度。

在另一段时期内,有一部分人又把西方经济理论捧上了天,采取"全盘西化"的态度,没有认真学习和研究,一知半解,食而不化,不作具体分析,一概加以接受。这也不是正确的态度。

有人提出在社会主义经济建设和经济改革中,应该把马克思主义经济理论与西方经济理论结合起来。这种说法,比上述两种绝对化的态度当然有所进步,但是仍然含糊不清。两者"结合"又可能有三种情况。

一是两者平分秋色,没有主次之分。马克思主义经济理论和西方经济理论"和平共处"。这不是正确的态度。

二是在两者中以西方经济理论为主,或者说为指导,辅之以马克思主义经济理论。这是一种本末倒置的态度,也是不对的。

三是在两者中以马克思主义经济理论为主,或者说为指导,同时借鉴和吸收西方经济理论中的合理成分,为社会主义建设服务。我们认为,这才是应该采取的正确的态度。

西方经济学,虽然有各种各样的学派,但总的来说,都是为资本主义市场经济的发展和资产阶级的利益服务的,我们对西方经济学不能采取一概

---

① 《马克思恩格斯全集》第23卷,第24页。

排斥的态度,也不能把它们神化而采取照抄照搬的态度,而应该采取分析研究比较的态度,借鉴吸收其有用的合乎科学的东西,拒绝其错误的东西。

总之,我们对待马克思主义经济理论不能采取教条主义的态度,对西方经济理论更不能采取教条主义的态度。我们通过马克思主义经济理论与西方经济理论的比较研究,根据我国社会主义市场经济建设的实践要在经济理论上创造出我们自己的东西。

本书就经济学的基础理论进行马克思主义经济理论与西方经济理论的比较,一般先对马克思主义经济理论本身作纵的比较和西方经济理论本身作纵的比较,然后对马克思主义经济理论与西方经济理论作横的比较,最后,在比较研究的基础上作者就这一领域基础理论的某些问题提出探讨性的见解。

经济理论庞大丰富。本书所说的经济理论是基础经济理论,不包括应用经济理论,而且在基础经济理论方面,主要是政治经济学方面的基础理论,不是全部,只是其中我们认为最有代表性、最有比较性、也是最有现实性的某些基础理论,可能挂一漏万,也可能是捡了芝麻,丢了西瓜,欢迎指正。

洪远朋

序言(二)

习近平新时代中国特色社会主义政治经济学的发展

习近平同志关于经济理论的论述是新时代中国特色社会主义思想的重要组成部分,是当代马克思主义政治经济学的新发展。习近平经济思想分布在他的著作和论文中,体现在他的报告和讲话中,主要集中于他在中国共产党第十九次全国代表大会上所作的报告——《决胜全面建成小康社会,夺取新时代中国特色社会主义伟大胜利》(以下简称十九大报告)中。

一、新时代发展中国特色社会主义政治经济学的使命

习近平同志在十九大报告中宣布中国特色社会主义进入新时代。何谓新时代?中国共产党人在领导中国人民取得解放战争胜利后建立人民民主专政的国家政权,以毛泽东同志为主要代表的中国共产党人实现了马克思主义中国化的第一次历史性飞跃,中国人民从此站起来了,中国发展从此开启了新纪元;改革开放以来,以邓小平为主要代表的中国共产党人成功开创了中国特色社会主义,指引中国走上发展繁荣的正确道路;以习近平同志为主要代表的中国共产党人开创了中国特色社会主义新时代,全面建设社会主义现代化强国。

理论是实践的总结,革命、改革和发展的实践都会产生相应的理论。从经济理论方面来说,带领中国站起来的第一代领导人有代表他们经济理论观点的中国社会主义政治经济学;带领中国富起来的第二代领导人也有代表他们经济理论观点的中国特色社会主义政治经济学。现在,以习近平

为核心的、带领中国强起来的新一代领导人,也应该有代表他们经济理论观点的中国特色社会主义政治经济学,这就是习近平新时代中国特色社会主义政治经济学。建立习近平新时代中国特色社会主义政治经济学是历史的使命,是党的使命。

二、新中心奠定习近平新时代中国特色社会主义政治经济学的基础

每一个时代的政治经济学都应该有自己的中心,"站起来"的政治经济学是以革命为中心的;"富起来"的政治经济学是以改革为中心的;那么,"强起来"的政治经济学应该以什么为中心呢?过去在经济理论界颇有争论,有的学者说应该以生产力为中心,有的学者认为应该以生产关系为中心,有的学者认为应该以所有制为中心,有的学者认为应该以市场为中心,有的学者认为应该以人为中心,还有学者认为应该以利益为中心。

习近平同志根据马克思主义的基本原理,结合中国革命、改革、发展的现实,明确指出新时代中国特色社会主义政治经济学,应该以人为中心,以人民为中心,或者说,以最广大人民群众的根本利益为中心。习近平同志在十九大报告以及其他场合多次指出,人民是创造历史的动力,共产党人任何时候都不要忘记这个历史唯物主义最基本的道理,必须始终把人民的利益摆在至高无上的地位。

以人民为中心的中国特色社会主义政治经济学尚未完成,这是历史和党交给经济理论工作者的一个光荣任务,有待经济理论工作者们努力完成。

三、新理念引导习近平新时代中国特色社会主义政治经济学理论体系的建立

新发展理念集中反映了我们党对社会经济发展规律认识的深化,是中国特色社会主义思想的又一次重大创新。习近平同志曾明确表示,要以创新、协调、绿色、开放、共享的新发展理念引领新时代中国特色社会主义政治经济学理论体系的建立,推动我国社会经济的发展。

创新是引领发展的第一动力。习近平同志曾经指出,抓住了创新,就抓住了牵动经济社会发展全局的"牛鼻子"。要不断推进理论、制度、科技、文化等各方面的创新。政治经济学也要不断创新，不断提出推动我国社会经济发展的新理论、新观点。

协调是社会持续健康发展的内在要求。协调注重的是解决发展不平衡的问题，要通过正确处理发展中的重大关系，如城乡区域协调发展、经济社会协调发展等等来实现。协调的关键是处理好各种利益关系，只有利益关系处理好了，才能促进各方面协调发展。

绿色是持续发展的必要条件和人民对美好生活追求的重要体现。绿色注重的是解决人与自然的和谐问题。要坚持绿色富国、绿色惠民、绿色生产、绿色生活，推进人民富裕、国家富强、环境优美。坚持人与自然的和谐共生，丰富发展了马克思主义生态观、环境观。

开放是国家繁荣发展的必由之路，包括对内开放和对外开放，注重的是解决发展内外联动问题。要树立开放发展理念，奉行互利共赢的开放战略，坚持内需和外需协调，进口和出口相对平衡，发展更高层次开放型经济。我国将通过"一带一路"创造互惠包容的国际经济体系，坚持共同利益推动构建人类命运共同体。

共享是中国特色社会主义的本质要求。中国特色社会主义政治经济学要加强对共享经济的研究。在理论上要研究共享理论的概念，分清共享发展、共享利益、共享价值、共享经济等概念的内涵和外延；在实际工作中，要支持共享经济活动，如共享单车、共享住宅、共享餐饮等；在政策上要制定共享利益的政策，如扩大中等收入群体、实现养老保险全民统筹、促进农民工多渠道就业、健全药品供应保障制度等等。共享是中国特色社会主义经济的基本原则，是中国共产党人对社会主义经济理论的重大贡献。

以新发展理念引导中国特色社会主义政治经济学，绽放着马克思主义政治经济学的光芒。

四、新矛盾剖析习近平新时代中国特色社会主义政治经济学的辩证法

社会主义有没有矛盾？是什么矛盾？对这些问题曾经有过争论。关于社会主义的矛盾，在我们党的不同历史时期，也有不同的提法。马克思、恩格斯、列宁都未提及社会主义社会的矛盾问题。毛泽东首次提出关于社

会主义基本矛盾的思想,他在《关于正确处理人民内部矛盾的问题》[①]中指出:"社会主义生产关系已经建立起来,它是和生产力的发展相适应的;但是,它又还很不完善,这些不完善的方面和生产力的发展又是相矛盾的。除了生产关系和生产力发展的这种又相适应又相矛盾的情况以外,还有上层建筑和经济基础的又相适应又相矛盾的情况。""在社会主义社会中,基本的矛盾仍然是生产关系和生产力之间的矛盾,上层建筑和经济基础之间的矛盾。不过社会主义社会的这些矛盾,同旧社会的生产关系和生产力的矛盾、上层建筑和经济基础的矛盾,具有根本不同的性质和情况罢了。"他还提出过关于社会主义社会生产和需求之间的矛盾长期存在的思想。毛泽东指出:"在客观上将会长期存在的社会生产和社会需要之间的矛盾,就需要人们时常经过国家计划去调节。我国每年作一次经济计划,安排积累和消费的适当比例,求得生产和需要之间的平衡。"这些都是毛泽东同志对社会主义政治经济学做出的重要贡献。

在我们党的历史上,党的第八次全国代表大会第一次提出社会主义还有人民对经济文化迅速发展的需要同当前经济文化不能满足人民需要的状况之间的矛盾。党的十一届六中全会又指出,社会主义主要矛盾是人民日益增长的物质文化需要同落后的社会生产之间的矛盾。这两个提法没有太大的差别,后来一般就概括为需要发展与生产落后之间的矛盾。这些提法在当时是正确的,但是经过四十多年的社会主义建设,我国的社会经济状况发生了很大变化。习近平同志适应中国情况的变化,在十九大上提出,我国社会主要矛盾已经转化为人民日益增长的美好生活需要和不平衡不充分的发展之间的矛盾。这是一个新的判断,是运用辩证唯物主义和历史唯物主义方法论,从中国社会经济实际出发做出的科学判断,是对当代中国特色社会主义政治经济学的新发展。

五、新目标描绘当代中国特色社会主义经济的新篇章

十九大报告根据我国近年来的社会政治经济情况,对把我国建成富强民主文明和谐美丽的社会主义现代化强国的进程作了新的调整:从现在

---

① 《毛泽东文集》第7卷,人民出版社1999年版,第204—244页。

(十九大召开)到 2020 年,是全面建成小康社会决胜期;从 2020 年到 2035 年,基本实现社会主义现代化;从 2035 年到 2050 年左右,在基本实现现代化的基础上,把我国建成富强民主文明和谐美丽的社会主义现代化强国。

新目标明确,新图景美好,新进程清晰。让我们不忘初心、牢记使命,高举中国特色社会主义伟大旗帜,坚忍不拔、锲而不舍,奋力谱写社会主义现代化新征程的壮丽篇章!人类在进步,社会在发展,经济在改革,新时代中国特色社会主义政治经济学必将与时俱进,不断丰富与发展!

洪远朋,载自"新时代中国特色社会主义经济理论的创新与发展学习贯彻党的十九大精神笔谈(上)",《经济研究》,2017 年第 11 期,第 22—24 页。有删改。

目　录

第一章　经济利益理论比较研究 …………………………………………… 1
　第一节　马克思主义经济利益理论 ………………………………………… 1
　第二节　西方经济学的经济利益理论 ……………………………………… 17
　第三节　马克思主义经济学与西方经济学经济利益理论的比较与
　　　　　启示 …………………………………………………………………… 22
　第四节　社会主义市场经济下的经济利益关系 …………………………… 27
　第五节　共享利益观：现代社会主义经济学的核心 ……………………… 38

第二章　生产力理论比较研究 ……………………………………………… 49
　第一节　马克思主义的生产力理论 ………………………………………… 49
　第二节　西方经济学的生产力理论 ………………………………………… 67
　第三节　生产力理论的比较与探索 ………………………………………… 78
　第四节　大力发展综合生产力 ……………………………………………… 88
　第五节　坚持和发展马克思主义关于科学是生产力的理论 ……………… 95

第三章　产权理论比较研究 ………………………………………………… 105
　第一节　马克思主义所有权理论 …………………………………………… 105
　第二节　当代西方产权理论 ………………………………………………… 115
　第三节　马克思主义所有权理论与西方产权理论的比较、
　　　　　启示与探索 …………………………………………………………… 122
　第四节　社会主义所有制理论的新进展 …………………………………… 130

第四章　市场经济理论和模式比较研究 …………………………………… 135
　第一节　马克思主义的市场经济理论 ……………………………………… 135
　第二节　西方经济学的市场经济理论 ……………………………………… 144

第三节　市场经济模式比较……………………………………150
　　第四节　我国对社会主义市场经济的探讨………………………155
第五章　价值理论比较研究……………………………………………162
　　第一节　马克思主义的价值理论…………………………………162
　　第二节　西方经济学的价值理论…………………………………173
　　第三节　比较、借鉴与探索………………………………………181
　　第四节　社会主义市场价格形成模式与机制……………………190
第六章　货币理论比较研究……………………………………………200
　　第一节　马克思主义的货币理论…………………………………200
　　第二节　西方货币理论……………………………………………210
　　第三节　货币理论的比较与探索…………………………………230
　　第四节　通货膨胀与通货紧缩中的利益问题……………………239
第七章　劳动力理论比较研究…………………………………………248
　　第一节　马克思主义劳动力理论…………………………………248
　　第二节　西方劳动力理论…………………………………………255
　　第三节　劳动力理论的比较与探索………………………………264
　　第四节　关于劳动力产权的探索…………………………………276
第八章　资本理论比较研究……………………………………………290
　　第一节　马克思主义的资本理论…………………………………290
　　第二节　西方的资本理论…………………………………………301
　　第三节　资本理论的比较与探索…………………………………314
　　第四节　关于资本主义社会的社会主义经济因素………………326
第九章　剩余价值理论比较研究………………………………………338
　　第一节　马克思主义的剩余价值理论……………………………338
　　第二节　西方经济学的剩余价值理论……………………………351
　　第三节　剩余价值理论的比较研究和探索………………………362
　　第四节　试析社会主义社会的剩余价值及其形式………………386
　　第五节　共享价值论初析…………………………………………395
第十章　经济增长理论比较研究………………………………………404
　　第一节　马克思主义的再生产理论………………………………404

第二节　西方经济学的经济增长理论……………………423
　　第三节　马克思主义再生产理论与西方经济增长理论的比较
　　　　　　……………………………………………………435
　　第四节　关于经济增长方式转变中的若干辩证关系………447
　　第五节　习近平关于经济发展与增长方式的论述与评析……454
第十一章　经济周期理论比较研究………………………………475
　　第一节　马克思主义经济周期理论…………………………475
　　第二节　西方经济学的经济周期理论………………………489
　　第三节　马克思主义经济周期理论和西方经济周期理论的
　　　　　　比较……………………………………………………502
　　第四节　关于社会主义经济周期问题的探讨………………511
　　第五节　关于世界经济危机的十点思考……………………517
第十二章　经济理论的回顾与展望………………………………530
　　第一节　经济理论的产生和演变……………………………530
　　第二节　经济科学的现状及其分类…………………………535
　　第三节　经济科学的未来发展趋势…………………………542
　　第四节　社会主义需要建立综合经济学……………………548
主要参考文献…………………………………………………………559
后记（一）……………………………………………………………564
后记（二）……………………………………………………………565

第一章　经济利益理论比较研究

一切经济活动和经济关系的核心是经济利益。经济利益理论也是经济理论的核心。因此，经济理论比较研究，首先要从经济利益理论比较研究开始。

第一节　马克思主义经济利益理论

一、马克思、恩格斯的经济利益理论

（一）经济利益是马克思研究经济学的出发点

马克思主义的缔造者——马克思，1818年5月5日出生于德国特里尔市（时属普鲁士王国）。马克思的父亲是一位富有名望的法律顾问，他热切期望自己的儿子能继承他的事业。于是，马克思在读完中学以后，遵父命考上了波恩大学法律系，后来，转到柏林大学，他在大学念书时，学的是法律，但是对哲学特别有兴趣，他曾经说："我必须学习法律，但还感到有一种压倒一切的要求，就是要全力来为哲学奋斗。"[1]1841年马克思在柏林大学毕业时，是以《德谟克利特的自然哲学和伊壁鸠鲁的自然哲学的差别》的优秀论文，获得了耶鲁大学赠与的哲学博士学位。这就是说，在大学期间，"对政治经济学，他还一无所知"[2]。是什么原因导致马克思转入研究政治经济学的呢？

---

[1] 海因里希·格姆科夫等：《马克思传》，人民出版社2000年版，第29页。
[2] 《马克思恩格斯全集》第38卷，人民出版社1972年版，第480页。

1841年7月,马克思在柏林大学毕业后返回到波恩,1842年4月开始为《莱茵报》撰稿,1842年10月到1843年3月,马克思担任该报主编,广泛接触社会经济问题,常常遇到就经济利益关系问题发表意见的难事,促使马克思着手转入研究经济学。列宁说:"办报工作使马克思感到自己的政治经济学知识不够,于是他发奋研究这门科学。"①恩格斯说:"我曾不止一次地听到马克思说,正是他对林木盗窃法和摩塞尔河地区农民处境的研究,推动他由纯政治转向研究经济关系,并从而走向社会主义。"②

关于林木盗窃的讨论,是因为当时德国按照传统的习惯,农民可以到森林中砍伐林木、拾捡枯枝,但是,随着资本主义发展,林木被地主霸占为私有财产,并通过辩论代表地主经济利益的议会,颁布了一个法案,规定农民未经许可,不得采伐林木、拾捡枯枝,否则按盗窃林木论处,予以罚款和拘留。在这场辩论中,马克思发表了《关于林木盗窃法的辩论》为保护贫困农民的经济利益,同莱茵省议会作斗争。但在当时,他主要是从法律方面为农民伸张正义。他说,"在贫民阶级的这些习惯中存在着本能的权利感,这些习惯的根源是肯定的和合法的,而习惯权利的形成在这里更是自然的。"③

关于摩塞尔河地区农民状况的论战,是由于《莱茵报》上发表了关于摩塞尔农民生活状况的报道,描述农民困苦处境。这一报道受到莱茵省总督冯沙培尔的指责。马克思通过自己在摩塞尔地方的考察,写了《摩塞尔论者的辩护》一文,指出农民贫困的原因,小农经济陷于破产和毁灭,是由于普鲁士的官僚政治制度。

通过这些辩论,马克思深深感到,经济利益关系,不能只从法律上分析,更需要做经济学的分析。因而,促使他重点转入研究经济学。可见,经济利益关系,是马克思研究经济学的出发点。

(二)马克思、恩格斯经济利益理论的主要观点

马克思、恩格斯是马克思主义创始人,经济利益理论是他们创立的马

---

① 《列宁全集》第26卷,人民出版社1990年版,第49页。
② 《马克思恩格斯全集》第39卷,人民出版社1974年版,第446页。
③ 《马克思恩格斯全集》第1卷,人民出版社1972年版,第147页。

克思主义经济学的重要组成部分。

1. 人们所奋斗的一切都同他们的利益相关。马克思1842年在《莱茵报》陆续发表的《第六届莱茵省议会的辩论》的一文中指出:"人们奋斗所争取的一切,都同他们的利益有关。"①人们从事物质生产活动,是为了获取物质利益;人们的社会结合,是为了取得共同的利益;革命也是为了利益。恩格斯说:"革命的开始和进行将是为了利益,而不是为了原则,只有利益能够发展为原则"②。

2. 经济范畴是经济利益关系的抽象,在《哲学的贫困》一文中,马克思说:经济范畴是生产关系的理论抽象。经济利益关系的主体是人,"不过这里涉及到的人,只是经济范畴的人格化,是一定的经济关系和利益的承担者。"③也就是说,经济范畴不过是人与人之间的经济利益关系的理论抽象。不仅如此,经济利益关系的发展要通过经济范畴的演进反映出来。"人们在发展其生产力时,即在生活时,也发展着一定的相互关系;这些关系的性质必然随着这些生产力的改变和发展而改变……经济范畴只是这些现实关系的抽象。"④马克思的代表作《资本论》就充分体现了范畴体系的逻辑演进与现实中经济利益关系历史发展的一致性。经济范畴从剩余价值到平均利润、商业利润、利息和地租的演化,反映了经济利益关系从产业资本家与雇佣工人的关系到产业资本家、商业资本家、借贷资本家、农业资本家、土地所有者之间经济利益的关系以及与产业工人、商业店员以及银行雇员和农业工人的经济利益关系。

3. 一切经济关系都是经济利益关系的表现,马克思主义经济学认为,一切产业集团关系、民族关系、阶级关系以及各种政策归根到底都是经济利益关系的表现,恩格斯说:"各种生产部门——农业、手工业(在手工业内又有无数行业)、商业、航海业等——之间的分工日益充分地发展起来;居民现在依其职业分成了相对稳定的集团;其中每个集团都有好多新的共同

---

① 《马克思恩格斯全集》第1卷,第82页。
② 《马克思恩格斯全集》第1卷,第551页。
③ 《马克思恩格斯全集》第23卷,第12页。
④ 《马克思恩格斯选集》第4卷,人民出版社1972年版,第325页。

的利益"①。阶级所以形成,也同样是因为其经济利益的共同性。马克思指出:"如果说现代资产阶级的全体成员由于组成一个与另一个阶级相对立的阶级而有共同的利益,那末,由于他们的互相对立,他们的利益又是对立的,对抗的。"②不同的民族也是不同的利益的共同体,各种经济政策的实质亦是经济利益关系。恩格斯说:"每一个社会的经济关系首先是作为利益表现出来。"③

4. 不同的经济制度追求不同的经济利益。资本主义经济制度,生产资料的资本主义私有制,决定了资本家追求的是以剩余价值形式表现的私人经济利益。所以,"私人利益本身已经是社会所决定的利益。"④"生产剩余价值或赚钱,是这个生产方式的绝对规律。"⑤社会主义经济制度、生产资料的社会主义公有制决定了社会全体共同利用全体利益。由于"整个社会对一切生产资料——土地、铁路、矿山、机器等等——的直接占有,供全体为了全体利益而共同利用。"⑥但这并不否认个人利益,马克思在《资本论》第1卷中讲,"在协作和对土地及靠劳动本身生产的生产资料的共同占有的基础上,重新建立个人所有制。"⑦按恩格斯的理解,"个人所有制包括产品即消费品。"⑧但他们认为个人利益与社会公有利益是完全一致的。

5. 经济学的阶级性源于经济利益。资产阶级经济学是为资产阶级利益服务的经济学。马克思说:"在政治经济学领域内自由的科学研究遇到的敌人,不只是它在一切其他领域内遇到的敌人。政治经济学所研究的材料的特殊性,把人们心中最激烈、最卑鄙、最恶劣的感情,把代表私人利益的复仇女神召唤到战场上来反对自由的科学研究。"⑨马克思主义经济学是为工人阶级利益服务的经济学。正如恩格斯指出的:"《资本论》在大陆

---

① 《马克思恩格斯选集》第4卷,第109页。
② 《马克思恩格斯全集》第4卷,人民出版社1958年版,第155页。
③ 《马克思恩格斯选集》第2卷,人民出版社1972年版,第537页。
④ 《马克思恩格斯全集》第46卷上册,人民出版社1979年版,第102页。
⑤ 《马克思恩格斯全集》第23卷,第679页。
⑥ 《马克思恩格斯选集》第4卷,第258页。
⑦ 《马克思恩格斯全集》第23卷,第832页。
⑧ 《马克思恩格斯选集》第3卷,第170页。
⑨ 《马克思恩格斯全集》第23卷,第12页。

上常常被称为'工人阶级的圣经'。"①

所以,经济学都是具有阶级性的,是代表不同经济利益的。但是资产阶级经济学往往讳言阶级私利的追求,喜欢戴着谋求人类一般利益,或谋求社会利益(国家利益)的面具。在阶级斗争不发展的资本主义初期,李嘉图做到"有意识地把经济利益的对立,工资和利润的对立,利润和地租的对立当作他研究的出发点,因为他天真地把这种对立看作社会的自然规律。"②而马克思主义经济学则公开申明是为工人阶级谋取经济利益的。"马克思主义对思想的各种意识形态体系的分析归结为阶级利益的不同,而阶级利益又只是用经济利益来解释。照马克思的说法,资本主义社会的意识形态,赤裸裸地说,就是对他所谓的资本家阶级利益的讴歌,而他们的阶级利益又是围绕着金钱利润的追求。"③

二、列宁、斯大林对经济利益理论的发展和补充

(一)列宁对经济利益理论的发展

列宁曾经有过一段社会主义建设的实践,他初步总结了苏联社会主义建设的一些经验,丰富了马克思主义经济利益理论。

1. 发展生产力是社会主义国家最根本的利益,列宁指出:"无产阶级取得国家政权以后,它的最主要最根本的需要就是增加产品数量,大大提高社会生产力。"④

2. 切实关心群众的个人利益。革命要关心群众个人利益,在社会主义经济建设中,也要关心群众个人利益。列宁指出:必须"靠个人利益,靠同个人利益的结合,靠经济核算,在这个小农国家里先建立起牢固的桥梁,通过国家资本主义走向社会主义。"⑤他还指出:"必须把国家经济的一切大部门建立在同个人利益的结合上面。共同讨论,专人负责。由于不善于

---

① 《马克思恩格斯全集》第 23 卷,第 36 页。
② 《马克思恩格斯全集》第 23 卷,第 16 页。
③ 熊彼特:《经济分析史》第 1 卷,商务印书馆 1991 年版,第 62 页。
④ 《列宁全集》第 42 卷,人民出版社 1987 年版,第 369 页。
⑤ 《列宁全集》第 42 卷,第 176 页。

实行这个原则,我们每走一步都吃到苦头。"①

3. 不劳动者不能获取经济利益,列宁在马克思《资本论》和《哥达纲领批判》中提出的按劳分配原则的基础上,进一步提出了不劳动者不得食的原则。列宁在《论饥荒》中写道:"……工人政权正在力求实现社会主义的第一个主要根本原则:'不劳动者不得食'。'不劳动者不得食'……这个简单的,十分简单和明显不过的真理,包含了社会主义的基础,社会主义力量的取之不尽的泉源,社会主义最终胜利的不可摧毁的保障。"②

4. 社会主义社会经济利益还可以采取奖金、利润的形式。列宁认为,社会主义不能没有奖金。列宁在《俄共(布)党纲草案》中指出:"不能取消鼓励成绩优良的工作特别是组织工作的奖金制度;在完全的共产主义制度下奖金是不允许的,但在从资本主义到共产主义的过渡时代,如理论推断和苏维埃政权一年来的经验所证实的,没有奖金是不行的。"③在《关于副主席工作的决定》中又指出:"必须系统地研究和拟定一些推广奖励制的办法,以便把奖励制包括到全体苏维埃职员的整个工资制度里去。"④列宁认为,社会主义仍然需要利润,列宁至少有三个地方运用利润这个范畴。在《对布哈林"过渡时期的经济"一书的评论》中他提到:"利润也是满足'社会'需要的。应该说:在这种条件下,剩余产品不归私有者阶级,而归全体劳动者,而且只归他们。"⑤在《关于副主席工作的决定》中他说过:"按对外贸易人民委员部、合作社以及其他贸易机关贸易额的大小和利润的多少来奖励苏维埃职员。"⑥在《工会在新经济政策条件下的作用和任务》中,他指出:"使每个国营企业不但不亏损而且能够赢利。"⑦

5. 探索私人利益服从共同利益的合适程度。列宁还提出在社会主义社会要探索和发现私人利益服从共同利益的合适程度。列宁指出:"我们发现了私人利益即私人买卖的利益与国家对这种利益的检查监督相结合

---

① 《列宁全集》第42卷,第191—192页。
② 《列宁全集》第3卷,第560—561页。
③ 《列宁选集》第3卷,人民出版社1972年版,第748页。
④ 《列宁全集》第33卷,人民出版社1957年版,第299—300页。
⑤ 列宁:《对布哈林〈过渡时期的经济〉一书的评论》,第41—42页。
⑥ 《列宁全集》第33卷,第299页。
⑦ 《列宁选集》第4卷,第583页。

的合适程度,发现了私人利益服从共同利益的合适程度,而这是过去许许多多社会主义者碰到的绊脚石。"①

(二) 斯大林对经济利益关系理论的补充

斯大林对经济利益关系理论作了一个重大的补充,这就是提出了关于社会主义"高级赢利"的理论。斯大林说:"某些同志由此作出结论说,国民经济有计划发展的规律和国民经济的计划化,消灭着生产赢利的原则。这是完全不对的。情形正好相反,如果不从个别企业或个别生产部门的角度,不从一年的时间来考察赢利,而是从整个国民经济的角度,从比方10~15年的时间来考察赢利(这是唯一正确的处理问题的方法),那么,个别企业或个别生产部门暂时的不牢固的赢利,就决不能与牢固的经久的高级赢利形式相比拟,这种高级赢利形式是国民经济有计划发展这一规律的作用及国民经济的计划化所提供给我们的,因为它们使我们避免那种破坏国民经济并给社会带来巨大物质损害的周期性的经济危机,而保证我国国民经济高速度地不断地增长。"②斯大林关于社会主义高级赢利的理论告诉我们:在社会主义社会不仅要考察个别的微观利益,而且要考察整体的宏观利益,不仅要考虑短期利益,而且更要考虑长期利益。

三、中国共产党人对经济利益理论的贡献

(一) 毛泽东关于经济利益的思想

以毛泽东、邓小平、江泽民同志为核心的中国共产党三代领导人,在领导中国社会主义建设和改革过程中,以马克思主义经济利益关系理论为指导,同时注意吸收西方有关经济利益关系理论的有用成分,结合我国社会主义实际,大大丰富和发展了经济利益关系理论。毛泽东在《论十大关系》《关于正确处理人民内部矛盾的问题》等著作中,关于经济利益的思想,对经济利益关系理论作出了重大贡献。

1. 关于经济利益必须靠辛勤劳动创造的思想。毛泽东在《关于正确处理人民内部矛盾的问题》中指出:"要使全体青年们懂得,我们的国家现在

---

① 《列宁全集》第43卷,人民出版社1987年版,第362页。
② 斯大林:《苏联社会主义经济问题》,第4页。

还是一个很穷的国家,并且不可能在短时间内根本改变这种状态,全靠青年和全体人民在几十年时间内,团结奋斗,用自己的双手创造出一个富强的国家。社会主义制度的建立给我们开辟了一条到达理想境界的道路,而理想境界的实现还要靠我们的辛勤劳动。有些青年人以为到了社会主义社会就应当什么都好了,就可以不费气力享受现成的幸福生活了,这是一种不实际的想法。"①

2. 关于切实关心群众实际利益的思想。毛泽东说:"我们历来提倡艰苦奋斗,反对把个人物质利益看得高于一切,同时我们也历来提倡关心群众生活,反对不关心群众痛痒的官僚主义。"②

3. 关于统筹兼顾、适当安排各种经济利益关系的思想。毛泽东在处理社会主义社会人民内部矛盾的问题上有一个重要思想,就是统筹兼顾、适当安排,在经济利益关系问题上也是这样,在处理中央和地方的关系上,他说:"要发展社会主义建设,就必须发挥地方的积极性。中央要巩固,就要注意地方的利益。"③在处理国家、合作社、农民的关系问题上,他说:"我们对农民的政策不是苏联的那种政策,而是兼顾国家和农民的利益。……合作社同农民的关系也要处理好。在合作社的收入中,国家拿多少,合作社拿多少,农民拿多少,以及怎样拿法,都要规定得适当。"④在分配问题上,"我们必须兼顾国家利益、集体利益和个人利益。"⑤"总之,国家和工厂,国家和工人,工人和工人,国家和合作社,国家和农民,合作社和农民,都必须兼顾,不能只顾一头。"⑥

4. 关于社会主义内部经济利益关系是人民内部矛盾的思想。毛泽东在《关于正确处理人民内部矛盾的问题》中指出:"我们的人民政府是真正代表人民利益的政府,是为人民服务的政府,但是它同人民群众之间也有一定的矛盾……这种矛盾也是人民内部的一个矛盾。一般来说,人民内部

---

① 《毛泽东文集》第 7 卷,人民出版社 1999 年版,第 226 页。
② 同上书,第 28 页。
③ 同上书,第 31 页。
④ 同上书,第 30 页。
⑤ 同上书,第 221 页。
⑥ 同上书,第 30 页。

的矛盾,是在人民利益根本一致的基础上的矛盾。"①

以上几方面虽然不能全部概括毛泽东关于经济利益关系的思想,但仅从这几方面也可以看出毛泽东对经济利益关系理论作了重大贡献。遗憾的是,在"左"的干扰下,有些宝贵的思想在实践中没有认真贯彻和执行。

(二) 邓小平关于经济利益的理论

邓小平是当代伟大的马克思主义者。邓小平经济理论是对马克思主义、毛泽东思想的继承和发展,是深刻总结社会主义建设正反两方面经验的重要成果。邓小平关于经济利益的理论是邓小平经济理论的重要组成部分。

1. 人民利益根本论。江泽民同志在党的十五大报告中说,邓小平"把毕生的心血献给了中国人民,一切以人民的利益为出发点和归宿。"②一切为了人民的根本利益,这是邓小平理论和实践的一条主线,人民利益根本论是邓小平对经济利益理论的重大贡献。

邓小平认为,社会主义革命是为了人民利益。人民利益决定革命的胜利,所以,进行社会主义革命,人民利益是根本。早在抗日战争时,他就指出:"在敌占区、游击区采取简单生硬的办法,是必然失败的,而必须照顾那里的环境,一切为保护人民利益打算,提出恰当的对敌斗争方法,才会得到人民拥护,也才能取得胜利。经验尤其证明:谁关心人民的问题,谁能帮助人民想办法去和敌人斗争,保护人民利益,谁就是群众爱戴的领袖。"③在解放战争时,他又指出:"我们绝不去学韩信。在对待生死的问题上,我们只能有一种选择。为着人民利益,我们要生存下去,让敌人去跳黄河!"④

邓小平认为,社会主义建设和改革也是为了人民利益。人民利益决定建设和改革的命运,所以,进行社会主义现代化建设和改革,人民利益是根本。1979 年在党的理论工作务虚会上,他指出:"社会主义现代化建设是我们当前最大的政治,因为它代表着人民的最大的利益、最根本的利益。"⑤

---

① 《毛泽东文集》第 7 卷,第 205—206 页。
② 《高举邓小平理论伟大旗帜,把建设有中国特色社会主义事业全面推向二十一世纪》,人民出版社 1997 年版,第 13 页。
③ 《邓小平文选》第 1 卷,人民出版社 1994 年版,第 41 页。
④ 毛毛:《我的父亲邓小平》上卷,中央文献出版社 1993 年版,第 554 页。
⑤ 《邓小平文选》第 2 卷,人民出版社 1994 年版,第 163 页。

1980年他在《党和国家领导制度的改革》中又指出:"社会主义现代化建设的极其艰巨复杂的任务摆在我们的面前。很多旧问题需要继续解决,新问题更是层出不穷。党只有紧紧地依靠群众,密切地联系群众,随时听取群众的呼声,了解群众的情绪,代表群众的利益,才能形成强大的力量,顺利地完成自己的各项任务。"①

2. 共同富裕论。共同富裕是千百年来中国人民所孜孜以求的理想境界。作为人民群众根本经济利益关系的体现,这一理想也构成了邓小平建设有中国特色社会主义理论的重要组成部分。

邓小平认为共同富裕是社会主义的本质特征之一。他在1992年的南方谈话中,不仅论述了计划、市场与社会主义的关系这一重大理论课题,而且明确提出了"社会主义的本质,是解放生产力,发展生产力,消灭剥削,消除两极分化,最终达到共同富裕。"②在这一重大理论命题中,他把共同富裕摆在了这样一个高度:它不仅是社会主义的本质特征,而且是社会主义社会的最终奋斗目标。共同富裕是社会主义社会区别于其他一切剥削社会的根本特征,"一个公有制占主体,一个共同富裕,这是我们所必须坚持的社会主义的根本原则。"③

邓小平关于共同富裕的构想最初产生于1978年,当时他的具体想法是,"在经济政策上,我认为要允许一部分地区、一部分企业、一部分工人农民,由于辛勤努力成绩大而收入先多一些,生活先好起来。一部分人生活先好起来,就必然产生极大的示范力量,影响左邻右舍,带动其他地区、其他单位的人们向他们学习。这样,就会使整个国民经济不断地波浪式地向前发展,使全国各族人民都能比较快地富裕起来。"④他不但提出了共同富裕这一奋斗目标,而且明确提出了实现这一目标的具体形式、方法、步骤,为以后的经济体制改革提出了目标与方法,具有十分明确的指导意义。

在经济体制改革由点到面全面铺开的过程中,邓小平关于共同富裕的思想也随着实践的不断深入而逐步深化。改革开始不久,社会上出现了一

---

① 《邓小平文选》第2卷,第342页。
② 《邓小平文选》第3卷,第373页。
③ 同上书,第111页。
④ 《邓小平文选》第2卷,第152页。

种否定社会主义的思潮,邓小平认识到必须强调实现共同富裕的政治保证,必须坚持走社会主义道路,"如果走资本主义道路,可以使中国百分之几的人富裕起来,但是绝对解决不了百分之九十几的人生活富裕的问题。而坚持社会主义,实行按劳分配的原则,就不会产生贫富过大的差距。"①因此,后来他反复强调这样一个道理,"只有社会主义,才能有凝聚力,才能解决大家的困难,才能避免两极分化,逐步实现共同富裕。"②

随着经济体制改革的逐步推进和经济的发展,共同富裕政策逐步发挥出它的威力。一部分人通过合法手段先富起来,这时候经济生活中产生了新的问题,突出表现为收入差距拉大引起了一些不安定因素,人们的思想认识上也存在"两极分化"的疑虑。为了维护大局,保证改革的顺利进行,邓小平明确指出,"社会主义的目的就是要全国人民共同富裕,不是两极分化。如果我们的政策导致两极分化,我们就失败了;如果产生了什么新的资产阶级,那我们就真的走了邪路了。"③

那么,如何看待收入差距拉大这一敏感的事实呢?他指出,拉开地区收入差距的,只是为了"激励和带动其他地区也富裕起来,并且使先富裕起来的地区帮助落后的地区更好地发展",而"提倡人民中有一部分人先富裕起来,也是同样的道理。"④针对收入差距拉大这一具体现象,他提出的解决办法是征收所得税和鼓励个人兴办教育、修路。但是,他又指出,我们还处于社会主义初级阶段,根本任务是发展生产力,不应对它作出过多的限制。"我们坚持走社会主义道路,根本目标是实现共同富裕,然而平均发展是不可能的。"⑤他坚信,只要坚持社会主义道路,就不会出现两极分化。"总的说来,除了个别例外,全国人民的生活,都有了不同程度的改善。当然,在改革过程中,难免带来某些消极的东西。只要我们正视这些东西,采取针对性的坚决步骤,问题是不难解决的。"⑥他认为现在必须采取各种手段发

---

① 《邓小平文选》第3卷,第64页。
② 同上书,第357页。
③ 同上书,第110—111页。
④ 同上书,第111页。
⑤ 同上书,第155页。
⑥ 同上书,第142页。

展生产力,而发展生产力,必须坚持改革之路,"中国不走这条路,就没有别的路可走。只有这条路才是通往富裕和繁荣之路。"①

共同富裕的思想包含伟大的理论价值和现实意义。第一,人类社会的发展在本质上是物质生活条件的发展。社会主义作为人类历史发展的崭新阶段,不能建立在贫穷的基础上,运用一切手段来发展生产力,积累丰富的社会财富,尽可能为人民提供更多的经济利益,扩大可供人民分配和消费的物质产品范围,是走向共同富裕的前提条件。第二,共同富裕是社会主义的根本目的,是社会主义社会的本质特征和奋斗目标。共同富裕这一概念既指出了目标,又指出了实现目标的途径;既指出了内容,又指出了形式,具有严格的科学性。第三,指出了实现共同富裕的具体步骤。为人民提供更多的经济利益是一个过程,一部分地区,一部分人先富起来,是实现共同富裕的第一步,目的是更快地实现共同富裕。另一方面,先富起来的地区和个人,有义务帮助落后地区和个人。这是避免两极分化,防止出现资产阶级的根本方法。

3. 对立统一论。在社会主义市场经济条件下,经济利益主体多元化,存在着错综复杂的经济利益关系,这些经济利益关系,既是统一的,又有对立,必须按照正确的原则妥善处理。首先,社会主义制度下的各种经济利益关系是统一的。邓小平指出:"在社会主义制度之下,归根结底,个人利益和集体利益是统一的,局部利益和整体利益是统一的,暂时利益和长远利益是统一的。"②这种统一的基础,是社会主义制度,是社会主义的生产资料公有制。

其次,社会主义制度下的各种经济利益关系也有对立的一面,可能发生冲突。邓小平认为必须承认尊重个人的经济利益。他说:"不讲多劳多得,不重视物质利益,对少数先进分子可以,对广大群众不行,一段时间可以,长期不行。""革命是在物质利益的基础上产生的,如果只讲牺牲精神,不讲物质利益,那就是唯心论。"③实践中的唯心论是生产力发展的绊脚石。

---

① 《邓小平文选》第3卷,第149—150页。
② 《邓小平文选》第2卷,第175页。
③ 同上书,第146页。

在回答外国记者的提问"共产党人是否也承认个人利益"时,小平肯定地回答"承认",并且指出,"共产主义的高级阶段,生产力高度发达,实行各尽所能,按需分配,将更多地承认个人利益、满足个人需要。"①但是,他又明确提出,"要防止盲目性,特别要防止只顾本位利益、个人利益而损害国家利益、人民利益的破坏性的自发倾向。"②

怎样正确处理社会主义制度下各种经济利益关系之间的矛盾呢?邓小平指出,"在社会主义制度之下,个人利益要服从集体利益,局部利益要服从整体利益,暂时利益要服从长远利益,或者叫作小局服从大局,小道理服从大道理。我们提倡和实行这些原则,决不是说可以不注意个人利益,不注意局部利益,不注意暂时利益","我们必须按照统筹兼顾的原则来调节各种利益的相互关系。如果相反,违反集体利益而追求个人利益,违反整体利益而追求局部利益,违反长远利益而追求暂时利益,那末,结果势必两头都受损失"③。邓小平还提出了一些防范措施,如"要教育党员和群众以大局为重,以党和国家的整体利益为重"④。"我们提倡按劳分配,承认物质利益,是要为全体人民的物质利益奋斗。每个人都应该有他一定的物质利益,但是这决不是提倡个人抛开国家、集体和别人,专门为自己的物质利益奋斗,决不是提倡个人都向'钱'看。""我们从来主张,在社会主义社会中,国家、集体和个人的利益在根本上是一致的,如果有矛盾,个人的利益要服从国家和集体的利益。为了国家和集体的利益,为了人民大众的利益,一切有革命觉悟的先进分子必要时都应当牺牲自己的利益。"⑤

在处理社会主义制度下各种经济利益关系时,邓小平强调国家利益、整体利益的重要性,也十分尊重个人的利益。这不仅具有重大的理论意义,而且具有重大的现实意义。实行社会主义市场经济,我们不但要确保各利益主体的决策自主性,不断提高人民生活水平,满足人民日益增长的物质文化生活需要,还要花大力气维护国家利益和集体利益,防止国有资

---

① 《邓小平文选》第 2 卷,第 351—352 页。
② 同上书,第 362 页。
③ 同上书,第 175—176 页。
④ 同上书,第 152 页。
⑤ 同上书,第 337 页。

产和集体资产的流失,尤其对于侵吞国家财产的行为要采取切实措施。

4. 平等互利论。社会主义现代化建设必须坚持独立自主、自力更生的方针。但是,独立自主、自力更生并不是闭关自守,对外开放是我国社会主义现代化建设的客观要求。对外开放涉及我国与外国的关系问题,实质上是本国利益与外国利益的关系问题。邓小平认为,在国际交往中,必须平等互利,他在1982年十二大开幕式上提出:"在平等互利的基础上积极扩大对外交流。"①

邓小平认为,对外交往平等互利首先要考虑本国的利益。他指出:"中国人民珍惜同其他国家和人民的友谊和合作,更加珍惜自己经过长期奋斗而来的独立自主权利。任何外国不要指望中国做他们的附庸,不要指望中国会吞下损害我国利益的苦果。……中国人民有自己的民族自尊心和自豪感,以热爱祖国、贡献全部力量建设社会主义祖国为最大光荣,以损害社会主义祖国利益、尊严和荣誉为最大耻辱。"②

邓小平认为,对外开放也要尊重外国的利益。1989年,他对泰国总理差猜说:"中国要维护自己国家的利益、主权和领土完整,中国同样认为,社会主义国家不能侵犯别国的利益、主权和领土。"③同年,他与美国前总统尼克松谈到国家关系时说:应该"着眼于自身长远的战略利益,同时也尊重对方的利益,……并且国家不分大小强弱都相互尊重,平等相待。"④

邓小平认为,对外开放对外商有利,但对中国更有利。所以,要鼓足勇气做开放的工作。对外开放、引进外资、先进技术和管理经验,总是要给外商带来利润,"投资不赚一点钱,那不可能,那谁愿意来?"⑤资本过剩与市场狭窄是制约发达资本主义国家发展的主要问题。"资本要找出路,贸易要找出路,市场要找出路。"⑥而中国的劳动力及原材料、土地使用费成本低廉,税收优惠,市场庞大,投资于中国能够给外商带来较高的利润率。这正

---

① 《邓小平文选》第3卷,第3页。
② 同上。
③ 同上书,第328—329页。
④ 同上书,第330页。
⑤ 同上书,第171页。
⑥ 同上书,第106页。

是吸引外资流入中国的根本原因。但是我们也从中得到更大利益。"合资经营的实际收益,大半是我们拿过来。不要怕,得益处的大头是国家,是人民,不会是资本主义。"①"一个三资企业办起来,工人可以拿到工资,国家可以得到税收,合资合作的企业收入还有一部分归社会主义所有。更重要的是,从这些企业中,我们可以学到一些好的管理经验和先进的技术,用于发展社会主义经济。"②南方谈话中他又对此进行了补充:"还可以得到信息,打开市场"。因此,"'三资'企业受到我国整个政治、经济条件的制约,是社会主义经济的有益补充,归根到底是有利于社会主义的。"③在对外开放中,"要把进一步开放的旗帜打出去,要有点勇气。现在总的是要允许吃亏,不怕吃亏,只要对长远有益就可以干。"④

邓小平极力反对发达国家恃强凌弱的强权主义利益。针对西方国家1989年6月以后对中国实行的制裁行为,他指出:"真正说起来,国权比人权重要得多。贫弱国家、第三世界国家的国权经常被他们侵犯。他们那一套人权、自由、民主,是维护恃强凌弱的强国、富国的利益,维护霸权主义者、强权主义者利益的。"⑤

(三) 江泽民同志关于经济利益的论述

江泽民同志在《正确处理社会主义现代化建设中的若干重大关系》和《在纪念党的十一届三中全会召开二十周年大会上的讲话》中对经济利益关系作了精辟的论述,丰富了经济利益理论。

1. 关于必须把实现和维护最广大人民群众的利益作为改革和建设的根本出发点的论述。江泽民同志《在纪念党的十一届三中全会召开二十周年大会上的讲话》中,总结我们党在领导改革开放和社会主义现代化建设中二十年来积累的主要历史经验,一共有十一个方面,其中第十个方面就是"必须把实现和维护最广大人民群众的利益作为改革和建设的根本出发点",并指出:"党的全部任务和责任,就是为人民谋利益,团结和带领人民

---

① 《邓小平文选》第3卷,第91页。
② 同上书,第138—139页。
③ 同上书,第373页。
④ 同上书,第313页。
⑤ 同上书,第345页。

群众为实现自己的根本利益而奋斗。在任何时候任何情况下,党的一切工作和方针政策,都要以是否符合最广大人民群众的利益为最高衡量标准。"①这既是历史经验的总结,又是对经济利益理论的新发展。

2. 关于全局利益和局部利益关系的论述。中央与地方的关系,实质上是全局利益和局部利益的关系。江泽民同志在《正确处理社会主义现代化建设中的若干重大关系》中指出:"我们既不允许存在损害国家全局利益的地方利益,也不允许存在损害国家全局利益的部门利益。……总的原则应该是:既要有体现全局利益的统一性,又要有统一指导下兼顾局部利益的灵活性。"②这个论述对在全局利益和局部利益关系上应该反对什么,应该坚持什么,讲得清清楚楚,是处理中央与地方利益关系必须遵循的原则。

3. 关于合法收入非法收入的论述。在社会主义初级阶段,社会成员之间收入存在一定程度的差距,是难以避免的。但是如果收入差距过大,特别是非法收入任其扩大,就会侵害广大人民群众的切身利益。为了维护广大人民群众的利益。江泽民同志指出:"要区分不同情况,采取有针对性的措施,保护合法收入,取缔非法收入,调节过高收入,保障低收入者的基本生活。"③

4. 关于改革越深化越要正确认识和处理各种利益关系的论述。改革实质上是利益关系的调整,改革的过程也就是利益关系调整过程,改革越深化,各种利益关系的矛盾就越突出,处理得好可以促进生产力的发展,处理不好可以造成严重的后果。江泽民同志《在纪念党的十一届三中全会召开二十周年大会上的讲话》中提出:"改革越深化,越要正确认识和处理各种利益关系,把个人利益与集体利益、局部利益与整体利益、当前利益与长远利益正确地统一和结合起来,把最广大人民群众的切身利益实现好、维护好、发展好,把他们的积极性引导好、保护好、发挥好,只有这样,我们的改革和建设才能始终获得最广泛最可靠的群众基础和力量源泉。"④

---

① 江泽民:《在纪念党的十一届三中全会召开二十周年大会上的讲话》,人民出版社1998年版,第19—20页。
② 《江泽民文选》(第1卷),人民出版社2006年版,第472页。
③ 同上书,第470页。
④ 《江泽民文选》(第2卷),人民出版社2006年版,第262页。

第二节 西方经济学的经济利益理论

一、斯密和李嘉图为代表的个人利益和阶级利益论

纵观西方经济学的整个发展过程不过是一部为资产阶级的经济利益鼓与呼的历史。以斯密与李嘉图为代表的古典经济学最早提出了个人利益论和阶级利益论。

（一）斯密的个人利益论

斯密生活在英国资本主义形成和发展的初期，他的代表作《国民财富的性质和原因的研究》一书出版正是适应了英国资本主义上升时期的资产阶级的需要，反映了英国工业资产阶级的利益。他认为，政治经济学的目的在于富国裕民，所以，着重研究了在自由竞争条件下，如何进行资产阶级财富的生产，使积累日益增长。他极力主张个人利益。认为个人天生是为自己的利益打算的。个人利益的获得是由于既将别人隔开不许对他有不利的举动，又把他们用契约结合在一起，使两方面都可以发生对他有利的影响。在论述分工时认为，分工是出自各人的利益打算，并认为这不是语言能力和理论的结果，是"为人类所共有，也为人类所特有。"[1]在论述劳动与资本的用途时，指出人们要离开比较不利的用途而挤进比较有利的用途，这也是由各人的利害关系所决定的。"劳动的乐趣完全在于劳动的报酬"[2]，人们多劳多得必然会趋于勤勉；资本的用途是为了追逐较高的利润。在论述地租时，也极力主张地主追求地租的合理性。并且还认为个人利益越大，社会也就越富有，这也就是说，斯密经济学的核心是个人利益，而他的所谓个人利益(实质是工业资本家的利益)与整个社会的利益是一致的。也即个人利益在自由放任、自由贸易、自由竞争条件下会自动均衡为社会利益。斯密还认为交换完全是个人追逐经济利益的结果。他指出，交换不是出于仁慈，而是他们要考虑自己的利益。他认为在交换过程中价格的上

---

[1] 斯密：《国民财富的性质和原因的研究》，商务印书馆1974年版，第13页。
[2] 同上书，第16页。

下波动就是供求双方之间及供给方之间或需求方之间经济利益冲突的结果。交换的合理性在于个人利益与社会利益的和谐。因为个人利益不但创造和维持经济机体,而且还保证国家走向富裕和繁荣。这不但是自然的,而且是有益的。

(二)李嘉图的阶级利益论

随着资本主义生产由工场手工业向机器大工业的发展,资产阶级与无产阶级的矛盾也开始明显起来,这促使古典经济学走向终结。英国古典经济学的完成是大卫·李嘉图的《政治经济学及赋税原理》。他与斯密一样,主张采用自由主义原则,反对政府干预,力求最佳途径,提高劳动生产力,增进资产阶级财富。与斯密不同的是,由于阶级斗争的需要,李嘉图更强调阶级利益,他坦率地将工业资产阶级的利益放在其他一切阶级的利益之上。他较客观地分析了不同阶级利益之间的矛盾。比如关于机器的采用,他分析了对各阶级利益的影响,指出应用机器只要能节省劳动,便是一种普遍的利益。但是,用机器来代替人类劳动,对于劳动者阶级往往是有害的。李嘉图将整个资产阶级经济理论建立在劳动价值论的基础上,研究了资本主义社会中三个阶级收入的来源,初步揭示了资本主义社会中各阶级经济利益的对立关系。顺便指出,李嘉图和斯密一样都研究了国际经济利益关系的问题,所不同的是后者用绝对成本说来论证,而前者则用比较成本说来论证国际经济利益关系。李嘉图认为,"如果一个国家在制造某种性质的商品方面有便利的条件,另一个国家在制造另一种性质的商品方面有便利的条件,那么贵金属便不会显著地流入任何一国。"①因此,用自己生产成本较低的产品换回自己生产要较高的成本的产品,这样两国贸易中同样耗费一定量的劳动会给本国提供更多的财富或使用价值。

二、萨伊、李斯特、马歇尔等为代表的国家利益论和利益调和论

随着资本主义的发展,其内部矛盾日益暴露出来,加之马克思主义的传播,促进了阶级斗争的发展,资本主义开始动摇。资产阶级经济学家从本阶级利益出发,不断地采用新方法,从各个方面为资本主义制度作辩护。

---

① 李嘉图:《政治经济学及赋税原理》,商务印书馆1962年版,第120页。

(一) 萨伊的利益调和论

以萨伊于 1803 年出版的《政治经济学概论》为标志,以后的资产阶级经济学家就把自己的任务确定为致力于研究资本主义社会经济利益关系的和谐与统一。萨伊认为,政治经济学研究财富的生产、分配和消费,揭示财富从何而来,说明穷人与富人的利益以及各国之间的利益是一致的,而不是对立的,他说,当统治者同被压迫、被剥削的人民"对他们各自的利益知道得比以前更清楚时他们就会发现这些利益并不矛盾。"①萨伊还用劳动创造工资、资本创造利润、土地创造地租的"三位一体"公式来证明资本主义社会各阶级的利益是和谐的,并认为"所有的对抗都是愚蠢的"②。他还论证了城乡之间的利益协调:"城市居民从乡村居民得到利益的真正来源,同时也是后者从前者得到利益的真正来源;他们两者自己所生产的东西越多,就有能力向对方购买越多的东西。"③另外,他还论证了国际贸易中国际利益的协调等。所以,他开始极力宣扬统一的国家利益。

(二) 李斯特的国家利益论

关于国家利益的理论特别值得提出的是历史学派先驱李斯特的学说。在李斯特的代表作《政治经济学的国民体系》中说"我的学说体系中的一个主要特征是国家……"④他认为,在斯密那里没有国家利益的概念,人类仅仅是各个个人的总和,只有个人的利益才是主要的。在人与人之间必须插入国家的历史。所以,李斯特提出了与斯密的世界主义相对立的民族主义或国家主义。并认为政治经济学不应该是世界主义的经济学,而应是国家经济学。因为,全人类之所以分成不同的国家,其原因之一就是因为它们的利益不一致,甚至互相冲突。只有当各国都具有平等的地位时,才有共同的经济利益可谈。他把各国的发展分成:野蛮的阶段、游牧的阶段、农业的阶段、农业—工业的阶段、农业—工业—商业的阶段,认为一个国家只有发展到最后一个阶段时,才与别的国家有共同利益可言。因为自由贸易只能对农工商已经发展并占有优势的国家有利,它的产品可行销世界,从中

---

① 萨伊:《政治经济学概论》,商务印书馆 1963 年版,第 50 页。
② 同上书,第 55 页。
③ 同上书,第 146 页。
④ 李斯特:《政治经济学的国民体系》,商务印书馆 1961 年版,第 7 页。

获取巨大的利益。落后国家则会在竞争中失利。所以,他反对自由贸易,主张实行关税保护,主张同其他同样发展水平的国家结成联盟,从中获利,保证当时德国国内落后的工业。

在经济学说史上,李斯特是把国家利益与生产力联系起来的第一人。他认为生产力是最为主要的国家利益。他提出交换价值和生产力都是经济利益,而且生产力是更重要的经济利益。他认为一个国家为了获得发展文化、技术和联合生产的力量必须牺牲某些眼前的利益。所以,在李斯特看来"生产力"是一种长远利益,国家利益要着眼于长远利益。李斯特还认为一个国家既是一个经济团体,也是历史所创造的道德和政治团体。因此,研究国家经济利益不能脱离政治利益。他研究了经济利益与政治利益的关系,认为不同于发达国家,落后国家必须十分重视政治利益的影响。

(三) 麦克库洛赫的公共利益论

随着资本主义矛盾的日益发展,上述的种种利益说,均不能解决资本主义社会利益的矛盾和冲突。被马克思称为最庸俗的经济学家麦克库洛赫开始宣扬公共利益。在他的《政治经济学原理》一书中则将政治经济学定义为财富的生产、分配和消费的科学。他认为经济学家的任务的任何一个方面都不是研究个人方面、都不是研究个人财富增减的方法,"公共利益应当永远成为他注意的唯一目标"[①]。

(四) 马歇尔的微观利益论

随着资本主义向帝国主义过渡,国际工人运动的发展和《资本论》的问世,为了适应资产阶级的新的需要,在约翰·穆勒经济学说的基础上,吸收综合了各庸俗经济学派的理论,马歇尔建立起一个折中调和的经济理论体系。在其代表作《经济学原理》中首先把政治经济学改名为经济学,他说"政治经济学或经济学是一门研究人类一般生活事务的学问:它研究个人和社会活动中与获取和使用物质福利必需品最密切有关的那一部分。"[②]他从边沁的功利主义出发,用主观心理动机来解释人们的经济活动。认为追求经济利益的动机普遍影响着人类的生活,"因为一个人在心情最好的时

---

① 麦克库洛赫:《政治经济学原理》,商务印书馆1975年版,第11页。
② 马歇尔:《经济学原理》,商务印书馆1964年版,第23页。

候,他的思想中大部分时间总是充满了关于谋生的事情。"①经济生活中,人们总要考虑自己的利害得失,然而,经济动机不全是利己的,也包括许多利人的方面。他全面考察了单个消费者,单个生产者,单个市场以及单个产业的微观经济活动,坚持经济自由主义思想,宣扬微观经济利益的最大化。他把边际增量分析应用到他的整个价值和分配论中去。通过"增量"的分析,把价值、工资和利息数量的决定,都归结为两种相反的经济力量(即供给与需求)相互作用而形成的均衡。他企图借以说明资本主义社会阶级利益是和谐一致的,都能够得到最大的满足。他的学生,庇古在《福利经济学》中用边际效用递减规律论证财富从富人向穷人转移,从马歇尔的基本观点出发,论证微观利益最大可以使社会福利达到最大。

(五)康芒斯的协调利益论

20世纪初,资本主义社会的各种矛盾日益尖锐,传统的单纯为资本主义辩护的学说已失去作用,这时出现了改良主义的"阶级利益调和论"。康芒斯主张调和利益,在其《制度经济学》中认为,"在每一种交易里,总有一种交易的冲突,因为每个参加者总是想尽可能取多予少,然而每个人只有依赖别人……"②他的意思是虽然人与人之间的利益相互冲突,但他们相互依赖、相互维系,把利益冲突改变为一种理想主义的协调利益。

三、凯恩斯、萨缪尔森为代表的宏观利益论和混合利益论

(一)凯恩斯的宏观利益论

在20世纪30年代,资本主义的国家发生了历史上最大的一次经济危机。为此,宣扬宏观经济利益的凯恩斯适应资本主义的时代要求应运而生,在其《就业、利息和货币通论》中,继承前人的理论,并采用宏观分析的方法,以总需求不足为理论依据,建议扩大政府经济职能。认为这是避免现行经济形态之全部毁灭的唯一切实的办法。他主张政府调节经济以应付经济危机。"盖在今日之世,当失业人数继续增加时,政府往往不能不举

---

① 《经济学原理》,第23页。
② 康芒斯:《制度经济学》,商务印书馆1981年版,第23页。

债以救济之。"①他将垄断理论与国家政权结合在一起,从总量角度论证了个人利益往往难以自动均衡为社会经济利益,必须借助政府的力量,通过政府的宏观经济政策来协调个人经济利益的关系。所以,凯恩斯的《通论》实际上是一个以政府利益为中心,协调个人利益与社会利益关系的宏观经济利益的理论体系。凯恩斯的宏观经济利益理论强调要使个人利益与社会利益协调起来,必须把市场与计划结合起来。凯恩斯在肯定个人利益与市场机制的基础上,强调的是宏观经济利益与计划的关系。

（二）萨缪尔森的混合利益论

尽管资产阶级经济学家为资本主义开了许多药方,但是,资本主义国家在20世纪60年代以后还是出现了难以解决的"滞胀"现象。这时,资产阶级经济学家纷纷提出自己的主张,涌现了有史以来最多的学派。如货币主义、理性预期学派、供应学派、新制度学派以及新凯恩斯主义等等。尽管他们当中有很大的分歧,但主要的区别在于是政府干预多一点,还是市场自发作用多一点。宣扬的仍然是微观利益和宏观利益,只不过是方法上的差异而已。其中最值得一提的是后凯恩斯主义的主流经济学,其代表人物为萨缪尔森,他主张的是混合利益。他综合前人的理论,特别是自由主义和凯恩斯主义的理论。将现代资本主义称为混合经济,一部分为私营部门,一部分为公营部门,即国家干预的部门。在其广为流行的《经济学》教材中将经济学定义为:"经济学是研究人和社会如何进行选择,来使用……并在现在或将来把商品分配给社会的每一个成员或集团以供消费之用。"②

第三节　马克思主义经济学与西方经济学 经济利益理论的比较与启示

一、两者的主要区别

虽然马克思主义经济学和西方经济学都以经济利益为核心,但两者之

---

① 凯恩斯:《就业、利息和货币通论》,商务印书馆1983年版,第213页。
② 萨缪尔森:《经济学》第12版,中国发展出版社1992年版,第4页。

间存在着重大区别。

第一,马克思主义经济学侧重于经济利益主体关系的研究,西方经济学则侧重了经济利益客体关系的研究。虽然马克思经济学的范畴体系表面上看起来都是关于经济利益客体的,但它所揭示的却是经济利益主体关系。而后者则用经济利益客体关系的研究来取代主体关系的研究。特别是现代西方经济学,企图通过经济学的所谓科学化进一步淡化主体利益关系。

第二,马克思主义经济学侧重于资本主义社会经济利益关系矛盾和对立的揭示,西方经济学则侧重于资本主义社会经济利益关系和谐与统一的说明。虽然马克思也分析了资本主义经济利益关系的某种条件下的协调,但他证明,这将导致更为严重的矛盾与冲突;不少西方经济学家也注意到经济利益关系的某些矛盾,但他们认为这最终可以实现协调和统一。

第三,马克思主义经济学侧重于经济利益社会属性本质的揭示,西方经济学则侧重于经济利益关系自然基础、现象的描述。

第四,马克思主义经济学研究经济利益关系着重于说明社会经济发展的动力;西方经济学研究经济利益关系则着重探讨社会经济稳定的机制。

第五,马克思主义经济学侧重于经济利益关系的定性的分析,西方经济学偏重经济利益关系的定量研究。

第六,马克思主义经济学公开声明为无产阶级经济利益服务,西方经济学则打着各种各样的旗号,而实质上为资产阶级经济利益服务。

二、给我们的启示

马克思主义经济学和西方经济学都对经济利益关系有过诸多论述形成了各自的理论体系。但他们论述的着重点是不同的,结论也是有差异的。以马克思主义为指导,对马克思主义经济学和西方经济学的经济利益理论进行比较研究,结合我国现实,我们可以从中得出许多有益的启示。

第一,马克思经济学公开声明为无产阶级经济利益服务;西方经济学则打着各种各样的旗号,而实质上为资产阶级经济利益服务。在资本主义社会,无产阶级代表着人民的大多数,资产阶级是少数。因此,可以这样说,马克思经济学是为多数人的经济利益服务的经济学,西方经济学是为少数人的经济利益服务的经济学。从中我们可以得到启示,在社会主义市场经济条件下,我们的社会主义经济学应该为多数人的经济利益服务,我们的一切工作,都要以是否符合最广大人民群众的利益为最高衡量标准,把最广大人民群众的切身利益实现好、维护好、发展好。

第二,马克思经济学侧重于资本主义经济利益关系矛盾和对立的揭示;西方经济学则侧重于资本主义社会经济利益关系和谐与统一的说明。马克思所研究的资本主义经济利益关系强调的是工人与资本家经济利益关系的不可调和性,虽然马克思也分析了资本主义经济利益关系的在某种条件下的协调,但他证明这将导致更为严重的矛盾和冲突,着重说明经济利益关系是社会经济发展的动力;西方经济学研究经济利益强调的是工人和资本家经济利益的可调和性,不少西方经济学家也注意到了经济利益关系的某些矛盾,但他们认为最终可以实现协调和统一。我们现在尚处在社会主义初级阶段,实现社会主义市场经济,经济利益主体多元化。现在看来,我们研究经济利益关系,既要看到各经济利益主体的内在矛盾和冲突,又应探索如何实现各经济利益主体的和谐和统一,既要探讨经济利益如何成为社会经济发展的动力,又要探讨如何正确处理经济利益关系,使它成为社会经济稳定发展的机制。

第三,马克思经济学侧重于经济利益关系社会属性、本质和主体关系的揭示;西方经济学则侧重于经济利益的自然基础、现象和客体关系的研究。虽然马克思经济学的范畴体系表面上看起来都是关于经济利益客体的,但它所揭示的却是经济利益主体关系。而西方经济学则用经济利益客体关系的研究来取代主体关系的研究。现在看来,为了促进生产力的发展,我们既要注意经济利益主体关系的揭示,又要注意经济利益客体关系的研究;既要揭示经济利益关系的社会属性,又要注意其自然基础。

三、研究社会主义市场经济下经济利益理论的意义

通过对马克思主义经济学和西方经济学经济利益理论的比较研究我们深深感到有必要加强社会主义市场经济下经济利益理论的研究。

首先,研究经济利益及其关系,具有重大的理论意义,它可以从一个新的视野研究马克思主义经济理论,拓宽社会主义经济理论研究的范围,完

善和深化经济学科的建设。

我国经济理论工作者对马克思主义经济理论的研究是有成绩的,贡献很大。在相当长的一段时间里,我们的经济理论者,深入研究马克思关于资本主义经济制度的分析,揭示资本主义制度的本质,对于我们正确认识当代资本主义、正确认识社会主义必然取代资本主义,树立社会主义必胜的信心,起了很好的作用。改革开放以后,我们的经济理论工作者又深入研究马克思主义经济理论,从其中关于社会化大生产、商品经济、市场经济的一般原理,来指导社会主义经济建设和经济改革,也起了很好的作用。从我们对社会主义市场经济下利益关系的初步探索中,我们发现马克思主义者一贯重视经济利益理论,历来注意正确处理经济利益关系。但是,长期以来,我们有一些理论工作者,虽然在这方面也开始做了一些工作,但总感到重视不够,深入研究颇少。从中,我们得到一个启示,有必要重视和加强对马克思主义经济利益理论的系统研究,为马克思主义经济理论的研究开拓一个新的视野。

我们的经济理论工作者,对社会主义经济理论的研究也是很有成绩的。在相当一段时间内,主要研究生产资料社会主义公有制、社会主义相互关系、按劳分配等社会主义经济制度问题,这对于认识社会主义的本质也是起了很好作用的。改革开放后,不少经济理论工作者加强了对经济运行的研究,这对社会主义经济建设的发展,社会主义市场经济体制的建立,也起了积极作用。对社会主义市场经济下的利益关系的研究,似乎又为社会主义经济理论研究开辟了新的领域。我们的工作,有一定开拓性,但是很初步的,有待于经济理论工作者更深入的研究。

研究经济利益关系为经济学科的发展和建设提供了一个新思路。我们通过马克思主义经济学的学习,通过对西方经济学的了解,通过对社会主义经济关系的考察,特别是通过在社会主义市场经济下的利益关系研究,我们认为经济学的研究应以经济利益为中心建立经济学的新体系,不知可否,还有人建议要建立一门新的经济利益学,也未尝不可。但是,现在不少经济学著作、政治经济学教科书中没有经济利益理论一席之地,恐怕是不妥的。

其次,研究经济利益,对社会主义经济建设和经济改革是有重大的现实意义。社会主义的发展、改革和稳定都离不开经济利益关系。

经济利益是社会主义经济发展的动力。发展是硬道理。中国解决所有问题的关键要靠社会主义经济的发展。发展的动力是什么,说法不一。根据马克思主义经济学的基本原理,根据社会主义经济建设的现实,我们认为经济利益是社会主义经济发展的动力,是经济利益推动劳动者积极劳动,是经济利益推动企业积极发展生产,是经济利益推动改革开放,所以,经济利益是社会主义经济发展的推动力。

经济利益是经济改革得失的测量器。经济改革实质上是经济利益关系的调整,经济改革的过程实际上就是经济利益关系调整的过程。一切工作,包括经济改革,都要以是否符合最广大人民群众的利益为最高衡量的标准。经济改革符合最广大人民的利益才算是成功的,经济改革不符合最广大人民的利益,不能算是成功的。

经济利益是社会主义制度巩固和完善的稳定器。我国正处于经济发展和经济体制的转轨时期,各方面利益关系变动较大,各种矛盾可能会比较突出,保持社会的稳定具有重大的现实意义,怎样才能保持稳定呢?关键在于正确认识和处理各种利益矛盾,及时调整经济利益关系。

再次,经济利益关系的研究还有认识论上的意义,可以解决和克服经济利益认识上的某些误解。

有些人忌讳利益,特别是经济利益,回避经济利益关系的研究,似乎一提利益,就是宣扬个人的利益至上。对这个问题怎么看?根据我们对社会主义市场经济下的利益关系的研究,第一,在社会主义市场经济下经济利益主体多元化,我们必须承认和尊重个人利益,否认是不行的,忌讳是没有必要的;第二,个人利益至上是不对,也是行不通的。无论是个人、企业、国家,还是别的什么经济主体,都不是也不可能是仅仅追求本身单一的经济利益,而是追求以经济利益主体本身利益为主的综合经济利益。在社会主义条件下,个人利益离不开集体利益和国家利益,我们主张个人在追求自身利益时,要考虑集体利益,要为国家利益多做贡献。

有些人忌讳利益,特别是经济利益,回避经济利益关系的研究,似乎一讲经济利益就是与社会主义精神文明建设背道而驰的,这也是一种误解。我们认为,第一,经济利益关系是应该也是可以独立进行研究的。当然,在整个社会利益体系中,除经济利益外,还有政治利益、文化利益。但是,经济利益是基础性的根本利益,可以单独研究,政治利益、文化利益也可以单独研究;第二,我们在研究经济利益关系中不能片面地只讲经济利益,要遵循经济利益、政治利益、文化利益三兼顾的原则,促进社会主义物质文明建设和精神文明建设共同发展。

第四节 社会主义市场经济下的经济利益关系

在社会主义市场经济条件下,经济利益主体多元化,各种经济利益关系无时不在,无处不在。

一、宏观角度的经济利益关系

从整体或宏观的角度综合来看,有中央与地方的经济利益关系,国家、企业和个人之间的经济利益关系,地区与地区之间的经济利益关系,工农之间的经济利益关系,要素与要素之间的经济利益关系,以及个人与个人之间的经济利益关系。

中央与地方的经济利益关系是我国各种经济利益调整的轴心。在计划经济体制时期,我国经济利益关系的调整主要是在中央与地方经济利益的收与放上做文章,是以国家经济利益为主,适当兼顾地方经济利益。十一届三中全会以后,确定了以市场为取向的经济体制改革,中央与地方经济利益关系的轴心发生了转移,一些地方政府不顾国家利益,诸侯经济初露端倪。很显然,计划经济时期实行的中央集权制必须摒弃,但是过分分散的诸侯经济也不是市场经济所要求的,搞社会主义市场经济仍然要遵循地方利益服从国家利益的原则。我们既不允许存在损害国家全局利益的地方利益,但中央在制定政策时也要充分考虑地方合理利益和要求,以便更好地发挥中央和地方两个积极性。

在社会主义市场经济条件下,国家、企业和个人作为独立的经济主体都有自己的经济利益,问题在于国家作为经济活动的宏观调控者,代表全体人民的利益,当然应该强调国家利益,但是,也必须兼顾企业利益和个人利益;企业和劳动者个人在服从整体利益的前提下,有权谋求有利于社会的企业利益和个人利益,即企业在追求自身的经济利益时,必须服从国家利益并充分考虑到个人利益,而个人在追求自己的经济利益时,必须服从国家利益和企业利益,为国家和集体多做贡献。

地区与地区之间的经济利益关系在我国主要表现为沿海与内地的利益关系。在相当长的一个时期内,我国相当重视内地的经济建设。改革开放后,沿海和内地经济都有了很大的发展;但是,沿海地区由于原有的经济基础、有利的地理环境,加上国家政策的倾斜,沿海比内地发展更快,沿海与内地经济利益关系的矛盾日益突出。实现共同富裕包括地区与地区之间的共同富裕是社会主义的根本原则,当然这也是一个长期的历史过程。但是,如果允许沿海与内地差距越搞越大,将会进一步加深沿海和内地的经济利益矛盾,并有可能引发一些社会不安定因素,从而给整个经济发展带来消极影响。现在看来,我国沿海与内地经济利益的矛盾迫切要求我们调整地区经济发展战略,加快内地经济的发展。

工农之间的经济利益关系,这不仅是个经济问题,而且是个政治问题,处理好两者的关系十分重要。工农之间的经济利益关系,广义地说,包括工业与农业的利益关系、城市与乡村的利益关系以及工人与农民的利益关系。这些年来,我国工农业的经济利益都有很大提高,但是,相对说来,农业比较利益低下,农民利益受损。为了真正解决工业与农业的经济利益矛盾,关键是加快发展农业。发展农业,首先要大力提高农业劳动生产率,大力发展高产、优质、高效农业,并且发展农副产品的深加工,力争使农民的劳动获得更多的经济利益;还要稳定和完善党在农村的基本政策,多方增加农业的投入,发挥科技兴农作用,提高农业的比较利益。

要素与要素之间的经济利益关系,实质上是劳动力所有者、资本所有者和土地所有者之间的经济利益关系。按照马克思的劳动价值论,价值都是劳动创造的,但是由于资本、土地在生产过程中的作用,因而要参与利益的分配。这种分配是根据各个生产要素主体拥有的权力来划分的,劳动者凭借对劳动力的所有权取得工资,资本所有者凭借对资本的所有权获取利润,土地所有者凭借对土地的所有权收取地租。我国当前由于市场体制不完善和有些改革措施不配套,造成各种生产要素之间收入相互侵蚀,收入差距很大,要素与要素之间的经济利益矛盾比较突出。现在看来,在实际经济活动中,我们既要承认各种要素收入的合法性,又要通过各种经济手段保证各种要素收入的合理性,防止收入差距过分扩大,使各种生产要素之间的经济关系,不仅能适应生产力发展的要求,还能适应各个要素主体的经济利益,只有这样才能真正提高资源配置的效率,促进社会经济的发展。

个人与个人之间的经济利益关系,包括社会各阶层,例如:一般工薪阶层、企业承包者、私营企业主、个体劳动者、国家公务员、银行职员等等之间的经济利益关系,还包括脑力劳动者与体力劳动者之间的经济利益关系。改革开放的实践证明,反对平均主义,承认劳动者群体之间的利益差距,有利于提高劳动者的积极性,使整个社会充满生机和活力。但是,如果个人与个人之间的收入差距过大,直接影响大多数劳动者群体的经济利益,这也不符合社会主义的本质。正确处理个人与个人之间的经济利益矛盾,仍然必须坚持效率优先、兼顾公平的原则,以有利于发展生产力为标准,同时要依靠经济手段保证个人与个人之间的收入差距比较合理。

二、产业之间的经济利益关系

从产业或部门的角度来看,有农业内部的经济利益关系,工业内部的经济利益关系,金融领域的经济利益关系,房地产业的经济利益关系,休闲业的经济利益关系,对外开放中的经济利益关系,等等。

农业内部的经济利益关系,核心是维护农民利益的问题,农民占我国人口的大多数,维护好农民的经济利益,对我国社会主义现代化建设至关重要。当前我国农业内部存在的主要利益关系有农民与集体经济组织之间的利益关系,农、林、牧、渔业之间的比较利益关系,种植业内部的比较利益关系,农民之间的利益关系。要处理好农业内部的经济利益关系,确实维护好农民利益,必须遵循科教兴农的原则,农业产业化经营的原则,农业生产可持续发展的原则,政府适度保护的原则,等等。

工业内部的经济利益关系,关键是工业内部各种行业之间基本上都能获得正常的大致平均的经济利益,以促进工业的协调发展。按不同的标准,工业内部的部门有不同的划分。首先,按对原始要素加工的程度来划分,有基础工业和加工工业之间的经济利益关系;其次,按部门的生命周期来划分,有新兴工业与夕阳工业之间的经济利益关系;第三,按所使用的要素密集程度来划分,有劳动密集、资源密集与资本密集工业之间的经济利益关系。

金融领域的经济利益关系,是围绕着获取机会利益而展开的。首先在间接融资中存在着借款人与贷款人的经济利益关系。在间接融资借贷市场中的正当经济利益必须维护,但同时必须加强金融监管,防范间接融资中的不正当经济利益。其次,在直接融资的证券市场中存在着证券发行和证券流通之间的经济利益关系。加强证券市场监管,降低金融风险,抑制违规利益,也是值得注意的一个问题。第三,在非正式金融中存在着对生产性经济利益和分配性经济利益的追求。对经济发展中出现的非正式金融应进行规范化、合法化、严禁高利贷的非法融资,对正式金融中衍生出来的非正式金融不仅应严厉打击,而且应通过体制改革来消除其利益源泉。

房地产业中的经济利益关系实质上是超额利益的获取与分配的问题,首先,房地产业与整个国民经济之间存在着经济利益相互制衡的关系,房地产业受国民经济发展的促进或制约,同时,房地产业也能促进或制约国民经济的发展。其次,在房地产制度中,存在着房地产与土地使用制度之间的经济利益关系和房地产与住房制度之间的经济利益关系;房地产运行中的经济利益关系更是错综复杂,大致有房地产价格的利益关系、房地产金融的利益关系、房地产经营的利益关系、房地产物业管理的利益关系等。

休闲业的经济利益关系,关键是如何保障休闲活动中方方面面的休闲利益问题。休闲业的经济利益关系也很错综复杂,首先有休闲业的主体利益与客体利益之间的关系;其次有休闲业的直接利益与间接利益之间的关系,还有休闲业的正常利益和非正常利益之间的关系等,这些利益都必须处理好,以促进休闲业的健康发展。

对外开放中的经济利益关系,主要是在平等互利的基础上,如何维护本国国家利益的问题。对外开放会带来巨大利益,我们把它称为开放利益,开放利益可分为:开放的经济利益与开放的非经济利益,开放的内部利益和开放的外部利益,以及开放的短期利益和开放的长期利益。正确认识和处理对外开放的各种经济利益关系,包括:本国利益与外国利益之间的关系、整体与局部的利益关系、地区与地区的利益关系、工业与农业的利益关系、引进与利用的利益关系、生产企业与外贸公司之间的利益关系,等等,对于我国提高对外开放经济运行质量,促进国民经济总体发展具有十分重要的意义。

三、所有制之间的经济利益关系

从所有制或经济成分的角度来看,有国有经济的经济利益关系、合作经济的经济利益关系、股份经济的经济利益关系、私营经济的经济利益关系、中外合作经济的经济利益关系。

国有经济的经济利益关系,实际上是指国有企业的经济利益关系。首先是国有企业与国家的经济利益关系。作为国有企业,要与国家理顺经济利益关系,首先必须保证国家的根本经济利益,同时,与其他企业一样,要追逐自身经济利益的最大化。其次,是国有企业与企业之间的经济利益,包括国有企业之间与国有和非国有企业之间的经济利益关系,这里的关键是平等竞争、等价交换。第三,是国有企业内部的经济利益关系,包括管理者与劳动者、工程技术人员与劳动者之间的经济利益关系,要做到既有利益大小的差别,但差距又不能过分悬殊。

合作经济的经济利益关系,首先是合作经济与国家的经济利益关系,一方面合作经济应依照国家税法规章纳税,保证国家经济利益的实现,另一方面,还要体现国家对合作经济的扶持和帮助。其次,是合作经济与其他企业的经济利益关系,这是竞争与协作的关系,要体现在竞争中讲协作,在协作中讲竞争;再次是合作经济内部的经济利益关系,包括合作制企业与社员之间的经济利益关系,和合作社内社员之间的经济利益关系,这里的关键是合作社的社员作为劳动力所有者,不仅应该按照按劳分配的原则获得工资,而且应该分享企业的红利。

股份经济的经济利益关系,首先是其经济利益主体之间的关系,包括筹资者的经济利益、投资者的经济利益、中介者和咨询者的经济利益以及政府的经济利益,这里仍然要体现统筹兼顾的原则。其次,是股份经济中的理性经济利益与非理性经济利益,理性经济利益是指在资本市场对实质经济作用最大化的基础上,股票市场主体作为经济人追求自身利益最大化的行为所获得的经济利益;非理性经济利益是指其主体的非理性行为所带来的超过理性经济利益的那部分超额利益。股份经济中的经济利益关系,可以通过调整法律制度和市场机制,也可以采用经济、文化、行政等手段,适时加以调节。

私营经济的经济利益关系。改革开放二十多年来,我国私营经济迅速发展起来,私营企业作为一种以雇佣劳动为基础的经济形式,私营企业主、经营管理者和雇工有各自不同的经济利益,他们之间存在着各种各样的经济利益矛盾。因此,私营企业的利益需要不断地调整,如何合理地界定私营企业主的收入,切实保护雇工利益,对我国私营经济的健康发展至关重要。

中外合作经济的经济利益关系,包括发展中外合作经济与保护我国民族经济之间的利益关系、技术引进与开放市场之间的利益关系、外国资方与我国劳方之间的利益关系、合资企业经济利益与增进社会福利之间的利益关系,按照坚持对外开放,保护本国经济利益等基本原则,妥善地处理中外合作经济的各种利益关系,对于更好利用外资,对推动我国经济健康、稳定、快速发展具有重要意义。

四、专门问题的经济利益关系

从专门问题的研究角度来看,有如经济增长与经济利益关系、经济改革与经济利益关系、通货膨胀与经济利益关系、人民币汇率与经济利益关系、环境利益与经济利益关系,等等。

经济增长与经济利益的关系,是目的与手段的关系,经济增长是手段,经济利益是目的。经济增长和经济利益的关系有多种情况;经济增长与经济利益同步提高、经济增长但经济利益不增加或未同步增加;经济增长但经济利益下降。因此,我们追求的是全局经济利益与经济增长同步提高的经济增长;同时,我们也应该按照不同时期、不同情况,及时采取相应措施,调整经济利益关系促进经济增长。

经济改革的实质是调整经济利益关系,我国经济改革的历程实际上就是经济利益关系的调整过程。经济改革带来了巨大经济利益,同时也带来经济利益分享的不平衡,例如,行业之间的收入差距扩大、地区间的收入差距扩大、城乡居民之间的收入差距扩大、职工之间的收入差距扩大,等等。进一步深化改革,既要承认利益主体多元化,又必须切实维护大多数人的利益;既要承认利益差别,但更要避免利益差距过大等。

通货膨胀的实质也是利益关系。通货膨胀的根本原因是利益驱动,通货膨胀导致利益转移,投机者和经营者是通货膨胀的最大受益者,劳动者是通货膨胀的最大受害者;治理通货膨胀的关键是正确处理各种利益关系;着眼长远利益、兼顾目前利益;保证整体利益,考虑局部利益;保障大多数人的利益,限制少数人的暴利。在通货膨胀利益制衡中要注意通货紧缩趋向。

人民币汇率与经济利益关系,首先涉及到汇率变动与经济利益的关系,从汇率的基准和市场供求情况来看其水平的波动本质上都是由不同的经济利益主体所驱动的。我们人民币汇率是否贬值要作利与弊的分析,关键是考虑国家利益和大多数人的利益。保持人民币汇率基本稳定,既能维护我国的当前利益,又能确保长远利益的实现。

环境利益是经济利益实现的前提条件,环境是人类追求经济利益的载体,如果没有环境为人类生产活动提供所必需的生产资料和生活资料,人类将无法实现其经济利益。同大多数发展中国家一样,我国在工业化进程中,同样存在着经济发展与生态环境、经济利益与环境利益不协调的问题。可持续发展是经济利益和环境利益协调的根本途径。

在社会主义市场经济条件下,经济利益主体多元化,各种经济利益错综复杂,必须以追求各经济利益主体本身利益为主的综合经济利益为出发点,建立社会主义市场经济下利益关系的制衡机制:个人利益服从集体利益;局部利益服从整体利益;暂时利益服从长远利益;维护大多数人的根本利益,限制少数人的暴利;保障合法利益,打击非法利益,同时,要遵循经济利益、政治利益、文化利益三结合的原则,以推动我国社会主义物质文明建设和精神文明建设。

五、协调新时期我国社会利益关系的十大思路

(一)利益增长的思路

社会主义市场经济条件下利益矛盾产生的原因是多种多样的,而现阶段利益关系的矛盾归根到底还是相对落后的生产力发展水平与人民群众不断增长的利益需要之间的矛盾,这就决定了我国社会主义现代化发展战略、基本路线、基本纲领的设计必须以发展生产力为中心。利益关系的协

调作为建设中国特色社会主义的有机组成部分是与这样的发展战略、基本路线、基本纲领紧密联系在一起的。因此,协调和解决利益矛盾问题,其基础还在于发展生产力,贯彻科学发展观,增加可供全社会不同利益主体分配的利益。只有在"纯利"不断增加的基础上协调社会利益关系,才会使社会利益关系朝着健康有序的方向发展。

(二) 利益统筹兼顾的思路

统筹兼顾不同主体的利益,并在兼顾各主体利益的基础上突出弱势关怀,以实现社会利益关系的均衡。突出弱势关怀,在当前就是要关心社会的弱势群体,努力解决他们的各种实际困难,切实维护他们的利益。兼顾各阶层利益,要求充分发挥政府调节职能,充分发挥社会公共权力的调节功能,防止贫富两极分化。如果社会出现严重的贫富差距,必然引起动荡,到那时受到损害的不仅是社会底层的利益,社会上层利益受到的损害可能更大。

(三) 利益共享的思路

利益共享的内容是非常丰富的,是不同利益主体之间的利益共享和共享利益。包括中央与地方之间的利益共享,区域之间的利益共享,产业之间的利益共享,阶层之间的利益共享,城乡之间的利益共享等。但是,利益共享问题中最关键的是劳资利益共享的问题。

我国劳资关系的现状是资强劳弱,部分劳动者利益受损问题突出,尤其是农民工在劳动就业权益、劳动报酬权益、劳动保护权益、社会保险权益四个方面受到了不同程度的损害或是缺失。我们认为,利益共享是解决劳资利益关系问题的一个可行的思路。我们必须通过建立共享利益制度来实现利益共享。"共同占有、权力共使、利益共享、风险共担"是共享利益制度设计的基本思路。

(四) 利益综合的思路

利益包括经济利益、政治利益、文化利益等。利益关系也是一个复杂的体系,包括经济利益关系、政治利益关系、文化利益关系。因此,协调利益关系,还必须综合考虑以上各种利益和利益关系,亦即坚持利益综合的思路。

根据马克思主义关于经济是基础,政治、文化是上层建筑,经济基础决定上层建筑,上层建筑反作用于经济基础的原理,在社会利益的庞大系统中,经济利益是根本利益,也可以说是最重要的利益,维护和扩大经济利益是一个国家衡量各项工作的根本标准。但是,决不能忽视政治利益和文化利益。在社会主义市场经济条件下,仍然必须遵循经济利益、政治利益、文化利益三兼顾的思路。

(五) 利益保障的思路

利益保障的思路,是指打造由个人、企业、社会保障组成的"三驾马车",从多个角度和层次满足劳动者日益增长的保障利益需要。其中,不仅劳动者需要保障利益,作为退出劳动力市场的老年人也有权利享受社会进步和经济发展的成果,而作为未来劳动力市场主力军的未成年人的利益也要得到相应保障。

保障利益在形式上看是未来利益,实质上是一种补偿利益。个人保障利益是个人现在对未来利益的补偿;企业保障利益是对劳动者过去劳动的补偿;社会保障利益是社会对其社会成员的利益补偿,其特点是权利与义务的非严格对等性,通过这种补偿方式实现收入再分配的职能,缓和贫富差距,促进社会公平,社会保障因此被誉为"社会减振器"和"社会安全网"。

(六) 利益补偿的思路

在我国的改革进程中,部分主体由于利益受损而逐渐成为弱势群体。弱势群体的存在,使利益差距扩大,利益矛盾激化,危及社会稳定。

目前我国改革推进中的利益受损者主要是城市中的弱势群体、农村居民和中西部地区,因此,这些主体应该是利益补偿的对象。

在研究和制订利益补偿机制时,必须充分考虑我国的国情,认真探索,依据以下思路建立和健全我国的利益补偿机制:适度的思路、"造血"的思路、公平与效率兼顾的思路、循序渐进的思路。

关于利益补偿的方式,大体上有三种:帕累托补偿、卡尔多补偿与非卡尔多补偿。同传统体制相比,利益分配的思路、过程改变了,但分配的结果并没有发生实质性转变。这同改革调整利益关系的实质性要求显然有一定距离。同时,完全补偿还会引致改革受损者在获取利益上对补偿者的依赖,不利于改革的深化。所以,对改革受损者进行不完全补偿的非卡尔多补偿将是改革过程中的常态。

（七）利益关系制衡的思路

社会主义市场经济条件下的利益关系错综复杂，必须建立社会主义市场经济下利益关系的制衡机制：一是个人利益服从集体利益。二是局部利益服从整体利益。三是暂时利益服从长远利益。四是保障大多数人的利益，限制少数人的暴利。我们是社会主义国家，人民是国家的主人，是决定我国前途和命运的根本力量。保障和维护最广大人民群众的利益，是处理利益关系的最高思路。五是维护合法利益，打击非法利益。

（八）保证根本利益的思路

我国正处在并将长期处在社会主义初级阶段，面临的主要矛盾仍然是人民群众日益增长的物质文化需要同落后的社会生产力之间的矛盾，一心一意谋发展，实现现代化，就是全国各族人民的根本利益。

人民群众的根本利益是立体的、多维的。人民群众的根本利益是一个总体性概念，是政治、经济、文化等各种利益的复合体。人民群众的根本利益不仅有物质生活得到满足的物质利益，还有参与国家决策、管理社会事务的政治利益，以及文化生活充实愉快的文化利益。

人民群众的根本利益又是历史的。它同人的全面发展和社会的全面进步是互动一致的。社会越发展，就越会带给人民群众更多的根本利益和促进人的全面发展；同样，人民群众越是能获取更多的根本利益，就越能促进人的全面发展和社会的全面进步。

（九）社会公平公正的思路

公正是人们社会生活中一个普遍而基本的追求，社会经济发展和公平是社会主义社会追求的共同目标，缺一不可。

公平正义是和谐社会的重要保证，也是和谐社会的重要特征，公平正义首先体现在分配上。从利益分配的角度看，公平正义的实现最为必要。一种公平正义的分配制度，既要能调动人们的劳动、技术发明、创业、投资积极性，创造更多的财富，又要能促进更多的人提高创造财富的能力，还要保证低收入群体、广大群众普遍分享发展带来的利益，走共同富裕之路。

当前我国社会不公平主要表现在以下几个方面：不断扩大的收入差距；明显的财产分布差距；就业与劳动报酬中的歧视；教育机会和教育资源

分配不平等;公共卫生资源分配和健康的不平等;社会保障权利的不公平;财政体制再分配功能弱化引起的城乡之间、地区之间公共物品提供上的差异性。

社会公平观应该包含三个层次的要求:首先,人的基本权利平等和机会平等。其次,社会发展的最终目的是人的发展,人的发展最重要的是人的能力的提升,有很高的人力资本的积累,有很强的抵御风险的能力。第三,社会公平应该承认差别思路,这种差别思路是社会公众所能接受的分配结果上的差距,收入和财产分配上的差距。

市场机制对于实现社会的公平公正作用是非常有限的,而政府这只"有形的手"具有特别重要和积极的作用。政府部门应创造干事创业的环境,创造公平正义的环境,加快转变政府职能,规范行政行为,建设服务型政府。尤其要正确处理新形势下的人民内部矛盾,妥善处理各方面利益关系。这个问题的核心是政策,实质是利益,关键是干部,重要的是各级干部必须有正确的立场和态度。要以对党对人民高度负责的精神,认真解决群众反映的问题;深入基层,了解民情和民怨,及早化解矛盾,理顺情绪。

(十) 及时协调的思路

及时协调利益关系,需要建立利益均衡机制。建立利益均衡机制的基础是形成利益表达机制及能够容纳利益表达的制度安排。建立利益表达和利益均衡机制的过程是一个挑战,利益表达往往意味着冲突,因为它包括了为达到争取利益的目标而采取的施加压力的方式。利益表达的需求总是产生于利益失衡或利益冲突的时候,这时,如果不开启表达的大门,利益矛盾得不到解决便会日积月累从而酝酿出更严重的危机;如果开启表达的大门,以诸多利益矛盾为基础的表达行动又往往会以不可控的方式和力度冲击试图为它提供空间的体制,严重者甚至会造成社会动荡。因此,必须要在利益表达和社会稳定之间取得平衡。可以这样说,底线是社会的稳定,上限是利益的表达,两者之间为形成制度化的利益表达机制空间。

及时协调利益关系,需要建立常态和长效制度,及时处理利益矛盾。面对无理要求和合理诉求搅和在一起,合理要求和不合法的表达方式搅和在一起的复杂局面,在处理方式上,既要认真听取群众意见,尽力解决群众的实际问题,同时也要坚持政策思路,理直气壮地制止违法的过激行为。

第五节 共享利益观：现代社会主义经济学的核心

马克思主义的发展史充分说明,解放思想、实事求是,是引导社会前进的强大动力。社会实践是不断发展的,人们的思想认识也应不断前进,理论也应不断创新。在当前建设中国特色社会主义的伟大事业中,我们应当认真总结社会主义经济理论发展的历史经验,站在时代前列,立足于新的实践,解放思想、与时俱进,努力实现社会主义经济学的观念转变和理论创新。

一、利益观：一切经济学的核心

众所周知,经济学是研究人类社会经济活动与经济关系的科学,是经世致用的学问。那么,经济学研究的目的是什么、它的核心是什么？对此,人们众说纷纭,莫衷一是。有人提出,经济学的核心是生产,经济学是研究生产什么、如何生产、为谁生产的科学；有人则认为,经济学的核心是资源配置,经济学是研究稀缺或有限的资源如何进行合理配置的问题。尽管上述各种观点都比较流行,但笔者却不敢苟同。根据马克思主义基本原理,无论是社会经济活动还是社会经济关系,其核心都是人们的经济利益。马克思和恩格斯指出："人们奋斗所争取的一切,都同他们的利益有关。"①"每一个社会的经济关系首先是作为利益表现出来。"②在各种社会形态下,人们从事生产,实际上是创造经济利益,流通实际上是交换经济利益,分配实际上是分享经济利益,消费实际上是实现经济利益。人们从事各种经济活动,归根到底都是力图要以最少的耗费,取得最大的经济利益。人们之间的社会经济关系说到底就是经济利益关系。因此,无论是马克思主义经济学还是西方经济学的各种流派,虽然其理论观点与政策主张各不相同,但却有一个共同点：它们都是以特定的经济利益为核心的。由此我们可以得出这样一个基本结论：经济学的核心是经济利益。经济学是研究生产、交

---

① 《马克思恩格斯全集》第1卷,第82页。
② 《马克思恩格斯选集》第2卷,第537页。

换、分配和消费过程中经济利益问题的科学。

经济利益在经济学中的核心地位,主要地表现为经济利益是一切经济学理论体系的主线,它对各种经济学的具体理论观点起着统帅与决定的作用,后者总是围绕前者而展开和延伸的。从马克思主义经济学来看,它一方面系统地研究了资本主义生产方式以及与它相适应的生产关系和交换关系,从而建立了关于资本主义生产方式的经济学理论;另一方面它又对未来社会主义生产方式及其生产关系作了预见,从而建立了关于社会主义生产方式的经济理论。然而,无论是前者还是后者,都是围绕着经济利益这一核心而展开的。在马克思关于资本主义生产方式的经济学理论中,不仅以剩余价值论为基础阐明了资本家与雇佣工人之间剥削与被剥削的利益关系,而且以剩余价值论为基础阐明了资产阶级内部瓜分剩余价值的利益关系。在马克思关于社会主义生产方式的经济理论中,不仅对未来社会主义的经济特征作了全面的预见,而且对社会主义经济利益关系也作了原则规定。从本质上来说,马克思主义经济学就是维护最广大人民利益的科学理论。它的阶级性与科学性是完全一致的。根据马克思主义创始人关于社会主义生产方式的经典理论,在社会主义生产方式下,广大劳动者成为生产资料的主人,生产目的是最大限度地满足广大人民的物质文化需要,全体人民成为社会经济利益主体。

西方经济学,无论是其古典学派,还是庸俗学派抑或其当代的各个流派,也无一不是以经济利益为核心的。从古典政治经济学来看,斯密作为处于上升时期的资产阶级的代表,既肯定了工人、资本家与地主三大阶级在国民财富分配中的利益一致性,又阐明了各个阶级在国民财富增加中的利益增进的同步性。他指出,工人、资本家、地主三大阶级获得工资、利润与地租三种收入具有其客观性、合理性,同时认为这三大阶级的收入在经济发展过程中会有普遍的提高,并声称经济发展的目标和标志不是少数人富裕,而是各阶级普遍的富裕。李嘉图作为古典资产阶级政治经济学的完成者,在新兴资产阶级与地主阶级的利益冲突中,鲜明地代表工业资产阶级的利益,建立了以分配为中心的经济理论体系。在《政治经济学及赋税原理》的序言中,李嘉图开宗明义地指出:全部土地产品是以地租、利润和工资的名义,在地主、资本家和劳动者这三个阶级之间进行分配的,这种分配的比例在不同的社会阶段是极不相同的。他写道:"确立支配这种分配的法则,乃是政治经济学的主要问题。"①李嘉图在其分配理论中,阐明了地租和利润的对立以及工资和利润的对立关系,从而阐明了资本家与地主、劳动者三大阶级之间的利益对立关系。李嘉图还指出,工资上涨与地租上涨之间有一个根本的区别,它并不意味着工人生活状况的改善。在谷物价值上涨的情况下,"真正得到利益的只有地主。"②"地主的利益总是同社会中其他各阶级的利益对立的。"③因此,李嘉图的经济理论,是在工人阶级和资产阶级之间的斗争尚处于次要地位时期,代表工业资产阶级利益反对地主阶级的理论,工业资产阶级的经济利益,是李嘉图经济学理论的核心。作为庸俗政治经济学的一个重要代表,马尔萨斯提出了一个与李嘉图完全相反的观点,即地租的增长是繁荣和财富增长的最确实的标志,是社会利益增加的条件。因此,他得出了一个重要结论:"没有一个阶级的利益像地主阶级的利益那样,和国家的繁荣富强紧密地必然地联系在一起。"④从当代西方经济学流派来看,无论是以"经理革命"理论著称的制度经济学,还是以高度关注全体社会成员经济福利而著称的福利经济学,从根本上看,它们不仅是以维护富人利益为前提,而且是为不断扩大资本积累、增加富人利益服务的。所有这些,都十分清楚地表明经济利益始终是经济学理论的核心。

二、共享利益:现代社会主义经济学的核心

同其他一切经济学一样,社会主义经济学的核心也是经济利益。社会主义经济学是以最广大人民利益为核心的经济学,这是社会主义经济学的根本特征之所在。然而,在不同的历史条件下,社会主义经济学具有其不同理论形态,因而也具有其不同的具体利益观。100多年来,社会主义经济学经历了三大发展阶段,采取了三种不同的理论形态,即马克思主义创始人的经典社会主义经济学,斯大林模式为代表的传统社会主义经济学,以

---

① 《政治经济学及赋税原理》,第3页。
② 同上书,第106页。
③ 李嘉图:《李嘉图著作和通信集》第4卷,商务印书馆1980年版,第22页。
④ 马尔萨斯:《政治经济学原理》,商务印书馆1962年版,第55页、第101页。

邓小平理论为代表的现代社会主义经济学。从其具体的利益观来看,经典社会主义经济学所倡导的是全体社会成员不可分割的共同利益,即"社会利益观";传统社会主义经济学所着重坚持的是以广大人民的整体利益名义出现的国家利益,即"国家利益观";现代社会主义经济学则强调全面协调各种利益关系,使全体人民共享经济发展成果,即"共享利益观"。对上述三种社会主义经济学的三种不同的利益观进行认真的比较、分析,对于我们科学地进行社会主义经济学研究,有效地推进社会主义现代化建设具有十分重要的理论意义与现实意义。

根据马克思主义创始人的观点,在未来社会主义社会,全体社会成员将自由地结合成为一个社会性的经济共同体,或"自由人联合体"。在这一经济共同体中,生产资料是全体社会成员联合占有的共同财产,劳动过程是全体社会成员参加与民主管理的联合劳动,劳动产品是由社会占有的共同产品。从总体上说,马克思主义创始人的利益观是实现与增进全体社会成员的共同利益,共同利益观是经典社会主义经济学的核心。在经典社会主义经济理论体系中,属于支配地位并起主导作用的是全社会成员的共同利益。生产资料的共同占有既是全社会成员共同利益的基础又是其根本的共同利益;生产过程的共同参与和民主管理是实现全社会成共同利益的条件与保证;社会新产品的集中分配和共同使用是全社会成员共同利益的实现。因此,经典社会主义经济学是围绕全社会成员共同利益这一核心而建立起来的经济学理论体系。

以斯大林模式为代表、以传统社会主义政治经济学教科书为蓝本的传统社会主义经济学,是高度集权的经济体制的集中化的理论表现。从所有制理论来看,传统社会主义经济学以"全民所有制"的名义强调和突出国家所有制的地位和作用;在经济体制方面,传统社会主义经济学主张与坚持实行集权化与行政化的经济体制;在经济发展目标上,传统社会主义经济学把国家经济发展目标置于广大人民的物质文化生活需要之上;在经济利益分配方面,传统社会主义经济学的利益取向是优先实现并重点保证整体利益,即国家利益。因此,传统社会主义经济学是以国家利益为核心的经济理论。

从我国社会主义初级阶段的基本国情与经济发展的现实要求来看,经典社会主义经济学的"社会利益观"显然是不具备其实现的必然性的;从社会主义的本质与目标来看,传统社会主义经济学的"国家利益观"显然是不具备其实现的合理性的。社会主义初级阶段的社会性质和基本国情以及时代要求,都决定了社会主义经济学理论应当创新,社会主义经济学的利益观必须更新。换言之,在我国改革开放和社会主义现代化建设的新的历史条件下,社会主义经济学理论及其利益观应当与时俱进,全面创新。笔者认为,根据我们党的基本价值取向与时代发展特征,应当在理论创新的基础上创立现代社会主义经济学,其核心应当是全体人民共同分享经济发展的成果的"共享利益观"。对此,邓小平明确提出:"社会主义的本质,是解放生产力,发展生产力,消灭剥削,消除两极分化,最终达到共同富裕。"江泽民在党的十五大报告中提出:"建设有中国特色社会主义的经济,就是在社会主义条件下发展市场经济,不断解放和发展生产力。这就要坚持和完善社会主义公有制为主体、多种所有制经济共同发展的基本经济制度;坚持和完善社会主义市场经济体制,使市场在国家宏观调控下对资源配置起基础性作用;坚持和完善按劳分配为主体的多种分配方式,允许一部分地区一部分人先富起来,带动和帮助后富,逐步走向共同富裕;坚持和完善对外开放,积极参与国际经济合作和竞争。保持国民经济持续快速健康发展,人民共享经济繁荣成果。"[①]江泽民的这一论述,既是我们党社会主义初级阶段的经济纲领,又是我国现代社会主义经济学理论的主要内容。这一纲领和理论的核心是发展国民经济、全体人民共享其经济繁荣成果,即坚持共享利益观。所谓共享利益,其对象是一定时期内社会新创造的价值,即国民收入。共享利益的含义,是指在一定量国民收入及其增量中,全体人民根据效率优先、统筹兼顾的原则各得其所、利益共享。所谓效率优先原则,就是在按劳分配与按生产要素分配相结合的分配制度下,按照每个劳动者及其他生产要素在生产过程中的贡献来进行国民收入的分配,使个人收入与其贡献程度相适应,以实现和保障广大劳动者和各种要素所有者的经济利益。所谓统筹兼顾,就是在国民收入的分配过程中,全面协调各种利益关系,根据各种不同机构和团体在经济发展及社会生活中的地位和

[①] 《江泽民文选》第2卷,第17页。

作用,实现并保障其相应的经济利益。现代社会主义经济学的共享利益观,不同于以往社会主义经济学的利益观,其主要特点在于它所要实现的不是某一主体的片面的经济利益,而是包括各种主体在内的综合经济利益;它所强调的不是某一主体经济利益的重要性,而是各种主体经济地位的平等性及其经济利益关系的合理性。共享利益观,既是同我国现阶段多样化的所有制形式、多样化的经济组织形式和经营方式相适应的,也是以我国现阶段多样化的就业方式和多样化的利益主体为基础的。因此,共享利益观是与我国基本国情与时代特征相适应的现代社会主义经济学理论的基本价值取向与政策取向。

三、共享利益观的确立:理论来源与经验基础

共享利益观的提出,不仅是我国现阶段基本国情与时代的要求,而且也有着坚实的理论基础与实践基础。从其理论基础来看,马克思主义经济学关于共享利益的思想是共享利益观确立的主要的理论依据与来源。同时,西方经济学中蕴涵的共享利益思想内容,也为共享利益的确立提供了必要的思想材料。具体说来,马克思主义经济学的劳动价值论、剩余价值论、合作制理论等都为共享利益观奠定了坚实的理论基础。马克思的劳动价值论认为,凝结在商品中的抽象劳动是形成价值的实体,生产商品所耗费的活劳动是形成价值的源泉。既然如此,活劳动的提供者即劳动者就应当参与新价值的分配,从而分享国民收入的一部分。并且,由于劳动者的劳动有简单劳动与复杂劳动之分。因此,一方面简单劳动者与复杂劳动者作为活劳动的提供者都应参与新价值的分配,另一方面复杂劳动者作为更多劳动的提供者和更多价值的创造者理应分享到更多的收入。在现代社会中,复杂劳动者作为人力资本的所有者,不仅应当获得其一般劳动收入,而且应当拥有剩余索取权,分享到相应的资本收入。

根据马克思主义经济学的剩余价值论,剩余价值虽然来源于工人的剩余劳动,但却表现为资本的产物,即利润。它首先由产业资本家占有,并通过部门内部和部门之间的竞争而形成平均利润。平均利益实际上剩余价值在产业资本之间重新分配,其分配的规则是等量资本获得等量利润。平均利润这一范畴,充分体现了产业资本家之间瓜分剩余价值、共

同分享工人剩余劳动的成果的利益关系。马克思的剩余价值论还进一步分析了产业利润、商业利润、利息和企业主收入以及地租等剩余价值论还进一步分析了产业利润、商业利润、利息和企业主收入以及地租等剩余价值的各种具体形式,阐明了各种资本的所有者和土地所有者凭借其所有权来共同瓜分剩余价值、共同分享工人剩余劳动成果的经济利益关系。在这里,马克思已经指出:各种资本的所有者和土地所有者之所以能够共同分享剩余价值,不仅是以其各自的所有权为基础的,同时也是以各种资本的职能为根据的。产业资本之所以首先占有并分享到一部分剩余价值作为产业利润,是因为它执行着生产商品从而生产剩余价值的职能;商业资本之所以能够从产业资本那里瓜分一部分剩余价值作为商业利润,是因为它执行着出售商品从而实现剩余价值的职能;借贷资本之所以能够从职能资本那里瓜分一部分剩余价值作为利息,是因为它向职能资本让渡了资本能够带来剩余价值这一使用价值。"贷出的货币的使用价值是:能够作为资本执行职能,并且作为资本在中等条件下生产平均利润。"①土地所有者之所以能够从农业资本家那里获取一部分剩余价值(超额利润)作为地租收入,是因为他向后者转让了土地经营权,并且级差地租Ⅰ的产生就是以投入肥沃程度和位置不同的土地的资本的不同生产率为基础的。所有这些都清楚地表明:各种资本所有者和土地所有者之所以共同分享剩余价值;也是以其资本、土地等生产要素在生产过程中所执行的职能和所发挥的作用为依据的。因此,这里通行的是按生产要素分配原则,这种要素化分配制度本身就包含和体现着各种要素所有者之间各得其所、利益共享的经济关系。

西方经济学流派众多,其理论内容也相当丰富,从共享利益的角度来梳理则可以看到萨伊的"三要素论"、马歇尔的"四要素论",舒尔茨的"人力资本论"等都蕴涵着共享利益的思想。从萨伊的"三要素论"来看,萨伊认为,劳动、资本(生产工具)和自然(土地)是商品生产的三要素,同时也是商品价值的创造者,生产三要素是价值的源泉。因此,三种生产要素的所有者都理应得到他们各自创造的价值作为其收入,工人得到工资收入,资本

---

① 《马克思恩格斯全集》第25卷,人民出版社1974年版,第394页。

家得到利息收入,土地所有者得到地租收入。马克思把萨伊的这种模式称之为"三位一体公式",即劳动——工资、资本——利息、土地——地租。对于萨伊的这一"三位一体公式",我们首先必须看到而不能否定它的庸俗性。它的庸俗性在于:它不是以劳动价值论而是以效用价值论为基础的,因而否定了劳动是价值的唯一源泉;它不是以承认资本家和土地所有者对劳动者的剥削而是以否认这种剥削为核心的,因而它是一种为资本家阶级和土地所有者阶级利益服务的辩护性理论。同时,我们也应当看到它的一定的合理性,"三位一体"公式毕竟为我们提供了一个关于收入分配之依据的理论解释。毫无疑问,劳动是创造价值的唯一源泉。但是,价值的形成是一个相当复杂的过程,需要各种生产要素的相互配合与协调作用。因此,价值形成类似于一个"团队"生产方式,无论离开了哪一个生产要素,价值形成过程都难以正常进行。劳动、资本、土地这三种生产要素在生产和价值形成过程中各自发挥着特定的作用:土地为人们进行劳动、创造价值提供场所,资本(生产资料)是劳动者进行劳动、创造价值不可或缺的物质条件,劳动则是价值的源泉,耗费在商品生产上的抽象劳动是形成价值的实体。既然各种生产要素在价值形成过程中都发挥了自身的作用,产品是各种生产要素共同作用的结晶,那么在产品售出、其价值得到实现之后,必然存在于一个各种生产要素的所有者共同参与新价值分配的分配过程,必然形成一种各生产要素所有者之间利益共享的经济关系。由此可见,萨伊的"三要素论"尽管有其庸俗性但却为共享利益观的确立提供了必要的思想材料。

马歇尔认为,国民收入是劳动、资本、土地、组织等四个要素共同创造的,所以应当在这四个要素所有者之间进行分配。马歇尔的"四要素论"所蕴含的共享利益思想包括两方面内容一是劳动、土地、资本与组织四种要素对创造国民收入各有贡献,因而其所有者都应参与国民收入分配,各得其所,共同分享收入及其增加所带来的经济利益。二是在四种要素中,组织即企业家的经营管理发挥日益重要的作用,因而应当享有剩余索取权的收益。马歇尔关于企业家凭借经营管理才能获得经营利润的思想即对企业家个人人力资本价值及其利益的承认,也有力地支持了企业家与其他生产要素所有者共享利益的观点。因此,马歇尔的"四要素论"为共享利益论提供了一定的理论依据。

舒尔茨的"人力资本"理论也蕴涵着共享利益的思想。舒尔茨认为,人力资本是指人的知识、技巧和才能,它们促进人的生产能力的提高。

在上述共享利益思想的启发下,结合我国及世界各国经济发展的实践经验,我们认为,我们应当明确地提出:经济利益是经济学的核心,共享利益观是现代社会主义经济学的核心。这是因为,共享利益观的确立不仅具有坚实的经济学理论基础,而且也具有现代经济发展的客观的经验基础。在传统的资本主义社会(即自由竞争时期的资本主义社会),企业的剩余为资本的所有者(资本家)所独自占有;在传统的社会主义社会(即计划经济背景下的社会主义社会),企业的剩余归国家集中拥有。然而,在现代经济发展中,无论是资本主义还是社会主义社会,剩余的归属都出现了不容忽视的变化。尽管这些变化的性质不同,但其基本趋向都是一致的,即剩余的归属由私人或国家的独自占有或集中占有转变为社会公众共同享有。首先,在私有制仍然是财产关系基础的现代资本主义社会,出现了资本家向社会公众让出部分剩余的变化。在传统的资本主义社会,资本家独占剩余价值索取权是"天经地义"的现实存在。然而,随着股份制的形成和发展以及政府对经济活动的干预加强,20世纪以来,资本家独占剩余价值索取权的局面开始改变。其主要表现有四个方面:其一,资本家通过向经营者让渡部分剩余索取权而让出部分剩余。在现代资本主义大中型企业中,经理阶层不仅拥有相当大的经营管理权,而且还享有一定的剩余索取权。这种剩余索取权一是表现为经理拥有一定的股权与期权,因而在一定程度上作为企业的所有者而拥有剩余索取权和经理们获得高额薪酬。在现代发达资本主义国家,经理阶层的工资和奖金往往是一般职工的几十倍,如此高额的薪酬,无疑包含有经营者对企业剩余的分享;其二,资本家向普通职工让渡部分剩余索取权,因而使职工分享到一部分企业剩余。20世纪60年代以来,西方许多国家推广了"职工持股计划"从广大职工持有其企业的股份并由此获取所有权收益。职工持股计划使职工作为劳动者而拥有企业的股权和剩余索取权,这就开辟了职工凭自己的劳动和技能分享剩余的途径。职工持股计划与经理人员的股权、期权制,使资本主义企业由传统"支薪制公司"转变为现代的"分享制公司";其三,资本家向机构法人让渡部分剩余索取权而让出部分剩余。20世纪初期,资本主义国家上市公司的股权绝大部分为私人拥有。然而,自20世纪中叶以来,私人持股比例逐渐下降,各种养老基金、共同基金和保险公司一类的机构(法人)持股比例不断上升。尽管机构持股并未改变私有制的本质,但它却削弱了少数私人资本所有者对企业剩余的独占;其四,资本家向社会让渡部分剩余索取权而让出部分剩余。这种让渡主要表现在税收的变化上。自20世纪以来,资本主义国家的税收发生了一些新的变化:一是普遍实行了个人累进所得税,二是开征了累进的遗产与馈赠税。这些征税大多用于社会福利与社会保障开支,因而反映了资本家向社会让出了部分剩余,由此表明共享利益是现代经济发展的客观趋势。

从现代社会主义经济发展来看,随着非公有制经济的发展和公有制实现形式的多样化,剩余索取权由以往的国家集中拥有逐渐变为社会公众的共同享有。改革开放以来,经济利益的共享趋向主要表现为三个方面:一是私营企业主开始拥有剩余索取权。私营企业是以雇佣劳动为基础的企业,其职工所创造的新价值除支付职工的工资外,剩余部分主要作为资本所有者收益(利润)归私营企业主占有。这表明,在社会主义社会的国民收入中,私营企业主以资本所有者身份分享到相当一部分收入;二是经理人员和技术人员开始拥有股权、期权,以及实行经理人员"年薪制"从而拥有一部分剩余索取权,由此分享到企业一部分剩余;三是在股份制、股份制企业中,广大职工以个人拥有的股权参与企业剩余的分配,从而分享到一部分剩余。20世纪80年代以来我国推行的一系列"藏富于民"政策,不仅是对国家独占剩余索取权形式的一种改革,而且是对如何分享收益的一种探索。我国社会主义经济改革与发展的实践经验表明:现代社会主义经济学既不能教条化地照搬经典社会主义经济学的"社会利益观",也不能继续坚持传统社会主义经济学的"国家利益观",更不能盲目地崇信资产阶级经济的"个人利益观",因而应当确立全体人民共享经济发展成果的"共享利益观"。坚持共享利益观,不仅是坚持与体现社会主义本质的根本要求,而且是由我国基本国情与时代要求所决定的必然选择。因此,共享利益观是现代社会主义经济学的核心。确立共享利益观,可以全面实现社会主义经济学的理论创新,可以有力地推动社会主义经济发展中的体制创新与科技创新。因此,共享利益观的确立具有十分重大的理论意义与非常重要的现实意义。

从理论创新方面来看,传统社会主义经济学,无论是其所有制理论、分配理论还是其经济体制论,都是以国家利益观为核心而建立和展开的。很显然,要实现理论创新、构建现代社会主义经济学,就必须首先实现利益观的转变,确立共享利益观,以此作为现代社会主义经济学的核心。在此基础上,实现社会主义所有制理论、分配理论与经济体制理论的重大突破与全面创新,围绕共享利益观构建崭新的现代的社会主义经济学理论体系。从现实上来看,共享利益观的确立对于社会主义经济改革、发展和现代化建设具有十分重要的推动作用。共享利益观的确立,可以进一步推动多种所有制的发展和公有制实现形式的多样化,实现所有权的多元权、社会化,从而进一步完善社会主义初级阶段的基本经济制度。共享利益观的确立,为把按劳分配与按生产要素分配结合起来提供了坚实的思想理论基础,从而有利于分配制度的完善。共享利益观的确立,可以打破不同所有制的界限,促进经济资源的全面社会化和市场化,从而进一步完善社会主义市场经济体制。共享利益观的确立,可以保证全体人民共享经济繁荣成果,充分调动社会各个方面的积极性,从而进一步解放与发展社会生产力,促进国民经济持续快速健康发展。

复习思考题

一、名词解释

经济利益　　共同富裕论　　阶级利益论　　国家利益论　　个人利益论

二、问答题

1. 中国共产党人对马克思主义经济利益理论的贡献。
2. 西方经济学关于经济利益的主要理论。

三、论述题

马克思主义和西方经济利益理论的比较研究。

第二章 生产力理论比较研究

生产力理论是经济理论的重要组成部分,马克思主义和西方经济学都很重视生产力理论,对两者进行比较,对我们大力发展生产力,有重要的理论意义和现实意义。

第一节 马克思主义的生产力理论

马克思主义最注重发展生产力,因此,马克思主义也最重视生产力理论。马克思主义生产力理论主要是马克思的生产力理论,恩格斯、列宁、斯大林在生产力理论上也做出了贡献。

一、马克思主义生产力理论的主要内容

(一) 关于生产力的概念

恩格斯在1843年出版的《政治经济学批判草稿》中开始使用生产力范畴;马克思在李斯特著作摘录(可能是1843年末至1844年初)和斯密著作摘录(1844年春)的笔记中,也使用了这个范畴。关于生产力的比较成熟的理论见解,则首次出现在马克思、恩格斯合著的《德意志意识形态》一书中。随后,马克思在《哲学的贫困》《政治经济学批判—序言》以及和恩格斯合著的《共产党宣言》中逐步发展和完善了关于生产力的理论。在《资本论》中,对生产力理论作了充分的发挥。因此,可以把《资本论》看成马克思主义生产力理论确立和成熟的标志。

什么是生产力?马克思在《资本论》中指出:"生产力当然始终是有用

的具体的劳动的生产力"①。这就是说,生产力是人的具体劳动创造社会财富的能力。

生产在任何时候都是社会的生产。为了对生产力进行深入观察,马克思确立了社会生产力的概念。马克思把来自生产社会性、来自作为社会过程的生产、来自作为"共同活动方式"的生产、来自"生产过程的社会结合"②、来自"劳动过程的协作性质"③等这些新的生产能力叫作社会生产力。在《资本论》,主要是在1857—1858年手稿中,社会生产力概念得到了充分的论述。马克思通常列举的社会生产力包括:协作、分工、机器、科学、自然力的利用。

协作、分工、机器与资本主义生产方式(简单协作、工场手工业、大工业)生产力发展的三个阶段相适应,它们在历史上,在资本主义产生和发展的三个完全不同的阶段分别按顺序起着决定性的作用。在发达的资本主义阶段,这三种社会生产力是共存的。马克思认为,协作"这是基本形式;分工以协作为前提或者只是协作的有专业划分的方式";"分工是一种特殊的、有专业划分的、进一步发展的协作形式……简单协作是完成统一工作的许多工人的联合劳动";"分工则是进行不同操作、不同工作以及特殊劳动的许多工人的协助"④。马克思指出,由于机器(以至工厂和机器体系)作为社会生产力以及生产过程的自动化引起了直接劳动(特别是体力劳动)作用的原则性的变化,劳动表现为不再像以前那样被包括在生产过程中,相反地,表现为人以生产过程的监督者和调节者的身份同生产过程本身发生关系,工人不再是生产过程的主要当事者,而是站在生产过程的旁边。

随着机器生产的发展,科学开始直接影响物质生产。马克思预见了科学作为社会生产力在社会生产中的重要作用。他说:"随着大工业的发展,现实财富的创造较少地取决于劳动时间和已消耗的劳动量,较多地取决于在劳动时间内所运用的动因的力量,而这种动因自身……却取决于一般的

---

① 《马克思恩格斯全集》第23卷,第59页。
② 同上书,第53页。
③ 同上书,第556页。
④ 《马克思恩格斯全集》第47卷,人民出版社1979年版,第290—291页、第301页。

科学水平和技术进步,或者说取决于科学在生产上的应用。"①现代社会经济的发展已经充分证明了马克思的这一真理。

最后,生产作为社会生产还包括生产者之间的一定交往,马克思和恩格斯把交往的某些物质资料(交通、交换和通信工具)作为广义的生产资料而看成是生产力的组成部分,并认为其中的铁路、轮船、电报等这类交往资料属于社会生产力。

(二) 生产力的要素

马克思在考察一般劳动过程时曾指出:"劳动过程的简单要素是:有目的的活动或劳动本身,劳动对象和劳动资料。"②由于有目的的活动或劳动本身的执行主体是劳动者,因此劳动过程的构成要素实际上就是劳动、劳动对象和劳动资料。劳动过程就是劳动者通过有目的的活动把劳动对象改造成所需要的产品。劳动过程的这三个要素实际上就是生产力构成的三要素。

劳动、劳动资料和劳动对象是生产力要素的统一体,尽管它们在生产力的实现过程中起着不同的作用,但如缺少统一体中的任何一个要素,就没有生产过程,也就无所谓现实的生产力了。正如马克思所说的:"不论生产社会形式如何,劳动者和生产资料始终是生产的因素。但是,二者在彼此分离的情况下生产只在可能性上是生产因素。凡要进行生产,就必须使它们结合起来。"③

(三) 生产力的内在源泉

生产力是社会发展中的决定性力量,生产力本身的发展又依靠什么呢?除了生产力关系和上层建筑对它的反作用力外,生产力的发展还有其内在的源泉。

马克思指出:"劳动生产力是由多种情况决定的,其中包括:工人的平均熟练程度,科学的发展水平和它在工艺上应用的程度,生产过程的社会结合,生产资料的规模和效能,以及自然条件。"④"从这些社会劳动形式发

---

① 《马克思恩格斯全集》第 46 卷下册,第 217 页。
② 《马克思恩格斯全集》第 23 卷,第 202 页。
③ 《马克思恩格斯全集》第 24 卷,第 44 页。
④ 《马克思恩格斯全集》第 23 卷,第 53 页。

展起来的劳动生产力,从而还有科学和自然力,也表现为资本的生产力"①。"科学、巨大的自然力、社会的群众性劳动都体现在机器体系中"②。"奢侈品工业的劳动生产率,它增长的原因也只能和其他所有生产部门一样:要么由于取得奢侈品原料的自然仓库……要么由于采用分工,或者特别是使用机器(以及改进的工具)和自然力。(工具的改进和工具的分化一样属于分工。)(化学过程也不应当忘记。)"③从马克思的这些论述中可以看出:生产力的内在源泉是劳动力、科学力和自然力。

1. 劳动力是最强大的生产力,是首要的生产力。这是因为,作为劳动力存在主体的人是一个能动的因素;人能够运用自己的智力,认识自然和改造自然。所以,在人类社会发展的一切阶段上,劳动力始终是最基本的生产力。

2. 科学力是一种潜在的或间接的生产力,是知识形态的生产力,但科学可以通过生产工具、劳动者、劳动对象等转化为直接生产力。马克思说过:"大工业则把科学作为一种独立的生产能力。"④

3. 自然力。自然力包括:(1)自然界本身就存在的一种力量(例如,风力、水力、蒸汽、电力等等)。(2)自然条件的生产率。自然力总是和劳动生产力相结合而并入生产过程。

劳动力、科学力和自然力是生产力的内在源泉,并不是说它们是生产力的现实要素。它们必须转化为现实的生产要素,并且结合起来,才能形成为物质的生产力。劳动力转化为现实的生产要素就是劳动;科学力可以通过劳动者、劳动工具、劳动对象等转化为现实的生产要素,但科学力的主要物质体现者是劳动工具;自然力转化为现实的生产要素主要是劳动对象。

(四) 生产力的发展阶段

马克思通过对社会资本再生产过程、资本再生产的实质、内部矛盾及其运动规律的分析,阐明了社会生产力运动发展的规律。对资本主义社会

---

① 《马克思恩格斯全集》第26卷第1册,人民出版社1972年版,第420页。
② 《马克思恩格斯全集》第23卷,第464页。
③ 《马克思恩格斯全集》第26卷第3册,人民出版社1974年版,第385页。
④ 《马克思恩格斯全集》第23卷,第400页。

生产力的发展,还划分为协作、工场手工业和机器大生产、自动化四个历史阶段进行考察。

第一个阶段是简单协作。马克思认为,简单协作在"历史上和逻辑上都是资本主义生产的起点"。简单协作提高了劳动生产率,其原因"是由于提高劳动的机械力,是由于扩大这种力量在空间上的作用范围,是由于与生产规模相比相对地在空间上缩小生产场所,是由于在紧急时期短时期短时间内动用大量劳动,是由于激发个人的竞争心和集中他们的精力,是由于使许多人的同种作业具有连续性和多面性,是由于同时进行不同样的操作,是由于共同使用生产资料而达到节约,是由于使个人劳动具有社会平均劳动的性质,在所有这些情形下,结合工作日的特殊生产力都是劳动的社会生产力或社会劳动的生产力"①。

第二个历史阶段是工场手工业。工场手工业的基本特征是在劳动过程中实行了分工,在分工的基础上进行劳动协作。工场手工业具有许多简单协作所不具备的优点:一是工场内部实行分工后,由于工人反复从事同一种操作,注意力集中、技术熟练,有利于改进工作方法和积累生产经验,这种劳动的专业化提高了劳动生产率;二是分工使劳动工具的种类和式样增多,改进得更加适合专门操作的需要;三是分工节省了产品运输时间;四是工场手工业加强了劳动强度,使每个人的劳动更具有社会平均劳动的性质。

第三个阶段是机器大工业。机器的广泛使用和机器生产的发展使资本主义生产过程有了许多新的变化:"机械的工具"代替了"人手的工具",因而在使用上就不受劳动者的技巧和生理器官的限制;自然力代替并扩大了人力;对科学技术运用代替了凭经验进行生产活动;机器本身的协作代替了劳动者之间的协作。所有这些,都促进了劳动生产率的迅速提高。

第四个阶段是自动化。马克思没有明确提生产力发展的第四阶段是自动化,但是实际上有这样的含义。马克思在《资本论》第1卷第十三章论述机器和大工业时指出:"当工作机器不需要人的帮助就能完成加工原料

---

① 《马克思恩格斯全集》第23卷,第366页。

所必需的一切运动,而只需要人从旁照料时,我们就有了自动的机器体系。"①

(五)生产力是社会发展的根本动力

在马克思之前,资产阶级学者也曾研究过社会历史变化的动因问题。但他们往往把社会变化归因于人的心理因素,或者是人的天性、本能、习惯、欲望等等;他们始终徘徊在唯心主义历史观的圈子里。只有马克思从生产力的发展揭示了人类社会发展的规律,发现了历史发展的根本动因。

马克思指出:"人们不能自由选择自己的生产力——这是他们的全部历史的基础,因为任何生产力都是一种既得的力量,以往的活动的产物。……单是由于后来的每一代人所得到的生产力都是前一代人已经取得而被他们当做原料来为新生产服务这一事实,就形成人们的历史中的联系,就形成人类的历史。"②这里,马克思肯定了生产力的客观性,认为这种不以人的意志为转移的生产力发展的历史过程造就了人类的历史。人类社会就是建立在一定的物质生产力发展基础上的,"人们在自己生活的社会生产中发生一定的、必然的、不以他们的意志为转移的关系,即同他们的物质生产力的一定发展阶段相适应的生产关系。这些生产关系的总和构成社会的经济结构,即有法律的和政治的上层建筑竖立在其上并有一定的社会意识形式与之相适应的现实基础。物质生活的生产方式制约着整个社会生活、政治生活和精神生活的过程"③。

人类社会历史始终是人类从事物质生产的历史,是生产力不断发展的历史。生产关系决定于生产力的发展,当生产关系不能适应发展了的生产力时,其将被打破而由新的适应发展了的生产力的生产关系所代替。马克思抓住了生产力这一社会历史最根本的因素,科学地解释了社会发展的根本原因,创立了唯物主义社会发展史观。对于马克思的这一伟大成绩,列宁概括道:"只有把社会关系归结于生产关系,把生产关系归结于生产力的高度,才能有可靠的根据把社会形态的发展看做自然历史过程。"④斯大林

---

① 《马克思恩格斯全集》第 23 卷,第 418 页。
② 《马克思恩格斯全集》第 27 卷,人民出版社 1972 年版,第 477—478 页。
③ 《马克思恩格斯选集》第 2 卷,第 82 页。
④ 《列宁选集》第 1 卷,人民出版社 1972 年版,第 8 页。

坚持和发展了马克思的上述光辉思想,指出生产力是生产中最活跃、最革命的因素,是生产发展的决定因素;随着社会生产力的变化和发展,人们的生产关系和经济关系也相应地发生变化;同时,生产关系对生产力有反作用,可以加速或延缓它的发展。斯大林还把这思想概括为"生产关系一定要适合生产力性质的规律"。

在唯物史观的指导下,马克思对生产力特别是以机器生产方式为特征的资本主义社会生产力作了深入的考察,剖析了资本主义私有制与生产社会化的尖锐矛盾,以及资本主义必然走向灭亡、最终实现共产主义的必然性。

第一,资本主义社会生产力的发展为一个更高级的生产形式创造了物质条件。马克思在《资本论》中不止一次地指出,资本主义客观的历史任务在于发展社会生产力,是资本的历史任务和存在理由。使消灭资本主义生产方式成为可能的和必要的。他写道:"发展社会生产力,是资本的历史任务和存在理由。资本正是以此不自觉地为一个更高级的生产形式创造物质条件。"[①]马克思还指出了资本主义生产的主要特点:生产资料集中在少数人手中,从而它们被转化为社会生产力;劳动本身由于协作、分工及劳动和自然科学的结合而组织成为社会的劳动;世界市场的形成[②]。这些社会化的大生产客观上要求消灭私有制和实现社会主义和共产主义。当然,作为物质前提,不仅指发展社会生产力本身,还包括组织劳动,应用科学和发展交往等社会生产力特殊组成部分的物质(技术)生产关系。马克思指出,在资产阶级社会中,"产生出一些交往关系和生产关系,它们同时又是炸毁这个社会的地雷……如果我们在现在这样的社会中没有发现隐蔽地存在着无阶级社会中所必需的物质生产条件和与之相适应的交往关系,那么一切炸毁的尝试都是唐·吉诃德的荒唐行为"[③]。现代制度"造成对社会进行经济改造所必需的种种物质条件和社会形式"[④]。

第二,资本主义到共产主义的过渡时期,只有发展生产力才能彻底消

---

① 《马克思恩格斯全集》第25卷,第288—289页。
② 《马克思恩格斯全集》第25卷,第296页;第26卷第3册,第469页。
③ 《马克思恩格斯全集》第46卷上册,第106页。
④ 《马克思恩格斯全集》第16卷,人民出版社1964年版,第169页。

灭私有制。即使在大机器生产占据统治地位的资本主义国家,大机器生产也不是唯一的物质(技术)生产方式,还存在着其他形式的生产方式,因此,生产资料私有制不可能很快被消灭。据此,马克思和恩格斯在《共产主义原理》《共产党宣言》和以后的著作中指出这样一种思想:在资本主义到共产主义的过渡时期,有必要进一步发展生产力。随着过渡时期生产力的进一步发展,消灭私有制的过程也可以进行到底。这个过程应该从大工业和大农场的公有化(改为无产阶级国家所有)开始。

(一) 恩格斯对生产力理论的贡献

恩格斯指出劳动生产率增长是人类社会的普遍规律。恩格斯指出:"活劳动的份额减少,过去劳动的份额增加,但结果是商品中包含的劳动总量减少……因此,加入商品的劳动总量的这种减少,好象是劳动生产力提高的主要标志,无论在什么社会条件下进行生产都一样。在生产者按照预定计划调节生产的社会中,甚至在简单的商品生产中,劳动生产率也无条件地要按照这个标准来衡量。"①这就是说在任何社会都有一个提高劳动生产率的问题。

(二) 列宁对劳动生产率理论的重要论断

马克思恩格斯曾深刻地阐述了劳动生产率提高的规律;但是他们主要考察的是资本主义制度下的劳动生产率。列宁根据马恩的劳动生产率理论,研究了社会主义社会的劳动生产率问题,进一步丰富和发展了这一理论。

1. 社会主义能够创造高于资本主义的劳动生产率。当前一个社会形态向后一个社会形态过渡时,劳动生产率的增长速度会加快。列宁根据革命前俄国工农业劳动生产力水平的材料,考察了前资本主义和资本主义发展条件下这些部门的劳动生产率,指出:"农奴制的特点是:世世代代的停滞,劳动者的闭塞无知,劳动生产率很低。资本主义的特点则是:经济和社会的发展非常迅速,劳动生产率大大提高……"②列宁还进一步指出:"资本主义可以被彻底战胜,而且一定会被彻底战胜,因为社会主义能造成

---

① 《马克思恩格斯全集》第25卷,第290—291页。
② 《列宁全集》第20卷,第297页。

新的高得多的劳动生产率。"①

2. 社会主义的根本任务就是提高劳动生产率。早在十月社会主义革命以前,列宁就提出了在劳动生产率水平上赶上资本主义国家的任务。1918年他又把提高劳动生产率作为创造高于资本主义社会的社会经济制度的根本任务,并指出:"社会主义应该按照自己的方式,用自己的方法——更具体些说,按照苏维埃的方法——来实现这种超过。"②列宁所讲的"自己的方式"是指:① 要有更高形式的劳动组织。他认为,为了提高劳动生产率,苏维埃共和国应当改造资本主义的劳动组织制度,建立科学的劳动组织制度。② 发展群众的文化教育事业。③ 提高劳动者的纪律。社会主义劳动纪律是对劳动者的信任和组织性的纪律,是相互尊重的纪律,是发挥独创性和主动性的纪律。④ 开展社会主义竞赛。"社会主义不仅不窒息竞赛,反而破天荒第一次造成真正广泛地、真正大规模地运用竞赛的可能,把真正大多数劳动者吸引到这样一个工作舞台上来,在这个舞台上,他们能够大显身手,施展自己的本领,发挥自己的才能。"③⑤ 社会主义计划化。列宁认为计划化对于节约社会劳动和集中领导经济具有头等重要意义,提出了统一国民经济计划的思想。这个思想在全俄电气化计划和以后年代的苏联发展国民经济的五年计划中得到了具体实现。

(三)斯大林提出生产关系一定要适合生产力性质的规律

斯大林比较充分地阐述了生产力决定生产关系的原理,探讨了生产力的结构及其发展规律。他认为,生产力是生产中最活跃、最革命的因素,是生产发展的决定因素。随着社会生产力变化和发展,人们的生产关系和经济关系也相应地发生变化。同时,生产关系对生产力有反作用,可以加速或延缓它的发展。斯大林的这一"生产关系一定要适合生产力性质的规律",是对马克思主义生产力理论的贡献。但是,斯大林把政治经济学这门学科的研究对象局限为生产关系,否认生产力规律是经济规律的组成部分,认为生产力的

---

① 《列宁选集》第4卷,第16页。
② 《列宁选集》第3卷,第501页。
③ 同上书,第392页。

合理组织是"生产工艺学""社会组织技术"之类的东西①。

二、邓小平对马克思主义生产力理论的发展

(一) 社会主义的根本任务是发展生产力

邓小平同志根据马克思主义基本原理,总结我国社会主义建设的经验教训,不仅指出:"我们的政治路线,是把四个现代化建设作为重点,坚持发展生产力,始终扭住这个根本环节不放松。"②而且最鲜明地提出:社会主义的根本任务就是发展生产力,并从多方面作了科学的阐述。

1. 马克思主义的基本原则就是要发展生产力。无产阶级夺取政权后的根本任务,可以用一句话来概括:集中力量发展生产力。

马克思恩格斯在《共产党宣言》中曾明确指出:无产阶级上升为统治阶级以后,"将利用自己的政治统治,一步一步地夺取资产阶级的全部资本,把一切生产工具集中在国家即组织成为统治阶级的无产阶级手里,并且尽可能快地增加生产力的总量"③。邓小平同志深刻领会马克思主义的精神实质,鲜明地指出:"马克思主义的基本原则就是要发展生产力。"④"一个真正的马克思主义政党在执政以后,一定要致力于发展生产力。"⑤这就是说,当无产阶级取得国家政权以后,特别是在生产资料私有制的社会主义改造基本完成之后,就要以经济建设为中心,大力发展生产力。

2. 从解决社会主义主要矛盾来看,也必须大力发展生产力。当无产阶级取得政权,生产资料的社会主义改造基本完成,社会主义制度基本确立,剥削阶级作为一个阶级已被消灭之后,社会的主要矛盾发生了变化。党的十三大明确指出:"社会主义初级阶段所面临的主要矛盾,是人民日益增长的物质文化需要同落后的社会生产之间的矛盾。"⑥解决这一矛盾的根本办法,邓小平同志指出:"最主要的是搞经济建设,发展国民经济,发展

---

① 参见《苏联社会主义经济问题》"关于雅罗申柯同志的错误"部分,《斯大林文选》第622页、第629页。
② 《邓小平文选》第3卷,第64页。
③ 《马克思恩格斯选集》第1卷,人民出版社1972年版,第272页。
④ 《邓小平文选》第3卷,第116页。
⑤ 同上书,第28页。
⑥ 《中国共产党第十三次全国代表大会文件汇编》,人民出版社,第10页。

社会生产力。"①

3. 从社会主义制度的巩固、发展和优越性的发挥来看,也必须大力发展生产力。邓小平说:"如果在一个很长的历史时期内,社会主义国家生产力发展的速度比资本主义慢,还谈什么优越性?"②"我们是社会主义国家,社会主义制度优越性的根本表现,就是能够允许社会生产力以旧社会所没有的速度迅速发展,使人民不断增长的物质文化生活需要能够逐步得到满足。"③如果我们不尽快地发展生产力,社会主义制度要想得到巩固,社会主义优越性要想得到人们的信服,这是很困难的。

4. 从摆脱贫穷,提高人民生活水平来看,也必须大力发展生产力。邓小平同志总结我国社会主义建设的历史经验,针对"宁要贫穷的社会主义"的谬论,1985年就指出:"社会主义的首要任务是发展生产力,逐步提高人民的物质和文化生活水平。从1958年到1978年这二十年的经验告诉我们:贫穷不是社会主义,社会主义要消灭贫穷。不发展生产力,不提高人民的生活水平,不能说是符合社会主义要求的。"④1987年4月邓小平又指出:坚持社会主义,首先摆脱贫穷落后状况,大力发展生产力,体现社会主义优于资本主义的特点⑤。所以,只有大力发展生产力,逐步提高人民的物质文化生活水平,才能使广大群众从切身体验中看到社会主义的优越性,使社会主义真正具有吸引力。

5. 从实现共产主义伟大理想来看,也必须大力发展生产力。建设社会主义还不是我们的最终目标,实现共产主义才是我们的最高理想。只有大力发展生产力,才能为将来实现共产主义奠定物质基础。邓小平同志反复说明:"我们讲社会主义是共产主义的初级阶段,共产主义的高级阶段要实行各尽所能、按需分配,这就要求社会主义生产力高度发展,社会物质财富极大丰富。所以社会主义阶段的最根本任务就是发展生产力。"⑥又说:

---

① 《邓小平文选》第2卷,第276页。
② 同上书,第128页。
③ 同上。
④ 《邓小平文选》第3卷,第116页。
⑤ 《邓小平同志重要谈话(1987年2月—7月)》,人民出版社1987年版,第22—23页。
⑥ 《邓小平文选》第3卷,第63页。

"共产主义的第一阶段是社会主义,社会主义就是要发展生产力,这是一个很长的历史阶段。生产力不断发展,最后才能达到共产主义。"①

邓小平同志概括的"社会主义社会的根本任务是发展生产力"的科学论断,坚持和发展了马克思主义,丰富了毛泽东思想。

第一,马克思主义的奠基人马克思、恩格斯以及列宁都十分重视生产力,对无产阶级夺取政权后都应大力发展生产力都有过论述,但是,言简意赅地概括为"社会主义社会的根本任务是发展生产力",这是邓小平的新贡献。

第二,邓小平同志对社会主义社会的根本任务是发展生产力这一马克思主义原理讲得最多、最全面、最深刻。

第三,社会主义社会的根本任务是发展生产力,既是马克思主义原理与中国实际相结合的产物,又是当代社会主义实践的经验总结。它不仅一般地指出了社会主义社会的根本任务,而且特别指出了原来经济文化发展比较落后的国家进行社会主义现代化建设的根本任务,对现实具有巨大的指导意义。

(二) 改革也是解放生产力

革命就是解放生产力,这是马克思主义的一个基本原理,是人所熟知的。邓小平同志在南方谈话中,鲜明地提出"改革也是解放生产力"的重要命题,这是对马克思主义的重大发展,对建设具有中国特色的社会主义具有重大的现实意义。

1. 改革也是解放生产力,首先因为改革也是一场革命。1984年邓小平同西德总理科尔谈话说:"我们把改革当作一种革命。"②同年在经济体制改革决定通过不久又说:"农村改革实际上是一次革命,其目的是解放生产力。"③1985年,邓小平同日本二阶堂进谈话进一步提出"改革是中国的第二次革命"④。1986年同希腊总理谈话,再次肯定这个命题:"我们把改革当作是第二次革命。"⑤根据邓小平思想,1992年10月12日江泽民同志

---

① 《邓小平文选》第3卷,第228页。
② 1984年10月10日新华社讯。
③ 1984年11月21日新华社讯。
④ 1985年3月28日新华社讯。
⑤ 1986年4月9日新华社讯。

在中国共产党第十四次代表大会上的报告中概括地提出:"十四年来,我们从事的事业,就是坚持党的基本路线,通过改革开放,解放和发展生产力,建设有中国特色的社会主义。就其引起社会变革的广度和深度来说,是开始了一场新的革命。它的实质和目标,是要从根本上改变束缚我国生产力发展的经济体制,建立充满生机和活力的社会主义新经济体制,同时相应地改革政治体制和其他方面的体制,以实现中国的社会主义现代化。"[①]总之,改革是在不改变基本经济制度的前提下,及时变革不适应生产力要求的生产关系和上层建筑,从而不断地解放生产力。

2. 改革也是解放生产力,还因为改革是解放生产力的必由之路。马克思主义认为,生产力和生产关系,经济基础和上层建筑之间的矛盾,是人类社会的基本矛盾。而生产力是社会基本矛盾中最活跃的因素,生产力总是不断发展的。生产力发展了,就要求改革生产关系和上层建筑以适应生产力的发展。新的生产关系建立以后,与生产力发展的要求基本是适合的,它可以推动生产力的发展。随着生产力的进一步发展,曾经是新的生产关系又变了,成为阻碍生产力发展的因素。当生产关系不适合生产力发展的要求时,如果不及时变革生产关系就会阻碍和束缚生产力的发展;如果及时变革生产关系就会解放和促进生产力的发展。

在社会主义社会,基本的矛盾,仍然是生产关系与生产力之间的矛盾,上层建筑与经济基础之间的矛盾。因此,首先必须通过改革,不断调整生产关系和上层建筑中那些不适应生产力发展的环节和部分,生产力才能进一步解放和发展。其次,从旧体制束缚生产力发展的角度去考察,改革也是解放生产力的必由之路。我国原有的经济体制基本上照搬了苏联高度集权的僵化体制。原有的经济体制有它的历史由来,起过重要的积极作用,但是随着条件的变化,越来越不适应现代化建设的要求,束缚了生产力的进一步发展。邓小平同志一再指出:"我们要发展生产力,对经济体制进行改革是必由之路。"[②]"除了走改革的道路,中国没有别的道路,因为只有

---

① 1992年10月20日新华社讯。
② 《邓小平文选》第3卷,第138页。

改革才能导致中国的发达。"①"我是主张改革的,不改革就没有出路,旧的那一套经过几十年的实践证明是不成功的。过去我们搬用别国的模式,结果阻碍了生产力的发展。"②

3. 改革也是解放生产力,是实践证明了的客观事实。党的十一届三中全会以后,二十多年来我们进行的一系列改革使在旧体制下被束缚的生产力得到了空前大解放,促进了我国经济的发展和综合国力的增强。人民生活明显改善。事实证明:改革也是解放生产力。随着改革的深化必将进一步解放和发展生产力。改革也是解放生产力,既是对我国实行改革以来实践经验的科学总结,又是对马克思主义的丰富和发展。但是,改革是一个长期发展的过程,是一项艰巨复杂的社会系统工程,既要做持久的努力,又要积极推进。坚持改革,必将大大解放生产力。

(三) 生产力是衡量一切实践活动的标准

生产力不仅是一切社会发展的根本动力,而且是衡量一切实践活动的客观标准。

毛泽东在《论联合政府》中早就说过:"中国一切政党的政策及其实践在中国人民中所表现的作用的好坏、大小,归根到底,看它对于中国人民的生产力的发展是否有帮助及其帮助之大小,看它是束缚生产力的,还是解放生产力的。"③邓小平在新的历史条件下恢复并发挥了这个历史唯物主义的根本观点。邓小平指出:"社会主义制度优越性的根本表现,就是能够允许社会生产力以旧社会所没有的速度迅速发展,使人民不断增长的物质文化生活需要能够逐步得到满足。按照历史唯物主义的观点来讲,正确的政治领导的成果,归根结底要表现在社会生产力的发展上,人民物质文化生活的改善上。"④"对实现四个现代化是有利还是有害,应当成为衡量一切工作的最根本的是非标准。"⑤

根据马克思历史唯物主义的这个观点,党的十三大的报告中写道:是

---

① 1985年10月23日新华社讯。
② 《邓小平文选》第3卷,第237页。
③ 《毛泽东选集》第3卷,人民出版社1991年版,第1079页。
④ 《邓小平文选》第2卷,第128页。
⑤ 同上书,第209页。

否有利于发展生产力,应当成为我们考虑一切问题的出发点和检验一切工作的根本标准。党的十四大报告中写道:判断各方面工作的是非得失,归根到底,要以是否有利于发展社会主义社会的生产力,是否有利于增强社会主义国家的综合国力,是否有利于提高人民的生活水平为标准。

由上可见,所谓生产力标准,就是以生产力的发展状况作为衡量一切实践活动的客观依据。凡是推动生产力发展的实践活动就是好的,对推动生产力发展作用愈大的实践活动就愈好;反之,凡是束缚生产力发展的实践活动就是不好的,阻碍生产力发展的作用愈大愈不好。那种离开生产力标准,用抽象的、空洞的原则作为衡量一切实践活动的标准,显然是不正确的。我们时时处处都必须牢固掌握生产力这个根本标准。

首先,社会主义代替资本主义,离不开生产力标准。社会经济形态的区分当然不能从一个方面考虑,而必须从生产力、生产关系、上层建筑三方面综合考虑,可是,社会变迁的动因是生产力的发展,生产力发展提出了变革生产关系和上层建筑的要求,才能变革生产关系和上层建筑。社会主义的产生、存在和发展不能离开生产力这个根本标准。

其次,社会主义社会内部阶段的划分,也离不开生产力这个根本标准。社会主义社会内部阶段的划分,例如,社会主义初级阶段、中级阶段、高级阶段的划分,也要从生产力、生产关系、上层建筑三方面综合考虑。但是,生产力仍然是划分社会主义内部阶段的根本标准。

再次,社会主义优越性的发挥,也离不开生产力标准。社会主义制度优越于资本主义制度,最根本的就在于社会主义制度能够容许生产力以比资本主义高得多的速度向前发展。毛泽东同志曾经指出:"我国现在的社会制度比较旧时代的社会制度要优胜得多。如果不优胜,旧制度就不会被推翻,新制度就不可能建立。所谓社会主义生产关系比较旧时代生产关系更能够适合生产力发展的性质,就是指能够容许生产力以旧社会所没有的速度迅速发展,因而生产不断扩大,因而使人民不断增长的需要能够逐步得到满足的这样一种情况。"[①]

改革的得失成败,也离不开生产力标准。中共中央关于经济体制改革

---

① 《毛泽东文集》第7卷,第214页。

的决定中写道：全党同志在进行改革的过程中，应该紧紧把握住马克思主义的这个基本观点，把是否有利于发展社会生产力作为检验一切改革得失成败的最主要标准。

党的十一届三中全会以来，在邓小平同志建设有中国特色社会主义理论的指导下，我们党和人民锐意改革，努力奋斗，整个国家焕发出了勃勃生机，社会生产力获得新的发展。我国经济建设上了一个大台阶，综合国力更上了一个大台阶，人民生活上了一个大台阶。十二亿多人民的温饱问题基本解决。用生产力标准衡量，我国从事改革的目标、路线、方针、政策、措施等等是经得起考验的，是成功的。

（四）科学技术是第一生产力

1988年，邓小平同志总结了第二次世界大战以来世界经济发展的新情况和新经验，明确指出：科学技术是生产力，而且是第一生产力。这一论断坚持和发展了马克思主义关于科学是生产力的理论，对于推动科学技术进步，发展社会生产力，建设具有中国特色的社会主义具有重大的理论意义和实践意义。

那么，为什么说科学是第一生产力呢？

第一，科学是生产力发展的内在源泉和动力。随着社会的发展，科学技术对生产力的发展越来越重要。马克思说："随着大工业底继续发展，创造现实财富的力量已经不复是劳动时间和应用的劳动数量了，而是在劳动时间以内所运用的动原底力量。而这种动原自身及其动力效果，又跟它自身的生产力与所消耗的直接劳动时间根本不成比例，相反地却决定于一般的科学水平和技术进步程度或科学在生产上的应用。"[①]而且明确说过："所谓社会的劳动生产力，首先是科学的力量。"[②]所以，科学作为现代生产力发展的动原，科学是第一生产力。

科学作为生产力的源泉和动力将它并入生产过程，凝结于劳动者、劳动工具和劳动对象中，将大大促进生产力基本要素的发展，从而大大提高社会生产力。

---

① 马克思：《政治经济学批判大纲》第3分册，第356页。
② 同上书，第360页。

1. 劳动者素质的提高靠科学技术去武装。任何劳动，都是体力和智力的统一。科学技术为劳动者掌握就会极大地提高人们认识自然、改造自然的能力。只有依靠科学技术进步，才能提高劳动者的创造能力。只有掌握了科学技术的劳动者，才能成为生产力发展中最积极最活跃的能动因素。

2. 劳动工具是科学技术的主要凝结者。现代科学技术向劳动工具的渗透，不仅大大提高现有劳动工具的效率，而且涌现了许多新的先进的生产工具，从而大大提高劳动生产率。

3. 劳动对象靠科学技术去开发。近代科学技术的发展，对开发劳动对象起着重要的作用，使人们不断向生产的深度和广度进军。科学技术促成的新的资源和劳动对象的发现和利用，对生产力的发展起着巨大的推动作用。

总之，现实生产力的发展，在于生产要素的发展；而生产要素的发展，在于生产力主要内在源泉和动力——科学的推动，这就是科学是第一生产力的理论依据。科学作为生产力的主要源泉比生产力的现实要素对社会生产力的发展具有更深远的意义。从生产力的内在源泉和动力的角度去考虑，就可以使我们更加重视科学技术的发展，有意识地使科学技术、教育和资源的开发走在生产的前面。这样，不仅能使生产的发展近期见效，而且能够保证社会生产力持续、稳定、协调地向前发展。

第二，从人类社会生产力发展的阶段来考察，现在已经进入了科学是第一生产力的阶段。生产力的发展如果从它的主要源泉和动力的角度来考察，大体上说有四个阶段。

1. 以自然富源为主的第一阶段。在人类社会初期，生产力的发展主要靠自然富源。自然富源可以分为两大类：一是生活资料的自然富源，如土壤的肥力、渔产丰富的水域等等；二是劳动资料的自然富源，如森林、金属、煤炭等等。在人类社会发展的初期，人的劳动经验不丰富，劳动工具很简单，还谈不上有科学技术，自然富源对当时的生产具有决定性意义，肥沃的土地可以比劣等土地提供更多的农产品，富矿比贫矿可以提供更多的矿产品。

2. 以劳动力为主的第二阶段。从奴隶社会、封建社会直到资本主义工场手工业以前的相当长的一段时期内，生产力的发展主要是靠劳动力。劳动力包括个人劳动力和结合劳动力。个人劳动力体现在劳动的强度、熟练程度和复杂程度上。结合劳动力体现在分工和协作上。分工和协作不仅提高了个人生产力,而且创造了一种新的生产力——集体力。工场手工业时期具有决定意义的是分工和协作,这时虽然在技术上已有一定变化,但生产过程并无重大变化。在分工和协作中是以劳动力为主体的。

3. 以劳动工具为主体的第三阶段。从资本主义机器大工业形成开始到第二次世界大战前,生产力的发展主要靠劳动工具。机器是劳动工具的核心。机器的运用是工业革命的起点。马克思曾经说过:"工具机,是18世纪工业革命的起点。"[1]是机器大工业把科学变成了一个独立的力量。但是,在第二次世界大战前资本主义发展的一个相当长的时期内,机器是主要的生产力,科学还未成为第一生产力。

4. 以科学技术为主体的第四阶段。第二次世界大战以来特别是20世纪七八十年代世界经济的发展表明,生产力的发展已经主要靠科学技术。当代科学技术正以空前的规模和速度应用于生产,使物质生产的各个领域面貌一新,充分显示了科学技术的巨大力量。据一些不完全资料,20世纪初,大工业生产率的提高有5%～20%是靠采用新的科学技术取得的,到20世纪七八十年代,这个比例已上升到60%～80%。现代科学技术在现代生产力中已起着第一位的作用,科学技术成了第一生产力。

所以,科学技术是第一生产力,是第二次世界大战以来世界经济发展新情况、新经验的总结。

第三,科学技术的发展是永无止境的。它不仅能解决现实生产中提出的问题,而且承担着生产力发展的预见和开辟道路的作用。从而,人类所能支配的生产力也是无穷无尽的。从这个意义上说,科学也是第一生产力。

科学本身的发展具有加速发展的规律性。早在一百多年前,恩格斯就指出科学进步是永无止境的。他说:"科学,它的进步和人口的增长一样是永无止境的。"[2]

近代大工业产生以来,已经历了三次科技革命,18世纪的第一次科技

---

[1] 《马克思恩格斯全集》第23卷,第410页。
[2] 《马克思恩格斯全集》第1卷,第621页。

革命,以工作机为起点,以蒸汽机的发明为标志,这是牛顿力学广泛应用的结果。19世纪的第二次科技革命,以电气化为重要标志,它是电磁感应定律发现的结果。20世纪的第三次科技革命,以电子计算机、原子反应堆为主要标志,它是以物理学中的狭义相对论的量子力学运动规律的发现为前提的。现在人们正在谈论以电脑、航天工程、生物工程、海洋工程为主要标志的第四次科技革命。据联合国教科文组织一个比较有权威的统计,进入20世纪60年代后,人类的知识量以每年10%左右的速度在增长。

科学技术转化为生产的时间也在加速。例如,20世纪以前的一些重大发明,摄影原理从发现到运用经历了100多年,电话达50多年;20世纪初的无线电为35年,雷达5年,电视12年;近几十年的晶体管为3年,激光为2年。而作为当前科技革命重要标志之一的电子计算机,是20世纪60年代才出现的,现在已有了第4代,将进入第5代、第6代,它将具有人的思维功能,能够说话、思考和学习。

科学技术发展史证明,一旦基础科学有了新的突破,就能促进应用科学的发展,给生产技术带来飞跃,从而大幅度提高社会生产力。

综上所述,从理论、现状和趋势来看,科学技术都是第一生产力。

第二节 西方经济学的生产力理论

西方经济学也很重视生产力,从古至今关于生产力的理论花样繁多。下面简析几种主要的生产力理论。

一、法国重农学派的土地生产力论

重农学派的主要代表魁奈是学说史上第一个提出"生产力"概念的人。他说道:"和庞大的军队会把田地荒芜相反,大人口和大财富,则可以使生产力得到很好的发挥。"①魁奈特别强调人在财富生产中的作用,但他认为只有农业劳动才是生产的,他所说的生产力是指土地生产力,其理论的核心,即农业"纯产品"学说就是在这个基础上建立起来的。这明显地带有局

---

① 魁奈:《魁奈经济著作选集》,商务印书馆1981年版,第69页。

限性。

重农学派的另一个重要代表杜尔哥则从土地肥力角度论述了土地收益或报酬变化的规律。他虽没有"规律"一词,但却是最早揭示并详细分析土地肥力、从而土地收益或报酬递减规律的人。他在1768年写道:"在耕作土地上投下一定劳动或费用,必能使其生产物增加,投入二倍、三倍的劳动或费用,不止使土地增加二倍、三倍的生产物,甚至能增加四倍或更多的生产物。……这样,土地生产物的增加与所增加的费用对比起来,当其尚未达到最大界限的数额以前,土地生产物的增加,是随着费用的增加一同增加。但如越过这个最大界限,就会发生相反的现象,不绝地减少下去,终至于出现土地肥力涸竭;那时,尽管增加更多费用,也不能在技术上促使土地生产物的产量有丝毫增加。"①

二、英国古典学派的劳动生产力论

古典经济学的理论体系是由亚当·斯密首先建立的。他在其划时代的著作《国民财富的性质和原因的研究》中,把研究领域从农业扩展到工业,认为国民财富的增长主要取决于两个因素:(1)分工,从而劳动生产力(率)的增进;(2)生产劳动与非生产劳动的比例以及相应的资本积累。他从分工出发,开卷第一句话就说:"劳动生产力上最大的增进,以及运用劳动时所表现的更大的熟练、技巧和判断力,似乎都是分工的结果。"②他先以制针工场为例分析道:"有了分工,同数劳动者就能完成比过去多得多的工作量,其原因有三:第一,劳动者技巧因专业而日进;第二,由一种工作转移到另一种工作,通常须损失不少时间,有了分工,就可以免除这种损失;第三,许多简化劳动和缩减劳动的机械的发明,使一个人能够做许多人的工作。"③后又指出:"各种行为之所以各自分立,似乎也是由于分工有这种好处。一个国家的产业和劳动生产力的增进程度如果是极高的,则其各种行业的分工一般也都达到极高的程度。"④斯密生产力论的特点是强调

---

① 朱剑农:《土壤经济原理》,农业出版社1980年版,第79页。
② 亚当·斯密:《国民财富的性质和原因的研究》上卷,商务印书馆1979年版,第5页。
③ 同上书,第8页。
④ 同上书,第7页。

分工的作用。他虽不知道分工本身是生产力发展的产物,但却详细论述了分工的结果可以促使生产力提高,并在此基础上引进交换价值,展开他的整个经济理论。

大卫·李嘉图是英国古典学派的完成者。他坚持和发展了斯密的劳动价值论。为此,他不仅分析了劳动生产力,而且还使用了"土地生产力""未来的生产力"和"资本的生产力"[①]等概念。李嘉图特别强调机器等生产工具或手段对生产力的作用。他虽和斯密一样,把劳动生产力看作是其核心即劳动价值论的前提,但他没把生产力本身上升到基础理论的地位。

三、萨伊和庞巴维克等人的资本生产力论

法国让·萨伊是庸俗经济学的开创者,是他在历史上首先用资本的生产力解释利息的来源。他在其代表作《政治经济学概论》中指出,劳动、资本和土地是生产的三要素。"所谓生产,不是创造物质,而是创造效用。"[②]他把效用归结为"服务",于是在他看来,生产不外是提供服务的行为,或者反过来说,一切提供服务的行为都是生产的。他认为,"因为物品的效用就是物品价值的基础"[③],所以效用和服务的生产又是价值的生产,价值就是由三要素共同生产的,其量决定于生产费用,等于工资、利息与地租三种收入之和。既然三要素共同提供服务、共同生产效用、共同决定价值,那么,每一要素都应当从其所创造的总价值中获得相应份额的报酬。于是他就得出后来由马克思加以概括并批判过的"三位一体"公式:劳动——工资;资本——利息;土地——地租。这样,资本家得到了等于他的资本所创造的价值的利息(包括企业主收入);土地所有者得到了等于他的土地所创造的价值的地租。在萨伊看来资本(包括土地)和劳动一样具有生产性或生产力,也是价值的源泉,这实际上否定了劳动生产力和劳动价值论,将斯密的理论庸俗化了。

在萨伊之后,资本生产力论逐步形成并系统化。到了庞巴维克,称资

---

① 《政治经济学及赋税原理》,第55页、第233页。
② 《政治经济学概论》,第60页。
③ 同上书,第59页。

本生产更多财富的能力为"物质生产力",称资本生产更多价值的能力为"价值生产力"①。所谓"物质生产力表现在产品数量的增加上,或者表现在产品质量的改良上","剩余产品就是资本的物质生产力",而价值生产力"是指资本有生产超过其自身价值的一种剩余价值的能力"②。庞巴维克还就"资本是生产的"和"利息或剩余价值来源于资本的生产力"这样两个命题对前人与同时代人的理论进行了归纳总结。

他概述道,所谓资本的生产性或生产力的含义共有四种:(1)认为资本本身有生产财富的能力;(2)资本用在生产上,比不用资本能生产更多的财富(即资本本身没有生产力,只在生产中起帮助作用,使用它能提高生产力);(3)资本用在生产上,比不用它能生产更多的价值(意思同上);(4)资本本身有生产多于它本身价值的能力。生产力学说主张用"资本的生产力来解释利息"③,"用资本生产力来解释剩余价值"④。

资本生产力理论假定资本是物,价值不是(至少不单是)劳动的凝结。这显然是错误的。因为资本不是物,所谓资本的生产力不过是劳动生产力之一部分的表现形式,劳动是价值从而也是剩余价值(利息、利润和地租等各种形态)的唯一源泉。

四、李斯特的国家生产力论

弗·李斯特是德国历史学派的先驱,他在生产力理论的基础上,以保护关税的理论和政策主张为核心,建立了国家经济学体系或"政治经济学的国民体系"。

首先,他十分强调生产力理论的独立地位和重要性。李斯特在抨击古典学派以价值理论为基础的自由贸易"世界主义经济学"时指出:"假如他(指亚当·斯密——引者)不是把全部精力贯注在'价值''交换价值'那些概念,而同时还能够注意到'生产力'概念,他就会看到,要解释经济现象,

---

① 庞巴维克:《资本与利息》,商务印书馆1959年版,第91页。
② 同上书,第92页。
③ 同上书,第93页。
④ 同上书,第95页。

除了'价值理论'以外,还必须考虑到一个独立的'生产力理论'。"①因为,"财富的生产力比之财富本身,不晓得要重要多少倍;它不但可以使已有的和已经增加的财富获得保障,而且可以使已经消失的财富获得补偿。个人如此,拿整个国家来说,更加是如此"②。一个国家如果向国外购买廉价商品,虽能暂时受益,但从长期看不利于该国工业的发展,如果实行保护贸易和关税管制,则一开始工业品的价格虽然偏高,但工业发展后,成本下降,价格下跌。所以,"保护关税如果使价值有所牺牲的话,它却使生产力有了增长,足以抵偿损失而有余,由此使国家不但在物质财富的量上获得无限增进,而且一旦发生战争,也可以保有工业的独立地位"③。德国在历史上曾一度奉行保护关税政策,独立发展民族工业,保护和培植国内生产力,使它能在较短的时间内赶超英、法等老牌资本主义国家,并后来者居上,这不能不说与李斯特经济理论的作用有关。

李斯特所说的生产力,通常是指国家的生产力或国民生产力,或者叫宏观生产力论。他说:"国家生产力的来源是个人的身心力量,是个人的社会状况、政治状况和制度,是国家所掌握的自然资源,或者是国家所拥有的作为个人的以前身心努力的物质产品的工具。"④他还讲了"国家生产力的联合"与协作问题,也即社会生产各部门的按比例协调问题。他说:"在一个国家,就像在一个制针厂一样,每一个个人、每一个生产部门、以至整个国家的生产力所依靠的是彼此处于适当关系中的一切个人的努力。我们把这种关系叫做生产力的平衡或协调","一个国家的整个社会状态,主要取决于工作种类与工作划分以及国家生产力协作的原则","不论哪一个大国努力的主要目标总是生产力在国内的结合,其次才想到国际结合"⑤。

五、熊彼特的创新生产力论

西方经济学中的"创新"理论是由美籍奥地利经济学家熊彼特最先提

---

① 《政治经济学的国民体系》,第122页。
② 同上书,第118页。
③ 同上书,第192页。
④ 同上。
⑤ 同上书,第141—142页。

出的。他把社会经济活动假设成循环流转与经济发展两种类型。

在循环流转状态时,经济在原有规则上周而复始,没有企业家,没有创新,处在原始的简单再生产的均衡中,熊彼特认为,这种均衡迟早会被突破而出现经济发展。经济发展是指对静态均衡扰乱的动态过程。而创新是推动经济发展的主要因素。所谓创新,就是建立一种新的生产函数,实现一种生产要素和生产条件的新组合并将其引入生产体系。它包括以下具体内容:(1) 引进新产品或产品的新质量;(2) 引进新技术或采用新的生产方法;(3) 开辟新市场;(4) 控制原料供应的新来源;(5) 实现企业的新组织①。

在熊彼特的创新理论中,"创新"是个经济概念,与科学技术上的新发明没有必然联系,一种新发明只有在被应用于经济活动时才成为"创新"。熊彼特把那些将创新引入经济活动并对经济发生影响的人称为"企业家"。企业家具有创造性和冒险性。他们既不同于发明者,也不同于一般的企业经营管理者。后者只按照传统方式对企业进行经营管理。企业家可以来自社会上的任何行业,但不可能是已有地位的企业董事或经理,也不一定是资本家。判断一个人能否被称为企业家关键看他是否实现了对生产要素的新组合。

熊彼特认为,企业创新和经济发展是资本主义时代所特有的经济现象。"资本主义是一种人们一般能利用信贷借款实现企业创新的私有制经济。"②而创新的组织者和推动者企业家则是资本主义的灵魂。创新是资本主义发展自身的内在的创造作用。

任何创新必然是对旧的生产结构的破坏,同时其过程本身却是新组合和新结构的创立过程,这个"创造性的破坏过程"就是经济发展的波动过程。熊彼特把这个过程又具体分解为三个步骤:(1) 为谋取超额利润而进行的创新;(2) 为分享这种利益而开始的模仿(亦即新产品、新技术、新组织形式等的推广);(3) 其余采用旧方式的企业为了保卫自己的生存而进行的适应(亦即新产品、新技术、新组织形式等的进一步推广和更大规模的

---

① 熊彼特:《经济发展理论》,商务印书馆1991年版,第66页。
② 《经济周期》,1939年英文版,第223页。

模仿)。

熊彼特创新理论中的许多论述是可以为我们所借鉴的,如企业家的职能在于创新,应具有冒险精神,要研究技术创新的内外部条件等。但是,熊彼特把资本主义发展看成是一个单纯的技术过程,回避了资本主义生产关系同生产力的矛盾,这是违反唯物史观的。

六、贝尔、卢卡斯、罗默等的知识生产力论

知识是生产力,知识能创造新的生产力,越来越成为人们的共识,人们在谈论知识生产力时往往是与信息联系在一起的,所以,往往又称为信息生产力。

在西方较早论述有关知识生产力的,要算美国社会学家丹尼尔·贝尔,他在关于《后工业社会》的一些著作中提出:"对于组织决策和指导变革具有决定性意义的是理论知识处于中心地位——那就是:理论与经验相比占首位,而且在知识编纂成抽象符号的系统以后,可以同任何规律体系一样用来说明许多不同领域内的经验。"①贝尔认为知识处于中心地位,就是认为后工业社会是围绕着知识组织起来的。他认为,过去的许多发明家缺乏的是抽象思维能力,而后工业社会必须借助于具有抽象思维的知识的力量。

随着知识经济的兴起,20世纪80年代中叶以来,美国经济学家罗默、卢卡斯和巴罗等为代表,突破了把一国经济增长的源泉归咎为生产要素:劳动力、资本、原材料和能源的传统观点,提出知识、科技创新和人力资本等要素是内生经济增长的理论。他们认为,技术进步是内在的,而技术进步是知识积累的结果。知识经济引起了生产力性质的变化,生产工具、机器已不只是人的体力的延伸,更是人的脑力的延伸,生产力结构正在由传统的"物质要素主导性"转向"智力要素主导型"。资本结构已不是实物资本为主导,而是以人力资本为主导,劳动力结构由以体力劳动为主的"蓝领工人"转向以有较高知识水平的"白领"工人为主。知识生产力论认为,知识可以提高生产力,又反过来可以增进知识的积累。

---

① 贝尔:《后工业社会的来临》,商务印书馆1984年版,第26页。

1966年,"经济合作与发展组织"(OECD简称"经合组织")发表了题为《1966年科学、技术和产业展望》的研究报告,指出经合组织国家和地区的经济发展越来越依靠知识和信息,知识已成为生产力和经济增长的发动机。从此,知识生产力越来越引起人们的关注。当然,也值得我们关注。

七、杜能、韦伯等的生产力布局理论

西方经济学将生产力布局理论称为"区位理论"。区位论用于研究各国和各地区社会生产力配置的形成、原因和条件,以及预测将来的变化趋势等。它产生于18世纪末,系统理论则形成于19世纪。

(一)农业区位论

最早系统研究农业布局问题的是德国的杜能(J. H. Von Thiine)。他于1850年出版的《孤立国》一书奠定了西方农业布局理论的基础。杜能将复杂的社会假设成一个简单的孤立国,并假设:(1)孤立国中的唯一城市位于中央,它也是工农业产品唯一的交换中心,孤立国完全自给自足,四周为荒地。(2)交通手段为马车。(3)孤立国内各地土地肥力、气候条件等皆相等。(4)农业经营者能力一致。(5)技术条件一致。(6)市场谷价、工资、利息是均等的,交通费用与市场远近成比例。根据以上假设,城市中农产品价格减去运费,即为农产品的产地价格。离市场愈远,运费愈高,农产品的产地价格就愈低。这种空间距离造成的价格差,决定了农耕的形态,造成经营管理的不同条件,表现为以城市为中心向外呈同心圆状的六个农业地带:第一圈为自由农作地带。它最接近城市,生产易腐、不易贮藏、需及时消耗的农产品,其集约度和收益最高,无荒地。第二圈为林业地带,供应城市的主要燃料。第三圈为轮作农业地带,收益次于前两个地带,但无荒地。第四圈为谷草式农业地带,区内有16%的荒地。第五圈为三圃式农业地带,有33%的荒地。第六圈为畜牧业地带。以上这些农业地带的单位面积收益从中心向四周递减,集约度也同时递减。

由杜能理论可以得到这样的启示:即使农业条件相同,也会有不同的耕作形态与耕作制度。而事实上,农业条件是千差万别的,因此,各地区农业的布局一定要因地制宜,发展各种不同类型的农业。杜能以后,德国的

奥托林巴和美国的达恩等也分别从农业构造的角度和整体经济的角度分析了农业布局。

(二) 工业区位论

现代工业区位理论的奠基人是德国的韦伯(Alfred Weber)，在他之前，德国的劳舍和龙哈德也曾对工业区位理论作过系统的研究。韦伯有关工业区位的理论著作主要有：《工业区位理论：区位的一般理论及资本主义的理论》。韦伯试图发现工业区位移动规律，判明影响工业区位的因素和作用的大小。韦伯从运输成本、工资成本和集聚(分散)这三个基本因素对区位趋势的影响，进行了研究分析。

1. 假定工业布局的设厂地址引向运输成本最小的地点，并由此形成工业区位的基本格局。韦伯将原料划分为"地方性原料"（即只产自少数固定地方的原料）和"遍布性原料"（即到处都可以得到的原料）；同时还分出"纯原料"（即经过加工后，其全部重量基本上都转移到成品之上的原料）和"损重原料"（即只有部分转移到产品中）。由此，韦伯提出了"原料指数"的概念。原料指数是指需运输的"地方性原料"的重量对于成品重量的比例。1 吨纯原料能生产 1 吨产品，其原料指数是 1，而损重原料的指数则大于 1。韦伯的这一理论后来成了运输区位法则的一般规律：当原料指数大于 1 时，生产地应设于原料产地附近，以便减少原料的运费；当原料指数小于 1 时，生产地应接近产品销售市场，以利减少成品的运费；当原料指数等于 1 时，生产地可设于原料地，也可设于消费地。

2. 对工业区位基本格局产生影响的还有工资成本因素。韦伯认为，当某一地点由于劳动工资低廉，可将生产区位从运费最低地点吸引到劳动费用的最低地点。

3. 影响工业区位基本格局的另一个因素是工业的集聚和分散。韦伯认为，当工业的集聚或分散带来的利益和节约超过运输成本的增加额时，生产地的布局可以向集聚或分散的目标发展。反之，则不宜如此。

(三) 其他区位理论

除上述两种较有代表性和较有影响的区位理论之外，西方经济学中还有专门从运输、市场、行为科学等角度对区位论进行研究的。

运输区位论研究较有影响的有高兹的《海港区位论》和胡佛的运输费

用理论。前者采用地理学的方法,以海港与腹地之间的关系为基础,创立了"总体最少费用原则",即将经由海港的单位物品支出的费用压缩到最小,在海港建设中追求最佳区位。后者特别重视运费结构对工业布局的影响,认为运输影响方向、运输量以及其他运输条件的变化,往往直接引起布局的改变。

市场区位论研究较突出的有费特尔和辽什。费特尔研究了两个贸易区之间的边界区位问题,研究市场区域大小与竞争的关系。辽什则提出了"市场圈"的概念。他认为各个企业都拥有自己的市场圈,市场圈会由于各种因素的作用而扩张或收缩。市场圈扩大,企业运费随之增加,价格提高,从而引起销售量的减少。辽什还提出要以垄断取代韦伯的自由竞争,以最大利润代替最低成本。

克鲁梅和普雷特是两位研究行为科学的区位论的西方学者。前者认为区位形成因素应分为外部(劳动费、市场利益、用地和建筑利用的可能性、运费等)和内部(个人爱好、个人决定、教育文化等)两种,而以前的区位论研究只注重外部因素,忽视了内部因素。因此,他认为需要详细分析知觉、行为等内部因素对生产布局的影响。后者认为企业家的能力与一系列的心理因素作用有关。企业家的成熟程度及过去的经历、性格、年龄、文化水平、情绪的稳定性等,往往对企业区位的选择起重大作用。

西方的生产力布局理论,本质上也是为资产阶级服务的工具。但是,西方的生产力布局理论所运用的一些科学方法,如利用计量寻求多因素的最佳区位,和对自然、技术和经济等区位要素的分析研究,无疑具有一般的适用性,社会主义社会生产力的发展,也是可以借鉴的。

八、李斯特、罗斯托、托夫勒的生产力发展阶段论

德国经济学家,弗里德里希·李斯特,从国民经济发展为标准把社会经济的发展划分为五个历史阶段。他写道:"从经济方面看来,国家都必须经过如下各发展阶段:原始未开化时期,畜牧时期,农业时期,农工业时期,农工商业时期。"[①]他认为,处于第五时期的先进国家需要的是自由贸

---

① 《政治经济学的国民体系》,第155页。

易,处于第四时期的国家,才有理由也才值得实行保护政策。德国当时正处在这个农工业时期,应当而且必须实行保护政策。在这里,李斯特把经济发展描述为一个历史过程,比起古典学派把资本主义制度永恒化来说,是一个进步,带有一定的历史主义色彩。他以国民经济各部门之间的关系为标准,来划分发展阶段有一定合理性,但国民经济各部门的发展并不完全反映生产力的性质和水平。

美国经济学家华尔特·惠特曼·罗斯托在《经济成长的阶段》一书中,把人类社会划分为六个阶段:(1)传统社会,即封建社会以前的社会;(2)过渡阶段,即"为起飞创造前提的阶段";(3)起飞阶段;(4)向成熟推进阶段;(5)高额群众消费阶段;(6)追求生活质量阶段。罗斯托认为,人类社会从低级阶段向高级阶段过渡,是一种历史必然性。罗斯托的经济成长阶段说从生产技术和人们生活状况的变化为人类社会划分的阶段,是不科学的,不是严格意义的生产力发展阶段,但是,也还是反映了生产力变化的一部分事实,仍然有一定的借鉴意义。

美国未来学家,阿尔温·托夫勒在《关于经济痉挛症的报告》《未来的振荡》《第三次浪潮》和《预期和前提》等一系列著作中,特别是《第三次浪潮》中按照产业的发展过程把人类社会区分为三次浪潮,也就是社会发展的三个阶段:第一次浪潮是农业革命也就是第一阶段为农业社会,指的是从新石器时代到封建社会;第二次浪潮是工业革命,也就是农业社会解体后的人类发展第二阶段工业社会;第三次浪潮是信息革命,即从20世纪50年代开始到未来的信息社会。托夫勒在《预测和前提》一书中指出:"'第三次浪潮'的产业,在社会、组织、文化、环境各方面都具有完全不同的意义。……像电子、激光、光导纤维通信、遗传信息、代替能源、海洋科学、宇宙冶金、环境工程、生态系统农业等,都可列入'第三次浪潮'的产业。"①

托夫勒从产业发展过程来划分人类社会的发展阶段不完全是生产力的发展阶段,但是,实际上还是从另一个角度反映了生产力的发展过程。特别是托夫勒提出信息是一种生产要素。未来社会是信息社会,是一个颇有价值的见解。

---

① 托夫勒:《预测和前提》第一章第二部分。转引自《世界经济导报》1984年3月5日。

第三节 生产力理论的比较与探索

把马克思主义和西方生产力理论进行比较研究和探索,对我们会有很多的启示。

一、马克思主义和西方生产力理论的比较

马克思主义和西方经济学都很重视生产力理论,但是,两者还有不少区别。

(一)关于生产力作用的比较

马克思主义当然重视生产力对经济增长的作用,但是更重视生产力对整个社会发展的作用。生产力是一切社会发展的最终决定力量。马克思在《政治经济学批判》序言中指出:"人们在自己生活的社会生产中发生一定的、必然的、不以他们的意志为转移的关系,即同他们的物质生产力的一定发展阶段相适合的生产关系。这些生产关系的总和构成社会的经济结构,即有法律的和政治的上层建筑竖立其上并有一定意识形式与之相适应的现实基础。物质生活的生产方式制约着整个社会生活、政治生活和精神生活的过程。不是人们的意识决定人们的存在,相反,是人们的社会存在决定人们的意识。社会的物质生产力发展到一定阶段,便同它们一直在其中活动的现存生产关系或财产关系(这只是生产关系的法律用语)发生矛盾。于是这些关系便由生产力的发展形式变成生产力的桎梏。那时社会革命的时代就到了。随着经济基础的变更,全部庞大的上层建筑也或慢或快地发生变革。"[①]

而西方生产力理论往往只注重生产力的技术方面,只关注生产力对经济增长的作用,有很大的片面性。所以,我们既要重视生产力对经济增长的作用,更要重视生产力对整个社会发展的作用。

(二)关于生产力内涵和外延的比较

马克思没有给生产力规定严格意义的内涵和外延。马克思主义的生

---

① 《马克思恩格斯全集》第13卷,人民出版社1962年版,第8—9页。

产力实际上是广义的生产力,马克思说过:"发展一切生产力。"①一切生产力,说明生产力是广义的,有各种各样的生产力。马克思提到的生产力大致有以下几方面。物质生产力:"同他们的物质生产力的一定发展阶段相适合的生产关系。"②社会生产力:"劳动的社会生产力好像是资本天然的生产力,是资本内在的生产力。"③劳动生产力:"劳动生产力的提高……从而使较小量的劳动获得生产较大量使用价值的能力。"④科学生产力:"大工业则把科学作为一种独立的生产能力。"⑤自然生产力:"用于生产过程的自然力,如蒸汽、水等,也不费分文……大工业把巨大的自然力和自然科学并入生产过程,必然大大提高劳动生产率。"⑥资本生产力:"由各种劳动的结合所产生的生产力也就表现为资本的生产力。"⑦马克思还提到,土地生产力⑧、精神生产力⑨等。

而西方经济学所说的生产力基本上是狭义的生产力,无论法国重农学派的土地生产力论、英国古典学派的劳动生产力论、萨伊和庞巴维克的资本生产力论,还是熊彼特的创新生产力论、贝尔等人的知识生产力论,往往是把生产力的一个要素或几个要素作为生产力,是狭义或比较狭义的生产力论。只有李斯特是个例外,他构成了一个生产力体系,实际上也是广义生产力论。

李斯特主张广义的生产力,他坚决反对"流行学派"(即古典学派)只把体力劳动看作是唯一的生产力的传统观点,认为"那些养猪的和制丸药的当然属于生产者,但是青少年和成年人的老师、作曲家、音乐家、医生、法官和行政人员也是生产者,他们的生产性比前一类要高得多。前者所生产的是交换价值,后者所生产的是生产力。就后一类来说,有些人能够使下一

---

① 《马克思恩格斯全集》第 46 卷上册,第 173 页。
② 《马克思恩格斯全集》第 13 卷,第 8 页。
③ 《马克思恩格斯全集》第 23 卷,第 370 页。
④ 同上书,第 350 页。
⑤ 同上书,第 400 页。
⑥ 同上书,第 424 页。
⑦ 同上书,第 399 页。
⑧ 同上书,第 668 页。
⑨ 同上书,第 693 页。

代成为生产者,有些能促进这一代人的道德和宗教品质,有些能提高人类的精神力量,有些能使病人继续保持他的生产力,有些能使人权和公道获得保障,有些能确立并保护公共治安,有些则由于他们的艺术给人们精神上的愉快享受,能够有助于人们生产情绪的高涨"①。

可见,李斯特在当时已经在一定程度上认识到了生产力的各有关因素。例如,人的"身心力量"(体力与脑力),物质资源和工具。特别是他强调教育、医疗保健和科学文化等的重要作用,指出"一国的最大部分消耗,是应该用于后一代的教育,应该用于国家未来生产力的促进和培养的"②。这在当时,可谓真知灼见。他虽没有深入到微观层次去研究生产力的内部构成,但却从宏观角度、在广泛的领域内涉及到了生产力的几乎所有要素。

当然,他的生产力概念没有明确的内涵,外延太滥,以至于有点荒唐庸俗。例如,他说:"基督教、一夫一妻制、奴隶制与封建领主的取消、王位的继承、印刷、报纸、邮政、货币、计量、历法、钟表、警察等等事物、制度的发明,自由保有不动产原则的实行,交通工具的采用——这些都是生产力增长的丰富源泉。"③我们承认"思想与意识的自由对国家的生产力影响极大"④。但是,把一切社会的、政治的、制度的和精神的等因素统统都看作是生产力的源泉,那显然是不妥的。实际上,生产关系或经济基础,上层建筑和意识形态等只影响(或者阻碍、或者促进)生产力的发展,但它们不是生产力本身。

李斯特构筑了一个庞大的生产力体系(或系统)。他说的生产力,通常是指国家的生产力或国民生产力。而国家生产力首先包括物质生产力和精神生产力,这是第一层次的区分。他写道:"一国之中最重要的工作划分是精神工作与物质工作的划分。两方是相互依存的。精神的生产者的任务在于促进道德、宗教、文化和知识,在于扩大自由权,提高政治制度的完善制度,在于对内巩固人身和财产安全,对外巩固国家的独立权;他们在这方面的成就愈大,则物质财富的产量愈大。反过来也是一样的,物质生产

---

① 《政治经济学的国民体系》,第 127 页。
② 同上书,第 192 页。
③ 同上书,第 123 页。
④ 同上。

者生产的物质愈多,精神生产就愈加能获得推进。"①

物质生产力可进一步划分为"工业力""农业力"和"商业力"等,即工业、农业和商业等物质生产部门或行业的生产力。其中,工业是主导,商业是媒介。例如,他自己说:"物质生产中最重要的工作划分与最重要的生产力协作是农业与工业之间的划分与协作。"②如果"一个国家没有工业,只经营农业,就等于一个人在物质生产中少了一只膀子。商业只是农业与工业之间以及它们各部门之间的交流中介。一个国家只用农产品向国外交换工业品,就等于一个人只一只膀子,还有一只膀子是借助于外人的。借助于外人的那只膀子也许很有用,但总不及自己有两只膀子的好"③。因此,李斯特认为要发展物质生产力,就应重点发展国内工业。而工业力量的大小取决于"国家的个人、社会及政治生产力""国家的自然生产力"和"国家的工具力(物质资本)"等等。这是他花了好几章篇幅所论述的问题。

另外一个与物质生产力处于同等地位的精神生产力,则由文化、艺术、教育和科学等组成。而且他认为精神生产力还包括国家与社会制度。"科学与艺术,国家与社会制度、智力培养和生产效能等这些方面的进步……是我们以前许多世代一切发现、发明改进和努力等等累积的结果。这些就是现代人类的精神资本……无论哪一个国家生产力的进退,都取决于对这方面领会的深切程度……取决于对这些方面的努力程度。"④

看来,生产力的内涵和外延是很难严格规定的,它是广义的、开放的。

(三) 关于生产力发展阶段的比较

马克思关于生产力发展阶段与人类社会经济发展是严格分开的。马克思把生产力发展分为简单协作、分工、机器大工业以及自动化四个阶段完全是从生产力发展过程来划分的,当然这种划分是以资本主义社会为背景的。关于人类社会发展的阶段,马克思另有论述。马克思在《政治经济学批判序言》中指出,在社会主义社会以前,"大体说来,亚细亚的、古代的、封建的和现代资产阶级的生产方式可以看作是社会经济形态演进的几个

---

① 《政治经济学的国民体系》,第140页。
② 同上书,第141页。
③ 同上。
④ 同上书,第124页。

时代"①。这就是通常所说的,人类社会经济发展的五个阶段:原始社会、奴隶社会、封建社会、资本主义社会和未来的共产主义社会,现在的社会主义社会是共产主义的初级阶段。这种划分,是以生产关系的演变为标准的。

西方经济学无论是李斯特的五阶段论:原始未开化时期、畜牧时期、农业时期、农工业时期、农工商业时期;托夫勒的三阶段论:农业社会、工业社会、信息社会;还是罗斯托的六阶段论:传统社会、为起飞创造前提的阶段、起飞阶段、向成熟推进阶段、高额群众消费阶段、追求生活质量阶段,都是把生产力发展阶段与社会经济发展阶段混为一谈的。而且也不是以严格意义的生产力发展过程来划分的。

关于生产力发展的阶段是否可以分为:以自然富源为主作为第一阶段;以劳动力为主作为第二阶段;以劳动工具为主作为第三阶段;以科学技术为主作为第四阶段。随着生产力的进一步发展还可以有新的阶段。这是一个值得进一步探索的问题。

二、我国对生产力理论的研究

我国对生产力理论的讨论大致可分为三个阶段。

(一) 新中国成立初期(1950—1956年)主要讨论生产力要素构成的问题

于光远(笔名:君麟)指出,如果我们把生产工具以及生产者这两方面的因素,总合起来,形成"社会底生产力"的概念,"这概念就足以充分地表明人们与自然界物质与自然界力量间的关系"②。张鱼对此提出了商榷意见,他认为"生产力基本上由两个要素所构成:(一)生产资料或生产手段,它包括劳动手段或生产工具与劳动对象二部分;(二)劳动力或劳动者"③。在张鱼文章之前,王学文也提出了"三要素论"的观点,他说:"生产手段的两要素——劳动对象与劳动手段,是生产力的物的要素,劳动者是生产力

---

① 《马克思恩格斯全集》第13卷,第9页。
② 君麟:《对于生产力问题的商榷》。转引自《论生产力——建国以来关于生产力问题的论文选》上册,吉林人民出版社1980年版,第5页。
③ 张鱼:《对于生产力问题的商榷》。转引自《论生产力——建国以来关于生产力问题的论文选》上册,第14页。

的人的要素。"①

(二) 20 世纪 50 年代后期至"文革"时期

这个时期,最引人注目的生产力问题的研究者是李平心。他从 1959—1960 年近一年时间内,先后发表了十余篇关于生产力问题的文章,引起了理论界较大反响,同时也出现了不少与平心商榷的观点和文章,主要集中在以下几个方面。

1. 关于"生产力二重性"的问题。李平心认为,生产力具有物质技术属性和社会属性的二重性,"生产力的物质技术属性主要是反映生产过程中的自然力的变化,而它的社会属性则主要是反映生产过程中人们自身的变化"。"社会属性"是指"一定阶段劳动者的社会地位,生活面貌与精神机能,一般的劳动性质,劳动组织性质,生产资料使用的目的性与社会作用,生产力诸因素新陈代谢的特点以及生产力变化和发展的各种社会条件,所有这一切综合起来,规定着一定社会经济形态的生产力的社会属性"②。李平心还认为,生产力也是有阶级性,这种"社会属性"是生产力内部关系中有决定意义的东西。不同意平心观点的人认为,劳动者的社会地位、生产的目的、生产力发展和变化的社会条件等,都直接决定于特定的社会生产关系,劳动者的生活面貌和精神状态属于社会上层建筑范畴,是一定生产关系的产物。不能把这些本属于生产关系和上层建筑方面的东西硬划到生产力中去,充作生产力的"社会属性"。他们还认为,李平心的生产力具有阶级性的观点是把劳动者的社会性和阶级性说成是生产力本身具有的社会性和阶级性,是从根本上混淆了马克思主义生产力和生产关系的概念。

2. 关于生产力的自身的运动规律问题。李平心认为生产力和生产关系的矛盾是社会发展的基本矛盾,但生产力的发展并不完全依赖于生产关系的反作用,生产关系只有在适合生产力自己的运动规律时才起推动作用。而生产力自己运动的规律是由生产力内部矛盾决定的。不同意平心观点的同志认为,李平心把生产力的内部矛盾当作社会的基本矛盾,把生产力内部矛盾当成社会发展的基本的动力,违反了马克思主义的基本原理。

---

① 见《人民日报》1949 年 10 月 9 日、10 日。
② 李平心:《论生产力性质》,《学术月刊》1959 年第 6 期,第 14—19 页,第 69 页。

（三）改革开放以来生产力理论研究的进展

党的十一届三中全会以来，党和国家的工作重点开始转移到经济建设上来，在这种形势下，生产力经济问题的研究也出现了前所未有的繁荣景象。先后召开了多次全国性的生产力经济学术讨论会和专题讨论会，讨论的问题主要有：(1) 生产力因素论和生产力系统论；(2) 生产力运动的规律；(3) 产业结构调整；(4) 生产力布局和区域经济；(5) 生产力标准；(6) 各行业的发展战略；(7) 科学是第一生产力；(8) 生产力经济学的学科建设等。在生产力经济学应用研究上进展也较快，在生产力经济学教学方面，许多大学开设了课程，有的还设置了专业。这些都证明在我国生产力经济学已经形成，并在社会主义建设中发挥它的应有作用。

三、生产力理论需要进一步研究的问题

生产力理论是一个很重要的理论，也是问题很多的一个理论，有许多问题需要进一步研究。

（一）关于生产力的概念

一种观点认为，生产力就是有用的具体的劳动生产力。

还有一种观点认为，生产力就是人们认识自然、改造自然的能力。

再有一种观点认为，生产力是生产的潜在力量。不是生产的现实要素，也不是生产的效率。

通常认为，生产力是生产和创造财富的一种能力，包括物质财富和精神财富。

还有人提出生产力有狭义和广义之分，有单一生产力和综合生产力。

孰是孰非，尚需进一步探讨。

（二）关于生产力的性质

第一种观点认为生产力本身只有自然属性，它是人类征服自然的能力。

第二种观点认为生产力只有社会属性，生产力就是社会生产力。所谓社会生产力不仅是指整个社会所拥有的全部生产力的总和，更主要的，是因为它是社会性的。

第三种观点认为生产力的性质是社会属性和自然属性的统一。生产

力的自然属性主要是反映生产过程中的自然力的变化,而它的社会属性主要是反映生产过程中人们自身的变化。所谓社会属性是指社会关系、社会条件等的总和。

第四种观点认为生产力是中性的,没有姓"资"姓"社"的问题,没有什么资本主义生产力或资本主义性质的生产力,也没有社会主义生产力或社会主义性质的生产力,只可以说资本主义社会的生产力或社会主义社会的生产力。

(三) 关于生产力组成

1. 生产力要素论。这种观点认为生产力是由各种要素组成的。哪些要素呢？历来的二因素与三因素之争,实际上是对经典作家有关生产力论述的理解。例如,二因素论从斯大林的定义出发,认为生产力包括人和劳动工具两个要素;三因素论以马克思的话为根据,认为生产力包括劳动、劳动资料和劳动对象三个要素。无论是二因素,还是三因素,都已不能解释当代社会生产力的现实情况。因为,现代生产力的发展早已超出或突破了二因素或三因素的框框。后来,又有四要素、五要素直至九要素……因此,不少人赞同生产力多因素论。因为,生产力是不断发展变化着的。现代社会中的教育、科学技术、组织管理和信息等都是构成生产力的重要因素。即使是在古代,这些因素也包括在生产力内,只不过没显得像今天这样重要罢了。因此,按照因素分析的方法,生产力不仅包括劳动、劳动资料和劳动对象等"硬要素",而且包括教育、科技和管理等"软要素"。如果拿数学函数来表示,则如下式:

$$P = f(a、b、c、d \cdots n \cdots)$$

式中的因变量 P 为生产力,自变量 a、b、c、d…n…是构成生产力的各种要素,f 为函数关系符号。

2. 生产力系统论。这种观点认为,组成生产力的多种因素是分层次的,而生产力为一个有机整体,且是动态变化着的。他们认为,生产力是一个由多因素、多层次结合的有机整体,即系统。它包含着如下三类因素:(1) 实体性因素,如劳动者、劳动资料和劳动对象;(2) 附着性或渗透性因素,如科学技术和教育等;(3) 运筹性因素,如组织管理和信息。在生产力系统中,各类因素的结合主要有以下四种形式:(1) 物质结合,表现为经济结构;(2) 数量结合,表现为经济规模;(3) 时间结合,表现为时序经济;(4) 空间结合,表现为经济布局。在此基础上,他们还研究了生产力系统的整体性、综合性、均衡性、比例性和层次性等等。尔后,我国经济学界又把生产力划分为微观生产力、中观生产力和宏观生产力三个子系统,并广泛引进了系统论、控制论、信息论和耗散结构理论等方法,对生产力的性质、功能和规律等进行了深入的探讨。

从因素分析到系统分析,是生产力理论的一大突破和进展。它拓宽了生产力研究的领域,挖掘了研究的深度,革新了研究的观点和方法。生产力系统论确有突破。但是,第一,生产力系统论与生产力因素论并不矛盾。前者是后者的发展。两者主要只在方法论上不同,而理论上是可以统一的。系统论从生产力的整体角度入手,但作为整体的生产力系统首先是由各种要素或元素所构成的。因此,生产力因素论(特别是多因素论)是生产力系统论的基础。第二,生产力系统论不能满足于一般系统论生搬硬套式的引进和简单的类比描述上,应对系统论的核心思想或精髓——"整体大于部分之和"的定律,作更深入的研究。

3. 产合力论。这种观点认为,生产力是一种合力。生产力作为系统,在数学上表现为各种要素的集合 P,相应的生产资料和生产劳动等要素子集记为 P_m 和 A 等。作为现实的生产力 P 是体现在生产劳动 A 中的人力与蕴藏在生产资料 P_m 中的物力组合或结合起来所形成的合力。它除了人力和物力这两个分力外,还包含技术进步的增产力。这些合力与分力不是一般的数量(标量),而是一种既有大小又有方向的量(矢量),所以它们可按平行四边形(二因素)或力多边形(多因素)法则分解与合成(如图)。其基本模式为:

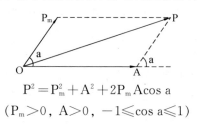

$$P^2 = P_m^2 + A^2 + 2P_m A \cos a$$
$(P_m > 0, A > 0, -1 \leqslant \cos a \leqslant 1)$

其中的 a 是生产要素的组合度或结合度,cos a 为组织管理系数,$2P_m A \cos a$

体现技术进步的增产力。

（1）人力即劳动力，数量上随人口的增加而增长。但人力是体力与脑力（智力）的合力。所以人力的大小取决于人力资源的开发，取决于通过教育和保健等人力投资所形成的人力资本（劳动者的知识和技能等）。人力本身作为一个子集合，通过分工协作形成劳动的社会生产力。

（2）物力，包括劳动工具和劳动对象等集合中的各种自然力，如风力、水力、电力、地力、弹力、引力和核力等等。它们本身一开始并不是生产力，但一旦被人们科学地认识、驯服和利用，就转化为生产力。科学，不仅能帮助人们不断认识和发现新的自然力量和资源，而且可提高劳动的自然生产力。

（3）技术进步的增产力。人力与物力一旦在相应的技术水平上能动地结合，就会出现质的飞跃，从而产生一种新质，即新的力量。这就是技术进步的增产力。技术进步，首先是指狭义的工艺或工程技术的改进和创新，体现在劳动力和生产资料等要素质量的提高上。其次，技术进步还包括广义的组织管理技术的变化和创新，即要素的重新组合或资源的重新配置。

（4）合力大于分力之和。如果单从数量看，则生产合力往往小于、等于分力之和。但生产合力作为系统是质与量的统一。各种生产要素一旦结合起来，就会出现一种单个要素所不具有的整体性能和功效，从而产生合力大于（优于）分力之和的系统效应，即 $1+1>2$。

（四）关于生产力中的决定性因素

一种观点是无决定因素论，认为生产力中的要素都是不可缺少的，没有主次，决定因素非决定因素之分。

另一种观点是有决定因素论，认为生产力中的要素不是平起平坐，有主次之分。谁是决定性因素，又有（1）劳动者决定论；（2）生产工具决定论；（3）科学技术决定论，等等。

还有一种观点是不同时期决定因素不同论。在人类社会初期，自然富裕是生产力的决定性因素；从奴隶社会、封建社会直到资本主义工场手工业相当长的一段时期内，生产力的发展主要靠劳动力，从资本主义机器大工业形成开始到第二次世界大战前，生产力的发展主要靠劳动工具，机器是劳动工具的核心,第二次世界大战以来特别是20世纪七八十年代世界经济的发展表明生产力的发展已经主要靠科学技术,科学技术成了第一生产力。

(五)关于生产力发展的动力

第一种意见认为,生产关系是生产力发展的动力。生产力的发展是生产关系推动的。因此,变革生产关系或不断调整生产关系就能促进生产力的发展。

第二种意见认为,生产力的发展靠生产力内在的动力;生产力发展有内在的源泉:劳动力、科学、自然力,三者的统一与矛盾运动推动生产力的发展。

第三种意见认为,生产力的发展动力是生产力和生产关系的交互作用或矛盾运动。

第四种意见认为,生产力发展的动力是人类需要,包括:物质需要、精神需要和社会需要。

第五种意见认为,生产力发展的动力是多元的,是生产力内部的源泉、生产关系、上层建筑以及社会需要等等综合作用的结果。

(六)关于生产力标准问题

一种意见认为,生产力是检验一切的根本标准,是应用最广、层次最高或者说是最终依据,但不否定其他标准,根本标准不是唯一标准。

另一种意见认为,生产力是检验一切的唯一标准,没有其他标准。

还有一种意见认为,生产力是检验一切的主要标准或第一位的标准还有其他标准,如生产关系标准、政治标准、法律标准、道德标准等,但它们是次要的,属第二、第三位。

还有生产力规律体系,生产力能否成为政治经济学的研究对象、衡量生产力本身的标准等等都值得进一步研究和探索。

第四节 大力发展综合生产力

社会主义的根本任务是发展生产力,已有共识。但是,是发展什么生产力?说法不一。有的说,是发展社会生产力;有的说,是发展劳动生产力;有的说,是发展科学生产力,等等。我们综合古今中外的经济理论,综观古今中外经济发展的史实，得出一个结论：一个民族、一个国家的繁荣富强依靠的不是单一生产力，而是由许多力量形成的综合力量。我们把它称为综合生产力。也就是马克思所说的发展一切生产力。由此我们认为：社会主义的根本任务是发展生产力，是发展综合生产力，是发展一切生产力。

一、既要发展社会生产力，又要重视发展自然生产力

社会生产力是指人们通过一定的社会结合方式形成的创造物质财富的能力。自然生产力是指大自然给人类无偿提供的并入生产过程，用以生产物质财富的力量。马克思说："各种不费分文的自然力，也可以作为要素，以或大或小的效能并入生产过程。"[①]自然力包括：(1)自然界本身就存在的一种力量(如：风力、水力、蒸气、电力、原子力等);(2)自然条件的生产率。自然不仅给生产劳动提供对象，而且给生产劳动提供手段。把巨大的自然力并入生产过程必然大大提高生产力。

人类社会在其发展的不同阶段，社会生产力与自然生产力具有不同的地位与作用。社会越发展，社会生产力的作用逐渐增大，而自然生产力的作用则相对缩小。但人类在发展社会生产力的同时，却在破坏自然生产力，最终又影响了社会生产力的发展。比如，集约农业加剧土地侵蚀，因而影响将来的农业生产;用水处理废物降低了水资源维持生态系统的价值，增加了为供给生活及工商业用水进行水处理的费用;空气用于处理废物也会影响它维持生命的价值。而且，土地、水和空气三者之间一种资源的直接利用又会影响其他另两种资源的潜在价值。如工业和交通运输用地影响了空气的质量;农药提高了土地农业生产力，但降低了水质。进一步，自然生产力又是和劳动力及科学力相结合而发挥作用的。所以，自然生产力的发展又与劳动力和科学力密切相关。总之，如何保护和发展自然生产力，是物理学、化学、生物学等自然科学和工程科学以及心理学、社会学、人类学和政治学等社会科学和经济学乃至哲学、美学和历史学等人文科学的共同任务。

经济学要研究的是怎样的制度安排才能有利于自然生产力的发展。

---

① 《马克思恩格斯全集》第24卷，第394页。

比如,农业生产制度对土地生产力的保护和发展至关重要。我国农业生产制度改革初期,由于承包期过短,引发了对土地的掠夺性经营,农民只愿使用无机肥而不愿使用有机肥,造成土地生产力的下降。而延长土地承包期则会使农民设法保护土地生产力,以谋求更长久、更大的土地经济收益。我国当前农业用地出现大片抛荒,则又是与制度的不完善有关。自然生产力与其他生产力一样,也必须在一定合理的形式下才能得以发展。由于自然生产力是与其他生产力相结合而发生作用的,所以,不可能形成单一的自然生产力发展的形式。但是,各种生产力结合起来的综合生产力的发展则必须考虑内在的自然生产力的要求。

自然生产力的提高,不仅可以通过组织制度,还可以运用市场体系。我国当前土地市场的建设就是为了使土地生产力能得到更有效的配置。从这个意义上讲,土地生产力的利用程度取决于市场体系的完善程度。当代经济学一般把研究自然生产力的资源经济学看作微观经济学的一个分支。其实,它与其他生产力相比,其作用的发挥,更需要借助政府的力量。因此,我国宏观经济体制的改革必须考虑自然生产力发展的要求。

二、不仅要重视微观生产力的发展,还要十分重视宏观生产力的发展

微观生产力是指微观经济主体创造物质财富的能力,包括个人生产力和企业集体生产力。宏观生产力则是由国民经济总体产生的创造物质财富的能力。宏观生产力由微观生产力综合而成,不能简单地理解为微观生产力的算术和。由微观生产力综合而成的宏观生产力的大小取决于国民经济的协调状况,即在全社会范围内采用怎样的组织形式来实现经济资源的有效配置。从人类社会迄今的实践看,宏观经济资源配置不外乎两种形式:一种是纵向的资源配置系统,另一种是横向的资源配置系统。社会主义各国原先所实行的计划经济就是一种纵向的资源配置系统。它将所有的生产力:社会生产力和自然生产力、个人生产力和集体生产力、现实生产力和潜在生产力以及物质生产力和精神生产力等统统纳入国家这一行政组织之中。然而,几乎所有的社会主义国家的实践都得出了一个同样的结论:如此庞大的科层组织,无法形成资源有效配置所必要的健全的信息机制和激励机制。资本主义各国在其经济发展的初期,企图依靠亚当·斯

密所谓的看不见的手的作用,实现微观生产力自动均衡为宏观生产力,即企图通过市场的横向力量将各企业的微观生产力综合为宏观生产力。资本主义的经济危机表明了横向资源配置系统的负效率。从当今世界经济发展的总趋势看,只有把看不见的手与看得见的手结合起来,形成纵横交错的资源配置系统,才能实现宏观生产力的发展。在此,我们无法提供这一系统的全景,但有一点值得指出:我们不能企图照搬任何一国的模式。尽管有时我们可以把各国的宏观生产力发展系统划分为几种模式。但是,进一步研究,可以说每一个国家都是一种模式,因为,每一个国家的微观生产力状况各不相同。我们又必须学习每一种模式。为什么世界经济的中心会不断转移,没有一个国家可以是永远的最强国?我们认为,这正是社会经济技术结构变迁的结果。生产力的发展是在由一定的社会的、经济的和技术的关系所构成的结构中实现的。这种结构越完善,就越有利于生产力的发展。但这一结构在完善过程中会逐渐走向封闭。此时,生产力的再发展,便有赖于结构的创新。这种结构越完善,创新所需的时间越长、过程越复杂、成本或费用越高。如果我们照搬某一模式则有可能永远落后。反之,如果学习各种模式的长处,并结合本国实际进行综合,则有可能经过一个时期成为最强者。

发展宏观生产力既要面向世界,又要立足本国。历史上相对落后的德国的李斯特的国家主义与世界主义的争斗,当代发展中国家普雷维什、萨米尔·阿明等人的依附学派对中心资本主义的对抗,都是为了形成独立的宏观生产力。我们在对外关系中必须坚持国家宏观生产力的发展,否则中国便不能真正屹立于世界民族之林。

三、不仅要发展现实生产力,还要大力发展潜在生产力

现实生产力是实际投入生产过程,创造物质财富的能力,也可以叫直接生产力,如劳动者运用劳动资料作用于劳动对象而产生的生产力。潜在生产力则是要通过一个乃至一系列中介环节才能创造物质财富的能力,也可以叫间接生产力。科学力、自然力是潜在生产力或间接生产力。科学力和自然力如果不与劳动力相结合,便不能生产任何使用价值,不能创造任何物质财富,因而不能形成直接的或现实的生产力。

科学作为生产力是指科学是一种潜在的或间接的生产力。但科学可以通过生产工具、劳动者、劳动对象等转化为现实的或直接的生产力。科学从潜在的生产力到现实的生产力是有条件的,必须经过一定的中介环节,通过科学—技术—生产的转化程度。历史上,中国人的四大发明曾在欧美转化为巨大的生产力。"火药把骑士阶层炸得粉碎,指南针打开了世界市场并建立了殖民地,而印刷术则变成新教的工具,总的来说变成科学复兴的手段,变成对精神发展创造必要前提的最强大的杠杆。"①从而预告资产阶级社会的到来,"资产阶级在它不到一百年的阶级统治中所创造的生产力,比过去一切世代创造的全部生产力还要多,还要大"②。

现代科学技术的发展,科学技术转化为生产的时间加速。现代科学技术在现代生产力中已起着第一位的作用,使科学成了第一生产力。

潜在生产力转化为现实生产力的途径与形式不外乎两种:一是通过市场;二是通过组织。一般来说,能表现为实物形态的潜在生产力可以通过市场进入生产力领域转化为现实生产力。我国古代四大发明没有在我国转化为现实生产力的一个原因就是缺少市场机制作中介。那些不能表现为实物形态的潜在生产力则凝结在潜在生产力主体劳动力上,可以通过一定的组织形式使之转化为现实生产力。组织形式可以多种多样。我国正在进行的企业制度改革必须考虑如何具备最大限度将潜在生产力转化为现实生产力的功能。

四、既要发展客体生产力,也要重视发展主体生产力

从人类社会生产力诞生之日起,就既有表现为个人特性的主观生产力,也有客观生产力。客体生产力是指包括劳动资料和劳动对象在内的物质要素的生产力。主体生产力则是指人的劳动生产能力,包括体力、脑力及劳动技能。客体生产力是现实生产力中物的部分;主体生产力则是现实生产力中人的部分。我们在此要着重说明的是如何在市场经济条件下发展主体生产力。对主体生产力,长期以来我国不可谓不重视,但我们所重视的只是劳动

---

① 《马克思恩格斯全集》第47卷,第427页。
② 《马克思恩格斯选集》第1卷,人民出版社1972年版,第256页。

力的数量,因而不是完整意义上的主体生产力。特别是随着生产方式由劳动集约型向资金集约和技术集约型转化,主体生产力水平的高低已主要不是决定于其数量,而是决定于其质量。提高主体生产力,除了继续坚持20世纪70年代以来一直执行的计划生育政策,通过减少劳动者数量来促使劳动者质量提高外,在经济上还应该利用市场经济这一形式。

首先,要使我国的劳动力具有主体性,使之成为真正的主体生产力。在计划经济条件下,我国的劳动力被认为属国家所有,至今劳动力在很大程度上还为部门或企业所有。一个人只有待在一个单位,就会有诸如住房、医疗、退养等各种物质待遇,否则就没有。所以,当前发展主体生产力,劳动力必须进入市场,使人真正成为主体生产力。主体生产力只有与客体生产力具有相同的市场化程度,才有可能既充分运用客体生产力,又充分发挥主体生产力。从我国目前的状况看,两者发展很不平衡;客体生产力市场化程度正在向国际化拓展,而主体生产力,由于行政、户籍管理等限制,"集市贸易"的水平尚未达到。

发展主体生产力不仅要利用商品形式,还可以进一步通过资本形式来实现。就像生产资料私有权使产品成为商品,生产资料的私有权、经营权通过市场与劳动力的使用权结合起来,使之成为资本一样,承认劳动力的个人所有权,就意味着承认劳动力商品,进一步允许劳动力所有权、使用权通过市场与生产资料的经营权相结合,就必然要承认劳动力资本。在我国市场经济的形成过程中,客体生产力的资本形式已为人们所接受。主体生产力即劳动力采取资本形式也已经是一个不能回避的现实和理论问题。

五、既要发展个人生产力,又要重视发展集体生产力

个人生产力是指个人所具备的一般劳动能力,包括智力和体力。集体生产力即总体生产力,是通过劳动组织管理而形成的集体力。马克思说:"通过协作提高了个人生产力,而且创造了一种生产力,这种生产力本身必然是集体力",又说,分工"造成了社会生产过程的质的划分和量的比例,从而创立了社会劳动的一定组织,这样就同时发展了新的、社会的劳动生产力"[①]。可

---

① 《马克思恩格斯全集》第23卷,第362页、第403页。

见,集体生产力是由分工协作所产生,集体生产力的发展又是通过组织管理形式的一定的变迁而实现的。

马克思在《资本论》第1卷中,从生产力和生产关系两个方面分析了相对剩余价值怎样经历了简单协作、工场手工业再到机器大工业的变化,从而使集体生产力得以不断发展。实际上,这种集体生产力正是来自生产力与生产关系的相互作用。因为分工协作要以一定的组织(如企业)形式来实现的。所以,集体生产力取决于企业制度效率的高低。企业制度既同时包含了人与物及人与人两个方面的关系,因而也就具备了生产力和生产关系的双重属性。事实上,企业制度是生产力与生产关系的中介。资本主义企业制度形成经过了个人业主制、合伙制和股份制的演变,在这一过程中实现了生产关系社会化与生产力社会化的统一,从而大大促进了集体生产力的发展。

如何改革我国企业制度来发展集体生产力?1984年《中共中央关于经济体制改革的决定》就已把增强企业活力作为以城市为重点的整个经济体制改革的中心环节。但是至今仍然没有实质性的进展。我国原来的国有国营企业不是一个纯粹的经济组织。它同时又是一个行政组织,而且还是一个社会组织。它具有生产力、生产关系和上层建筑的多重属性。所以,它不仅要中介生产力与生产关系的相互作用,又要中介经济基础与上层建筑的相互作用。作为生产力与生产关系的中介,它的首要功能是发展集体生产力。但是,作为经济基础与上层建筑的中介,其首要功能则是稳定社会经济。所以,我国的国有企业具有双重的任务,我国国有企业在迄今的改革中,稳定的功能削弱了,而发展的功能没有得到应有的增加。进一步的改革,应除了小部分国有企业继续保留其稳定社会经济的功能以外,绝大部分国有企业则应解除其上层建筑的属性,让其承担应有的经济发展功能。唯其如此,才能使集体生产力得到发展。

六、不仅要发展物质生产力,还要发展精神生产力

物质生产力是人们创造物质财富的能力。这种我们通常意义上理解的生产力,在饱尝多年生产力停滞之苦果后,已经引起了人们的充分的重视。但是,精神生产力则尚未引起人们的足够注重。

所谓精神生产力是劳动者支出脑力劳动而形成的生产力。或者说,精

神生产力是人们在精神生产领域中运用符号系统从事信息生产的能力。精神生产以信息加工为本质内容,具体包括科学研究、教育、文化、艺术和管理等。人类社会正处于由工业社会向信息社会过渡,以加工信息为内容的精神生产力正在取代物质生产力扮演财富生产的主角。

科学是精神生产的主要部门。不仅自然科学是生产力,社会科学也是生产力。因为,第一,社会科学可以提高作为生产力主体要素的劳动者的素质。第二,经济管理科学可以在资源配置,生产要素微观组织协调、宏观调控过程中创造出新的生产力。

精神生产力,有的可以表现为有形的精神产品。如有的理论,经过实验转化为技术进入生产过程成为物质生产力。而另一些精神生产力则不能表现为有形的产品。如精神文明也是一种精神生产力。它在个人,如劳动者的敬业精神,可以大大提高个人生产力;企业精神则是凝聚劳动者的力量,它可以提高企业生产力;爱国主义精神则可以加强国民及各民族的团结,提高国家生产力。从我国的实际看,当前应着重于企业精神建设——形成企业精神生产力。我国国有企业长期以来作为国家行政机构的附属物,因而无独立的企业精神。至今我国的国民精神仍然没有摆脱爱国家等于爱国加爱家的程式。在市场经济条件下,还要加上一项爱企业的内容。企业精神正是劳动者实现爱国的中介。这样,劳动者在企业中不仅作为一个"经济人"追求经济利益,使之具有物质动力;而且作为一个"组织人",又追求精神利益,使之具有精神动力。从而,发挥劳动力的最大作用。

第五节 坚持和发展马克思主义关于科学是生产力的理论

1988年,邓小平同志总结了第二次世界大战以来世界经济发展的新情况和新经验,明确指出:科学技术是生产力,而且是第一生产力。这一论断坚持和发展了马克思主义关于科学是生产力的理论,对于推动科学技术进步,发展社会生产力,建设具有中国特色的社会主义具有重大的理论意义和实践意义。但是,如何全面正确地理解科学是生产力,而且是第一生产力,还有一些理论和实际问题值得进一步研究和探索。

一、"科学是生产力"是马克思主义历来的观点

马克思主义经典作家历来认为科学技术是生产力,一贯重视科学技术在经济发展和社会进步中的地位和作用。

马克思在《政治经济学批判大纲》中明确指出:"正象在价值转变为资本的时候那样,在资本继续的发展上也显示出:资本一方面是以生产力一定程度的历史为前提的——在这些生产力里面也包括科学在内。"①在《经济学手稿》中也指出:"在固定资本中,劳动的社会生产力表现为资本固定的属性;它既包括科学的力量,又包括生产过程中社会力量的结合,最后还包括从直接劳动转移到机器即死的生产力上的技巧。"②

恩格斯在《马克思墓前的讲话》中指出:"在马克思看来,科学是一种在历史上起推动作用的、革命的力量。任何一门理论科学中的每一个新发现,即使它的实际应用甚至还无法预见,都使马克思感到衷心喜悦,但是当有了立即会对工业、对一般历史发展产生革命影响的发现的时候,他的喜悦就完全不同了。例如,他曾经密切地注意电学方面各种发现的发展情况,不久以前,他还注意了马赛尔·德普勒的发现。"③

马克思主义经典作家关于科学是生产力的论述,还有很多很多,我们就不一一引述了。总之,马克思主义认为科学是生产力是确定无疑的。但是,我们知道现实生产力始终是有用的具体的劳动生产力。作为具体的有用的劳动,它生产使用价值。只有创造使用价值的社会生产力,才表现为有用的具体的现实生产力。作为现实的生产力主要包括劳动者、劳动资料和劳动对象三个要素。作为现实生产力的主要三个要素中没有科学,那么,为什么又说科学是生产力呢?

马克思主义经典作家认为,科学是生产力是指科学属于一般社会生产力。马克思说:"作为吸收和占有社会生产力和一般社会生产力(如科学)的力量(作为这些生产力的人格化),它是生产的。"④那么,又怎么理解科

---

① 《政治经济学批判大纲(草稿)》第3分册,人民出版社1963年版,第349—350页。
② 《马克思恩格斯全集》第46卷下册,第229页。
③ 《马克思恩格斯选集》第3卷,第575页。
④ 《马克思恩格斯全集》第26卷第1册,第422页。

学是一般社会生产力,它与现实生产力又有什么区别呢?

第一,科学作为一般社会生产力,是从广义的一般意义上讲的生产力。广义的一般意义上的生产力,既包括物质生产力,也包括知识形态的生产力;既包括现实生产力,也包括潜在的生产力;既包括直接生产力,也包括间接生产力。我们知道,生产力是人类认识自然、改造自然的能力,而科学作为历史发展总过程的产物,作为脑力劳动的产物,它直接参与了人类认识自然、改造自然的活动。人们通过科学研究来了解自然、掌握自然界的发展规律,而随着人们对自然规律的科学知识和增加,就能不断创造出改造自然的手段,从而不断增强人们同自然斗争的能力,推动生产力向前发展。从这个一般意义上来说,科学是生产力。它不同于有用的具体的现实生产力。

第二,科学作为一般社会生产力,是指科学是知识形态的生产力,是精神生产力。马克思说:"知识和技巧的积累,社会的智慧所含有的一般生产力"[1]。"一个生产部门,例如铁、煤、机器的生产或建筑业等等的劳动生产力的发展,——这种发展部分地又可以和精神生产领域内的进步,特别是和自然科学及其应用方面的进步联系在一起。"[2]当科学还仅仅作为知识的形态存在的时候,由于它尚未进入生产过程,尚未取得具体的有用的劳动生产力的形式,因而它是一般社会生产力,而不是物质生产力。但科学可以通过劳动者、劳动工具、劳动对象等转化为物质生产力。科学的主要物质体现者是劳动工具。工具是物化的智力,物化的科学技术。

第三,科学作为一般社会生产力,是指科学是一种潜在的或间接的生产力,而不是现实的直接生产力。科学从潜在的生产力到现实的生产力是有条件的,必须经过一定的中间环节,通过从科学——技术——生产的转化过程。这是一个庞大的社会系统工程,存在着一系列错综复杂的问题。如果中间环节衔接不好或者脱节,一项科学成果如果只是停留在实验室而不能应用于生产,科学技术就不能成为现实生产力。据报载,我国推广和运用的科学技术成果还不到总数的15%。科技进步对工

---

[1] 《政治经济学批判大纲(草稿)》第3分册,第348页。
[2] 《马克思恩格斯全集》第25卷,第97页。

业增长的作用只有30%左右。因此,我们要全方位开拓科学技术转化为现实生产力的途径,切实解决科学技术转化为直接生产力的一系列复杂的问题。

所以,不能把科学是生产力作简单化的解释,甚至作牵强附会的解释,理解科学是生产力,关键在于区分一般社会生产力和具体的有用的社会生产力。科学是生产力确切的含义是指科学是知识形态的潜在的一般社会生产力。我们不仅要懂得科学属于一般社会生产力,而且要善于把科学转化为具体的有用的现实生产力。

二、科学是第一生产力丰富和发展了马克思主义关于生产力的理论

那么,为什么说科学是第一生产力呢?

第一,科学是生产力发展的内在源泉和动力。随着社会的发展,科学技术对生产力的发展越来越重要。马克思说:"随着大工业底继续发展,创造现实财富的力量已经不复是劳动时间和应用的劳动数量了,而是在劳动时间以内所运用的动原底力量。而这种动原自身及其动力效果,又跟它自身的生产力与所消耗的直接劳动时间根本不成比例,相反地却决定于一般的科学水平和技术进步程度或科学在生产上的应用。"[①]而且明确说过:"所谓社会的劳动生产力,首先是科学的力量。"[②]所以,科学作为现代生产力发展的动原,科学是第一生产力。

科学作为生产力的源泉和动力将它并入生产过程,凝结于劳动者、劳动工具和劳动对象中,将大大促进生产力基本要素的发展,从而大大提高社会生产力。

1. 劳动者素质的提高靠科学技术去武装。任何劳动,都是体力和智力的统一。劳动者总是具有一定科学技术知识、生产经验和劳动技能的人。科学技术为劳动者掌握,就会极大地提高人们认识自然、改造自然的能力。只有依靠科学技术进步,才能提高劳动者的创造能力。只有掌握了科学技术的劳动者,才能成为生产力发展中最积极最活跃的能动因素。

---

① 《政治经济学批判大纲(草稿)》第3分册,第356页。
② 同上书,第360页。

2. 劳动工具是科学技术的主要凝结者。现代科学技术向劳动工具的渗透,不仅大大提高现有劳动工具的效率,而且涌现了许多新的先进的生产工具,从而大大提高劳动生产率。例如,现在美国所拥有的电子计算机每年完成的计算工作量相当于4千亿人的年工作量。又如我国的标准带钢热轧厂,在70年代,用人工掌握每周产量只有500吨,现在用电脑控制每周可达5万吨,相差100倍。

3. 劳动对象靠科学技术去开发。近代科学技术的发展,对开发劳动对象起着重要的作用,使人们不断向生产的深度和广度进军。科学技术促成的新的资源和劳动对象的发现和利用,对生产力的发展起着巨大的推动作用。例如,原子能的发现和利用给人类提供了无比巨大的能源,铀裂变时产生的能量,相当于同等质量的煤燃烧时所产生的能量的三千二百万倍,相当于汽油的二百万倍。原子裂变时产生的这样惊人的能量,如果广泛应用于生产,必然大大提高劳动生产力。

总之,现实生产力的发展,在于生产要素的发展;而生产要素的发展,在于生产力主要内在源泉和动力——科学的推动,这就是科学是第一生产力的理论依据。科学作为生产力的主要源泉比生产力的现实要素对社会生产力的发展具有更深远的意义。从生产力的内在源泉和动力的角度去考虑,就可以使我们更加重视科学技术的发展,有意识地使科学技术、教育和资源的开发走在生产的前面。这样,不仅能使生产的发展近期见效,而且能够保证社会生产力持续、稳定、协调的向前发展。

第二,从人类社会生产力发展的阶段来考察,现在已经进入了科学是第一生产力的阶段。生产力的发展如果从它的主要源泉和动力的角度来考察,大体上说有四个阶段。

1. 以自然富源为主的第一阶段。在人类社会初期,生产力的发展主要靠自然富源。自然富源可以分为两大类:一是生活资料的自然富源,例如土壤的肥力、渔产丰富的水域等;二是劳动资料的自然富源,如森林、金属、煤炭等。在人类社会发展的初期,人的劳动经验不丰富,劳动工具很简单,还谈不上有科学技术,自然富源对当时的生产具有决定性意义,肥沃的土地可以比劣等土地提供更多的农产品,富矿比贫矿可以提供更多的矿产品。

2. 以劳动力为主的第二阶段。从奴隶社会、封建社会直到资本主义工场手工业以前的相当长的一段时期内,生产力的发展主要是靠劳动力。劳动力包括个人劳动力和结合劳动力。个人劳动力体现在劳动的强度、熟练程度和复杂程度上。结合劳动力体现在分工和协作上。分工和协作不仅提高了个人生产力,而且创造了一种新的生产力——集体力。工场手工业时期具有决定意义的是分工和协作,这时虽然在技术上已有一定变化,但生产过程并无重大变化。在分工和协作中是以劳动力为主体的。

3. 以劳动工具为主体的第三阶段。从资本主义机器大工业形成开始到第二次世界大战前,生产力的发展主要靠劳动工具。机器是劳动工具的核心。机器的运用是工业革命的起点。马克思曾经说过:"工具机,是18世纪工业革命的起点。"①据不完全统计,主要由于蒸汽机的运用,从1770年到1840年,英国每个工人的劳动生产率提高了40倍。是机器大工业把科学变成了一个独立的力量。但是,在第二次世界大战前资本主义发展的一个相当长的时期内,机器是主要的生产力,科学还未成为第一生产力。

4. 以科学技术为主体的第四阶段。第二次世界大战以来特别是20世纪七八十年代世界经济的发展表明,生产力的发展已经主要靠科学技术。当代科学技术正以空前的规模和速度应用于生产,使物质生产的各个领域面貌一新,充分显示了科学技术的巨大力量。据一些不完全的资料,20世纪初,大工业生产率的提高有5%至20%是靠采用新的科学技术取得的,到20世纪七八十年代,这个比例已上升到60%～80%。现代科学技术在现代生产力中已起着第一位的作用,科学技术成了第一生产力。

所以,科学技术是第一生产力,是第二次世界大战以来世界经济发展新情况、新经验的总结。

第三,科学技术的发展是永无止境的。它不仅能解决现实生产中提出的问题,而且承担着生产力发展的预见和开辟道路的作用。从而,人类所能支配的生产力也是无穷无尽的。从这个意义上说,科学也是第一生产力。

科学本身的发展具有加速发展的规律性。早在一百多年前,恩格斯就指出科学进步是永无止境的。他说:"科学,它的进步和人口的增长一样,

---

① 《马克思恩格斯全集》第23卷,第410页。

是永无止境的。"①

近代大工业产生以来,已经历了三次科技革命,18世纪的第一次科技革命,以工作机为起点,以蒸汽机的发明为标志,这是牛顿力学广泛应用的结果。19世纪的第二次科技革命,以电气化为重要标志,它是电磁感应定律发现的结果。20世纪的第三次科技革命,以电子计算机、原子反应堆为主要标志,它是以物理学中的狭义相对论的量子力学运动规律的发现为前提的。现在人们正在谈论以电脑、航天工程、生物工程、海洋工程为主要标志的第四次科技革命。据联合国教科文组织一个比较有权威的统计,进入20世纪60年代后,人类的知识量以每年10%左右的速度在增长。近十几年中,自然科学的新发现、新发明超过了以往两千年的总和。

科学技术转化为生产的时间也在加速。例如,21世纪以前的一些重大发明,摄影原理从发现到运用经历了一百多年,电话达五十多年;21世纪初的无线电为35年,雷达15年,电视12年,近几十年的晶体管为3年,激光为2年。而作为当前科技革命重要标志之一的电子计算机,是20世纪60年代才出现的,现在已有了第四代,1991年6月19日展示了第五代的原型试制机,1992年4月开始研制第六代,它将具有人的思维功能,能够说话、思考和学习。

科学技术发展史证明,一旦基础科学有了新的突破,就能促进应用科学的发展,给生产技术带来飞跃,从而大幅度提高社会生产力。

综上所述,从理论、现状和趋势来看,科学技术都是第一生产力。

三、全面正确地理解科学是第一生产力

对科学是第一生产力这一论断,理论界已经做了一些研究和阐述,看来怎样全面正确地理解这一论断,还有待进一步研究和探索。下面就几个问题简要地谈一些自己的看法。

第一,科学是第一生产力是否包括社会科学?有人认为,科学是生产力只是指自然科学,不包括社会科学。这是值得商榷的。

---

① 《马克思恩格斯全集》第1卷,第621页。

我们认为,科学是生产力,既包括自然科学,也包括社会科学。科学是关于自然、社会和思维的运动形式和发展规律的知识体系。科学包括自然科学、社会科学和思维科学,它们研究的对象虽然不同,但都是科学整体中有机的组成部分。而且,随着科学自身的发展,自然科学和社会科学之间产生了一系列交叉学科,这两大科学之间的鸿沟将逐渐填平,列宁关于自然科学奔向社会科学的预言将逐步变成现实。很多学科已很难说它是自然科学或者社会科学。例如,经济管理学就是运用科学的原理和方法,组织、指挥、协调生产过程中各种生产要素的社会结合,以达到最佳结构,从而产生新的生产力。而经济管理学就是社会科学、自然科学、技术科学等科学相互渗透综合而成的科学。

马克思在一百多年前也早已说过,社会科学也是生产力。他说:"固定资本的发展表明,一般社会知识,已经在多么大的程度上变成了直接的生产力。"①马克思这里所说的一般的社会知识,就是指社会科学。所以,科学是生产力,包括社会科学,是不能否定的。社会科学在生产力发展中的地位和作用,是不能忽视的。

第二,科学是第一生产力与劳动者是首要生产力是否相冲突?马克思主义经典作家确实认为,劳动力是最强大的生产力,是首要的生产力。马克思说:"最强大的一种生产力是革命阶级本身。"②列宁说:"全人类的第一个生产力就是工人,劳动者。"③毛泽东说:"世间一切事物中,人是第一个可宝贵的。"④为什么劳动力是最强大、首要的生产力呢?这是因为劳动力是存在于人的身体之中的,而人是一个能动的因素。人在生产力中起主导作用。自然靠人去认识和改造,科学是人发明的并且靠人去运用,工具是人制造的并且靠人去运用。所以,没有人的劳动,根本不存在什么物质生产,因而也谈不上什么生产力。

可见,说劳动力是首要的生产力,这是从人是生产力发展中能动的因素这一角度来说明的,而说科学是第一生产力是从科学在当代生产力发展

---

① 《马克思恩格斯全集》第46卷下册,第219—220页。
② 《马克思恩格斯选集》第1卷,第160页。
③ 《列宁全集》第29卷,人民出版社1956年版,第327页。
④ 《毛泽东选集》第4卷,人民出版社1991年版,第1512页。

中的地位和作用这一角度来说的,二者角度不同,并不矛盾,而是相辅相成的。我们说,劳动力是首要的生产力,并不是否定也不应否定科学在当代生产力发展中处于第一位和开辟道路的作用;我们说,科学是第一生产力,并不否定也不应否定人是生产力中能纽得最活跃的因素。

第三,全面正确地理解科学是第一生产力。科学是第一生产力是不是说科学是唯一生产力? 有人认为,说科学是第一生产力,就是说科学是唯一生产力,就是科学决定论。我们认为,科学是第一生产力,是说科学是生产力的主要源泉和动力,但科学并不是生产力的唯一源泉和动力。

马克思说过:"生产力的这种发展,归根到底总是来源于发挥着作用的劳动的社会性质,来源于社会内部的分工,来源于智力劳动特别是自然科学的发展。"[①]"劳动不是一切财富的源泉。自然界和劳动一样也是使用价值(而物质财富本来就是由使用价值构成的!)的源泉。"[②]可见,除科学以外,劳动和自然也是生产力的源泉。如果科学不与劳动和自然相结合,便不能生产任何使用价值,不能创造任何物质财富,因而就不能形成现实的生产力。

所以。科学是第一生产力,并不是唯一生产力。当然,不是也不能是唯科学论。

第四,评价科学是第一生产力的实际意义。对科学是第一生产力的实际意义应该如何估价? 有人认为,现在提出科学是第一生产力,加强科技工作,会转移以经济建设为中心,影响把经济搞上去。实际上,强调科学是第一生产力,加强科技工作,正是为了坚持以经济建设为中心,把经济搞上去。这是我国在本世纪末实现第二步战略的根本保证。同时,也将为实现第三步战略目标奠定坚实的基础。如果不把经济建设引导到依靠科技进步和提高劳动者素质上来,经济是上不去的,社会主义制度也难巩固和发展。

有人认为,党的十一届三中全会决定以阶级斗争为中心转移到以经济建设为中心,是第一次转轨。这次提出科学是第一生产力,是以经济建设

---

① 《马克思恩格斯全集》第25卷,第97页。
② 《马克思恩格斯选集》第3卷,第5页。

为中心转移到以科学技术为中心,是第二次转轨。这个说法,值得商榷。强调科学是第一生产力,加强科技工作,恐怕不能说是第二次转轨,而是以经济建设为中心的进一步深化,是把以经济建设为中心推到一个更高的阶段,在整个社会主义初级阶段,始终必须以经济建设为中心,这个轨不能转。当前主要的问题、突出的问题还是要把经济搞上去,这个也不能转向。但是,要把大家的注意力逐步引导到经济建设依靠科技进步和提高劳动者素质上来。

习近平在中国共产党第十九次全国代表大会的报告中说:解放和发展社会生产力,是社会主义的本质要求。我们要激发全社会创造力和发展活力,努力实现更高质量、更有效率、更加公平、更可持续的发展①。创新是引领发展的第一动力,是建设现代化经济体系的战略支撑②。创新是中华民族最鲜明的民族禀赋。"我们是一个大国,在科技创新上要有自己的东西。"③

复 习 思 考 题

一、名词解释

生产力　社会生产力　生产力要素　生产力源泉　科学是第一生产力　资本生产力

二、问答题

邓小平对马克思主义生产力理论的发展。

三、论述题

马克思主义和西方生产力理论比较研究与探索。

---

① 习近平:《决胜全面建成小康社会,夺取新时代中国特色社会主义伟大胜利——在中国共产党第十九次全国代表大会上的报告》,人民出版社2017年版,第35页。
② 同上书,第31页。
③ 《习近平总书记系列重要讲话读本》,人民出版社2014年版,第66页。

第三章 产权理论比较研究

产权理论是现代西方经济学的重要组成之一。马克思早就对产权问题进行了深入的探讨,并有着丰富的思想内容。由于时代及研究方法不同,马克思的产权理论即是马克思关于所有制与所有权的理论。不同产权理论的比较研究对社会主义所有制的发展和改革、对产权的界定具有重要意义。

第一节 马克思主义所有权理论

一、马克思主义所有权范畴的完整含义

在马克思的早期著作中,如《黑格尔法哲学批判》及《论犹太人问题》中,马克思从法权形式的角度论述私有财产和私有制,但是随着研究的不断深入,马克思指出了法权关系和物质生活之间的联系:"政治经济学不是把财产关系的总和从它们的法律表现上即作为意志关系包括起来,而是从它们的现实形态即作为生产关系包括起来"①,从而区分了所有制的法律形态和现实形态,并阐明了两者的相互关系。所有制以实际占有为基础,体现了现实生产过程中的经济关系,并表现了经济利益的实现形式。为了维护这一关系而建立的一整套规章制度逐步以法的形式表现出来,这样就使所有制关系上升到法的关系的高度,这样,所有制的现实经济形态就具

---

① 《马克思恩格斯选集》第 2 卷,人民出版社 1995 年版,第 615 页。

有了法律形态,即所有权范畴。但所有权不单纯是法律术语,由于它规定了人们在经济生活中对占有物行使权利的界限,因而就具有极强的经济含义,直接影响到现实经济运行的效率。但离开现实的所有制关系,所有权就失去了意义,因而所有制与所有权是一个问题的两个方面,既不能仅从物质资料的实际占有也不能仅从物质资料的法律所有来研究所有制问题,无所有权的所有制同无所有制的所有权一样,都是不存在的。

马克思的所有权范畴内容极为丰富,而且所有权本身是有可分性的。另外,所有权并非仅仅指生产资料的所有权,它有更为广泛的内容。

1. 所有、占有、支配、使用。由于不同主体对生产要素的不同职能而引起的所有权分解客观的经济现象,所有权可分解为单纯所有权、占有权、支配权及使用权。所有权是主体对物的排他性的最终支配权,它表示生产资料等的最终归属。占有权即主体实际掌握、控制客体的权利,它要在对客体的使用及享用中体现主体的意志。支配权即主体事实上或法律上对客体进行各种安排及让渡的权利。使用权即主体对客体的直接利用权,如消费客体、改变客体的物理化学性能等。在这四种权利中,单纯所有权是属于核心的权利,它直接决定了其他权利的存在形式。拥有所有权的同时还可以拥有其他权利,即四权可以统一,但随着生产力的发展,四权分离的状况日益普遍且日益重要。

2. 所有权的不同形式。生产资料所有权、劳动力所有权及劳动产品所有权。生产资料归谁所有将直接影响到整个生产、分配、交换与消费过程,因而生产资料的所有权对整个社会生产关系具有重要影响。由此,不少人片面以为所有权即只是生产资料的所有权,但马克思并没有这么简单地下结论。生产过程的前提是劳动者与生产资料的结合,仅仅界定生产资料的所有权并不够,正如马克思所说,生产过程就是劳动者与生产资料"是怎样和在什么条件下结合起来"[①],奴隶劳动与资本主义工厂工人劳动的性质是截然不同的。随着资本主义商品生产的发展,劳动者摆脱了人身依附,他对自身劳动力有了支配权。劳动力所有者要把劳动力当作商品出卖,他就必须能够支配它,从而必须是自己的劳动能力,自己人身的自由的

---

① 《马克思恩格斯全集》第24卷,第44页。

所有者。因而,劳动力所有权也是存在的。劳动力所有权的确立,使劳动者能够在市场中流动,有助于人力资本的优化配置,同时也使劳动者有权维护自己的劳动利益。此外,劳动产品的归属直接关系到整个社会分配关系的确立,而生产出的劳动产品并不一定归劳动者所有,在资本主义生产中,劳动产品归资本家所有,而并非为工人所得。因而,劳动产品的所有权是客观存在的。

二、所有权的本质是经济利益关系

所有权不仅仅是简单的生产要素归属问题,也不仅仅是各项权利的分解组合,在这些问题的背后反映的是复杂的经济关系,是经济利益的冲突与协调。

1. 所有权的产生反映了它具有的经济利益内容。原始公有制条件下生产条件的公共占有、氏族内部以性别为基础的分工及劳动产品的平均分配,这些都是在既定生产力水平下特定的经济利益分配状况。而私有制的产生反映了人与人之间经济利益冲突发展到了一个新高度。所有权以其法的形式规定了经济利益的分配格局。此外,随着生产的发展,所有权进一步细分为所有、占有、分配、使用等诸项权能,这种不同权能的划分进一步界定了各行为主体的利益边界,反映了行为主体间的利益分配。

2. 所有权的作用就在于获得和保证一定的经济利益。首先,对一定生产条件的占有是人类生活及生产的前提,这种占有是最根本的经济利益关系,而所有权则反映了这种特定的经济利益关系。其次,一定的所有权关系必然有一定的经济实现形式与之适应,否则它只是一种空想,正是由于有了地租、利润等现实经济形式,所有权才必然具有客观的经济利益关系。

3. 尽管所有权是所有制的法律形态,但这并不能否认它的反映经济利益关系的本质。法权关系,是一种反映着经济关系的意志关系,这种法权关系或意志关系的内容是由这种经济关系本身决定的。因而,所有权有着丰富的经济内涵,所有权的诸权能分解是现实经济发展的需要,也是对经济利益冲突的协调方式。

三、所有制、所有权与全部生产关系

所有制与所有权是经济利益关系的集中体现,并且是其他经济关系的基础,但是所有制与所有权并不等同于生产关系的总和。马克思在批判蒲鲁东时指出:"在每个历史时代中所有权以不同的方式、在完全不同的社会关系下面发展着。因此,给资产阶级的所有权下定义不外是把资产阶级生产的全部社会关系描述一番。"[①]他还指出,分工等其他经济范畴总和起来构成称之为所有制的社会关系,在此之外,所谓资产阶级所有制不过是形而上学或法学的幻想。据此,有人认为所有权与所有制就是生产关系的总和。这是值得商榷的。一方面,马克思这段话是为了批判蒲鲁东割裂所有制与生产关系各范畴之间的联系,指出蒲鲁东不能从普遍联系的角度看问题。另一方面,这反映了马克思关于所有制范围的普遍联系及相对独立的观点。所有制与所有权范畴与其他各经济范畴之间是有普遍联系的,它体现了现实生产关系的全部内容,从这个角度看,并没有脱离全部生产关系的孤立的所有制与所有权;但是所有制与所有权作为经济范畴,在其自身的独立性,它们同样是历史范畴,不同的所有制与所有权是在一系列完全不同的社会关系中发展出来的,特定的所有制与所有权形式,如土地所有权,它在不同的生产条件下具有不同的形式。因而,所有制和所有权与生产关系的总和是一种辩证的关系而非完全的等同。所有制只是社会经济关系中的一个方面,它要通过其他经济关系来实现,它具有相对的独立性。

四、所有权与经营权分离

在资本主义企业制度中,出现了占有权、支配权、使用权同单纯所有权日益分离的状况,我们把占有、支配、使用合称为经营权,它同所有权分离的典型形态是股份公司。

1. 股份公司中的两权分离。两权分离是在生产社会化发展到一定时期出现的,而股份公司是生产社会化及资本社会化的产物,它是典型的两权分离的企业组织形式。马克思敏锐地感觉到,与信用事业一起发展起来

---

① 《马克思恩格斯全集》第 4 卷,第 180 页。

的股份企业,一般地说也有一种趋势,就是使这种管理作为一种职能越来越同自有资本或借入资本的所有权相分离。股份公司的股东作为出资者,对企业有最终的所有权,但是日常经营管理活动由领薪的经理人员负责。这造成了以下后果,所有者一般不再参与企业的经营管理活动,从而所有权的实现仅靠所有权凭证(股票)来实现,而经理阶层掌握了实际经营权,它对企业的资产成了事实上的支配者及占有者。生产、经营权的重要性不断上升,同时产生了与所有者的矛盾,在一定程度上造成了侵害所有权的可能性。这一状况的出现是有利于社会经济发展的。

首先,资本的社会化与生产的社会化使企业规模不断扩大,同时企业财产的所有者日益多元化,这改变了以往单一所有者企业的所有者状况,迫使所有权的实现采取一种新形式,而股份公司及其两权分离的企业组织形式实现了这一突破。其次,企业的生产管理与经营日益成为一种专业化的技能,两者的结合使经营权与所有权的分离成为必要。而股份公司正是这样一种企业组织形式。两权分离又加速了生产的社会化及经营企业的专门化,这种资本所有权获得了更快增殖的途径,同时也缓解了资本主义矛盾,使生产关系在局部得到了更新。

2. 两权分离对经济利益关系的影响,所有权及其分离体现的是其内部利益的调整,一方面,最终所有者的利益并未失去,只不过他变成了股息获得者。同时他的获益与受损仅以出资额为度,他同其他出资者构成了一个利益整体。另一方面,经营权行使者尽管名义上不占有整个企业,但实际上对企业财产实行支配、管理,借此他能获得所有者给付予他的工资及让渡的一部分所有者权益。实际上,随着经营权与所有权的彻底分离,经营者对所有者权益的侵占有上升趋势。

五、所有权变动与资本主义企业制度的演变

生产要素在彼此分离的条件下只是潜在的生产力,只有把它们结合起来才能转变为现实的生产力。在商品生产中,这种结合以一定的企业组织形式出现。企业制度一方面反映了一定技术条件下的企业组织形态,另一方面又反映了一定的所有权形式。不同的企业制度可能反映不同的所有权形式,资本主义企业制度的发展在一定程度上就反映了资本主义所有权的演变轨迹。

1. 业主制企业。在19世纪中叶以前,业主制企业是典型的、占支配地位的私有企业形式,这也正是马克思着重考察的企业制度。这种企业的所有权特征是资本所有者直接控制和经营企业,所有权与经营权高度统一。在这种企业制度中,资本家是所有者与经营者,他对企业债务负有无限责任。业主制企业一般规模较小,企业的经营管理还未成为专业技能,个人作用高于组织作用,作为资本所有者与经营者的资本家同雇佣工人之间的矛盾是这种企业组织的基本矛盾。

2. 合伙制企业。它与业主制的最大区别是由两人或两人以上共同出资,其中一些人可只承担有限责任。在这种企业中,所有权与经营权也是统一的,只是并非所有的出资者都是经营者,但经营者必是所有者。这种企业可以在一定程度上扩大企业经营规模,也可适当分散风险,但仍承担无限责任。

3. 股份制企业。马克思指出,随着生产社会化及信用制度的发展,股份制企业也逐步发展起来。这种企业制度的所有权特点是所有权与经营权的分离,资本所有者一般不再直接管理企业。在这种企业制度中,企业成为具有民事行为及责任能力的法人,经营权的地位上升,企业中的出资者、经营者与工人之间形成了新的利益关系。股份制企业由于出资人承担有限责任,企业规模扩大而单个出资者的风险下降。随着社会经济的不断发展,股份制企业也日益发展,并成为现代经济生活中最重要的微观经济主体。

六、关于未来社会所有制的阐述

马克思、恩格斯关于所有制与所有权的论述主要是针对当时资本主义社会的,但他们对未来社会也作了预言。同时,当时新兴的股份制与合作制的兴起,也引起了他们的思考。

1. 社会主义就是要消灭私有制。"共产党人可以用一句话把自己的理论概括起来:消灭私有制。"①但是,"共产主义的特征并不是要废除一般

---

① 《马克思恩格斯选集》第1卷,第265页。

的所有制,而是要废除资产阶级的所有制"①。

2. 关于工人合作制理论。马克思指出,资本主义基本矛盾发展中出现了"资本所有权潜在的扬弃"。股份公司和合作工厂成为扬弃资本所有权为公共所有权的两种过渡形式。但股份公司只是资本主义生产方式在资本主义生产方式范围内的扬弃②,是一种消极的扬弃,而由工人群众自己组织起来的合作工厂,则是在资本主义生产方式中发展并形成起来的新的生产方式,是对资本所有权的积极扬弃。工人合作制作为资本主义生产方式中新的生产方式具有以下特征:

首先,工人自己的合作工厂是旧形式的一个缺口,但由于合作工厂在流通和其他环节中必然要与资本主义企业发生往来,因而合作工厂必然会再生产出现存制度的一切缺点。

其次,也是最重要的,在合作工厂内,资本和劳动之间的对立已经扬弃,"即工人作为联合体是他们自己的资本家,也就是说,他们利用生产资料来使他们自己的劳动增殖"③。这在资本主义生产方式中是一种全新的所有制形式,这种工人作为联合体共同占有生产资料的形式,打破了资本的私有制逻辑,打破了资本与劳动之间的对立,是向公有制过渡的重要起点。

最后,合作工厂表明:"在物质生产力和与之相适应的社会生产形式的一定的发展阶段上,一种新的生产方式怎样会自然而然地从一种生产方式中发展并形成起来。"④

3. 未来社会所有制的预言。根据马克思、恩格斯的观点,未来社会主义社会将实行生产资料的社会所有制,生产资料不再归任何私人所有,而是实行公共所有。马克思指出:"设想有一个自由人联合体,他们用公共的生产资料进行劳动。"⑤恩格斯也指出,在未来社会里,"私有制也必须废除,代替它的是共同使用全部生产工具和按共同协议来分配产品,即所谓

---

① 《马克思恩格斯选集》第1卷,第265页。
② 《马克思恩格斯全集》第25卷,第497—498页。
③ 同上书,第498页。
④ 同上。
⑤ 《马克思恩格斯全集》第3卷,第95页。

财产共有"①。"在资本主义生产方式内部所造成的,它自己不能驾驭的、大量的生产力,正在等待着为了有计划地合作而组织起来的社会占有。"②这种所有制是实行生产资料的公开的和直接的社会占有,全部生产资料直接由社会占有,劳动者真正成为生产资料的主人,劳动者个人权利得到充分的实现。

4. 社会主义所有制首先采取国家所有制的形式。马克思恩格斯谈到,在无产阶级夺取政权后,国家将以社会名义占有生产资料,首先把生产资料变为国家财产。"无产阶级将利用自己的政治统治,一步一步地夺取资产阶级的全部资本,把一切生产工具集中在国家即组织成为统治阶级的无产阶级手里。"③从而为后来理论与实践中,社会主义首先建立国有制打下理论基础。

七、马克思主义所有制理论的发展

马克思、恩格斯逝世之后,世界政治经济形势发生了剧烈变化,资本主义进入帝国主义时代,一些国家的社会主义革命相继爆发并取得胜利而进入社会主义改造与建设的新时期、马克思主义所有制理论也在不断探索与发展中。

1. 列宁对马克思主义所有制理论的发展。列宁不仅从理论上,更从实践上丰富和发展了马克思主义所有制理论。在《帝国主义是资本主义的最高阶段》中,列宁指出,资本主义已进入高度垄断的帝国主义时代,这时所有权发生了新的变化。在帝国主义时代,生产的集中和垄断就是资本所有权的集中和垄断,垄断资本主义是资本主义私有制的最高形式。在此阶段,银行资本获得极大发展并同工业资本融合形成金融资本,资本所有权以金融资本的新形式出现,它垄断了整个经济生活,资本的输出使资本的所有权同使用权进一步分离,并且资本输出使帝国主义扩张得到不断加强。

在社会主义实践中,列宁的所有制理论有一个发展过程。列宁一贯认

---

① 《马克思恩格斯选集》第 1 卷,第 217 页。
② 《马克思恩格斯选集》第 3 卷,第 190 页。
③ 《马克思恩格斯选集》第 1 卷,第 272 页。

为社会主义所有制应该是全民所有制。"他们力求使土地、工厂和机器变为全体劳动者的共同财产。"①"十月革命给自己提出的任务是：剥夺资本家的工厂,使生产工具归全民所有。"②在"新经济政策"时期,列宁所有制理论进一步发展,他指出实行国家资本主义是社会主义过渡时期的重要措施,即在坚持社会主义国有制的前提下,发展国家资本主义,形成以国有制为主体的多种所有制并存格局,逐步完成向社会主义的过渡。国家资本主义的主要形式是租让制。租让制即生产资料仍为国家所有,把经营权租让给资本家,资本家凭经营权获得利润,社会主义国家凭所有权也获得利润。对于合作制,列宁在《论合作制》中认为,"合作企业与私人资本主义企业不同,因为合作企业是集体企业,但它与社会主义企业没有区别,如果它占用的土地和使用的生产资料是属于国家即属于工人阶级的"③。列宁在新经济政策时期关于过渡时期多元所有制的理论和实践,为马克思主义所有制理论做出了开拓性贡献。

2. 斯大林关于所有制的论述。首先,斯大林是坚持了列宁的公有制理论的。他认为,社会主义社会的基础是公有制包括全民所有制和集体所有制。"这个社会的基础就是公有制：国家的即全民所有制以及合作社集体农庄的所有制。"④其次,他明确区分了社会主义国营企业和国家资本主义企业,认为应从特定的阶级关系来区分所有制形式的本质属性,工人阶级通过自己的国家占有生产资料和国家资本主义通过国家租赁生产资料有本质的不同,一个为自己的利润剥削工人,一个用自己的生产资料为自己谋福利,因而多元的所有制并未使工人阶级的国家失去所有权,它仍能保证社会主义的性质。其次,斯大林并未放弃集体所有制经济成分,相反,他认为集体所有制同国有制都是社会主义的所有制形式,在生产力水平较低的状况下,不可能把集体所有制强制过渡到国有制。这样,斯大林的所有制理论就具有二元论的特点,但是这一理论也存在不少缺陷。首先,他坚持国家所有制优于集体所有制,这就犯了教条主义的错误,不能真正认

---

① 《列宁全集》第 8 卷,人民出版社 1986 年版,第 193—194 页。
② 《列宁全集》第 28 卷,人民出版社 1956 年版,第 153 页。
③ 《列宁选集》第 4 卷,第 686 页。
④ 《斯大林文选(1934—1952)》上册,人民出版社 1962 年版,第 77 页。

识到集体所有制的重要性。其次,他坚持国家所有制即单一的全民所有制,从而在他的社会主义所有制模式中,公有制即国家所有制从而也即单一的全民所有制加集体所有制,而全民优于集体,则在一定条件下,极易演变为公有制即单一的全民所有制,从而为任意拔高所有制成分打下了理论基础。

3. 毛泽东对所有制理论的贡献。毛泽东关于马克思主义所有制理论的认识也是不断深化的,并且随着历史的发展而不断发展。在新民主主义革命时期,毛泽东对新民主主义阶段的所有制变革有以下重要看法:没收官僚资本归国家所有,使社会主义的国营经济掌握国家的经济命脉;保护民族工商业,对城乡私人资本主义经济可以尽量利用其积极性,促进经济发展;对落后的个体农业及手工业经济,在相当长一段时间内还不能马上改变。这种所有制结构,可以说是多种所有制形式、多种经济成分并存的经济形态。这是对马克思列宁主义关于资本主义向共产主义过渡时期的理论及其中的所有制变革理论的发展。在社会主义改造时期,对农业及小手工业的改造,毛泽东指出了合作化的必要性,并强调,在农业合作化中必须要分步走,从互助组到合作社进而到高级合作社。这一理论把小农的社会主义改造同生产力发展及社会主义经济制度建设联系在一起,是马克思主义同中国国情的结合。对资本主义工商业的社会主义改造,毛泽东肯定了国家资本主义形式,同时在资本主义工商业改造中公私合营也使生产资料所有制性质发生了变化,国家也占有生产资料,使社会主义经济成分在公私合营企业中出现。毛泽东上述关于所有制理论的阐述是马克思主义所有制理论在中国的发展。但由于种种原因,后来在农业领域搞人民公社化,在工业领域片面追求所有制的高级化,使国民经济造成损失。尽管调整一直在进行,但根本理论未有突破。直到中共十一届三中全会后,邓小平对马克思主义所有制理论做出了重大贡献,促进了中国改革的不断深入。

4. 邓小平对马克思主义所有制理论的贡献。邓小平关于社会主义所有制理论的认识是在一个全新的国际与国内环境中产生的。它主要包括以下内容:(1)坚持社会主义公有制为主体。邓小平一再强调,在改革开放及现代化建设中,要坚持社会主义道路,坚持社会主义方向,必须坚持

"公有经济始终占主体地位","吸收外资也好,允许个体经济的存在和发展也好,归根到底,是要更有力地发展生产力,加强公有制经济"①。邓小平公有制为主体的思想强调了国家在宏观经济管理中的重要地位,强调了国有大中型企业的作用,同时强调了不允许少数人掌握国家经济命脉,归根到底,是为了在社会主义市场经济建设中,顺应社会化大生产的要求,促进生产力进步,同时消灭剥削,进而共同富裕。(2) 邓小平指出,在社会主义初级阶段,公有制是主体,但市场经济的发展需要多种所有制形式并存,由于生产力水平不高及不平衡,多种所有制成分的并存有利于经济发展及生产力进步,有利于搞活市场。(3) 邓小平同志充分肯定了家庭联产承包制及乡镇企业的发展。他认为,家庭承包经营责任制是马克思主义合作经济的一大发展,也是我国社会主义生产方式发展的必经之路,同时他又指出,从人民公社到联产承包制是一个飞跃,而"发展适度规模经营,发展集体经济。这是又一个很大的前进"②。这就指出了农业体制发展的方向。对乡镇集体企业,邓小平指出这是中国农民的一个创造,是"异军突起",充分肯定了集体工业在农村现代化过程中的巨大作用。

邓小平的上述思想对我国社会主义所有制改革及生产力的进一步发展指明了方向,也是马克思主义所有制理论在中国的重大发展。

第二节 当代西方产权理论

一、关于产权的定义

关于产权,并没有一个权威的说法,有代表性的有以下几种。德姆塞茨指出:"产权是一种社会工具,其重要性就在于事实上他们能帮助一个形成他与其他人进行交易时的合理预期。"③诺斯指出:"产权本质上是一种排他性权利。"④而阿尔钦则指出:"产权是一个社会所强制实施的选择一

---

① 《邓小平文选》第 3 卷,第 149 页。
② 同上书,第 355 页。
③ 德姆塞茨:《关于产权的理论》,《美国经济评论》,1967 年 5 月。
④ 诺斯:《经济史中的结构与变迁》,上海三联书店 1991 年版,第 21 页。

种经济品的使用的权利。"①上述定义都只是从一个方面指出产权的含义。较为全面的定义是菲吕博腾及配杰威齐在《产权与经济理论：近期文献的一个综述》中给出的："产权不是关于人与物之间的关系，而是指由于物的存在和使用而引起的人们之间一些被认可的行为性关系……社会中盛行的产权制度便可以描述为界定每个在稀缺资源利用方面的地位的一组经济和社会关系。"②这一定义概括了从不同角度给产权下的定义，并与罗马法、习惯法及现代法律对产权的定义基本上是一致的。

二、产权内涵及与所有制的关系

1. 产权的内容。产权在英文中是个复数名词，即 Property Rights，这意味着产权是一组权利束，它主要包括以下几种：所有权、使用权、收益权与让渡权。产权主要不是反映人与物之间的关系，而是反映基于物的权利过程中人们之间的利益关系。从本质上说，权利的界定与执行只是手段，而由此达成的利益分配才是目的。由于产权是保证利益分配的手段，因而产权必须具有排他性，即各项权利的主体及各项权利之间是排他的：一个权利主体要阻止别的主体进入特定的财产领域，保持特定的财产权利。

2. 交易费用。康芒斯最早提出了交易费用概念，而科斯则是经济学中交易费用的引入者，其后威廉姆森在此基础上建立了较完整的交易费用理论。科斯在《企业的性质》一文中指出：建立企业有利可图的主要原因似乎是，利用价值机制是有成本的③。这一成本包括"发现相对价格"的成本、"谈判和签约的费用"、"契约的成本"等，企业的建立在于内部化这些成本。这一理论针对的是新古典主流经济学的两个隐含假定：即"市场交易是无摩擦的"及"企业是个黑箱"。交易费用概念的引进促使人们对企业、市场等基本问题进行再思考。交易之所以有费用，在于交易本身是稀缺的。在一定的产权结构中，权利的界定与执行都是有费用的，因为在此产

---

① 阿尔钦：《产权：一个经典注释》，载引自《财产权利与制度变迁——产权学派与新制度学派译文集》，上海三联书店 1994 年版，第 166—178 页。
② 菲吕博腾、配杰威齐：《产权与经济理论：近期文献的一个综述》，载引自《财产权利与制度变迁——产权学派与新制度学派译文集》，第 241—248 页。
③ 科斯：《论生产的制度结构》，上海三联书店 1994 年版。

权结构中的交易行为是稀缺的,交易作为要素不是充分供给的,权利本身是受到限制的。

3. 交易费用、产权界定与资源配置的效率。产权理论指出:资源配置的效率同产权的界定与安排有关,为了提高资源配置效率,明确界定产权及确立有效的产权制度是必需的,但上述两种活动都存在交易费用,从而节约交易费用是产权安排的关键。这一点正是著名的"科斯定理"的中心议题。在《社会成本问题》一文中,科斯指出,在交易费为零的条件下,不管权利的初始界定如何,通过当事人之间的谈判会导致财富最大化安排的出现,市场机制能使资源配置达到帕累托最优。但是市场交易是有成本的,科斯指出:如果交易费用为正,则不同的权利界定会带来不同效率的资源配置。

上述分析指出,权利的初始界定是重要的,不同产权的初始界定会导致不同的经济后果,效率不高的产权安排会通过产权交易得到改进,但这必须以明确初始产权为前提。由此引申,如果缺乏一套产权制度,则资源配置会陷入混乱。产权制度保证了交易行为的发生,因而对产权的保护是不可或缺的。只有在产权的收益及产权调整引起的收益得到保证的前提下,界定及变更产权才有动力。同时,由于交易费用的存在,并非所有能优化资源配置的产权调整都能得到实现。

4. 产权与所有制。一定的社会经济形态都有一定的主导所有制及所有权形式,同时也会有一定的产权制度与之对应。产权制度是产权关系的规范化,它明确地保护各种权利的边界及利益分配。而这些权利的获得总是要通过对物的权能确定才能获得。同时,产权制度是从上层建筑的角度规定了各主体对物的不同权能,因而它离不开基本层面的所有制归属及各项所有权的分配问题。所有制关系归根到底也是一个经济利益的分配关系,对生产资料等的拥有目的在于一定经济利益的获得。但是,所有制关系是从最基本的层面规定了经济利益在不同权能所有者之间的分配,在具体的经济实践中,由所有制决定的所有权的分离具有多种形式,产权制度即是这种具体形式的表现。所以,生产资料所有制的性质规定一定产权关系的性质;同时,产权制度也会相对独立于所有制形式而发生一定变化,但这种变化是在一定所有制框架之内的。

三、产权的可分解性与可交易性

产权反映的是人与人之间权利的界定、使用、转让等关系,这种权利不是单一的,而是"一组经济和社会关系",因而产权本身是可分解的,正是由于产权的可分解性,才有界定各权利边界的必要。其次,由于权利是可分解的,则不同权利主体之间就有交易的可能与必要,产权的交易是保证权利向最有利于效率改进方向运行的保证。

1. 产权的可分解性。完备的产权总是以复数形式出现的,一般包括以下权利:所有权,即产权主体把客体当作自己的专有物,排斥别人随意加以侵夺的权利。使用权,即在法律允许的范围内以各种方式使用的权利。收益权,即享有从事物中获得的经由契约关系而获取收益的权利。让渡权,即把与财产有关的权利出售或出租的权利。上述对产权的分解只是初步划分,对于一些复杂的交换过程来说,产权仍可以进一步细分,如让渡权可以租亦可以卖,这是让渡权的分解。由于产权的可分解性,使同一资源能够满足复杂的交易需要,不同人在不同时间的不同需要可以通过细分产权来实现,这使资源配置具有灵活性,从而效率提高,同时,产权的可分解性也说明不同权利主体的权利边界是限定的,人不能无限制地行使权利,这就保证了各权利主体行使权利的确定性预期,有利于资源配置效率的改进。

2. 产权的可交易性。权利的可交易性是产权理论的核心,物质商品的交换实质上可以看成是商品所有者之间一组权利的交易。当然,产权的可交易性是以产权的排他性及明确界定为前提的,同时产权的可分解性又拓宽了交易的范围。产权交易之所以重要,是因为只有在权利的充分交易过程中,资源的优化才可能实现,从而特定财富分配的方案才能实现。在动态演进中,对资源的需求在不断变化,产权的交易就保证了资源的合理流动。同时社会财富的分配也在不断变化,财富的重新分配也是权利不断变动的结果,这也要求权利的不断交易。通过权利的不断交易,合理的产权制度及经济体制才可能达成,这或许正是权利可交易性的真正含义。

四、外部性、公共物品与产权界定

在不存在外部性的场合,私人成本与社会成本是一致的,如不一致,必然存在某种外部性。外部性的存在使价格机制发生了某种扭曲,资源错误配置发生,因而,自庇古以来,外部性一直受到关注。

对于外部性问题的解决,主流派追随庇古,主张以税收解决,后来管制又成为重要手段,科斯等产权经济学家则认为,只要产权是明确的,在零交易费用前提下,私人之间通过契约同样可以实现资源优化配置,并解决外部性问题。产权理论认为,外部性本身是有其特定市场的产品,在完善的市场机制下,关于外部性的各项权利是可交易的,通过交易,可以把外部性内部化。其中初始的产权界定是重要的,在初始权利明确界定后,不管如何分配产权,资源配置的结果是一定的,不同的只是收入分配。这一理论为外部性内部化提供了新思路。

所谓公共产品通常指那些不具有排他性的物品,即公共物品一旦生产出来,任何一个人的消费不影响其他人消费的数量,如路灯。公共物品具有典型的外部性,由于收费的困难,公共物品主要由政府部门提供,政府干预其生产是必要的,传统主流学派一直坚持这一点。但正因为公共物品不能像私人物品一样能明确界定产权,因而造成了公共物品的过度使用即"拥挤"问题。针对公共物品的低效率问题,许多产权经济学家通过对外部性问题的重新认识,提出了解决"拥挤"的新思路,即适当调整公共物品的产权性质,以此提高效率。解决这一问题的关键在于使私人成本与社会成本一致,也即公共物品的外部性内部化,如建立俱乐部产权制度,把某些公共物品限定于一定的集团中,对于集团外的人产权具有排他性,加入这一集团享用某种公共物品,必须付费,例如有线电视系统、收费公路等。这样可使公共物品的生产成本得到合理补偿。当然,对于国防之类不可能排他的公共物品,这一方法是不具可行性的。

五、现代企业产权与企业内部激励机制

企业产权结构是不断演变的。随着生产力发展、生产及资本社会化程度的提高,企业的规模、组织形式及产权结构发生了巨大变化。现代企业

以现代公司制为代表,这也是西方产权理论关于企业产权讨论的对象。

企业产权可以从两方面探讨,一是企业的外部产权结构,二是企业的内部产权结构。现代公司制企业一般采取股份公司形式,它的外部产权结构的特征有以下特点,首先,所有权与经营权彻底分离,经理阶层对经营权的控制越来越强。贝利和米恩斯在《现代公司和私有财产》中揭示了所有权与控制权分离的状况,而加尔布雷斯则把大公司经理层称为"统治产业的技术结构"。其次,股东对企业重大决策的权利不断丧失,企业董事会成员及经理人员非股东化成为一般趋势。再次,法人相互持股日益增加,许多大公司相互成为对方的主要控股人,法人持股大大超过自然人持股。最后,在企业股权构成中,企业内部持股增加,这在美国等西方国家以"企业职工持股计划"的方式表现出来,这使公司的权利结构呈现多样化。

所谓公司的内部产权结构,在一定程度上称为公司治理结构,它主要反映所有权主体与经营权主体的关系,以及企业内部经营权的分布。首先,公司内部最基本的结构即股东大会、董事会、监事会及总经理,这四者之间是相互制衡的,它反映了所有权的约束。其次,经营权得到进一步分解,现代公司是高度科层化的组织,经理层的权利不断分解,公司结构趋于复杂化。再次,总经理对经营权的绝对控制引起了企业内部激励机制的变化。产权本身具有激励功能,在所有权相对弱化的现代公司中,经营权的行使及其激励是传统理论难以解答的,这种公司内部激励成为现代企业理论的中心。

由于所有权与经营权分离,使经营权对所有权的侵犯成为可能,而经营者不能完全保证所有者的权益亦成可能。现代公司中所有权与经营权的关系孕育了一系列的理论。

1. 剩余索取权的启示。阿尔钦和德姆塞茨在团队生产理论中引入了剩余索取权的概念来证明企业内部产权结构的重要性。在团队生产中,各要素所有者存在偷懒及搭便车的动机,而这会使团队生产效率下降。这时需要有监督者,有必要赋予其剩余索取权,而这需要一种合理的产权结构。古典企业中所有权与经营权的一致性使所有权主体获得剩余索取权。在两权分离的情况下,剩余索取权在所有者与经营者之间的共享能否激励经理呢?

2. 代理成本问题。在现代公司中,经理成了股东的代理人,这就产生了代理成本问题。代理成本即由于信息不对称及存在道德风险问题,股东由于委托代理人经营而产生的一系列损失。按照詹森和梅克林的说法,代理成本包括以下几种:委托人的监督成本、代理人的担保成本及股东因代理人代行决策产生的剩余损失。代理成本揭示出当两权分离后,在剩余索取权与监督其他要素的权利分离以后,对经理的监督产生的困难。在企业组织形态演进中,西方公司经历了由 U 型向 M 型转变的过程。按照威廉姆森的说法,这是一种依靠组织结构的调整来解决经理的代理成本的道路,但这未涉及企业内部激励机制的本质。

3. 委托—代理理论。委托—代理理论探讨了如何从企业内部的激励机制着手解决经理人员的自由处置权问题。委托人与代理人的矛盾及冲突反映了对剩余支配的矛盾及协调。由于不确定性的存在,经理人员的绩效度量成为难点,这会加大监督成本,同时信息不对称而导致的道德风险及逆向选择问题都使代理成本上升,上述原因促使产权收益只能通过谈判、交易及契约来确定,如何使剩余支配尽可能地分配更有效率的产权结构或分配契约成为重要问题。在此意义上,一种资产将产生的净收入取决于对权利的描述,双方满意的契约是达成最大化的必要条件。基于此,巴塞尔认为,描述和再分配所有权的合同理论处在产权研究的中心位置上。

西方产权理论在今日影响日益扩大,并且还在不断发展,这是有其深刻原因的,首先,西方产权理论的提出,是对西方主流经济学的一个挑战,西方经济学自马歇尔以后,一直把经济学规定为仅研究既定制度下资源如何优化配置的学问,这就脱离了古典政治经济学关注于制度的传统,同时仅关注于资源配置而不关心制度的变化,使西方经济学不能从本质上分析与经济发展密切相关的其他因素,这就使西方经济学发生了危机。而产权理论的提出,则又一次强调了产权制度的重要,强调了权利体系演变的重要性,这就使西方经济学的分析具有了一定的现实性。其次,西方产权理论的一些新观点、新的分析方法丰富了经济分析的思路,无论是对环保问题,还是对公共物品,以及对企业的分析,都拓宽了经济学分析的视野,使现代西方经济学不断向纵深发展。同时其中一些理论对社会主义经济理论也有一定的借鉴意义。最后,西方产权理论的提出意味着现代西方经济学又一次整合的到来。经济学如同其他学科一样,一直在分化整合中发展,西方产权理论重视了制度、交易及产权体系的演变,从较深的层面揭示经济发展的动因,对西方主流经济学是一种丰富和发展。

西方产权理论对西方经济学的发展做出了贡献,但它也有自身的不足:首先,许多西方产权经济学家以大量篇幅论证,只有私有产权才是最有效率的,大多数人仍然是在私有制的立场上探讨如何更好地维护私有制,完善市场竞争,因而西方产权理论的主流仍具有为私有制辩护的色彩。其次,西方产权理论过分强调了产权制度的重要性,而没有关注到技术变化的作用,或颠倒了制度与技术因素的关系,违背了生产力决定生产关系的原理。最后,这一理论的许多概念及分析方法缺少可操作性,如交易费用的度量等,使理论的应用性减弱。

第三节 马克思主义所有权理论与西方产权理论的比较、启示与探索

社会主义的产权问题研究还处于探索阶段,要进行产权改革,就有必要深入研究社会主义的产权问题,而在马克思主义指导下,对东西方关于产权理论进行比较研究吸收综合其精华,则是建立社会主义产权理论的重要方法。只有在此基础上,才能形成较为正确的社会主义产权理论。

一、马克思主义所有权理论与西方产权理论的异同

马克思主义所有权理论与西方产权理论有着不同的方法论基础及不同的立场,它们之间有非常明显的分歧。

首先,马克思主义所有制及所有权理论以历史唯物主义及辩证唯物主义为基本方法论,揭示了所有制及所有权的本质是经济利益关系,同时它从历史演变及生产力与生产关系互动中指出了所有制的历史发展。当代西方产权理论也强调产权的利益调整功能,但它更多地从法学角度讨论,缺乏深刻性。同时尽管它归纳了许多历史事件,但他们往往以理论裁剪历史,是典型的历史唯心主义态度。

其次，马克思主义所有权理论系统地揭示了所有制的演变，在分析资本主义私有制时，指出了私有制与社会化大生产之间的矛盾，私有制必然为公有制取代。而西方产权理论则认为私有制最有利于产权明晰，完善的市场能使私有产权的交易费用下降，私有制是最完美的，这使理论失去了历史感，充满辩护性。

再次，马克思主义所有权理论指出，随着私有制的发展，市场会越发影响经济的稳定协调，国家宏观调控及计划的作用越发重要。而西方产权理论认为，完全竞争的市场能有效促进交易费用的下降，产权明晰条件下，充分的市场交易会促进效率提高，因而鼓吹彻底市场化。

两者的巨大分歧并不影响两者在某些结论上的共通性，因为它们都从以市场经济为主的资本主义入手。首先，两者都强调所有权与产权是掩盖在物中的人与人之间的利益关系。其次，两者都强调经济利益关系的重要性。再次，两者都结合经济制度分析社会经济的运动。通过对两者的比较，我们能得出不少重要启示，而这些启示对于社会主义产权理论的构建有重要作用。

第一，所有权与产权是经济利益关系的反映，因而社会主义产权理论也必须以人们之间的经济利益关系为分析要点。由此，权利的界定及划分、不同所有制关系、产权内部结构的分解对激励的作用、权利让渡与经济利益的转移等都将被涉及。

第二，东西方产权理论都在资本主义市场经济条件下产生，都深刻认识到权利交易的重要性，因而，产权的可交易性及产权流动必须重点探讨。

第三，权利的界定必须清晰，不能模糊权利所有人的边界。因而，产权的明晰是必要的。

第四，在任何时候，所有制形式都不是单一的，而是多种形式的并存，并且各所有制内部的产权形式也是多样的。

第五，在市场经济条件下，企业的目标以利润为主，而一个良好的产权结构有利于目标的达成。在社会主义条件下，国有资产的保值与增殖也必须在市场中实现，因而，一个合理的产权结构及企业内部的激励机制是有利于国有资产保值增殖的，这就有必要找到合适的国有资产的产权模式。

二、关于社会主义的产权形式

产权边界的存在,既保证了各产权主体利益的分配,又意味着不同产权主体及不同产权形式的存在。无论是马克思主义产权理论还是西方产权理论,都指出了一定时期内多种产权形式存在的可能性。社会主义条件下的产权形式也是多样的。因为在社会主义条件下,特别是在生产力水平和生产的社会化程度不高状态下,不可能也没有必要达到统一的产权形式,这一点已由过去的实践所证实。同时,市场经济仍是社会主义初级阶段的资源配置机制,多种产权形式的并存有利于要素市场的竞争及完善,也有利于产权的流动与重组。最后,由于资源本身的特性,不同资源的安排往往需要不同的产权安排,这也需要产权的多形式分布。社会主义条件下的产权形式大致可以分为以下三种:公有产权、共有产权与私有产权。

在社会主义条件下,公有产权一般表现为国有制及集体所有制。在现阶段,公有产权在国民经济中居主导地位,这不仅是由社会性质规定的,也是由经济发展及生产力水平决定的。首先,是巩固社会主义制度的需要。生产资料公有制是社会主义生产关系的基础,是社会主义建设的物质保障,也是按劳分配的前提,同时,生产资料公有制占主导,也是国家宏观调控得以顺利进行的保证。其次,现阶段有一大批行业,如汽车、化工、宇航等部门,由于技术进步及规模经济要求,生产社会化程度高,集中度高,财产占有的社会化程度也高,私有产权的设立只会同这些行业生产社会化的趋势相矛盾,因而只能设立公有产权。再次,现阶段经济发展程度低,必须集中人力物力,有计划地调节资源,而公有产权有利于从宏观上把握资源的合理配置。最后,对于一些资源稀缺及自然垄断部门,只能由国家经营,一方面可提高整个国家的福利水平,另一方面也能提高抗风险的能力,有利于基础产业及高新技术发展。

共有产权在现阶段主要包括各种合作经济和股份经济如中外合作,国家、集体与个人的合作制,各种形式的股份合作制等,也可以称之为混合产权。共有产权的特征在于,它总在一定范围内明确其产权主体,但在共同体内,产权不具有排他性,共同体成员共同拥有该共同体的产权,产权收益由该共同体决定其分配,但其对外部具有产权的排他性。共有产权的设置也是同生产力发展水平、生产力布局及经济发展水平相关的,它是社会主义经济的重要组成成分。

在社会主义产权形式中,最有争议的是私有产权,现在理论界对现阶段私有产权存在的现实合理性都有同感,但是对私有产权的发展及其在国民经济中的比重有不同认识,对此问题应从以下几方面看:首先,现阶段私有经济在国民经济中的比重仍然较低。其次,从生产发展水平看,现阶段生产力水平不高,资本及技术的集中度也不高,大量中小私有企业的存在有利于经济发展。再次,私有经济可以解决一定的社会就业,活跃地方经济,提高供给水平。最后,私有产权在一定程度上激发了市场活力,有利于资源进一步优化配置。可以看出,私有产权在今后一段时间内仍应继续发展,但也需积极引导。另外,随着生产力水平的提高,生产社会化程度提高,私有产权最终会融入公有产权中,这是经济发展的必然结果。

社会主义产权形式的多样化及多种形式的并存、互补,是各种条件促成的,但从根本上说,是由生产关系一定要适合生产力发展所决定的。产权结构的多样化可以从内部与外部两方面看:从外部看,即多种产权形式的并存结构,社会主义产权结构必须是公有产权为主导,多种产权形式并存;从内部看,各种产权形式内部的产权结构也具有多样性,同一产权形式可以采取多种方式经营,各种产权形式之间是可以互相渗透的。如混合公有制形式,就可由公有制为主体,吸收其他产权形式介入,但其公有性质不变。在股份经济不断发展的条件下,这种趋势会不断加快。

三、产权流动与产权市场的培育

产权的流动及可交易性是西方产权理论一再强调的问题,从商品经济本身的要求看,产权流动也是必须的。商品只有在流动中才能实现它的价值,不能交易的要素由于缺乏市场评价,往往难以明确它的价值,这不利于资源的有效配置。在市场经济日益发展中,产权,特别是企业产权已成为重要的交易要素,因而产权的流动及重组对经济发展及市场深化有积极作用。

所谓产权流动是指在产权关系明确的前提下,产权主体让渡所有或部分权利的经济现象。公有产权的流动对公有产权的壮大及经济发展有很大作用：

首先，产权流动有利于公有产权的结构优化。传统公有制条件下，许多中小型企业由于规模小，技术条件差，长期亏损，并成为财政包袱。对这些企业，应逐步承包、租赁、转让，放手让他们到市场中去闯，同时放下包袱，努力搞好大中型国有企业。

其次，产权流动有利于公有产权的集约化经营。许多关系国计民生的行业都需要规模经营，而现在不少行业的规模不经济，因而可以通过企业兼并及集团化方式，达到规模经营的水平。

再次，产权流动有利于产业结构的优化及经济的发展。资源配置不是一成不变的，不同资源约束条件要求不同的配置方式，产权的合理流动保证了资源能向最有效率的地方运动。产业结构的优化关键在于资源配置的优化，即不同产业部门有不同的资源分布，这也就需要产权在不同产业部门间顺畅流动，以此达成资源的全面优化，使国民经济得以良性发展。

产权流动得以顺畅进行有三个条件：一是要有健全的资本市场；二是要有健全的法规；三是要有完善的企业产权交易市场。

首先，财产权利的支配、资产收益的获得及资产市场的选择都离不开完善的资本市场的存在。在现代市场经济中，完善的银行业等金融部门是产权流动的保障，它保证了产权流动中的融资能力，保证了各种股票及债券的合理流动。

其次，完善的法规是产权流动的保证。无论是企业破产、兼并，还是股份公司扩股、收购等，都必须有相应的法律法规与之相适应，这样才能保证交易的公正与公平，也有利于防止资产流失。

最后，建立企业产权交易市场，是企业产权交易的市场化、公开化及规范化的要求。企业产权市场的培育使企业产权的流动有了明确的方向。企业产权是多种产权的统一，市场经济强调优胜劣汰及规模经济，经营不善的企业必须拍卖、破产、重组，企业产权交易由此而生。但是，如果缺乏一个市场来协调企业产权的交易，则不可避免地使交易不透明，不能正确评价被交易产权的合理价值，并且会缺少一套交易规则，因而创建及培育产权市场是必要的。

四、公有产权的保值与增殖

公有产权是社会主义经济的主体,公有产权利益的维护与实现,也即公有产权的保值与增殖,关系到全体人民的利益,也是国有经济发展壮大的保证。

公有产权的保值是社会主义经济中的大问题,但在现实生活中,公有产权的维护不尽如人意,主要表现为国有资产的不断流失。国有资产的流失有多种情况,但主要有以下几个方面:一是管理不善,由于无章可循或有章不循,造成责、权、利关系混乱,从而导致公有产权内部的财产得不到保护,出现了侵吞国有财产,浪费国有财产等行为。二是法律关系不明,造成钻法律空子,偷漏税,化公为私或以公谋私,造成公有产权损失。三是公有产权经营不善,从而造成国有资产的大量损失,这种由经营不善而导致的损失,是公有产权最大的损失。四是由于公有产权的管理体制及产业分布、产权规模构成不完善而导致的损失,这种损失是隐形的,表面上有些产权收益并不低,但实际效率与可能达到的潜在效率差距不小,这也是公有产权的损失。公有产权的保值与增殖只有在传统公有制的实现方式及营运方式有了根本改革之后才能真正实现。

传统公有产权只是国家行政机构的附属物,政府部门作为国有资产的代表行使多重职能,它既是国有资产的代理人,又是社会管理者,政企长期不分。改革的目标即在于明确国有资产的代表并真正行使国有资产的权力。在社会主义经济中,私有化不是可行之法,但是产权理论中的委托—代理机制可以作为公有产权的改革方向。

所谓公有产权的委托—代理机制,实质上是国有资产以资产经营为核心的一种产权维护与利益实现机制。它首先设立一个国有资产管理委员会性质的机构,在这之下分设几个下一级的国有资产委员会,再由此把国有资产授权给下一级企业,由这些国有企业具体经营国有资产,并确立这些国有企业的法人地位。实行多级委托—代理的国有资产模式具有以下优点。

首先,它改变了传统公有产权与国家的行政隶属关系,形成了委托人与代理人之间以资产为纽带的关系,这使政企分开成为可能,使企业拥有了独立法人资格,使之可以真正地自主经营。

其次,传统公有产权下国有资产实际上无人负责,在多级委托—代理模式下,国有企业的资产有了不同的代理人,并且都具有法人代表资格,从而克服了所谓"所有者缺位"的弊端,公有产权的责、权、利关系可以较好地理顺,利益边界也逐步明确。

再次,在多级委托—代理关系中,国有企业具有法人财产权,可以独立进行企业营运,企业也将按照市场原则,以利润最大化为目标,国有资产的保值增殖才有可能实现。国家也将不再负无限责任,国家财政及银行的负担都将大大减轻。

最后,多级委托—代理机制的实现,可以为重塑微观经济主体,为国有企业的公司化改造及整个市场机制的完善打下基础。

当然,正如委托—代理机制本身存在问题一样,国有资产的多级委托—代理也存在一些问题,这主要有:委托人即政府的目标是多元的,多种社会利益与社会责任使政府难以真正放手不管国有资产的营运;代理人存在双重身份,并且行使的产权权利不是自己所有,往往存在侵蚀公有产权的道德风险问题。上述问题的存在只有依靠公有产权的流动来解决,公有产权必须具有可交易性,这就要求有完善的资本市场、企业产权市场及高级经理人才市场,使各要素在竞争中流动,在流动中提高约束力及效率,达到公有产权的保值与增殖的目的。

五、产权改革与社会主义企业制度

在社会主义产权形式中,公有产权是主导,同时公有制企业也是市场经济中的基本运行单位,因而社会主义的企业制度归根到底要由公有制企业为代表,而国有企业的企业制度建设又是重中之重。

在政府直接投资、直接管理与直接营运的传统企业制度下,所有权主体具有单一性与模糊性,同时多地区、多部门并存管理又使国有资产的所有者虚化,产权收益边界不明,这时的企业只是行政机构的附属物,没有自主经营权,企业内部的人事安排还要取决于上级主管部门。这种企业制度是"国家大工厂"理论的延伸,它忽视了生产力发展水平及整个生产的社会化程度,造成产权责任不明而使国家利益受损,企业缺乏法人所有权而难以成为市场主体,企业产权交易不畅而使资源配置效率低下。

只有建立现代企业制度才能真正解决国有企业的难题,才能在产权改革的基础上创造全新的社会主义制度。可以说,现代企业制度是社会化大生产与市场经济相结合的产物。现代企业制度可用十六字概括,即"产权明晰、权责明确、政企分开、管理科学"。现代企业制度是在产权明晰的基础上以公司法人财产权为核心、以公司制为主要组织形式的企业制度。

第一,现代企业制度以公司法人财产权为核心。法人财产权是与出资人终极所有权相对称的概念。企业以法人名义实际占有、使用与处置财产,这种法人财产相对固定于企业,一定程度上不受出资者左右而有利于企业的长期发展。法人财产权的确立使财产的最终所有权与实际营运权脱离,这为政资分开打下了基础。

第二,现代企业制度以公司制为主要组织形式,在内部实行严格的法人治理结构。公司制主要有两种类型:即有限责任公司与股份有限公司,其中股份有限公司是典型的公司制企业。公司制企业的法人治理结构包括股东大会、董事会、监事会,这些机构互相制衡,集体决策,确保各方利益的平衡,有利于企业的正常运转。

国有企业的现代企业制度建设首先要从公有产权改革入手,它主要包括以下方面:国有资产一经投入企业,就应该与投资者其他财产分开,构成企业独立的法人财产;投资者与企业之间是平等的民事主体,公司制企业作为法人财产主体享有财产权利,承担财产义务,是独立的利益主体;公司制企业以全部法人财产自负盈亏,而国有资产的产权主体只以出资额为限承担有限责任;国有资产主体依法享有资产收益权,并可依法对企业经营权进行适当约束,但不得在企业正常营运中抽走资本金,只能依法转让。

以公司制为主的现代企业制度,在社会主义产权改革中,是公有产权全新的制度变革,也是国有企业的改革方向。首先,现代企业制度有利于理清国有企业各方利益,使产权明晰化。它使出资人终极所有权与企业法人财产权相分离,形成了不同投资主体资本所有权的分离,同时它基本实现了所有权与经营权的分离,并在多种产权形式并存前提下,实现了多元投资主体在股权平等条件下的利益平等。其次,现代企业制度完善的组织形式和治理结构,使完善的产权制度得以建立及运行。公司制企业中不同机构运用各自权利,共同维护企业营运,是符合现代市场经济及生产社会化要求的。最后,公司制的实行有利于企业产权的流动与重组,因为产权流动的前提即是产权关系的明晰化。

第四节　社会主义所有制理论的新进展

党的十五大报告除了高举邓小平理论伟大旗帜,立足社会主义初级阶段,深化改革开放,全面促进建设有中国特色的社会主义等基本精神外,在经济理论方面特别是在社会主义所有制理论方面也有许多新的提法、新的突破、新的进展。

一、十五大对经济理论的突破主要体现在所有制理论上

党的十一届三中全会以来,在邓小平理论的指导下,我们党的历届代表大会都对社会主义经济理论有重大突破。主要有三次大的突破。

第一次突破是确立社会主义必须以经济建设为中心。党的十一届三中全会至党的十三大,主要是突破了过去长期以来以阶级斗争为纲的左倾路线,明确了我国仍然处在社会主义初级阶段,必须以经济建设为中心,社会主义的根本任务是发展生产力。

第二次突破是建立社会主义市场经济体制。党的十四大是在社会主义经济运行上突破了原来的计划经济体制,明确提出我国经济体制改革的目标是建立社会主义市场经济体制。党的十四届三中全会还通过了《中共中央关于建立社会主义市场经济体制若干问题的决定》。

第三次突破是调整和完善所有制结构,党的十五大在所有制问题上与十一届三中全会以来历届党代会相比,论述最多,内容最丰富。十五大提出的所有制形式和公有制实现形式的多样化,可以说是我国改革开放以来在社会主义经济理论方面具有根本性的突破。

二、十五大在所有制问题上的新进展

党的十五大在所有制问题上有大量新的论述,有的可以说是新提法,有的可以说是新进展,有的可以说是新突破,大致如下几方面。

1. 公有制为主体、多种所有制经济共同发展,是我国社会主义初级阶段的一项基本经济制度。关于所有制问题,在党的文献中直到十四届三中全会《中共中央关于建立社会主义市场经济体制若干问题的决定》中,还是提"必须坚持以公有制为主体,多种经济成分共同发展的方针"。十五大新提法在所有制问题上的重大进展,一是公有制为主体,多种所有制经济共同发展,而不是公有制为主体,多种经济成分共同发展,多种所有制与多种经济成分是有重大差别的;二是这已不只是"方针""而是我国社会主义初级阶段的一项基本经济制度",提高到一个新的高度。

2. 一切符合"三个有利于"的所有制形式都可以而且应该用来为社会主义服务。这是历来党的文献中没有提过的。这个新提法至少包括这样三层含义:第一,社会主义所有制形式应该而且可以多样化;第二,所有制形式多样化是有条件的,要"三个有利于"即:有利于发展社会主义社会的生产力、有利于增强社会主义国家的综合国力、有利于提高人民的生活水平。第三,一切所有制形式都要为社会主义服务。

3. 要全面认识公有制经济的含义。历来都认为公有经济只包括国有经济和集体经济。这次十五大报告中提出:公有制经济不仅包括国有经济和集体经济,还包括混合所有制经济中的国有成分和集体成分。

4. 公有资产占优势,要有量的优势,更要注重质的提高。十五大报告中重申了十四届三中全会公有制的主体地位主要体现在:公有资产在社会总资产中占优势;国有经济控制国民经济命脉,对经济发展起主导作用,又进一步指出:公有资产占优势要有量的优势,更要注重质的提高,这是对公有制主体地位的补充和发展。

5. 国有经济起主导作用主要在控制力上。十五大指出:要从战略上调整国有经济布局,对关系国有经济命脉的重要行业和关键领域,国有经济必须占支配地位,在其他领域,可以通过资产重组和结构调整,以加强重点,提高国有资产的整体质量,只要坚持公有制为主体,国家控制经济命脉,国有经济的控制力和竞争力得到增强,在这个前提下,国有经济比重减少一些,不会影响我国的社会主义性质,这一提法突破了以国有经济比重大小衡量国有经济主导作用的传统观点,是所有制理论的新进展。

6. 把国有企业改革同改组、改造、加强管理结合起来。国有企业是我国国民经济的支柱,搞好国有企业对建立社会主义市场经济体制和巩固社会主义制度,具有极为重要的意义。但怎么搞好?多年来争论不休。十五大概括的"三改一管",是全面综合治理国有企业的良方,对国有经济的发展具有深远意义。

7. 公有制实现形式可以而且应当多样化。一切反映社会化生产规律的经营方式和组织形式都可以大胆利用。这是十五大对我国在社会主义改革实践中群众首创出各种公有制实现形式的总结,也是对全党发出的号召:要努力寻找能够极大促进生产力发展的公有制实现的新形式。

8. 股份制是现代企业的一种资本组织方式,资本主义可以用,社会主义也可以用。这就澄清了多年来关于股份制姓"公"姓"私"的争议。实际上,不能笼统地说股份制是公有还是私有,关键看控股权掌握在谁手中。这对股份制的进一步推行具有积极意义。

9. 股份合作制经济是改革中的新事物。近几年涌现的公有制新的实现形式中,比较引人注目的是股份合作制。这种主要是劳动者的劳动联合和劳动者资本联合为主的公有经济,企业兴衰与职工利益联系紧密,有利于提高职工的主人翁地位,有利于促进生产的发展,有利于经济效益的提高,是国有小企业和集体企业改制的一种重要形式。

10. 非公有制经济是我国社会主义市场经济的重要组成部分。在党的十四大报告中,关于所有制结构,是提"以公有制包括全民所有制和集体所有制经济为主体。个体经济、私营经济、外资经济为补充,多种经济成分长期共同发展。"这次十五大把个体经济、私营经济、外资经济等非公有制经济不再作为"补充",而是作为"重要组成部分",这是所有制理论的一个重大突破。

三、全面、正确地理解和贯彻十五大在所有制问题上的新进展

调整和完善所有制结构,是一场深刻的改革。在理解和贯彻十五大关于所有制问题上,需要进一步解放思想,统一认识,大胆探索,勇于实践。

在所有制理论问题上,要澄清一些模糊认识。一是"现在要私有化了"。国外一些媒体国内也有一部分人认为,十五大提出调整和完善所有制结构是"改私有化",这是一种误解。十五大强调所有制和公有制实现形式的多样化,不是要削弱公有制,而是为了增强公有制的主体地位及其控

制力。二是"一股就灵"。有人认为股份制是包医百病的"灵丹妙药""一股就灵"。十五大报告提出股份制是现代企业的一种资本组织形式,但不是唯一形式,除此以外,还有改组、联合、兼并、租赁等形式。要实事求是根据本企业的具体情况选择符合实际的公有制实现形式。

在所有制调整实践上,也要防止一些倾向。一是急于求成,股份合作制是一种新事物,应该支持、提倡和鼓励。但是,推行股份合作制是一项长期的工作,要不断总结经验,逐步完善,不能"刮风",限定时间搞"股份合作化"。二是强迫命令。所有制的改革和调整是一个利益调整的问题,涉及到各个方面、各个阶层的经济利益关系,特别要维护广大劳动者的根本利益和长远利益,不能从上到下用行政命令强迫职工入股。总之,在调整和完善所有制结构的过程中,既要积极,又要慎重。

四、深入学习中共中央十八届三中全会和十九大关于深化改革若干重大问题的决定

1. 改革开放是党在新的时代条件下带领全国各族进行的伟大革命,当代中国最鲜明的特色。

2. 全面深化改革,必须高举中国特色社会主义伟大旗帜。

3. 全面深化改革必须立足于我国长期处于社会主义初级阶段这个最大实际。

4. 坚持和完善社会主义基本经济制度。公有制为主体、多种所有制经济共同发展的基本经济制度是中国特色社会主义制度的重要支柱,也是社会主义市场经济体制的根基。

5. 产权是所有制的核心,必须完善产权保护制度。

6. 积极发展混合所有制经济。逐步形成资本所有者和劳动者利益共同体。

五、习近平同志论坚持和完善基本经济制度

2013年,习近平同志在《关于〈中共中央关于全面深化改革若干重大问题的决定〉的说明》中指出,坚持和完善基本经济制度必须坚持"两个毫不动摇"。全会决定从多个层面提出鼓励、支持、引导非公有制经济发展,激

发非公有制经济活力和创造力的改革举措。在功能定位上，明确公有制经济和非公有制经济都是社会主义市场经济的重要组成部分，都是我国经济社会发展的重要基础；在产权保护上，明确提出公有制经济财产权不可侵犯，非公有制经济财产权同样不可侵犯；在政策待遇上，强调坚持权利平等、机会平等、规则平等，实行统一的市场准入制度；鼓励非公有制企业参与国有企业改革，鼓励发展非公有资本控股的混合所有制企业，鼓励有条件的私营企业建立现代企业制度①。

复习思考题

一、名词解释

所有权　收益权　产权　劳动力产权　交易费用　剩余索取权

二、问答题

1. 马克思主义所有权理论的主要内容。
2. 西方产权理论的主要内容。

三、论述题

马克思主义和西方产权理论比较研究与探索。

---

① 《十八大以来重要文献选编（上）》，中央文献出版社2014年版，第501—502页。

第四章　市场经济理论和模式比较研究

马克思主义有关市场经济的理论与西方学者市场经济的论述对我们建立有中国特色的社会主义市场经济模式以有益的启示。

第一节　马克思主义的市场经济理论

一、马克思的市场经济理论

马克思在《资本论》中详尽研究了以英国为代表的早期资本主义市场经济,对市场经济的现象和规律有全面而深刻的剖析。这些剖析除去其资本主义的条件与特征,是对市场经济共性的科学论述。对当代社会主义国家市场经济的建立仍有深远的指导作用。

(一) 市场经济及其产生

马克思认为市场是商品交换的场所,推而广之,市场是一切交换关系的总和。虽然马克思没有使用"市场经济"的概念,但研读马克思的著作,可以清晰地看出,马克思对市场经济显然是有所指的。简单讲,马克思认为市场经济是商品生产大行其道、交换关系普遍存在的经济,是从资本主义社会开始的。

马克思曾引用亚当·斯密的话说:"在文明状态中,每个人都靠交换来生活,并成为一种商人,而社会本身,严格说也成为商业社会";也曾引用德斯杜特·德拉西的言论:"社会是一系列的相互交换;商业就是社会的整个本质"①。

马克思认为资本主义生产方式特点之一是把它的产品当作商品来生产。他还说过："价格古已有之,交换也一样;但是,价格越来越由生产费用决定,交换渗入一切生产关系,这些只有在资产阶级社会里,自由竞争的社会里,才能得到发展,并且发展得越来越充分。"②

从内容看,马克思所说的商业活动,以商品生产为特征的生产方式正是市场经济活动的市场经济方式。

马克思有个与"市场经济"概念相类似的概念——货币经济。1893年马克思曾指出,美国从一诞生起就是现代资产阶级的……在美国,货币经济早在100多年以前就已经完全确立,而在俄国,自然经济还是常规,几乎毫无例外。他还指出,货币经济是在自然经济基础上产生的。本国的工场手工业只有靠牺牲农民利益才能建立起来,农民的自然经济被破坏,为货币经济所排挤。

从经济发展史看来,马克思所称的货币经济阶段与现在所称的市场经济阶段也是一致的。

马克思从生产力和生产关系两方面论述市场经济的产生。

在生产力方面,马克思认为市场经济是随着社会分工、生产的社会化而产生的。马克思指出:"交换的需要和产品向纯交换价值的转化,是同分工,也就是同生产的社会性按同一程度发展的。"③

在生产关系方面,马克思认为商品交换的产生是由于存在不同的所有制和人与人之间新的依赖关系。

马克思认为,商品交换是在共同体的尽头,在它们与别的共同体或其成员接触的地方开始的,但是,物一旦对外成为商品,由于反作用,它们在共同体内部也成为商品。

马克思还指出,市场经济是随着人身依附关系解除、交换关系普遍确立而产生的一种经济形式。一切产品和活动转化为交换价值,既要

---

① 《马克思恩格斯全集》第42卷,人民出版社1979年版,第146页。
② 《马克思恩格斯全集》第46卷上册,第102页。
③ 同上书,第91页。

以生产中人的(历史的)一切固定的依赖关系的解体为前提,又要以生产者互相间的全面依赖为前提,每个人的生产,依赖于其他一切人的生产,同样,他的产品转化为他本人的生活资料,也要依赖于其他一切人的消费。交换是以自己生产的产品的剩余和对他人生产的产品的需求为基础的。

(二) 市场经济主体论

马克思非常重视市场经济的主体在市场经济中的作用。《资本论》第1卷第2章《交换》中开宗明义:交换过程是一种彼此独立的商品生产者所参加的社会过程,而他们又只是以商品所有者的资格来参加的。商品是商品所有者通过共同的意志行为,让渡自己的商品,占有别人的商品。商品不能自己到市场去,不能自己去交换,必须寻找它的监护人——商品所有者[①]。交换的代理人是承运人和商人。

马克思关于市场经济主体的论述有几点值得注意。

第一,市场经济中商品交换要有主体。没有主体,商品不能自己到市场上去交换,没有主体就不会有市场经济。

第二,市场经济主体必须有自己的意志行为,即要拥有买和卖的自我决策权力,而且是共同意志,意即双方平等自愿,等价交换。

第三,市场经济主体一般是商品所有者。通常,只有商品所有者才拥有上述自我决策能力,才关心商品的平等交换。因此,商品所有者是市场经济的一般主体。但所有者作为市场经济主体是市场经济初期的情形,所有者自己生产,自己销售。随着市场经济发展,市场经济主体的范畴不断扩大。

第四,市场经济主体可以是所有者之外的人,承运人和商人可以作为商品所有者的代理人从事商品交换,成为市场主体。现代市场经济中的所有权和经营权分离,委托人—代理人制度体现了这一趋势。

(三) 市场经济的结构

马克思比较系统地概括了市场经济中的各类市场,如产品市场、原产品市场(即生产资料市场)、劳动力市场、货币市场、资本市场等。并且认为

---

① 《马克思恩格斯全集》第23卷,第102页。

劳动力市场特殊、资本市场重要。

马克思指出,要从单纯的各不相同多少有机地划分为几大类,而几大类市场又必然按照资本本身的基本要素而划分为产品市场和原产品市场。

马克思分析劳动力市场时说:"资本的一部分同活劳动能力相交换,这可以看作一个特殊要素,而且必须看作一个特殊要素,因为劳动市场不同于产品市场等等,它是受另一些规律支配的。这里最重要的是人口,但不是绝对的人口,而是相对的人口。"①

针对货币市场,马克思说:"在货币市场上资本是以它的总体出现的;在这里它是决定价格、提供工作、调节生产的东西,一句话,它是生产的源泉。"②马克思与恩格斯在《有关〈资本论〉一些问题的书信》中曾指出,金融市场上的人所看到的工业和世界市场的运动,恰好是金融市场和证券市场的倒置的反映。可见,马克思恩格斯将货币市场视为市场经济中最重要、最本质的市场。

马克思还将货币与土地等财产相比较,认为货币必然战胜其他财产。以此强调货币这种市场经济媒介的举足轻重作用。他曾说:"从现实的发展进程中……必然产生出资本家对土地所有者的胜利,即发达的私有财产对不发达的、不完全的私有财产的胜利,正如一般说来运动必然战胜不动……货币必然战胜其他形式的私有财产一样。"③

对每种市场,马克思都分析了决定价格和影响价格的因素。如生产资料价格、生活资料价格、劳动力价格、资本价格、土地价格与地租等,形成完整的价格体系,并论证了资本主义各阶级以价格为纽带的分配关系。这些论述对我们建立市场体系,进行价格改革,完善收入分配等仍有现实意义。

(四)市场经济的规律

马克思在《资本论》等著作中充分论述了资本主义商品生产和交换中

---

① 《马克思恩格斯全集》第 46 卷下册,第 11 页。
② 《马克思恩格斯全集》第 46 卷上册,第 233 页。
③ 《马克思恩格斯全集》第 42 卷,第 110 页。

的规律,其中大多是市场经济的共有规律,特别是价值规律、供求规律、价格规律、竞争规律、经济周期规律等。

1. 价值规律。价值规律是指商品的价值由生产商品的社会必要劳动时间决定,商品交换以价值量为基础,实行等价交换,价格围绕价值上下波动的规律。价值规律是市场经济的基本规律,它决定市场经济中资源配置与活动。

2. 供求规律。马克思主义的供求规律指虽然在任何一定的场合供求都不是一致的,但是它们的不平衡会这样接连发生——而且偏离到一个方向的结果会引起另一个方向相反的偏离——以致就一个或长或短的时期的整体来看,供求总是一致的。在特定的场合供求不平衡与某一时期供求平衡这种矛盾统一的规律构成商品供求的全貌。

3. 竞争规律。在市场经济下,各市场主体为生存或实现更多的利益,必然相互竞争。竞争使利润率平均化,促进技术进步和生产效率的提高,最终促进社会生产力的发展。

4. 经济周期波动规律。该规律是指经济运行过程中有扩张和收缩的相互交替。马克思的经济周期理论是相当丰富的,如周期的原因、周期的物质基础、周期的作用等,经济周期规律要求搞好宏观调节,减轻周期对经济的破坏作用,使国民经济相对稳定增长。

(五) 市场经济的作用

马克思指出市场是资本主义生产所不可缺少的纽带。资本主义商品生产,一方面,生产资本的形成要素必须来自商品市场,并且不断从这个市场得到更新,作为商品买进来;另一方面,劳动过程的产品则作为商品从劳动过程产生出来,而且必须作为商品重新卖出去。

在《1844年经济学哲学手稿》中,马克思说明了市场对社会分工细化的作用。交换这种倾向产生了分工,所以这种分工的发展程度,总是受交换能力,换句话说,受市场的大小限制,如果市场非常狭小,那就不会鼓励人们完全致力于某一职业,因为他不能用他本来消费不了的自己劳动产品的剩余部分,随意换得自己需要的别人劳动产品的剩余部分。"当市场扩大,即交换范围扩大时,生产的规模也就增大,生产也就分得更细。"①

在《资本论》中,马克思指出商品市场的竞争迫使资本积累、技术进步、劳动强度提高、管理的科学化等;资本市场的发展导致资本的合理分工,使商业资本从产业资本中分离出来,使生息资本从职能资本中独立出来,还衍生观念的资本——虚拟资本,使生产的能力超过自身的资本;土地经营权的市场化对合理布局生产、节约使用土地、发挥土地的级差效益产生积极影响。

马克思曾指出,资本主义的经济规律就是用提高劳动生产力的方法达到生产剩余价值和积累的目的。这些提高劳动生产力方法很大程度上是以市场为环境的。对于建立在广泛市场基础上的资本主义市场经济,马克思高度肯定了它对发展生产力的巨大作用,称赞资产阶级在它的不到100年的阶级统治中所创造的生产力比过去一切世代创造的全部生产力还要多,还要大。

马克思对世界市场极为重视,最初《资本论》的写作计划分为六分册,其中专有一分册即为世界市场。马克思关于市场的论述主要有三点。

第一,大工业促成世界市场,世界市场促进工业的发展。马克思指出,大工业建立了由美洲的发现所准备好的世界市场,世界市场使商业、航海业和陆路交通得到了巨大的发展,这种发展又反过来促进了工业的发展。

第二,世界市场有助于解决生产的无出路状态。马克思认为,资本主义生产所造成的无出路状态,在俄国这样一个没有国外市场的国家,比那些在开放的世界市场上多少有些竞争能力的国家要出现得快一些。

第三,世界市场使各文明国家紧密联系。马克思说:"单是大工业建立了世界市场这一点,就要把全球各国的人民,尤其是各文明国家的人民,彼此紧紧地联系起来,致使每一国家的人民都受着另一国家事变的影响。"②马克思对世界市场的论述是实行对外开放的理论依据,搞市场经济离不开世界市场,各国市场经济必须实行对外开放,对外开放的广度和深度影响市场经济的发展程度。

---

① 《马克思恩格斯选集》第2卷,第102页。
② 《马克思恩格斯选集》第1卷,第221页。

（六）市场经济在资本主义条件下的矛盾

马克思通过科学分析得出资本主义生产作为一个终极消逝的历史阶段，充满着各种内在矛盾，这些矛盾随着资本主义生产的发展而发展，并日趋明显。矛盾之一是在建立自己的市场的同时破坏这个市场，破坏农民家庭工业的基础，另一个矛盾是资本主义生产造成的无政府状态。

马克思论产业资本历史时指出，在产业资本产生之前，存在着以劳动者私人占有生产资料的小商品生产，产业资本形成的历史就是剥夺这些直接生产者，使分散的生产资料向社会集中的生产资料转化，多数人的小财产向少数人的大财产转化。这种剥夺以对农民的土地剥夺作为全部过程的基础。工业资本又通过殖民制度，进行更大规模的原始积累。因此，"资本来到世间，从头到脚，每个毛孔都滴着血和肮脏的东西"[①]。

马克思分析资本主义积累的一般规律时指出："在一极是财富的积累，同时在另一极，即在把自己的产品作为资本来生产的阶级方面，是贫困、劳动折磨、受奴役、无知、粗野和道德堕落的积累。"[②]

在分析商业资本时，马克思指出商业资本的介入暂时突破了产业资本的限制，解除了流通对再生产的限制，驱使再生产过程不顾社会的实际需要超出了应有的界限，导致商业危机。

在分析生息资本时指出，信用制度和银行制度把社会上一切可用的、甚至可能的尚未积极发挥作用的资本交给职能资本家支配，是资本主义生产超过它本身界限的最有力的手段，也是引起危机和欺诈行为的一种最有效的工具。

马克思还抨击了自由市场经济中存在的无政府状态造成社会巨大浪费，提出要用计划去代替市场。

（七）市场经济与公有制及计划的关系

马克思和恩格斯都认为，市场经济与公有制不相容。公有制将实行完全的计划。

马克思指出，在一个集体的、以共同占有生产资料为基础的社会里，生

---

① 《马克思恩格斯全集》第23卷，第829页。
② 同上书，第708页。

产者并不交换自己的产品;耗费在产品生产上的劳动,在这里也不表现为这些产品的价值;人们可以非常简单地处理这一切,而不需要著名的"价值"插手其间①。恩格斯也曾说:"一旦社会占有了生产资料,商品生产就将被消除。"②

对此,我们要仔细分析马克思和恩格斯所讲的公有制。公有制的规模有大有小,在所有制结构中,可以是纯粹的也可能是不纯粹的。从马克思主义的整体来看,他们认为是在整个社会全部实行了公有制,没有其他所有制形式时,交换和商品才不复存在,产品生产才根据统一的计划安排。因此,不能教条地、字面上看马克思恩格斯的上述论述而否定当今社会主义市场经济的存在。

二、邓小平对市场经济理论的发展

马克思主义经典作家从来没有说过社会主义可能有市场经济,邓小平关于社会主义市场经济的理论,突破了传统的观点和多年的社会主义经济模式,丰富和发展了马克思主义基本原理。

(一)计划和市场都是经济手段,都是方法

邓小平说:"为什么一谈市场就说是资本主义,只有计划才是社会主义呢?计划和市场都是方法嘛。只要对发展生产力有好处,就可以利用。它为社会主义服务,就是社会主义的;为资本主义服务,就是资本主义的。"③又说:"不要以为一说计划经济就是社会主义,一说市场经济就是资本主义,不是那么回事,两者都是手段,市场也可以为社会主义服务。"④计划和市场都是经济手段。

(二)计划与市场不是区分社会主义和资本主义的标志

邓小平说:"计划多一点还是市场多一点,不是社会主义与资本主义的本质区别。计划经济不等于社会主义,资本主义也有计划;市场经济不等

---

① 《马克思恩格斯选集》第3卷,第10页、第348页。
② 同上书,第323页。
③ 《邓小平文选》第3卷,第203页。
④ 同上书,第367页。

于资本主义,社会主义也有市场。"①这就从根本上突破了把计划经济等同于社会主义,把市场经济等同于资本主义的传统观点。

(三) 社会主义可以搞市场经济

《邓小平文选》第2卷有一篇文章就叫《社会主义也可以搞市场经济》,邓小平说:"说市场经济只存在于资本主义社会,只有资本主义的市场经济,这肯定是不正确的。社会主义为什么不可以搞市场经济,这个不能说是资本主义。……市场经济,在封建社会时期就有了萌芽。社会主义也可以搞市场经济。"

(四) 社会主义市场经济与资本主义市场经济的区别

邓小平在《社会主义也可以搞市场经济》中说,社会主义市场经济"虽然方法上基本上和资本主义社会的相似,但也有不同,是全民所有制之间的关系,当然也有同集体所有制之间的关系,也有同外国资本主义的关系,但是归根到底是社会主义的,是社会主义社会的"②。社会主义市场经济和资本主义市场经济的根本区别就在于所有制基础不同。社会主义市场经济以公有制为基础,资本主义市场经济以私有制为基础。

(五) 社会主义实行市场经济是为了发展生产力

邓小平说:"社会主义和市场经济之间不存在根本矛盾。问题是用什么方法才能更有力地发展社会生产力。我们过去一直搞计划经济,但多年的实践证明,在某种意义上说,只搞计划经济会束缚生产力的发展。"③所以,社会主义搞市场经济是社会主义利用市场经济这种方法来发展社会生产力。

(六) 计划和市场二者要结合

邓小平在1982年指出:"社会主义同资本主义比较,它的优越性就在于能做到全国一盘棋,集中力量,保证重点。缺点在于市场运用得不好,经济搞得不活。计划与市场的关系问题如何解决？解决得好,对经济的发展就很有利,解决不好,就会糟。"④他后来说:"实际工作中,在调整时期,我们可以加强或者多一点计划性,而在另一个时候多一点市场调节,搞得更灵

---

① 《邓小平文选》第3卷,第373页。
② 《邓小平文选》第2卷,第236页。
③ 《邓小平文选》第3卷,第148页。
④ 同上书,第16—17页。

活一些。"①"现在看得很清楚,实行对外开放政策,搞计划经济和市场经济相结合,进行一系列的体制改革,这个路子是对的。"②"把计划经济和市场经济结合起来,就更能解放生产力,加速经济发展。"③

社会主义可以实行市场经济,是我国社会主义建设长期历史经验的总结,是改革开放实践发展的必然结果。邓小平这一思想的提出,有力地指导着我国改革开放和现代化建设事业的历史进程,为建立社会主义市场经济体制,建设有中国特色的社会主义经济奠定了理论基础。

第二节 西方经济学的市场经济理论

西方资本主义国家是近代市场经济的发源地,也是现代市场经济最发达的地区,这为西方学者分析市场经济提供了便利;西方学者为了本阶级的利益,对市场经济的利弊进行了深入研究。而且,与马克思主义不同,西方学者更多是从经济运行角度来分析市场经济。全面了解西方学者市场经济理论对我们建立社会主义经济体制也是非常重要的。

一、市场经济概念

要了解西方学者市场经济的概念必须先知其对市场的定义。萨缪尔森称:"原始意义上,市场就是买卖物品的地方,更一般地说,市场就是买方相会合以交换东西所利用的一种机制。市场的关键特性是,它使买方和卖方一起确定价格和数量。"④

奥地利哈耶克将市场定义为:"市场是一个微妙的通信系统,是一种整理分散信息的机制,比人们精心设计的任何机制都更为有效。"⑤

市场经济的概念是1920年4月奥地利米塞斯在《社会主义制度下的经

---

① 《邓小平文选》第3卷,第306页。
② 同上书,第149页。
③ 同上书,第148—149页。
④ 萨缪尔森:《经济学(第12版)》上册,中国发展出版社1992年版,第36—37页。
⑤ 外国经济学说研究会:《现代国外经济学论文选》第2辑,商务印书馆1981年版,第80—81页。

济计算》一文中首次明确提出的。西方学者大多视市场经济为一种经济组织方式,并将这一方式与其他经济组织方式相对照。

美国格林沃尔德主编的《现代经济词典》称市场经济是一种经济组织方式,在这种方式下,生产什么样的商品,采用什么方式生产以及谁将得到商品等问题,依靠供求的力量来解决。

萨缪尔森认为社会经济组织方式可划分为三种,即主要由习惯支配一切、独断独行的法规和命令决定一切、主要由价格制度(市场制度、盈利和亏损制度)决定一切。汤普森类似地将经济体制分作传统经济、命令经济和市场经济。雷诺兹只是对经济体制的名称稍作改变,认为三种经济体制分别是自给经济、计划经济和市场经济。

日本野尻武敏认为市场经济是一种经济运行的调节方式。他说:"从总体上来看,价格调节只有两种方式,一是中央当局者从整体上实行的计划调节方式,另一种是根据供求的自由汇合而形成的市场价格进行调节的市场调节方式。前者被叫做管理经济(或计划经济)、后者被称为市场经济(或流通经济)。"[①]德国欧根类似地认为经济体制有两种基本形式,市场经济和中央管理经济。在市场经济中,对个别计划的协调是完全分散地通过市场进行的,而在中央管理的经济中,则完全通过集中控制。

可见,西方学者对市场经济有大致相同的描述,但概念依然不统一。

二、市场经济特征

对市场经济的特征,西方学者有着较为相似的看法。格林沃尔德认为市场经济有三个特征。第一,自主经营、自负盈亏的商品生产者和经营者是独立的法人,是市场的主体;第二,社会再生产的全过程——生产、交换、分配、消费都与市场有密切联系,企业之间、生产者与消费者之间的联系是通过商品货币关系进行的;第三,市场机制是经济内在的本体的机制,市场机制调节资源的配置和整个社会经济,是社会经济运行的基础。

汤普森认为市场经济制度的特征是强调经济资源的生产资料的所有制,强调个人的选择自由、竞争、利润动机,强调价格由供给和需求决定。

---

① 野尻武敏、百百和等:《经济政策学》,陕西人民出版社1990年版,第22—23页。

可见,西方学者认同的市场经济的本质特征是:自主、分散的决策和再通过市场来协调分散的决策。

市场经济特征之一是强调市场经济主体的作用,为此必须把握现代市场经济主体的范围。现代市场经济的广度和深度较之马克思所描述的古典市场经济有很大的扩充和深化。经济生活日益复杂,资本所有者与经营者分离日益普遍,同时,政府也一改自由放任的政策,对经济行动进行干预,生产力的大大提高,使市场由卖方市场转成了买方市场,居民的需求成了市场的原动力。与这些变化相对应,现代市场经济主体也发生了变化。西方学者将市场经济主体不仅由所有者推广到经营者,而且除企业外还有个人和政府。格林沃尔德认为自主经营、自负盈亏的商品生产者和经营者是独立的法人,是市场的主体。萨缪尔森认为企业、居民户和政府都是经济当事人。现代资本主义国家的政府,往往是以买主或卖主的身份,或者以调节者的身份大规模参与市场。

三、市场经济的作用

西方学者一般从经济学三个基本问题来阐述市场经济体制的作用。

1. 生产什么、生产多少、何时生产。萨缪尔森认为,在市场经济下这些都取决于消费者的货币投票,即他们的日常购买决定。企业受到最大利润期望的驱动,它们被高利润吸引到生产那些需求很大的商品,放弃不赚钱的生产领域。

奥斯特罗姆认为,市场经济下,生产什么和生产多少可以通过每种商品供求曲线的相互作用来解决,任何影响商品短缺的事件将会使调节过程起作用,吸引资源帮助缓解短缺。奥斯特罗姆还对比了市场经济与计划经济的作用区别,"制订计划是不可避免的,问题不是是否必须制订一个人的中央计划人员","价格能廉价地、迅速地传递信息,同时也鼓励资源的使用者和所有者对此作出反应"[①]。

2. 如何生产。即由哪些人、使用哪种资源,利用哪种技术生产物品。在市场经济环境中,这些取决于不同生产者之间的竞争。生产者要对付价格竞争和把利润增加到最大限度的最好办法就是采用效率最高的生产方

---

① 奥斯特罗姆:《制度分析与发展的反思》,商务印书馆1996年版,第267页、第270页。

法,使成本达到最低限度。奥斯特罗姆认为,在公开市场的情况下,生产者有积极性采用技术和增加投入,这可以最低成本创造各种不同的产出水平,拥有使用资源权利的人会积极地把资源利用于使用价值最高的地方,市场鼓励企业家去积极发展和采用能够提高生产率的组织形式,任何商业联合体的盈利能力,在很大程度上取决它能成功地挑选小组的成员和采用适应于小组及其生产活动的具有鼓励性结构的组织形式。

3. 如何分配。萨缪尔森认为,社会产品分配取决于生产要素市场的供求。全体居民的收入分配决定于拥有的要素数量和要素价格(工资、地租、利息、利润等)。居民户用他们出卖劳动和其他投入所取得的收入来购买企业生产的商品;企业把他们的商品价格确定在劳动和财产的费用的基础上。商品市场的价格使消费者需求与企业供给实现平衡,要素市场的价格使居民户供给与企业需求实现平衡。

奥斯特罗姆认为市场制度的一个特点是,个人的收入与他们所拥有的资源对产量做出的贡献是非常直接和非常密切相关的。因此,个人积极想获取有关使用他们资源(包括他们劳动力)的各种办法的情报,挑选那些能提供最高补偿的办法。能获得很高利润的机会鼓励个人进行投资(如改良他们的土地,或学习一门手艺)和提高生产率,在缓解商品短缺的同时增加了他们自己的收入。他还指出,采用一种不让把价格制度用作分配机制的经济制度会把报酬从那些能提高生产率——作为市场标准——的特性转移,转向其他特性,如利用政治制度作为一种分配机制的相对优势,因此测定产出将是较少的。

奥斯特罗姆在论述如何利用市场解决经济问题时还补充了市场机制对风险承担的作用。认为在市场制度下,个人通过选择拥有某些资产(如人力资本、住宅等)而不选择其他资产(如石油公司股票),非常清楚如何承担风险,而且个人还可以进入市场变更他们带有风险的资产的有价证券,出售不再需要的资产,购买其他资产。但在中央控制的经济制度下,公司承担了政治公司经理所作出决定的全部价值后果。政治的生存根本不受市场制度中私有公司生存条件的支配。

四、市场经济的矛盾

西方大多数经济学者在肯定市场经济上述积极作用的同时,也日益认识到亚当·斯密的纯粹自由放任和原始弗里德曼主义"市场能够解决我们一切问题"的诊断是不足信的。指出由于垄断势力的影响、信息不对称的事实、公共品的需要、外部负效应的存在等等,会造成市场失灵。必须利用政府这只看得见的手去矫正市场失灵。

垄断势力的影响意指不完全竞争的市场结构中,价格和产量不由市场决定,而是由个别处于垄断地位的厂商决定,使价格超过边际成本,出现太高价格和太低产量,资源配置低效率。

信息不对称是指现实交易中,交易双方对交易内情掌握不同(如证券交易中内部人知道外部人不知道的情况),消息灵通的一方在交易时就可能采取于己有利的操作。

公共品是指一旦提供,不能要求别人有偿消费的产品,对这类产品,市场制度不愿提供,即消费者不可能通过市场得到充分的满足。

外部负效应或称外部不经济,是指生产或消费某种产品时(如生产对环境有污染的产品、公共场所吸烟等),对无关之他人带来的没有经济报偿的损害。这类问题,也是市场不能自行解决的。

此外,市场还可能受到败德行为(行贿诈骗、买空卖空)、广告污染(虚假、欺骗之广告误导)、逆选择(受价格预期影响,买涨不买跌)等影响,使竞争性最优资源配置不能实现。

五、市场经济与所有制

市场经济与所有制的关系问题具有现实意义,它涉及到公有制为主体的国家能否实行市场经济体制。

市场经济概念提出者——米塞斯说:"市场是资本主义社会制度的核心,是资本主义的本质,只有在资本主义制度下,它才是可行的,在社会主义条件下,它是不可能被'人为地'仿制的……问题自然是两者必居其一,要么是社会主义,要么是市场经济。"[①]德国哈德斯认为,市场经济体系的一般特征是生产资料的私有制,资本家占有生产资料,拥有对生产资料的支

---

① 外国经济学说研究会:《现代国外经济学论文选》第 9 辑,商务印书馆 1986 年版,第 64—67 页。

配权,从而也拥有对产品种类和生产方式的决策权。

《现代日本经济事典》也强调私有财产制度是市场经济制度中最具有代表性的制度。说市场经济有三个基本原则:第一,私有财产制度神圣不可侵犯;第二,契约自由原则;第三,自我负责的原则的认识。

法国勃拉尔顿断定,市场经济是资本主义制度的动力,但是它不等于资本主义制度,它的逻辑与资本主义的逻辑是极其不同的。市场经济证明,只要企业家有决策的自由并对决策负责,它就能有效地发挥作用。对市场经济来说,生产资料在法律上的归属问题没有什么意义。

英国戴维·皮尔斯指出,市场经济通常是包含生产资料私人所有权的一种制度,即资本主义经济。可是,市场经济在社会所有制的条件下,也会在某种程度上起作用。

瑞典埃克隆德认为,作为经济运行机制或经济调节方式的市场经济和计划经济,可以与不同的社会制度相结合。在资本主义和社会主义之间以及在计划经济和市场经济之间有许多结合的方式。如私有制与市场经济结合即资本主义市场经济(如美国);也可以是公有制与市场经济相结合,即社会主义市场经济(如南斯拉夫);可以是私有制与计划经济相结合,即资本主义计划经济(如二战时纳粹德国及其他资本主义国家的战时经济);也可以是公有制与计划经济相结合,即社会主义计划经济(如苏联)。

美国经济学者麦克拉肯从另一个角度提出私有制与市场经济没有必然联系。他认为资本主义与市场经济有区别。把现代西欧、北美等地占主导地位的经济制度称之为资本主义未必妥当,但把它称为市场安排的自由经济,则比较确切。

六、市场经济与计划

长期以来,"计划和市场一直被教条的社会主义者和教条的反社会主义者看作是两个不可调和的对立物,然而,完全有理由宣称,任何现代社会都以两者的混合为基础"。《新帕尔格雷夫经济学大辞典》如是说。这也代表了现代西方学者对计划与市场关系的主流看法。

现代西方混合经济理论者认为,"市场能够解决我们一切问题"的纯粹自由放任论和"市场可以而且必须由联合生产者为社会需要而有意识的计划去取代之"的传统马克思假定经不起现实的验证。他们提出,市场与计划各有利弊,是不可或缺的两个手段。

早在20世纪40年代后期,英国詹姆斯·米德就提出:那种不依赖于价格机制而依赖于对生产和销售数量控制的计划,经过无数次实际检验,已不是吸引人的一种机制。但在充分发挥货币和定价制度的同时,显然需要国家计划和干预,以便阻止大量失业,保证收入和财富的大体上公平分配,避免因竞争作用而导致社会的巨大浪费,协调当代社会经济结构的巨大变化等。

美国海尔布伦纳认为,计划与市场并非毫无共同之处,实际上,它们是社会政策的工具,更具体地说,它们是协调生产活动和分配活动的方法,每个方法各有利弊。

现在,越来越多的西方学者强调,市场经济的效益主要来自三个方面:(1) 经济当事人的自由;(2) 经济当事人之间的竞争;(3) 国家干预。认为没有国家的支持和参与,市场经济就不能达到预期的目的。南美一些国家,例如阿根廷,虽然实行市场经济并且有丰富的自然资源,但是由于缺乏有效的国家管理,因此市场经济得不到较好发展就是例证。

勒努阿还将市场和市场经济分开。指出市场和市场经济是两个不同概念,只有国家的干预和市场的结合才能形成市场经济。市场越是发达,国家干预越是重要。国家的作用是任何个人、集团和地方集体都不能替代的。市场的原则是利润,而市场经济的原则是国家经济长期繁荣和在国际市场上有竞争能力。

第三节 市场经济模式比较

一、古典市场经济和现代市场经济

1. 从市场主体来看,古典市场经济的主体,主要是独资的私人企业或个体经营者,主体单一,现代市场经济的主体是现代企业,主要是公司化的企业,特别是股份公司,实际上是混合所有制,主体多元化。

2. 从市场竞争来看,古典市场经济是在资本主义自由竞争阶段,是盲目的自由竞争市场,现代市场经济是在资本主义垄断阶段,有完全垄断的市场,寡头垄断市场,但基本上大多数是垄断竞争性的市场。

3. 从市场调节来看,古典市场经济主要是通过市场供求的变化,通过价格围绕价值上下波动自发地调节社会资源的分配;现代市场经济由"看不见的手"转变为"看得见的手",是在国家宏观调控下的市场经济,整个社会资源的配置带有组织性,可干预性。

4. 从市场构成来看,古典市场经济主要是物质的有形的商品市场经济;而现代市场经济是物质有形的和非物质无形相结合的市场经济,金融市场(包括证券市场、保险市场)、技术市场、人才市场、信息市场发达。

5. 从社会化程度来看,古典市场经济主要是劳动密集型,社会化、信息化程度比较低的市场经济,现代市场经济主要是资本密集型、技术密集型、社会化信息化程度高的市场经济。

6. 从法制的角度看、古典市场经济是无序的、不规范的、法制不健全的市场经济;现代市场经济是有序的、比较规范、法制比较健全的市场经济。

二、当代发达国家市场经济模式比较

1. 美国"自由企业制度"的市场经济。美国经济学家格林沃尔德为代表,认为资本主义制度即自由企业制度,是以私有制度和私人首创精神为特征的经济制度,大多数决定都由生产者和消费者独立地作出,政府对经济控制较少。经济运行主要由市场机制调节,经济决策权广泛地分散在生产者或消费者手中。家庭、厂商和政府之间的一切交易都通过市场加以调节。

2. 联邦德国的"社会市场经济"。联邦德国前总理、经济部长艾哈德为代表。社会市场经济核心是建立有效自由竞争的经济秩序。其特点在于通过国家有意识地指导和制定法律,保证自由竞争公平和充分地发挥效率。艾哈德总结说他在事实上不过实践了西方各国的现代经济学原理,把漫无限制自由与残酷无情的政府管理制两者之间长期存在着的矛盾加以解决,从而在绝对自由与极权之间寻找一条健全的中间道路。

3. 法国指导性计划的市场经济。法国经济学家、曾担任法国计划总署主任的马赛为代表。马赛认为法国的计划经济就是试图走出一条介于官僚主义集权制的硬性计划与野蛮的资本主义完全市场调节之间的第三条道路。法国学者布罗德尔也认为法国计划的雄心是想把自由制度的长处和预测的长处融合在一起。它用消除变化不定因素的方法来纠正资本主义主要缺点,具有"防风险"的作用,计划是"指示性"的,而不是"强制性"的。

4. 日本政府主导的市场经济。指由政府出面制订社会经济发展规划来协调整个社会经济活动。政府官员用行政指导方式私下对民间企业界协调、诱导,并辅以各种优惠政策,使政府意图得到贯彻。这个模式把市场机制与国家干预有机地结合起来。

5. 斯堪的那维亚民主社会主义市场经济。指瑞典、挪威等为典型的国有经济为依托、福利国家为目标、计划为导向的市场经济。这种市场经济特征是政府很大程度上利用财政手段来干预资源配置,以造成更为平等的收入分配,扩大低收入者所享受的社会福利。这种模式被称为"生产中的资本主义,分配中的社会主义"模式。

对现代市场经济的分类启示我们:各国的市场经济体制在操作上可以有所差别,无优劣之分,唯一标准是适合国家或地区的情况,有利于发挥市场对经济活动的积极作用。

三、中国特色的社会主义市场经济模式

(一)中国社会主义市场经济是公有制为基础的市场经济

有人认为只有私有制才能实行市场经济,只有私有制才能有效地配置资源,使资产保值、增殖。事实上,当代西方市场经济中在大银行和各种基金中工作的人多是为保值、增殖非自己所有资产的人。可见,并非国有企业注定要效率低、经营不善,也不是每个私营企业都盈利。只要有科学、规范的选用人才机制和管理机制就能使资源有效配置。

也有人教条地理解马克思主义的经典著作,认为既然是公有制为主体,就不应该建立市场经济体制。必须看到马克思主义所设想的消灭商品生产和市场经济,实行彻底公有制及建立在其基础上的计划经济条件,在现实经济生活和人类社会相当长的时期内尚不具备。

事实表明:市场经济与所有制并不存在天然的结合,有私有制并不必然是市场经济,市场经济也无须否定公有制。市场经济强调的仅是个体自

主决策和市场的协调,在私有制下,个体的自主权更容易发挥,在公有制下,自主权要靠经济体制和政治体制的安排。社会主义市场经济不与公有制相排斥。

我们中国实行的社会主义市场经济是以公有制为基础的市场经济。公有制为主体、多种所有制共同发展,是我国社会主义初级阶段的一项基本经济制度。这是因为,第一,我国是社会主义国家,必须坚持公有制作为社会主义经济制度的基础;第二,我国处在社会主义初级阶段,需要在公有制为主体的条件下发展多种所有制经济;第三,一切符合"三个有利于"的所有制形式都可以而且应该用来为社会主义服务。

(二)中国社会主义市场经济是国家宏观调控下的市场经济

现代市场经济是不能完全离开国家干预的。差别在于干预的力度和方式。我国公有制为主体的社会主义国家,无论就调控的能力、调控的范围,还是调控的目的而言,都要求国家发挥重要的宏观调控作用。

市场调节是事后调节,有一定时滞,调节过程往往发生经济波动,特别是生产周期较长的产业部门表现得更为明显,为了减少经济波动,保持经济稳定发展,国家要提供当前经济状况的信息,并在中长期预测的基础上,制定中长期计划,规定一些社会经济发展指标,提出政策措施,为微观经济主体的经济决策提供指导。

现代化大生产,专业分工愈来愈细,一个部门、一个企业的生产都是以其他部门其他企业的生产和再生产为条件的,一个部门、一个企业的扩大要以其他部门其他企业的扩大为前提,因而在各个生产部门和各个企业之间便存在着密切的相互依赖和相互联系,任何社会化大生产客观上都要求把社会劳动按一定比例分配到生产各部门中去。马克思指出,要想得到和各种不同的需要量相适应的产品量,就要付出各种不同的和一定数量的社会总劳动量,这种按一定比例分配社会劳动的必要性,绝不可能被社会生产的一定形式所取消,而可能改变的只是它的表现形式。在现阶段,这一比例也需要国家加以宏观引导。这是不言而喻的。

对市场经济的稳定运行具有决定意义的财政、信贷、外汇收支等宏观总量的确定与控制,只能由有关宏观经济部门,根据市场动态和发展目标的需要进行管理。

对存在的外部性不经济,政府应当采取行政规制或经济制裁来加以处理。对外部性经济,即公共用品,政府应更多地承担责任。

相对公平的收入分配,是社会主义追求的目标,但市场不可能自动实现,需要政府实施正确的税收政策和收入政策来维护,并建立适应各发展时期的社会保障体系。

我国的市场发育程度还很低,难以有效发挥作用;作为发展中国家,基础设施和技术状况与国际水平还有相当差距,只有通过国家的集中力量,才能较快解决这些问题。

宏观调控主要是发挥计划、银行、财政三大综合经济部门的作用。计划提出国民经济发展目标、任务以及需要配套实施的经济政策;中央银行以稳定币值为主要目标,调节货币供应总量,并保持国际收支平衡;财政运用预算和税收手段,着重调节经济结构和社会分配,运用货币政策和财政政策,调节社会总需求与总供给的基本平衡,并与产业政策相配合,促进国民经济和社会协调发展。

(三)社会主义市场经济是垄断竞争型的市场经济

理论上根据规模经济是否明显、市场集中程度高低、进入壁垒多少市场经济分为三类:完全竞争型、垄断竞争型、垄断型。现实中,完全竞争型和垄断型的均不存在,各国普遍存在的是垄断竞争型的市场经济,只不过有些竞争成分多些,有些垄断成分多些。

我国引进市场体制,是为了充分发挥市场竞争对调节经济活动的优越性;但现阶段乃至今后较长时间内,社会主义市场经济中仍有相当多的垄断因素,主要包括:(1)国家垄断,社会主义国家对国计民生关系重大的部门和资源的生产和经营实行垄断;(2)地方垄断,各级政府对本地区的生产和经营极力垄断,在生产领域搞"小而全",在流通领域搞地区封锁,排斥外地商品流入,限制本地资源外出;(3)集团垄断,少数大企业集团或企业群体共同操纵一个或几个部门的生产和销售。

但垄断并不排斥竞争,随着集体、私营等其他经济成分实力的增强,它们会想方设法挤进国家垄断的部门,国家垄断部门也会与之抗衡,并适时向更高、更重要的领域发展,地方垄断与市场竞争的较量则一息不会停止,进行着艰难的"拉锯战";少数主导市场的大企业,相互之间会进行更为激烈的抢占市场的竞争,广大中小企业则围绕大企业竞争性地提供配套产品和服务。垄断竞争型的商品生产和经营,需要垄断竞争型的市场。

第四节 我国对社会主义市场经济的探讨

一、我国对市场经济的实践和认识

我国对市场经济的实践起源于中共十一届三中全会开始的市场化导向改革。这一实践经历了产品市场和要素市场化两个阶段。20世纪80年代的产品市场化包括农村改革与日用消费品市场化,城市改革与耐用消费品市场化,价格改革与生产资料市场化;"八五"期间的要素市场化包括土地有偿使用为特征的土地要素市场化,拨改贷、股票证券为特征的资本要素市场化,企业兼并、破产、收购、拍卖为特征的资产存量市场化,全员劳动合同制、劳动优化组合为特征的劳动力要素市场化。市场化取向的实践促进了对市场经济作用及其机制的认识发生了一次又一次飞跃。十一届三中全会提出大力发展社会主义商品经济;十二大提出计划经济为主、市场调节为辅的原则;十三大提出社会主义有计划商品经济新体制是计划与市场内在统一,国家调节市场、市场引导企业;中共十四大则表明我国经济体制改革的目标是建立社会主义市场经济体制。十四届三中全会又作出了关于建立社会主义市场经济体制若干问题的决定。随着实践的深入,我国对市场经济的认识会更具体,提法会更鲜明。

在此过程中,当代中国的马克思主义者——邓小平作出了杰出贡献。他提倡马克思主义实事求是的精髓,打破教条,正确地理清了市场经济与社会主义、计划与市场的关系,强调利用市场经济为发展社会主义生产力服务,从而奠定了社会主义市场经济理论的基石。

我国市场取向的经济改革实践取得了举世瞩目的成就,人们对市场经济的接受程度也与日俱增。从理论上讲,我国现阶段实行市场经济的必要性是客观存在的。

市场经济产生的生产力和生产关系条件,我国现在都存在。一是社会化大生产为基础的较高生产力导致较细的社会分工,使广泛的交换和大规模的,普遍的商品生产成为可能;二是不同所有制的存在,使交换以至于商品生产成为必要。

西方学者认为实行市场经济的资本主义制度是永恒的,而马克思主义认为,市场经济必然被计划经济所代替,资本主义必然被共产主义所取代。从发展论的角度看,任何制度都会向更高的阶段发展,但诚如马克思所说:"无论哪一个社会形态,在它们所能容纳的全部生产力发挥出来以前,是决不会灭亡的;而新的更高的生产关系,在它存在的物质条件在旧社会的胎胞里成熟以前,是决不会出现的。所以人类始终只提出自己能够解决的任务。"[①]市场经济体制对发展生产力的作用将是一个长期的过程。

社会主义可以实行市场经济,我国现阶段必须实行市场经济,这已没有大的争议。但社会主义与市场经济的关系到底如何理解,却存在不同的观点。

1. 条件论。即社会主义市场经济是社会主义条件下的市场经济。这种观点认为:就市场经济的作用而言,社会主义市场经济同西方现代市场经济没有什么区别,区别不在于市场经济本身,而在于赖以存在的社会条件不同。我国社会主义市场经济的社会条件:一是所有制结构上以公有制为主体;二是分配制度上以按劳分配为主体;三是宏观调控上,国家能够把人民的当前利益与长远利益、局部利益与整体利益结合起来,控制能力强。

2. 结合论。认为社会主义市场经济就是既要社会主义制度所有的公平和公正,又要市场配置资源的效率,要把两者结合起来。

3. 目标论。把社会主义市场经济界定为"以社会主义为导向的市场经济"。社会主义导向意味着以政府和社会组织的集体行动来将市场经济的活动导向服务于社会主义的目的,来保证社会的每一个成员都平等地享有社会的财富。市场经济的社会主义导向要求:政府和社会组织的集体行动引导市场经济中的一切经济活动都向着有益于整个社会的方向发展,保障一切人最基本的生存条件,使一切人都有自由发展的平等机会,使一切有劳动能力的人都去劳动。

我们赞成目标论,认为社会主义与市场经济关系是目标与手段的关系。即采取市场经济体制是为了更好地实现社会主义:"解放生产力,发展

---

① 《马克思恩格斯选集》第 2 卷,第 83 页。

生产力,消灭剥削,消除两极分化,最终达到共同富裕"[1]的目标。

二、我国社会主义市场经济体制的内涵和框架

中共十四大报告指出:我们要建立的社会主义市场经济体制,就是要使市场在社会主义国家宏观调控下对资源配置起基础作用,使经济活动遵循价值规律要求,适应供求关系变化,通过价格杠杆和竞争机制的功能,把资源配置到效益较好的环节中去,并给企业以压力和动力,实现优胜劣汰;运用市场对各种信息反映比较灵敏的优点,促进生产和需求的及时协调。

《中共中央关于建立社会主义市场经济体制若干问题的决定》勾画了社会主义市场经济体制基本框架。即坚持以公有制为主体,多种经济成分共同发展方针;进一步转换国有企业经营机制,建立适应市场经济要求、产权清晰、权责明确、政企分开、管理科学的现代企业制度;建立全国统一开放的市场体系,实现城乡市场紧密结合,国内市场与国际市场相互衔接,促进资源优化配置;转变政府管理经济职能,建立一个以间接手段为主的完善的宏观调控体系,保证国民经济持续、快速、健康发展;建立以按劳分配为主体,效率优先、兼顾公平的收入分配制度,鼓励一部分地区一部分人先富起来,走共同富裕道路;建立多层次社会保障制度,为城乡居民提供与我国国情相适应的社会保障,促进经济发展和社会稳定。

坚持马克思主义为指导,借鉴当代西方市场经济理论,贯彻邓小平建设有中国特色社会主义理论,我们认为,建立适应我国具体情况的社会主义市场经济体制,应该在以下几方面下功夫并取得突破。

首先,尽快培育、完善市场体系。市场是市场经济的载体。各类市场的不断健全对社会主义市场经济体制的建立举足轻重。改革二十几年来,产品市场已基本放开,现在主要的是培育和发展要素市场,特别是劳动力市场、金融市场、地产市场、技术市场、产权市场、企业家市场等。

第二,正确处理按劳分配和社会保障的关系。建立社会主义市场经济要坚持按劳分配原则。所按照的"劳"应是市场上实现出来的劳动成果。这是经济运行中竞争法则、效率优先的要求,也是最大限度保值、增殖社会

---

[1] 《邓小平文选》第3卷,第373页。

财富,为公民的全面发展和共同富裕准备物质基础的要求。但社会主义市场经济在追求高效益时要避免资本主义市场经济初期的残酷性和盲目性,有计划有组织地开展公民义务教育和培训,利用再分配机制,尽快建立比较基本的公民社会保障体系,创造劳动力合理流动和企业自主经营的社会条件。

第三,转变政府职能。市场经济条件下,政府是市场秩序维护者,宏观经济调控者,公共物品提供者,外在效应消除者,收入与财产再分配者,与国际接轨的准则制度制订者。

与此新职能相适应,政府机构要从充当市场主体转向由企业和民间机构充当市场主体,解决政府与企业职能错位问题。

三、社会主义市场经济需要深入探讨的问题

(一)关于市场经济的类型问题

马克思的《资本论》分析的主要是资本主义市场经济,资本主义市场经济作为一种特殊形式的市场经济,其中必然包含有市场经济一般,这个一般就是市场经济各种形式中所具有的基本的、共同的性质。因此,市场经济的概念就有一个一般、特殊、个别的区分。深入探讨社会主义市场经济似应以一般到特殊,再到个别这样一个逻辑层次来理解。市场经济一般是各种形态的市场经济所共有的,普遍的东西;那么,市场经济特殊,就是诸如资本主义市场经济、社会主义市场经济等特殊的市场经济形态,它们之间存在着不同程度的差别,反映着各自不同的历史特征;所谓市场经济个别,就是诸如中国式社会主义市场经济以及其他各种市场经济模式,它们统属于市场经济个别。探讨市场经济的不同类型,有助于我们认识市场经济在不同条件下所具有的性质和特点,有助于我们根据不同的情况走出不同的发展社会主义市场经济的路子,丰富社会主义市场经济的内容。

(二)关于市场经济的发展阶段问题

现在有些人把市场经济的发展阶段分成不发达、发达和消亡阶段。那么,中国的社会主义市场经济应该属于上述的哪个阶段?有人从生产力分析,认为属于不发达阶段,有人从生产关系角度分析,认为属于发达阶段;还有人以历史发展的角度,认为社会主义市场经济处于向计划经济过渡的

时期,因而属于消亡阶段。从不同角度来研究我国社会主义市场经济所处的阶段,对于正确认识我国社会主义市场经济,并制订相应的政策是有积极意义的。

(三)关于商品经济与市场经济的关系问题

马克思在《资本论》中所分析的资本主义商品经济,实际上是一种自发的完全的市场经济。商品经济当然离不开市场。但是,商品经济和市场经济到底是个什么关系?有人认为,商品经济不等于市场经济也不等于资本主义经济;有人认为,商品经济等于市场经济但不等于资本主义经济;还有人认为,社会主义商品经济不等于市场经济。现在看来,把商品经济等同于市场经济也等同于资本主义经济的观点是不能成立的。但是,商品经济是否等同于市场经济还值得进一步探讨。

(四)关于市场经济与生产方式关系的问题

马克思在《资本论》中分析的资本主义市场经济,实际上是生产方式的一种具体形式,"对于这个历史上一定的社会生产方式即商品生产的关系生产来说,这些范畴是有社会效力的、因而是客观的思维形式"①。那么,市场经济与生产方式是一种什么关系呢?有人认为市场经济属于生产方式范畴,因此,是生产力→市场经济(生产方式)→生产关系,有人认为,市场经济不属于生产方式范畴,因此,是生产力→生产关系→市场经济。这个问题涉及到底是市场经济决定生产关系,还是生产关系决定市场经济的问题,值得进一步探讨。

(五)关于市场经济和计划经济的关系问题

马克思曾经讲过这样一句话:"一旦社会占有了生产资料,商品生产就将被消除,而产品对生产者的统治也将随之消除。社会生产内部的无政府状态将为有计划的自觉的组织所代替。"②根据这句话来看,市场经济与计划经济似乎是相互对立的。然而现在的社会主义经济是市场经济,那么,市场经济和计划经济到底是个什么关系呢?有人认为,市场经济和计划经济两者本质不同,非此即彼,很难结合;有人认为市场经济和计划经济并非

---

① 《马克思恩格斯全集》第23卷,第93页。
② 《马克思恩格斯全集》第20卷,人民出版社1971年版,第307—308页。

绝对对立的,可以板块结合;有人认为,市场经济和计划经济两者可以有机地结合成为一种新型的经济关系。但是,到底怎样有机地结合尚需进一步探讨。

(六) 关于市场经济是不是社会主义经济特征的问题

马克思在《资本论》中指出:"资本主义生产方式一开始就有两个特征。第一,它生产的产品是商品。使它和其他生产方式相区别的,不在于生产商品,而在于,成为商品是它的产品的占统治地位的、决定的性质。"①这就是说,在资本主义生产方式下,商品生产是占统治地位的,市场经济是资本主义社会的特征。那么,在社会主义条件下,市场经济是不是社会主义经济的特征呢?有人认为,市场经济是社会主义经济的基本特征;有人认为市场经济是社会主义经济的特征之一,但不是基本特征;有人认为,市场经济不能成为社会主义经济的特征;有人认为,市场经济是社会主义初级阶段的经济特征;还有人认为,市场经济是具有中国特色的社会主义经济的特征。现在看来,这个问题的讨论,越来越深入、越具体、越切合实际了。

(七) 关于社会主义市场经济的存在条件的问题

马克思在《资本论》中指出:"各种使用价值或商品体的总和,表现了同样多种的、按照属、种、科、亚种、变种分类的有用劳动的总和,即表现了社会分工。这种分工是商品生产存在的条件……只有独立的互不依赖的私人劳动的产品,才作为商品互相对立。"②这句话明确地告诉我们,市场产生和存在的条件是社会分工和私有制。社会主义市场不是私有制,而是有不同的所有制,因此,可以说社会主义市场经济的原因是社会分工和不同的所有制。但是,这还没有解决全民公有制,与市场经济的关系问题。有人认为,公有制与市场经济是可以相容的,但还有人认为,公有制与市场经济是不相容的,仍然是公说公有理,婆说婆有理,谁也不能说服谁,看来这个问题也需要进一步研究。

(八) 关于社会主义市场经济历史命运的问题

马克思在《资本论》中曾明确指出,市场经济是一个历史范畴。"在一

---

① 《马克思恩格斯全集》第25卷,第994页。
② 《马克思恩格斯全集》第23卷,第55页。

切社会状态下,劳动产品都是使用物品,但只是历史上一定的发展时代,也就是使生产一个使用物所耗费的劳动表现为该物的'对象的'属性即它的价值的时代,才使劳动产品转化为商品。"① 这就是说,市场经济不是从来就有的,也不是永远存在下去的。现在,有人提出市场经济是一个永恒的范畴,社会主义是市场经济,共产主义仍然是市场经济。市场经济是不是永恒的范畴?这是一个需要深入探讨的问题。但是,总不能把社会主义市场经济看作是一个短暂的历史过程,看来至少是一个相当长的历史阶段。

四、习近平同志关于社会主义市场经济的论述

2013年11月12日,习近平同志在《切实把思想统一到党的十八届三中全会精神上来》一文中指出:"坚持社会主义市场经济改革方向,核心问题是处理好政府和市场的关系,使市场在资源配置中起决定性作用和更好发挥政府作用。这是我们党在理论和实践上的又一重大推进。"②

复习思考题

一、名词解释

市场　社会主义市场经济　市场经济　市场经济特征　市场经济的规律　市场经济的作用

二、问答题

1. 邓小平对市场经济理论的发展。
2. 当代发达国家市场经济模式比较。

三、论述题

市场经济模式比较研究与探索。

---

① 《马克思恩格斯全集》第23卷,第76页。
② 《十八大以来重要文献选编(上)》,第551页。

第五章 价值理论比较研究

价值理论是经济理论的重要组成部分,是各种经济理论的基础和出发点。马克思曾经引用过这样一句话:"驳倒价值理论是反对马克思的人的唯一任务,因为如果同意这个定理,那就必然要承认马克思以铁的逻辑所做出的差不多全部结论。"[①]价值是价格的基础,价格是价值的表现形式,价值—价格理论的比较研究对社会主义市场价格的形成具有重要意义。

第一节 马克思主义的价值理论

马克思主义价值理论是批判继承资产阶级古典经济学的劳动价值论和吸收前人所有合理成分的基础上建立起来的,是一个丰富的宝库。

一、科学的劳动价值论

马克思主义的价值理论就是科学的完整的劳动价值论,具有相当丰富的内容。

(一)价值实体

价值实体是人类抽象劳动。理解价值实体必须注意以下几点。

1. 形成价值实体的抽象劳动不是个别的私人劳动,而是共同的社会劳动,是"它们共有的这个社会实体的结晶"[②]。形成价值实体的抽象劳动

---

① 《马克思恩格斯全集》第16卷,第353页。
② 《马克思恩格斯全集》第23卷,第51页。

是看不见摸不着的,但是客观存在的东西。"它们剩下的只是同一的幽灵般的对象性。"①抽象劳动的凝结才形成价值。"使用价值或财物具有价值,只是因为有抽象人类劳动体现或物化在里面。"②可见,价值和价值实体是有区别的,价值实体就是抽象劳动,而价值是抽象劳动的凝结。

2. 抽象劳动形成商品价值,具体劳动生产使用价值,是马克思对劳动价值论的重大贡献。马克思自己说过:"商品中包括的劳动的这种二重性,是首先由我批判地证明了的。这一点是理解政治经济学的枢纽。"③

(二)价值本质

价值不是物,而是生产关系,它体现商品生产者之间的社会关系。理解价值本质要注意以下几点。

1. 价值是社会属性,不是自然属性。因而是历史范畴,而不是永恒范畴。

2. 商品价值关系实际上是人与人之间交换劳动的关系。

3. 价值体现的人与人之间的关系是被物的外壳所掩盖着的。

马克思在《资本论》第1卷第二版的一个注中指出:"当加利阿尼说价值是人和人之间的一种关系时,他还应当补充一句:这是被物的外壳掩盖着的关系。"④列宁指出:"凡是资产阶级经济学家看到物与物之间的关系的地方(商品交换商品),马克思都揭示了人与人之间的关系。"⑤

(三)个别价值

即个别劳动时间决定商品的个别价值,这是就价值的形成来说的。个别价值是社会价值的基础。马克思说:"商品的个别价值低于它的社会价值,就是说,这个商品所花费的劳动时间,少于在社会平均条件下生产的大宗同类商品所花费的劳动时间。"⑥"竞争首先在一个部门内实现的,是使商品的各种不同的个别价值形成一个相同的市场价值和市场价格。"⑦可

---

① 《马克思恩格斯全集》第23卷,第51页。
② 同上。
③ 同上书,第55页。
④ 同上书,第91页。
⑤ 《列宁选集》第2卷,人民出版社1972年版,第444页。
⑥ 《马克思恩格斯全集》第23卷,第352—353页。
⑦ 《马克思恩格斯全集》第25卷,第201页。

以这样说,没有个别价值就没有社会价值,也就无法说明超额剩余价值和地租的形成。

(四) 社会价值

即社会必要劳动时间决定商品的社会价值,这是指现实的价值。马克思说:"商品的现实价值不是它的个别价值,而是它的社会价值,就是说,它的现实价值不是用生产者在个别场合生产它所实际花费的劳动时间来计量,而是用生产它所必需的社会劳动时间来计量。"①马克思把社会价值也叫做市场价值,"不同的个别价值,必须平均化为一个社会价值,即上述市场价值"②。社会必要劳动时间有两种含义:第一种含义的社会必要劳动时间是指"在现有的社会正常的生产条件下,在社会平均的劳动熟练程度和劳动强度下制造某种使用价值所需要的劳动时间"③。第二种含义的社会必要劳动时间是指社会总劳动的分配上所必需的劳动时间。"不仅在每个商品上只使用必要的劳动时间,而且在社会总劳动时间中,也只把必要的比例量使用在不同类的商品上。"④"社会劳动时间可分别用在各个特殊生产领域的份额的这个数量界限,不过是整个价值规律进一步发展的表现,虽然必要劳动时间在这里包含着另一种意义。为了满足社会需要,只有这样多的劳动时间才是必要的。"⑤第一种含义的社会必要劳动时间决定商品的价值量,第二种含义的社会必要劳动时间实现商品的价值量。

(五) 虚假的社会价值

马克思在《资本论》第3卷第39章分析级差地租时提出了一个"虚假的社会价值"的概念。虚假的社会价值是由于农产品的市场价值是由最劣等土地的个别价值决定的,因此,农产品市场价值的总和,总是大于农产品个别价值的总和。这个超过额,马克思称之为"虚假的社会价值",也就是提供级差地租的那部分价值。

关于虚假社会价值的形成,马克思指出:"这是由在资本主义生产方式

---

① 《马克思恩格斯全集》第23卷,第353页。
② 《马克思恩格斯全集》第25卷,第201页。
③ 《马克思恩格斯全集》第23卷,第52页。
④ 《马克思恩格斯全集》第25卷,第716页。
⑤ 同上书,第717页。

基础上通过竞争而实现的市场价值决定的;这种决定产生了一个虚假的社会价值。这种情况是由市场价值规律造成的。"①这就是说:虚假的社会价值是由资本主义生产方式和价值规律发生作用的结果。第一,因为在资本主义生产方式下,农产品的市场价值是由最劣等土地的个别价值决定的。农业部门内部的竞争,使各级土地的农产品都按照最劣等土地的产品的个别价值决定的社会价值来出售;第二,是因为土地的资本主义经营垄断。由于土地有限特别是优等地更加有限,一旦优等地被某些资本家垄断经营后,其他资本就不能自由移入,致使他们的超额利润固定化。

虚假的社会价值,对社会来说,是对土地产品支付了过多的价值。所以是虚假的,是负数。但是,对土地所有者来说,它是获得级差地租的来源,所以是实在的,是正数。

(六) 国际价值

这是世界范围内的社会必要劳动时间决定的价值。商品在世界市场上的价值量,由一切有关国家生产该商品所必需的劳动价值时间决定。一个国家的生产越发达那里的劳动强度和生产率就越超过国际水平,因此,不同国家在同一劳动时间内会生产不同量的同种商品,有不同的国际价值,从而表现为不同的价格,即表现为按各自的不同的量的商品的国际价值而不同货币额。

(七) 价值构成的理论

马克思把商品价值分为三个组成部分:(1) 代表生产上消费掉的,按其价值来说只是转移到产品中去的不变资本(c)的价值部分;(2) 补偿可变资本(v)的部分;(3) 剩余价值(m)的部分。"因此,每一部类的全部年产品的价值,和每个个别商品的价值一样。也分成 $c+v+m$。"②

这些价值组成部分还有其转形和分割。马克思在《资本论》第3卷着重分析价值各个组成的转形和分配。首先,$c+v$转化为成本价格,其次,剩余价值转化为利润。因此,"商品价值＝成本价格＋利润"③。再次,利润转化

---

① 《马克思恩格斯全集》第25卷,第744—745页。
② 《马克思恩格斯全集》第24卷,第439页。
③ 《马克思恩格斯全集》第25卷,第44页。

平均利润。平均利润还要分割为企业主收入和利息;最后,超过平均利润以上的余额转化为地租。因此,价值的组成和分割可用图 5-1 表示如下。

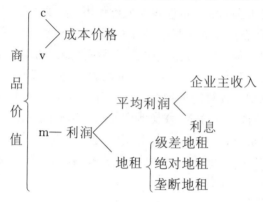

图 5-1 价值的组成和分割

(八)价值形式

指商品价值的表现形式。它有时指交换价值,"交换价值只能是可以与它相区别的某种内容的表现方式,'表现形式'。"[1]有时是指货币,即价值形式的最终表现。有时是指价格,价格是价值的表现形式,或者说用货币表现商品的价值就是价格。

分析价值形式是非常重要的。马克思说过:"对资产阶级社会说来,劳动产品的商品形式,或者商品的价值形式,就是经济的细胞形式。在浅薄的人看来,分析这种形式好像是斤斤于一些琐事,这的确是琐事,但这是显微镜下的解剖所要做的那种琐事。"[2]马克思又说:"关于价值形式的发展对全书来说太有决定意义了。"因为"20 码麻布=1 件上衣这一……最简单的商品形式……就包含着货币形式的全部秘密,因此也就包含着萌芽状态中的劳动产品的一切资产阶级形式的全部秘密"[3]。

马克思通过价值形式的分析,揭示了货币的本质和起源,论证了商品和货币的内在联系,建立了科学的货币理论。恩格斯曾经指出:"马克思进

---

[1] 《马克思恩格斯全集》第 23 卷,第 49 页。
[2] 同上书,第 8 页。
[3] 《马克思恩格斯全集》第 31 卷,人民出版社 1972 年版,第 311 页。

而研究商品和货币的关系,并且论证了商品和商品交换怎样和为什么由于商品内在的价值属性必然要造成商品货币的对立。他的建立在这个基础上的货币理论是第一个详尽无遗的货币理论。"①

(九) 价值规律

根据马克思在《资本论》的有关论述,价值规律的表述,至少应该包括以下内容:

第一,价值规律首先应该是价值决定的规律,即社会必要劳动时间决定商品价值量的规律,这就是马克思所说的:"生产这些产品的社会必要劳动时间作为起调节作用的自然规律强制地为自己开辟道路,就像房屋倒在人的头上时重力定律强制地为自己开辟道路一样。"②

第二,价值规律还应包括价值交换的关系,即等价交换的原则,也就是商品的交换,要同生产这个商品时所花的社会必要劳动时间相适应。正如马克思所说的:"一种商品的价值同其他任何一种商品的价值的比例,就是生产前者的必要劳动时间同生产后者的必要劳动时间的比例。"③

第三,价值规律还应包括价格围绕价值上下波动的关系。马克思说过:"价格和价值量之间的量的不一致的可能性,或者价格背离价值量的可能性,已经包含在价格形式本身中。……在这种生产方式下,规则只能作为没有规则性的盲目起作用的平均数规律来为自己开辟道路。"④恩格斯说过:"商品价格对商品价值的不断背离是一个必要的条件,只有在这个条件下并由于这个条件,商品价值才能存在。只有通过竞争的波动从而通过商品价值的波动,商品生产的价值规律才能得到贯彻,社会必要劳动时间决定商品价值这一点才能成为现实。"⑤所以,我们认为不能以马克思的某一句话作为价值规律的全部表述,而应该全面地把马克思有关论述综合起来加以考察。综上所述,价值规律可以简单地概括为:价值生产、交换和实现的规律。价值生产——社会必要劳动时间决定价值量;价值交换——

---

① 《马克思恩格斯全集》第24卷,第22页。
② 《马克思恩格斯全集》第23卷,第92页。
③ 同上书,第53页。
④ 同上书,第120页。
⑤ 《马克思恩格斯全集》第21卷,第215页。

等价交换;价值实现——价格围绕价值上下波动。

(十)价格和价值的关系

马克思的劳动价值论还应该包括价格与价值的关系。总的说来,价值是价格的基础,价格是价值的货币表现。具体说来,价格与价值的关系,大致有三种情况。

1. 价值决定价格。价值规律要求商品的价格与商品内在的价值相一致。商品价格的变动是由商品价值和货币价值两者的变动的关系来决定。有时商品价值并未变动,商品价格却因货币价值变动而发生了变动,这种情况仍然是价格和价值相一致。

2. 价格和价值量的背离。在实际上,每个个别场合价格和价值并不正好相符,而是经常背离的。这是因为价格作为商品价值量的指数,是商品同货币的交换比例的指数,但不能由此反过来说,商品同货币的交换比例的指数必然是商品价值量的指数。价格和价值量的偏离是存在于价格形式之中的。"但这并不是这种形式的缺点,相反地,却使这种形式成为这样一种生产方式的适当形式。"[1]

3. 价格和价值之间质的背离。价格形式不仅可以在量的方面与价值的偏离,而且可以在质的方面完全背离。价格可以完全不是价值的表现。有的东西本身并不是商品,例如良心、名誉等等,但是也可以被它们的所有者出卖以换取金钱,并通过他们的价格,取得商品形式。因此,没有价值的东西在形式上可以具有价格。这种虚幻的价格表现又有掩盖实在的价值关系及其派生关系。

二、价值转形理论

马克思主义的价值理论还包括在劳动价值论基础上建立起来的价值转形理论。转形价值是现实价格波动的中心。在简单商品生产情况下,价格是直接围绕价值上下波动的,也就是说,价格直接以价值为基础。到了资本主义社会,随着生产的社会化,价格不再直接围绕价值上下波动,而是直接围绕转形价值上下波动。价值转形有三个层次。

---

[1] 《马克思恩格斯全集》第23卷,第120页。

1. 价值由于产业资本的参与分配转化为生产价格。资本不创造价值,但资本仍然参与价格的形成。首先所费资本(c+v)转化为成本价格(k)。其次,由于等量资本要求获得等量利润,因此,剩余价值转化为利润,利润又转化为平均利润(p)。这样,商品价值=c+v+m,就转化为生产价格=k+p。生产价格的形成,使个别商品的剩余价值与平均利润不相等,价值和生产价格也不相等。但是,从全社会来看,剩余价值总量同平均利润总量还是相等的。价格总和同生产价格总和也是相等的,因而生产价格的形成并没有违背价值规律,生产价格只不过是价值的转化形式。

2. 价值由于商业资本的参与转化为完全的生产价格。随着资本主义发展,一部分产业资本独立化为商业资本。商业资本不具有生产剩余价值的职能,但具有实现剩余价值的职能。因而也属于职能资本,从而也要求取得平均利润。同时,商人除了预付资本购买商品,还要有一个追加资本预付在流通费用上,特别是单纯由商品买卖而耗费的纯粹流通费用,它不能创造价值,但是它要得到补偿。它不能直接从商品价值中得到补偿。这个补偿,在现实生活中是通过商品售卖价格的加价来实现的。因此,由于商业资本的介入,商品的价格就由产业部门的生产价格加商业利润加纯粹流通费用构成。这就形成第二层次的价值转形,也就是完成形态的生产价格。这种由于商业资本参与而引起的固定加价,使商品的名义价值(实际上就是价格)和实际价值不再一致,仍然没有违背价值规律。这是因为固定加价只是补偿的形式,而其来源归根到底是商品价值中剩余价值的扣除。

3. 价值由土地所有权的参与进一步转化为垄断价格。一定的商品生产总是在一定面积的土地上进行的。土地本身不能创造价值,但是,由于土地所有权的存在,使用土地都要支付地租。包括绝对地租、级差地租和垄断地租。这样,商品的价值就进一步转化为成本价格+产业利润+商业利润+绝对地租+级差地租+垄断地租。这就是价值第三层次的转形。这种转形价值实际上是垄断价格。由于土地本身不创造价值,地租不是土地创造的,它实质上是超额利润,是社会总剩余价值的扣除,是社会商品总价值的再分配,仍然不违背价值规律。

商品价值经过以上三个层次的转形就转化为(见图5-2所示)。

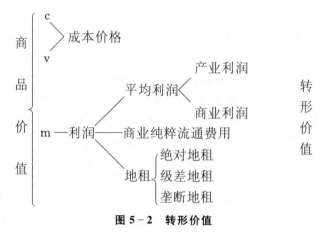

图 5-2 转形价值

商品的市场价格不直接围绕价值,而直接围绕转形价值上下波动。说明资本、商业纯粹流通费用、土地不创造价值。但是,作为价格形成的要素,参与价值的再分配。这说明认为马克思主义的价值理论不考虑资本、流通、土地的作用,是一种误解。但是,马克思主义价格理论与考虑资本、土地在价格形成中的作用,与资产阶级经济学的三要素又有本质区别。三要素论者是认为:劳动创造工资、资本创造利润、土地创造地租。

三、以劳动价值论为基础的价格理论

马克思认为,价格作为价值的货币表现,不仅以价值及其转形为基础,而还要受到其他一些因素的影响。

1. 货币与价格。价格作为价值的货币表现,商品价格的变动要由商品价值和货币的价值两者的变动来决定。商品价格,在货币价值不变,商品价值提高时,或在商品价值不变,货币价值降低时,就会普遍提高;反之,商品价格,在货币价值不变,商品价值降低时,或在商品价值不变,货币价值提高时,就会普遍降低。在纸币代替金属货币以后,纸币所代表的价值就主要取决于商品和货币的流通数量。如果纸币的发行量超过了市场上商品流通所需要的货币量,就会引起货币贬值,商品价格上涨。

2. 供求与价格。一般所说的供求关系,是指商品的生产量与需要量之间的对比关系,生产量大于需要量就是供过于求;生产量小于需要量就是

供不应求。马克思认为,供求不决定价值,也不能决定价格,但它可以影响价格,使价格围绕价值上下波动。供过于求,价格下降;供不应求,价格提高。

3. 使用价值与价格。首先,没有使用价值的东西没有价值,也就没有价格。所以,使用价值是价格存在的前提。但是,使用价值不能成为价格形成的基础。只有在同类产品、同一产品不同质量和相互替代的商品形成价格时,要适当考虑使用价值。

4. 周转速度与价格。商业资本周转速度的快慢会影响商品的价格。周转速度快,商品的单价就会降低;周转速度慢,商品的单价就会提高。只要是商品,就有价值,才有价格。但是,这是一般情况。除此以外,还有一些特殊价格。

(1) 劳动力价格。劳动力价格,实际上就是工资,它是以劳动力价值为基础的。劳动力价格或价值,与其他商品的价格或价值相比较有如下特点:第一,劳动力存在于人体中,但劳动力价值不是人体本身的价值,而是维持劳动力所有者需要的生活资料价值。第二,劳动力价值包括着一个历史的和道德的因素。第三,劳动力价值有一个最低限度,也就是维持生命所必不可少的生活资料的价值。

(2) 土地价格。未经开垦的土地,是自然存在的东西,它不是劳动产品,没有价值。但是,在存在土地所有权的情况下,土地是买卖的对象,具有价格。土地价格实际上是资本化了的地租,也就是说,拥有货币资本的人购买土地后所得到的地租,要同他用这笔购买土地的货币资本存入银行所能取得的利息相当。所以,土地价格$\left(=\dfrac{地租}{利息率}\right)$经过人类劳动开垦的土地,其价格还应加上人类开垦土地的劳动耗费。

(3) 古董、艺术品的价格。古董、艺术品具有特别高的价格,并不是因为生产它们时花费了特别多的劳动,而是由购买者的欲望和支付能力决定的,这实际上是一种垄断价格。

(4) 运输价格。运输是物质生产部门之一,运输价格的特殊性在于:第一,运输价格不提供商品,它提供的只是场所的变更。第二,运输价格与运输距离有很大关系,成正比。第三,运输价格构成中没有原材料的价值。

(5) 资本商品的价格,也就是利息。资本商品与普通商品不同,它不是出售所有权,而是暂时让渡使用权。资本商品的价格,实际并不是资本作为货币或商品所具有的价值的货币表现,而是货币或商品作为资本的增殖的表现。所以,利息作为资本商品的价格,这是价格的不合理形式,同商品价格的原来概念是相矛盾的。

四、恩格斯、列宁、斯大林、毛泽东对马克思主义价值理论的贡献

马克思主义的价值理论,主要是马克思的价值理论。后来,恩格斯、列宁、斯大林、毛泽东对马克思的价值理论作了补充和发展。

恩格斯提出了"价值是生产费用对效用的关系"[①]的著名论断。这个论断与马克思的劳动价值论是一致的。按照马克思的劳动价值论,当我们说价值是凝结在商品中的社会必要劳动量的时候,总是以商品的一定的效用,即一定的使用价值为前提的。使用价值是价值的物质承担者,要取得一定的使用价值,就需要耗费一定量的社会劳动。价值是生产费用对效用的关系,并不意味着恩格斯把生产费用和效用都作为决定价值的因素。但恩格斯在这里却指出了一个重要原则,即效用尽管不是形成价值的决定因素,却具有制约作用,它可以通过社会必要劳动量来决定价值的实现。这种观点显然是对马克思劳动价值论的贡献。

列宁提出了价格是价值规律的表现的著名论断。他说:"价格是价值规律的表现。价值是价格的规律,即价格现象的概括表现。"[②]这说明,只要存在价值规律,无论价格如何变动或价值如何转化,价值都必然是价格的基础。也就是说,价值规律是价格运动的基本规律。列宁的这个论断,进一步论证了马克思关于价格与价值关系的理论。

斯大林对马克思主义价值理论的贡献在于他肯定了价值规律在社会主义制度下的客观存在。他在1952年发表的《苏联社会主义经济问题》一书中明确指出,在社会主义制度下,由于还存在着商品生产,价值规律就必然发生作用,这是不以人的主观意志为转移的;在社会主义制度下,价值规

---

① 《马克思恩格斯全集》第1卷,第605页。
② 《列宁全集》第20卷,第194页。

律是为社会主义经济服务的,它不是,也不可能会引导到资本主义去。斯大林确认社会主义社会价值规律的客观存在,这是一个重大贡献。

毛泽东提出了价值规律"是一个伟大的学校"[①]的论断。他告诉我们,只有利用价值规律,才能建设社会主义和共产主义;利用价值规律是广大干部和群众共同的事,不仅几千万干部要懂得它,几万万人民也要懂得它;学会利用价值规律,不但要从书本上学,而且要通过工作实践,在实践中学会利用价值规律,这样,才能真正学到它。毛泽东还曾提出过:"计划第一,价格第二"的重要论断。这个论断肯定了价值规律对社会主义生产的调节作用,而且强调计划调节是第一位的,价格调节即价值规律的调节则是第二位的。从这里可以看出,毛泽东对社会主义社会价值规律的认识要比斯大林前进了一大步。

可见,马克思主义价值理论是一个科学的、完整的体系,它应该是社会主义价格形成和价格改革的指导思想和主要依据。

近年来,某些人蓄意否定马克思主义的价值理论,认为马克思主义的价值理论很简单、很贫乏,就是劳动决定商品的价值,价值是价格的基础,价格是价值的货币表现。其实,并不是马克思主义价值理论的贫乏,而是责难者知识的贫乏。这些人没有很好地认真地去学习和研究马克思主义的价值理论,他们只有政治经济学教材中提到的一点马克思主义价值理论的知识,或者只有《资本论》第1卷第一篇的一些价值理论的知识。他们中好多人没有读过《资本论》第3卷和马克思主义有关价值理论的其他著作,就妄加评论。实际上只要认真学习马克思主义有关价值理论的著作和阅读西方学者一些有关价值理论的著作,进行比较分析,就能看出马克思主义价值理论是系统完整、科学正确、非常丰富的。

第二节　西方经济学的价值理论

西方经济学的价值理论,自古至今学派众多,花样百出。

---

① 转引自《人民日报》,1978年10月6日。

一、供求价值论

这种观点认为商品无所谓内在价值,商品的价格完全由市场上的供求关系来决定。当某种商品供过于求的时候,它的价值就低,供不应求的时候,它的价值就高。

在我国古代早就有过这种价格思想。如子贡的"物以稀为贵",子产的"市不豫价",墨子的"贾也宜不宜,在欲不欲",范蠡的"有余不足,则知贵贱"等(这些价格思想在当时是非常可贵的)。后来,有些资产阶级经济学家,如英国的马尔萨斯、法国的萨伊也宣讲过供求决定价值的思想。当代也有少数主张自由化的经济学家如弗里德曼还主张这种观点。

这种供求决定价值的理论,早已被马克思作了彻底的批判。其错误是非常明显的。第一,它只看到现象,而否认价格有客观的基础,否定劳动价值论是价格形成的基础。第二,供求决定价值,供大于求,价值就低;求大于供,价值就高。那么,供求一致时,价值怎么决定呢?它无法回答。

马克思主义的价值理论认为,价值是价格的基础,是价值决定价格,而不是供求决定价格。供求关系只能影响价格,使价格围绕价值上下波动。过去,我们忽视供求对价格的影响,商品的价格既不反映价值,也不反映供求,这是不对的。所以,社会主义制度下价格的形成,除了应坚持以价值为基础外,还要反映供求关系。但是,供求绝不是社会主义价格形成的基础,决不能以供求论代替劳动价值论,以供求规律代替价值规律。

二、生产费用论

"生产费用论"也称"三要素论""三位一体公式"。这种理论认为,商品的价值决定于它的生产费用,而生产费用是由工资、利润、地租三种收入构成的,即劳动创造工资,资本创造利润,土地创造地租。

这种理论渊源于英国古典经济学家亚当·斯密价值论中的庸俗成分,认为到了资本主义社会,商品的价值是由工资、利润、地租三种收入构成的,而这三种收入也就是商品的生产费用,它决定商品的价值。这个庸俗成分为马尔萨斯和萨伊所利用,形成生产费用决定商品价值论。

生产费用决定价值的错误在于:第一,把商品价值和劳动新创造的价值相混淆了。商品价值的构成是 c+v+m。生产费用的构成是工资、利润和地租，这实际上就是 v+m。这样，就把价值构成中生产资料价值转移的部分(c)被忽略了。第二，价值都是劳动创造的，也就是说，工资、利润、地租都是劳动创造的。资本不能创造利润，土地也不能创造地租。资本和土地只是参与价值的分配。因此，生产费用论又混淆了价值创造与价值分配。

马克思主义价值理论认为，价格的基础是劳动创造的价值，资本和土地不能创造价值。但是，由于资本和土地要参与价值的分配，因此，在价格形成中要考虑资本和土地的作用。资本要求获得平均利润使价值转化为生产价格，土地所有权要求获得地租使价值进一步转化为垄断价格。所以，在社会主义价格形成中仍然要考虑资本和土地的作用。

三、效用价值论

认为商品的价值是它的效用决定的，也就是由使用价值决定的，这就是效用价值论。

效用价值论的起源可以追溯到 17 世纪英国资产阶级经济学家古拉·巴奇(1604—1698 年)，他认为一切商品的价值取决于它们的用途，而它们的用途取决于人们的主观评价。法国资产阶级经济学家蒙让·巴蒂斯特·萨伊(1767—1832 年)在其代表作《政治经济学概论》中，提出了效用决定价值论，他说："物品的效用就是物品价值的基础，而物品的价值就是财富所构成的。"[1]

当然，商品的使用价值与商品的价值不是毫无关系的，使用价值是价值的前提，没有使用价值的东西不会有价值。但是，商品的价值是劳动创造的，使用价值不能创造价值。效用价值论者把商品的使用价值和价值混淆起来了。效用价值论者也根本不能回答：为什么空气和阳光这些就其使用价值来说对人类生存必不可少的东西，却根本没有任何价值。而像钻石、珍珠这些对人的生存并非必不可少的东西却有很高的价值。

---

[1] 萨伊：《政治经济学概论》，商务印书馆 1963 年版，第 59 页。

四、古典学派的劳动价值论

英国古典政治经济学的创始人配第(1623—1687年)第一次提出了劳动时间决定商品价值的原理。他说:"假如一个人在能够生产一蒲式耳谷物的时间内,把一盎司从秘鲁的银矿采出来的白银运到伦敦来,那么,后者便是前者的自然价格。"① 配第所说的"自然价格",即商品的价值。他已意识到劳动时间决定"自然价格",也就是商品的价值是由劳动创造的。尽管配第提出了有关劳动价值论的基本命题,但它没有完整的理论,而且混同了价值和交换价值。

古典政治经济学理论体系的创立者亚当·斯密第一个系统地论述了劳动价值论,但斯密的价值论,既有科学的因素,又有庸俗的因素。他区分了交换价值和使用价值,并已认识到耗费劳动决定商品的价值,正确指出创造价值的不是某种特殊形式的劳动,而是一般生产商品的劳动。但他又提出,一个商品的价值决定于此商品所能购买或能支配的劳动量,这样他就混同了劳动和劳动产品、价值决定和价值实现、价值和交换价值的区别,他提出的工资、利润、地租构成商品价值的理论,又混同了价值创造与价值分配,又形成生产费用价值论,所以,斯密的价值理论有许多混乱和矛盾。

古典经济学的完成者大卫·李嘉图(1772—1823年)将劳动价值论在资产阶级视野里发展到了最高程度。他正确地指出,生产商品时所投下的劳动量决定商品的价值。李嘉图在价值源泉问题上,始终认为价值的唯一源泉是劳动。在价值量由什么劳动决定的问题上,还指出了个别劳动和必要劳动的区别。但是,由于他阶级立场和分析方法的局限性,他混淆了劳动和劳动力,从而无法解决劳动与资本相交换和价值规律的矛盾;他混同了价值与生产价格,从而无法解决等量资本获取等量利润和价值规律的矛盾。所以,李嘉图的劳动价值论还是不科学、不完整的。

五、边际效用价值论

这种理论认为商品的价值决定于边际效用,即认为一种商品每增加一

---

① 《配第经济著作选集》,商务印书馆1981年版,第48页。

个单位所增加的效用,也就是消费者主观感觉到的欲望的满足,是不相同的,而且是递减的,最后一个单位即边际单位的效用最小的,叫作边际效用,它决定商品的价值。

这种理论是在19世纪70年代一些奥地利经济学家提出来的,所以,又称奥国学派。主要代表有门格尔、庞巴维克、维塞尔等。

边际效用决定价值的错误在于:第一,根据马克思主义的价值理论,价值是有客观基础的,决定商品价格的价值是人类抽象劳动的凝结,是客观的范畴;而边际效用论者把价值完全视为人的一种主观评价,毫无客观的物质内容。第二,马克思主义认为不同商品的使用价值(效用)是不同质的,无法比较;而边际效用论者把效用解释为心理因素,并认为心理因素有强弱之分,是可以计算和比较的。但实际上心理因素是根本不能测算的,因而商品价值也不能用边际效用来衡量。最后,还要指出的是边际学派特别是其主要代表人物庞巴维克鼓吹边际效用论是直接针对马克思的劳动价值论的。

所以,边际效用决不能成为社会主义价格形成的基础。但是,我们认为也有所借鉴的东西。例如:在社会主义价格形成中适当考虑心理因素也是需要的;边际效用论所运用的边际分析方法对农产品价格的形成也可适当参考。

六、均衡价值论

又称均衡价格论。这种理论认为商品的价格决定于供给价格(即生产者所要求出售的价格)和需求价格(即购买者愿意出的购买价格)相交之点。供给价格决定于商品的生产费用,需求价格决定于这一商品对购买者的边际效用。如图5-3所示。

图5-3中OY代表供给价格或需求价格,OX代表商品供给量或需求量,DD′代表需求曲线,SS′代表供给曲线。两条曲线的相交点A,即需求与供给的均衡点,AH就是供求均衡的均衡价格。

均衡价格论是现代西方价格理论的一个重要学派,它包括:有英国经济学家马歇尔的局部均衡价格论,即一种商品的需求价格和供给价格相一致的价格;有法国经济学家瓦尔拉的一般均衡价格论,即从市场上所有各种商品的供给、需求和价格是相互影响、相互依存的前提出发,来考察每种商品的供给和需求同时达到均衡时的价格决定问题;还有美国经济学家舒尔茨等提出的动态均衡价格。但均衡价格论一般以马歇尔的局部均衡价格理论为代表。

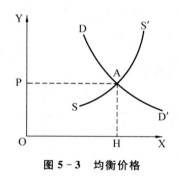

图 5-3 均衡价格

均衡价格论综合前人的成果,把供求论、生产费用论、边际效用论融为一体,是一个大杂烩。但它把价格决定不再看作是单项因素,而要考虑多种因素,这显然是一个进步;它认为供求一致时的均衡价格才是合理的价格,也包括合理成分;均衡价格论对需求弹性和供给弹性的研究也把供求与价格关系的分析深入和前进了一步。但是,均衡价格论绝不是科学的价格理论,有很大的局限性。第一,均衡价格论就是均衡价值论,也就是它仍然不承认价格有其客观基础,更不是以劳动价值论为基础。第二,均衡价格论仍然是主观因素的价格理论,它所讲的生产费用并不是劳动消耗,而是生产商品所付出的边际"努力和牺牲",它所讲的边际效用也是一种主观评价。第三,均衡价格论是完全竞争条件下商品价格如何决定的问题,这个条件在现代垄断资本主义条件下是不具备的。

现在有人把马歇尔和马克思的价格理论等量齐观是不对的。马歇尔和马克思虽然都认为均衡价格或平衡价格,即供求一致时的价格是合理的价格,是市场价格波动的中心,但是两者有本质区别。第一,马克思有价值和价格之分。价值是本质,价格是现象;马歇尔没有价值和价格之分,混淆了本质与现象。第二,马克思认为形成价格的是客观因素,而马歇尔认为形成价格的是主观因素。第三,马克思认为价格最终是由生产领域的劳动决定的,而马歇尔认为价格是流通领域中的供求关系决定的。

七、创新价值论

这种观点认为资本主义社会会建立一种新的生产函数,这种新组合包括引进新产品,引进新技术,采用新的生产方法,开辟新市场,引用新的原材料,实现企业的新组合等。这时,一切经济过程都非人化和自动化了,因而劳动者不再是价值的主要创造者,自动化成为价值的决定者。因此,"创新"价值论又称自动化价值论。

这种理论是由美籍奥国资产阶级经济学家熊彼特提出来的。他在《资本主义、社会主义和民主》(1942年)等书中宣称边际效用价值论要优胜于劳动价值论,而他的"创新"价值论则最为科学。

自动化决定价值论不过是机器或生产资料创造价值的翻版。自动化决定价值论是不能成立的。第一,由各种机器、精密仪表、电子计算机等组成的生产资料,在生产过程中只能转移旧价值,而不会创造新价值。第二,在自动化条件下,直接操纵机器的生产工人会减少,但是,工程技术人员、与生产直接有关的科学研究人员,以及生产指挥系统和管理系统的工作人员会大量增加。他们的劳动也是生产劳动,可以创造价值,但绝不是自动化本身创造价值。第三,在自动化条件下,人们的劳动可以创造更多的价值,也不是自动化本身创造的价值,而是因为在自动化条件下,是一种高度复杂的劳动。复杂劳动比简单劳动可以创造更多的价值。第四,在自动化条件下,自动化程度高的企业可以实现更多的价值,并不是自动化本身创造的,而是自动化程度低的企业转移过来的。

八、垄断价格理论

到马歇尔的均衡价格理论为止,资产阶级的价格理论都是以完全竞争市场为前提建立起来的。但自从20世纪二三十年代开始垄断已成为非常普遍的现象,于是垄断资产阶级就要求在价格理论上有新的突破,于是美国和英国的一些经济学家,如张伯伦、罗宾逊、加尔布雷斯等提出了垄断价格理论。它包括以下几方面。

完全垄断的价格理论,即某种商品的生产和销售完全由一家控制的情况下价格如何决定的理论。

寡头垄断的价格理论即某种商品的生产和销售为少数大公司垄断的情况下价格如何决定的理论。

垄断竞争的价格理论,即含有垄断因素又存在竞争的商品价格如何决定的理论。

垄断价格理论在一定程度上反映了资本主义从自由竞争发展到垄断阶段的新情况,与以前只是分析自由竞争的价格理论,显然是一个进步。垄断价格理论具体分析了各种不同垄断程度商品的定价原则,对社会主义经济中某些商品的定价也有一定启发。但是,垄断价格理论也不是科学的价格理论。首先,垄断价格理论是为垄断资产阶级获取高额垄断利润服务的,具有很大的阶级局限性;其次,只是在垄断价格的现象上做文章,就价格谈价格,没有深入到垄断价格的客观基础,不承认有价值,以价格代替价值。

九、知识价值论

这种观点认为是知识创造价值而不是劳动创造价值。未来是用知识价值论代替劳动价值论。

美国社会预测学家约翰·奈斯比特在1982年发表的《大趋势——改变我们生活的十个新方向》一书中声称:"我们必须创造一种知识价值论来代替劳动价值论","在信息经济社会里,价值的增长不是通过劳动,是通过知识实现的"[①]。

知识价值论的错误在于:第一,把知识与劳动对立混淆起来。知识本身是人类劳动的结晶,知识可以提高劳动的复杂程度,从而创造更多的价值。但是,知识本身不创造价值,用日益丰富的新知识武装劳动者才能创造更多的价值。第二,如果说"知识创造价值"是说明脑力劳动也可以创造价值,是说明从事设计、管理、工程技术的脑力劳动者可以创造价值。但这不是奈斯比特的创造,马克思早有论述。第三,知识可以通过脑力劳动者

---

① 奈斯比特:《大趋势——改变我们生活的十个新方向》,中国社会科学出版社1984年版,第15页。

创造更多的价值,但不能否定体力劳动者也创造价值。

总之,劳动价值论可以包括知识用来提高劳动的复杂程度,从而通过劳动者创造更多的价值。但是,知识本身不创造价值,不存在知识价值论,更不能用知识价值论代替劳动价值论。

十、信息价值论

美国另一个未来学家,《第三次浪潮》的作者托夫勒认为当今社会已进入信息社会,只要掌握了信息,就能创造出价值和财富,简称信息价值论,这也是不能成立的。他所说的价值是一般意义的财富或使用价值,因而是不科学的,抹煞生产劳动者创造价值的实质,夸大信息在生产过程中的作用,鼓吹信息自行创造价值是错误的。信息本身不能创造价值。作为提供信息的工具,汽车、飞机、火车、邮电、电话、电视、传真等设备只转移其旧价值,只有从事信息的劳动才创造价值。所以,仍然是劳动创造价值,而不是信息创造价值。但是,信息、网络产业的发展,生产要素的内涵与外延都发生了许多变化,这些变化对马克思主义的劳动价值理论提出了新问题。马克思主义的价值理论必须发展,以回答和解决信息经济所提出的许多问题。

第三节 比较、借鉴与探索

对马克思主义价值理论与西方价值理论进行比较研究,对探讨社会主义的价格问题有重要意义。

一、马克思主义价值理论与西方价值理论的联系与区别

(一)马克思主义价值理论是在批判继承资产阶级古典经济学劳动价值论的基础上建立起来的

马克思主义的价值理论,虽然是在批判继承资产阶级古典经济学的劳动价值论和吸收前人有关价值理论的所有合理成分的基础上建立起来的,但是,他大大超过了前人。资产阶级古典经济学从配第开始经过斯密到李嘉图已经有了劳动价值论,但是,这里既有科学成分,也有庸俗成分:

(1) 提出价值是劳动创造的,但不能区分劳动二重性,只有劳动的一般的笼统的概念,不懂得是什么劳动创造价值。(2) 提出了价值量决定于社会必要劳动时间,但是,李嘉图认为社会必要劳动时间不是平均劳动时间,而是最差条件下的个别劳动时间。(3) 已经有了价值与交换价值的区别,但是不了解这两者的内在联系。(4) 把价值理解为物的自然属性,而不是一种社会关系。(5) 把商品、价值和价值形式都认为是永恒的范畴。因此,资本主义也是永恒的制度。

马克思继承了资产阶级古典学派价值理论的科学成分,批判了它的庸俗成分,建立了科学的、完整的劳动价值论。主要表现在:(1) 建立了劳动二重性学说,具体劳动形成使用价值,抽象劳动创造价值;(2) 分析了价值与交换价值的内在联系,提出价值是交换价值的内容,交换价值是价值的形式;(3) 分析了价值量的决定,个别价值决定于个别劳动时间,社会价值决定于社会必要劳动时间;(4) 研究了价值形式的发展,揭示了货币的起源和本质;(5) 指出价值是社会的历史的范畴,不是物质的永恒的范畴;(6) 区分了劳动与劳动力,解决了劳动与资本相交换和价值规律的矛盾;(7) 研究了价值转形,区分了价值与生产价格,解决了等量资本要求等量利润和价值规律的矛盾。

当然,马克思主义的价值理论还需要进一步研究和发展。例如,是不是只有物质生产劳动才创造价值,价值与劳动生产率到底是什么关系,价值量如何具体计算,等等。

(二) 马克思主义价值理论与西方价值理论的主要区别

第一,马克思主义价值理论是马克思主义政治经济学的基础,也是剩余价值理论的基础,是为无产阶级的根本利益服务的;西方价值理论总的说来是为维护资本主义剥削制度,为资产阶级利益服务的,具有很大的阶级局限性。

第二,马克思主义劳动价值论揭示了价值的源泉深入到事物的本质,西方价值理论往往只是在价格现象上兜圈子,不敢深入到价格的基础和实质,具有很大的表面性。

第三,马克思主义价值理论揭示了决定商品的因素和影响价格的因素主次分明;西方价值理论常常以价格形成的某一种因素,作为价值决定的因素,具有很大的片面性。

第四,马克思主义价值理论重视价格形成的客观因素,而西方价值理论比较重视价格形成的主观因素、心理因素,回避或无视价值决定的客观因素,具有很大的主观性。

(三) 对西方价值理论一要批判,二要吸取

西方价值价格理论总的说来不是科学的价值—价格理论,有很大的局限性、主观性、表面性和片面性,所以,一要批判。它不能成为社会主义价格形成和价格改革的指导思想。

但是,也不能完全否定西方价值理论对社会主义价格形成仍有一些借鉴作用。我们应该吸取某些合理成分,为社会主义价格形成和价格改革服务。所以,二要吸取。

1. 供求决定价格论是不对的。但有些供求论者在具体分析供求关系上是相当细致的,如供给弹性和需求弹性与价格关系的分析,就可以吸取。

2. 边际效用论是主观唯心主义的价格理论,从总体上不能搬用,但是在社会主义价格形成上适当考虑心理因素,在价格改革中考虑群众心理承受能力也是需要的。

3. 均衡价格论以价格代替价值不可取。但是,它们分析了局部均衡、一般均衡、动态均衡,特别是其中的蛛网理论对农产品价格的形成具有参考价值。

4. 垄断价格理论并不是资产阶级经济学家发明的。马克思早就提出,列宁也有发展。但是,资产阶级经济学家把垄断价格分为完全垄断、寡头垄断、垄断竞争等几种类型,特别是垄断竞争价格对社会主义市场价格的形成是可借鉴的。

所以,我们认为西方价格理论决不能成为社会主义价格形成和价格改革的指导思想,不能全盘接受,但也不能一概否定。我们应该借鉴和吸取其中的合理成分来丰富和发展马克思主义价值—价格理论。

二、社会主义制度下价值规律和价格的形成

(一) 对社会主义社会价值规律的认识过程

价值规律是商品经济的基本规律,只要存在商品生产和商品交换,价

值规律就必然起作用。在社会主义制度下,既然存在商品生产和商品交换,价值规律就必然存在并且发挥作用。但是,对于社会主义制度下的价值规律的作用则有一个认识过程。

苏联从十月革命以来对社会主义制度下价值规律的看法经历了一个很长的演变过程。在战时共产主义时期,认为社会主义是自然经济,否定社会主义存在价值规律。布哈林在《过渡时期的经济》一书中说:"价值规律不过是商品无政府制度的平衡规律。……由此可见,价值,这一商品资本主义制度在其处于平衡状态的范畴,最不适用于过渡时期,因为在过渡时期商品生产在很大程度上消失了,而且在这里不存在平衡。"①

新经济政策时期,由于商品货币关系的发展,价值规律的作用被大多数经济学家所承认。1926年在共产主义学院召开会议,专门讨论价值规律的作用。但是,又都认为价值规律处于消亡的过程中,随着计划因素的增长,它或者转化为劳动消耗规律,或者为计划调节所取代。下面一段话是有代表性的。"如果有人问:在我国经济中价值规律是不是起作用,那么,不能说不起作用。价值规律继续存在但它正在转化,它正在消亡,但这是消亡的过程,而不是毁灭的过程。"②

苏联在20世纪30年代,由于生产资料所有制的社会主义改造取得了胜利,否定价值规律作用的理论又占了统治地位。奥斯特罗维季诺夫说:"无产阶级专政消灭商品资本主义经济运动的自发规律——价值规律和生产价格规律,并用对社会主义国民经济自觉的、有计划的领导来代替它。"③

1941—1951年,苏联批判了"否定论",又承认社会主义制度下价值规律的作用,但认为这是"经过改造的"价值规律。沃兹涅克斯基说:"在社会主义经济中价值规律就是意味着必须进行货币——而不仅是实物——计算并计划生产费用,即在社会产品生产上的社会劳动消耗。……由此可见,利用价值规律在社会主义经济中是改造过的并且是为国家计划服务的

---

① 哈林:《过渡时期的经济》,1920年俄文版,第134—135页。
② 转引自瓦洛夫依等著《社会主义和商品关系》,1972年俄文版,第168页。
③ 章良猷:《苏联经济思想史论文选集》,生活·读书·新知三联书店1982年版,第385页。

生产费用、产品分配和产品交换的最起码的规律。"①

1952年,斯大林《苏联社会主义经济问题》的发表,批判了"改造过的"价值规律的观念,但认为社会主义价值规律的作用范围是受到严格控制的。它不起生产调节者的作用,它只是通过消费品对生产资料的生产发生影响。斯大林说:"有人说,在我国社会主义制度下发生作用的若干经济规律,包括价值规律在内,是在计划经济的基础上'改造过的'或者甚至是'根本改造过的'规律。这也是不对的。……在我国的经济制度下,商品生产的活动是限制在一定范围内的。关于价值规律的作用,也必须这样说。无疑地,在城市和乡村中,生产资料私有制的不存在和生产资料公有化,不能不限制价值规律发生作用的范围及其对生产的影响程度。"②

斯大林逝世后,苏联经济学界对他的一些错误观点提出了质疑和批评。1957年和1959年相继召开了价值规律问题的大型讨论会,突破了生产资料不是商品,价值规律对生产不起作用的限制,着重研究了社会主义制度下价值规律作用的内容和特点。20世纪60—70年代苏联进行经济改革以后,进一步认识到价值规律对社会主义经济也起调节作用。但是,对社会主义制度下价值规律的认识还有待深化。

我国对价值规律的认识也有一个过程。早在1953年前后,我国就主要围绕斯大林《苏联社会主义经济问题》一书中提出的观点,结合中国实际,对社会主义经济中价值规律的作用展开了讨论。但是,1956年生产资料所有制的社会主义改造过后,由于指导思想上的急于求成,曾在一段时期内,限制商品经济的发展,忽视价值规律的作用,受到了处罚。毛泽东同志总结当时的经验教训,向全党明确指出,价值规律"是个伟大的党校,只有利用它,才有可能教会我们几千万干部和几万万人民,才有可能建设我们的社会主义和共产主义,否则一切都不可能"。遗憾的是在后来的具体实践中,并没有真正贯彻这个思想。在"文化大革命"的十年内乱中,"四人帮"一伙大肆否定商品经济,否定价值规律,给我国社会主义建设事业造成

---

① 沃兹涅先斯基:《卫国战争时期的苏联战时经济》,外国文书出版局1948年版,第137—140页。

② 斯大林:《苏联社会主义经济问题》,人民出版社1952年版,第14—16页。

了极大的危害。这个教训是非常深刻的。

党的十一届三中全会以后,拨乱反正,在党的许多重要文件中,都十分强调价值规律的作用。党的十一届三中全会公报指出,"应该坚决实行按经济规律办事,重视价值规律的作用。"在党的十二大报告中指出:"无论是实行指令性计划还是指导性计划,都要力求符合客观实际,经常研究市场供需状况的变化,自觉利用价值规律。"在党的十二届三中全会通过的《中共中央关于经济体制改革的决定》中,进一步指出"社会主义计划经济必须自觉依据和运用价值规律""建立自觉运用价值规律的计划体制"。在党的十三大报告中指出"必须把计划工作建立在商品交换和价值规律的基础上"。在党的十三届四中全会以后的中央文件和负责同志讲话中进一步指出,带有强制性的指令性计划,"其制定和实施也必须考虑市场供求关系和自觉利用价值规律"。十四大报告中也提出,"使经济活动遵循价值规律的要求。"

在社会主义经济建设和经济改革过程中,我们党一再强调要自觉地运用价值规律,这既是在总结我国经济发展和经济改革实践经验基础上得出的一个符合中国实际的结论,又是建立社会主义市场经济运行机制的重大措施,同时也是深化改革的一个重要方面。

(二)对社会主义几种主要价格形成理论的简评

社会主义的价格形成,经过几十年的探索,有经验,也有教训。不少学者在价格理论上也作了许多有益的探索,丰富了社会主义价格形成理论。

1. 社会劳动耗费价格论。苏联的许多学者从马克思的劳动价值论出发,认为社会主义商品的价格仍然只能以社会劳动耗费为基础,也就是以价值为基础。但是,由于价值难以直接计算,所以只能借助于间接方式,即通过计算商品的成本(c+v)和社会纯收入(m,包括税收和利润)来求得商品价值的近似值。成本的计算比较好办,没有很大的分歧。困难在于如何计算社会纯收入,争议颇大,于是形成了各种不同的价格形成理论。如斯特鲁米林的价值价格论,即主张按工资盈利率来计算社会纯收入;康德拉舍夫提出的平均价值理论,即主张以成本盈利率来计算社会纯收入;马雷舍夫等提出的生产价格理论,即主张按生产基金盈利率来计算社会纯收入;涅姆钦诺夫等提出的多渠型价格理论,即主张采用多种渠道确定的盈利率来计算社会纯收入。这些主张各有千秋,尚可进一步讨论。但是,无论如何它使价格以价值为基础具体化了,并且在深化。这是马克思主义的劳动价值论在社会主义条件下的具体运用和发展。

2. 社会有用性价格论。与坚持社会劳动耗费价格论的学者不同,原苏联另一些学者,例如康托罗维奇等则主张以产品的社会有用性作为价格形成的基础。所谓产品的社会有用性就是指产品满足社会需求的程度,价格所反映的应该是生产产品时被耗费的资源与得到的成果相比较的相对有用性。这种有用性的大小,与产品或资源的有限性成正比,与需求的满足程度成反比。这实际上是主张价格要以转形价值为基础,即价格的形成,不仅要看劳动耗费,而且要考虑生产基金、自然资源的作用,特别是资源配置的最优评价。这种价格理论,丰富了价值转形理论,为社会主义价格形成理论增添了新的内容。但是,这是一个颇有争议的理论。

3. 均衡价格试错法。波兰经济学家兰格在20世纪30年代中期发表的论文中,从市场均衡理论出发,用一种相继试验错误的方法,说明在社会主义制度下中央计划局可以调节生产使市场供求平衡,得到均衡价格。兰格通过试错法来形成社会主义价格是有启发性的。第一,中央计划局仍然可以作出价格的指令,但这种指令应尽量反映客观经济过程的要求;第二,价格必须考虑市场供求状况,并力图使市场价格达到符合客观均衡条件的价格;第三,价格应在运动中形成,也应在运动中不断调整。这是市场和计划相结合形成价格的一种理论探索。

4. 平衡价格回归论。捷克经济学家锡克(后曾任瑞士圣加仑大学教授)根据马克思的劳动价值论在分析了价格与价值的关系之后,从价格与使用价值的联系出发,分析了由于社会主义销售价格偏离生产价格而产生平衡价格,并得出企业应该依据市场供求状况的变化调整生产,使平衡价格回到生产价格的结论。与兰格一样,锡克从满足需求出发,认为应该通过调整企业生产比例使供求达到一致。不同的是,锡克主张由企业自身依据市场供求状况,根据市场价格信息来调整生产,而不是兰格主张的按照中央计划局的指令行事。

5. 漂浮价格理论。匈牙利经济学家科尔奈在《短缺经济学》一书中,论述了在短缺经济条件下,作为卖者,由于预算约束软化,企业对成本的增加无所顾忌,可以用提价形式把增加了的成本转嫁给国家或企业,这就形成了成本推动的价格向上漂浮倾向;另一方面,作为买者,由于存在投入品短缺现象,因此为了得到投入品以满足自身的需求,企业愿意支付较高的价格,这就形成了需求拉上的价格向上漂浮倾向。科尔奈论述的在短缺经济条件下,价格具有向上漂浮的倾向,只是描绘了一种现象。但是,在社会主义条件下,并不是所有商品都是短缺的。因此,也不是所有商品的价格都具有向上漂浮的倾向。

6. 收入价格论。南斯拉夫经济学家科拉奇等,从社会主义自治的生产关系出发,认为作为商品生产者的劳动集体,既是生产者和管理者,同时也是其产品的占有者。这样,商品的价值实现后,新创造的价值不必像资本主义制度下那样分为工资(v)和剩余价值(m),而是作为"收入价格"这样一个统一的范畴出现,即商品价格由转移价值和新创造价值两部分组成,这就是所谓"收入价格"。收入价格理论是与南斯拉夫自治经济制度相适应的。它既符合工人自己管理企业的要求,也考虑到整个社会经济的利益,因而对南斯拉夫分配制度产生了一定影响。但它本身还存在一些尚未解决的理论问题和实际问题,未能成为现实。

7. 世界价格论。南斯拉夫有一部分经济学家,从南斯拉夫社会生产的商品性质出发,认为应以世界价格作为本国商品市场价格形成的依据,主张必须把国内价格与世界价格挂钩,使同类商品在交换过程中把价值转化为世界范围内的社会必要劳动。在实践中,南斯拉夫在价格形成中采用世界价格作为标准价格。由于对资本主义世界市场的复杂性和世界价格的消极作用没有充分认识,这样做的效果很不理想。通货膨胀一直成为困扰南斯拉夫经济发展的一大难题。

三、价值理论需要进一步探讨的问题

价值理论是一个很重要很复杂的问题,需要进一步研究和探索的问题很多,择其要者,简介如下:

(一)是不是只有活劳动、物质生产劳动才创造价值

第一种观点认为必须坚持活劳动、物质生产劳动才能创造价值的观点。要坚持劳动二重性的理论,不能把创造价值的劳动和创造使用价值的

劳动混为一谈。

第二种观点认为物质生产劳动创造价值,非物质生产劳动也创造价值,凡生产具有社会使用价值、而且通过交换转移到需求者手中的劳动,都形成商品的价值。

第三种观点认为是社会总体劳动创造价值,活劳动创造价值,物化劳动也创造价值。

(二) 第三产业是否创造价值

第一种观点认为,第三产业的劳动是生产劳动,同样创造价值。

第二种观点认为,第三产业是服务业属非生产劳动,不创造价值。

第三种观点认为,第三产业是否创造价值要按照劳动的性质作具体分析,如交通运输是生产劳动创造价值;娱乐业是非生产劳动不创造价值。

(三) 新科技是否创造价值

第一种观点认为,科学技术因素同样创造价值。先进技术设备之所以先进,就在于它能够提高效率,创造出比旧设备多得多的价值。如果只承认新技术转移价值,不创造价值,那还有什么科学技术是第一生产力?

第二种观点认为,新技术对价值形成有重大影响,或在一定条件下能够创造价值。用先进技术能使单位产品的个别价值低于社会价值,为企业带来超额利润。在市场上谁能率先使用新技术,谁就能更有效地利用自然力以替代更多的人力,从而在价值关系中能使个别价值还原为更多的社会价值。

第三种观点认为,新科技可以转化为新生产力,但不创造价值。如果认为活劳动和新科技共同创造价值,就会得出二元的价值生产函数,陷入二元价值论。

(四) 关于如何计算商品价值的问题

有人认为,价值是一个看不见摸不着的东西,是无法计算的。多数人认为,现在直接计算价值还有许多困难,但是,我们可以借助于成本、盈利等价值的表现形式间接地相对地计算出近似值。这个近似值怎样更接近于价值呢?有各种不同的主张。

第一种主张,是始价值论。主张这种计算方法的同志认为,商品价值的近似值应是产品成本加按工资盈利率计算的盈利额。

第二种主张,是平均价值论。主张这种计算方法的同志认为,商品价值的近似值应是产品成本加按成本盈利率计算的盈利额。

第三种主张,是生产价值论。主张这种计算方法的同志认为,商品价值的近似值应是产品成本加按资金盈利率计算的盈利额。

第四种主张,是加工价值论。主张这种计算方法的同志认为,商品价值的近似值应是产品成本加按加工费用利润率计算的利润额。加工费用除包括工资外,还包括固定资产折旧费。

第五种主张,是再生产价格论。主张这种计算方法的同志认为,商品价值的近似值应是产品成本加按综合利润率计算的利润额。

(五) 什么是价值规律

有人认为,价值规律就是价值决定的规律,即社会必要劳动时间决定商品价值量的规律。有人认为,价值规律除了上述一条外,还应加上第二条,价值规律还应包括价值交换的关系,即等价交换的原则,也就是商品的交换,要同生产这个商品时所花费的社会必要劳动时间相适应。有人认为,两条仍然不全面,还要加上第三条,价值规律还应包括价格围绕价值上下波动的关系。因为只有通过竞争的波动从而通过商品价格的波动,商品生产的价值规律才能得到贯彻,社会必要劳动时间决定商品价值这一点才能成为现实。还有人认为,价值规律还应包括在分配过程中展开的形式。这些形式的形成条件是:资本所有权与使用权要分得利润,土地所有权要分得地租。因此,在商品生产总过程中,价值规律转化为生产价格规律,它的完成形式则是以土地为条件的垄断价格规律。

第四节 社会主义市场价格形成模式与机制

我国社会主义市场价格形成和价格改革应坚持以马克思主义价格理论为指导,同时借鉴西方价格理论的合理成分。

一、社会主义市场价格形成的序列

我国社会主义市场价格如何形成,理论界众说纷纭,有人认为应该以价值为基础形成价格,也有人认为应该以生产价格为基础形成价格。还有人认为应该以均衡价格为基础形成价格。我们认为,社会主义市场价格必须坚持以马克思主义的劳动价值论为基础,吸取古今中外其他价值理论的合理成分,同时,还要从我国尚处在社会主义初级阶段这个实际出发。因此,社会主义市场价格形成应有四个序列,即基础价格、理论价格、目标价格和市场价格。

社会主义市场价格形成的第一个序列是基础价格,也就是说,价值是社会主义价格的基础。价值是价格的基础,价格是价值的货币表现,这是马克思主义劳动价值论关于价格与价值关系的基本原理。在任何社会形态下,一切商品的价格最终都以价值为基础,社会主义社会也不例外。

直接计算价值还是尚未解决的难题,现在还只能借助于成本($c+v$)和利润(m)来间接求得价值的近似值。为了使基础价格更接近于价值,价格形成中的成本应该是社会的正常的计划成本,利润最好是按照加工费用利润率来计算的利润。

在社会主义制度下,价格必须以社会价值为基础,而不能以个别价值为基础,因而,价格形成中的成本也必须以社会成本为依据,而不能以个别成本为依据。价格形成中的成本必须是正常成本,这就是说,作为制定价格的依据的成本,必须是正常生产、合理经营条件下的成本。从商品的社会价值、社会主义市场价格的相对稳定性和比价关系来看,都要求价格形成中的成本必须以正常生产、合理经营条件下的成本为准。价格形成中的成本必须是计划成本,这是由于价值不是决定于商品中内涵的社会必要劳动时间,而是决定于商品再生产所必要的社会劳动时间,以及社会主义下节约时间的客观规律所决定的。

价格形成中究竟应该采用什么利润率的问题,我国理论界也是众说纷纭。根据价格形成的基础应尽可能接近价值的原则,我们认为最好是加工费用利润率。加工费用利润率就是利润(包括税收)同加工费用(包括固定资产折旧费和工资)之间的比例。以加工费用利润率形成价格,可以克服资金利润率扩大过去劳动对价格形成影响的缺陷,可以克服成本利润率把利润也加算到原材料价值上引起的利润重复计算和价格与价值的背离,还可克服以工资利润率形成价格不能反映劳动生产率变化对价格形成影响的缺陷。

社会主义市场价格形成的第二序列是理论价格，也就是转形价值。价值的源泉只能是劳动。但是，各种生产要素可以参加价值的分配，产生转形价值。社会主义的价值转形，不像通常人们认为的只是价值转化为生产价格的问题，而应该按马克思分析的那样，存在三个层次的转形。

　　价值的第一层次转形是价值转化为生产价格，这实质上是剩余产品价值按照产业资金的比例进行初次分配。处在生产过程中的产业资本，平均分配剩余产品价值，就使价值转化为生产价格，在这一层次的价值转形，由于参加利润平均化的资本仅限于产业资本，这实际上只是产业部门的利润平均化，而不是社会平均利润。所以，价值第一层次转形的生产价格，只是生产价格的初始形态。

　　价值转形的第二层次是生产价格进一步展开为完成形态。实际上，不仅生产过程中的资本参加利润平均化，而且在流通过程中的资本即流通资本也要参加利润平均化。第二层次的价值转形涉及商业利润和纯粹流通费用的补偿问题。由于商业资本的参加利润平均化和商业纯粹流通费用的补偿，形成的生产价格的完成形态是：生产价格等于生产成本加产业利润加商业利润加商业纯粹流通费用，这是价值第二层次的转形。

　　价值转形的第三层次是生产价格转化为垄断价格。前两个层次的价值转形，体现了资本在生产和流通中所发挥的经济效益。但是，一切资本的运动都离不开土地，资本的一切投入都会遇到土地使用问题。土地是一种特殊的生产要素。由于必须对土地在生产和流通中提供的经济效益作出特殊评价，剩余产品价值在平均利润之外还要进行再次分配。

　　为了实现土地效益的经济评价和在经济上实现土地所有权，必须从社会剩余产品价值额中分割出一部分作为地租并加入价格形成，这就使生产价格转化为垄断价格，垄断价格等于生产成本加产业利润加商业利润加商业纯粹流通费用加地租（包括绝对地租、级差地租、垄断地租）。垄断价格是价值转形的完成形态，是社会主义市场价格形成的直接基础。

　　以上分析的价值的三个层次的转形并不是各自独立的过程，而是处在社会再生产中的统一过程。价值的三个层次转形，不过是统一的价值转形过程的三个过程。

　　以转形价值作为社会主义市场价格形成的直接基础，具有重大的现实意义。第一,它包含了对各种生产要素的经济评价,从而有利于生产要素的节约和合理使用;第二,它可以用统一的标准衡量各部门的经济效果,有利于国民经济按比例协调发展;第三,它有利于理顺各方面的利益关系,特别是国家与企业的利益关系。

社会主义市场价格形成的第三序列是目标价格,或者叫预测价格。它是在一、二序列的基础上,考虑其他经济因素以及政治因素,如商品的使用价值、长期供求均衡、各种比例关系以及经济政策因素而预测的价格。社会主义目标价格是促进生产和流通,合理利用各种资源,调整生产结构、调节分配、指导消费,使国民经济取得最大效益的价格。

社会主义市场价格形成的第四序列是市场价格,即现实价格。社会主义市场经济当然不能没有社会主义市场,在市场上各种商品实际成交的价格,就是市场价格。前三种序列的价格(基础价格、理论价格、目标价格)都是计算价格,这些价格是否准确,最终都要拿到市场上去检验。只有市场价格才是实际价格,是价格形成的最终形式。把市场价格与基础价格比较,可以看出市场价格与价值背离的程度;把市场价格与理论价格比较,可以看出市场价格与转形价值偏离的程度;把市场价格与目标价格相比较,可以看出目标价格的准确程度。

二、具有中国特色的社会主义市场价格模式

社会主义的现实价格既不是计划价格,也不是自由价格。根据我国国情建立具有中国特色的社会主义市场价格模式,大致有如下特点:

第一,社会主义市场价格是有控制的市场价格。它是建立在社会主义公有制基础上,按照社会主义原则形成的,它既不同于以私有制为基础的资本主义市场价格,也不同于某些社会主义国家实行的高度集中的计划价格。社会主义国家可以通过宏观计划管理控制市场价格总水平,可以通过经济手段控制价格的运动、结构和趋势。

第二,社会主义市场价格是垄断竞争型的市场价格。我国现在的商品生产和经营既存在着垄断,相互之间又存在着竞争。这种垄断竞争型的商品生产和经营,需要垄断竞争型的市场。与此相适应,我国社会主义市场价格只能是垄断竞争型的市场价格。这不仅有利于国家的宏观控制,而且有利于产业的政策导向。

第三,社会主义市场价格是有弹性的市场价格。社会主义市场价格不管是由谁定价,都是可以随短期供求上下浮动的价格。我们知道,供求关系可以分为长期供求和短期供求,在制定目标价格时,应该考虑长期供求,但是短期供求是难以预测的。社会主义市场价格必须充分反映短期供求变化对价格的影响。从某种意义上说,社会主义市场价格就是受短期供求影响围绕目标价格上下波动的价格。

第四,社会主义市场价格覆盖全社会的市场价格体系。社会主义市场经济是覆盖全社会的。不仅各种劳动产品是商品,而且各种生产要素也应是商品。因此,完整的社会主义市场价格体系应包括消费品的市场价格、生产要素的市场价格、房地产的市场价格、技术商品的市场价格、资本商品的市场价格,等等。

三、建立社会主义市场调节价格的机制

我国经济体制改革的目标是建立社会主义市场经济体制,我国价格改革的目标当然是建立社会主义市场价格机制。但是,社会主义市场价格机制是怎样的机制,市场与价格是什么关系,现在理论界和实际工作者众说纷纭。有的说,是市场决定价格,要建立市场决定价格的机制;有的说,是市场形成价格,要建立市场形成价格的机制;有的说,是市场调节价格,要建立市场调节价格的机制。

(一) 市场能决定价格吗

在报刊文章和有关文件中,确有一种意见认为是市场决定价格,我国价格改革的目标是建立市场决定价格的机制。

要评析市场能不能决定价格,首先要弄清什么是市场,它怎样决定价格。什么是市场?有人说,市场是商品交换的总和,即一切买卖的总称。作为商品交换的总和这个意义上的市场,很明显是无法决定价格的。有人说,市场是商品交换的场所。人们做买卖,交换商品,总得有个交换的地方,这地方就是市场。这种商品交换场所决定价格也讲不通的。还有一种说法,市场是指供求关系,市场决定价格就是市场上的供求关系决定价格。

所以,所谓市场决定价格实际上是认为供求决定价格。供求决定价格

论者认为,商品无所谓内在价值,商品的价格完全由市场上的供求关系来决定。当某种商品供过于求的时候,它的价格就低;供不应求的时候,它的价格就高。供求决定价格论可以说是人类最古老最原始的价格思想,我国古代早就有之。如子产的"市不豫价",子贡的"物以稀为贵",墨子的"贾也宜不宜,在欲不欲",范蠡的"论其有余不足,则知贵贱"等(这些价格思想在当时是非常可贵的)。后来,有些资产阶级经济学家,如英国的马尔萨斯,法国的萨伊也宣扬过供求决定价格的思想,当代也有极少数经济学家如美国的弗里德曼还主张这种观点。

供求决定价格论早已被许多经济学家,特别是马克思作了彻底的批判。英国资产阶级古典经济学的完成者李嘉图曾经说过:"最后支配商品价格的是生产成本,而不是人们常常说的那样是供给与需求的比例。""商品价格完全取决于供给对需求或需求对供给的比例的看法,几乎成了经济学上的公理,并且在这门科学中也成了许多谬误见解的根源。"[①]马克思曾经明确指出:"你们如果以为劳动和其他任何一种商品的价值归根到底仿佛是由供给和需求决定的,那你们就完全错了。供给和需求只调节着市场价格一时的变动。供给和需求可以说明为什么一种商品的市场价格会涨到它的价值以上或降到它的价值以下,但决不能说明这个价值本身。"[②]

马克思主义的价格理论认为,价格的基础是价值,是劳动创造的价值决定商品的价格,而不是供求决定价格。供求决定价格论的错误在于:第一,它只看到现象,而否认价格有客观的基础,否认价值决定价格,否定劳动价值论是价格形成的基础;第二,供求决定论认为,供大于求,价格就低,求大于供,价格就高。那么,供求一致时,价格怎么决定呢?它无法回答。

所以,供求决定价格论在理论上是不能成立的。在现实经济生活中,无论是在资本主义社会还是社会主义社会,企业的定价也不是以供求为基础的,而是以价值或价值的近似值为基础的。在资本主义世界价格理论五花八门,但实际上企业定价的基本方法仍然是成本加利润。这是因为在市场经济条件下,企业经营的最终目标是牟取最大限度的利润,但是企业的

[①] 《政治经济学及赋税原理》,第327页。
[②] 《马克思恩格斯选集》第2卷,第167页。

生产和经营需要花费成本。所以，企业定价首先要保本；第二，要有利润。当然牟取利润的多少，要考虑市场供求状况，但决定企业定价基础的是成本和利润。成本加利润实际上就是价值或价值的近似值。

我国建立社会主义市场经济体制，价格当然离不开市场。但是，绝不是市场供求关系决定价格，也不应是建立市场决定价格的机制。这是因为，价值规律是市场经济的基本规律，价值是价格的基础，是价值决定价格。所以，建立社会主义市场价格机制，首先必须按价值规律的要求，遵循等价交换的原则。在市场经济条件下，不是也不存在市场决定价格的机制。当然，没有必要去建立它。

（二）市场形成价格对不对

很多同志是不同意市场供求关系决定价格的。因此，我国价格改革的目标也不主张建立市场决定价格的机制。但认为是市场形成价格，因此主张我国价格改革的目标应建立市场形成价格的机制。

市场形成价格和市场决定价格是有很大区别的。市场价格的决定是指价格的源泉问题。价格的源泉，即决定价格的因素，只能是价值。因此，价格最终必须以价值为基础。但是，作为价格形成来说，除劳动创造的价值这个基本因素以外，还要考虑其他经济的，甚至还有政治的因素。

关于社会主义市场价格是如何形成的，理论界也是众说纷纭。有人认为应该以价值为基础形成价格；也有人认为应该以生产价格为基础形成价格；还有人认为应该以均衡价格为基础形成价格；当然，也有人认为应该以市场为基础形成价格。其实，价格形成是多因素的，而且是有序列的。

可见，价格形成是多因素的，有序列的。如果说，市场形成价格是指价格形成只有市场供求关系一个因素，那是很不全面的；如果说，市场形成价格是指价格最终要在市场上形成，那是可以这样说的。由于市场形成价格可能有两种不同的解释，因此，我国价格改革的目标是建立市场形成价格机制的提法，不是不可以的，但严格说来是不确切的，最好不用这个提法。

（三）应该是市场调节价格

市场供求关系不能决定价格，市场也不是价格形成的唯一因素。但是，市场供求关系对价格形成有很大的调节作用。马克思说："供求关系一方面只是说明市场价格同市场价值的偏离，另一方面是说明抵销这种偏离的趋势,也就是抵销供求关系的影响的趋势。"① 所以,精确地说,是价值决定价格,供求影响价格,调节价格与价值的偏离。当市场上,供大于求,价格就下降到价值以下;求大于供,价格就上涨到价值以上。因此,是市场的供求关系调节价格。

市场的供求关系不仅可以直接影响价格,而且可以通过调节生产,间接影响价值。这是因为,虽然供求不决定价值,但是供求可以调节市场价格与市场价值的偏离,并从而通过竞争调节生产,影响生产条件的变化。生产条件变化了,价值量也就会随之变化。例如,由于某种原因,社会对某种商品的需要增加了,而供给不能马上相应增加,这时该商品的市场价格就会涨到它的市场价值以上。如果需要仍然不收缩,生产者为了获得额外利润就会转移投资方向,使资金流向该商品的生产部门,从而引起该商品生产规模的扩大。在这种情况下,有两种情况都可能引起价值量的变化。一是生产规模的扩大,使按劣等条件生产的个别价值成为显著大量,从而使该商品的市场价值提高,逐步使市场价值与市场价格趋于接近一致;二是生产规模的扩大,由于采用新技术成为可能,使按优等条件生产下的个别价值成为显著大量,从而该商品的市场价值就会跌落,并使市场价格跌到与市场价值接近一致。上述两种情况,都确实由于供求的变化,引起价格的变化,从而调节生产,间接引起了商品价值量的变化。

供求与价格的关系不仅是供求影响价格,而且价格也影响供求。价格提高,需求就减少,但供给会增加;价格下降,需求就增加,但供给会减少。所以,供求与价格的关系是相互影响、相互制约的关系。正如马克思所指出的:"如果供求调节着市场价格,或者确切地说,调节着市场价格同市场价值的偏离,那末另一方面,市场价值调节着供求关系,或者说,调节着一个中心,供求的变动使市场价格围绕着这个中心发生波动。"②

长期以来,在价格形成中我们比较重视价值价格,而忽视市场供求关系对价格的调节作用,这是不对的。特别是在实行社会主义市场经济体制的情况下,更应该重视市场对价格形成的作用。但是,对市场上价格的关

---

① 《马克思恩格斯全集》第25卷,第212页。
② 同上书,第202页。

系应该有正确的理解。市场与价格的关系,不是市场决定价格,市场也不是价格形成的唯一因素,市场是调节价格,使价格围绕价值上下波动。因此,适应社会主义市场经济体制的建立,我国价格改革的目标不是建立市场决定价格的机制,也不是建立市场形成价格的机制,而应该建立市场调节价格的机制。

  有人说,理论工作者就是喜欢兜概念、钻牛角尖。什么"决定""形成""调节"都是文字游戏。殊不知理论应该讲究科学性、严肃性,不同的概念表示不同的内涵,往往一字之差,失之千里。如果说,是市场决定价格、市场形成价格,在理论上就会产生谬误,就会否认价格有客观基础,否认价值决定价格,就会只讲供求规律,不讲价值规律,从而滑入供求决定价格论的轨道。在实践上,就会使企业在生产上不计成本、不讲效益,而在市场上漫天要价,或者竞相杀价,从而给生产者或消费者带来损失,造成社会经济混乱。

  市场决定价格和市场形成价格还会产生一个误解,以后企业(包括生产者的经营者)都不要定价了,只要到市场上去讨价还价就行了,这是一种天真的想法。实行社会主义市场经济,不是不要定价,而是定价主体产生变化。原来在实行高度集中的计划经济体制下,大多数商品都是国家定价,而且一经定价,终身不变。现在实行市场经济体制,应该是谁生产谁经营谁定价,企业还是要核算成本、讲求效益,正确制定价格。但是,定价本身要考虑市场现状,定价以后在市场上价格要根据供求变化及时性调整。

  还有人认为,计划经济才要讲价值规律,市场经济只讲供求规律。市场决定价格论和市场形成价格论实际上就是这种观点的反映。严格来说,计划经济是不讲价值规律的,马克思原来设想的实行计划经济的社会,是没有商品、没有价值的,哪里来什么价值规律呢?实际上价值规律是市场经济的基本规律。实行市场经济体制更应重视价值规律。市场调节价格,正确地反映了在市场经济体制下价格形成应该是价值第一,供求第二,实行市场经济体制,决不能只要供求规律,不要价值规律。

复习思考题

一、名词解释

价值实体　　价值本质　　国际价值　　价值转形　　要素价值论　边际效用价值论　　创新价值论　　知识价值论

二、问答题

1. 马克思劳动价值论的主要内容。
2. 阐述西方价值理论。

三、论述题

马克思主义和西方价值理论比较研究与探索。

第六章 货币理论比较研究

货币理论是整个经济理论的一个重要有机组成部分。对马克思主义的货币理论和西方各种货币理论进行比较研究不仅可以丰富和发展马克思主义的货币理论,而且有实践价值。

第一节 马克思主义的货币理论

马克思的货币理论是他整个经济理论中的一个重要组成部分。列宁是马克思主义发展史上第一个把社会主义与货币流通联系起来的经典作家。

一、货币的本质

马克思从商品生产的内在矛盾出发,揭示了货币是商品交换过程的必然产物,同时,又指出货币是充当一般等价物的特殊商品,它是生产的社会性质的一般化身。货币的出现,使直接的物物交换发展成以货币为媒介的商品流通。货币的一切职能都是与商品流通相联系,在商品流通中发展,又服务于商品的流通。

马克思指出,商品是为交换而生产的劳动产品,因此,生产商品的私人(或个别)劳动的社会属性要求商品实现全面转手,商品内在的价值属性只有通过交换才能表现出来。交换过程既是商品生产者换进自己所需要的各种商品满足消费需要的个人过程,又是通过出售实现自己商品价值的社会过程,在这实践中往往会发生矛盾,从而使交换发生困难,交换过程的这种矛盾随着交换范围的扩大而发展。

交换过程矛盾的扩大及其克服表现为价值形式的演进,即表现为由简单的价值形式向扩大的(总和的)价值形式,再向一般价值形式,进而向货币形式过渡。一般等价形式可以属于任何一种公认的商品,随着商品生产和交换的发展,作为一般等价物的商品最终限制在一种特殊的商品,这时,商品的价值形式才获得固定性和一般的社会效力。这种特殊的商品就成了货币商品。货币形式由那些天然最适于执行一般等价物的商品来充当,这种商品就是金银。

马克思从货币的起源揭示出货币的本质是商品,是充当一般等价物的特殊商品。货币商品之所以不同于其他商品,是因为它的使用价值二重化了。它当作普通商品,有特殊的使用价值;它当作货币商品,具有充当一般等价物的特殊的社会职能、取得了一种形式上的使用价值。通过货币的尺度和媒介,实现了凝结在不同商品中的劳动的互换,因此,货币实际上反映着商品经济中以一般等价物为媒介的商品生产者相互交换劳动的社会生产关系。

二、货币的职能

商品的内在矛盾决定了商品必须进入流通,实现全面转手。这就需要有尺度来衡量交换双方商品的价值,按等价交换的原则保证商品生产者对自己商品的所有权。货币的基本职能就是充当衡量商品价值一般尺度,即价值尺度的职能。货币把不同的使用价值表现为同名的量,即价格,使交换成为可能。价格是商品价值的货币表现,但这种表现只是相对的,即商品价格既要取决于商品价值量的大小及其变化,又要取决于货币本身价值量的大小及其变化。此外,价格又受市场竞争和供求的影响和调节。

货币的第二个基本职能是充当商品交换的媒介,即流通手段职能。货币要实现媒介流通的职能必须以货币尺度待流通的商品价值为前提,因此,"价值尺度和流通手段的统一是货币"[1]。也就是说,货币的基本职能是价值尺度和流通手段。

---

[1] 《马克思恩格斯全集》第13卷,第113页。

货币执行流通手段,有一个货币流通量的问题。马克思指出,在货币材料的价值量既定的条件下,"流通手段量决定于待实现的商品价格总额"①。由于是总量运动,所以还必须考虑同名货币的平均流通速度问题。即

$$货币流通需要量 = \frac{待实现的商品价格总额}{同名货币的流通速度}$$

马克思对这个货币流通量规律还有一个表述,即"已知商品价值总额和商品形态变化的平均速度,流通的货币或货币材料的量决定于货币本身的价值"②。

将两段表述联系起来看,马克思货币流通量规律与资产阶级货币数量说的根本区别就在于强调了货币本身的价值。在货币价值既定的情况下,货币流通需要量取决于商品价格总额和货币流通速度;反之,在商品价值总额和货币流通速度不变的情况下,货币流通需要量则取决于货币本身的价值。

由于货币执行价值尺度和流通手段的职能,它便可以直接与任何商品相交换,持有货币就能支配一切社会财富,货币成了社会财富的化身,人们也就产生了保存货币的欲望。同时,商品流通本身包含了卖和买在时间上和空间上的分离。为了使流通在一定的时间间歇后继续进行,就有必要贮藏货币。这样,货币执行贮藏手段的职能,以满足人们积累社会财富的欲望和保证流通的顺利进行。在金属货币流通的情况下,货币贮藏具有自发调节货币流通量的功能。

随着商品流通的扩展和商品生产条件的差异,产生了赊购和期卖的需要。在这种情况下,货币是商品价值的独立形式。它在规定债务时,执行着价值尺度的职能,而后在单方面的清偿中,货币执行支付手段的职能。随着商品生产的发展,一些不属于商品交换性质的支付,例如纳税交租等也采取了货币支付的形式。货币执行支付手段的职能可以节约流通货币量,但它使货币流通量规律复杂化了,现在,流通所需要的货币总额等于待

---

① 《马克思恩格斯全集》第23卷,第138页。
② 同上书,第142—143页。

实现的商品价格总额加到期的支付总额,减去彼此抵销的支付数额,"最后减去同一货币交替地时而充当流通手段、时而充当支付手段的流通次数"①。

马克思指出,当商品流通扩大到世界市场时,各国货币便还原为贵金属条块充当世界货币。它用于国家间的清偿贸易差额和支付差额,执行一般购买手段和支付手段职能,并用作国家间的财富转移。

三、货币形态的演变及其趋势

马克思指出了商品流通本身具有扬弃足值货币,由价值符号取代货币流通的趋势。货币在执行价值尺度职能时,虽然要以现实的货币存在为前提,但不需要真实货币出场;可以用观念上的货币进行计量。在充当流通手段时,一方面它只是瞬息间充当媒介,人们并不关心它是否有十足的价值;另一方面,金属货币在流通中不断受到磨损,使铸币名称与其实际含量发生了背离,政府的干预和人为削减含量,也人为地扩大了这种偏离。此外,小额交易需要辅币进行流通。这样,人们在实践中认识到,既然贬损的铸币和低值的辅币可以代替贵金属货币流通,那相对说没有价值的纸币也同样可以代替金属货币执行职能。

关于货币,马克思指出,它的流通一般要以政府的强制为前提,才能为社会所接受。所以它的流通是有一定范围限制的。在纸币流通的情况下,纸币实际上代表着货币商品的价值或充当价值符号。马克思说:"纸币流通的特殊规律只能从纸币是金的代表这种关系中产生。"②当纸币超出它所代表的流通所需要的金属货币时,单位纸币代表的货币价值就会下降,商品价格就会上涨。这时,"价格的上涨不过是流通过程强制价值符号去等于它们代替流通的金量而产生的反应"③。

四、信用制度下的货币运动

在发达的信用制度下,社会总流通所需要的货币,是由银行投放到流

---

① 《马克思恩格斯全集》第 23 卷,第 159 页。
② 《马克思恩格斯全集》第 23 卷,第 147 页。
③ 《马克思恩格斯全集》第 13 卷,第 110 页。

通中去的。因此,在信用制度中,货币就不再是分散的难以控制的经济变量了。同时,货币运动又以信用制度为中介,对现实再生产发生重要的影响。

(一) 信用制度下货币运动的特点

马克思指出,集中在银行的货币运动,不同于分散的货币运动,它"同较高级的、间接的、返回自身的。本身已处于社会监督之下的流通一道发展的"①。信用制度下货币运动的最根本的特点,就是在于它是作为资本预付到流通中去的。

信用制度下的货币运动的另一个特点是用各种信用货币取代金属货币流通。随着信用事业的发展,大额资本转移的业务基本上由信用货币和信用结算所取代,而现金则被挤到作为收入流通的小额零售领域。

马克思指出:银行券的流通虽然已通过商业票据贴现等形式投放到流通中去的,但是银行券流通必须受货币流通规律的制约。因为商业票据代表着现实再生产运动,因此银行券的数量要受生产规模和交易数量的制约。

(二) 存款创造和货币流通

马克思指出:集中在银行账面上的货币资本的量和通货的量是完全不同的。两者之所以不一样,是因为银行通过初始存款的再贷放,可以创造出多倍的存款。因此,同一笔货币多次借贷,就形成了多倍的借贷资本量。但这种存款创造要以货币作为资本的借贷和货币在现实流通中执行购买手段和支付手段的次数为媒介。如果没有这种购买和支付,同一货币就不可能反复存入银行。因此,马克思的结论是,较小的通货量能否代表大额存款,取决于:(1) 同一货币完成的购买和支付的次数,这取决于实际交易的规模和数量。(2) 同一货币作为存款流回银行的次数,这取决于信用的发达和银行组织的周密。这两个条件往往是互为依存的②。

(三) 货币资本的积累和现实再生产

马克思指出,在发达的信用制度下,社会再生产各个环节的货币运动

---

① 《马克思恩格斯全集》第46卷下册,第431页。
② 《马克思恩格斯全集》第25卷,第576页。

都与银行信贷活动发生了密切的联系。现实再生产和消费过程中出现的闲置货币成为银行信贷资金的重要来源,并表现为集中在银行的货币资本积累。这种在银行手中的货币资本积累,不仅在量上大大超过现实资本的积累,而且在很大程度上促进了现实资本的积累,使之强化到极点。具体地说,由于银行集中了职能资本的剩余价值用于积累的先行货币累积部分,于是加速了剩余价值从货币形态向现实积累的转化;银行通过集中固定资本的货币折旧部分,使补偿基金转化为积累基金;银行通过集中暂时游离的流动资本,使沉淀的闲置周转资金转化为再生产基金;银行通过集中流通资本(商业资本营业中断和间歇时)暂时闲置的资金,使流通资本能转化为生产资本;信用制度还通过吸收个人存款,使居民的消费基金转化为积累基金。

五、货币市场和商品市场

马克思的分析表明,商品市场的生产和投资与货币市场的供需状况存在着密切的联系。"在资本主义生产的基础上。历时较长范围较广的事业,要求在较长时间内预付较大量的货币资本。所以,这一类领域里的生产取决于单个资本拥有的货币资本的界限。这个限制被信用制度和与此相联的联合经营(例如股份公司)打破了。因此,货币市场的混乱会使这类企业陷于停顿,而这类企业反过来也会引起货币市场的混乱。"[①]

具体说来,那些生产周期短的部门的投资,在一定期间内不仅把货币投入流通,从市场上取走商品,但同时也向市场投入自己的产品;而那些生产周期长的投资部门,虽然也在同期从市场取走生活资料和生产资料,但他们没有在同时向市场提供产品,于是造成了该时期社会上总供给和总需求的不平衡。于是,一方面货币市场受到压力;另一方面,市场供给受到压力,因为生产资本的要素不断地从市场上取走,而投入流通的只是货币等价物。所以,本身不提供任何供给要素的有支付能力的需求将增加,这种需求将会使商品价格上涨。

---

① 《马克思恩格斯全集》第24卷,第396页。

六、货币和银行准备金

马克思在分析简单商品流通时曾指出,货币的各种职能都要求有相应的货币贮藏作为准备金。在资本主义商品经济中,货币的职能同时是货币资本的职能,因而,货币流通准备金同时表现为资本流通准备金和各种货币贮藏。在发达的信用制度中,分散的货币贮藏和货币准备金以存款形式集中到银行。对货币的所有者来说,由于存款可以随时支取,因而它仍然执行流通准备金的职能。但这些存款并不是锁在银行保险柜里,它们被贷放到流通中去了。因此,这些准备金"对社会来说,实际上是处在流通中"①。银行根据日常存款提现的需要,只保持很小数额的现金作为存款准备金,这样,流通准备金就和存款准备金合而为一了。此外,同一个银行准备金又是信用货币(银行券)发行的兑现的准备金。私人银行的准备金又以存款形式并入中央银行的准备金,而中央银行的准备金不仅被尽可能地压低到最低点,同时还要充当国际货币信用的准备金。这样,国内国外的货币活动和信贷活动都要靠中央银行微弱的准备金来支持。

由此可见,"信用制度和银行制度的发展,一方面迫使所有货币资本为生产服务……另一方面又在周期的一定阶段,使金属准备减少到最低限度,使它不再执行它应执行的职能,正是这种发达的信用制度和银行制度,引起了整个机体的这种过敏现象"②。这样就使相对于现实再生产来说是一个极其微小的准备金量,能够成为调节货币,进而调节经济活动的一个十分敏感的杠杆。马克思指出:"中央银行是信用制度的枢纽。而金属准备又是银行的枢纽。"③

七、货币、信用和危机

马克思指出,经济危机的实质是资本主义生产方式一切矛盾的现实综合和强制平衡,但是它的可能性却植根于商品流通和货币信用。

---

① 《马克思恩格斯全集》第 24 卷,第 383 页。
② 《马克思恩格斯全集》第 25 卷,第 647—648 页。
③ 同上书,第 648 页。

资本主义生产的特征是普遍的商品生产,因此,资本的流通过程,同时就是商品流通的资本形态。在这个过程中,除了直接生产过程由资本家严格控制外,资本运动的其他阶段都交错在社会总资本互相依赖的运动序列的总和中,而这个总过程却是每个当事人无法控制的盲目运动的领域。在这个总体运动中,客观上存在着大量的买卖脱节的可能性和必要性,最明显的就是在再生产正常进行过程中固定资本折旧部分,与剩余价值中货币积累部分所构成的大量的卖而不买。于是,一方面存在着大量单方面的买而不卖;另一方面,存在着大量的卖而不买,这些活动都是盲目自发的。因此,只要这种脱节达到一定程度,就可能破坏整个流通序列的有机联系。

　　这种分散的买卖脱节,又由于危机过后的社会性的固定资产更新而得以划一,形成周期性的恶性循环,从而构成危机周期性的物质基础。

　　在信用制度下,货币是通过银行投放到流通中去的,如果再生产的某些环节出了故障,就会使货币不能回笼,引起货币恐慌,从而加剧危机。

　　在现实的危机发生过程,信用制度起了重要的作用,首先,危机前夕的经济形势往往被由信用支持下的商业囤积和投机所造成的虚假的繁荣所掩盖。虚假的社会需求使价格上涨,产生的边际利润率和预期利润率上升,刺激生产继续膨胀。但是,商业投机不是无限度的,所以,危机的爆发往往最初是在批发商业和向它提供社会货币资本的银行中暴露和爆发的。

　　马克思还指出了银行信用通过动员闲置资金加速了生产和消费,生产和实现的矛盾,"信用加速了这种矛盾的暴力的爆发,即危机"[①]。

　　马克思尽管认识到通过增发通货可以在一定程度上缓和危机,但他明确指出这种办法不可能根治危机,而只会引起新的矛盾,马克思实际上是最早意识到并论证了货币、信用对经济生活的影响和调节作用的经济学家之一。

　　马克思从货币充当世界货币的职能以及国际信用关系的角度分析了危机在国家间的传导机制。马克思指出,在世界市场上,一国的进口过剩,同时,就是另一国的出口过剩,它们都是生产过剩在外贸上的表现,一旦发生进口过剩或出口过剩,就会出现巨额支付差额,这时,国际信用就会中

---

① 《马克思恩格斯全集》第25卷,第499页。

断。马克思说:"一切国家同时出口过剩(也就是生产过剩)和进口过剩(也就是贸易过剩),物价在一切国家上涨,信用在一切国家膨胀。接着就在一切国家发生同样的总崩溃。于是金流出的现象在一切国家依次发生。这个现象的普遍性证明:(1) 金的流出只是危机的现象,而不是危机的原因;(2) 金的流出现象在不同各国发生的顺序只是表明,什么时候轮到这些国家必须结清总账,什么时候轮到这些国家发生危机,并且什么时候危机的潜在要素轮到在这些国家内爆发。"①

八、列宁对社会主义社会货币的认识

列宁对货币的认识同对整个社会主义的认识一样,经历了一个痛苦的再认识过程,成为第一个把社会主义与商品生产、货币流通统一起来的经典作家。

1. 消灭货币,试行产品分配。列宁在革命活动的早期,根据马克思、恩格斯的设想,把商品货币与资本主义剥削相联系,认为它们是社会主义的对立物,"社会主义要求消灭货币的权力、资本的权力"②。

十月革命胜利后,列宁再次肯定社会主义应当消灭商品货币;但是在具体政策上他是比较谨慎的。当时只是禁止私人间的销售,在国营企业和集体之间,则采取"产品交换"的过渡办法,即在供销委员会之间组织产品的交换。1918 年夏天,国内战争爆发,迫使苏联采取军事共产主义政策,它加速了消灭货币的经济实物化过程。列宁指出:要"尽量迅速地实行最激进的措施,来准备消灭货币"③。这种倾向在 1920 年底到 1921 年初达到了顶点。

2. 从恢复商品交换(W—W)到商品流通(W—G—W)。战时共产主义的实践证明,在社会主义阶段取消货币是行不通的。列宁从失败中吸取教训,总结经验,决定将余粮收集制改为农业税,农民的税后余粮可以用来与国家工业品交换,这就在一定程度上恢复了商品交换,但是它是有限制的,

---

① 《马克思恩格斯全集》第 25 卷,第 557 页。
② 《列宁全集》第 9 卷,人民出版社 1959 年版,第 443 页。
③ 《列宁选集》第 3 卷,第 750 页。

国家工业品和农民粮食只能在合作社内直接交换而不准在市场上由私人通过货币转手买卖。列宁把这种特殊的"商品交换"称为向社会主义过渡的一种临时措施①。

到了共产国际第三次代表大会,列宁的提法有了变化,他把工农之间这种以直接实物交换为主的"商品交换"称为"社会主义社会的真正牢固的经济基础",是工农关系在理论上"唯一"可能的形式。同时,列宁已不再要求消灭货币,而是要建立它的"正确的基础"②。但由于思想上的这种转变刚刚开始,因此,列宁还强调了国营企业产品和真正商品的区别。同时,在实践中仍排斥货币流通,只能以货币作为计价标准。

到1921年底,苏联开始认识到直接交换的局限性,最高国民经济委员会主席团公布了经列宁修改的指令,要求在有利的地方,我们要最坚决地过渡到货币形式的交换,即 W—G—W。列宁也指出:"商品交换失败了。所谓失败了,就是说它已经变成了商品买卖。……我们必须认识到,我们所作的退却都是不够的,必须再退却,再向后退,从国家资本主义转到国家调节商业和货币流通。"③可见,这一阶段列宁基本上还是从"退却"的策略的角度来论述国家调节商业和组织货币流通的问题。

3. 建立社会主义的货币制度。新经济政策实行以来,尤其在1921年秋冬之后,列宁认识一直处于不断变化的过程中,在论著中常有新见解和旧观念的交叉。直到1922年,列宁基本上已不再提直接的产品交换的概念了。在《论合作制》一文中,他已经不再把商品经济当作私有制特有的东西,提出要建立适应社会主义建设需要的商业经济。与此相适应,列宁提出要建立稳定的货币制度,指出只有当社会主义在世界范围内取得完全胜利后,才能彻底消灭货币,在这以前则必然存在着货币及其流通。

长期以来,人们把马克思的货币理论仅局限于《资本论》第1卷,第一篇,实际上,《资本论》其他各卷,特别是第3卷第五篇也有大量的论述。把所有这些论述集中起来,可以看出马克思的货币理论是一个科学的完整的

---

① 《列宁全集》第29卷,第54页。
② 《列宁全集》第32卷,人民出版社1958年版,第477页。
③ 《列宁全集》第33卷,第73页。

体系。它是在批判继承古典经济学货币理论的基础上建立起来的,也是批判分析近代西方货币理论的指导思想。

第二节 西方货币理论

西方货币理论名目繁多,特别是当代西方货币理论更趋全面系统。

一、货币财富论

货币财富论,或者称货币唯一财富论,这个观点把金银和货币等同起来,又把货币看作是财富的唯一形态,认为拥有货币多少是衡量一个国家富裕程度的根本标准;为了积累货币,除了开采金银矿藏以外,就是靠对外贸易,一切经济活动的目的都是在于积累货币财富。

这种观点的代表人物:早期重商主义时期,在英国是威廉·斯塔福德,在法国是孟克列钦,被称为货币差额论或货币平衡论;晚期重商主义在英国的主要代表是托马斯·曼,在法国的主要代表是柯尔培尔,被称为贸易差额论或贸易平衡论。

这个观点不了解货币与商品之间的内在联系,不懂得货币的起源和本质,也不理解金银作为货币的历史发展过程及其充当货币材料所具有的特殊属性。

二、货币金属论

货币金属论或者称金属主义货币论就是把货币与贵金属相混同,强调货币的金属内容,认为货币是一种商品,具有实质的价值。货币价值的大小由充当货币材料的贵金属本身的价值所决定。他们往往从价值尺度、贮藏手段和世界货币的职能来认识货币,忽略了流通手段和支付手段职能。有些人认为只有金属货币才是真正的货币,金本位制尤其是金铸币制度是最理想的货币制度。他们对不具有实质价值的货币则采取否定的态度。

在欧洲,金属主义的学说可以远溯至古希腊的思想家。亚里士多德(公元前384—前322)在《伦理学》一书中,提出了朴素的金属主义主张,他意识到货币是价值的尺度,能用来衡量其他财富的价值。

从15世纪起,随着欧洲封建社会末期商业资本的发展,金属主义学说由重商主义者更鲜明彻底地表达出来。重商主义是欧洲资产阶级最初的经济学说,它们以商业资本运动 G—W—G′ 为对象,将金银货币看作社会财富的唯一形态。

在货币理论上,斯密是一个货币商品论者。他坚持货币是一种商品,并把贵金属与货币相等同,认为货币的价值是由劳动量所决定,并再三反复论述了流通货币必需量的问题。这些都是金属主义货币论区别于名目主义货币论和货币数量说的主要特征。

对于流通中所需要的货币量,斯密的观点基本上是正确的。他认为一国流通所需要的货币量,是由一国流通的商品总量所决定的,也就是说,流通所需货币量取决于商品价值或价格的总额,而不是相反。但斯密忽视了货币的贮藏手段对流通货币量的调节作用,认为如果实际流通量大于流通所需要的量,就会发生黄金的输出和外流。

三、货币名目论

在货币的本质问题上,与金属主义货币论相对立的是名目主义货币论,或者称货币名目论。名目论者否定货币是一种商品,否认货币的实质价值,认为货币只是一个符号,一种证券,只是名目上的存在。名目主义货币论主要强调货币的流通手段和支付手段职能,认为货币只不过是一种符号或票据,忽视了货币作为价值尺度,贮藏手段和世界货币时必须具有的物质内容和客观价值基础。

1. 古代货币名目论。在17世纪和18世纪,欧洲出现了作为反对重商主义理论和政策的早期名目主义货币理论。其主要代表有巴贡、贝克莱、孟德斯鸠和斯图亚特等人。巴贡(1640—1698)认为货币是国家创造的,由于国家的权威,才赋予铸币的价值。贝克莱(1684—1753)把货币看成是一种符号,认为纸币的制造成本和流通费用都较金属货币低廉,数量又不受限制,因此它比金属货币更优越,他自称是"纸币派"。孟德斯鸠(1689—1755)不仅把纸币看成符号,而且把货币和商品本身也说成是符号。

詹姆斯·斯图亚特(1712—1780)把货币看成是一个观念的计量单位。

他说:"计算货币不过是为了衡量可售物品的相对价值而发明的任意的等分标准……货币只是具有等分的观念标准。"①马克思批评他"由于不了解价值尺度向价格标准的转化,自然就以为用作计量单位的一定量金,不是对其他的金量作尺度,而是对价值本身作尺度……他就否定了使各种商品成为同名的那个尺度的质"②。

2. 信用货币发行的"斯密原理"。马克思曾指出:"亚当·斯密关于信用货币的观点是独创的。"③这里的信用货币是指银行券,而斯密把它称之为纸币。斯密对信用货币的本质及其流通规律的认识大致是正确的。他把纸币(即银行券)看作是银行代替私人票据而发行的银行票据,其发行方法是票据贴现和现金账户(即通过透支贷出的银行券)。为了防止信用膨胀,斯密提出了发行信用货币的一般原理:银行借给企业家或商人的数额,只限于他们在没有银行借款情况下为应付临时需要必须保持的准备金。也就是说,银行券的发行应以短期周期为贷放对象。这一原理被后人称为"斯密原理"。

3. 信用货币与物价的关系。约翰·穆勒(1806—1873)是资产阶级学者中最先指出信用货币和物价的关系的人。他认为,信用与货币有完全相同的购买力,因而信用影响物价,也与货币影响物价相同④。穆勒把信用说成是货币的替代物,表现为人们的购买力,这一点是正确的。但是,说信用货币作为购买力会影响物价在当时来说具有片面性。因为当时在金本位制下,银行券可以自由兑换黄金。因此,银行券的流通必须受金属货币流通规律的制约。

四、货币数量说

货币数量说是一种解释一般物价水平和货币本身价值的理论,它一般以名目主义货币论为基础。货币数量说的主要内容是,在其他条件不变的情况下,物价水平的高低和货币价值的大小都是波动地由一国流通中的货

---

① 《马克思恩格斯全集》第13卷,第69—70页。
② 同上书,第70页。
③ 同上书,第158—159页。
④ 约翰·穆勒:《政治经济学原理》,商务印书馆1991年版,第65页。

币数量多少决定的。货币数量增加,物价即随之作出比例的上涨,而货币价值则作反比例的下降。反之,货币数量减少,则物价下跌,货币价值上升。

(一) 古典货币数量论

1. 货币数量说的萌芽和先驱。远在古罗马,法学家鲍鲁斯已经有了货币数量说的见解,他认为货币价值要取决于它的数量。我国历史上,刘秩(公元732年)提出"钱轻由乎钱多"的观点,单纯从货币数量多少看待货币购买力,因而也带有货币数量说的特点。陆贽(754—804年)则更明白完整地提出了中国封建社会最典型的货币数量说。他说:"物贱由乎钱少,少则重,重则加铸而散之使轻。物贵由乎钱多,多则轻,轻则作法而敛之使重。"①

2. 洛克的供求论。约翰·洛克(1632—1704)从货币的供求关系的变动发展了货币数量说。他将商品的价值分为固有价值和市场价值,后者是由供求关系决定的。货币也是一种商品,但货币并不用于直接消费,而只是充当交换的媒介。同时,由于货币可以换取一切商品,因此,对货币的需求是无限的。一般商品的价格是由供给和需求共同决定的,而货币的价值则只由供给量(即货币数量)所决定。

洛克对货币理论还有两点新的发展:(1) 他第一次提出了货币的流通速度问题。他认为流转次数频繁的同量货币比其他货币用途大;(2) 他第一次将货币总量划分为休止状态的货币和在流通中活动着的货币两部分,并认为影响货币价值的是在流通中活动着的货币部分。

3. 货币数量说的第一个完整体系。大卫·休谟(1711—1776)是以货币数量说而著称的。休谟在货币数量理论发展中的贡献在于他写出了第一个完整的体系,从而促进了它的传播。他认为,一切物品的价格是由商品和货币的比例所决定的。任何一方发生变动,均将引起物价涨落。若商品增加,物价就下跌,若货币增加,物价就上涨;物价并不决定于一国所有的商品与货币的绝对数量,而是决定于上市的或行将上市的商品数量与在流通界流通的货币数量。因为铸币锁在箱里,它对物价的关系就似消灭了

---

① 陆贽:《陆宣公文集》第12卷,上海古籍出版社1994年版,第335页。

一样,商品藏在仓库里也有同样的结果。

马克思对休谟的理论进行了概括和批评,指出休谟所考察的仅仅是贵金属本身的价值发生革命的时代。休谟只看到美洲金银矿的发现,货币数量增加和欧洲物价上涨的表面现象,忽视了货币本身价值下降这个因素。

4. 流通货币量自行调节的数量说。李嘉图的价值理论和货币理论之间存在逻辑矛盾,他曾明确指出,"货币也是一种商品,和其他商品一样,其价值只与生产及运上市场劳动必需的劳动量成比例"①。他还正确说明货币和商品都是劳动决定的,因而劳动是一种内在的价值尺度。

但他同时又阐述了货币数量论的观点:"货币的需求全由货币的价值规定,而货币的价值又由货币的数量规定。"②为什么李嘉图会有这种相悖的结论呢?一般认为这是由于他把金属货币、纸币和银行券相混淆的结果,其实,另一个重要原因是李嘉图没有明确区分货币的价值与交换价值这两个概念。在他看来,货币的交换价值是可以同其内在价值相背离的,过多的货币供给会影响货币的交换价值。

(二) 现代货币数量说

现代货币数量说与早期货币数量说在基本内容上没有什么大的区别,只是在形式上用公式表示,显得更精巧些。

1. 费雪的现金交易数量说。阿尔文·费雪(1867—1947)是现金交易数量说的著名代表。他在 1911 年出版的《货币的购买力》一书中指出,货币的购买力是由货币所能购买的其他商品的数量表示的。货币的购买力是物价水平的倒数,所以,研究货币的购买力和研究物价是同一回事③。费雪所指的货币,既包括金银货币,也包括银行券、政府纸币、辅币与存款支票等。

费雪先将存款通货撇开,考察单纯货币流通情况下物价水平的决定因素,他用方程式表示物价水平决定于下列因素:(1) 一定时期内的货币总量,以 E 表示。(2) 流通货币的效率,即流通速度,也就是一定时期内同一

---

① 《政治经济学及赋税原理》,第 301 页。
② 同上书,第 242 页。
③ 费雪:《货币的购买力》(英文版),伦敦麦克米兰出版公司 1911 年版,第 14 页。

货币反复用于商品交换的平均次数,用 V 表示。(3) 商品的交换数量,即用货币购买的商品总额,用 T 表示,再以 M 表示同期内流通货币的平均数量。这样 $V=\dfrac{E}{M}$,或 E＝M·V,如假定 P 为所交易的商品的平均价格。则有

$$M \cdot V = P \cdot T$$

或

$$P = \frac{MV}{T}$$

根据方程式,费雪得出以下结论:(1) 若 V 与 T 不变,则 P 与 M 成正比例变动。(2) 若 M 与 T 不变,则 P 随 V 成正比例的变动。(3) 若 M 与 V 不变,则 P 与 T 成反比例变动。他认为,在这三个关系中,第一个关系特别值得强调,就是这个关系构成货币数量说[1]。

然后,费雪将存款通货导入物价水平的研究。设 M′为存款通货额,V′是它的平均流通速度,上述方程式扩大为:

$$MV + M'V' = PT$$

或

$$P = \frac{MV + M'V'}{T}$$

费雪认为,存款通货的计入,在正常情况下,不致破坏货币与物价之间的数量关系[2]。因此,他宣称,在理论上,物价水平是被动地由货币数量决定的。总之,是货币数量决定着物价水平,而不是物价水平决定着货币数量,即物价水平是结果,而不是原因。这种理论只是从货币数量物价的表面现象来分析两者的联系,却从根本上否定了货币本身具有价值,看不到商品的价格只是用货币价值(或纸币代表的货币价值)所衡量的商品价值。

2. 马歇尔指出,在经济生活中,人们往往将其财产或收入的一部分以货币形式储存在身边,以保有一种备用的购买力。但如果这一比例过高,就会蒙受损失。所以人们常常将储存货币购买力得到的利益购买消费品

---

[1] 《货币的购买力》,第 29 页。
[2] 同上书,第 54 页。

得到的享受以及投资于生产所得到的收益加以权衡,然后决定究竟以多大的比例保有货币。这样,马歇尔就说明了人们按一定比例保有货币购买力的动因。在此基础上,马歇尔得出货币数量说的结论,在通货数量与物价之间存在着一种直接的关系。若通货数量增加百分之十,物价水平就上升百分之十。自然,人们欲以通货形态保持其财富的比率越小,通货的总价值就越低,相反,物价水平就越高[①]。由此可见,马歇尔认为货币的价值取决于全国居民欲以通货保持的实物价值与实际货币数量的比例,如货币数量不变而实物价值变动,对货币的需求就会变动,货币的价值就会随之作正比例的变动。相反,如实物价值不变而货币数量变动,货币的价值就会随之作反比例的变动。也就是说,人们欲以通货形态保持的实物价值越小,在货币数量不变时,物价水平就会提高。这个欲以通货形态保存的实物价值(即财产与收入的一部分的价值)称为"实物余额"。同这个实物余额相应的通货数额就是"现金余额"。这一理论从它以实物余额决定货币价值和物价水平而言,称为实物余额数量说。如从其代表实物余额的现金余额而言,又称为现金余额数量说。

马歇尔的现金余额数量说只不过是换了一个角度来说明货币数量决定物价水平的庸俗观点。所不同的是,马歇尔的理论更强调经济主体的主观意志对货币需求,甚至货币价值的决定作用。

3. 庇古的现金余额方程式

庇古(1877—1957)是马歇尔的大弟子。他在《货币的价值》(1917年)一书中根据马歇尔的观点用方程式对现金余额数量说进行了阐述。

庇古把货币的价值等同其购买力,认为货币价值的大小是由它所购买的一定数量的商品表示的。货币价值和其他商品一样,是由供求决定的。他说人们对货币的需求是为了日常支付和应付不测的需要,因此,人们就要以货币形式保持其部分财产。设 R 表示总财产,K 表示以货币形式保有的财产对总财产的比率,以 M 表示货币数量,以 P 表示货币单位的价值或价格水平,就可以得到如下的方程式:

---

① 马歇尔:《货币、信用与商业》(英文版),伦敦麦克米兰出版公司1923年版,第43页。

$$P=\frac{KR}{M}$$

从上述公式,庇古得出结论:当 R 与 M 不变时,P 与 K 成正比例变动,由于 P 是指货币的价值,因此物价与 K 成反比例变化。这样,货币的价值和一般物价水平决定于现金余额 K 的数值。这个 K 虽然是由庇古明确写出来的,但他依据的是马歇尔的理论。因此,它被后人称为马歇尔的 K。

(三) 弗里德曼的新货币数量说

20 世纪 30 年代以来,资产阶级国家依据凯恩斯理论,采取财政政策,实行国家干预,虽然减少了失业人数,并使经济有所增长,但却带来了通货膨胀并导致 20 世纪 60 年代后期和 70 年代初期的滞胀局面。自从 20 世纪 50 年代以来,美国芝加哥大学信奉自由主义的米尔顿·弗里德曼发表多篇论文,提倡新货币数量说,强调货币的作用的重要性,主张采取控制货币数量的金融政策,借以消除通货膨胀,保持经济的正常发展,其理论主张被称为货币主义,形成与凯恩斯理论相抗衡的资产阶级货币经济理论。

货币主义的中心命题是:(1) 货币最重要,货币的推动力量是说明产量、就业和物价的变化的最重要因素。(2) 货币存量(或货币供应量)的变动是货币推动力的最可靠的测量标准。(3) 货币当局的行为支配着经济周期中货币存量的变动,因而通货膨胀,经济萧条或经济增长都可以而且应当唯一地通过货币当局对货币供应的管理来加以调节。

弗里德曼在《货币数量说的重新表述》一文中,对货币数量说作了新的解释,被称为新(现代)货币数量说。他与凯恩斯相同,承袭了剑桥学派现金余额数量说的传统,但认为货币数量说并非关于产量、货币收入和物价的理论,而是货币需求的理论,是确定货币需求由什么因素决定的理论。因此,他通过对影响人们的货币保有量(即货币需求量)的各种因素的深入分析,得出了自己的货币需求函数。弗里德曼认为,影响人们货币保有量的因素有四个:

第一,财富总额,它是包含货币在内的各种资产的集合体,因而是重要的因素。但由于财富总额的直接计算比较困难,所以用收入作为财富的代理变量,又因为年度收入常受各种因素的影响而时有变动,所以弗里德曼提出"恒久性收入"的概念来代替它。这个恒久性收入比较稳定，因而是一个较为适宜的变量。

第二，财富是由各种资产构成的，其中包括人力资本和物质资本，人力资本指个人在将来获得收入的能力。人力资本和物质资本所得的收入的比例，也是决定货币需求量必须考虑的一个变量。

第三，人们保有货币及其他资产时所期待的收益率。其中，货币的收益率为零。其他资产如债券、股票、实物资产均有可以预期的收益率，实物资产的收益率就是物价水平的变动量，因为物价水平变动，实物资产的价值就发生变动，因而产生收益。各种资产的收益就是人们保有货币所支付的代价，所以必须加以考虑。如果它们的预期收益率上升，货币需求量就会减少。

第四，与保有其他资产相比，人们保有货币所得的效用及其影响这一效用的其他变量如人们的嗜好、趣味等，也必须加以考虑。

根据以上四点，弗里德曼列出了财富持有者的货币需求函数如下：

$$\frac{M}{P}=f\left(Y, W, r_m, r_b, r_e, \frac{1}{P}\frac{dp}{dt}, u\right)$$

其中：M为财富持有者手边保存的货币量；P为一般物价水平；$\frac{M}{P}$为财富所有者身边的货币所能支配的实物量；Y为真实收入（按不变价格计算）；W为物质财富占总财富的比率；r_m为预期的货币名义报酬率（=0）；r_b为预期的价值固定的债券名义报酬率，包括债券价格的预期变动；r_e为预期的股票名义报酬率，包括股票价格的预期变动；$\frac{1}{P} \cdot \frac{dp}{dt}$为预期的商品价格变动率，即预期的实物资产名义报酬率；u为对货币的效用给予影响的收入以外的各种因素的代理变量。

如果我们用K来表示上式中W、r_b、r_e、$\frac{1}{p} \cdot \frac{dp}{dt}$、u等变量，那么上式就变成了$\frac{M}{P}=f(Y,K)$，因此，弗里德曼的货币需求函数实际上就是剑桥学派的旧货币数量说的翻版。

五、货币的累积过程理论

瑞典经济学家魏克赛尔(1851—1926)首先将货币分析和整个经济分析融为一体,指出货币因素对实物经济运行和产业周期具有积累的影响。正是这种影响,才使经济失去均衡,发生波动。他主张为保证经济正常运行,必须使货币对经济活动保持中立。

1. 货币对经济的累积性影响。魏克赛尔认为货币的作用,包括媒介交换、媒介投资、媒介资本转移,促进资本形成或者通过滥发纸币破坏经济运转。其中特别是货币通过信用媒介资本的作用,构成他积累过程理论的重要基础。他指出,货币和信用,如能合理地加以利用,可以限制现在的消费,诱发或强制人们储蓄。从而促进实物资本的现实增加。魏克赛尔说,资本家从事生产需要的是实物资本,但在货币经济中,企业家为从事生产而进行的借贷则采取货币形式,借入货币资本所付的利息是货币利息,这个利息应该与实物资本的借贷利息,即所谓"自然利息率"相一致,但事实上两者常常发生背离,正是这种不一致,使经济发生上升或下降的累积过程。魏克赛尔认为,如果货币利率比自然利率低,这时企业家见有利可图,就扩大生产,并对生产要素提供较高的价格。企业家之间的竞争也会导致生产要素价格的提高。于是,要素所有者的货币收入就会因此增加;同时,因为利率较低,增加的收入往往不去增加储蓄而去增加消费。这样,又使消费品的需求增加;同时,由于一部分生产消费品的生产要素被转用于生产资本品(因利息低时生产资本品较为有利),又使消费品的供给减少。于是,就使一般消费品的价格上涨,在一般消费品的价格上涨以后,企业家为增产消费品又会对生产消费品的资本品增加需求。这样,资本品价格上涨,又促使企业家热衷于生产资本品。总之,通过持续的"货币收入增加→消费品价格上涨→资本品价格上涨"的循环,形成经济上升的累积过程。反之,如果货币利率高于自然利率,则形成经济下降的累积过程。

这里,魏克赛尔虽然说明了货币信用对现实再生产的影响及其传导过程。但是他没有看到,货币利息只有在影响企业利润的情况下,才会对资本家的物质利益发生影响。在现实再生产中,企业家关心的是扣除利息后的企业利润率,而根本不存在一个虚无缥缈的"自然利息率"。

2. 动态的货币经济理论。魏克赛尔认为货币数量说将货币视为面纱,并通过货币数量使商品的相对价格折合为绝对价格,这是一种静态的理论;而一个正确的货币价值理论应该是动态的,应该加入时间因素对其经历的过程加以分析,应该从流通的表面深入到生产过程的分析。因此,货币理论不应该是单纯的货币价格理论,而应该是货币生产理论,必须使货币理论与经济理论相融合,成为货币的经济理论。

魏克赛尔主张用利率理论来修正货币数量说。他说利率的高低,一方面影响着收入用于消费支出和储蓄的分配,另一方面又通过对消费品价格和资本价格的影响,支配着这两种商品之间的生产比例。由于魏克赛尔极端强调货币因素,并以利率的动态来贯穿说明整个国民经济的生产、流通、分配、消费、积累等过程。所以他的理论被后来的资产阶级经济学家称为货币的经济理论,并奉他为这个理论的创始人。

六、中立的货币理论

哈耶克(1899—1992)是奥地利经济学家,他也认为变动货币量不仅对一般物价水平发生影响,而且可以决定生产的数量和方向。他认为如果不是靠储蓄而是靠膨胀信用,增加货币量来扩张生产,不仅不能建立新的均衡,而且必然导致危机。因此,哈耶克主张稳定货币,使它对经济保持中立。

1. 价格的期间均衡体系。哈耶克在《价格与生产》(1931年)一书中认为,在静态均衡经济下,用于购买消费品的货币量与用于购买中间产品的货币量的比例,等于消费品需求量与中间产品需求量的比例,同时也等于该期内生产的消费品的量与中间产品量的比例。这三个比例相等是保证生产结构均衡的条件,但这种生产结构之所以能保持平衡,是因为消费品(最终产品)价格高于中间产品价格的差额正好等于为生产中间产品而支付的利息。由这种价格差决定的利息就是均衡利息,它是由储蓄与投资相等的状态所决定的,在均衡利息率的支配下,消费品和中间产品的生产比例就会保持不变,使经济处于均衡。哈耶克认为,这种价格差和利息的关系不仅存在于消费品和中间产品之间,而且存在于高级中间产品和低级中间产品之间。这种价格关系的体系,称为价格的期间均衡体系。生产结构就是由这种体系构成,当货币利率与均衡利率不一致时,这个价格体系就会变动,从而使经济发生波动。

2. 币流变动和经济波动。哈耶克指出,消费品需求与中间产品需求的比例,会由于币流比例的变动而变动。而币流比例变动是由以下两种原因引起的:第一,自愿储蓄。消费者自愿将收入的一部分节约下来,存入银行,银行将它贷放给生产者,这时货币数量虽然没有变动,但币流发生了变动,以致货币流向中间产品,从而导致消费品需求与中间产品需求的比例发生变动,生产结构因之发生变动。第二,强迫储蓄。消费者的消费支出不变,但银行提供贷款给生产者,生产者用此购买中间产品,以致原来用于生产消费品的一部分资源转向中间产品生产,导致消费品的产量减少,价格上涨。这时,消费者的实际收入减少,因而变成一种强迫性的节约。在这种情况下,由于货币数量发生了变动,由此导致生产结构的变化,形成经济波动。哈耶克认为,由于自愿储蓄引起的币流变动和生产结构变动对经济不会发生扰害作用,这时,货币是中立的。而由于信用膨胀,货币增加引起的生产结构变动不能建立新的均衡,会在一定阶段上发生逆转倒退,以致经济遭受扰害,这时货币对经济就失去了中立性,成为扰乱经济的主要原因。根据货币对经济保持中立的思想,哈耶克主张金本位制,反对弹性较大的管理通货制。

哈耶克通过购买消费品的货币量与购买生产品的货币量的比例来说明生产和消费之间应保持合理的结构这一点是正确的,但是用消费品价格高于中间产品价格的差额来说明均衡利息则是荒谬的。至于币流变动的理论也有一定的合理性,但据此要倒退到金本位制,在现实生活中则是行不通的。

七、货币理论的"凯恩斯革命"

凯恩斯一生从事货币金融理论和政策的研究,他所担任的行政职务也大都属于货币银行范围。在货币理论上,他最初是剑桥派现金余额数量说的信奉者,后来受魏克赛尔影响,开始对传统理论进行责难和修正,最后,在1936年发表的《就业、利息和货币通论》中,正式与传统货币理论决裂,实现了资产阶级经济理论上的一次所谓"革命"。在货币政策上,凯恩斯始终主张实行管理通货制,要求国家对经济进行调节和干预。但是在不同阶段上,货币政策的理论基础和政策目标是不同的。

为说明货币需求和供给对经济的关系,凯恩斯使用了收入支出分析方法,论证人们得到货币收入以后,一般要作两个抉择:第一,时间偏好的选择,即在货币收入中进行消费和储蓄的选择;第二,灵活性偏好的选择,即在用于储蓄的收入部分究竟以现金储蓄,还是购买债券进行储蓄。

凯恩斯认为,由交易动机和谨慎动机决定的货币需求(用 L_1 表示)取决于收入的多少,它是收入递增函数。而满足投机动机而保存的货币(用 L_2 表示)则与利率成反比,是利率的递减函数,即

$$L_1 = L_1(y) \qquad L_2 = L_2(r)$$

基于此三种动机而保持的货币的总需求 L 就是:

$$L = L_1(y) + L_2(r)$$

再用 M_1 表示满足 L_1 的货币供应量,M_2 表示满足 L_2 的货币供应量,M 表示货币总供应量,则有

$$M = M_1 + M_2$$

凯恩斯还抨击了传统经济学把经济学分为价值论和货币论的二分法,认为古典学派在价值论中说物价决定于供求情况、边际成本和供给弹性;而在货币论内又说物价决定于货币数量及其流通速度,把供求等又撇开了。他主张把两者结合起来,即通过货币收入的支出来说明社会总产量和就业量,他认为和一个企业的产品价格取决于边际成本中各生产要素的价格和生产规模相同,一般物价水平也取决于这两个因素,在设备与技术不变的条件下,生产规模就是就业量。他又假定边际成本中各生产要素的报酬按同一比例变动,即与工资单位同比例变动,这样,在设备与技术不变时,一般物价水平就决定于工资单位和就业量,而货币数量变动对此两者都会发生影响。

由于货币工资代表产品的生产费用,就业量代表产品供给的数量,而货币工资与就业量的乘积又代表产品的需求,产品的供求关系决定产品的价格,货币数量变动同时影响货币工资和就业量。因此,货币量的变动既影响产品的生产费用,又影响产品的供给与需求。这样,货币同时在产品

的价值与价格的决定上起着重要的作用。于是,凯恩斯就在产品的价值和价格上将经济学中的价值论和货币融合起来了。货币理论从价格水平的理论转变为整个产出与就业的预期理论,实现了资产阶级货币理论上的一次革命。

八、金融资产选择理论

当代凯恩斯主义者在继承流动偏好理论的基础上,结合战后资本主义经济发展和金融领域的新情况,认为凯恩斯关于金融资产的调整理论和货币信用理论过于简单。现代凯恩斯主义者用金融资产选择理论代替凯恩斯的流动偏好理论。

1. 收益和风险比较的理论。金融资产选择理论通过对各种金融资产的收益与风险的分析,选择最优的金融资产组合。金融资产选择理论认为,如果未来的收益是确定的,那么人们自然就会保持利率最高的资产以求最大收益。但是,在现实中,人们对将来都不能预期,所以通常将其财产分别投入收益率较低而安全性较高的资产和虽带有风险而收益率最高的资产。

托宾在《作为对付风险之行为的流动性偏好》(1958 年)一文中指出,持有债券能获得利息,但同时也须承担债券价格下跌的风险;而保有货币虽无收益,但也不用承担风险(不考虑物价变动因素)。当投资者将其全部资本都投资于债券时,他的预期收益达到极大,但这时,他所承担的风险也最大;当他持有的货币和债券各一半时,他的预期收益和承担的风险也处在中点;当他不购买债券,而只持有货币时,他的预期收益和所承担的风险都为零。可见,风险和收益是同消同长的。由于经济主体对待风险的态度不同,他们所作的选择差别也很大。托宾由此将投资者分为三种类型,即偏好安全,尽可能避免意外损失的风险回避者;喜爱风险,热衷于追求意外收益的风险爱好者;以及不计风险,只考虑预期收益的风险中立者,而绝大多数人则是风险回避者。托宾以这一类投资者作为主要对象,分析了人们的资产选择行为。

托宾假设,对于风险回避者来说,收入的边际效用随着收入的增加而递减,而风险的边际效用则随着风险的增加而递增。根据这一假设,当某人的资产构成中只有货币而没有债券时,这个人就一定会把这一部分货币换债券,因为由此将取得的利息收益的效用是很大的,而同时带来的风险的负效用却比较小,而且,只要这一效用超过此负效用,该投资者就会在他的资产构成中,继续增加债券的份额,而减少货币的份额。直到新增加的债券给投资者带来的边际效用不再超过它所带来的边际负效用为止。同样,投资者也不会让债券独占他的全部资产,而会不断减少债券持有额,增加货币持有额,直到最后减少一张债券(或最后增加一单位货币)给投资者带来的边际效用等于它所带来的边际负效用为止。这时投资者的总效用就达到了极大,托宾由此从理论上说明了人们同时持有货币和债券两种资产的经济行为。

这样,结论仍然是利率同货币量成反比,只不过以多样化的金融资产组合理论代替了凯恩斯的简单化的选择。货币只是金融资产的一种,变动其他金融资产的量也会导致金融资产组合的变动。因此,托宾认为他的资产的选择理论比凯恩斯的流动偏好理论更切实际。

2. 货币对经济传导机制的补充。在货币对经济发生影响的传递机制方面,凯恩斯的传递机制是资本边际效率和利率。货币量增加以后,通过上述两个因素影响投资,再影响国民生产总值。现代凯恩斯主义者认为这种分析太简单、机械化,他们发展了以下三条渠道来代替原来的分析。

(1) 资本成本效应。这是金融资产选择理论的扩大和延伸。金融资产选择理论只是在各种金融资产中选择最好的组合,而资本成本效应把资本的范围扩大到既包括金融资产,也包括物质资产。人们可以在货币、债券、汽车、房屋等等之间进行风险与收益的分析,选择最好的组合,如果货币量增加,人们就会去买债券,促使债券价格上升,利率下降,而利率下降则刺激物质部门的投资增加。结论同凯恩斯通过资本边际效率和利率的作用影响经济活动的理论相同。

(2) 财富效应。前面提到货币量增加促使债券价格上升,利率下降,利率下降刺激投资增加,从而增加对资本货物的需求,也促使其价格上升。这样,金融资产和物质资产的所有者都由于货币增加,价格上涨而变得更为富有。这就是财富效应。人们变得更富有就会增加消费支出,这样货币政策的财富效应就会大大影响消费行为。

(3) 借贷分配效应。一般人认为借贷资本的供求由市场利率加以平衡和决定,实际上其他因素也影响着借贷市场的平衡。比如,商业银行愿放短期贷款,不愿放长期贷款,金融机构采取利率以外其他的措施来影响借贷等等,都会影响借贷平衡。现代凯恩斯主义者认为,信贷分配是货币政策发挥作用的渠道之一。

总起来看,虽然现代凯恩斯主义者对传递机制作了较为深入细致的分析,但他们的结论仍然同凯恩斯一样,货币政策是通过间接渠道,而不是直接影响经济活动的。

九、货币增长理论

货币增长理论是在西方货币金融学说中最为活跃的新领域之一,它旨在将当代资产阶级的货币理论和增长理论结合起来,并着重讨论资本主义工业国中货币因素对国民经济发展的影响。

1. "托宾之谜"。1955 年,托宾发表了《动态总体模型》一文,第一次把货币因素纳入经济增长的研究中。1965 年,托宾又发表了题为《货币和经济增长》的著名论文,初步奠定了货币增长理论的基础。在托宾的增长模型中,个人财富只有两种形式,即实物资本和货币的实际余额,两者能够互相替代。这里的货币是指外部货币,即纸币和政府债券,外部货币供应量的扩大意味着个人净财富的增加,于是,托宾便引入了一种新的收入概念,即可支配收入,它等于从当前的生产中所获得的收入(即实物增长模型中的收入概念)再加上实际现金余额的增加量。同时,托宾又假定货币增长模型中的储蓄率与实物增长模型中的储蓄率相同。因而,在货币增长模型中,总储蓄将大于实物增长模型中的储蓄额。但是,在货币经济中,储蓄并不能完全转变为实物资本的投资,其中一部分还需要用来追加实际现金余额,而且现金追加率往往大于总储蓄率。据此,托宾指出,同实物增长模型相比,货币增长模型中的实物储蓄(即转化为实物资本的储蓄)反而较小,资本—劳动的比率和人均产出也较低,并且人们所意愿的实际现金余额越大,上述实际变量就越小,这就是所谓的"托宾之谜"。

托宾还认为,在人们的资产构成中,实物资本和实际余额中比例如何,取决于两者的相对收益率,实物资本的收益率等于资本的边际产出率,而现金余额的收益率则取决于物价变动率,当物价上升时,现金余额的收益率就为负,当物价下降时,此收益率就为正。因此,持有现金余额的机会成本就是资本边际效率和通货膨胀之和。当物价上升时,持有现金余额的机会成本也上升,人们就会把越来越多的现金余额转变为实物资本,当通货膨胀达到相当高度时,货币的财富功能就消失了,于是,可支配收入再一次等于从当前生产中所获得的收入。货币增长模型中实物储蓄也就同实物增长模型中的储蓄完全相等,因为所有储蓄都将转变为实物资本的投资。托宾由此得出结论说,政府可以通过调节货币供应来改变人们的资产结构,从而影响实物资本的投资和人均产出,进而影响经济发展的速度。

2. 货币的"便利性服务"。约翰逊等人对"托宾之谜"提出了质问,他们指责托宾忽视了货币的使用价值,忘记了货币本身是一种消费品。约翰逊指出,货币余额能给其持有者带来诸多便利、高度流动性和可靠性之类的"便利性服务"。这些非实物的收益成了实际收入和实际消费的一个组成部分。约翰逊由此认为,可支配收入除了从当前生产中所获得的收入和实际余额的增加量外,还应加上实际余额所提供的服务的价值,他还认为,现金余额的非实物收益是被其持有者完全消费掉的,这种非实物消费在一定程度上代替实物消费,从而减少现金余额持有者的商品和劳务消费,并促使实物储蓄和投资同量增加,于是约翰逊指出,很难确定实物储蓄究竟是在实物经济中高,还是在货币经济中高,只有当追加的实际现金余额对实物投资的反作用,超过此追加实际余额的非实物收益对实物投资的积极作用时,"托宾之谜"才能成立。同样,通货膨胀对实物储蓄的影响,从而对经济发展的影响也是不确定的。因为一方面,通货膨胀将通过意愿实际现金余额的下降而对实物储蓄和资本投资产生影响,由此促进经济的发展;另一方面,通货膨胀还会造成实际现金余额的非实物收益的下降,从而对资本投资和经济发展产生消极的影响。只有当前者在量上超过后者时,托宾关于适度的通货膨胀能在一定程度上促进经济发展的结论才是正确的。

3. 所谓货币的"生产性服务"。莱福哈里和帕廷金比约翰走得更远,他们不仅把实际现金余额作为一种能提供非实物收益的消费品,而且还把它作为一种能在生产过程中提供生产性服务的生产要素。他们指出,人们持有货币,只是由于它能使经济单位获得或生产更多的商品,他们认为,由于货币的使用而节约的交易费用将被转化为生产性用途。因而,现金余额就应视作生产函数中的一个变量,这样就大大提高了货币经济中的资本投资和人均支出。莱福哈里和帕廷金根据以上分析指出,货币增长率的变化对实物储蓄和资本投资的影响是不确定的。这是因为随着货币作用的扩大,货币增长率的变化往往会产生一系列相互对立的影响。例如,物价上涨虽然会增加实物投资,但也会降低实际余额的生产性服务。只有当通货膨胀对经济的积极作用超过其消极作用时,托宾的结论才是正确的。

货币增长理论把货币同经济增长直接联系起来,这是西方货币理论的一个进步,而且具有一定的启发意义。货币增长理论的最大缺陷在于忽视了生产的决定作用。任何货币因素的变动只有通过劳动力、实物资本及技术水平等实际因素的变化,才能影响经济,而这些实际因素的变动又最终取决于生产过程本身。

十、通货膨胀理论

尽管西方经济学界对"通货膨胀"一词有各种各样的定义,但一般说来,通货膨胀是指流通中的货币量超过了商品流通过程的实际需要,或者指一般物价水平持续的剧烈的上涨。那些分析通货膨胀产生的过程和原因的理论,被称为通货膨胀理论。

(一)需求拉上的通货膨胀理论

需求拉上的通货膨胀理论是指那种认为一般物价水平在一定时期内持续上涨是由于总需求超过总供给的理论。图6-1显示了需求拉上的通货膨胀。AD曲线表示总需求曲线,AS表示总供给曲线,AS的垂直部分表示经济处于充分就业状态下的总供给。在经济达到充分就业之前,如果总需求增加,那么不仅会引起产量的增加,而且还会引起物价的上涨,这可称为半通货膨胀。例如,需求曲线从AD_1提高到AD_2,使产量从Y_1增加到Y_2,同时价格从P_1上升到P_2。一旦经济处于充分就业状态,总需求继续不断地增加,只能引起物价总水平的不断上涨,从而形成真正的通货膨胀。例如,需求曲线从AD_2上升到AD_3并不能增加产量水平,只能引起物价总水平从P_2上升到P_3。

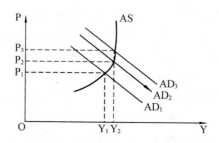

图 6-1 需求拉上的通货膨胀

这种总需求超过总供给的过度需求来自两方面的因素。

(1) 实际因素，主要包括：政府支出增加而税收无变动；税收减小而政府支出无变动；储蓄函数的下降，出口函数的下降；以及投资边际效率或投资函数的向上移动。但这些因素的变动并不都能引起物价水平无休止地上升。一旦固定的货币供应量全部用于交易需求，就会中止物价总水平的进一步上涨。

(2) 货币因素，主要包括货币需求和货币供给两个因素。在其他条件不变的情况下，货币供给量的每一次增加都将使总需求增加。与实际因素的变动不一样，货币供给量不受限制地扩大将引起物价水平永无休止地上升。

需求拉上的通货膨胀理论只是描述了一般物价水平提高的一些现象和原因，并未揭示战后资本主义国家通货膨胀的实质和全部原因。

(二) 成本推进型通货膨胀理论

成本推进型通货膨胀理论是指那种认为一般物价水平在一定时期内持续上涨是由于商品和劳动供给成本方面造成的理论。成本方面的通货膨胀具体有两个原因，即工资增加和利润增加，因而成本推进型通货膨胀理论又分为工资推进论和利润推进论。

工资推进通货膨胀论认为，物价上涨的原因在于工资增长率的提高超过了劳动生产率的增长。假定工资由工会组织操纵，因而即使在存在着失业的情况下，工会也能迫使企业主同意让工资的增长率超过劳动生产率的增长率，致使商品成本提高，引起物价上涨，如果总需求不变，还会伴随着产量水平的下降。物价上涨后，工人的实际工资仍然没有增加，于是工人又要求提高工资,从而再度引起物价上涨;如此循环往复,造成工资—物价螺旋上升。但只要总需求不变,物价上涨将使产量和就业水平不断下降,达到一定程度后,物价上涨会自动中止。一旦取消操纵工资的假定,工资推进型的通货膨胀就不会发生。

现代社会普遍存在的是不完全竞争市场,寡头或垄断企业可能通过提高产品的价格来获取更大的垄断利润;物价水平的提高,将诱发工资的增加,从而使物价水平进一步上升。这就是利润推进型的通货膨胀。

成本推进的通货膨胀理论认为,通货膨胀的原因在于成本的提高,如果采取紧缩总需求的办法来对付通货膨胀,不仅不能抑制物价上涨,而且会造成大量的失业。该理论主张采取冻结或管制工资和物价的所谓"收入政策"来抑制工资和物价的上涨。这种理论把资本主义制度下物价持续上涨的原因说成是工会要求过高工资,这是倒果为因。在资本主义社会是由于物价上涨迫使工人要求提高工资。因此,这种理论的矛头是直接指向工会和工人阶级的。

(三) 结构性通货膨胀

这种理论认为,通货膨胀的初始原因在于经济结构方面的特征,认为某些部门在需求方面或成本方面的变动,往往通过部门之间的相互看齐的过程而影响其他部门,从而引起一般物价水平的上涨。这可区分为三种情形:

第一,尽管整个经济中的总供求处于平衡状态,但由于各部门之间生产和需求发展的不平衡,有些部门可能因供不应求而出现物价上涨,另一部门则可能出现供过于求,但由于价格的刚性假定,这些部门的物价水平并不下跌。这样,整个社会的价格总水平就会上涨。

第二,就开放经济来说,与世界市场密切相关的开放经济部门的产品价格通常依存于世界市场价格,而与世界市场没有直接联系的非开放经济部门的产品价格,则取决于本国的供求状况。因而开放经济部门的产品价格随世界市场价格的上升而上升,这一部门的货币工资增长率取决于该部门价格的上涨率和劳动生产率的增长率。由于非开放经济部门的货币工资的"看齐效应",一旦其货币工资增长率超过了本部门的劳动生产率,就会出现成本推进的通货膨胀。从而使该国经济出现通货膨胀。

第三,由于经济中各个部门的劳动生产率的增长率是不可能一致的,那些劳动生产率提高较快的部门的货币工资随劳动生产率的提高而增加以后,就会引起劳动生产率提高较慢的部门的货币工资向前者的"看齐效应",从而使后者的货币工资增长率超过本部门的劳动生产率的提高,引起这些部门的产品价格上涨,导致一般物价水平的提高。

结构性通货膨胀理论分析了经济结构方面的因素变动对物价总水平的影响,是有启发的。但是,经济结构的变动不一定都是提高物价。至于把资本主义国家的通货膨胀只归因于经济结构变动,那就更片面了。

第三节 货币理论的比较与探索

货币在经济增长中的促进作用越来越明显,通过比较和探索,会使我们得到许多有益的启示。

一、马克思主义和西方货币理论比较

(一)关于货币本质

西方经济学关于货币的本质说法繁多,有的说,货币本质上是财富,甚至有的说是唯一财富;有的说,货币就是黄金;有的说货币是纯粹的交换媒介;有的说,货币只是一个符号,即所谓货币名目论特别是随着金本位制度的崩溃垄断资本主义的发展,当代西方经济学中货币名目论在货币本质问题上似乎占了上风;还有一些西方经济学者回避货币的本质,只是在货币量的问题上大做文章。因此,可以说,西方经济学对货币本质的认识是混乱不清的。

马克思关于货币本质的分析是科学而明确的。货币是充当一般等价物的特殊商品。马克思说:"既然其他一切商品只是货币的特殊等价物,而货币是它们的一般等价物,所以它们是作为特殊商品来同作为一般商品的货币发生关系。"[①]那么,怎么理解货币是充当一般等价物的特殊商品呢?

第一,货币首先是商品。作为商品,它与其他普通商品一样,具有使用价值和价值。"它作为商品具有特殊的使用价值,如金可以镶牙,可以用作

[①] 《马克思恩格斯全集》第23卷,第108页。

奢侈品的原料等等。"①货币商品本身也有价值，也是人类抽象劳动的凝结。

第二，货币不仅是商品，而且又是特殊的商品。它与普通商品比较有它自己的特殊性。特殊在什么地方呢？(1)普通商品的使用价值只是用自己的物质性能满足人们的某种需要，而作为货币商品，它除了自身的物质性能，可以镶牙等以外，还具有"一种由它的特殊的社会职能产生的形式上的使用价值"②，即充当一般等价物的使用价值。(2)普通的商品的价值要通过和货币交换才能表现出来，而货币作为一般等价物，它直接体现社会劳动，是价值的一般代表。(3)普通商品是用来交换的劳动产品，而货币商品是商品交换发展的产物，所以，货币商品的出现，要比普通商品晚得多。

第三，货币的最本质的特征是充当一般等价物。一般等价物是社会公认的等价形式，它可以与其他一切商品相交换，用自己的自然形式表现其他一切商品的价值。一切商品都必须换成货币，才能实现自己的价值，一切具体劳动都必须通过货币才能还原为抽象劳动。一切私人劳动都必须通过货币才能实现为社会劳动。所以，货币作为一般等价物是商品交换的媒介。

可见，货币是充当一般等价物的特殊商品，能不能把货币的本质简单地概括为货币是特殊商品，或者说，货币是一般商品呢？都不能。如果只是说货币是特殊商品，那么，就意味着货币就是普通商品，与其他一切商品没有什么区别，因而忽略了货币商品的本质特征是一般等价物。

(二) 关于货币的微观分析和宏观分析

马克思关于货币本身的起源、本质、职能、货币流通量规律等分析相当深入细致，这可以说是从微观方面分析比较多。不能说，马克思没有对货币的宏观分析，他分析过货币流通总量等问题，但是，相对来说，是微观分析颇多，宏观分析偏少。

西方经济学，特别是当代西方经济学凯恩斯主义产生以来，强调国家

---

① 《马克思恩格斯全集》第23卷，第108页。
② 同上。

干预经济,在货币理论和实践上宏观分析颇多,与货币总量相关的通货膨胀理论是宏观领域的。在国家干预经济中的货币政策是宏观经济调控的重要手段。甚至有人如弗里德曼提出的单一规则,他认为货币是推动产量、就业和物价的最重要因素,因而通货膨胀经济萧条或经济增长都可以而且应当唯一地通过货币当局对货币供应的管理来加以调节。这个观点关于货币对宏观经济调节的作用,似乎有些夸大其词。但是,货币在宏观经济调控中的作用,确实是不可忽视的,随着市场经济的发展,货币在经济发展中的作用,越来越引起人们注意。

(三) 关于货币需求的理论

马克思与西方经济学关于货币需求的理论有相同之处,例如,都认为商品总价格和货币流通速度是决定货币需要量的因素。但是,由于经济发展的阶段不同因而关于货币需要量的理论存在许多差别。

第一,马克思的时代是金属货币的时代,马克思所说的货币流通量,实际上是金属货币流通量,而当代是"黄金非货币化"普遍实行纸币的时代,调节货币流通量的机制和手段都不相同。

第二,马克思那时分析货币需求量主要考虑客观因素特别是商品流通量的变动,而当代西方学者分析货币需求较多地考虑持有者的主观动机,例如,凯恩斯认为人们的货币需求是由交易、预防和投机三种动机决定的。

第三,马克思对商品流通所需货币量的分析指出过:"商品价格总额/同名货币的流通次数＝执行流通手段职能的货币量。"[①]货币的支付手段产生以后,货币流通量的规律起了变化。马克思说:"假定流通手段和支付手段的流通速度是已知的,这个总额就等于待实现的商品价格总额加上到期的支付总额,减去彼此抵销的支付,最后减去同一货币交替地时而充当流通手段、时而充当支付手段的流通次数。"[②]马克思提出的货币流通量公式实际上是一般的,总量型的。而西方经济学对货币需求量的分析,从费雪方程式、剑桥方式到庇古的现金余额方程式、凯恩斯的"平方根法则",弗里德曼的货币需求函数,在不断的深入和具体化,值得借鉴。

---

① 《马克思恩格斯全集》第23卷,第139页。
② 同上书,第159页。

二、关于黄金非货币化的问题

根据马克思的货币理论,纸币是黄金的符号,马克思在《资本论》第1卷第三章指出:"纸币是金的符号或货币符号。纸币同商品价值的关系只不过是:商品价值观念地表现在一个金量上。这个金量则由纸象征地可感觉地体现出来。纸币只有代表金量(金量同其他一切商品量一样,也是价值量),才成为价值符号。"①

但是,现在资本主义世界的纸币已经与黄金脱钩,有人认为纸币已经不是黄金的符号,它已经发展到一个新阶段。有的人认为,纸币仍然是黄金的符号。怎样理解这些问题呢?必须首先从纸币与黄金关系的发展变化说起。

(一)纸币和黄金关系发展的几个阶段

1. 金本位制。金本来不是货币,而是一般商品,只是在特定的历史阶段才成为充当一般等价物的代表。马克思说:"金银天然不是货币,但货币天然是金银。"②

在货币史上,贝壳、牲畜、布帛都曾经作为币材,铜和银作为主要币材,有几千年的历史,而黄金被普遍当作货币商品是1816年从英国开始的。从那时起到第一次世界大战前,西方各国普遍实行金本位制。

金本位制是一种以黄金为本位货币的制度,又分为金币本位制和金块本位制。实行金本位制,具有以下特点:(1)其货币的基本单位相等于一定数量的黄金;(2)纸币能自由兑换成一定量的黄金;(3)黄金是国际储备和国际结算的工具,可以自由进出口。在金本位制下,国内货币的供应量和黄金准备量联系在一起,可以保证物价稳定,避免通货膨胀,这时的纸币真正是黄金的代表。但是,金本位制的历史是很短的,以英国为最长,也只有一百年左右的历史(1816—1914年)美国只有三十多年(1900—1933年),其他西欧国家也只有几十年的历史。

2. 金汇兑本位制,也叫虚本位制,从第一次世界大战以后,至20世纪

---

① 《马克思恩格斯全集》第23卷,第148页。
② 同上书,第107页。

60年代。实行这种制度,在国内不使用黄金,发行的纸币也不能兑换黄金,对外一般使用外汇,黄金和外汇同时作为储备,一旦国际贸易发生赤字就用黄金或外汇来结算,这是残缺不全的金本位制。

第二次世界大战以后,在布雷顿森林会议体制下,西方各国的货币制度实质上是以美元为中心的金汇兑本位制。各国纸币大多同美元保持固定比价,实行固定汇率,美元同黄金挂钩,美元成为与黄金相同的国际储备货币和国际贸易结算工具。这使美元从一国货币变为国际货币,美国从中获得相当大的好处,并可转嫁危机和输出通货膨胀。

金汇兑本位制意味着黄金从本位货币的宝座上跌落下来开始了货币非黄金化的过程。

3. 20世纪70年代初美国推行黄金"非货币化"政策。1971年,美国宣布停止各国中央银行用美元兑换黄金,美元与黄金脱钩,其他国家货币对美元自由浮动,从此,以美元为中心的国际货币体系瓦解。

美元与黄金脱钩以后,是以特别提款权作为国际储备。特别提款权是国际货币基金组织的一种记账单位,又叫"纸黄金",它被看作仅次于黄金和美元的第三种货币,实际上是人为的一种国际货币,是国际货币基金或成员国在国际收支恶化时,从国际货币基金组织提取外币的权利,为区别于成员国原有的提款权,所以称为特别提款权。

特别提款权是不能兑换黄金的,所以,它是把国内的不兑换纸币制度搬到国际上,实行不兑换的国际货币制度。

由于美国实行黄金非货币化以来,在理论上就产生了一个问题,货币与黄金的关系到底怎样?在讨论中,大体上有三种意见。

第一种意见认为,目前世界各国的货币已经与黄金脱钩。他们的理由是:黄金已不是币值升降的决定因素;黄金也不是决定汇价变动的因素,金价变化与物价已不成比例。

第二种意见认为,现在纸币虽不能兑换黄金,但纸币的价值基础仍然是黄金。他们认为货币发挥等价物的作用,它本身必须具有价值,不然就等于废纸一样,什么作用也没有。

第三种意见认为:黄金目前处于从货币商品向普通商品过渡或转化的过程中,但还没有完全脱离关系。他们认为现在世界各国流通的纸币,不管是规定含金量的还是没有规定含金量的,都不能脱离黄金。

我们倾向于第三种意见,即黄金正处于从货币商品向普通商品过渡,纸币正处于从黄金符号向价值符号过渡。理由是:

第一,现在纸币虽然不能兑换黄金,但大多数国家货币都规定含金量,没有规定含金量的都与规定含金量的货币保持一定比价关系。

第二,现在作为国际货币储蓄记账单位的特别提款权,仍然规定了含金量,为 0.888 671 克,与 1971 年 12 月 18 日贬值前的一美元等价。所以,在国际结算中还要以黄金做保证。

第三,1971 年 8 月 15 日尼克松宣布美元停止兑换黄金,实际上使美元与黄金脱钩以来,整个 20 世纪 70 年代黄金价格飞涨,1980 年初西方出现抢购黄金风潮,黄金价格涨到最高峰,每盎司为 875 美元,(1981 年 6 月 26 日已跌为每盎司 441.2 美元)这说明黄金仍是私人和各国中央银行所喜爱的价值储藏。

第四,1979 年 3 月建立的欧洲货币制度规定要将各成员国官方储备 20% 交给基金,其中就包括黄金储备。

这些说明,美国在 20 世纪 70 年代想搞黄金"非货币化",割断黄金与货币的联系,废除黄金的货币职能是行不通的。

1981 年,美国有些人看到了这一点,美国财政部宣布,美国政府在 1981 年 6 月 26 日成立了以财政部长为主席的"黄金委员会",研究使美元同黄金再次挂钩的可能性。许多美国经济学家在鼓吹恢复金本位制。里根政府不会也没有在恢复金本位制的问题上,采取真正的行动,而是在制造一种"亲金本位"的姿态。但这一事实却说明了现在货币与黄金还不能完全脱钩。

现在看来,恢复金本位制的可能性很小。一是黄金总存量和生产量赶不上全世界经济发展的需要;二是黄金分配权不均衡,主要集中在少数国家手中。

关于纸币的发展趋势,有人设想要经历三个阶段:

第一阶段,纸币是黄金的符号;

第二阶段,纸币是价值的符号;

第三阶段,纸币是劳动的符号,即马克思说的劳动券。

这个见解是值得考虑的。

当然,从货币形式的发展趋势来看,黄金和货币必将完全脱钩,黄金将由货币商品还原为一般商品,而纸币将由黄金的符号直接变为价值的符号。马克思在论述纸币代替金属货币流通时指出:"金货币在流通中升华为它自身的象征,最初采取磨损的金铸币的形式,而后采取金属辅币的形式,最后采取无价值的记号、纸片、单纯的价值符号的形式。"[①]"强调通用的国家纸币是价值符号的完成形式,是直接从金属流通或简单商品流通本身中产生出来的纸币的唯一形式。"[②]

目前世界各国都普遍采用纸币,这是商品交换和历史发展的必然结果。纸币直接代表价值这是历史的进步而不是倒退。

三、关于我国人民币的价值基础

关于社会主义条件下纸币的价值基础问题,争论了很多年,长期没有解决。争论各方共同的看法是,马克思的劳动价值论和关于商品货币的基本原理,仍然是研究这一问题的指导原则,但具体观点很不一致。

就国内来说,有关纸币的价值基础问题包括以下几个方面。

1. 人民币是不是信用货币。人民币是价值符号,这是无歧义的。但它是纸币还是信用货币,理论界存有不同的看法。

第一种意见认为,人民币是社会主义信用货币。它既不同于资本主义国家的兑现纸币,也不同于一般银行券,而是社会主义的信用货币。

第二种意见认为,人民币是社会主义性质的货币,因为它已经脱离了商业信用,完全以商品生产为基础,以商品物质为保证,并且是依照国家财政计划发行的国内唯一流通的货币。因此,人民币不是信用货币,而是社会主义性质的货币。

第三种意见认为,人民币具有信用货币和纸币的两重性质。因为人民币绝大多数是通过经济发行进入流通的,但有时也是通过财政发行进入流通的,因而在某种程度上又带有纸币的性质。

---

① 《马克思恩格斯全集》第 13 卷,第 104 页。
② 同上书,第 106 页。

2. 人民币是否代表黄金。人民币是货币符号,它本身是没有价值的。但它究竟代表什么起一般等价物的作用,在我国理论界长期存在着分歧意见。争论的焦点在于：人民币和黄金是否有联系。根据对此看法的异同,一般将它们分为"黄金派"和"非黄金派"。

"黄金派"的同志认为人民币是黄金的价值符号,人民币的价值基础是黄金。黄金派的主要理由是：(1) 纸币代表黄金起一般等价物的作用。货币本身必须有价值,而且价值要通过一种实物来衡量,这就是黄金。人民币是纸币,纸币只能是黄金的价值符号。(2) 从货币历史发展的继承性看,人民币同黄金有联系。(3) 金币和纸币都是同样要受货币流通规律支配。货币流通规律产生在金币流通基础上,但它是一切货币流通的总规律,无论金币和纸币都要受这个规律的支配。(4) 黄金在国际上是真正起一般等价物作用的特殊商品。事实上,如果发生外汇收支逆差,国际公认的最后清偿手段仍然是黄金。

"非黄金派"的同志则认为人民币已经不是黄金的价值符号。人民币和黄金没有联系。"非黄金派"的主要理由是：(1) 人民币已经和黄金脱钩了。在纸币流通条件下,货币符号普遍停止兑换黄金,纸币因而发生了根本变化,不兑换黄金的纸币已不再是金属货币的价值符号了。所以人民币不是黄金的价值符号。(2) 从历史上看,人民币没有同黄金挂钩。人民币的主要特点是它根本同金或银割断联系。人民币从它产生的第一天起,即与金银完全脱离关系。(3) 没有法定含金量,不兑现的纸币作为商品间的等价媒介是货币形态发展的高级阶段。人民币不与黄金联系,表面上看好像和马克思的货币理论发生矛盾。实际上这种矛盾可以从马克思的基本理论——货币形态的历史发展过程及不同地区不同的客观物质条件的研究中得到解决。人民币的出现已经突破了马克思关于纸币是黄金或货币符号的理论。(4) 黄金非货币化是历史的必然。现在各国货币都不以黄金定值,已与黄金脱钩。金价的变化与国际市场的物价已经没有内在的联系。黄金非货币化是一种趋势,原因是,价值尺度的观念性和流通手段的象征性,是货币非黄金化的内在依据;黄金作为货币其历史的定型和完善起来的价格结构,以及现代高度发达的信用制度为黄金非货币化提供了必要的外部条件;黄金货币化同现代生产社会化的要求,即以国家干预为背景的管理社会化的趋势不相容。

在"非黄金派"中,究竟什么是人民币的基础,意见也很不一致。大体可分以下几种看法:(1)劳动券论。持这种观点的又有两种意见。一种意见承认社会主义是商品生产,同时认为,人民币是直接代表一定的社会劳动,即代表社会必要劳动时间;另一种意见,否定社会主义是商品生产,认为人民币已转化为马克思所预言的"社会劳动证券"。(2)商品价值论。人民币在现实生活中起着完全货币的作用,是商品的价值符号和代表,成为所有商品的等价物。(3)百物本位论。持这种观点的同志认为,人民币不是黄金本位制,而是综合地代表着一定实物量的价值,代表着各种物资的总和。(4)使用价值论。持这种观点的同志认为,人民币经常地代表着一定数量的使用价值(社会产品),目的是为着保持物价的相对稳定,保证经济核算有高度的准确性。

四、关于两种货币危机

马克思在《资本论》第1卷第一章的一个附注中说:"本文所谈的货币危机是任何普遍的生产危机和商业危机的一个特殊阶段,应同那种也称为货币危机的特种危机区分开来。"[①]所以,马克思在这里实际上提出了两种货币危机的理论。

(一)是作为经济危机一个阶段或表现的货币危机

这种货币危机是指资本主义生产过剩的危机在货币信用领域里的反映。它的主要表现是现金奇缺、利息率猛涨,有价证券价格暴跌,银行大批倒闭,信用极端紧缩等。为什么在经济危机期间货币信用领域有这种反映呢?这是因为,在经济危机爆发时,由于一大批商品找不到销路,价格下跌,生产衰退,利润率下降,使资本主义的货币信用制度遭到严重破坏。这时,一方面资本家纷纷追逐现金用以支付债务;另一方面,工商业资本家不再愿意以赊销的方式出卖商品,并要求用现金来偿还过去的债务,这就造成现金需求的急剧增长。但银行却由于对工商业的贷款有相当大的一部分收不回来,以及存款人纷纷提取存款,使借贷资本急剧减少,借贷资本的

---

① 《马克思恩格斯全集》第23卷,第158页。

供不应求使利息率迅速提高。与此相反,股票等有价证券的价格则因为企业利润下降,利息率上涨和资本家纷纷抛售等原因而猛烈下跌。同时,危机时期大批工商企业破产必然使与它们有关的银行因为收不回贷款而不得不宣告倒闭。因此,在经济危机期间,必然形成货币信用危机。

资本主义的货币信用危机是在生产过剩的危机的基础上爆发的。但它反过来使生产过剩的危机进一步加深,这是因为,货币信用危机迫使资本家为了追逐现金而不得不勉强出卖商品,从而使物价下跌,企业得不到贷款,只能进一步缩减生产,而银行的破产又会激起工商业新的倒闭风潮。这一切都使经济危机进一步加深。

(二) 是独立于经济危机而发生的货币危机

这种独立于周期性经济危机以外爆发的货币信用危机。是由于灾荒、战争等特殊的政治经济原因而引起的货币信用危机,这种特殊的货币信用危机一般不是表现在信用体系的所有环节上,而只是表现在货币信用体系的一些个别环节上,如交易所危机和货币危机、财政金融危机等。

在垄断资本主义阶段,资本主义的货币信用危机不断尖锐化、发展成为全面的金融货币危机。金融货币危机同周期性经济危机中的货币信用危机不同,它具有经常性的特点,不仅在生产过剩的危机时,可以同时爆发金融货币危机,而且在生产过剩危机之前或之后,甚至在经济回升阶段,也会爆发。

金融货币危机的主要表现是:经常性的通货膨胀,借贷资本过剩,货币贬值,黄金价格上涨,国际收支逆差,外汇行市经常波动。第二次世界大战后金融货币危机是以美元危机为其主要特点和重要内容的。

第四节 通货膨胀与通货紧缩中的利益问题

通货膨胀是指在一定时期里,整个社会物价水平持续上涨的现象。通货紧缩则是指在一定时期里,整个社会物价水平持续下降的现象。无论是通货膨胀还是通货紧缩达到一定程度对经济稳定、持续增长都有着负面效应。我们认为,无论通货膨胀还是通货紧缩究其实质都是利益问题,其治理的关键应逐步形成一种利益制衡机制。

一、通货膨胀与通货紧缩形成的利益机理

引起通货膨胀与通货紧缩的表层原因很多,但究其深层的根本原因则是利益驱动所致。人类从事种种经济活动的根本动力主要取决于人的切身利益,当人们进行某种经济活动时,所期望的是获取相应的经济利益。如果人们在进行了某种经济活动之后,获得的经济利益较大,那么他们从事经济活动的动力就大,反之,则反是。

通货膨胀与通货紧缩,集中体现为利益矛盾,即通货膨胀体现为总需求大于总供给的利益矛盾,通货紧缩体现为总需求小于总供给的利益矛盾。在经济社会中,各个利益主体都有其具体的利益要求,在利益的实现过程中,都希望得到尽可能多的利益。然而,在一定时期里,经济利益的总量却是限定的,当人们需要的利益与社会所提供的利益不相一致时,供与求的利益矛盾、摩擦、冲突就难以避免。

首先,各个经济主体在追逐各自利益最大化的过程中,会非理性地拉动需求膨胀,推动整个社会物价水平的持续上涨,导致通货膨胀。

1. 当经济主体以各自的利益最大化为目标进行经济活动时,投资者在"谁投资,谁受益"的驱动下,千方百计地增加投资,这在财政预算约束软化的体制下,当投资量超出一定的限度时,就形成了投资膨胀。消费者则在"消费效用最大化"的目标驱动下,使平均消费倾向日益提高,尤其当消费者预期未来的价格将上涨时,其购买力将急剧地扩展,达到一定限度就出现了消费膨胀。无论消费膨胀还是投资膨胀都将拉动需求过旺,导致投资品和消费品不足,引进生产资料和生活资料价格的上涨,从而启动需求拉上型的通货膨胀。

2. 企业是以利益最大化为其主要目标。在短时期内,在劳动生产率不变的情况下,企业实现利润最大化目标的最快捷办法就是提高产品价格。企业间价格的变动亦有互动作用,农产品生产者为了自身利益将不断提高农产品的价格,使工业企业成本(原材料、工资)提高;工业企业为转嫁其成本负担又会千方百计地提高本企业产品价格,使生产资料以及生活资料的价格提高;生活资料价格的提高又将带动工人工资的提高,而工人工资的提高又助长了新一轮的成本价格的上升,如此循环往复地推动整个社

会物价水平的提高,最终导致成本推进型通货膨胀的发生。

3. 社会生产不同部门的劳动生产率和发展速度大多不一致,然而,各个部门利益追求的趋向是呈只升不降的刚性,表现为工资及产品的价格只向劳动生产率高和发展速度快的部门看齐,结果也会出现物价水平持续上涨的结构性通货膨胀。

4. 中央政府是以国家利益最大化为目标,当经济出现总量失衡、财政赤字时,政府为保持总量平衡的最直接的方法就是用银行信贷资金弥补赤字,继而引起货币发行过多的财政赤字型的通货膨胀。地方政府往往偏重本区域的局部利益,忽视整体利益,使重复建设盲目发展,从而带动了物价的上涨。

5. 外贸部门为确保出口利益,常常使国际收支顺差过大,外汇占款增加,以致引起信用膨胀。

6. 投机者则以牟取暴利为目的,通过炒买炒卖等方式哄抬物价,为通货膨胀推波助澜。

利益的传导机制和预期机制将加速通货膨胀的进程。

1. 利益的传导机制会使整个社会物价水平迅速向上攀升。即当一个经济主体通过提高价格的方式增加自己的利益,必然引起与此相关经济部门的价格的攀升,而这些经济部门提高价格同样会引起与此相关的另一些经济部门提高价格,依次类推,在没有经济约束的情况下,整个社会物价将加倍地上涨。

2. 利益的预期机制也会使通货迅速膨胀。当消费者预期未来通货将膨胀时,为了自己的未来利益不受损失,就将提前购买、提前消费;当生产者预期未来物价将上升时,会提前提高产品价格,以避免利益损失;当工人预期未来通货会膨胀时,就将要求增加工资,这些,都能更加扩大总需求,使物价继续上涨。

其次,当经济主体在追逐利益最大化过程中,利益得不到相应的实现时,他们追求利益的动力就会减弱,致使通货紧缩。

世界各国抑制通货膨胀的最直接的办法就是通过控制总需求来抑制物价持续上涨,具体措施有:减少货币发行量,紧缩信贷规模,增加消费品等。这些措施的根本目的是限制价格持续攀升,实际为利益和价格向上运动界定了上限,缩小了其运动的空间,这实质上减弱了利益主体们无限制地追逐利益的冲动。其作用机理是:当政府紧缩货币的发行量和信贷规模时,对于投资者而言,他们的投资成本将增加,投资利润将相应减少,投资者的利益将受到影响,投资冲动随之减弱,投资品的需求随之减少。作为消费者,如果他们预期未来的通货膨胀呈下降趋势,其购买的冲动也会减弱。因为,在物价持续下降的条件下,过多的消费不能为自己带来任何额外的利益,而不消费却会因物价下降而带来额外的利益(货币的增殖)。投资者和消费者追逐利益的动机受阻,投资品和消费品出现过剩。

利益的传导机制和利益的预期机制同样会加速这一通货紧缩过程。

1. 当消费者的消费冲动减弱时,消费品生产出现过剩,生产这些产品所需投入的原材料的生产企业连锁地失去市场,原材料过剩。最后使社会总供给大于总需求,以致整个社会的物价水平持续下降。

2. 消费者预期未来的物价会更低,他们会推迟购买;投资者预期未来生产的产品价格将更低,他们的投资意愿下降,这将进一步增加了通货紧缩的压力。

二、通货膨胀与通货紧缩的利益后果

通货膨胀与通货紧缩是利益驱动所致,反过来又造成整个社会利益分配的不均衡,使大多数利益主体的利益受到损失。

首先,通货膨胀使大部分经济主体都受到不同程度的利益侵害。

1. 企业利益受到损害。在通货膨胀的情况下,生产要素价格上涨首先引致企业成本增加,利润相对减少,这时尽管企业可以通过涨价来提高利润,但如果企业利润增长率低于物价增长率,企业就可能无利可图,甚至亏损或倒闭。

2. 消费者利益受到损害。通货膨胀将导致货币贬值,人们的实际收入相对降低,尤其,当人们的实际收入增长速度低于物价增长速度时,消费者的实际消费水平会随之相对下降。

3. 工人的利益受到损害。当物价持续上涨的幅度高于工资上涨的幅度时,工人利益直接受损。尽管工人可以利用通货膨胀的预期,防止工资上涨的幅度滞后于物价上涨幅度,但工人工资的预期调整速度往往赶不上物价上涨的速度。

4. 政府的利益受到损害。通货膨胀会增大中央和地方政府的财政支出和财政补贴。如在物价持续上涨的压力下,政府不得不增加消费者物价补贴、企业的亏损补贴和行政开支。

5. 对外贸易部门利益受到损害。在汇率不变的情况下,过高的通胀率将抑制出口,造成本国货币对外币贬值,不利于对外贸易的发展。

其次,在物价持续下降的经济环境中,大部分利益主体也受到不同程度的利益损害。

1. 不利于提高大多数企业的整体利益。通货膨胀率过低表明社会总需求小于总供给,整个社会生产能力出现过剩,购买力不足,这直接阻碍企业继续生存与发展。

2. 侵害了大多数消费者的利益,通货紧缩对产出和就业总水平有着一定的负面影响,从而使人们的实际收入相对地减少,消费绝对地缩减。

3. 损害了工人的利益,在通货紧缩的情况下,企业可能出现开工不足,以致失业率提高,这不仅危害失业工人的利益,而且也危及在业工人的利益。

4. 增加了政府的负担。企业效益下滑一方面减少了政府的财政收入,另一方面工人失业增加了政府的失业、救济补贴。

5. 抑制进口,使国际收支平衡发生困难,也不利对外贸易的发展。

最后,少部分利益主体可能成为通货膨胀与通货紧缩的获益者。

在通货膨胀持续上涨的情况下,(1)当部分消费者的收入增长率高于物价的增长率时,他们的实际收入将增加;(2)当部分生产者的利润率(产品价格的涨幅)高于物价的增长率时,这部分生产者将在通货膨胀中获益;(3)当部分劳动者的工资增长率高于物价的增长率时,他们的利益能得到保证;(4)当对外贸易部门的进口多于出口时,它们的实际利益不会减少;(5)当中央政府增发的货币大于政府赤字时,地方政府的局部利益高于整体利益时,政府则能增益,在通货膨胀持续下降的状况下,效益好,竞争力强的企业的生产者、经营者、劳动者可能少损益或获益。

通货膨胀与通货紧缩中最大的获利者是投机者,无论通货膨胀还是紧缩,他们都有机可乘,有利可图。然而,通货膨胀与紧缩是一个动态的利益转移和再分配的过程,在社会整个物价持续上升或持续下降的过程中,任何利益所得都有转瞬即逝的可能,所以,只有极少数经济主体才是真正的通货膨胀、紧缩的获益者。

通货膨胀与紧缩造成整个社会利益格局不均衡,对任何一个国家整体经济利益的增进都有着极大的负面效应,它不利于宏观经济的稳定增长,对全社会而言是一种利益损失。因此,通货膨胀与通货紧缩的治理成为一国经济持续、稳定发展的必要条件。

三、通货膨胀与通货紧缩的利益制衡

上述可见,无论通货膨胀还是通货紧缩,其实质都是利益问题,都是利益驱动所致,为此,通货膨胀与通货紧缩的根本治理也必须通过利益制衡机制来完成,即要通过利益关系的调整,解决总需求和总供给的利益矛盾,使总需求与总供给利益趋于均衡,保证各方面利益均衡增加。

通货膨胀与通货紧缩利益制衡的基本原则是:

其一,整体利益与局部利益相一致的原则。在通货膨胀与通货紧缩的利益制衡中,要妥善处理好整体利益与局部利益的关系,就应保持两者的一致性:在现实经济运动中,局部利益的差异是经济发展的客观必然,也是经济发展的动力之所在,但局部利益的存在要以整体利益的增进为前提。在利益的调整过程中,某些企业、部门、地方即使没有增加局部利益,但只要它们对整体利益的增长有利就应给予适当的利益倾斜;某些企业、部门、地方虽然局部利益增加了,但不利于整体利益的增进,就要限制其发展。

其二,长远利益与目前利益相统一的原则。一个国家的长远利益是不断地增加社会福利,满足人们日益增长的物质文化需要,这也是一个国家经济发展的根本目标。因此,通货膨胀与通货紧缩制衡中的目前利益的调整应以是否符合长远利益为其调整的方向,任何偏离长远利益的目前利益都不利于长远利益的增进,而长远利益的实现实际又是各个目前利益不断实现的连续过程,所以,在维护长远利益的同时,要兼顾到目前利益的发展。

其三,保护合法利益与取缔非法利益相结合的原则。对经济主体根据

社会经济发展的要求进行经济活动获得的合法利益,要通过法律、政策手段予以保护,并应允许合法利益差别的存在。与此同时,对那些通过偷税漏税、行贿受贿等非法手段牟取暴利者要予以坚决打击和严厉制裁,从而依法保证利益均衡的形成和有效运行,抑制通货膨胀与通货紧缩。

在上述原则之下,通货膨胀与通货紧缩的利益制衡,关键要从供与求两个方面双管齐下。

首先,总需求利益的制衡。总需求利益包括投资利益和消费利益。总需求利益的制衡主要对投资与消费利益作调整,即抑制约束那些无限制攀升的、不合理的、不利于经济发展的投资和消费利益,促进那些潜在的、未充分实现的投资和消费利益的发挥与扩展,保持投资利益和消费利益的均衡,这是抑制通货膨胀与通货紧缩,保持经济适度持续增长的重要对策。

1. 保持投资利益均衡。需求膨胀或紧缩更多是源于投资的膨胀或紧缩,这在我国表现得比较突出,我国通货膨胀持续上涨的主要或先导原因是需求膨胀,而需求膨胀主要是投资膨胀引起的。在我国的改革过程中,由于对投资者的约束机制尚未完善,当投资者拥有投资的主动权之后,在投资者自身利益的驱动下和市场经济的助动下,必然激发出投资者的投资热情。投资的加速增长,一方面,造成投资品不足,引动生产资料的价格上升,并带动生活资料的价格上升;另一方面,投资资金除了部分来自企业外,大部分是依靠银行信贷的扩大,由于中央财力的有限,信贷规模的扩大只能靠向银行透支,这两方面都能拉动通货膨胀。当通货膨胀居高不下时,政府宏观调控首选是控制投资需求,但对投资膨胀的抑制过度亦会造成投资不足,使总需求小于总供给,引起通货膨胀率的持续下降。所以,保持一种适度的均衡的投资需求,是实现较低通货膨胀率和经济持续适度增长均衡目标的重点。从我国的具体现状来看,要保持均衡的投资需求,一是要合理确定投资利益结构。长期以来,中国的投资利益偏向重工业,而忽视农业、交通、能源等建设,造成投资利益布局失衡。为保证投资利益的均衡化,应限制对重工业投资利益的过重倾斜,同时加大农业和基础设施基础产业的投资强度。二是建立投资利益激励、约束机制。投资利益激励机制应是一种谁投资谁受益的保障机制。投资冲动源于投资者的利益驱动,投资者只有确认投资收益大于投资成本才能有这种冲动,尤其企业投资者是以利益最大化为其投资目标,如果没有确定的利益保证,就不可能有投资的激情,因此,在一定的范围内给予投资者一个利益追逐的空间,允许利益的攀升也是经济发展所必需的,特别是在通货膨胀率持续下降的状态下,通过利益驱动刺激有效投资需求是保持经济适度增长的基本条件。但是,利益激励是有限度的,过度的投资利益膨胀会诱发通货膨胀持续上升,所以利益激励、约束机制亦需均衡使用。即在谁投资谁受益的同时,建立起投资利益主体的法人责任制、决策责任制、管理责任制,由投资项目的决策者、投资者、管理者承担投资利益风险,这样才能从根本上约束投资利益行为,防止投资利益膨胀。

2. 保持消费利益的均衡。总需求利益膨胀与紧缩也受消费利益的膨胀与紧缩的制约,在通货膨胀率持续上涨的情况下,要限制过度消费需求的攀升,根据我国的通货膨胀的现实,其具体制衡措施,规范个人收入分配制度安排,加强税收征管,以调节社会利益分配,防止利益偏向少数利益主体,造成畸形消费;严格企事业、行政单位服务审计监督,限制公款消费行为,有效控制社会集团购买力的不合理的增长;制止"高涨"部门高收入的示范效用,缩小行业间的利益差别,克制消费利益的攀比。在通货膨胀率持续下降的状态下,着重培养新的消费增长点。在我国现阶段,消费非均衡的短边是居民住宅消费和农村消费,因此,开拓农村消费市场和居民住宅消费市场,促进消费利益均衡增长,以消费引导和带动投资,是通货膨胀率被限制在较低的水平上,又能防止经济滑坡的关键。

其次,总供给利益制衡。总供给利益制衡的重点在于如何维持有效的利益供给。有效利益供给是总需求利益与总供给利益相均衡时的总的利益供给。当通货膨胀持续上涨时,价格信号失真,使企业无法根据价格判断市场行情,做出及时、灵敏的决策,提供有效的利益供给,从而导致整个社会利益配置的不合理。当通货膨胀紧缩时,由于社会总需求的急剧减少,又使企业的这些生产能力和劳动力出现过剩,也无法实现有效利益供给。

发展有效供给即要保持经济持续、高度、稳定地增长,以增强国家的整体经济实力,增进整个社会的经济利益。这是任何一个国家在任何时期经济发展的根本目标,也是抑制通货膨胀和通货紧缩的根本举措。

发展农业等基础产业实质在于提高有效供给,保证经济的均衡运作。我国农业投入一直偏低,改革开放以来,伴随通货膨胀持续上升,农业投入却逐年相对下降,1978 年、1984 年、1992 年国家对农业的投入分别是 10.69%、6.21%、2.2%。1996 年以来,我国通货紧缩的走势和经济增长稳定的发展则与农业丰收有关。由于农产品供给增加,农产品价格逐渐接近国际价格水平,因此,由农产品价格上升拉动的通货膨胀持续上涨的压力减少。我国基础产业明显滞后,这是发展中国家的通病。事实上,基础产业发展了,国民经济持续发展才有稳固的基础。

当然,不断地寻求新的利益增长点,是发展有效利益供给的源泉。通货膨胀是由于有效利益供给不足,通货紧缩则在于利益增长的动力不足。寻求新的利益增长点不仅能提供有效的利益供给,而且能找到经济发展的源泉。

复 习 思 考 题

一、名词解释

货币　货币本质　货币名目论　货币金属论　货币数量说　中立货币论

二、问答题

1. 马克思货币理论的主要内容。
2. 西方经济学的主要货币理论。

三、论述题

马克思主义和西方货币理论比较研究与探索。

第七章 劳动力理论比较研究

劳动力问题、就业问题、劳动力资本问题是关系到社会再生产、资源配置和经济增长与发展的重要条件和理论问题,是马克思主义经济学的重要内容,在现代经济学中占有重要地位。同时,劳动力理论是目前国内外经济学界讨论的热点问题之一,也是完善和发展我国社会主义市场经济不可回避的重要问题。

第一节 马克思主义劳动力理论

马克思主义劳动力理论是科学的理论体系。它是我们理解劳动力理论的指导思想。

一、关于劳动力的含义

"我们把劳动力或劳动能力,理解为人的身体即活的身体中存在的、每当人生产某种使用价值时就运用的体力和智力的总和。"[1]这句话至少包括以下含义:(1)劳动力就是指劳动的能力,是劳动的潜在能力,不是劳动的效率;(2)劳动力是存在于人的身体之中的,是指人的劳动能力或者说劳动者是劳动力的承担者,人是劳动力的载体。(3)劳动能力是指劳动者生产使用价值的能力;(4)劳动能力既包括人的体力,也包括人的脑力。这样也就分清了劳动力、劳动者、劳动、劳动效率的联系和区别。劳动力是

---

[1] 《马克思恩格斯全集》第 23 卷,第 190 页。

劳动的潜在能力；劳动者是劳动力的承担者，不是一般的"人"。因为人，既可以是有劳动能力的人，也包括没有劳动能力的人，或者丧失劳动能力的人，还包括剥削者、寄生者等等；劳动是劳动力的运用，是劳动者运用劳动能力生产使用价值的现实过程；劳动效率，是劳动能力使用的结果，它可以生产出物质产品和精神产品，它可以创造价值，它还可以提供劳务。

二、劳动力商品理论

虽然劳动力作为活的个体的能力自从有了人类历史就已存在，但是，只有在一定历史条件下它才成为商品。马克思揭示了劳动力成为商品必须具备的两个条件：第一，劳动者具有人身自由，不包含任何从属关系或人身依附，并可以自由出卖自己的劳动力；第二，劳动者一无所有，丧失一切生产资料和生活资料，除了他自身的劳动力，一无所有。这里所说的自由有两层含义，"一方面，工人是自由人，能够把自己的劳动力当作自己的商品来支配，另一方面，他没有别的商品可以出卖，自由得一无所有，没有任何实现自己的劳动力所必需的东西。"①

像其他商品一样，劳动力不仅有使用价值，而且有价值。劳动力的使用价值，就是劳动力的使用，即劳动。它是价值的源泉，不仅能创造价值，而且能创造比劳动力本身的价值更大的价值。劳动力的价值，是由生产它和再生产它所必需的社会必要劳动时间决定的，即，维持劳动者本人所需要的生活资料的价值，它包括三个因素：(1) 劳动者本人所必需的生活资料的价值；(2) 劳动者子女所必需的生活资料价值；(3) 劳动者一定的教育和训练费用。与其他商品不同的是，劳动力价值包含着一个历史的和道德的因素，但是，在一定的国家、一定的时期，必要生活资料的平均范围是一定的。

资本主义生产的基础是劳动力成为商品。马克思说："资本主义生产的基础是：生产工人把自己的劳动力作为商品卖给资本家，然后劳动力在资本家手中只作为他的生产资本的一个要素来执行职能。"②

---

① 《马克思恩格斯全集》第 23 卷，第 192 页。
② 《马克思恩格斯全集》第 24 卷，第 427 页。

劳动力是劳动者的财产。劳动者只有能够支配自身的劳动力,是自己劳动能力所有者,才能够把劳动力当作商品出卖。劳动者出卖的只是劳动力的使用权,而非所有权。

三、工资理论

工资是劳动力价值或价格的转化形式,工资的本质是劳动力的价值和价格。工资表现为劳动的价值或价格掩盖了资本主义剥削关系的实质。

资本主义工资,作为劳动的价值或价格是现象,而作为劳动力的价值或价格是本质。现象是自发产生的,本质却一定要经过科学的抽象才能揭示出来。马克思关于现象与本质的辩证关系的分析是值得我们很好注意的。

只要存在资本主义生产方式,劳动的价值或价格这种现象就有存在的基础,并且资本主义一切法权观点都是建立在这个现象上的。这种经济基础和上层建筑辩证关系的分析也是值得我们注意的。

以货币数量表示的工资称为名义工资;以工资的货币额能转变成的生活资料的数量称为实际工资。

马克思认为资本主义工资在当时有两种基本形式:(1)计时工资,是按照工人的劳动时间来支付的工资,是劳动力的日价值、周价值等等的转化形式。(2)计件工资,是按照工人所完成的产品或工作数量支付的工资,是计时工资的转化形式。

四、相对过剩人口理论

马克思首先揭示了相对过剩人口是资本主义制度的必然产物。这是由于:(1)资本主义的特殊生产方式所决定的劳动生产力的发展,引起了资本有机构成的提高,可变资本相对减少,并随总资本量的增长呈递减趋势。(2)因为资本主义生产过剩的周期性危机,使就业数目的变化同过剩人口的剧烈波动结合在一起,同资本对工人更大的吸引力和更大的排斥力结合在一起,为资本生产不断补充新的过剩人口,并且成为再生产过剩人口的最有力因素之一。(3)可变资本的增长还可以在工人人数不变甚至减少的情况下发生。这是由于,在积累过程中,较大的可变资本不必吸收更多的工人就可推动更多的劳动;同量的可变资本用同量的劳动力就可以推动更多的劳动;通过排挤较高级的劳动力可以推动更多的低级劳动力。因此,相对过剩人口的生产,远比与此相适应的资本可变部分比不变部分的相对减少更为迅速。(4)相对过剩人口对就业工人的压力也会加速相对过剩人口的生产。这些都说明,"过剩的工人人口是积累或资本主义基础上的财富发展的必然产物"[1]。

相对过剩人口是形形色色的。撇开它在工业周期阶段的反复形式不说,失业人口常采取三种形式:(1)流动的过剩人口。在现代工业的中心,工人时而被排斥,时而在更大的规模上被吸引。在这里,过剩人口处于流动的形式。同时,分工把他们束缚在特定的生产部门,失业人口要转业也是困难的。(2)潜在的过剩人口。资本主义生产一旦侵入农业,资本的积累提高,从而提高资本构成,对农业工人的需求就会绝对减少。并且这种排斥,不像工业那样,会由更大的吸引得到弥补,于是农村就不断存在潜在的过剩人口。(3)停滞的过剩人口。这部分人口,虽然形式上还是现役劳动军的一部分,但是就业极不规则,经常处于半失业状态。它的特点是劳动时间最长而工资最低。它的数量随着由积累的规模和能力的增大而造成的"过剩"工人的增加而增多。马克思反过来揭示了相对过剩人口又是资本主义生产方式存在的一个条件。由于职能资本的伸缩性和绝对财富的增长,信用遇到特殊刺激后在转瞬间把这种财富的非常大的部分作为追加资本投入生产,以及生产过程本身的技术条件有可能以最大规模最迅速地把剩余产品转化为追加的生产资料,使突然膨胀起来的追加财富疯狂地涌入那些市场突然扩大的生产部门或新兴生产部门,这就需要有大批的劳动力可以被突然吸引到这些部门中去。资本主义的独特生产过程客观上要求有一支庞大的相对过剩人口队伍存在,为这种生产规模的突然膨胀提供可供支配的劳动大军。而庞大的产业后备队伍的存在,有利于压低工业工人的工资,并迫使其过度劳动。这些都直接或间接地为资本主义生产和再生产提供了可以随时使用的充足的失业人口。

---

[1] 《马克思恩格斯全集》第23卷,第692页。

五、机器的利用与工人就业关系的理论

马克思对机器的利用与工人就业的关系的辩证分析,无论对资本主义还是社会主义都具有重要的理论意义和现实意义。

马克思首先提出机器的资本主义应用会排挤工人造成工人失业。

首先,机器的资本主义使用直接排挤了一部分工人,使其成为失业者。机器的改进又意味着更多的机器劳动者将受到排挤。这一现象,其影响是长期的,在农业中则是永久的。

其次,机器的资本主义使用压低了工资水平,扩大了可供剥削的工人数量。不但使广大小生产者破产成为工人,就连工人的家庭成员——妇女和儿童,也被转化为工人,"资本主义使用机器的第一个口号是妇女劳动和儿童劳动!"①从而使资本家越来越用不大熟练的工人排挤熟练工人,用未成年劳动者代替成年劳动者,用女劳动力代替男劳动力,用同样多的资本购买到更多的劳动力。同时,又因为大量劳动力充斥市场,产业后备军成为常备军,加剧了劳动者之间的竞争,使资本家有可能压低工资。

最后,机器的使用加强了工人的劳动强度,使工人畸形发展,因为"机器上面的一切劳动,都要求训练工人从小就学会使自己的动作适应自动机的划一的连续的运动"②。进而被贬低为机器的附属品,迅速衰老。在机器大工业这种由劳动资料使用、支配工人,而不是相反的现象,生产的整个过程"不是从工人出发,而是从机器出发,因此不断更换人员也不会使劳动过程中断"③。

马克思又辩证地指出,虽然机器的资本主义应用必然排挤工人,但是它能引起其他劳动部门就业的增加:(1)机器生产的产品的增加,消耗的原料也就增加,所以原料的生产部门就要扩大;(2)随着机器生产在一个工业部门的扩大,给这个工业部门提供生产资料的那些部门的生产首先会增加;(3)机器参加了产品生产中的一个过程,就会引起其他过程劳动

---

① 《马克思恩格斯全集》第23卷,第433页。
② 同上书,第461页。
③ 《马克思恩格斯全集》第23卷,第461—462页。

需求的增加;(4) 机器生产会使社会分工扩大,因而使社会生产部门愈来愈多样化;(5) 采用机器的直接结果是社会产品中有较大的部分变成剩余产品,剥削阶级财富的增加,产生出新的奢侈要求,进而生产奢侈品的生产部门要增加;(6) 大工业造成新的世界市场,随着世界市场的发展,运输业对劳动的需求增加;(7) 机器生产的发展,使那些生产在较长时间才能收效的产品(运河、船坞、桥梁等)的工业部门中的劳动扩大了;(8) 大工业促使劳动力高度发展,对劳动力的剥削进一步加强,使工人阶级中越来越大的部分有可能被用于非生产劳动,使仆人、使女、侍从等"仆役阶级"增加。

很显然这种就业量的增加是由于这些部门吸收工人是由新的积累的资本而来,不是由排挤工人所腾出的资本而来。所以,必须全面正确地理解机器运用与工人就业的关系。

六、关于社会主义劳动力理论

马克思主义认为,一旦无产阶级夺取了政权,建立了社会主义社会,无政府状态的竞争和周期性经济危机就会消失,对劳动力的使用是有计划的,因而失业最终也会消失。

社会主义经济是建立在社会化大生产基础上的,社会化大生产是一种大机器生产,它的技术基础是革命的,它通过机器、化学过程及其他办法,使工人的职能和劳动过程的社会结合不断地随着生产的技术基础发生变革,使社会内部分工发生革命,不断地使工人从一个部门、行业、企业转向另一个部门、行业、企业,造成劳动力的流动。社会主义劳动力的流动是有计划的,它要求劳动者与生产资料不仅在数量和质量上,而且在空间和时间上都相互适应,保持一定比例。"一定量的生产资料,必须有一定数目的工人与之相适应;也就是说,一定量的已经物化在生产资料中的劳动,必须有一定量的活劳动与之相适应。这个比率在不同的生产部门是极不相同的,甚至在同一产业的不同部门,也往往是极不相同的。"[①]只有实现劳动力的有计划配置,才能使经营者根据社会需求和技术进步的变化而调整自己

---

① 《马克思恩格斯全集》第25卷,第162页。

的生产规模、产品结构以及技术结构。

正是由于社会主义条件下劳动力资源的有计划配置,消除了资本主义社会生产的对人力、物力、财力的巨大浪费;公有制的建立使生产和消费变得很容易估计,按需求调节生产也不再困难;最后,在社会主义制度下,人类拥有极其丰富的生产力,只要合理组合起来,就能迅速提高生产水平。所以社会主义制度的建立消除了失业存在的条件。

马克思、恩格斯还就社会主义劳动力获得全面发展的理论做了论述,他们认为,公有制使社会的每一个生产者都成为国家的主人,劳动不再是令人厌恶的、外在的强制劳动,而是真正的自由劳动,是为自己、为社会的劳动,社会主义生产劳动给每个人提供全面发展和表现自身全部的体力和脑力的能力的机会,"生产劳动就不再是奴役人的手段,而成了解放人的手段,因此,生产劳动就从一种负担变成一种快乐"[①]。这表现在三个方面。

首先,劳动者享有平等的受教育权利。这使他们在生产过程中不断完善自己,更好地利用生产资料进行生产。劳动者突破了在资本主义制度下依附于机器生产的局部人的地位,以通晓整个生产系统并具有全面流动性的崭新面貌出现。知识水平和自身素质的提高,不但使劳动者随着机器的不断更新而摆脱了沉重的体力劳动,而且反过来又促进了新发明、新改良的出现,从而进一步推动生产力的发展。

其次,劳动者能获得更多的闲暇来安排他的娱乐、福利。社会财富伴随着整个社会生产效率的提高而增加,这也促使社会一系列保障制度的建立。在改进社会公共福利、设施的同时,又方便了社会每一个成员,提高了他们相应的福利水平。

最后,职业发展的局限性及其对分工的依赖现象到共产主义社会将会消失,任何人都没有特定的活动范围,每个人都可以在任何部门发展,社会调节着整个生产,人们可以按照自己的心愿做事。也就是说,马克思认为在共产主义制度下,劳动将成为生活的第一需要。

---

① 《马克思恩格斯选集》第 3 卷,第 333 页。

第二节 西方劳动力理论

西方理论界对劳动力理论的论述可谓是五花八门,而且,长期以来对劳动与劳动力概念是不做任何区分的,他们有时讲的劳动实际上就是劳动力。

一、劳动力供求自然平衡理论

在资本主义上升时期,资本主义周期性的生产过剩危机已经出现,失业现象随处可见。但是,这并未成为当时经济学家所研究的一个重要问题。他们坚持认为,资本主义条件下劳动力的供给与需求总是趋于平衡,主要观点有:

1. "对工资劳动者的需求,自随国民财富的增加而增加。"[①]斯密认为,如果一国收入和资本的积累处于停滞或递减状态,那么绝对不会出现对劳动力需求的增加,而收入和资本积累的增加,必然导致国民财富的增加。因此,扩大对劳动力的需求量,关键在于刺激不断增长着的国民财富。同时强调训练劳动者技能,作为社会的一种固定资本来发挥作用,进而增加国民财富。"工人增进的熟练程度,可和便利劳动、节省劳动的机器和工具同样看作是社会上的固定成本。学习的时候,固然要花一笔费用,但这种费用,可以得到偿还,赚取利润。"[②]这个观点已经触及到了劳动力价值内容的一个方面,即劳动者的受教育和训练的费用。而且这种费用最终会在劳动力的使用过程中得到补偿。

2. 劳动力的供给会自动适合于劳动力的需求,他们认为,资本主义经济是一种能自然达到市场均衡的经济形态。劳动力的供求也不例外。一方面,人口的增加和减少总是伴随着劳动报酬的提高和降低,"因此,像对其他商品的需求必然支配其他商品的生产一样,对人口的需求也必然支配

---

① 《国民财富的性质和原因的研究》上卷,第63页。
② 同上书,第258页。

人口的生产。生产过于迟缓,则加以促进;生产过于迅速,则加以抑制"①。另一方面,劳动力的需求又是由资本积累决定的,所以,劳动力的增加取决于资本积累的增长,因此,他们反对非生产性消费。基于诸多因素对劳动力的供求起到一种制衡作用,斯密认为,生产过剩或不足即使是有,也只是暂时的,终究会自行消除,劳动力的供求总是趋向平衡。所以,资本主义制度下不存在经常性的普遍失业现象。

3. 工资水平和差异调节劳动力的市场流动。他们认为,只要对失业工人给以足够的时间进行必要的重新训练,或者能以受到不同训练的下一代来接替现有的一代,那么工人在各种职业间就有较大的流动性,并且能选择最理想的职业。引发和调节劳动力流动的就是工资水平的差异。

劳动力供求自然平衡理论把失业解释为资本主义制度下的一种暂时的社会现象,其理论依据和解决失业的方案都旨在维护资产阶级的统治,没有,也不可能正确地揭示资本主义周期性危机的根源与工人失业的真正原因。而失业是资本主义生产方式的必然产物。

二、机器的利用与劳动力过剩理论

西方资产阶级的经济学家们在承袭前人的劳动力供求会同其他商品一样自然趋向平衡的同时,也不得不面对日益严峻的失业现象。但他们的分析所揭示的,不是资本主义生产方式必然导致失业人口大量的存在,而是来源于机器的使用。

一种观点认为,机器排挤工人。"用机器来代替人类劳动,对于劳动阶级利益往往是有很大害处的。"②因为机器的使用使社会纯收入增加,但是劳动阶级收入所依靠的另一种基金却会减少,这样就会使人口过剩,进而使劳动者生产状况恶化。这就明显地显示出,持这种观点的人没有不变资本和可变资本的概念,因此,不可能了解资本有机构成的提高是造成相对人口过剩的原因。

另一种观点认为,在供求平衡的社会状态下,机器的引入将剥夺劳动

---

① 《国民财富的性质和原因的研究》上卷,第 73—74 页。
② 《政治经济学及赋税原理》,第 230 页。

者的一切。持这一观点的主要是出生于瑞士的法国经济学者西斯蒙第,他主张不孤立地评价机器使用是有害还是有益:"从一般规律说来,在消费的需要超过居民所握有的生产资料的时候,任何机器方面或技术方面的新发明都是对社会有利的。"[1]因为这时机器的使用增加了产品,满足了人们的需要,同时平衡了生产与消费的比例。相反,"在生产已能充分满足消费的时候,同样的任何发明在我们现有的社会组织中就都是一种灾难了"[2]。因为,机器生产使商品价格按算术级数下降,但却以几何级数增加的工人失去工作,成为过剩人口。机器生产使小生产者破产倒闭,生活日益贫困。机器生产加剧了生产与消费的不平衡,造成日益严重的经济动荡。所以,西斯蒙第讲道:"我们反对的决不是机器,决不是发明,决不是文明,我们反对的是现代的社会组织,这个社会组织剥夺了劳动者的一切财产"[3],才使机器使用带来灾难性的后果。

可贵的是,以西蒙斯第为代表的一些经济学家认识到机器的利用有利于提高生产力。但是,他们只是承认在生产不足时,机器的使用才是积极的。这说明,他们仍然未能意识到无论在怎样的生产状况下,机器的利用本身是能够为其他社会部门创造更多的就业机会的。所以,他们的机器使用是会造成工人失业的理论是不科学的。不是机器本身排挤工人,而是机器的资本主义应用排挤工人,造成工人失业。

三、有效需求的充分就业理论

基于对生产技术和设备固定不变的假设,以英国经济学家凯恩斯为代表的一些西方经济学者得出结论:要增加生产和国民收入,必须增加劳动力的投入。国民收入与就业量是相通的,所以这个就业理论又称为国民收入决定论。这个理论主张通过刺激有效需求,来实现劳动力的充分就业。所谓有效需求,就是指商品总需求价格与总供给价格相等时的社会总需求。

---

[1] 西斯蒙第:《政治经济学新原理》,商务印书馆1964年版,第450页。
[2] 同上。
[3] 同上书,第514页。

有效需求包括消费需求和投资需求两大类。当这两类需求之和把社会产品全部买下时,也即所谓市场出清时,总供给价格等于总需求价格,那么这个状态下的总需求即为有效需求,社会便实现充分就业;如果社会产品有剩余,市场未出清,总需求价格小于总供给价格,则会出现生产过剩的经济危机,产生非自愿性失业,工人实际货币收入降低,导致有效需求不足。要消除失业,就要扩大有效需求,增加消费和投资。

首先,通过把储蓄转化为投资来刺激消费需求的增加,减少失业。凯恩斯认为,人们的消费随收入的增加而增加,但消费量的增加总低于收入量的增加,消费的增加量(ΔC)与收入增加量(ΔY)之比($\Delta C/\Delta Y$)叫作边际消费倾向(MPC),它大于0小于1。收入减掉消费的余额为储蓄,边际消费倾向小于1,反过来即边际储蓄倾向大于1,这表明消费量的增量随着收入量的增加而相对递减时,储蓄量的增量则随着收入量的增加而相对递增。为防止社会总需求因消费不足而减少,从而带来生产过剩危机与失业,就要求把储蓄转向投资。

其次,刺激投资,提高就业乘数,实现充分就业。尽管国家可以通过指导、鼓励人们多消费及赞扬剥削阶级的穷奢极欲的方式,在一定程度上提高消费需求,但是由于人们的消费倾向相当稳定,刺激消费难以完全解决危机和失业问题,所以应着重于刺激投资:一是增发货币、降低利率,帮助资本家建立乐观的情绪,提高投资积极性。资本家投资与否取决于预期收益与利息的关系,如果预期收益大于银行利息,他就愿意投资。随着社会投资的扩大,预期利润率呈现下降趋势,这是所谓的资本边际效率递减规律,它依赖于资本家对投资的未来收益的估计,但这种估计是非科学的,是受市场上投机家们非理性的心理状态的影响,使他们丧失对投资前景的信心,导致资本边际效率下降,投资大幅度下降,总需求锐减,爆发危机,加剧失业。二是实行通货信用膨胀政策,以弥补财政赤字,同时压低利率,鼓励资本家投资。资本家投资与否还取决于所谓的灵活偏好规律,即人们总喜欢手头上保留一部分现金,动机有三个:支付日常开支的交易动机;应付突然发生的开支和有利购买的预防动机;对股票、债券市场价格看跌而暂时贮存货币的投机动机,前两个动机取决于人们的收入水平并较少受利率高低的影响,而第三个动机则依赖于现行利率的高低以及投资者对未来利率涨跌的预期。货币供给取决于银行发行的货币量,利率高低取决于货币的供给量,所以,金融当局可用适当的货币管理政策,增发货币,降低利率,以刺激投资,增加就业。三是增加国家的直接投资,发展国家垄断资本主义。四是实行赤字财政和举债支出政策,扩大政府支出以解决有效需求的不足。五是实行战争和国民经济军事化政策。六是鼓吹对外扩张政策,为国内滞销品和过剩资本找出路。

凯恩斯认为,增加一定量投资能成倍数地扩大收入和就业量。投资增加量(ΔI)与乘数(K)的乘积为收入增加量($\Delta Y = K \cdot \Delta I$)。"有了这一步,设消费倾向不变,则我们可以在总就业量、总所得与投资量之间,建立一个确切的关系。"①

$$K = \frac{\Delta Y}{\Delta I} = \frac{\Delta Y}{\Delta Y - \Delta C} = \frac{\frac{\Delta Y}{\Delta Y}}{\frac{\Delta Y - \Delta C}{\Delta Y}} = \frac{1}{1 - \frac{\Delta C}{\Delta Y}} = \frac{1}{MPC}$$

可见,边际消费倾向(MPC)越大,乘数(K)也越大,从而带来的收入和就业量也越大。

这样,凯恩斯的有效需求理论就否定了新古典学派信奉的"萨伊定律"和市场机制能保证资本主义经济自动趋向均衡的理论。放弃自由放任原则,实行国家对经济生活的干预,运用财政政策和货币政策刺激消费,增加投资,以保证社会有足够的有效需求,实行充分就业的政策结论,是对1929—1933年经济大危机给资本主义世界造成的新形势比较现实的分析,为资本主义国家暂时摆脱经济危机提供了一条现实可行的途径。凯恩斯是资产阶级国家垄断资本主义理论的创始人,但是,作为资产阶级经济学家,他并没有超越资产阶级庸俗经济学的观念。他承袭了边际学派发展起来的主观唯心主义的分析方法,把重要的经济范畴解释为纯粹的心理现象,从而抹杀了资本主义社会经济的基本矛盾,掩盖了失业和经济危机的真实根源。

---

① 《就业、利息和货币通论》,第97页。

四、长期稳定的充分就业理论

从凯恩斯以来一直到萨缪尔森这段时期,西方经济学界都认为运用财政手段和货币手段最终能实现充分就业与经济的增长。其理论包括:

1. 商品市场和货币市场同时达到均衡,是实现充分就业的条件。希克斯—汉森模型(见图7-1),即由IS储蓄投资曲线所代表的商品市场均衡(投资等于储蓄),与LM灵活偏好和货币数量曲线所代表的货币市场均衡(货币供给与需求相等)同时达到均衡时,IS曲线和LM曲线相交于点E,从而决定了均衡国民收入水平Y_E和均衡利息水平r'_E并实现劳动力充分就业。

当政府运用货币政策或财政政策时,亦可用IS—LM模型来分析它如何使就业量增加。如果货币当局增加货币供应量则LM曲线向右下方移到LM′位置,均衡利息因货币供应量的增加而降至r'_E,利息率下降进一步引起投资增加,使国民收入均衡值从Y_E增至Y'_E(假定其他条件不变)。同样条件下,政府开支增加,IS曲线向右上方移至IS′处,LM曲线与IS′曲线交于E″,表明政府开支增加引起国民收入均衡值从Y_E增至Y'_E,利息率在这一过程中升至r''_E。倘若政府同时采取增加货币供应量和增加财政开支政策,可以使国民收入增至Y''_E水平,而利息率保持在r_E水平不变(点E‴)。

所以,在萧条或危机时,政府可以采取膨胀性财政政策和货币政策,促使经济繁荣高涨,以增加国民收入,实现充分就业。

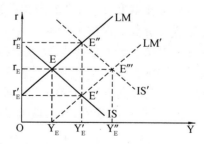

图7-1 希克斯—汉森模型

2. 实际增长率等于自然增长率,从而实现劳动力充分就业。自然增长率是一个国家所能实现的最大化经济增长率,是由一国的劳动力增长率和劳动生产增长率所决定的,用 G_n 表示。实际增长率 $G_w=S/V$ 或者 $G_w \cdot V=S$,表示 S 和 V 既定时,使总储蓄量全部转化为投资所需要的国民收入增长率。其中,S 代表储蓄率,$V(=K/Y)$ 表示资本—产出比率,即,为了生产出一单位的国民收入(Y)必须投入的资本(K)。这说明,当资本—产出比率(V)既定时,对任何一个给定的储蓄率(S),其实际增长率(G_w)只有唯一的一个,如果 $G_w<G_n$,表示储蓄的增长率快于劳动力的增长率,从而出现储蓄过度引起的社会经济长期停滞和萧条状态。如果 $G_w>G_n$,表示现存资本设备处于极为充分利用状态,将刺激资本家进行新的投资,经济将进入繁荣阶段,就业增加,甚至会出现通货膨胀。这时,可在 S 变动的情况下,通过变动劳动和技术,或资本密集度高的生产方法,或劳动密集度高的方法,来改变 V 的数值,使 $G_w=G_n$。因为资本家会随利息率的变化调整生产方法,使投资量最终能全部吸纳充分就业条件下的储蓄量。

显而易见的是,在这个被称为"哈罗德—多玛"模型中,三个变量的数值是各自独立决定的,因而在实际生活中恰好能满足 $G_n=S/V$ 条件是偶然的;因此它不可能根本解决资本主义社会时常发生的经济波动和大量工人失业的现象。

3. 利用通货膨胀解决失业问题的理论。这一理论来源于菲利普斯曲线,它揭示的是失业率和货币工资率呈反方向变动的关系,即,失业率越低,货币工资增长率就越高;反之,失业率越高,工资上涨率越低。依据成本推进的通货膨胀理论,萨缪尔森又称这种关系为:失业率越高,物价上涨率越低,失业率越低,物价上涨率越高。所以,要减少失业,就会出现通货膨胀;要稳定物价,就会提高失业率。

但,20 世纪 60 年代后期出现的"滞涨"局面使这个理论失灵:高失业率与高通货膨胀率并存。为弥补菲利普斯曲线的这一缺陷,西方经济学者们又主张用紧缩的货币政策对付通货膨胀,用扩张的财政政策对付失业和经济停滞。

4. 加速原理创造更多的就业。凯恩斯的乘数原理是通过对投资需求的分析,说明投资的增加可以刺激收入和消费的增长。而加速原理认为,收入和消费的增长会反过来影响投资的增加。这种由收入增加而诱发的投资称为"引致投资"。于是,他们认为,只要政府在科学的预测下,定期向社会进行一定量的投资,就可以预防和克服周期性的危机,并能创造更多的就业机会,从而实现劳动力的充分就业。

加速原理在一定程度上反映了现代化生产中固定成本比重大这一技术特点,因而具有一定的实际意义。但是,加速原理关于产量变动必定引起投资按严格的固定关系变化的假设是不实际的,产量增加并不一定总是伴随投资的增加,更不一定总是伴随投资的加速增加。所以,加速原理在消除失业加速作用时将失效。

西方经济学提出的长期稳定的充分就业理论,并不能从根本上解决资本主义社会工人失业的问题,但是,他们揭示的投资、经济增长与失业之间关系的原理,有一定借鉴意义。

五、"自然失业率"理论

"自然失业率"理论,是以美国经济学家弗里德曼为代表的货币主义学者们用来分析通货膨胀与失业关系的工具。

1. 抑制通货膨胀须保持一定的失业。他们认为,在资本主义制度下,本来就存在"自然失业率"。"所谓'自然失业率'是这样一种失业率,它可以根据瓦尔拉的全面均衡方程体系计算出来,只要给予这些方程以劳动力市场和商品市场的现实的结构性特征,这些特征包括市场不完全性,需求和供给的随机变化,获得有关工作空位的可利用的劳动力的情报费用,劳动力的流动的费用,等等。"[①]弗里德曼的"自然失业率"实际指的不是传统经济学所说的社会经济生活中的摩擦失业和自愿失业。

由于"自然失业率"的存在,使一切旨在使失业率低于"自然失业率"的政策措施成为权宜之计。因为货币工资的增长落后于物价的上涨,资本家有利可图便会多雇佣一些工人。一旦工人认识到实际工资下降,就会要求增加工资,加上通货膨胀引起的物价上涨抑制了对商品的需求,资本家无利可图,便会减少雇工,失业率又回升到"自然失业率"水平。所以,他们主张应保持一定数量的失业者以抑制通货膨胀。

---

① 外国经济学说研究会:《现代国外经济学论文选》第 1 辑,商务印书馆 1980 年版,第 120 页。

2. 保持货币增长与经济增长相适应,以实现充分就业。弗里德曼等认为,利率变动对货币需求的影响是微弱的,货币流通速度是比较稳定的。货币供应量的变动,既影响物价总水平,也影响总产量或国民收入,过度扩大货币供应量或实行赤字财政政策,虽可暂时压低利率,但随后物价又会上涨,利率又将上升,通货膨胀越来越严重。所以,政府只要实行抑制货币供应量的增长率这一"单一规则"的货币政策,使这一增长率与经济增长率大体相适应,并使其长期基本不变,同时发挥市场价格机制的作用,让利率、失业率、价格水平自由调节,就可以实现经济稳定增长和劳动力充分就业。

综上所述,以弗里德曼为代表的货币学派虽然分析了资本主义经济的通货膨胀和失业问题,但并没有能够消除它们,反而导致了20世纪80年代初大部分主要资本主义国家都"感染了货币主义的病症":失业增加和经济增长速度放慢。

六、人力资本理论

美国经济学家在20世纪50年代解释美国经济成长时,发现在考虑了物质资本和劳动力增长之后,仍有很大一部分经济成长不能解释清楚,这未能解释清楚的部分后来被称为"成长剩余",以加里·贝克尔、舒尔茨等人为代表的一些与芝加哥学派密切联系的经济学家提出了人力资本的概念,并对劳动力自身发展、进而更好地推动社会经济增长等方面做了如下阐述。

1. 教育、训练和家庭是人力资本投资中三个重要组成部分。人力资本是指人们花费在教育、健康、训练、移民和信息取得等方面的开支所形成的资本,它能带给人们长期的收益。但这种投资产生的是人力资本,而不是物质资本或金融资本,所以我们无法将人与他所拥有的技术、健康或价值观相分离,即人力资本和其所有者具有不可分性。

教育是一种投资,如果把教育看作是和物质资本、土地、纯劳动力一样的生产要素的话,教育通过它作为直接生产要素的一种对生产做出贡献。教育又具有一种资源配置的作用,即教育能提高它的所有者选用技术和投放的能力。其他要求不变,增加教育就能提高产量,这也是边际产品的概念。

工作中训练则是人力资本投资的另一重要形式,许多工作给工人提供了干中学的机会,随着经验的积累,工作效率不断上升。他们认为,这种岗位培训应该主要由企业来承担。

家庭是人力资本的重要来源,家庭给孩子教育、价值观、训练、知识以及培养孩子良好习惯,家庭是孩子最初接受教育的场所。父母在孩子们身上所花的启蒙教育时间,会转变为他们在学习能力和行为上相比同龄人的优势。良好的启蒙教育会加速人力资本的积累。在家庭中得到的价值观、生活习惯和进取心的熏陶,亦会转化成他们的人力资本的一部分或刺激其人力资本的积累。

2. 人力资本积累推动经济增长,以罗伯特·小卢卡斯所建立的边干边学模型为代表,假定产品生产和技术积累是依赖于该行业的平均技术水平,人力资本的外部作用表现在该行业的平均技术水平上,假定人力资本的增长完全是干中学的结果,新产品不断地被介绍进来或开发出来,对每个产品而言边际学习递减规律适用,但专门用来生产某种旧产品的人力资本会通过某种方式继承下来生产新产品,这样人力资本便会不断增长。因为人力资本是人格化的知识和技术,经济发展依赖于技术和科学知识的进步,所以经济的发展依赖于人力资本的积累。

人力资本理论是世界各国寻求经济增长的重要理论指导,尤其是发展中国家对人力资本的投资变得越来越重要。现代生产趋向知识密集、信息技术广泛渗透。新的工作机会对工人教育和技术的要求越来越高,只有具备较多的人力资本的劳动队伍才能跟上这种变化,也才能抓住变化中的机会。人力资本理论对于研究社会主义社会劳动力理论也有一定启迪。

第三节 劳动力理论的比较与探索

对马克思主义和西方劳动力理论的比较研究,对我国社会主义条件下劳动力理论的研究和探索有重要启示。

一、马克思主义与西方劳动力理论的比较

(一)关于劳动力与劳动的区分

马克思原来也没有劳动和劳动力的区分,经过多年的研究,最终才在

《资本论》中明确区分了劳动力和劳动。劳动力,或称劳动能力,是指人的身体即活的人体中存在的、每当人生产某种使用价值时就运用的体力和智力的总和。

劳动力的使用就是劳动本身。它是人以自身的活动来引起、调整和控制人和自然之间的物质变换过程。劳动本身这一过程不是商品,它是制造使用价值的有目的的活动,是为了人类的需要而占有自然物,是人类生活的永恒的自然条件,它是人类历史长河中一切社会形式所共有的。劳动力只有在劳动过程中,结合生产资料,按特定的生产方式生产出使用价值,才能发挥其功能。

马克思在人类历史上第一次把劳动力与劳动明确区分开来,为揭示剩余价值的起源奠定了基础,是马克思在经济学理论上的伟大贡献。

而西方经济学无论是古典经济学,还是现代经济学基本上都没有劳动和劳动力的区分,因而,在经济理论中矛盾百出,甚至导致自己理论体系的破产。例如李嘉图由于没有区分劳动和劳动力,导致了李嘉图体系的第一个困难,即资本和劳动的交换如何同价值规律相符合。因为按照价值规律资本和劳动的交换应该是等价交换的,既然是等价交换就不可能产生利润。但是,资本家进行生产的目的是追求利润,而且事实存在着利润,这是一个矛盾。李嘉图及其继承者发现了这个矛盾,但由于没有区分劳动和劳动力,他们无法解决这个矛盾,这是李嘉图理论体系解体的两个难题之一。马克思区分了劳动力和劳动,就解决了这个难题。作为商品出卖的是劳动力,而不是劳动。工人出卖劳动力是按照等价交换原则进行的,没违背价值规律。而资本家获得的利润是在生产过程中劳动力的使用,即劳动所创造的价值大于劳动力本身的价值,而产生的剩余价值转化而来的。

(二)关于劳动力在经济发展中的作用

马克思主义非常重视劳动力(包括相关有联系有区别的概念:劳动者、劳动)在生产力发展以及整个社会经济发展中的作用。

马克思主义认为,劳动力是最强大的生产力是首要的生产力。马克思说:"最强大的一种生产力是革命阶级本身。"[①]列宁说:"全人类的第一个生产力就

---

① 《马克思恩格斯全集》第4卷,第197页。

是工人,劳动者。"①毛泽东说:"世间一切事物中,人是第一个可宝贵的。"②为什么劳动力是最强大、首要的生产力呢?这是因为劳动力存在于人的身体中,而人是一个能动的因素。人是生产的主体,人在生产力中起主导作用。没有人的劳动,根本不存在什么物质资料的生产,因而也就谈不上什么生产力。

首先,从人对自然的关系看,人是主体,自然是客体。是人能动地征服自然、改造自然。马克思说:"劳动首先是人和自然之间的过程,是人以自身活动来引起、调整和控制人和自然之间的物质变换的过程。"③

再从人对科学技术和劳动工具来说,科学是人发明的,工具是人制造的,科学技术靠人去运用,工具靠人去改造。马克思说:"机器不在劳动过程中服务就没有用。不仅如此,它还会由于自然界物质变换的破坏作用而解体。铁会生锈,木会腐朽。纱不用来织或编,会成为废棉。活劳动必须抓住这些东西,使它们由死复生。"④

劳动力之所以能成为生产力中的能动要素,不仅因为人可以运用自己的体力作用于自然界,更重要的是因为人还能运用自己的智力,认识自然和改造自然。所以,在人类社会发展的一切阶段上,劳动力始终是基本的生产力。

不能说西方经济学完全忽视劳动力在生产力发展中的作用,但是,可以说不太重视劳动力的作用。基本上是作为一般的生产要素来看待。威廉·配第说过这样一句名言:"劳动是财富之父,土地是财富之母。"⑤萨伊的生产要素论,认为劳动创造工资、资本创造利润、土地创造地租。更有甚者有意贬低劳动力的作用。1958年,美国出版了一本名叫《资本家宣言》的书,作者是凯尔索和阿德勒,他们声称:在发达的工业经济中资本是财富的主要生产者。说什么由于技术和机器的进步,劳动财富生产的物质贡献,比起资本工具来,现在是很小的,如果说今天美国工人对财富生产的物质

---

① 《列宁全集》第29卷,第327页。
② 《毛泽东选集》第4卷,第140页。
③ 《马克思恩格斯全集》第23卷,第201—202页。
④ 同上书,第207—208页。
⑤ 同上书,第57页。

贡献，不到生产财富的10%，而资本工具的所有者通过他们的资本工具所作出的物质贡献，占所生产财富的90%以上。这是典型的夸张资本的作用，贬低劳动作用的西方学者。当然，现在也有一些西方学者越来越看到劳动力的作用，人的作用。例如，在管理理论中提出的：以人为本的原则，以及人力资本论，等等，这些都是值得注意的新观点。

（三）关于机器生产的发展与工人就业的关系

在资本主义社会，确实存在这样一种现象：随着机器生产的发展，有些工厂所使用的工人不仅相对地减少，而且绝对地减少了。或者随着机器生产的发展，就业工人的绝对数有所增加，相对数却会减少。

资产阶级经济学家穆勒、西尼耳等为了反对工人运动，维护资产阶级利益，炮制出了机器排挤工人会腾出相应的资本，再去雇佣被排挤出来的工人的理论。针对这一理论，马克思给予了严厉的批评。

1. 机器排挤出工人不可能游离出相应的资本。因为，代替工人的机器不是白白得到的，而是靠排挤工人腾出来的可变资本购置的。(1) 这里发生的只是可变资本转变为不变资本，而不可能游离出资本。(2) 如果机器的价值小于被解雇的工人的工资额，这时，可以游离出一些可变资本。如果，游离出的资本只是资本的一部分，它还要分为不变资本和可变资本，而用来雇佣工人的部分很小。(3) 当然，由于机器的应用，机器制造业的发展需要雇佣一些工人。但是机器制造业所要雇佣的工人是另一些工人，与排挤出来的工人是两回事。所以，随着机器使用范围的扩大，随着机器的改进，同量资本所雇佣的工人逐步减少。

机器排挤工人只能游离出工人的生活资料。因为，工人被机器排挤后，他们根本没钱购买生活资料。但是，这决不能使它游离出资本。生活资料对工人来说不是资本，而是商品。工人对商品来说，他不是工人，而是买者。机器把他们从购买手段中游离出来，于是，就把他们从买者变成非买者，结果，这些商品的需求减少了，价格下跌了，生产下降了，这些雇佣工人被解雇了。

机器排挤工人是游离出过剩人口。与资产阶级学者护士们的说教正好相反，机器排挤工人不是游离出资本，而是游离出一个"过剩人口"，游离出生活资料。

2. 机器排挤工人是机器的资本主义应用的结果。机器本身对于把工人从生活资料中"游离"出来是没有责任的。"同机器的资本主义应用不可分离的矛盾和对抗是不存在的,因为这些矛盾和对抗不是从机器本身产生的,而是从机器的资本主义应用产生的。"①

(1) 机器本身可以缩短劳动时间,但是机器的资本主义应用延长工作日;(2) 机器本身可以减轻劳动,但机器的资本主义应用提高劳动强度;(3) 机器本身是人对自然力的胜利,但机器的资本主义应用使人受自然力的奴役;(4) 机器本身增加生产者的财富,但机器的资本主义应用使生产者变成需要救济的贫民。

3. 机器会排挤本部门的工人,但会引起其他部门工人的增加。马克思说:"虽然机器在应用它的劳动部门必然排挤工人,但是它能引起其他劳动部门就业的增加。不过这种作用同所谓的补偿理论毫无共同之处。"②

二、关于劳动力所有制问题的探索

马克思在《资本论》第 1 卷第 4 章曾经这样说过:"劳动力所有者要把劳动力当作商品出卖,他就必须能够支配它,从而必须是自己的劳动能力、自己人身的自由的所有者。"③这就启发人们思考一个问题,劳动力有没有所有制? 社会主义社会有没有劳动力所有制?

劳动力有没有所有制? 这个问题大体上有四种意见:

第一种意见,认为根本不存在劳动力所有制问题,因为经典作家所讲的所有制都是指的生产资料所有制问题。

第二种意见,认为存在着劳动力所有制问题,但是只有资本主义社会存在着劳动力所有制问题。因为,只有在资本主义社会中劳动力才成为商品,才存在雇佣劳动。

第三种意见,认为存在着劳动力所有制问题,但是只有生产资料私有制社会才存在劳动力所有制问题。

---

① 《马克思恩格斯全集》第 23 卷,第 483 页。
② 同上书,第 484 页。
③ 同上书,第 190 页。

第四种意见,认为一切社会都存在劳动力所有制问题。社会主义社会也不例外。

我们认为是一切社会都存在劳动力所有制问题,理由和根据如下:

第一,马克思在《资本论》中关于劳动力所有权,劳动力所有者,劳动力是劳动者的财产的提法是大量的,不是个别的。如:第1卷除了上面已经引用的以外,他还说过:"劳动力所有者和货币所有者在市场上相遇,彼此作为身分平等的商品所有者发生关系,所不同的只是一个是买者,一个是卖者,因此双方是在法律上平等的人。"①"他在让渡自己的劳动力时不放弃自己对它的所有权。"②在第2卷中讲过:"劳动力的买和卖。这种行为本身又是建立在先于社会产品的分配并作为其前提的生产要素的分配的基础上的,也就是建立在作为工人的商品的劳动力和作为非工人的财产的生产资料互相分离的基础上的。"③"劳动力只是劳动者的财产(它将不断自行更新,自行再生产),而不是他的资本。"④在第3卷中还讲过,工人是劳动力的占有者。"他所以是一个资本家,能完成对劳动的剥削过程,也只是因为他作为劳动条件的所有者同只是作为劳动力的占有者的工人相对立。"⑤

第二,劳动力所有制应该是一切社会普遍存在的一个范畴,因为人类进行生产有两个因素:一是生产资料,一是劳动力。生产资料有所有制,劳动力当然也应有所有制,而且马克思明确讲过生产资料和劳动力的结合的特殊方式和方法是划分不同社会的标志。"不论生产的社会形式如何,劳动者和生产资料始终是生产的因素……凡要进行生产,就必须使它们结合起来,实行这种结合的特殊方式和方法,使社会结构区分为各个不同的经济时期。"⑥在划分经济形态时,不能只以生产资料所有制为根据,同时必须考虑劳动力所有制问题。例如,在资本主义社会,劳动力成为商品是以存在劳动力所有制为前提的。如果没有劳动力归工人所有的问题,工人怎能

---

① 《马克思恩格斯全集》第23卷,第190页。
② 同上书,第191页。
③ 《马克思恩格斯全集》第24卷,第428页。
④ 同上书,第491页。
⑤ 《马克思恩格斯全集》第25卷,第49页。
⑥ 《马克思恩格斯全集》第24卷,第44页。

把劳动力作为商品出卖给资本家呢？

第三，社会主义社会也存在劳动力所有制。马克思在《哥达纲领批判》中讲到按劳分配时说过，社会主义不承认任何阶级差别，因为每个人都和其他人一样只是劳动者，但是它默认不同等的个人天赋，因而也就默认不同等的工作能力是天然特权。

三、关于社会主义社会劳动力商品问题的讨论

对劳动力是否是商品问题，国内外经济学界存在很大分歧。我国理论界主要有三种观点。

一种观点认为，社会主义初级阶段劳动力仍然是商品，包括国有企业的劳动力也是商品。因为国有企业的所有权和经营权分离后，劳动者个人实际无权占有任何一家企业的生产资料，而必须经过劳动力市场中介机构才能和某一企业建立劳动合同关系，从而与部分全民所有的生产资料相结合。这样，劳动者和国有企业之间实际上也形成了劳动力的商品交换关系。同时，资本主义的剥削关系不在于劳动力是不是商品，而在于工人提供的剩余价值被资本家无偿占有，这体现了资本主义社会的特性。社会主义经济条件下，国有和集体企业劳动者提供的剩余产品归社会和集体所有，从而体现社会主义特征。

第二种观点认为，当劳动者和全民所有制结合时，因为劳动者本身就是生产资料的所有者，其间没有发生劳动力使用权的转移，所以劳动力不是商品。同时认为，因为我国私营企业是在社会主义国家法律范围内经营的，不能任意提高剥削率，所以即使私营企业职工的地位也与资本主义国家雇佣工人有差别，只是部分出卖劳动力。

第三种观点认为，我国国有企业的职工的劳动力不是商品，但具有商品属性。私营企业职工的劳动力是商品，中外合资企业或一些公私合股企业职工的劳动力则部分是商品。

我们在对经济范畴的认识上，过去一直流行着一种看法，把反映经济关系的范畴一律纳入姓"资"姓"社"的框框内。正是基于这样的认识，所以才把商品经济这种反映几个社会形态共有的经济关系的范畴，片面地认为是资本主义经济特有范畴，把计划经济这种反映社会化大生产运行的范畴

误认为是社会主义经济独有的范畴。

劳动力作为商品来买卖的这种社会经济关系成为大量的普遍的社会现象,在历史上是随着资本主义商品经济的发展而发展起来的。所以,马克思以自己所处的时代,以资本主义商品经济的具体分析和对未来社会主义的设想,把劳动力的买卖和劳动力商品这一经济范畴定义为资本主义经济所特有的范畴,是可以理解的。因为资本主义条件下具备了劳动力成为商品的两个条件。但是,马克思没有也不可能预见到社会主义社会仍然要保留和发展商品经济,仍然要利用市场机制来实现资源的优化配置。在商品经济和市场经济条件下,劳动对象和生产资料都是商品,都受市场机制调节,作为生产三要素的劳动力,也不可能超脱于社会主义市场经济体制之外,因而也必须采用商品形式,接受市场的调节。

我们认为,社会主义条件下的劳动力是商品,理由如下:

一是,在社会主义条件下,劳动力作为商品是实现市场对资源配置起调节作用的前提条件,并不同任何剥削关系相联系。

在社会主义经济中,劳动力具有两个二重性:第一个二重性是指,工人一方面在政治上是国家的主人,另一方面在工厂生产中又是一种生产要素。所以工人有自由和自主权并且可以将自身劳动力进行出卖。第二个二重性是指,全国劳动者作为一个整体才具有生产资料主人的地位,才拥有生产资料的所有权、占有权、支配权和使用权,才可以运用公有的生产资料为集体利益服务。而作为单独的个人,劳动者除了可以自由支配自己的劳动力以外,对于公有的生产资料是不能行使所有者的任何一项权利的。至于那种认为"把自己卖给自己"的说法,即,作为生产者的劳动者把劳动力卖给作为所有者的劳动者自己,它忽略了这样一个事实:作为出卖劳动力的劳动者同作为购买劳动力的劳动者,是两个不同的主体,前者是劳动者个人,后者是劳动者群体,是全国范围或一个企业范围的劳动者集体。可以看出,在社会主义经济和资本主义经济中,虽然同样存在着劳动力的买卖关系和劳动力商品的范畴,但它们所反映的具体经济关系却是不同的。在社会主义经济中,卖方是劳动者个人,买方是国有企业或集体。社会主义国有企业或集体企业的主人不是私人资本家而是劳动者群体。

二是,劳动力商品这一经济范畴是劳动力作为商品进行买卖这种经济关系的理论表现。同一范畴在不同社会经济制度下有不同的反映,这不是罕见的事情。商品经济既可以同资本主义制度相结合,也可以同社会主义制度相结合,这一范畴在不同的社会经济制度下所反映的具体经济关系不同,因而就有不同的具体内容。在资本主义经济中,工人在必要劳动时间内用必要劳动所创造的必要产品,虽然也以劳动力价值或价格的转化形式回到工人手中,但剩余劳动时间里用剩余劳动创造的剩余价值却落到资本家的手中,成为不劳而获的剥削收入。而在社会主义经济中,除了必要产品部分是以工资形式回到劳动者手中之外,劳动者在剩余劳动时间内创造的剩余产品或称剩余价值,则以各种直接和间接的形式为增进劳动者的利益服务。

三是,社会主义初级阶段劳动力归劳动者个人所有。劳动力作为人的体力和脑力的总和,是永远依附在劳动者身上的。从生理意义上说,劳动力属于劳动者个人所有,但从社会经济意义看,在不同社会制度下,劳动者可以支配其劳动力的自由度有很大差别。例如,在奴隶社会,奴隶是"会说话的工具",其自身都属于奴隶主所有,没有支配其自身劳动力的自由。封建社会农奴对封建主的人身依附、资本主义制度下的劳动力及社会主义条件下的劳动力,其支配自己劳动力的自由度也不一样。只有劳动者可以自由支配其自身劳动力,才使他们有可能自由选择职业。如果劳动力公有,那就必然导致劳动力由国家统一使用,再继续重复过去长期采用的统包统配方式,可预见的是以往出现的"大锅饭""铁饭碗"等弊病。此外,社会主义初级阶段多种所有制成分并存,劳动者要实现在不同所有制企业间合理流动、自由择业,就必须拥有自己的劳动力。从我国目前劳动力的再生产费用主要由家庭负担以及职工享有的政治经济权利来看,劳动力应归劳动者自己所有。

在马克思看来,劳动力个人所有是各种社会形态共有的。长期研究的结果使马克思提出了在未来社会"重建个人所有制"的观点。这里指的主要就是劳动力个人所有制。它不是原来意义上的简单恢复,而是在土地和生产资料公有基础上重新恢复劳动力个人所有制。

四、关于社会主义社会劳动力市场体系的建立

社会主义市场经济条件下,劳动力取得了商品形式,必然要通过市场合理流动,所以,建立和培育社会主义劳动力市场体系就势在必行。

在当代西方各国,劳动力市场主要有以下三种代表性的类型:一是以美国为代表的传统的自由劳动力市场模式,它强调自由市场经济机制来调配劳动力,政府尽量避免干预;二是德国的劳动力社会市场经济模式,坚持劳动力市场自由原则与社会均衡原则相结合,经济政策与社会政策结合,政府在一定条件下有计划地对劳动力市场进行干预;三是日本模式,即政府主导型劳动力市场模型,以劳动力自由市场制度为主,政府在不同方面对劳动力市场加以调整与管理,充分发挥政府作用的劳动力市场经济体制。

实际上,劳动力市场作为一种劳动力交换关系的总和,可以是有形的,也可以是无形的,甚至主要是无形的。即,除了专门的有形劳动力交换市场外,大多数的劳动力交换是通过广播、电视、报纸等各种新闻工具作媒介,以签订合同、契约方式实现的。由于我们国家在劳动力市场的认识上走过弯路,所以要适应市场经济体制,建立完善的劳动力市场体系是有相当难度的。在国家对劳动力市场的必要宏观调控指导下,我们需要从以下几个方面来建立劳动力市场体系。

1. 充分就业原则。市场经济竞争机制优胜劣汰的必然结果就是失业的出现。实行有限失业与就业竞争机制有利于提高劳动者素质,优化企业要素配置,进而提高社会效益。为实现充分就业目标,就要在开拓就业渠道方面彻底改变传统的政府包办就业的做法,完善市场机制,使发展多种经济形式与增加就业机会紧密结合起来,尤其应重视那些投资少、见效快的劳动密集型的第三产业,把它作为安置国有企业富余人员和新增劳动力的重要途径。在就业组织方面,应以"双向选择"为目标模型,充分尊重企业的用人自主权和劳动者个人的择业自主权。

2. 对劳动力市场进行社会化管理。解除长期以来限制劳动力自由流动的严格的户籍制度。改革开放以来,户籍制度仅在某些地区稍有松动,这已对劳动力市场的发育、形成起了积极的作用。就全国范围看,如何更好地处理户籍制度与劳动力市场和劳动力资源配置的关系,还有待改革的深化。

3. 建立社会保障制度,包括社会保险制度、社会救助制度、社会优抚制度和社会福利制度。建立社会保险制度,提供与社会经济发展水平和社会承受能力相适应的社会保险福利,使劳动者在年老、患病、工伤、失业、生育等情况下能够依法享受保险待遇。建立社会救助制度,主要是依据科学界定的贫困线,在国家财力所及的条件下,使那些真正需要社会救助的居民都能够充分享受到社会主义大家庭的温暖。建立社会优抚制度,主要对退役军人、伤残军人以及军烈属所实施的优待政策。而社会福利制度的建立,是以为劳动者提供生活、休息、疗养的便利作为目标,在教育、卫生、城市住房、文化设施、物价补贴等方面提高劳动者的福利待遇。合理的社会保障制度可以为我国社会主义市场经济建设提供一个稳定的社会环境,切实提高劳动者的生活福利水平,消除在职、失业劳动力队伍的后顾之忧。

4. 劳动力市场组织形式多样化。劳动力的流动应以资源配置最优化为前提条件。鉴于我国劳动力市场刚刚起步,为减少社会劳动力大规模流动所带来的弊端,要建立不同类型、不同层次的劳动力市场。应注意有形市场与无形市场并重。首先要注意有形市场的发展,如人才交流中心、职工交流中心等。然后开拓无形市场。作为管理阶层的企业家市场,应在当今社会劳动力市场中扮演重要角色。

5. 建立科学的劳动报酬分配制度。劳动报酬和福利待遇的高低,是劳动力市场一个有力的杠杆,它调整着劳动力的流动和资源的配置。由于原来国家实行的统一劳动报酬标准,使企业无权根据经济效益的好坏来决定其分配,更达不到真正的按劳分配,这都在一定程度上阻碍着劳动力市场的形成和发展。但是随着改革开放范围的延伸,部分地区、行业的劳动报酬分配办法有所改革,差距适当拉开,在促进劳动力市场的形成和发展中,已显示出积极作用。但要实现完善而科学的劳动报酬制度,还需要较长的一段时期。

五、社会主义就业理论与实践

我国现阶段正处在高就业压力与低劳动力素质并存的情况下,劳动力市场发挥有助于缩短失业周期的作用也无法显示出来。首先就城市失业情况来看,失业人口的主体是从就业岗位上辞退、退职下来的各类人员。他们的择业愿望普遍较高,且一部分具有一定的劳动技能。还有相当一部分失业人口年龄较轻,有一定文化程度,身体条件较好。收入高、福利好、劳动强度低是失业者择业的主要考虑因素,其次才是能否发挥自己的技术特长和能否学到技术和本领。在农村,同样存在着大量的剩余劳动力。我国农村人口数量多,城市经济发展水平相对落后,吸收农业劳动力的能力有限。何况还不能全部吸收城市新增劳动力和城市剩余劳动力。

造成大量失业人口存在的原因之一就是我国绝对人口数量多,社会生产力所创造的财富已远远赶不上它所需支撑的消费者数量。尽管我们国家一直坚持控制人口数量的政策并已取得了显著的成绩,但是由于人口基数大,即使按国家规定的生育率发展下去,我国人口数量仍是逐年增多的。效率提高的生产力、新增的就业渠道远远不能满足这个庞大的人口队伍。我们必须承认的事实是,中国存在人口的绝对过剩,也就是说人的生产已超过了社会生产力的发展。

同时,我国现阶段失业人口存在的另一个原因是相对过剩人口的出现。相对过剩人口是市场经济的必然产物。商品经济和市场经济仅仅是在概念的称谓上的不同,实质是一样的。马克思对相对过剩人口的分析,始终是围绕劳动力市场供求关系和市场运行过程,进而揭示劳动供求规律和相对过剩人口规律的。我们国家建立了市场经济体制,相对过剩人口同样存在。

但是,承认市场经济体制下必然会出现相对过剩人口现象,并不意味着在社会主义市场经济条件下对失业问题只能任其发展。对于城市的待业、失业人口,我们可以通过延长教育年限的办法加以缓解,比如说,把义务制教育年限延长至12年,这不但减少了青年失业队伍的数量,而且还提高了未来劳动者的素质;对在岗的工人实行专业、岗位培训,使他们及时掌握新知识、新技术,不致落后于社会生产力的发展,即使下岗后,他们也能因自己的职业技能再去寻找其他工作。对于农业的失业问题,限于城市所能接纳的就业人口有限且面临城市本身的失业人口压力,应该使这批农业人口在农业内部自行消化。可行的途径是在农村发展乡镇企业和工业,主要进行农产品的深加工生产,提高农产品的价值含量及其价格,不但使农民的利益得到实现,而且也解决了农业相对过剩人口,并且减轻对城市就业人口的压力。

第四节 关于劳动力产权的探索[①]

劳动力在经济发展中的决定性作用已越来越为人们所承认和重视,但迄今为止,我国在研究产权问题时,基本上都把焦点对准"物"——财产,而对劳动者的劳动力产权却很少提及。产权的一般分析,通常是指实物资本产权,这是不全面的,完整的产权应包括实物资本产权和劳动力资本产权。

一、劳动力产权的理论渊源

劳动力产权这一概念,虽然前人没有使用过,但是有关劳动力产权的一些基本思想,却早已存在。无论是马克思主义经济学还是西方经济学的经典著作都有类似的理论,马克思和舒尔茨可以说是劳动力产权理论的先驱。

马克思虽然没有直接使用过劳动力产权的概念,但是马克思在《资本论》中有许多关于劳动所有者、劳动力所有权的提法。马克思在《资本论》第1卷第4章曾经这样说:"他在让渡自己的劳动力时不放弃自己对它的所有权。"[②]在第2卷马克思也讲过:"劳动力的买和卖。这种行为本身又是建立在先予社会产品的分配并作为其前提的生产要素的分配的基础上的,也就是建立在作为工人的商品的劳动力和作为非工人的财产的生产资料互相分离的基础上的。"[③]在第3卷马克思还讲过,工人是劳动力的占有者。"他所以是一个资本家,能完成对劳动的剥削过程,也只是因为他作为劳动条件的所有者同只是作为劳动力的占有者的工人相对立。"[④]

有人认为,类似于劳动力产权的劳动力所有权,劳动力所有者的概念

[①] 叶正茂、洪远朋:《关于劳动力产权的探索》,《财经研究》,2001年第1期。文章在上海市第四届邓小平理论研究和宣传优秀成果(2000—2001)评选中,获论文类三等奖。
[②] 《马克思恩格斯全集》第23卷,第190页。
[③] 《马克思恩格斯全集》第24卷,第428页。
[④] 《马克思恩格斯全集》第25卷,第49页。

只有资本主义社会才存在。其实,劳动力所有权、劳动力所有者是一切社会普遍存在的一个范畴,因为人类进行生产有两个因素:一是生产资料,一是劳动力。生产资料有所有制,劳动力当然也应有所有制,而且马克思明确讲过生产资料和劳动力的结合的特殊方式和方法是划分不同社会的标志。"不论生产的社会形式如何,劳动者和生产资料始终是生产的因素……凡要进行生产,就必须使它们结合起来。实行这种结合的特殊方式和方法,使社会结构区分为各个不同的经济时期。"① 在划分经济形态时,不能只以生产资料所有制为根据,同时必须考虑劳动力所有制问题。例如,在资本主义社会,劳动力成为商品是以存在劳动力所有制为前提的。如果没有劳动力归工人所有的问题,工人怎能把劳动力作为商品出卖给资本家呢?

马克思还明确认为社会主义社会也存在劳动力所有权。他在《哥达纲领批判》中讲到按劳分配时讲到一句话。他说,社会主义不承认任何阶级差别,"因为每个人都和其他人一样只是劳动者,但是它默认不同等的个人天赋,因而也就默认不同等的工作能力是天然特权。"②

既然在一切社会里都存在劳动力所有制问题,社会主义也存在劳动力所有制问题,那么在社会主义市场经济条件下,就必然会引申出劳动力产权问题,即不仅承认劳动力是商品,而且承认劳动力是资本,一句话,就是承认劳动力产权。

当代西方经济学的人力资本论也是劳动力产权的理论渊源。舒尔茨是当代西方人力资本理论的最主要代表人物。其后对人力资本理论作出突出贡献的,还有贝克尔、明塞尔、丹尼森等,他们主要从教育、在职培训、迁移、健康等方面对人力资本理论做了丰富和发展。

我们可以把舒尔茨的人力资本概况为:人力资本是指存在于人体之中、后天获得的具有经济价值的知识、技术、能力和健康等质量因素之和。从人力资本这一定义,我们可以得出以下几个方面的重要含义:(1)人力资本不是指人本身或人口群体本身,而是指一个人或一个人口群体所具有

---

① 《马克思恩格斯全集》第24卷,第44页。
② 马克思:《哥达纲领批判》,人民出版社1965年版,第14页。

的知识、技术、能力和健康等质量因素。(2) 人力资本是一种具有经济价值的生产能力。如舒尔茨(1971)所言："人力资本是一种严格的经济学概念……它之所以是一种资本是因为它是未来收入或满足、或未来收入与满足的来源。"(3) 一个人所拥有的人力资本并非与生俱来，而是后天靠投入一定成本而获得的。虽然，人力资本的形成及其效能的发挥会受到某些先天因素(如智商或体质方面)的影响，但是这种差别影响在人力资本概念中，就如同土地及其他自然资源在资本理论中一样，被视为一种级差地租。

人力资本的理论还认为，生产要素中除了劳动、资本和土地以外，应把人力资本作为第四个要素，并且十分强调人力资本所有者所得收入对分配的影响。舒尔茨认为，根据非人力资本(产生收入财产)进行的个人收入分配比根据人力资本进行的个人收入分配，不平等性要大得多。由于与非人力资本相比，人力资本储存量在不断增加，在其他条件相等的情况下，个人收入分配的不平等性将因此而得以减少。

如果说舒尔茨对人力资本的研究可看作是教育对经济作用的宏观分析的话，微观分析则主要由贝克尔来完成。贝克尔在《人力资本》一书中，分析了正规教育的成本和收益问题，还重点讨论了在职培训的经济意义[1]。同时，还研究了人力资本与个人收入分配的关系。在他的代表作《生育率的经济分析》和《家庭论》中，他对家庭生育行为的经济决策做了成本—效用分析，他提出的孩子的直接成本和间接成本的概念、家庭时间价值和时间配置的概念、家庭中市场活动和非市场活动的概念，都令人耳目一新。贝克尔学术研究的一个显著特点在于他几乎把可以从表面上看和经济学没有任何联系的现象与经济学联系起来，并运用经济数学方法对之分析。从他对犯罪的分析可见一斑，他给定了犯罪的预期收益，并且用被捕和受惩罚的可能性来表示犯罪的预期成本和罪犯的特殊风险偏好。这种分析使犯罪成为完全理性的行为，进而成为一种职业，他还以此对歧视等做了令人耳目一新的分析[2]。贝克尔的贡献在于：他弥补了舒尔茨只重宏观的缺陷，注重微观分析，并且将人力资本理论与收入分配结合起来。

---

[1] 加里·S.贝克尔：《人力资本》，北京大学出版社1987年版。
[2] 加里·S.贝克尔：《人类行为的经济分析》，上海三联书店1994年版。

以舒尔茨为代表的西方人力资本理论家,虽然看到了人力资本对国民经济增长的内在贡献,并开拓性地研究了人力资本投资,尤其是教育投资的收益率,拓宽了西方古典经济学中的资本概念的内涵和外延,但却没有将人力资本作为支配物力资本和货币资本的主导要素加以研究,从而也就得不出劳动者是社会物质财富的创造者的结论,也就不可能将国民经济增长的内在根源真正研究透彻,也不可能有完善的人力资本概念,或者说,缺乏对人力资本全面的研究。不管人力资本论怎样不完善,但它总归为劳动力产权理论提供了有益的启示。

二、劳动力产权的基本内涵

为了探讨劳动力产权的基本内涵,首先我们必须搞清楚劳动力资本与人力资本的关系。因为承认劳动力产权就是承认劳动力资本,或者说两者基本上是一回事。

劳动力是人的劳动能力,既包括一般体力和脑力的劳动能力,也包括需经一定教育和培训才能获得的劳动能力;而人力资本则是指正规教育和训练而在劳动者身上体现出的劳动才能,它属于劳动者的劳动能力中的一部分。

可见,劳动者的劳动能力并不一定就是人力资本,人力资本体现在劳动者身上,指凝聚在劳动者身上的知识、技能及其表现出来的能力,这种能力是生产增长诸因素中的主要因素。因而,有技能的人的资源是一切资源中最为重要的资源,而且,人力资本投资的效益大于物力资本投资的效益。然而,由于技能一词是一历史范畴,当社会生产力随着社会经济发展而提高时,在先前一个社会经济时代被视为是需要特殊训练方才获得的某项技能,在当代已被视为无须培训的简单劳动,所以,人力资本是累积的结果,而劳动力既包含简单劳动,还包括经教育培训而拥有的技能,即人力资本,鉴于人力资本概念的相对性,我们把劳动者所拥有的劳动力统称为劳动力资本。劳动力资本所有者应该共享劳动力资本使用过程中创造的价值增殖。

探讨劳动力产权,至少可以从两个层面上来考虑:首先,劳动者作为劳动力这一生产要素的承载者所享有的天然权利;其次,劳动者使用他所拥有的劳动力时享有的经济权利。

劳动者是一个人,也是劳动力的承载者。不论劳动资源是否投入使用,社会必须加以保护。相应地,拥有劳动力的劳动者必须得以生存,才能使劳动资源不受损失。因此,劳动者必须享有生存权和基本发展权。生存权集中表现在每个人是其生命的终极所有者。人的生命是可贵的,他人无权随意剥夺。只有在满足了生存权后,人才会提出发展权。基本发展权是发展人的个性的最基本条件,这是从发展社会生产力、从社会进步的角度考虑的。

生存权和基本发展权并不是一个抽象的概念,而是根植于具体的社会历史环境中的。例如,基本发展权中像教育、卫生福利等方面的标准,在同一国家的不同历史时期以及在同一时期的不同国家中存在着差异是自然的;在温饱尚未解决的经济发展初期,经济发展是硬道理,基本发展权的内容较窄,程度较浅;但是,随着经济的发展,人们在解决了温饱问题之后,会转而追求人的自我发展、自我价值的实现,这时,劳动者将会重新审视自己的处境,对基本发展权提出更高的要求。

劳动力是指人的劳动能力,包括智力、体力、知识、技能和人的创造力等,它以劳动者为载体,存在于劳动者体内,与劳动者具有不可分割性。劳动者拥有自己的劳动力是人的"天然特权"。因而,劳动者是其劳动力的所有者,对其劳动力这一财产拥有所有权。

所有权是指依法占有财产的权利,包括对财产进行占有、使用、处置以及获取收益的权利。但是,产权不等于所有权。菲吕博腾等人在一个综述中写道:"产权不是指人与物之间的关系,而是指由物的存在及关于它们的使用所引起的人们之间相互认可的行为关系。产权安排确定了每个人的行为规范,每个人都必须遵守他与其他人之间的相互关系,或承担不遵守这种关系的成本。"[①]这说明,即使某个人对某项财产或某物拥有所有权,但当利用该财产或该物所施行的行为与其他人发生关系,使其他人受益或受损时,这个人的行为仍会受到一定的限制。产权指的正是这种行为权。劳

---

① 菲吕博腾:《产权与经济理论:近期文献的一个综述》,载于《财产权利与制度变迁》,上海三联书店1994年版,第204页。

动力产权同样也是指劳动者作为其劳动力的所有者的这种行为权。

劳动力产权界定既要考虑劳动力的特性,又要考虑这样的界定应有利于提高劳动力资源的配置效率。劳动力的特性主要有:(1)劳动者与其劳动力的不可分割性。劳动力的所有者即劳动者无法将其劳动力与自身相分离。(2)劳动力发挥作用的物质前提是存在活劳动凝结在其上的对象,否则劳动力就不能发挥作用了。(3)即使今天的劳动力无法发挥作用,劳动者仍需消费一定的生活资料,以便能使生命延续,其中最强烈的是自然的饥饿规律。(4)劳动力发挥作用的周期性。劳动者是活的生命,有自己的生命周期,生老病死,养儿育女,暂时或较长时间的失业时,都要求有一定的物质资料来维持其生命周期。因此,劳动力产权中还必须包括获得再生产劳动力所必须的生活资料的权利。(5)劳动者的能动作用强。因此,如何更好地调动劳动者的生产积极性,是界定劳动力产权时应考虑的一个重要问题。劳动者应有充分的机会追求自身利益的最大化,这跟市场经济的要求是相吻合的。市场经济中非常重视选择自由:自由生产、自由消费、自由择业、自由迁徙等,因为这些都属于个人自主的领域。如果劳动者不能自由迁徙、自由择业,就不能对自己的劳动力作最恰当的安排,就不能实现劳动力资源的最优配置。

在交易成本为零的世界,由于调整资源配置都不费任何成本,则无论产权如何界定,通过当事人不断调整资源配置,总能达到资源的最优配置状态。但在交易成本大于零的现实世界中,不同权利的初始界定,将带来不同效率的资源配置。这一点对劳动力资源的配置也同样适用。

因此,我们认为,劳动力产权至少应包括劳动者的:(1)享受其所处的特定社会历史环境中所给予的基本生存和基本发展权;(2)获得劳动力再生产所必需的生活资料的权利;(3)劳动力自主支配权;(4)一部分剩余索取权。

值得说明的是,最能体现劳动力产权的是劳动者因拥有和使用劳动力而享有剩余劳动成果的剩余索取权。剩余索取权可从全社会范围内和从劳动者所在的经济组织内两个层次上考察。劳动者在社会范围内的剩余索取权,是指劳动者为社会成员的一分子给予对社会发展成果的分享权,主要是指公共品和准公共品,如国防、治安、社会保障等等。劳动者在其所在的经济组织范围内的剩余索取权,指劳动者在该组织内,单纯作为一个劳动力的所有者所拥有的剩余索取权。

三、确立劳动力产权的原则

确立劳动力产权,就是使劳动力资本化,把劳动力与金融资本、房地产、物质生产资料等一样视为产权内容。劳动者是劳动力产权的主体,劳动者向企业投入劳动力,不仅是一种劳动行为,而且是一种投资行为,劳动者不仅应该获得劳动收入,而且应该获得产权收益。劳动力产权,在现代市场经济背景下,可以界定为人本身或非人身主体在特定的社会经济关系或社会经济组织下对劳动力享用的一组权利。它由产权主体——人或非人身主体,产权客体——劳动力以及使劳动力产权赖以成立的社会经济关系或经济组织三个基本要素组成。它是一组权利的集合,它由劳动力所有权、占有权、使用权、支配权等权利组成。劳动者将劳动的支配使用权让渡给企业法人,形成企业法人产权的重要组成部分,自己则保持劳动的原始产权。劳动的法人产权包括:(1)使用权,(2)决策权,(3)收益权,(4)让渡权。劳动的原始产权则主要有以下三个方面:(1)剩余索取权,(2)基本决策权,(3)终极监督权。劳动力作为企业生产中不可缺少的一个基本要素,其产权应为"劳动力产权"。

1. 劳动力资本的产权应该主要界定给劳动力资本承载者的原则。劳动力资本所有者与劳动力资本承载者不同。劳动力资本所有者指在劳动力资本的形成过程中的投资者,可能包括多个主体,如政府、企业、个人等;而劳动力资本承载者指劳动力资本的依附者。劳动力资本承载者一定是劳动力资本所有者,但劳动力资本所有者不一定是劳动力资本承载者。承载者有权利用自己所承载的劳动力资本获取收益,其他投资者也可利用劳动力资本获益。那么在多个所有者并存的情况下,他们的这种权利应如何界定呢?劳动力资本的产权结构应当如何组合?我们认为劳动力资本的产权特征制约了劳动力资本的产权界定必须以承载者为主体。

第一,劳动力资本的使用权在事实上完全归承载者控制。使用权指不改变劳动力资本的性质,依其用途加以利用的可能性。劳动力资本与承载者的不可分性,使承载者对自己所承载的劳动力资本具有最大的信息优势。劳动力资本的用途、价值,在何时、何地、用何种方式才能最大限度地发挥其作用,承载者最清楚。这种绝对信息优势使劳动力资本不管归谁占有,承载者都始终控制着劳动力资本使用权,虽然这种控制有时要付出极高的成本,这一性质使承载者有能力在感到劳动力资本的使用和自己的意志产生矛盾时,限制劳动力资本的使用,而得不到使用部分的劳动力资本,却不可能像物质资产那样在主体放弃使用时被其他主体集中起来使用,造成劳动力资本的浪费和利用利率低下。因此,劳动力资本使用权的这一性质必须在劳动力资本的配置和利用中得到尊重。

第二,把劳动力资本的产权界定给劳动力资本的承载者,有利于充分调动劳动者的积极性,符合激励相容原理。在劳动力资本市场交易过程中,它不可能像物力资本那样,可以作为典当的附属物被抵押,从而和它的所有者分离。劳动者对他的劳动力资本具有一种"自然垄断"的权利。许多专用性劳动力资本如无形技术、对市场风险的感知和把握、判断性决策的形成、获取和加工信息的能力、发现和处理问题的经验等等,都属于个人垄断性资产,在企业之间边际性收益的竞争中,这些专用性资产发挥着决定性的作用。由于这些资产由职工个人天然地控制着,在企业内部,对职工个人的激励就成为非常重要的事情:他们可以制造出极大的风险,仅作出极小的贡献;也可以制造极小的风险,而做极大贡献。劳动力资本使用过程中的作用范围、作用方向和作用强度,都由劳动者个人"天然"地控制着。由于劳动力资本含量寓于人体这一"灰箱"结构之内,对它的有效使用只能采用激励的方法。我们的看法是,把劳动者劳动力的价值设计成资本的形式,并把它界定给劳动者,同劳动者投入的货币资本一样,平等地进入企业收益的共享。这样,除了工资对职工劳动过程的激励外,职工对劳动力资本和非劳动力资本要素收入的预期作用,将会自发激励专用性劳动力资本使用的全过程,从而符合激励相容原理。

第三,劳动力资本的承载者对处置权有自觉寻求实现的强烈愿望。劳动力资本处置权包括劳动力资本在不同地区、不同生产部门、不同企业之间自由流动权利以及暂时退出生产领域,对劳动力资本再投资(学习培训或休养)的权利。流动能提高劳动力资本的现时收益率,再投资能提高劳动力的预期收益率。并且劳动力资本的内隐性和主动性,使承载者对劳动力资本的收益率有极高的敏感性,在比较利益的诱导下,承载者总是要寻找实现自我价值、获取自身利益的最佳市场位置。

第四,劳动力资本的收益权是激励劳动力资本承载者开发和投资劳动力资本的基本原因。收益权是指所有者获取基于劳动力资本而产生的经济效益的权利。劳动力资本的收益权与工资不同,工资是对劳动力消耗的补偿,收益权则指劳动力资本作为一种资本参与利润分配,获取投资回报的权利。现代经济学认为,每个人在参与社会关系的过程,由不同的利益偏好出发,总在谋求利益的最大化、成本最小化。因此,在提高劳动力资本的利用和配置效率的时候,就应该以确立合理的劳动力资本承载者的收益权为基本出发点。

2. 承认劳动力资本差异的原则。因为劳动力资本是人们具有的各种生产知识与技能的总和,所以不同的人因其能力、知识的差异,使劳动力资本具有差异性。

马克思有许多论述能体现劳动力资本具有差异性的思想,在论述劳动二重性学说时,马克思间接地提出了这种思想,他将劳动分为简单劳动和复杂劳动,并指出:"比较复杂的劳动只是自乘的或不如说多倍的简单劳动。"[①]既然劳动存在简单和复杂之分,那么不同劳动对从事劳动的人具有不同的要求,从事简单劳动的人只需具有体力以及少量的经验和技能即可,即具有初级或低层次的劳动力资本;而从事复杂劳动的人则必须具有足够的才能,即具有高级或高层次的劳动力资本。更重要的是,马克思指出了不同层次的劳动力资本之间的联系或换算关系,即高层次劳动力资本是自乘的或多倍的低层次劳动力资本,尽管这种不同的比例"是在生产者背后由社会过程决定的"[②]。如果说,马克思在此处是由简单劳动与复杂劳动的区分来间接地反映其劳动力资本具有差异性的思想,那么在论述劳动力价值时,则明确提出了这种思想。马克思指出:"要改变一般的人的本性,使它获得一定劳动部门的技能和技巧,成为发达的和专门的劳动力,就

---

① 《马克思恩格斯全集》第23卷,第58页。
② 同上。

要有一定的教育或训练。"①劳动力资本的差异性在这里更明确地体现出来,并且指出低层次的劳动力资本转变为高层次劳动力资本的途径:教育和训练。

事实上,每个劳动者受教育的程度有差异,在各自的岗位上工作的工龄有长短,工作经验与熟练程度有差异,显然,不同的劳动者具有不同的劳动力资本,可以有高级劳动力资本和低级劳动力资本的差异,也可以有一般型劳动力资本、技能型劳动力资本和管理型劳动力资本的差异。既然劳动力资本具有差异性,那么对企业的收益进行共享时,就必须坚持高级劳动力资本比初级劳动力资本分享更多的企业收益,只有这样,才能激发劳动力资本所有者努力开发与投资劳动力资本。我们认为,只有以劳动力资本差异为基础,拉开经营者、经营骨干、熟练工与一般劳动者共享企业收益的份额,才能对各层次拥有劳动力资本的劳动者有效激励。特别是对企业经营人才这种稀缺的劳动力资本的肯定,这既形成经营人才的有效激励与约束机制,也是对企业职工和出资者长远利益的保证。

3. 劳动力资本产权与物力资本产权按贡献共享利益的原则。界定企业的产权时,我们既强调劳动力资本的产权,也强调物力资本的产权。至于界定产权时劳动力资本产权与物力资本产权之间的关系及其两者量的规定性,由于劳动力资本与物力资本在价值形成过程中都发挥了各自的作用,因此,在进行产权结构的界定与企业收益分享时,应该按劳动力资本和物力资本在价值形成中所作的贡献共享企业劳动者创造的利益。

按贡献共享原则并不排斥物力资本与劳动力资本的相对稀缺性。或者说,按贡献共享原则与物力资本和劳动力资本的相对稀缺性是一致的,如果物力资本相对稀缺,则表明相对贡献大则可以获得更多的产权收益。同理,如果劳动力资本相对稀缺,则表明相对贡献大,则同样应获得相对多的产权收益。在物力资本资源极度稀缺的国家里,过分地限制物力资本所有者的权益则会以经济发展的落后和停滞为代价,因为这种过分的限制不仅不利于吸引物力资本资源,而且还会造成极有限的物力资本资源的浪费。相对于任何个人而言,不能从中获得充分利益或叫满足的东西,都不

---

① 《马克思恩格斯全集》第23卷,第195页。

会珍惜它。相反,在物力资本资源相对过剩的国度里,不尊重劳动者的劳动力资本权益,物力资本就难以发挥其职能,以实现其增殖。物力资本不投入到有劳动介入的生产流通过程之中去,由劳动的注入并不断创造出剩余价值,它也不可能像萝卜长在地里一样,由小长大。因而同样会付出投资回报率降低,经济发展停滞的代价。经济的发展是全社会的企求。蛋糕做大了,每个人都可分得更大的一块。因此,按贡献共享原则能兼容考虑物力资本与劳动力资本的相对稀缺性。按贡献共享原则能促进企业效率的提高,从而把企业乃至全社会的蛋糕做大,推动经济的发展。

四、劳动力产权的计量

在承认劳动力资本产权的前提下,如何对劳动力资本产权进行界定将成为理论与现实的问题。我们认为,劳动力资本的产权界定最主要的问题就是要解决劳动力资本的量化问题。关于劳动力资本的量化,可以公式表示

个人劳动力资本＝个人劳动力成本×平均单位劳动力成本收益率

ILP 代表个人劳动力资本,ILC 代表个人劳动力成本,ALPR 代表平均单位劳动力成本收益率。所以

$$ILP = ILC \times ALPR$$

(一)劳动力成本的计算

劳动力成本是指劳动者为获得从事某项劳动的能力所进行的先期投入的费用。劳动力成本的主体一般由教育成本、经验成本和生活资料成本三部分构成。

1. 教育成本是指劳动者在接受教育过程中的费用支出。劳动者通过这种支出获得劳动技能,从而为就业、再就业或将目前所从事的工作做得更好以获得提升机会奠定基础。教育成本在计算过程中,应该考虑以下方面内容:

从接受教育的途径看,教育成本可以分为学校教育和岗位培训两个部分。学校教育这里可以定义为学历教育。它的特点是系统性和正规性。对学士及其以下的学生来说,它以人的素质教育为主,以人的技能教育为辅,这种教育一般不直接针对某个工作职位。岗位培训是劳动者所在单位为提高劳动者从事现有工作的水平或为其能够承担将要分派的新工作而

进行的有针对性的教育。这种教育一般以人的技能教育为主,以人的素质教育为辅,具有很强的实用主义色彩。

$$\text{劳动者个人教育成本} = \text{学校教育费用} + \text{岗位培训费用}$$
$$(\text{EC}) \qquad\qquad (\text{SEC}) \qquad\qquad (\text{PEC})$$

2. 经验成本是劳动者在长期劳动实践中所积累的劳动技能的付出。经验成本是劳动者熟练程度的结果,劳动时间的长短对其具有决定性的意义。因此,经验成本应主要以工龄为计算指标。

在计算经验成本过程,遵循这样几个原则:(1)某一劳动者在不同层次学历的各阶段,应该按工龄分段计算。(2)经验成本的计算起始时间为参加工作之日。工龄的计算以一周年为准。毕业后和工作期间的待业时间应该在工龄中扣除。(3)对获得同一层次双学位的劳动者,其学历按高一层次的学历计算。(4)经验的积累有经验越多积累速度越快的特点,因此经验成本应该呈现指数变化的规律,即用指数函数表现经验成本更为贴切。

根据以上原则,经验成本的计算方法是:以劳动者个人教育成本(EC)为基数,设置不同学历层次的经验成本增长率(UCR),根据工龄(N)按下式计算

$$\text{经验成本(UC)} = \sum \text{EC}_i \times (1 + \text{UCR}_i)^N - \text{EC}_i \quad (\text{i 表示第 i 学历层次})$$

3. 生活资料成本(PC)是指维持劳动力再生产的生活资料的必要开支。正如马克思在《资本论》第 1 卷里所说,"假设个体已经存在,劳动力的生产就是这个个体本身的再生产或维持。活的个体要维持自己,需要有一定量的生活资料。"[①]因此,维持劳动力所有者所需要的生活资料的成本就成为劳动力成本的一个组成部分。劳动是劳动者脑力和体力的支出,劳动者作为企业劳动力要素的提供者,企业只有给予足够的补偿,才能使其不断投入新的劳动力。这种补偿是通过劳动者消费各种必要的生活资料实现的。因此,劳动者的工资收入,首先要用于购买各种必要的生活资料以维持劳动力的正常再生产。

---

① 《马克思恩格斯全集》第 23 卷,第 194 页。

（二）单位劳动力成本收益率的计算

单位劳动力成本收益率是指某企业劳动者收益与该企业劳动力总成本之比。它的含义是在该企业一元劳动力成本使劳动者所能获得的收益，可以表示为：

单位劳动力成本收益率(LPR)＝劳动者收益(LP)÷劳动力总成本(LC)

平均单位劳动力成本收益率是所有被调查企业单位劳动力成本收益率的一般水平。用公式表示为

$$平均单位劳动力成本收益率 = \frac{\sum 各企业劳动者收益}{\sum 各企业劳动力总成本}$$

即

$$ALPR = \sum LP \div \sum LC$$

综上分析，个人劳动力资本计量的具体公式为

$$ILP = (EC + UC + PC) \times (\sum LP \div \sum LC)$$

五、确立劳动力产权的重大意义

劳动力产权的确立具有十分重要的意义。(1) 劳动力产权的确立，是产权关系发展过程中一次具有革命性的变革。从此，打破了产权关系变化长期以来只局限于物化劳动方面的格局，开辟了产权关系的新领域，丰富了产权理论的内容，劳动力产权出现后，客观上形成了既相互联系又相互独立的两种产权形态系列，它们在市场经济运行中，分别以不同形式得到体现，并据此来实现各自对所有权的利益要求。为企业法人治理结构重新构造提供理论依据，推动了现代企业制度理论的新发展。(2) 劳动力产权的确立，为劳动者成为企业的主人提供客观依据，从而激发了劳动者的热情和积极性，强化了劳动者的责任感。劳动者积极、责任感的高低与持久程度，归根到底取决于他们作为企业主人的真实性。劳动者的主人翁地位越是具体、真实，预期经济利益越是确定，他们的主人翁意识就越强烈，积极性和责任性就越高涨、越持久。相反，劳动者就只会追求眼前利益而放弃为远大目标和长远利益的奋斗。以劳动力生产要素作为企业的投资，劳

动者就名正言顺地成为企业的主人之一。劳动力产权把劳动者的个人得失与企业兴衰紧紧联系起来,劳动者与企业结成真正休戚与共的命运共同体,劳动者出于对眼前利益的关心和对长远利益的追求,自觉地以主人姿态关心企业命运,并为企业的发展兴旺或者所面临的困难努力拼搏。
(3)劳动力产权的确立,会使爱惜人才、尊重人才由口头宣传逐步变为现实。我国长期推行低工资制度,工资利润之比不仅远远小于发达国家,而且也低于一些发展中国家。低标准的劳动力生产和再生产的物质条件,抑制了劳动者素质的提高,同时也为劳动力资源的浪费提供了可能。当劳动力资源回报率大大提高之后,企业会从增加效益的角度出发,节约爱惜劳动力资源。这样,在经济活动中长期形成的重"物"轻"人"现象会逐步消除,既重视"物"又重视"人"的观念会慢慢增强。

复习思考题

一、名词解释

　　劳动力　　劳动者　　劳动力商品　　劳动力所有制　　相对过剩人口论　　有效需求的充分就业理论　　自然失业率论　　长期稳定的充分就业理论

二、问答题

　　1. 马克思主义劳动力理论的主要内容。
　　2. 西方经济学的劳动力理论。

三、论述题

　　马克思主义和西方劳动力理论的比较研究与探索。

第八章 资本理论比较研究

资本理论是马克思主义经济理论的重要组成部分,西方的资本理论更是五花八门,对两者进行比较研究,对研究社会主义社会的资本问题会有启示。

第一节 马克思主义的资本理论

马克思、恩格斯在对资本主义经济的研究中,批判地继承了资产阶级古典政治经济学的资本理论,创立了科学的资本理论。列宁在新的历史条件下,又进一步丰富和发展了马克思主义的资本理论。

一、资本的产生

马克思把资本的产生和存在看作是一个历史范畴,资本是在一定的历史条件下才出现的。具体说,资本的产生必须具备这样两个历史条件:第一,商品生产和商品流通已经相当发展,一部分人手中已掌握有相当数量的货币,并足够去雇佣一定数量的工人,以致自己可以脱离劳动专靠榨取剩余价值生活,而且还有积累。这时他的货币就转化为资本。第二,在市场上必须要有劳动力商品存在。作为劳动力商品,工人是自由的人,他不受奴隶主的束缚,脱离了对封建主的人身依附。另一方面,他除了自己的劳动力以外一无所有,丧失维持生存的生活资料,只能把自己的劳动力当作商品来卖。只有当这两个历史条件同时具备的时候资本才能产生和存在。特别是劳动力商品的存在是资本产生的最根本的条件。马克思说:

"只有当生产资料和生活资料的所有者在市场上找到出卖自己劳动力的自由工人的时候,资本才产生;而单是这一历史条件就包含着一部世界史。因此,资本一出现,就标志着社会生产过程的一个新时代。"①

二、资本的定义

关于资本的定义,一般都是根据马克思在《资本论》中的这样一句话:"这个过程的完整形式是 G—W—G′。其中的 G′＝G＋ΔG,即等于原预付货币额加上一个增殖额。我把这个增殖额或超过原价值的余额叫做剩余价值。可见,原预付价值不仅在流通中保存下来,而且在流通中改变了自己的价值量,加上了一个剩余价值,或者说增殖了。正是这种运动使价值转化为资本。"②把资本叫作带来剩余价值的价值,给资本下这样一个简要的定义不能算是错的。但是,不够全面准确。实际上,马克思在《资本论》第 2 卷第 4 章曾经给资本下了一个全面而又确切的定义。马克思说:"资本作为自行增殖的价值,不仅包含着阶级关系,包含着建立在劳动作为雇佣劳动而存在的基础上的一定的社会性质。它是一种运动,是一个经过各个不同阶段的循环过程,这个过程本身又包含循环过程三种不同的形式。因此,它只能理解为运动,而不能理解为静止物。"③

我们认为这是马克思对资本所下的一个全面而又确切的定义。这个定义主要包括以下一些含义。

第一,资本是自行增殖的价值,也就是说资本是带来剩余价值的价值。资本最初总是采取货币的形式,但是,货币本身并不就是资本。工人和农民手中的货币只是一般的流通手段,而不是资本。只有当货币能带来剩余价值时,它才变成了资本。马克思说:"它不断地交替采取货币形式和商品形式,改变着自己的量,作为剩余价值同作为原价值的自身分出来,自行增殖着。既然它生出剩余价值的运动是它自身的运动,它的增殖也就是自行增殖"。"因此,价值成了处于过程中的价值,成了处于过程中的货币,从而

---

① 《马克思恩格斯全集》第 23 卷,第 193 页。
② 同上书,第 172 页。
③ 《马克思恩格斯全集》第 24 卷,第 122 页。

也就成了资本。"①资本家"当他把活的劳动力同这些商品的死的物质合并在一起时,他就把价值,把过去的、物化的、死的劳动变为资本,变为自己增殖的价值"②。

第二,资本包含着阶级关系,即资产阶级剥削无产阶级的关系。资本之所以是带来剩余价值的价值,是因为资本家在生产过程中剥削了工人劳动创造的剩余价值。马克思说过:"生产资料和生活资料,作为直接生产者的财产,不是资本。它们只有在同时还充当剥削和统治工人手段的条件下,才成为资本。"③"资本也是一种社会生产关系。这是资产阶级的生产关系,是资产阶级社会的生产关系。"④

第三,资本是一种社会属性,而不是物质属性。资本是建立在雇佣劳动基础上的资本与雇佣劳动的社会关系。例如,生产资料是资本的一种物质表现,但资本不是物,生产资料本身也不是资本。生产资料只有在资本的生产过程中和劳动力结合在一起,成为剩余劳动的压榨器和吸收器时,才成为资本。马克思说过:"生产资料本身,只有在劳动力作为生产资本的人的存在形式,能够和生产资料相合并时,才成为生产资本的物的形式或生产资本。"⑤而且,生产资料也并非天然的资本,它是在一定的历史条件下,即资本主义条件下才能成为资本,它是一个历史的范畴,而不是永恒的范畴。马克思说:"资本不是物,而是一定的、社会的、属于一定历史社会形态的生产关系,它体现在一个物上,并赋予这个物以特有的社会性质。"⑥

第四,资本是一种运动,而不是静止物。资本的生命在于运动。马克思曾经这样说过:"资本的运动是没有限度的。"资本家的目的"不是取得一次利润,而只是谋取利润的无休止的运动"⑦。资本只有在不断运动中才能吮吸工人的剩余劳动,榨取和实现更多的剩余价值。资本一旦停止了运

---

① 《马克思恩格斯全集》第 23 卷,第 177 页。
② 同上书,第 221 页。
③ 同上书,第 835 页。
④ 《马克思恩格斯全集》第 1 卷,第 363 页。
⑤ 《马克思恩格斯全集》第 24 卷,第 45 页。
⑥ 《马克思恩格斯全集》第 25 卷,第 920 页。
⑦ 《马克思恩格斯全集》第 23 卷,第 174—175 页。

动,也就停止了它的生命。

三、资本的构成

对于资本的构成,马克思依据不同的标准把资本区分为以下几类构成。

一是不变资本与可变资本。马克思运用劳动二重性理论,根据资本各个部分在剩余价值生产过程中的不同作用,把资本中由厂房、机器设备、原材料等生产资本构成的那一部分叫作不变资本,另一部分用于购买劳动力的叫作可变资本。不变资本在生产过程中只是转换自己存在的物质形式,并通过工人的具体劳动把价值转移到新的产品中,而本身不改变价值量。可变资本用于购买劳动力后,就表现为劳动力价值,在生产过程中劳动力价值是由工人消费掉的,它不发生转移,在产品中相当于劳动力价值的那一部分是由工人的劳动再生产出来的。由于劳动力商品的特殊性,它在生产过程中创造的新价值大于它自身的价值,超过的那一部分就是剩余价值。因此,可变资本是剩余价值的真正源泉。把资本区分为不变资本与可变资本形成了马克思的第一种资本的构成理论。

二是资本有机构成。资本构成又可以从物质和价值两个方面进行考察。从物质方面看,资本是由一定数量的生产资料和劳动力构成的。它们之间的比例是由生产的技术水平决定的。这种由生产技术水平决定的生产资料和劳动力之间的数量比例,叫作资本的技术构成。从价值方面看,资本是由一定数量的不变资本和可变资本构成的,它们之间的数量比例,叫作资本的价值构成。这种由资本的技术构成决定并反映技术构成变化的资本价值构成,就叫作资本的有机构成。用 C∶V 来表示。在生产力发展,生产技术水平不断提高的情况下,由生产资料体现的那部分资本的比重会相应地提高。因此,资本有机构成具有不断提高的趋势。以此为依据,马克思提出了资本主义积累的一般规律。马克思的资本有机构成理论,既反映了资本主义制度下生产力的变化发展,同时也反映了这种生产力的发展与资本主义生产关系之间矛盾的加剧和增长。

三是固定资本与流动资本。在研究资本周转的时候,马克思根据资本价值的周转性质和方式的不同,把资本区分为固定资本和流动资本,其目的是要考察资本的实际周转速度或资本的运动速度问题。马克思认为,投在厂房、机器设备等上面的资本是固定资本,投在原料、燃料、辅助材料等劳动对象和劳动力上的资本是流动资本。固定资本与流动资本的划分,从以下几方面阐明了资本周转的理论;第一,固定资本与流动资本的区分是根据它们在生产过程中的价值转移方式,而不同的价值转移方式又是由它们的物质要素在生产过程中的不同消耗方式决定的。第二,在固定资本周转一次的时间内,流动资本可以周转多次。第三,固定资本是一次全面预付,一次收回。第四,固定资本与流动资本的划分,仅仅是指在生产资本的范围内,货币资本和商品资本是不能作这样的划分的。固定资本与流动资本的划分,形成了马克思的第二种资本构成的理论。

四、资本的形式

马克思从个别产业资本的运动形式出发,把资本区分为货币资本、生产资本和商品资本三种形式。它们是产业资本在其循环过程中,要依次采取同时又要顺次放弃的资本形式。货币资本是资本主义生产的出发点,当它购买到了劳动力和生产资料,就转化为生产资本,这一转化使资本的购买阶段进入生产阶段。生产资本的职能是使劳动力和生产资料结合起来,生产剩余价值。经过资本的生产阶段,资本的存在形式又从劳动力和生产资料转化为商品,即生产资本转化为商品资本。商品资本的职能是使资本价值再转化为它原来的货币形式,其目的是实现资本的价值和剩余价值。这个阶段的终结标志着产业资本循环过程的完成。在对资本运动过程中所采取的不同形式分析的基础上,马克思又将资本区分为生产资本和流通资本。生产资本是处于生产过程中的资本形式,它创造价值和剩余价值,是生产性的资本;货币资本和商品资本是处在流通过程中的资本形式,它们不创造价值和剩余价值,是非生产性的资本。

五、资本的分类

马克思从社会总资本的角度出发,按照资本在各个领域中发挥不同职能的特点和不同的运动规律,把资本区分为产业资本、商业资本、生息资本。

1. 产业资本是指按照资本主义方式经营的各个物质生产部门中的资本。它包括工业资本、农业资本、建筑业资本等等。产业资本的运动形式是

$$G-W\genfrac{}{}{0pt}{}{A}{P_m}\cdots P-W-G'$$

其特点是它依次采取货币资本、生产资本、商品资本三种形式,随着又放弃各种形式,并在每一种资本形式中完成着相应的职能。产业资本是生产剩余价值并直接占有剩余价值的资本,因此,它最典型地反映了资本关系。

2. 商业资本是指处于流通领域中的资本,它是商品资本一部分独立化的结果。商业资本的运动形式是:$G-W-G'$。以商品资本和货币资本这两种形式存在是它的特点。商品资本的运动中没有生产过程,不生产剩余价值,但由于它给生产资本带来了好处,所以要参加剩余价值的瓜分。商业利润不是在流通过程中创造的,而是从生产中转移过来的,这种转移是通过商品买卖的差价来实现的。产业资本创造剩余价值,商品资本实现剩余价值,它们都是属于职能资本。

3. 生息资本。是作为获得利息而贷给别人使用的资本,它在历史上有两种形式:高利贷资本和借贷资本。高利贷资本是以贷放货币或实物方式来榨取高利的资本,它占有全部剩余产品,是历史上最早的资本形式之一,主要存在于前资本主义社会,资本主义社会仍然有。借贷资本:为获取利息而暂时贷给职能资本家使用的货币资本,以资本的所有权和使用权分离为特点,它所反映的是资本家对工人的剥削关系,以及借贷资本家和职能资本家之间瓜分剩余价值的关系,在资本主义社会,借贷资本主要采取银行资本的形式。

4. 银行资本是进行银行业务带来平均利润的资本。银行所能支配的资本包括两部分:自有资本(小量)和借入资本(大量)。其主要业务是吸收存款和从事借贷,或充当借贷的中介。银行资本就其物质形式来看,由现金(金或银行券)和有价证券(国债券、股票、汇票以及不动产的抵押单等)

构成。在银行资本构成中,虚拟资本占有相当大的比重。

5. 虚拟资本。以有价证券形式存在并能给持有者带来一定收入的资本。比如国债券、股票、汇票等,同厂房、机器等实际资本不同,虚拟货币在企业生产中不发挥作用,只是间接地反映实际资本的运动。它本身不具有价值,但可以在证券交易所中进行买卖。作为证券持有者可根据票面价值领取股息,从而占有剩余价值。随着资本主义发展,利息有下降的趋势,证券则有上涨趋势。由有价证券的涨价、股份企业和公债数量的增加,虚拟资本的增长大大快于实际资本的增长。

六、资本和资本家的本性

马克思在《资本论》等著作中对资本和资本家的本性作了深刻的揭示。马克思说:"作为资本家,他只是人格化的资本。他的灵魂就是资本的灵魂。而资本只有一个生活本能,这就是增殖自身,获取剩余价值,用自己的不变部分即生产资料吮吸尽可能多的剩余劳动。资本是死劳动,它像吸血鬼一样,只有吮吸活劳动才有生命,吮吸的活劳动越多,它的生命就越旺盛。"①资本是吸血鬼"他'只要还有一块肉、一根筋、一滴血可供榨取',吸血鬼就决不罢休"②。

资产阶级人权的实质。"平等地剥削劳动力,是资本的首要的人权。"③资本家的目的"绝不能把使用价值看作资本家的直接目的。他的目的也不是取得一次利润,而只是谋取利润的无休止的运动"④。"资本害怕没有利润或利润太少,就象自然界害怕真空一样。一旦有适当的利润,资本就胆大起来。如果有10%的利润,它就保证到处被使用;有20%的利润,它就活跃起来;有50%的利润,它就铤而走险;为了100%的利润,它就敢践踏一切人间法律;有300%的利润,它就敢犯任何罪行,甚至冒绞首的危险。"⑤

马克思还揭示了资本对劳动的强制关系。

---

① 《马克思恩格斯全集》第23卷,第260页。
② 同上书,第334—335页。
③ 同上书,第324页。
④ 同上书,第174—175页。
⑤ 同上书,第829页。

1. 资本对劳动的强制。这种强制大大超过以往任何社会。"作为别人辛勤劳动的制造者,作为剩余劳动的榨取者和劳动力的剥削者,资本在精力、贪婪和效率方面,远远超过了以往一切以直接强制劳动为基础的生产制度。"①

2. 资本家对工人的强制。在生产过程中,资本发展成为对劳动的指挥权,强制劳动者超出必要劳动尽量多地提供剩余劳动。

3. 生产资料对工人的强制,造成人和物的关系的颠倒。本来在劳动过程中,是工人掌握生产资料,可是在价值增殖过程,事情就颠倒了。生产资料立即转化为吮吸他人劳动的压榨器和吸收器,生产资料变成了榨取他人劳动和剩余劳动的合法权和强制权。不是工人使用生产资料,而是资本化了的生产资料使用工人。

4. 资本对劳动的残酷剥削是资本主义生产的内在规律决定的。马克思说:"资本是根本不关心工人的健康和寿命的,除非社会迫使它去关心……不过总的说来,这也并不取决于个别资本家的善意或恶意。自由竞争使资本主义生产的内在规律作为外在的强制规律对每个资本家起作用。"②

七、资本积累

(一) 资本积累及其形式

资本积累就是剩余价值转化为资本,或者说资本主义扩大再生产。资本主义扩大再生产本质上是资本的扩大再生产和资本主义生产关系的扩大再生产。

资本积累基本上可分为两种形式。

1. 资本积聚,就是单个资本直接通过积累而使本身扩大起来。这种直接以积累为基础的积聚,有两个特征:第一,社会生产资料在单个资本家手中积聚的增进,要受社会财富增长程度的限制。第二,社会资本分散在单个资本家手里,他们作为独立的商品生产者互相对立着。

---

① 《马克思恩格斯全集》第23卷,第344页。
② 同上书,第299—300页。

2. 资本集中是把已经形成的许多单个资本集中起来,是资本家剥夺资本家,是许多小资本变成少数大资本。和资本积聚的特征不同,资本集中不受社会财富的绝对增长或积累的绝对增长的限制。它把一些小资本合并起来又消灭了这些资本的互相独立,互相对立的性质。

（二）资本主义积累的一般规律

马克思说:"社会的财富即执行职能的资本越大,它的增长的规模和能力越大,从而无产阶级的绝对数量和他们的劳动生产力越大,产业后备军也就越大。可供支配的劳动力同资本的膨胀力一样,是由同一些原因发展起来的。因此,产业后备军的相对量和财富的力量一同增长。但是同现役劳动军相比,这种后备军越大,常备的过剩人口也就越多,他们的贫困同他们所受的劳动折磨成反比。最后,工人阶级中贫苦阶层和产业后备军越大,官方认为需要救济的贫民也就越多,这就是资本主义积累的绝对的、一般的规律。"①

（三）关于资本原始积累和资本积累的关系

资本原始积累和资本积累是两个既有联系又有区别的范畴。

1. 资本原始积累是在资本主义生产方式确立以前发生的,它形成资本的前史,它通过对直接生产者的剥夺,为资本主义生产方式创造了前提条件;资本积累是在资本主义本身的基础上进行的。它通过对雇佣工人创造的剩余价值的剥夺,不断再生产着资本主义关系。

2. 资本原始积累是依靠直接的、赤裸裸的政治暴力进行的,而资本积累则主要是靠资本主义经济本身的内在规律进行的,这种剥夺不是赤裸裸的,而是被物的外壳掩盖着的。

3. 资本原始积累为资本主义积累准备了历史前提,一旦这个前提建立起来,资本积累就是在自身的基础上进行,同时,原始积累的方法,又广泛地为发达的资本主义所采用,一旦资本不能用本身的力量来保证它的统治和榨取时,就转而求助于直接的政治暴力。

4. 资本积累的分析揭示了资本主义生产的实质,资本积累过程的对抗性和发展趋势。原始积累的分析,则说明资本主义生产方式从一开始就充满着矛盾和对抗。资本原始积累和资本积累的分析相互补充,从总体上揭

---

① 《马克思恩格斯全集》第23卷,第707页。

示了资本主义产生、发展和灭亡的规律。

八、垄断资本

列宁的资本理论和他的整个经济学说一样,是在同资产阶级的激烈战中形成和发展起来的。列宁在新的历史条件下,不仅全面地坚持了马克思主义的资本理论,而且对于它的发展作出了重要的贡献,尤其是垄断资本理论的创立,标志着马克思主义的经济理论推进到了一个新阶段。

列宁关于垄断资本理论的基本内容由以下几方面构成。

一是垄断资本的形成。列宁把垄断资本看作是资本主义发展的必然产物。在资本主义自由竞争阶段,由于客观经济规律的作用,使社会生产、劳动力和资本日益集中,这是垄断资本产生的必要条件。因为,当生产高度集中的时候,一个部门生产的大部分甚至绝大部分都集中在少数大企业中,它们之间就比较容易达成协议来共同操纵该部门的生产和销售,从而使垄断的产生有了可能。同时,生产和资本的高度集中,还会造成竞争困难,产生垄断趋势。列宁指出,自由竞争引起生产集中,生产集中引起垄断,这是资本主义发展现阶段一般的和基本的规律。垄断的产生,也就是垄断资本的形成。垄断资本首先在工业中成长起来,以后遍及所有的部门。

二是垄断资本的实质。垄断资本是指垄断某些商品或某个部门的生产和市场,通过规定垄断价格以获取高额垄断利润的资本。垄断资本是凭借垄断统治的地位所规定的价格,包括垄断高价和垄断低价。垄断高价是垄断组织销售商品的价格,垄断低价是垄断组织向非垄断企业和小生产者收购商品的价格。这种垄断价格使无产阶级、小生产者、非垄断企业都成为垄断资本的盘剥对象。劳动者创造的剩余价值,小生产者创造的价值的一部分,非垄断企业所得到的剩余价值的一部分,都直接成了垄断利润的来源。因此,垄断资本的实质,是反映垄断资产阶级加重对无产阶级和其他劳动人民剥削和掠夺的关系,以及在剩余价值分配中垄断组织对非垄断资本家的排挤关系。

三是垄断资本的形式。垄断资本有多种多样的形式,最简单的形式是短期价格协定,卡特尔、辛迪加、托拉斯和康采恩等也都是垄断资本的重要形式。垄断资本的最高形态是金融资本。金融资本是由银行资本和工业资本融合或混合生长而形成的。金融资本的形成必须有两个前提条件：第一，工业生产的集中和垄断；第二，银行的集中和垄断，银行具有新的作用。在工业垄断和银行垄断的发展过程中，由于它们相互之间的业务联系和依赖关系加强，双方通过资本参与、人事渗入，使发展愈来愈融合，以致完全混合生长，形成了一种新型的垄断资本——金融资本。列宁指出，金融资本一经形成，就要实现对社会的全面统治，金融资本和金融寡头的统治，是帝国主义的一个基本特征。在经济领域，金融资本是通过"参与制"来实现自己的统治；在政治领域，是通过同政府进行"个人结合"来实现自己的统治。

四是垄断资本的对外扩张。垄断资本在国内确立了全面统治以后，必然要把它的势力伸向国外，形成资本输出。资本输出是指资本主义国家的政府、资本家或资本家集团为了获得高额利润或利息对国外进行的投资或贷款。列宁指出，自由竞争资本主义阶段的特征是商品输出，垄断阶段的特征是资本输出。首先，垄断造成了大量过剩资本的出现，为资本输出提供了物质前提。其次，资本输出可以带动商品输出，使垄断资本从中获取双重的好处。再次，资本输出到经济落后的国家，兴办采掘业、农牧业等，可以获得廉价原料的稳定来源。

资本输出的基本形式有两种：一是生产资本输出；另一是借贷资本输出。资本作为一种生产关系，资本输出也把资本主义的生产关系由国内扩张到国外。对资本输出国来说，在客观上会刺激商品经济和资本主义经济的发展。但是，资本输出的目的是其自身的利益，为了加强对输入国的经济掠夺、政治控制。

资本输出作为垄断资本主义的一个经济特征，对帝国主义有着极其重要的意义。它使垄断资本的势力从国内扩展到了国际范围，在全世界形成了一个垄断资本的剥削网。同时，资本输出使帝国主义从别国掠夺巨额财富，日益变成"食利国"，从而加深了它的寄生性。随着资本输出的增加，各国垄断资本的国际竞争也尖锐起来，国际竞争也会引起国际垄断。国际垄断资本从经济上瓜分世界是"按资本""按实力"来进行的，这又决定了随着资本主义经济、政治发展的不平衡和实力对比变化，在经济上对世界的重新瓜分也就是不可避免的了。这是帝国主义大国争夺世界霸权和矛盾斗争的经济根源。

列宁关于垄断资本的理论，是他整个资本学说中最重要的组成部分。他根据帝国主义的基本经济特征，抓住了垄断这一经济实质，创立了垄断资本理论，为马克思主义的理论宝库增添了新的内容。

第二节 西方的资本理论

在西方资本理论作为一种专门的学说，最早产生于重商主义。以后进一步发展，形成了五花八门的资本理论。

一、重商主义的商业资本论

重商主义是商业资本的思想体系，但它并不是一般商业资本的思想体系，而是一定历史时期即工业资本产生以前的商业资本的思想体系。它的经济观点，比较集中地反映在商业资本观上面。

重商主义的商业资本观认为，资本如果静静地放在钱柜里，它是死的，把资本投入流通就会不断增殖。财富和利润的直接源泉是流通领域，即商业。他们认为，利润是通过交换得来的，是销售者拿到的商品价格的增额部分。所以，必须让资本不断地流通，购进商品，并以较高的价格销售出去。但是，并不是一切流通都是财富的源泉，只有国与国之间的流通才是财富的源泉。因为只有对外贸易才能增加一国的货币数量，国内贸易只是把货币从一手转移到另一手。而且国内贸易也不能为一国带来利润，因为一人的所得，就是他人的所失。因此，主张对外贸易的顺差，是重商主义的一个重要经济观点。

应该看到，重商主义的商业资本观强调的不是货币作为货币的职能，而是货币作为资本的职能。它使商业资本空前活跃和发展，加速了资本原始积累。同时对商业资本向工业资本的转化，对建立资本主义生产方式也起了积极的作用。这是历史上的进步。但是，它的理论观点又仅仅把握了事物的外观，只着眼于流通领域的考察，还未触及到问题的实质。并且他们的理论缺乏系统性，注重的只是对经济政策的分析，而在经济理论方面则没有作出什么重大的贡献。

二、重农学派的农业资本论

重农学派经济思想的一个显著特点,就是认为只有农业生产才是真正的生产,因此,他们在资本方面,注意的中心是农业资本,形成了较为系统的农业资本论。主要有以下几个观点。

第一,重农学派认定只有投在农业上的资本才是真正的资本,他们反复强调,必须吸引更多的资本到农业方面来。而对于工业资本,则认为是非生产的,因为它不提供"纯产品",只能补偿生产费用。商业资本是他们攻击的对象。因为商业资本所带来的商业利润,是不等价交换的结果。

第二,重农学派对农业资本进行了深入的研究,他们把农业资本分为两部分:一部分是每年都要预付的年经营资本,称为年预付;另一部分是一次预付许多年的,即基本投资,称为原预付。这两种预付金的划分,是根据他们依不同的方法参加生产物价值的完成为标准的。年预付全部进入生产费用之内,原预付只是部分地进入生产费用之内,这实际上是重农学派已经从资本再生产的观点来划分资本的构成,把资本区分为流动资本和固定资本,尽管他们还没有概括出这样的概念。

第三,重农学派认为,资本是实物,年预付和原预付都是种种实物。而货币只是为了便利商品周转和资本运动所需要的流通手段,或者说货币是获得资本的手段。因此,货币本身不是资本的一种形态,他们把资本划分为年预付和原预付,是针对生产资本,而不是流通资本,只把资本在生产领域中所采取的形态,才看作是资本。他们是从生产领域中,即能提供"纯产品"的农业中,去概括资本的意义和作用。

值得一提的是,在重农学派的主要代表——魁奈的经济体系中,"经济表"对于社会总资本的再生产和流通进行了富于创见和最有天才的分析,这也是重农学派资本理论的一个重要组成部分。

重农学派的资本理论,抓住了生产资本这个最重要的资本形态,并把它分为"年预付"和"原预付"两种形式,这是他们在资本理论上的贡献。但是,其资本理论的缺陷也是明显的,他们只把资本看作是生产资本,否定了货币资本和商品资本这两种形态,只把资本看作是处于静止状态的,而不是从运动中去说明资本的意义。同时,他们对资本所作的划分,也不能真正揭示剩余价值的来源。

三、从李嘉图到罗宾逊的资本积累论

(一)李嘉图的资本积累论

李嘉图作为英国古典政治经济学的最后的伟大的代表,他在经济理论上是有重大贡献的。但李嘉图在资本理论方面却无重大建树,只对他的资本积累论作出过一些有益的解释。

关于资本积累的源泉和动机,李嘉图明确指出,利润既是资本积累的源泉,又是资本积累的动机。利润是扩大生产、增加积累的条件,积累动机会随着利润的减少而减少。这就表明了资本主义生产方式的本质就是以占有剩余价值为目的的。

李嘉图从生产决定消费的观点出发,认为要扩大消费,首先必须增加生产,而扩大生产,就必须增加积累,要增加积累,就要减少非生产性消费。而地租和赋税都是非生产性的消费,应该尽量减少地租和赋税。这实际上指出了依靠地租的地主阶级寄生性消费的性质。

李嘉图认为,随着资本积累的增长,利润率有下降的趋势。这是由资本积累,人口的增长,农业生产条件的不断恶化,农产品价格的提高,工资上涨所引起的。很显然,李嘉图没有从资本有机构成变化的角度,而只是从农业劳动生产率降低和工资提高的角度来进行分析,是不能科学地说明利润率下降的原因的。

李嘉图对资本积累规律的论述是应该予以肯定的。他认为,资本增加时,其中大部分将用在机器方面,对劳动的需求虽然也有增加,但却不会成比例地增加。这就正确地看到了,在资本积累过程中,不变资本比可变资本增长得快的事实。

但是李嘉图的资本积累论,重复了斯密关于商品价值仅仅分解为收入的见解,认为资本积累只是剩余产品由生产劳动者消费,即资本积累只是收入转化为工资,只是可变资本的积累。这样的解释是错误的。因为资本积累不仅意味着要追加劳动力,而且也必须追加生产资料,剩余价值也就不只是转化为可变资本,同时也必须有一部分要转化为不变资本。

(二) 希克斯的资本积累论

希克斯是当代英国著名经济学家,他的代表著作之一是《价值与资本》,在这本著作中他主要探讨的是价值学说和动态经济学。资本积累论就是他动态经济学中的一个专门问题。

关于资本累积的定义,希克斯说:在一定时期内,企业家使用某些进货量(包括劳动力在内),不仅是为了将来能保持同本时期一样的出产率和进货率,而且是为了将来可能生产比本时期更多的出产量。如果这种情形发生,就是"资本累积"。他甚至指出,不需要一个比这更精细的关于资本累积的定义。从这一定义出发,希克斯主要从出产量的供给和进货量的需求两者的相互关系上来论述资本累积对价格和实际工资变动的影响。

他认为,由于资本的累积使某些货物的供给增加或者对某些货物(或劳动)的需求减少,这就会导致价格的下降。造成价格下降的主要原因,是消费的增加具有小于收入增加的趋势。关于资本积累对实际工资的影响,希克斯认为,资本累积会使实际工资提高,但还要以失业的增加为代价,而这主要是由于货币工资的刚性。另一方面,资本的累积不一定会造成对劳动需求的下降,用新设备替代劳动,会"节省劳动",造成对劳动需求的下降。但如果新设备与劳动是互相补充的,就需要有更多的劳动去运转它。这种需要足以抵补因使用新设备而减少的劳动还有余,这样对劳动的需求就不会下降。因此,从长期来说,资本的累积是会有利的。因为,第一,在同一企业使用的生产要素中,补充性常占优势,没有理由认为新资本一般总是节省劳动的。第二,即使新资本是节省劳动的,也会提高以生产得到方便的产品计算的实际工资。

希克斯的资本累积论,把资本主义社会的严重失业归咎于"货币工资的刚性"是错误的,他对资本积累的论述,也只是停留在现象上,抹杀了资本积累的本质。因此可以说,他的资本累积论并没有什么科学性。

(三) 罗宾逊的资本积累论

罗宾逊的资本积累论是与她的经济增长理论联系在一起的,其特点是通过国民收入的分配,即工资和利润的数量变化,来分析资本积累的依存关系,从而决定经济的增长。

罗宾逊运用两大部类两大阶级收入的分析模式,把生产部门分为投资品和消费品两大部类,把总收入分为利润和工资两大部分。她认为,在工人把所有收入用于消费,资本家把所有收入用于投资时,工人的收入等于消费品的总价格,资本家的利润等于投资品的总价格。而资本家要能获得利润,必须使每个工人的生产量超过消费量。如果没有利润,企业家就不能积累,同时,如果他们不积累,就没有利润。因此,为了积累资本,使经济有所发展,必须使资本家取得利润。

罗宾逊认为,资本积累率与劳动力增长率是两个互相独立的变量,当劳动力增长率低于资本积累率时,可能使一定的投资计划受到阻碍。而当劳动力增长率高于资本积累率时,则可能会使工人产生失业,并对经济发展产生间接影响。她认为这是资本积累的基本特征。

罗宾逊还从动态的角度分析了资本积累和技术进步的情况。首先,如果积累速度落后于生产能力扩张的速度时,剩余劳动力的出现会制止实际工资的增长,因而又会使积累速度加快。她说,当积累的速度低于技术进步可使它可能达到的速度时,不断增加的失业会使积累的速度赶上来。其次,如果积累速度快于技术进步的速度,在一个时期之内,由于需用劳动力的增加,这时实际工资就会趋于上升,利润率倾向下降,结果又使积累的速度减慢,并和技术进步的速度趋向于一致。这时,资本量和劳动量的比例就会保持稳定,劳动力的增长率和资本积累率也会趋于相等,整个系统就能顺利地发展。

罗宾逊的资本积累理论,在一定程度上揭示了资本积累过程中,随着技术进步的加快,资本和劳动的矛盾和对立,这是有积极意义的。但她仅从工资和利润的分配数量关系来分析资本主义的均衡增长模式,从而抽掉了工资与利润之间的阶级关系。

四、西尼尔的资本节欲论

西尼尔作为英国庸俗政治经济学的主要代表,他的经济学说完全抛弃了前人的科学成分,对各种问题作出了错误的解释。资本节欲论就是他庸俗经济理论的集中反映。

西尼尔认为,资本不是生产要素,资本是资本家为了获得生产资料和流通资料而对个人消费的享乐和满足所作的牺牲。这种对个人消费所作的牺牲,就叫作"节欲"。节欲既表示不把资本用在非生产性用途的行为,又表示一个人宁愿把他的劳动用于生产未来成果而不用于生产目前成果的行为。这样行动的人就是资本家。

西尼尔从资本就是节欲的结果这一角度出发,提出了生产二大要素的观点,即一是劳动;二是"节欲"。在劳动和"节欲"这两个要素中,资本家的节欲更为重要。因为只有资本家的"节欲"提供了生产工具和原料,工人才能生产。他认为,商品的价值就是由资本家和工人的共同牺牲创造的,也可以说商品的价值是由劳动和"节欲"创造的。因此,商品的价值就应在工人和资本家之间进行分配,工资是对工人牺牲自己的安乐和休息的报酬,利润则是对资本家的牺牲——"节欲"的报酬。资本家不仅节欲提供了资本,而且还进行劳动。他把资本家的收入划分为两"节欲"的报酬,收入是工作的报酬,或者说是企业主熟练工作的特种工资。

西尼尔的资本节欲论,其错误是显而易见的。资本根本不是资本家节欲的结果。相反,资本家作为人格化的资本,具有绝对的致富欲。利润也不是资本家节欲的报酬,因为节欲本身并不是生产,是不会创造出任何东西的。节欲不可能是利润的来源,利润的来源在于生产过程中的劳动,它是雇佣工人创造的剩余价值的转化形态。

五、李斯特的物质资本和精神资本论

李斯特是资产阶级政治经济学历史学派的先驱者,他的经济观点集中反映了德国资本主义初期工业资产阶级的要求。他的代表著作是《政治经济学的国民体系》,在这本著作中,他专门讲到了物质资本和精神资本的问题。

李斯特理论体系的中心是对生产力的研究。在对生产力的研究中认为,应该把资本区分为物质资本和精神资本。物质资本是指生产中的物质工具,精神资本是指个人所固有的或个人从社会环境和政治环境得来的精神力量和体力。他批判亚当·斯密在使用"资本"这一概念时没有作出这样的区分,从而认为决定国家收入的只是物质资本的总量。在他看来,生产力既包括"物质资本"形成的生产力,也包括"精神资本"所创造的生产力,即人类知识积累所创造的生产力。不仅体力劳动是生产力,而且脑力劳动、管理、组织都应包括在生产力之内。甚至将基督教、一夫一妻制、王位继承、陪审制度、警察等都看作是生产力增长的丰富源泉。将维持法律与秩序,培养和促进教育、宗教、科学、艺术的人的精神劳动都视为生产劳动,因为他们虽然不生产价值,但是生产生产力。

李斯特指出,一国的物质资本,绝大部分总是与土地分不开的,地产、住宅、工厂、矿山等是国家物质资本的最主要的部分。因此,凡是足以使不动产价值有所增减的,也足以使国家物质资本总量有所增减,这必须作为一个通则。使整个国家能增加物质资本总量的能力,主要是在于能够把未经使用的天然力量转变成为物质资本,能变成为有价值的、能产生收入的工具,而这种转变只有通过工业化才能实现。并且国家物质资本的增长有赖于国家精神资本的增长,反过来也是这样,即国家的物质资本与精神资本之间有着交互作用的关系。

李斯特的物质资本和精神资本的理论,把脑力劳动、组织和管理都视为是生产力,这有一定的合理之处。

六、庞巴维克的获利资本论

庞巴维克是奥地利学派的最主要代表。他的主要著作是《资本与利息》和《资本实证论》,在这两本书中,他充分阐述了其资本理论,尤其是关于获利资本的理论。

庞巴维克对于资本有两个概念,第一个概念,他认为,资本只是迂回行程中某些阶段里出现的中间产物的集合体,即生产资料。这种资本叫"生产资本"或"社会资本"。第二个概念,他认为,资本是可以生产利息的物品,这种能够带来利息的资本叫"获利资本"或"私人资本"。

他认为,作为生产技术,资本协助生产财富,作为获利资本,资本协助其所有者获得财富。这种现象是紧密地和基本上联系在一起的,一个现象是另一个现象的直接结果。即资本能使其所有者获得财富,是因为资本协助生产财富。但是,不应当认为在资本的生产效能和它的生息能力之间必然存在着同一性。即用作生产工具的一切资本能够生息,但可以为所有者生息的却不一定具有生产效能。作为生产要素的资本和作为利息来源的资本两者之间是有实质上的差别的。

庞巴维克认为作为生产工具的资本是生产和积累的结果。生产工具是由劳动和自然因素共同生产出来的。因此,要有生产工具,就非有劳动进行生产不可。所以生产是资本形成的一个不可缺少的条件。但如果生产的都是生活资料,而且生产出来以后全部被消费掉,那也不能形成资本。要形成资本,就必须还要有另一条件——积蓄。

关于获利资本的问题,庞巴维克重点研究的是利息问题。他用"时间"这个因素来说明利息的起源,认为由于人们对现在物品的评价大于对同种类同数量的未来物品的评价,这种"时差"就产生了利息,他分析了利息的各种形态,甚至认为地租也是一种特殊的利息,并用供求原理来说明利率问题。

庞巴维克的资本理论是直接反对马克思的剩余价值理论的,他把资本只是看作人同物的关系,而根本不体现阶级之间的关系。所以,资本以及资本主义的生产,并不是历史发展的产物,也没有历史过渡性。这样,资本主义的内在矛盾、剥削关系都被一笔抹杀了。

七、克拉克的资本边际生产力论

克拉克是美国著名的资产阶级经济学家。他的经济学说的核心,是在一个所谓静态模式下说明资本主义分配问题的边际生产力论。资本边际生产力论就是其中的主要内容之一。

克拉克承袭了其前辈的生产要素论,认为商品价值是各种生产要素共同创造的。因此在分配中,各种生产要素都应得相应的份额。劳动和资本作为生产要素就理所当然地应分配到应得的工资和利息。他认为,自然的或正常的工资和利息,是静态的工资和利息,利润是动态经济范畴。边际生产力是工资和利息的唯一标准,这个规律是普遍的、永久的。

他把19世纪初经济学的生产要素论和19世纪70年代以来流行的边际分析结合在一起,提出了资本边际生产力论。他认为,劳动和资本是两个基本生产要素,在静态经济中,两个要素的分别增加都会增加生产物的总量,但在其他条件不变的假定下,生产物增量的比例是递减的。即在劳动量不变的条件下,随着追加资本的增加,则每追加一个资本单位的生产力将递减,最后追加的那一单位的资本生产力,就是资本边际生产力。同样,在资本量不变的条件下追加劳动,情况也是如此。这样资本边际生产力就决定了利息,劳动边际生产力就决定了工资。这样,工人要提高工资,在劳动人数不变的情况下,只能靠资本的增加来实现。所以,资本的不断积累和迅速增长,对工人提高工资是具有积极意义的。而要使资本增长,投资兴趣提高,就要削减对资本征收的赋税。

克拉克资本边际生产力论的实质是要说明利息是资本应得的报酬,这里并不存在资本对劳动的剥削,他们也没有根本的利害冲突,各阶级的利益是互相协调的,是由自然规律来支配的。因此,在资本主义社会里,财富分配的不平均、工人的失业和贫困,只能归罪于自然,而与资本主义制度无关。很显然,克拉克的这一理论,是迎合资产阶级需要的。

八、马歇尔的两重资本观

马歇尔在他的《经济学原理》一书中,他提出了从私人观点和从社会观点来看资本的两重资本观。

马歇尔认为,从私人的观点来看资本,资本是一个人的财富中用于获得货币形态收入的那一部分,或者说,就是以营业的方法获得收入的那一部分。这种资本可以分为消费资本和辅助资本或工具资本两类。消费资本是由直接满足欲望的形态的货物构成的,就是直接维持工人的生活的货物,如食物、衣服、房屋等。辅助资本或工具资本是由在生产上帮助劳动的一切货物的构成的,包括工具、机器、工厂、铁路、码头、船舶等以及各种原料。

从社会的观点来看资本,资本这一名词差不多在每种用法上,都是一个人从他的资产中期望获得收入的那一部分。他认为,从社会观点来看资本的最重要的用途,是在于研究生产的三个要素:土地、劳动和资本怎样有助于产生国民收入,以及国民收入怎样分配于这三个要素。这样就使资本这一名词从社会观点和从个人观点来看,都是相互有关的。资本是包括为营业目的所持有的一切东西在内,不论是机器、原料或制成品;戏院和旅馆;家庭农场和房屋。照这样解释的资本,和劳动、土地一起,通常被认为是一切收入的源泉。

关于资本的需求和供给,马歇尔认为,对于资本的主要需求,是由于资本的生产性和它所提供的服务而发生的,例如这种服务使羊毛的纺织能比用手工来做较为容易。资本的供给,是人们的"等待"和"节省",为了积累资本,他们必须为将来而牺牲现在。

马歇尔的两重资本观的一个中心问题,就是要说明资本能够自行带来收入。资本作为一切收入的源泉之一,那就无疑应该得到利息。从而他否定了资本对劳动的剥削关系。他对资本问题的阐述,是直接为其分配理论服务的。

九、凯恩斯的资本边际效率论

凯恩斯是当代最著名的资产阶级经济学家之一。他的《就业、利息和货币通论》一书的发表,标志着资产阶级宏观经济学的创立,被西方经济学家称为"凯恩斯革命"。资本边际效率论,就是他在这本著作中提出的"三大基本心理规律"中的一个。

对于资本边际效率,凯恩斯的定义是:我之所谓资本之边际效率,乃等于一贴现率,用此贴现率将该资本资产之未来收益折为现值,则该现值恰等于该资本资产之供给价格。根据这一定义,资本边际效率就是指对投资预期的利润率。凯恩斯认为:第一,当资本的供给增加时,其未来收益下降;第二,当资本产量增大时,其生产设备所受的压力加大,所以其供给价格提高。

他认为,实际投资量一定会达到这一点,在这一点上,资本边际效率正好等于市场的利息率。因为,当利息率高于资本边际效率时,投资就会减少,而投资减少又会使资本边际效率上升。当资本边际效率高于利息率时,就会增加投资,而随投资的增加又会使资本边际效率下降,直至与利息率相等,投资停止。他由此得出结论,资本家投资主要取决于资本的边际效率和利息率这两个要素,资本边际效率越大,市场利息越低,投资就越有利可图。所以,提高资本边际效率或降低利息率的措施,都能够起到刺激投资的作用。

凯恩斯的资本边际效率论是用主观心理去解释资本家的投资行为,完全是唯心主义的分析,其目的是歪曲资本主义投资需求不足的真正原因,掩盖资本主义制度下存在大量失业和危机的真实根源。

十、萨缪尔森的资本净生产率论

后凯恩斯主流经济学的主要代表萨缪尔森,在他的流行于西方世界的《经济学》教科书中,提出了"资本净生产率"的观点。

萨缪尔森认为,一切生产要素可以分为三大类:一类是自然资源;一类是人类劳动资源。这两种生产要素称为"初级生产要素",意思是指它们的供给量主要不由经济制度本身所决定。还有一类是"中间性"生产要素,资本就属于这一类。他说,资本货币是由经济制度本身所生产出来并且被用作投入的生产要素,以进一步生产物品和劳务。促使人们把初级生产要素转变成为中间性的资本货物或资本的原因,是由于通过使用这种间接的或迂回的方法,可以得到更多的将来的消费品。他举例说,有两个完全相同的岛屿,每一个岛屿均具有完全相同的初级生产要素。A 岛屿直接使用这些初级生产要素生产消费品,不使用任何被生产出来的资本货物。B 岛屿在开始的一段时间牺牲一些消费品,得到一定数量的资本,使用这些生产要素来共同生产消费品。最后的结果表明,它的产量大于 A 岛屿的生产量。

由此,萨缪尔森得出了一个重要的经济学的结论:资本具有一个可以用每年的百分比变动来表示的净生产率。人们不进一步利用这种迂回的方法来得到更多产品的唯一原因在于:如果人们加大资本的增长率和将来的消费,那么,他们必须减少现在的消费。他的这一结论,实际上就是说,你如果牺牲了现在的消费,把它转变成为资本投入生产,你在将来就能得到更多的消费品,而这部分消费品就是由资本的净生产力带来的。

萨缪尔森的资本净生产率论,其实质只不过是萨伊"三位一体"公式的翻版而已。按照这一理论,各种生产要素都理所当然地要取得社会产品,利润(利息)就是由资本的净生产率带来的,这与传统的庸俗经济学一样,也是一种庸俗的资本理论。

十一、"人民资本主义"的人民资本论

"人民资本主义"是 20 世纪 50 年代在美国形成的为垄断资本主义辩护

的资产阶级经济学流派。代表人物有贝利、纳德勒、蔡勒、加尔布雷思等等。主要著作是贝利的《没有财产权的权力》、纳德勒的《人民资本主义》。他们的核心观点是"人民资本论"。

人民资本论认为,资本主义企业的发展已经走过了个人企业、合伙企业这两个阶段,现在进入了第三阶段,即股份企业阶段。股份企业的资本来源有三类:一类是企业职工直接购买本企业的股票,成为企业的股东;另一类是社会成员购买企业的股票,成为企业的股东,形成大众股份;第三类是间接股票,即由存款人将钱存入银行,由银行拿存款进行投资,这些存款人就成了间接股东。这样,股份企业的资本所有权,就不是越来越集中于少数人手中而是分散到了广大人民大众手里,实现了资本的"民主化"。同时,资本的这三种来源,使企业的规模越来越大,管理越来越复杂和专门化,致使单靠少数资本家难以胜任企业的管理,而必须有一个管理阶层来专门从事企业生产经营的管理。这就大大削弱了资本家的权力,真正的权力已经转移到了管理阶层。从企业利润的分配来看,利润已不再归个别资本家,而是归广大的股票所有者。正是由于这些变化,资本主义制度下的生产资料所有权分散了,千百万人民大众正在变成资本家。

很明显,人民资本论所提出的论点是不符合资本主义社会的实际的。股份公司是资本集中的工具,它只是垄断资产阶级用来利用、控制社会上闲置货币资源的一种形式,而它本身并不能改变资本主义所有制的性质。人民大众购买少量,小额股票是不可能改变其被剥削的地位的。以股份企业的出现,来宣扬资本主义的变质,其实质完全是替垄断资产阶级辩护的。但是,他们看到的资本主义社会的部分变化,确实孕育着新社会的某些经济因素。

十二、加尔布雷思、斯图尔特等的知识资本论

随着知识经济的兴起,西方学者纷纷开始研究探索知识资本的问题,现在还很难说已经有一个系统的知识资本理论,但是,注意探讨这个问题的人越来越多。

当代美国著名经济学家加尔布雷思是提出知识资本概念的第一人,他认为,知识资本是一种知识性的活动,是一种动态的资本,而不是固定的资

本形式。

　　《财富》杂志编辑斯图尔特则是知识资本的大力推动者,他认为,知识资本是企业,组织和一个国家最有价值的资产,员工的技能和知识、顾客的忠诚以及公司的组织文化、制度和运作中所包含的集体知识都体现着知识资本①。斯图尔特认为:知识资本是由人力资本、结构性资本和顾客资本三者构成的。人力资本是指企业员工所具有的各种技能和知识,它们以潜在的方式存在着的,是企业知识资本的基础;结构性资本是企业的组织结构,制度规范、组织文化等的集合;顾客资本是市场营销渠道、顾客忠诚、企业信誉等经营性资产。

　　埃德文森和沙利文认为知识资本是企业真的市场价值与账面价值之间的差距②。他把企业的知识资本分为人力资源和结构性资本两部分。人力资源是指企业中所有与人的因素有关的方面,包括企业的所有者,雇员、合伙人、供应商以及所有将自己的能力、诀窍和技能带到企业的个人。他们所具有的知识和技能是以潜在的、未编码的形式存在的,知识资本中的人力资本部分是依附于个人的,个人拥有对这种未编码知识的所有权。结构性资本是指不依赖于企业的人力资源而存在的组织及其他所有能力,它包括有形的和无形的因素。有形因素包括财务资产、设施和企业资产表中的有价值的所有项目。无形因素则包括企业的信息技术、战略计划、企业文化、企业目标等。

　　斯维比(1996)则认为知识资本是一种以相对无限的知识为基础的无形资产。他把知识资本分为雇员能力、内部结构和外部结构三部分。内部结构为雇员知识技能在组织内的传递提供支持,而外部结构则保证企业知识资本的最大化。

　　无论当代西方学者对知识资本的看法怎样分歧,怎样不成熟,总归是对新现象的新概括,它拓宽了资本概念范围,扩大了资本理论研究的视野,值得借鉴。

---

　　① Thomas A. Stewart: "Intellectual Capital: The New Wealth of organizations", Doubleday, 1997.
　　② Leif Edvirson & Patrick Sullivan: "Developing a Management Intellectual Capital", European Management Journal, Vol. 14, no, 4, 1996.

第三节 资本理论的比较与探索

对马克思主义和西方资本理论进行比较研究,对研究社会主义社会的资本问题,会有重要启示。

一、马克思主义与西方资本理论的比较

(一) 关于资本的本质

马克思主义认为资本本质上是一种社会生产关系,是一种社会属性。马克思在《雇佣劳动与资本》中指出:"黑人就是黑人。只有在一定的关系下,他才成为奴隶。纺纱机是纺棉花的机器。只有在一定的关系下,它才成为资本。脱离了这种关系,它也就不是资本了,就象黄金本身并不是货币,砂糖并不是砂糖的价格一样……资本也是一种社会生产关系。"① 在《资本论》中,他指出:"生产资料和生活资料,作为直接生产者的财产,不是资本。它们只有在同时还充当剥削和统治工人的手段的条件下,才成为资本。"② "资本作为自行增殖的价值,不仅包含着阶级关系,包含着建立在劳动作为雇佣劳动而存在的基础上的一定的社会性质。"③

西方经济学无论是古典经济学还是现代经济学基本上都把资本看成是一种物,是一种自然属性。斯密以物的自然属性作为区分固定资本和流动资本的标准;李嘉图用物的耐久性作为划分固定资本和流动资本的标准,20世纪50年代发生了一次新剑桥学派与新古典综合派在"资本计量"问题上的争论,不管他们有多大的分歧,但是,都认为是物,资本可以计量是一个纯技术性的问题。但这不排除某些西方学者对资本社会属性的研究,甚至某些西方经济学家已经看到资本与劳动之间经济利益上的对立关系。

我们这里说马克思认为资本的本质是一种社会生产关系,但不能说马

---

① 《马克思恩格斯全集》第4卷,第486—487页。
② 《马克思恩格斯全集》第23卷,第835页。
③ 《马克思恩格斯全集》第24卷,第122页。

克思完全忽视资本的物质属性。马克思在论述资本技术构成、生产资本构成、固定资本更新等问题时，也触及到资本的某些物质属性。现在看来，还可以进一步吸取西方经济学关于资本物质属性分析的某些有用成果，来丰富和发展马克思主义的资本学说。

（二）关于历史范畴与永恒范畴

马克思认为资本是一个历史范畴，是商品经济的范畴，随着商品经济的产生，资本就开始出现，如在奴隶社会和封建社会就开始出现了高利贷资本和商业资本，只有到了劳动力成为商品，货币才转化为资本的资本主义社会，资本才占统治地位。随着社会经济的发展，商品经济将会消失，因此，他认为没有商品和货币的未来共产主义社会，当然也就不存在资本了。既然，资本是个历史范畴，当代资本主义社会也是一个历史的过渡性的社会。随着资本积累"资本主义私有制的丧钟就要敲响了。剥夺者就要被剥夺了"①。

而西方经济学认为资本是一个永恒的范畴，资本古就有之，李嘉图甚至认为原始人打猎的树枝和石块就是资本；现在有资本，将来永远有资本，既然资本是永恒的范畴，资本主义也就万古长青，这显然是为资产阶级利益，为资本主义辩护的理论。历史将证明：资本主义必然灭亡，社会主义必将胜利是不以人们意志为转移的客观规律。

（三）关于资本理论的进展

马克思主义的资本理论主要是马克思的资本理论，列宁分析垄断资本主义提出了垄断资本的理论，发展了马克思主义资本理论。但是，由于长期以来不承认社会主义初级阶段仍然存在资本，后来马克思主义的继承者以及社会主义国家的经济理论工作者，基本上不研究资本理论，因此，可以说马克思主义的资本理论，在马克思之后几乎没有什么进展。

相反，西方经济学对资本理论的不断研究，却取得了不少进展。在资本研究的范围和含义在扩大，不仅研究实物资本，而且研究人力资本，不仅研究有形资本，而且研究无形资本，不仅研究物质资本，而且研究知识资本。对资本研究的深度也有不少进展，他们提出了资本投入——产出——

---

① 《马克思恩格斯全集》第23卷，第831—832页。

再投入的循环流转规律,资本边际生产力递减规律,资本配置最优化问题。测算了资本对经济增长的贡献率等等,这些都充实和丰富了资本理论。可供我们研究社会主义社会的资本问题时借鉴。

二、对社会主义社会中资本范畴的理解

在过去的政治经济学教科书及有关文件中,是不承认社会主义社会存在资本范畴的。党的十四届三中全会通过的《中共中央关于建立社会主义市场经济体制若干问题的决定》和党的十五大文件中,提出了"资本""资本市场""公有资本"等概念,这绝不是偶然的。关于社会主义社会中的资本范畴,在理论上和认识上还有一些不同看法。

(一)资本的本质特征是增殖价值

长期以来,不承认社会主义社会还存在资本范畴,是与对资本的概念及其本质特征的理解有关的。据我们所知,在迄今为止的所有政治经济学教科书中,几乎都是这样给资本下定义的:资本是能够带来剩余价值的价值。这样一个定义,在特定的意义上如在"资本主义"的意义上是正确的,但它是不是反映了资本的最一般的本质特征呢?这是一个值得深入思考的问题。现在,还有不少人不理解社会主义社会仍然存在资本范畴,其中的一个原因,就是认为既然"资本是能够带来剩余价值的价值",而现今在中央文件和报告中,我们还没有提出社会主义剩余价值的概念,那么,怎么会有"能够带来剩余价值的价值"的资本呢?

为了消除这个误解有必要弄清资本的最本质特征和资本一般的含义。马克思在《资本论》中论述资本是以资本主义社会的资本为对象的,很多场合讲的都是资本主义社会的资本。"资本是能够带来剩余价值的价值"可以说是资本主义社会资本的特定含义。但是,马克思在论述特定的资本主义社会中的资本时,也涉及到资本一般或者一般资本的含义和资本最基本的特征。马克思说:"资本一般,这是每一种资本作为资本所共有的规定,或者说是使任何一定量的价值成为资本的那种规定。"①

根据我们学习和研究《资本论》的体会,我们认为资本的本质特征是增

---

① 《马克思恩格斯全集》第46卷上册,第444页。

殖价值。因此,资本的一般定义可采用马克思本来的提法,资本是自行增殖的价值,或者说,资本是能够带来增殖额的价值。马克思在研究资本流通公式时说:"这个过程的完整形式是 G—W—G′。其中的 G′=G+ΔG,即等于原预付货币额加上一个增殖额。"①G′是资本流通告一段落后增大了的价值,G 是预付价值,ΔG 是增殖。所以,资本是能带来增殖额的价值。马克思在《资本论》第 2 卷第 4 章对资本界定了一个全面而确切的定义,即资本是自行增殖的价值。马克思说:"资本作为自行增殖的价值,不仅包含着阶级关系,包含着建立在劳动作为雇佣劳动而存在的基础上的一定的社会性质。它是一种运动,是一个经过各个阶段的循环过程,这个过程本身又包含循环过程的三种不同的形式。因此,它只能理解为运动,而不能理解为静止物。"②马克思还说过:"价值成了处于过程中的价值,成了处于过程中的货币,从而也就成了资本。"③"当他把活的劳动力同这些商品的死的物质合并在一起时,他就把价值,把过去的、物化的、死的劳动变为资本,变为自行增殖的价值。"④

所以,资本最一般的本质特征是增殖价值,能够带来增殖的价值就是资本。研究社会主义社会是否还存在资本,就是看是否还存在带来增殖的价值,而不能按照资本主义社会资本的特定含义来判定。至于社会主义社会是否还存在剩余价值,这是一个尚待进一步研究的问题。

(二) 社会主义社会存在资本的客观性

社会主义社会是否还存在资本,就是要看社会主义社会是否还存在增殖的价值。社会主义社会是否还有,是否还需要增殖的价值呢?第一要看,社会主义社会是否还需要增加生产物的总量,是否还需要积累,是否还需要扩大再生产;第二要看,社会主义社会的产品及其增量是否还需要采取商品价值的形式。

第一个需要是肯定的。任何社会要继续向前发展就必须有生产的增量,或者说要有剩余作为积累用于扩大再生产。马克思说得很清楚:"一般

---

① 《马克思恩格斯全集》第 23 卷,第 172 页。
② 《马克思恩格斯全集》第 24 卷,第 122 页。
③ 《马克思恩格斯全集》第 23 卷,第 177 页。
④ 同上书,第 221 页。

剩余劳动,作为超过一定的需要量的劳动,必须始终存在。"①恩格斯指出"劳动产品超出维持劳动的费用而形成的剩余,以及社会生产基金和后备基金靠这种剩余而形成和积累,过去和现在都是一切社会的、政治的和智力的发展的基础。"②积累是一切社会发展的基础,当然,也是社会主义社会继续发展的基础。

首先,社会主义积累是扩大再生产的主要源泉。社会主义国家建设规模的大小,主要取决于积累多少以及积累使用是否得当。如果没有增量用于积累,不仅会影响扩大再生产、甚至连简单再生产也不能维持。

其次,社会主义积累还是巩固和发展社会主义生产关系的重要条件。社会主义扩大再生产,不仅是物质资料的扩大再生产,而且也是生产关系的扩大再生产。随着社会主义扩大再生产的不断进行,社会主义公有制将日益巩固和发展。

再次,社会主义积累是提高人民生活水平的一种手段。随着社会主义积累的不断增加和再生产规模的不断扩大,给社会提供的产品日益丰富,文化教育事业日益发展,广大人民的物质和文化生活水平必将逐步提高。

所以,社会主义社会需要生产的增量,需要积累,需要扩大再生产。

第二个需要也是肯定的。社会主义社会的产品及其增量仍然需要采取商品价值形式,这也是由客观经济条件决定的。首先,是由于我国正处于并将长期处于社会主义初级阶段,坚持以公有制为主体、多种所有制经济共同发展的基本经济制度,并正在逐步建立和完善社会主义市场经济体制,各企业法人和市场主体都是自主经营、自负盈亏的,它们之间要获得对方的产品,只能通过商品交换的形式,按照等价交换的原则来实现;其次,在社会主义公有制内部,如从生产资料的所有权来说,每一个国有企业是属于国家的,但是从经营权来看,它们都是相对独立的自主经营、自负盈亏的经济实体,它们相互之间的关系,也必须遵守价值规律,实行等价交换的原则,通过市场进行商品交换来实现。因此,在社会主义初级阶段,仍然存在商品、货币、价值以及增殖的价值。社会主义社会的产品及其增量都必

---

① 《马克思恩格斯全集》第25卷,第925页。
② 《马克思恩格斯全集》第3卷,第538页。

须用价值来表现。所以,仍然存在价值和增殖的价值。当然,也就存在资本了。

所以,资本是一种价值形态,是能增殖价值的预付价值。用中国的俗话说,它就是"能生蛋的本钱"。它最大的特点就是会增殖,在运动过程中不断增殖。可见,资本是市场经济的产物。只要在市场经济条件下,就会有商品、有价值,当然也会有自行增殖的价值——资本。市场经济不能没有资本和资本市场。我国要建立和完善社会主义市场经济体制,当然也应有资本和资本市场。在社会主义政治经济学中,"资本"范畴要讲,并应讲清楚。

(三) 在社会主义社会中公有资本占主体

在社会主义初级阶段,资本仍然存在,大家基本上已达成共识。但是,仍有一些人一提起资本,就马上想到了"私",想到了资本主义。

其实,资本不等于"私",这要看资本归谁所有。资本不是物,而是一种社会生产关系。资本具体反映了什么样的社会生产关系,那是由同它联结的所有制性质决定的。在资本主义社会,资本是同占统治地位的资本家私人所有制联结的。因此,在资本主义社会,以私人资本为主体,并占统治地位。

在社会主义初级阶段,由于公有制经济占主体地位,决定了公有资本必然占主体;当然,多种所有制经济共同发展,也决定了资本是多元的,在社会主义市场经济条件下,资本属于国家所有的,形成国有资本,即资本国有权;资本属于劳动者集体所有的,形成集体资本,即资本集体所有权;资本属于个人所有的,形成私人资本,即资本私人所有制。对股份制资本要作具体分析。江泽民在党的十五大报告中指出:"股份制是现代企业的一种资本组织形式,有利于所有权和经营权的分离,有利于提高企业和资本的运作效率,资本主义可以用,社会主义也可以用。不能笼统地说股份制是公有还是私有,关键看控股权掌握在谁手中。国家和集体控股,具有明显的公有性,有利于扩大公有资本的支配范围,增强公有制的主体作用。"国有资本、集体资本、股份资本中的公有成分共同形成公有资本。在社会主义市场经济条件下,虽然有私人资本,但我们坚持以公有制为主体,它不可能占主体地位,占主体地位的只能是社会主义的公有资本。所以,不能笼统地说资本是私人资本还是公有资本,也不能笼统地说资本等于资本主义。资本主义是以资本私人所有制占统治地位的社会经济形态。在资本主义社会以前,就已经有商人资本和高利贷资本,在中国古代也早有资本和资本概念,但由于资本私人所有制不占统治地位,所以,都不是资本主义社会。在社会主义初级阶段,既然有商品、有货币、有价值,仍然存在作为增殖价值的资本也就不足为奇了。当然,在社会主义社会也可以存在私人资本,但只要私人资本不占统治地位,资本的存在就不会导致资本主义。所以,资本和资本主义不能划等号。

(四) 承认社会主义社会存在资本的积极意义

承认社会主义社会仍然存在资本,不仅是个概念和理论问题,而且对社会主义现代化建设和国家发展具有重大的现实意义。

第一,发展资本市场,有利于培育和健全社会主义市场经济体系。在党的十四届三中全会通过的《中共中央关于建立社会主义市场经济体制若干问题的决定》中提出:"资本市场要积极稳定地发展债券、股票融资。"资本市场主要包括债券市场和股票市场,这是直接融资的主要渠道。确立资本市场的概念,有助于人们摆脱传统观念的束缚,树立投资增殖、风险投资等现代市场观念;发展资本市场,有助于建立包括商品、劳动力、土地、技术和资本等完整社会主义市场体系,有利于国内市场和国际市场的接轨,从而为我国引进外资创造良好的环境。

第二,推进国有资产的资本化经营,有利于提高经济效益。资本经营是发达商品经济必然采取的主要经营方式。资本经营以价值增殖为目的,要求注重价值的创造,力求以最小的耗费获得最大的经济利益;要求注重价值的实现,努力扩大市场,拓展销路,加速资本循环和周转,以实现更多价值;要求重视价值分配,允许和鼓励资本、技术等生产要素参与收益分配,以调动各种要素所有者的积极性。国有经济从国有资产经营向国有资本经营转变,就是确立以利益最大化为经营目的和经营中心。国有资本是全国人民的"血汗钱",能否经营得好,能否增殖,关系到全国人民的根本利益,也关系到社会主义的前途。

第三,国有资本重组,有利于增强国有经济的控制力和竞争力。江泽民在党十五大报告中指出:"把国有企业的改革同改组、改造、加强管理结合起来,要着眼于搞好整个国有经济,抓好大的,放活小的,对国有企业实施战略性改组。以资本为纽带,通过市场形成具有较强竞争力的跨地区、跨行业、跨所有制和跨国经营的大企业集团。采取改组、联合、兼并、租赁、承包经营和股份合作制、出售等形式,加快放开搞活国有小型企业的步伐。"国有企业的重组实际上就是国有资本重组。国有资本重组,以增殖价值为目的,可以促进结构调整,提高规模效益,加快新技术、新产品的开发,增强国有经济的控制力和竞争力。

三、关于股份公司的性质

马克思说:"股份公司的成立。由此……那种本身建立在社会生产方式的基础上并以生产资料和劳动力的社会集中为前提的资本,在这里直接取得了社会资本(即那些直接联合起来的个人的资本)的形式,而与私人资本相对立,并且它的企业也表现为社会企业,而与私人企业相对立,这是作为私人财产的资本在资本主义生产方式本身范围内的扬弃。"这句话涉及两个问题:一是资本主义社会股份公司的性质;二是社会主义股份公司的性质。

1. 关于资本主义社会股份公司的性质,有的同志认为它是对资本主义生产方式的扬弃,因此属于社会主义性质;有的同志认为它是在资本主义生产方式本身范围内的扬弃,因此仍然属于资本主义性质。我们认为资本主义社会的股份公司仍然是资本主义性质的,但已包涵某些社会主义经济因素。

马克思在分析《信用在资本主义生产的作用》时,特别谈到股份公司的成立,论述了它的特点与性质。私人资本转变为股份资本以后,在形式和性质上发生了两种变化:股份资本直接取得了社会资本的形式,而与私人资本相对立;股份企业也表现为社会企业,而与私人企业相对立。马克思认为这种变化是对资本主义本身的一种扬弃,首先,它是对私人资本的扬弃。这种所有制虽然仍以资本主义私有制为基础,但它对资本的私人局限性加以否定了。"这是作为私人财产的资本在资本主义生产方式本身范围内的扬弃。"[1]第二,它是对原有资本经营方式的扬弃。在股份公司内部,实行执行职能的资本家转化为单纯的经理、董事等资本所有者的资方管理人,而资本所有者转化为单纯的所有者,除了在股东大会上陈述对公司的

---

[1] 《马克思恩格斯全集》第25卷,第493页。

经营方针政策和营业情况提出意见和建议外,只在利息形式上领取利息和红利,实际上转化成了单纯的食利者阶级。

然而,股份公司只"是资本主义生产方式在资本主义生产方式本身范围内的扬弃"①。只是向社会主义的一种"消极"的过渡。这是因为,"这种转化并没有克服财富作为社会财富的性质和作为私人财富性质之间的对立,而只是在新的形态上发展了这种对立"②。总之,在资本主义社会里特别是当代资本主义,生产和经营已经是社会化的生产,股票持有者已有不少是人民大众,因此,股份公司和股份资本已带有某些社会主义经济因素,但是私人资本仍然占整个社会的统治地位,资本主义社会制度的性质决定了它还是服务于少数大垄断集团,所以它仍不可能改变股份公司的资本主义性质。

2. 关于社会主义社会股份公司的性质问题。在经济体制改革中,为了搞活企业,进行社会主义所有制微观基础的重新构造,建立现代企业制度,不少国有企业在推进股份制的改造。于是,人们对社会主义股份制企业的性质以及社会主义能否采取股份制进行了深入的讨论。

对于社会主义股份公司的性质,有的同志认为它是属于社会主义性质的;有的同志则认为它是资本主义性质的。我们认为要作具体分析,股份公司本身的性质取决于其持股人的身份。如果股份绝大多数掌握在国家和集体手中,它就是社会主义的性质,反之,如果股份绝大多数为私人持有,那它就是资本主义的性质,党的十五大报告中明确指出:"股份制是现代企业的一种资本组织形式,有利于所有权和经营权的分离,有利于提高企业和资本的运作效率,资本主义可以用,社会主义也可以用。"③

四、资本市场中的经济利益

(一)资本市场中的经济利益主体

1. 筹资者的经济利益。筹资者从决定在资本市场融资,千思万虑地选

---

① 《马克思恩格斯全集》第25卷,第495—496页。
② 同上书,第497页。
③ 江泽民:《高举邓小平理论伟大旗帜,把建设有中国特色社会主义事业全面推向二十一世纪——在中国共产党第十五次全国代表大会上的报告》,人民出版社1997年版,第24页。

择融资方式,到组织经营活动,都具有一个重要的目标,就是获取自身的经济利益,表现为两个方面:发展生产和多创利润。

在我国由于股份公司是现有国有企业改造而来,国有资本占股份公司的绝对多数,国有资本对股份公司控股,公司经营决策权主要掌握在国有资本代表手中。股票筹资者既是发起人、经营者,也是最大股东,其经济利益具有特殊性。股票筹资者的直接经济利益表现为:(1)股份公司所创造的利润中,与筹资者拥有股份比例一致的部分。(2)股份公司通过筹资扩大生产规模,获得的规模收益中与筹资者拥有股份比例一致的部分。(3)股份公司资产扩张、股票价格上升,筹资者资本增殖。(4)股份公司扩大生产规模,职员获得更多的福利收入。股票筹资者还能够获得间接的经济利益,股份公司的股票经过上市交易,公司知名度提高,资本市场的监管制度促进公司想方设法提高经营水平,提高盈利水平,有利于公司的长远发展。

2. 投资者的经济利益。投资者的投资目标是获得预期收益,由于资本市场经常波动,预期收益并不确定,投资者在投资期内实际获得的最终收益并不等于预期收益,因此,投资者的经济利益就是最终收益。股票投资者的最终收益也来自两方面:一是红利收益。上市公司定期公布公司经营的实际收益,给股东派发股票红利。

二是价差收益。股票价格经常上下波动,投资者通过正确的分析,低价买入,高价抛出,就获得价差收益。

3. 中介者和咨询者的经济利益。中介者的经济利益就是中介者从事股票发行流通服务的收益。发行市场的承销人完成承销任务后,按照承销协议规定的比例获得承销佣金。经纪人每提供一次委托服务都按比例定额收取服务佣金,不管投资者损益情况。

咨询者的经济利益是咨询者从事股票投资咨询服务的收益。不同形式的咨询服务,其收益来源不同。职业证券分析家专门为投资者分析评论股票价格趋势,其收益是以单位时间计算的劳务费;专业投资文献专门刊登股票信息和股票评论文章,其收益来自出售文献和刊登广告;新闻媒体也开辟专栏定期或每日发布股票信息和评论,其收益是由于发布股票信息和评论而扩大发行量或提高视听率所增加的利润;电子网络传播证券信息的收益是用户缴纳的服务费。

4. 政府的经济利益。政府代表国家和全体公民对资本市场行使管理职能,政府从资本市场中获得巨大的直接和间接经济利益。政府的直接经济利益是税收,一方面,来自投资者的纳税,市场拥有巨量的有价证券和交易额,政府每年所获得的税收相当可观。另一方面,由于发行者获得融资,扩大生产规模,增加产值和利润而增加纳税。

政府还获得更大的间接经济利益:(1)实现社会范围内的资金融通,巨额资金从分散的投资者手中通过资本市场融通给筹资者,筹资者将其投入到实质经济中,创造出巨量的社会财富。(2)优化资源配置,转换企业经营机制。竞争性的资本市场中,只有那些资信好、盈利能力强、前景光明的企业才能获得融资,才能得到发展和壮大。法人财产制度和公司治理结构促使企业自主经营,努力提高效益。(3)资本市场的发育,带动了一些诸如中介、信息、会计、审计、律师、电子、房地产等行业的发展,增加了大量的就业机会。

(二)资本市场中的理性经济利益与非理性经济利益

1. 资本市场中的理性经济利益。资本市场中的理性经济利益是指在资本市场对实质经济作用最大化的基础上,资本市场主体作为经济人追求自身利益最大化的行为所获得的经济利益。

资本市场中主体的理性经济利益:(1)筹资者的理性经济利益是筹资者从事经营符合公司长期发展战略、有利于公司长期盈利增长、优化公司资产结构、提高公司经营水平的理性经济行为所获得的收益。(2)投资者的理性经济利益是投资者从事长期投资和理性投机所获得的收益,包括股票红利和价差收益。(3)咨询者的理性经济利益是咨询者为投资者提供及时准确的客观信息和中性分析评论所获得的以劳务费为主的收益。(4)中介者的理性经济利益是中介者提供诚实、公正的中介服务所获得的以佣金为主的收益。(5)管理者的理性经济利益是政府作为资本市场管理者对市场行为的有效监管,保护投资者的合法权利,从而是资本市场为政府和社会带来的直接的和间接的经济收益。

2. 资本市场中的非理性经济利益。资本市场中的非理性经济利益是其主体的非理性行为所带来的超过理性经济利益的那部分超额收益。

非理性经济利益来源于其主体的非理性行为,不同的主体具有不同的非理性行为,就获得不同的非理性经济利益,通过对非理性行为的探讨,可以得出各个主体的非理性经济利益;筹资者的非理性经济利益是不合格公司发行股票,弄虚作假高价发行,公司经营不务主业等手段所获得的经济利益。投资者则进行非理性投机和非法投机。咨询者提供错误、虚假信息,进行主观臆断的评论。中介者采取各种手段吸引和鼓励投资者频繁买卖股票。管理者职能不全或者职能错位。这些行为获得的收益均为非理性经济利益。

(三) 资本市场中的经济利益调节方式

1. 基本方式。资本市场的法律制度和市场机制对市场主体经济利益起着基本的规范作用和经常的调节作用,它们既是基本的市场制度,又是基本的调节手段,两者对各种经济利益都有约束力。健全的市场制度有助于股份经济正常运行和经济利益均衡。

2. 经济方式。市场经济条件下的宏观调控多数采用间接的、经济的手段。调控措施温和,调控效果逐渐显露。资本市场调节也应采用经济手段,力图避免激烈的措施导致资本市场的大起大落和经济利益的非理性流动。(1) 可运用货币政策,通过利率等杠杆的作用影响上市公司经营业绩和证券投资的流向,调节投资者间的经济利益增减和流动。(2) 还可以运用财政政策,通过税率和税种的变动,如印花税、所得税以及累进所得税等,调节经济利益的合理流动与分配。(3) 也可运用产业政策,政府当局从全局和长远出发,制定一定时期内产业发展方向的指导性政策,通过股票发行和上市公司的选择,用于鼓励需要发展的产业,限制技术落后、经济效益和社会效益低下、供给超过需求的产业,保证国民经济持续、协调发展。

3. 行政方式。以行政手段干预资本市场,进而调节资本市场经济利益的产生、流动和分配的具体办法有:一是设立市场运行规则,规范市场主体经济利益,监督市场主体行为的合法性。二是行政决定供给的数量、价格、时间和发行公司。三是行政规定市场价格变化的最大幅度和交易制度。四是有倾向性的供给刺激股票价格反向变化的利好利空消息,促使股票价格向管理者的意图内变动。五是临时准入措施,股票价格过度高涨,临时禁止某一部分主体参与股票市场;股票价格低迷,临时允许某一部分主体参与投资。行政方式灵活,既可以有系统地调节主体内与主体间经济利益、理性与非理性经济利益,也可以针对性地调节局部经济利益的产生和流通。

4. 文化方式。调节资本市场经济利益的方式有多种,各具特色,从文化角度,可做好以下几方面工作:第一,提高市场主体的素质,培养投资者的投资意识。利用大众传媒普及投资知识,提高投资者的分析和管理能力,提高证券行业的人员素质。第二,培养稳定的市场信心。投资收益是头寸与时间的函数,依靠短期内赌博式的炒作,盈利的概率只有1/2,克服大众赌博心理。培养长期投资信心和理念。第三,建立适当的舆论导向。大众传媒对投资倾向、股票分析、公众心理的诱导作用十分明显。应规范传媒的行为,提供全面准确的股票信息,权威研究部门定性发表经济与市场的研究报告,管理者也应适时表明态度,进行道义劝告。

第四节 关于资本主义社会的社会主义经济因素

马克思在《资本论》中论述资本和作为人格化的资本——资本家时指出:"他狂热地追求价值的增殖,肆无忌惮地迫使人类去为生产再生产,从而去发展社会生产力,去创造生产的物质条件,才能为一个更高级的,以每个人的全面而自由的发展为基本原则的社会形式创造现实基础。"这涉及到一个重要的问题:资本主义社会内部能不能产生社会主义经济因素的问题。

一、正本清源

长期以来,在许多政治经济学的著作或教科书中,甚至在最近出版的一些政治经济学著作中,都有这样的论断:社会主义经济因素不可能在资本主义内部产生,只有无产阶级夺取政权以后,社会主义经济因素才能逐步成长起来。而且把这种论断当作天经地义的马克思主义的观点,其实这一论断并不是马克思主义的,也不符合当代资本主义的实际,必须正本清源。

这一论断最早出自原苏联政治经济学教科书。该书是这样写的:"无产阶级革命遇不到任何现成的社会主义经济形式,以生产资料公有制为基础的社会主义成分,不能在以私有制为基础的资产阶级社会内部成长起来。无产阶级革命的任务在于建立无产阶级政权,建成新的社会主义的经济。"①而这一论断实际上又来自斯大林在《苏联社会主义经济问题》中的论述。斯大林在论述苏维埃政权的特殊作用时说:"由于国内没有任何现成的社会主义经济的萌芽,苏维埃政权必须在所谓'空地上'创造新的社会主义经济形式。"②

原苏联政治经济学教科书和斯大林的观点,并非马克思主义的,马克思主义的创始人曾多次论述,在资本主义社会内部是有可能产生社会主义经济因素的。马克思说过:"庸俗经济学家不能设想各种在资本主义生产方式内部发展起来的形式,能够离开并且摆脱它们的对立的、资本主义的性质。"③马克思在分析资本主义社会的合作工厂时指出:"工人自己的合作工厂,是在旧形式内对旧形式打开的第一个缺口,虽然它在自己的实际组织中,当然到处都再生产出并且必然会再生产出现存制度的一切缺点。但是,资本和劳动之间的对立在这种工厂内已经被扬弃……这种工厂表明,在物质生产力和与之相适应的社会生产形式的一定的发展阶段上,一种新的生产方式怎样会自然而然地从一种生产方式中发展并形成起来。"④马克思还说过:"无产阶级解放所必需的物质条件是在资本主义生产发展过程中自发地产生的。"⑤

马克思的观点是很清楚的,社会主义经济因素有可能在资本主义内部产生。有的同志说,如果社会主义经济关系在资本主义内部已经产生,社会主义革命还有必要吗?我们认为,马克思讲的是在资本主义社会内部已经孕育着社会主义的经济因素,或者说,已经有了社会主义经济的萌芽,而不是完整的成熟的社会主义经济关系。完整的成熟的社会主义生产关系,确实要无产阶级进行社会主义革命成功以后,才能逐步建立和完善起来。

---

① 苏联科学院经济研究所编:《政治经济学教科书》,人民出版社1955年版,第342页。
② 斯大林:《苏联社会主义经济问题》,人民出版社1961年版,第4页。
③ 《马克思恩格斯全集》第25卷,第435页。
④ 同上书,第497—498页。
⑤ 《马克思恩格斯全集》第34卷,人民出版社1972年版,第358页。

有的同志认为,新社会的经济因素可以在旧社会内部产生,是指的资本主义以前的以私有制为基础的社会形态中才可能,以公有制为特征的社会主义经济因素,是不可能在仍然以私有制为基础的资本主义社会内部产生的。这是不符合马克思原意的。马克思讲得很清楚:"无论哪一个社会形态,在它们所能容纳的全部生产力发挥出来以前,是决不能灭亡的,而新的更高的生产关系,在它存在的物质条件在旧社会的胞胎成熟以前,是决不会出现的。"① 总之,没有孕育着社会主义经济因素的资本主义社会,就不可能产生社会主义。马克思所说的社会主义运动,是从发达的资本主义社会中解放社会主义经济因素的运动。

二、理论依据

对资本主义社会内部有可能产生社会主义经济因素进行正本清源,恢复马克思主义的本来面貌是很重要的。当然,资本主义社会内部有可能产生社会主义经济因素这个论断,不是仅靠引证马克思的话所能解决问题的。这个论述,有着充分的理论依据。那么,资本主义内部为什么会存在社会主义经济因素呢?

第一,马克思主义历史唯物论有一个重要原理,就是生产力决定生产关系,经济基础决定上层建筑。而社会主义经济因素不可能在资本主义内部产生,只有在社会主义革命成功建立无产阶级政权以后,社会主义经济因素才能逐步产生的论断,实际上是认为社会主义经济关系的产生不是生产力发展的要求,而是上层建筑的变革引起的,这岂不是上层建筑决定论?如果不是生产力的发展,在资本主义社会内部产生了社会主义经济因素,怎么可能有冲破束缚和阻碍社会主义经济因素成长的资本主义上层建筑的要求?怎么可能有社会主义革命?当然,只有进行社会主义革命,建立无产阶级政权以后,社会主义经济关系才能确立、巩固和进一步发展,但是,不能由此而否认资本主义社会内部可能产生社会主义经济因素。

第二,事物发展都有一个量变到质变的过程。事物的产生、发展及灭亡是个连续的过程,它总是遵循着从量变到质变的规律。新生事物的产生

---

① 《马克思恩格斯全集》第 13 卷,第 9 页。

首先要有量的积累,这种积累是在旧事物中进行的,不然它定是无本之木,无源之水。社会主义的产生同样如此,从资本主义向社会主义过渡也有个从量变到质变的过程,而非一蹴而就的。首先让我们来看看资本主义的发展历程。当13世纪开始,资本主义的某些因素出现于亚平宁半岛时,欧洲仍处于封建制,只有当英国光荣革命后,资产阶级掌握政权时,世界上第一个资本主义民族国家才宣告成立,但这时资产阶级的势力还相对弱小,所以,英国土地贵族与资产阶级共享权力,随着生产力的不断发展,资本主义世界体系才逐步确立。资本主义的发展历程表明,资本主义生产关系的确立花了三四百年的时间才真正成熟,它是在各个领域不断扩张,逐步积累而成的。社会主义同样如此,当资本主义确立其世界统治地位后,社会主义经济因素也出现了,资本社会化趋势增强。股份公司的出现是资本社会化的表现,是对私人资本的消极扬弃,是通向新社会的过渡点;合作工厂的出现更是对私人资本的积极扬弃,同样是通向新社会的过渡点。资本的社会化、生产的计划化、国家干预的增加、社会福利制度的不断完善,这些都是资本主义社会内部社会主义经济因素的增长。随着资本主义发展,社会化程度越来越高,在当代发达资本主义社会中,社会主义经济因素愈来愈多,有一个从少到多的逐步积累过程,只有社会主义经济因素的量积累到相当的程度才会发生质变的要求。至于何时才能发生质变,采取何种形式实行质变,还要看其他条件。

第三,现在,大家都看到也承认,在资本主义社会中,无产阶级政党存在,马克思主义和社会主义思想广泛传播,这表明,社会主义的上层建筑已在资本主义社会萌芽。根据经济基础决定上层建筑的历史唯物主义原理,在资本主义社会没有社会主义经济因素的存在,怎么可能出现社会主义上层建筑因素呢?马克思在《资本论》第1卷初版中说道:"我的观点是:社会经济形态的发展是一个自然历史过程;不管个人在主观上怎样超脱各种关系,他在社会意义上总是这些关系的产物。"[①]所以,如果只承认资本主义社会中存在社会主义的上层建筑因素而否认其经济因素,这显然不符合马克思主义基本原理的。

---

① 《马克思恩格斯全集》第23卷,第9页。

总之,资本主义社会应该而且必然有社会主义经济因素,是有充分理论根据的,是不以人们的意志为转移的社会历史发展的自然过程。

三、当代现实

实践是检验真理的标准,一个论断能否成立,不仅要看论据可靠、论证充分,而且要看它是否符合现实。当代资本主义现实说明社会主义经济因素已在资本主义母体内产生。列宁早就指出:"社会主义现在已经在现代资本主义的一切窗口中出现,在这个最新资本主义的基础上每前进一步的重大措施中,社会主义都直接而实际地显现出来了。"[①]

(一)合作经济是资本主义制度的"积极扬弃"

资本主义国家的合作经济历史久远范围广大,就业人数多。若从1844年英国罗虚代尔出现的世界上第一个合作社——公平先锋社算起,合作经济已有150多年的历史,至今已在全世界100多个国家扎下了根,合作社总数多达64万个。从参加合作社的人数占总人口的比重看,日本为17.4%,意大利8.1%,法国则达到总人口的一半。合作经济在国民经济和社会生活中具有特别重要的作用。例如:丹麦合作社在国内总产值中的比重为24%,法国和荷兰都超过10%左右。美国1983年的供应和销售合作社供应的农用物资达159.4亿美元,占当年全国农用物资供应额的20%,销售的农产品净额为493.4亿美元,占当年全国农产品销售总额的31%。1982年意大利增加值最大的1 045家企业,有92家是合作社,占9%;在赢利最多的657家企业中,63家是合作社,占9.6%。在资本主义制度下,合作经济不能不受到垄断资本的支配和影响。正如马克思所说的,"虽然它在自己的实际组织中,当然到处都再生产出并且必然会再生产出现存制度的一切缺点。"[②]但它是"对旧形式打开的第一个缺口,是一种新的生产方式"。它从诞生之日起便具有明确的对抗资本主义的性质。在所有制、经营宗旨、管理方式和分配原则上对资本主义社会的"积极扬弃",带有明显的社会主义经济因素,是资本主义制度下为向社会主义过渡所作的重要准备。

---

① 《列宁全集》第25卷,人民出版社1958年版,第349页。
② 《马克思恩格斯全集》第25卷,第498页。

"这种工厂表明,在物质生产力和与之相适应的社会形式的一定的发展阶段上,一种新的生产方式怎样会自然而然地从一种生产方式中发展并形成起来。"①合作经济作为社会主义经济因素在资本主义社会内部仍受到整个社会经济条件的影响。尽管合作企业内部消除了资本与劳动的对立,联合起来的劳动者共同占有生产资料,但它只是对资本所有权的潜在扬弃。工人自己的合作工厂仍然处于资本主义条件之下,必然受资本主义经济规律的支配。

(二) 国家垄断资本主义是社会主义的入口

第二次世界大战后,当代资本主义已经发展到国家垄断资本主义程度,国有经济的发展使生产资料的国家占有得到空前的发展。从1984—1993年的10年内,国家在国内总固定资本形成中所占的比重,美国、日本、德国、法国和意大利6国分别平均达到15.6%、23.8%、11.6%、17.2%、16.2%和16.7%。这种生产资料与资本的国家占有的发展,是生产社会化发展过程中资本占有高度社会化的具体表现。从国家对国民财富的直接支配——财政收支规模来看,据欧洲经济合作与发展组织统计,到1992年,发达资本主义国家的财政收入占GNP的比重都很高,法国为47.9%、德国为46.6%,英国为37.0%,日本为32.9%,意大利为43.7%,加拿大为43.7%,即使是采取自由资本主义的美国,其财政收入占GNP的比重也为30.6%,7国合计为36.3%。从其财政支出占GNP的比重看,法国为51.8%,德国为49.0%,英国为43.2%,日本为32.2%,意大利为53.2%,加拿大为49.9%,即使是采取自由资本主义的美国,其财政支出占GNP的比重也为35.1%,7国合计为39.9%。各主要资本主义国家的国民财富1/3以上由国家直接支配。资本主义国家政府对经济的干预和调节也成了普遍现象,国家垄断资本主义没有改变资本主义的本质,正如恩格斯早就指出的:"现代国家,不管它的形式如何,本质上都是资本主义的机器,资本家的国家,理想的总资本家。它愈是把更多的生产力据为己有,就愈是成为真正的总资本家,愈是剥削更多的公民。"②但是,国家垄断资本主义的发

---

① 《马克思恩格斯全集》第25卷,第498页。
② 《马克思恩格斯全集》第3卷,第436页。

展部分改变了资本主义的经济运行机制,不仅为向社会主义的过渡做好了物质准备,而且从某种意义上讲已具有共有的某些属性,正如列宁所指出的:"国家垄断资本主义是社会主义的最完备的物质准备,是社会主义的入口。"①

(三) 股份经济是资本主义转化为社会主义经济的过渡形式

股份制作为资本社会化的主要表现形式,随着资本主义的发展而不断壮大,特别在资本主义从自由竞争进入垄断时期后,更是飞速发展。到了20世纪,股份制已成为资本主义经济的主要生产组织形式,主要表现在:(1) 股份制更加普遍。目前,股份制几乎已扩展到国民经济各部门,并成为各行业、各部门乃至整个国民经济的主导力量,并控制了整个国民经济的发展。以美国为例,占企业总数15％的股份公司的总资产已占企业总资产的80％以上,销售额占全国销售额的90％左右。股份公司,尤其是大公司控制着整个国民经济的命脉。(2) 股权分散化趋势加强。股权分散化首先表现在当今资本主义大公司中,每个股东所拥有的股权比重在降低,一个股东掌握一个公司4％或5％的股本权已非常少见。而且公司的规模越大,股权就越分散和多元化。例如,美国通用汽车公司100股以下的小股东占41％。美国电报电话公司1992年股票发行量达13.4亿美元,股东总数达250万个,其中最大的股东只拥有不超过5％的股权。股权分散化还表现在各国持股人数普遍增加。目前美国直接或间接持股人数已大约占总人口的70％。(3) 持股法人化。当今股权公司中,法人持股率上升,个人持股率下降已成为普遍现象。日本1949年法人持股率为28.1％,个人持股率为69.1％。1990年个人持股率下降到23.1％,而金融机构等法人持股率上升到72.1％。据统计,美国1990年机构法人股东的持股额占美国上市交易股票总额的53％,退休基金在所有机构投资中持有的股票额占45％,居第一位。股份制在当代资本主义经济中的发展表明,股份制已成为资本主义社会中的社会主义经济因素。(1) 股份制产生和发展于资本主义生产方式,但股份制一经产生就开始了对资本主义生产方式的扬弃。一方面,它使集合起来的社会资本与单个的私人资本相对立,使资本的私人

---

① 《列宁选集》第3卷,第164页。

性向社会性方向发展,这是"在资本主义体系本身的基础上对资本主义的私人产业的扬弃"①。另一方面,股份制作为适应社会化大生产的财产组织形式,是随着海外贸易和手工业工场的出现而产生的,对生产社会化的适应使它席卷了它力所能及的一切工商业部门,而"它越是扩大,越是侵入新的生产部门,它就越会消灭私人产业"②。股份制使资本主义生产关系发生了部分质变。在股份公司内,"职能已经同资本所有权相分离,因而劳动也已经完全同生产资料的所有权和剩余劳动相分离"③。它已经使资本的所有权相对削弱,拥有资本的股东已丧失了对他们的股份资本转化的实物资本的任意支配权。行使实物资本支配权的是公司法人,而公司法人所有权的主体是股东集体而不是某一股东个人,因而已经带有公有的属性。"资本主义的股份企业,也和合作工厂一样,应当被看作是由资本主义生产方式转化为联合的生产方式的过渡形式。"④从所有制关系上看,"资本主义生产极度发展的这个结果,是资本再转化为生产者的财产所必需的过渡点,不过这种财产不再是各个互相分离的生产者的私有财产,而是联合起来的生产者的财产,即直接的社会财产"⑤。从职能上看,"这是所有那些直到今天还和资本所有权结合在一起的再生产过程中的职能转化为联合起来的生产者的单纯职能,转化为社会职能的过渡点"⑥。从当代资本主义股份制的发展趋势看,股份制已具有某些公有的属性,股份公司的发展正在使资本主义内部产生越来越多的社会主义经济因素。

(四)经济计划化是"资本主义社会的无计划生产向行将到来的社会主义社会的计划生产投降"⑦

马克思恩格斯曾把社会生产的无政府状态视为资本主义经济的重要特征,把个别企业的有组织性和整个社会生产的无政府状态之间的矛盾视为资本主义基本矛盾的表现,而且由此设想在未来社会主义社会,"社会生

---

① 《马克思恩格斯全集》第25卷,第496页。
② 同上。
③ 同上书,第494页。
④ 同上书,第498页。
⑤ 同上书,第494页。
⑥ 同上。
⑦ 《马克思恩格斯全集》第20卷,第708页。

产的无政府状态就让位于按照社会和每个成员的需要对生产进行的社会的有计划的调节"[①]。他们都把整个社会的计划性看作未来社会主义社会的重要特征。从资本主义国家的经济发展来看,现代资本主义市场经济正渐渐走出整个社会生产的无政府状态。早在20世纪初期,资本主义国家就开始利用经济和行政手段对整个国家的经济进行干预。如国家军事采购,加速折旧,发行公债,控制信贷和利率,鼓励或限制某些产品的生产和消费,缓和劳资关系的措施,国家干预已涉及到资本主义经济的各个环节,贯穿于社会再生产的全过程。20世纪30年代的资本主义危机使仅靠完全竞争市场就能达到资源有效配置和充分就业的传统经济理论彻底破产,随之出现了以美国罗斯福"新政"为代表的政府对经济的干预和以英国凯恩斯《通论》为代表的国家干预经济的宏观经济理论。二战以后资本主义国家纷纷实行经济计划化,通过制定短期计划或中长期计划,对市场经济进行综合性调节。法国于1948年实行了第一个5年计划,到1992年已制定了10个中长期计划,"力图建立一个包括远期规划在内的中期协调框架"来对国民经济进行指导和调节。20世纪50—60年代,日本、荷兰、英国、联邦德国等也相继推进了经济计划化。这对于战后经济恢复和经济振兴、推动公共部门投资,尤其是消除资本主义整个社会生产的无政府状态,缓和资本主义基本矛盾,减少经济的周期性波动起了重要作用。可以认为,当代资本主义经济从"无政府状态"到"有政府状态",表明了"资本主义社会的无计划向行将到来的社会主义社会的计划生产投降"。资本主义经济计划化也是一个社会主义经济因素。

(五)社会福利制度的社会化是对资本主义分配关系的局部调整

早在资本原始积累时期就有过如英国的"济贫法"之类零星的社会福利措施。在当代资本主义社会,社会福利发展快,涉及面广。20世纪50年代以来,主要资本主义国家的社会福利不断增长,进入60年代,更向"多而全"的方向发展,社会福利已从零星的措施发展为一个庞大的体系,具有了全社会的规模,社会福利已从单纯的社会救济发展成了公民的一种社会权利。瑞典更是形成了"从摇篮到坟墓"的一整套社会福利制度,有人称其为

[①] 《马克思恩格斯全集》第20卷,第304页。

"生产中的资本主义,分配中的社会主义"模式。许多资本主义国家社会福利开支占 GDP 的比重增长较快。1970 年,英国、丹麦、比利时、法国、爱尔兰、联邦德国、意大利、卢森堡、荷兰 9 国平均社会福利开支占 GDP 的 18.1%,到 1981 年,9 国平均社会福利开支已占 GDP 的 27.1%。近年来,社会福利的发展已经发展到使许多资本主义国家难以承受的地步,但是,资本主义国家没有取消社会福利,只是在调整"福利国家"的政策。当代资本主义国家的社会福利政策,虽没有改变分配关系的资本主义性质,但是,资本主义国家社会福利政策对于资本主义国家工人阶级的生活状况,保障低收入者的基本生活,缩小贫富差距具有明显作用。这在一定程度上对资本主义关系进行了局部调整,在"收入公平化"方面带有某些社会主义的因素。

以上几方面说明,社会主义经济因素已经在资本主义母体内产生,并且有日益增加的趋势。当然,由于整个社会形态还处于资本主义统治之下,这种新的经济关系的因素不仅不能改变整个社会的性质,而且它还处在资本主义统治之下,但它揭示了人类社会发展的历史趋势——社会主义必然代替资本主义。

四、重大意义

通过对资本主义社会中社会主义经济因素的分析,通过分析这些经济因素在当代资本主义国家的发展,承认资本主义社会正在并已经产生社会主义经济因素有重要的理论意义和实际意义。

1. 可以使我们树立社会主义信心。近几十年来,资本主义经济得到了相对稳定的发展,而东欧剧变,苏联解体,已使社会主义的地域范围大大缩小,似乎资本主义就一统天下了。有人对社会主义前途产生了疑问,但这并不能改变社会主义代替资本主义的历史总趋势。历史唯物主义告诉我们,历史的发展并非一条没有波浪的直线,暂时、局部偏离上升的总趋势,甚至出现倒退的现象也不足为奇,"把世界历史设想成一帆风顺的向前发展,不会有时向后作巨大的跳跃,那是不辩证的,不科学的在理论上是不正确的"[1]。经济是社会发展的基础。虽然从地域上看,"纯粹"的社会主义阵

---

[1] 《列宁选集》第 2 卷,第 851 页。

营在减少,但现有的社会主义国家的经济在发展,我国社会主义经济的高速增长就是一个很好的例证。而且,资本主义国家内部的社会主义因素也在产生和增长,资本主义社会正在为向新社会的过渡准备好一切物质条件。社会主义前途光明,悲观的论调,无所作为的观点是不必要的。

2. 可以使我们正确认识当代资本主义。当代资本主义"垂而不死","腐而不朽",仍然具有一定生命力,生产仍然在发展,如何看待这一现象呢?我们认为,当代资本主义经济的发展,一方面是由于生产力的发展有其内在源泉,另一方面在于资本主义生产关系适应生产社会化的发展不断变革。"猛烈增长着的生产力对它的资本属性的这种反抗,要求承认它的社会本性的这种日益增长的必要性,迫使资本家阶级本身在资本关系内部一切可能的限度内,愈来愈把生产力当做社会生产力来看待。"① 适应生产社会化的发展,资本主义社会内部的社会主义因素在不断增加,虽然它仍然没有突破资本主义生产关系的框框,但资本占有的社会化,生产和管理的社会化,已初步克服了资本主义私人占有与社会化大生产的矛盾,对整个社会经济的计划调节和国家干预已使资本主义生产从"无政府状态"向"有政府状态"或经济计划化转变;社会保障制度的发展,既为生产社会化高度发展所要求的劳动力再生产的社会化提供了条件,也为未来社会主义社会的社会保障制度提供了现在的借鉴模式。所有这些具有社会主义因素的资本主义生产关系调整,是当代资本主义经济仍在发展的制度性原因。

3. 可以使我们全面理解无产阶级的革命道路问题。传统观点认为,暴力革命是无产阶级革命的普遍规律。资本主义生产力与生产关系的对抗性矛盾,不可能由资本主义制度本身来解决,从资本主义到社会主义的过渡,只有通过无产阶级革命和无产阶级专政才能实现。这种观点是对马克思主义的片面理解。诚然,马克思和恩格斯曾在《共产党宣言》中指出,共产党人的目的"只有用暴力推翻全部现存的社会制度才能达到"②。很显然,马克思恩格斯的这一观点来源于对欧洲大陆革命经验的总结,问题是

---

① 《马克思恩格斯选集》第3卷,第317页。
② 《马克思恩格斯全集》第1卷,第285页。

不要把本来是特殊性的东西当作一般性来看待。马克思后来通过对英国经济史和英国经济状况的研究得出另一结论,"至少在欧洲,英国是唯一可以完全通过和平的和合法的手段来实现不可避免的社会革命的国家"①。因此,从马克思主义的观点来看,暴力革命并不是无产阶级革命的普遍规律,和平过渡并不是不可能的。从当代资本主义经济现实看,一方面资本主义母体内的社会主义因素在不断积累,另一方面,当代资本主义国家中暴力革命的主客观条件并不具备。我们认为,在由资本主义向社会主义过渡的经济条件基本成熟的条件下(社会主义经济因素已很多),当代资本主义以何种方式向社会主义过渡,取决于当时当地的实际情况。社会主义事业正在向前发展,但是必须通过各国人民自愿选择的适合本国特点的道路逐步探索取得胜利。

复习思考题

一、名词解释

资本的定义 资本积累 资本原始积累 资本总公式 虚拟资本 资本有机构成 人民资本论 知识资本论

二、问答题

1. 马克思主义资本理论的主要内容。
2. 西方经济学关于资本的主要理论。

三、论述题

马克思主义和西方资本理论比较研究与探索。

---

① 《马克思恩格斯全集》第23卷,第37页。

第九章 剩余价值理论比较研究

剩余价值理论是马克思主义经济理论的核心,西方经济学很少直接使用剩余价值概念,但实际上仍然有剩余价值,主要是在剩余价值的表现形式上做文章。

第一节 马克思主义的剩余价值理论

马克思主义剩余价值理论基本上是马克思的剩余价值理论,主要集中在《资本论》中,《资本论》的中心就是剩余价值理论。列宁对社会主义社会的利润有部分论述。

一、剩余价值生产的理论

(一)剩余价值形成的基础

马克思关于劳动力成为商品,货币才能转化为资本的分析,是剩余价值形成的基础。在社会科学上,马克思第一次提出劳动力这个特殊商品,明确区分了劳动和劳动力。并且论证了只有在一定的社会条件下,劳动力才成为商品。这样,就从根本上揭示了剩余价值的来源,剩余价值原来是工人劳动创造的价值大于劳动力价值的差额。对于这一点,恩格斯曾多次指出其重要意义。他说:马克思"研究了货币向资本的转化,并证明这种转化是以劳动力的买卖为基础的。他以劳动力这一创造价值的属性代替了劳动,因而一下子就解决了使李嘉图学派破产的一个难题,也就是解决了资本和劳动的相互交换与李嘉图的劳动决定价值这一规律无法相容这个难题"①。

(二) 剩余价值的概念

马克思没有给剩余价值定一个统一的定义,在不同场合有不同提法,但本质上是一致的。

1. 剩余价值是原预付货币额加上一个增殖额。这个过程的完整形式是 G—W—G′。其中的 $G' = G + \Delta G$,即等于原预付货币额加上一个增殖额。马克思把这个增殖额或超过原价值的余额叫做剩余价值。

2. 剩余价值是劳动力价值和劳动力在劳动过程中的价值增殖之间的差额。"劳动力的价值和劳动力在劳动过程中的价值增殖,是两个不同的量。资本家购买劳动力时,正是看中了这个价值差额。"②

3. 剩余价值是产品价值超过它的各种生产要素的价值总和而形成余额。这个剩余价值就是产品价值超过消耗掉的产品形成要素即生产资料和劳动力的价值而形成的余额③。剩余价值,或预付资本价值C的价值增殖额,首先表现为产品价值超过它的各种生产要素的价值总和而形成的余额④。

4. 剩余价值是剩余劳动时间的凝结。"把剩余价值看作只是剩余劳动时间的凝结,只是物化的剩余劳动,对于认识剩余价值也具有决定性的意义。"⑤

5. 剩余价值是商品价值超过商品成本价格的余额。"剩余价值首先是商品价值超过商品成本价格的余额。"⑥

6. 剩余价值的唯一源泉是活劳动。"在不同生产部门,总资本各个相等的部分,包含着剩余价值的大小不等的源泉,而剩余价值的唯一源泉是活劳动。"⑦

7. 剩余价值体现为剩余产品或无酬劳动的相应部分。"资本主义的生产过程,实质上就是剩余价值的生产,而剩余价值体现为剩余产品或体现为所生产的商品中由无酬劳动物化成的相应部分。"⑧

---

① 《马克思恩格斯全集》第 24 卷,第 22 页。
② 《马克思恩格斯全集》第 23 卷,第 219 页。
③ 同上书,第 235 页。
④ 同上书,第 238 页。
⑤ 同上书,第 244 页。
⑥ 《马克思恩格斯全集》第 25 卷,第 41 页。
⑦ 同上书,第 167 页。
⑧ 同上书,第 272 页。

（三）剩余价值生产的方法

1. 绝对剩余价值："我把通过延长工作日而生产的剩余价值，叫做绝对剩余价值。"①

2. 相对剩余价值："我把通过缩短必要劳动时间、相应地改变工作日的两个组成部分的量的比例而生产的剩余价值，叫做相对剩余价值。"②

3. 绝对剩余价值和相对剩余价值的关系：(1) 绝对剩余价值的生产是相对剩余价值生产的基础和出发点；(2) 绝对剩余价值生产只要劳动对资本的形式隶属，相对剩余价值的生产还要劳动对资本的实际隶属；(3) 生产相对剩余价值的方法也是生产绝对剩余价值的方法；(4) 相对剩余价值是绝对的，绝对剩余价值是相对的，在剩余价值率提高时，两者的差别才显示出来。

4. 超额剩余价值是指商品的个别价值低于社会价值的差额。"在这种场合，剩余价值生产的增加也是靠必要劳动时间的缩短和剩余劳动的相应延长。"③

（四）剩余价值率（m′）

1. 用价值形式来表示。

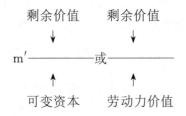

2. 用劳动来表示。

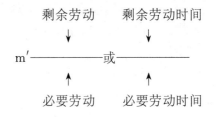

---

① 《马克思恩格斯全集》第 23 卷，第 350 页。
② 同上。
③ 同上书，第 353 页。

3. 用产品来表示。

（五）剩余价值在资本主义生产中的地位和作用

剩余价值生产问题在马克思主义经济学说中具有非常重要的地位。马克思说："生产剩余价值或赚钱,是这个生产方式的绝对规律。"①"剩余价值的生产是资本主义生产的决定的目的。"②"资本主义生产——实质上就是剩余价值的生产,就是剩余劳动的吸取。"③"生产剩余价值或榨取剩余劳动,是资本主义生产的特定内容和目的。"④恩格斯说剩余价值问题的解决,"是马克思著作的划时代的功绩"⑤。列宁指出："剩余价值学说是马克思经济理论的基石。"⑥

二、剩余价值实现的理论

剩余价值生产出来以后要通过流通过程来实现。世界上一切事物都是不断运动的。资本的生命也在于运动。资本只有在不断运动中,才能生产和实现更多的剩余价值。

（一）资本循环

从单个资本的运动来看,主要是通过资本循环和资本周转来进行的。所谓资本循环就是资本从一种形态出发,经过一系列变化,又回到原来出发点的运动。例如,资本从货币形态出发,用货币购买生产资料和劳动力,使货币资本形态转化为生产资本形态,进入生产过程生产出带有剩余价值

---

① 《马克思恩格斯全集》第 23 卷,第 679 页。
② 同上书,第 257 页。
③ 同上书,第 295 页。
④ 同上书,第 330 页。
⑤ 《马克思恩格斯选集》第 3 卷,第 243 页。
⑥ 《列宁选集》第 2 卷,第 444 页。

的商品,然后把商品卖出去,使资本从商品资本形态再转化为货币资本形态,从而实现价值和剩余价值。资本循环的运动告诉我们要使单个资本生产出来的剩余价值能够顺利实现,就必须保持资本运动的连续性。马克思说:"货币资本的循环,是产业资本循环的最片面、从而最明显和最典型的表现形式;产业资本的目的和动机——价值增殖,赚钱和积累——表现得最为醒目(为贵卖而买)。"①

(二)资本周转

资本不但要不断运动,而且要加快运动的速度。加快资本运动的速度就是加速资本周转。"资本的循环,不是当作孤立的行为,而是当作周期性的过程时,叫做资本的周转。"②

(三)社会总资本的再生产和流通

资本周转的中心问题是周转速度。资本周转速度的快慢,对剩余价值的生产和实现有很大关系。在付出同样多的预付资本的情况下,资本周转速度越快,带来的剩余价值也就越多。所以,资本家总是千方百计加速资本周转,以获得更多的剩余价值。同时,在资本循环和资本周转中缩短周转时间和节约流通费用也可以实现更多的剩余价值。

在资本主义社会,不仅有个别资本的运动,而且有社会总资本的运动,社会总资本的运动就是社会总资本的再生产和流通,简单地说,就是社会再生产的理论。马克思的社会再生产理论告诉我们,要使社会再生产能够顺利地进行,社会总剩余价值能够顺利实现,生产资料生产和消费资料生产之间必须保持适当的比例关系,使社会再生产从物质方面和价值方面都得到补偿。因此社会再生产如何按比例发展的问题,是社会总剩余价值实现的关键。

三、剩余价值分配的理论

剩余价值分配是马克思《资本论》第 3 卷的中心,恩格斯在介绍《资本论》第 3 卷时曾经明确指出:"第三卷所阐述的就是剩余价值的分配规

---

① 《马克思恩格斯全集》第 24 卷,第 71 页。
② 同上书,第 174 页。

律。"①"剩余价值的分配就像一根红线一样贯串着整个第三卷。"②

(一)利润是剩余价值的转化形式

参加剩余价值分配的首先是产业资本家根据等量资本获取等量利润的原则取得平均利润。这要经过多次转化。

1. 剩余价值转化为利润。马克思说:"剩余价值,作为全部预付资本这样一种观念上的产物,取得了利润这个转化形式。"③利润"只是剩余价值的使人发生错误的表现形式","只是剩余价值的另一个名称或另一个范畴"④。一言以蔽之,剩余价值是利润的内容或实质,利润是剩余价值的表现形式。

在资本主义社会,利润之所以在观念上被当作全部预付资本的产物,马克思认为,第一,由于商品价值中的不变资本和可变资本之和采取了成本价格的形式,因此,剩余价值就好像是由全部预付资本产生的了。"因为成本价格的形成具有一种假象,使不变资本和可变资本之间的区别看不出来了,所以在生产过程中发生的价值变化,必然变成不是由可变资本部分引起,而是由总资本引起。"⑤第二,由于工资表现为劳动的价值,好像工人的全部劳动都得到了报酬,因此,剩余价值也好像是由资本产生的了。"因为在一极上,劳动力的价格表现为工资这个转化形式,所以在另一极上,剩余价值表现为利润这个转化形式。"⑥利润和剩余价值的关系在于:本质上是同一个东西,而且量上也是相等的。区别在于:剩余价值是相对于可变资本而言的,利润是相对于全部预付资本而言的。剩余价值是本质,利润是表现形式。

2. 剩余价值率转化为利润率。马克思说:"用总资本来计算的剩余价值的比率,叫作利润率。"⑦利润率是剩余价值率的转化形式。但两者不仅有质的区别,而且有量的区别。质的区别在于:剩余价值率是表示资本家

---

① 《马克思恩格斯全集》第 22 卷,人民出版社 1965 年版,第 511 页。
② 同上书,第 512 页。
③ 《马克思恩格斯全集》第 25 卷,第 44 页。
④ 《马克思恩格斯全集》第 32 卷,人民出版社 1974 年版,第 71 页。
⑤ 《马克思恩格斯全集》第 25 卷,第 44 页。
⑥ 同上。
⑦ 同上书,第 51 页。

剥削工人的程度；利润率是表示资本家获利的程度，或预付资本自我增殖的程度。量的区别在于：剩余价值率总是大于利润率。

3. 决定和影响利润率的因素。(1)剩余价值率的高低，与利润率成正比。(2)资本有机构成的高低，与利润率成反比。这两个因素是决定性因素；(3)资本周转速度的快慢，与利润率成正比；(4)不变资本的节约，与利润率成反比；(5)原料价格的变动，与利润率成反比。这三个因素是影响性因素。

4. 利润转化为平均利润。马克思在分析了剩余价值转化为利润后，又分析了各部门不等的利润率如何平均化为一般利润率，利润怎样转化为平均利润以及价值怎样转化为生产价格。

由于不同部门的资本有机构成不同，就会有各不相等的利润率，但竞争会使不同利润率平均化为一般利润率。利润率的平均化是在资本家追逐有利投资场所，通过资本的不断转移而实现的。"这些不同的利润率，通过竞争而平均化为一般利润率，而一般利润率就是所有这些不同利润率的平均数。"①由于利润率转化为平均利润率，利润就转化为平均利润。"按照这个一般利润率归于一定量资本的利润，就是平均利润。"②资本家在出售商品时"不是得到了本部门生产这些商品时所生产的剩余价值或利润，而只是得到了社会总资本在所有生产部门在一定时间内生产的总剩余价值或总利润均衡分配时归于总资本的每个相应部分的剩余价值或利润"③。就平均利润来说，"不同的资本家在这里彼此只是作为一个股份公司的股东发生关系，在这个公司中，按每100资本均衡地分配一份利润"④。

5. 商业资本家也是获取平均利润。马克思在论述剩余价值转化为利润、利润转化为平均利润时，是以产业资本代表各种资本进行综合分析的。在作了以上分析后，马克思又研究了商业利润问题。商业利润是从事买卖所占有的那部分剩余价值，它的来源是产业工人创造的剩余价值的一部分。而且，商业资本家也是按照等量资本获得等量利润的原则获得平均利

---

① 《马克思恩格斯全集》第25卷，第177页。
② 同上。
③ 同上。
④ 同上书，第177—178页。

润的。从表面上看,商业利润是通过商品的购买价格和它的出售价格之间的差额实现的。但是,商人的出售价格之所以高于购买价格,不是因为他们的出售价格高于总价值,而是因为他们的购买价格是在总价值以下,贱买贵卖只是商业资本获利的形式,商业利润的实质,是商业资本家从事买卖而从产业资本家那里瓜分来的一部分剩余价值。马克思说:"因为商人资本本身不生产剩余价值,所以很清楚,以平均利润率的形式归商人资本所有的剩余价值,只是总生产资本所生产的剩余价值的一部分。"①

6. 利润率下降趋势的规律。随着社会生产力的日益发展,资本有机构成不断提高,可变资本同不变资本相比日益相对减少,结果在劳动剥削程度不变甚至提高时,剩余价值率会表现为一个不断下降的一般利润率。"因此,一般利润率日益下降的趋势,只是劳动的社会生产力日益发展在资本主义生产方式下所特有的表现。"②利润率的下降表示剩余价值本身和全部预付资本的比率的下降,同剩余价值在资本各个集团之间的分配无关。

利润率趋向下降规律是社会劳动生产力发展,资本有机构成不断提高的结果。这个规律实际上是一个二重的规律,即利润率下降和利润量同时增加的二重规律。

阻碍利润率下降的因素有:(1) 劳动剥削程度的提高;(2) 把工资压低到劳动力价值以下;(3) 不变资本要素的节约;(4) 相对过剩人口;(5) 对外贸易;(6) 股份资本的增加。这些因素可以延缓、阻碍利润率的下降,但不能取消这个规律。

利润率下降规律使资本主义各种内在的矛盾激化。(1) 剩余价值生产和剩余价值实现的矛盾,即生产和消费的矛盾;(2) 生产扩大和价值增殖的矛盾,即生产目的和手段的矛盾;(3) 资本过剩和人口过剩的矛盾。总之,利润率下降规律激化了资本主义生产关系与生产力的矛盾,说明了资本主义制度是历史的暂时的制度,必然要被更高级的社会制度所代替。

(二)利息是平均利润的一部分

在资本主义社会,参与剩余价值分配的,除了产业资本家和商业资本

---

① 《马克思恩格斯全集》第25卷,第314页。
② 同上书,第237页。

家之外,还有凭借生息资本生息的借贷资本家。

1. 利息。一般是指借款人因借款而支付给贷款人的报酬,在前资本主义社会,高利贷所获利息不仅包括生产者的剩余劳动,甚至占有部分必要劳动。在资本主义社会,利息是职能资本家因借用货币资本而以报酬形式支付给借贷资本家或银行的一部分平均利润,其来源是工人在生产中创造的剩余价值的一部分。

2. 利息率。就是利息量和贷出的货币资本的比率,利息率的最高限不能超过平均利润率,最低不能等于零。在平均利润率一定的情况下,利息率则取决于借贷资本的供求关系,求过于供,利息率就提高;供过于求,利息率就降低。随着资本主义发展,利息率有下降的趋势。

3. 企业主收入。由于利润的一部分采取利息的形式,平均利润也就分为利息和企业主收入两个部分。企业主收入是平均利润大于利息的差额,也就是产业利润和商品利润的总和。

平均利润分割为利息和企业主收入是资本所有权和资本使用权分离的结果。利息表现为资本所有权的果实,企业主收入表现为资本使用权的果实。"用自有的资本从事经营的资本家,同用借入的资本从事经营的资本家一样,把他的总利润分为利息和企业主收入。利息归他所有,因为他是资本的所有者,是把资本贷给自己的贷出者,企业主收入也归他所有,因为他是能动的、执行职能的资本家。"[①]

(三) 地租是一种超额利润

在资本主义社会中,参与剩余价值分配的,除了产业资本家、商业资本家、借贷资本家之外,还有土地所有者凭借土地所有权获取地租,地租是一种超额利润,也是剩余价值的一部分。

1. 地租。地租是实现土地所有权的一种经济形式。狭义的地租(或真正的地租)是为使用土地本身而支付的。广义的地租(或租金)是农业资本家为获得经营土地许可付给土地所有者的一切支出。除了使用土地本身而支付的以外,还包括:(1)土地资本的利息;(2)平均利润的一部分;(3)工人工资的一部分。

---

① 《马克思恩格斯全集》第25卷,第421页。

2. 级差地租。无统一定义,主要包括三个内容：(1) 它是投在土地上的等量资本具有不同生产率的结果；(2) 它来源于农产品的个别生产价格和社会生产价格的差额；(3) 形成原因是土地的资本主义经营垄断。

级差地租又有两种形式：(1) 级差地租Ⅰ,由于土地肥力和位置不同而具有不同生产率的结果；(2) 级差地租Ⅱ,等量资本连续投在同一土地上而有不同生产率的结果。

3. 绝对地租。无统一定义,主要包括以下内容：(1) 是土地所有权本身要求的地租；(2) 来源于农产品价值大于社会生产价格；(3) 形成原因是土地所有权的垄断。

级差地租和绝对地租的比较：① 它们的本质一样,都是超额利润转化而来的,实质上都是工人劳动所创造的剩余价值的一部分。② 它们的形成不同,绝对地租是由于农业资本构成低于社会资本平均构成,从而农产品价值大于社会生产价格,产生超额利润,并因土地所有权的垄断而转化为地租的；而级差地租是由于投在土地上的等量资本具有不同生产率,使农产品的个别生产价格和社会生产价格产生差额,并因土地的资本主义经营垄断而形成的。③ 两者都与土地所有权有关系,在绝对地租场合是土地所有权直接生产地租,但在级差地租场合,土地所有权不直接产生地租,而是把超额利润从农业资本家手里转到土地所有者手里的原因。④ 它们的范围有差别,绝对地租是任何等级的土地都要支付的,而级差地租不是所有土地都要支付的,一般说来,最坏土地不交级差地租。

4. 垄断地租。马克思把级差地租和绝对地租称作"正常形式"的地租。除此以外,还有一种被马克思称为特殊形式的地租——垄断地租。

所谓垄断地租是指垄断了某些自然条件特别有利的土地,因而在这块土地上生产稀有的产品,使产品能够提供一个垄断价格。例如生产特种葡萄酒的葡萄园,会提供一个垄断价格,这个垄断价格会提供一个相当大的超额利润,这种垄断价格带来的超额利润因为土地所有权的存在会作为地租,落入土地所有者手中,这种地租就成了垄断地租。这种垄断地租是只存在于少数自然条件特别有利的一种高额地租。

垄断地租也是马克思地租理论的一个贡献,是古典学派和前人所没有的。垄断地租理论的建立,使马克思地租理论更趋完整。

5. 对未来社会地租问题的预测。马克思设想共产主义制度下,土地所有权将完全归于消失,即土地无所有权。马克思指出:"从一个较高级的社会经济形态的角度来看,个别人对土地的私有权,和一个人对另一个人的私有权一样,是十分荒谬的。甚至整个社会,一个民族,以至一切同时存在的社会加在一起,都不是土地的所有者。他们只是土地的占有者,土地的利用者,并且他们必须像家长那样,把土地改良传给后代。"①这里马克思直接以土地的无所有制与土地的私有制相对立。

因此,马克思设想在共产主义社会的土地经济关系中,绝对地租将归于消灭。"凡是土地私有制(事实上或法律上)不存在的地方,就不支付绝对地租。"②马克思不仅认为共产主义土地关系中的绝对地租将消失,而且一切地租形式也将消失,当然级差地租也将消失。他指出:"诚然,即使绝对地租消失了,仅仅由土地自然肥力不同而引起的差别仍会存在。……这种级差地租是同市场价格的调节作用联系在一起的,因而会随着价格和资本主义生产一起消失。"③因为"那时和在资产阶级制度下不同,最好的土地所提供的产品将不会和最坏的土地所提供的产品一样贵了"④。

但马克思也指出在从资本主义到共产主义的过渡阶段,土地所有权还有保留的必要,从而地租也有存在的必要性。早在1848年《共产党宣言》中就指出:工人革命的第一步就使无产阶级上升为统治阶级,争得民主,无产阶级将利用自己的政治统治,对所有权和资产阶级生产关系实行强制性干涉,剥夺地产,把地租用于国家支出⑤。1872—1873年11月,恩格斯所写的《论住宅问题》中也指出:"消灭土地私有制并不要求消灭地租,而是要求把地租——虽然是用改变过的形式——转交给社会。所以,由劳动人民实际占有一切劳动工具,无论如何都不排除承租和出租的保存。"⑥

马克思的地租理论是一个完整的科学理论体系,对社会主义地租的研

---

① 《马克思恩格斯全集》第25卷,第875页。
② 《马克思恩格斯全集》第30卷,人民出版社1975年版,第270页。
③ 《马克思恩格斯全集》第26卷第2册,人民出版社1973年版,第111页。
④ 《马克思恩格斯全集》第27卷,第180页。
⑤ 《马克思恩格斯选集》第1卷,第259页。
⑥ 《马克思恩格斯选集》第2卷,第545页。

（四）官吏、食利者也参加剩余价值的分配

马克思说："剩余价值——必然总是首先在产业资本家手中——分成不同的范畴。作为这些范畴的承担者出现的,除产业资本家以外,还有土地所有者(就地租而言)、高利贷者(就利息而言)等等,同时还有政府和它的官吏,食利者等等。"①

四、剩余价值理论史

《资本论》第4卷,由3册组成,是讲剩余价值理论发展史的。

（一）重农学家和斯密的剩余价值理论

第1册主要是批判地分析重农学派和亚当·斯密的剩余价值观点。马克思指出了重农学派在经济学说史的两大功绩。其中之一就是最早把剩余价值的来源从流通领域转移到生产领域中来；但是他们对剩余价值的理解有两面性,他们有时把剩余价值看作是纯粹自然的赏赐,有时又把它看作是来源于农业劳动的特殊生产性而被土地所有者占有。

马克思也指出亚当·斯密把剩余价值推广到社会劳动的一切领域,这比重农学派把剩余价值只表现为地租形式,也是一大进步。但是,斯密把剩余价值同利润混淆起来,使他的经济理论也包含着庸俗成分。"亚当·斯密把剩余价值……理解为一般范畴,而本来意义上的利润和地租只是这一般范畴的分枝。然而,他并没有把剩余价值本身作为一个专门范畴同它在利润和地租中所具有的特殊形式区别开来。斯密尤其是李嘉图在研究中的许多错误和缺点,都是由此而产生的。"②

斯密在价值和剩余价值的源泉的问题上有时非常接近于正确的科学的看法,但又有肤浅的一面,从而为庸俗经济学大开方便之门。

（二）李嘉图的剩余价值理论和利润理论

在第4卷第2册,马克思分析了李嘉图的剩余价值理论和利润理论。

---

① 《马克思恩格斯全集》第24卷,第469—470页。
② 《马克思恩格斯全集》第26卷第1册,第60—61页。

李嘉图并没有剩余价值概念,他认为,他研究的是利润,而不是剩余价值。而马克思指出:他"考察的是剩余价值,而不是利润,因而才可以说他有剩余价值理论"①。

第2册中心是分析批判李嘉图。李嘉图的经济观点是资产阶级古典经济学的顶点。李嘉图企图以劳动价值论为基础来理解和说明整个资本主义经济。李嘉图的观点中,地租理论起着很大的作用,而这个理论的基本前提之一,是把价值同生产价格错误地等同起来。李嘉图只承认级差地租,否认绝对地租的存在。而他的地租理论的根本缺点之一,就在于没有绝对地租的概念。

李嘉图否认绝对地租是因为:第一,他认为最坏的土地不能提供地租,最初耕种的土地不能提供地租。第二,他以工业和农业的资本有机构成相同为前提。马克思指出了李嘉图的巨大理论功绩,同时也着重指出他的方法的原则性的缺点,指出李嘉图未能把平均利润率同价值规律联系起来,指出他的利润学说中的庸俗因素,指出他把剩余价值规律同利润规律混淆起来,特别是李嘉图回避剩余价值的来源问题等。总之,马克思既批判了李嘉图的理论错误,又揭示了他的观点的阶级局限性。

(三) 李嘉图理论体系不可克服的两大矛盾

《资本论》第4卷第3册是评述李嘉图以后的经济学家,主要讲李嘉图学派的解体和资产阶级经济学的庸俗化。

在李嘉图的理论体系中,有两个无法克服的矛盾。"李嘉图体系的第一个困难是,资本和劳动的交换如何同'价值规律'相符合。第二个困难是,等量资本,无论它们的有机构成如何,都提供相等的利润,或者说,提供一般利润率。"②

李嘉图理论体系的第一个矛盾就是价值规律与利润存在的矛盾。因为按照价值规律资本和劳动的交换应该是等价交换的,既然是等价交换就不可能产生利润。但是,资本家进行生产的目的是追求利润,而且事实上存在着利润,这是一个矛盾。李嘉图无法解决这个矛盾,这是李嘉图体系的第一个难题。

李嘉图理论体系的第二个矛盾,就是价值规律与平均利润的矛盾。由

---

① 《马克思恩格斯全集》第26卷第2册,第424页。
② 《马克思恩格斯全集》第26卷第3册,第192页。

于资本有机构成不同,不同资本推动不等量的劳动,有不等量的剩余价值,从而有不等量的利润。按照价值规律,两个资本等量交换,每个资本家应该是获得不等量的利润。但是,在资本主义社会,等量资本大致获得等量的平均利润,这也是一个矛盾。李嘉图也无法解决这个矛盾,这是李嘉图体系的第二个难题。

李嘉图发现了这两个矛盾,但是他及其学派无法解决这两个难题,从而导致了李嘉图学派的解体。

马克思解决了这两个矛盾。第一,马克思区分了劳动和劳动力。作为商品出卖的是劳动力,而不是劳动。工人出卖劳动力是按照等价交换原则进行的,没有违背价值规律。而资本家获得的利润是在生产过程中劳动力的使用,即劳动所创造的价值大于劳动力本身的价值,而产生的剩余价值转化而来的。第二,马克思分析了价值转化为生产价格。生产价格就是产品成本加平均利润。在资本主义社会商品实际上是按生产价格出卖的,而不是按价值出卖的。但是,价值是生产价格的基础,剩余价值是平均利润的基础。"一切商品的这些费用价格加在一起,其总和将等于这一切商品的价值。同样,总利润将等于这些资本加在一起比如说在一年内提供的总剩余价值。"[①]所以,价值规律与平均利润也不矛盾。

第二节　西方经济学的剩余价值理论

剩余价值这个概念最早是西方学者提出的[②],但是,后来西方经济学者实际上有剩余价值的理论,却很少使用剩余价值概念。

一、"让渡利润"说

(一) 重商主义的"让渡利润"说

自15世纪末,西欧各国相继出现了重商主义。重商主义者摒弃了神

[①] 《马克思恩格斯全集》第26卷第2册,第210页。
[②] 英国早期空想社会主义者威廉·汤普逊(1785—1833年)在其著作《最有助于人类幸福的财富分配原理》一书中开始使用了"剩余价值"这一概念。

学观念,从人文主义出发,把研究中心放在论证与商品货币关系发展有关的"世俗利益"上,寻求社会经济现象中的联系和因果关系,从而把商业资本的运动(货币——商品——货币)作为考察对象,研究了利润的来源。重商主义经历了早期和晚期两个发展阶段。他们都强调商业的重要性,为商业利润辩护;都认为金银货币是财富的唯一形式,商业利润来源于国际贸易中买方向卖方付出的"让渡利润"。而晚期重商主义者对"让渡利润"作了新的解释。如英国斯图亚特区别了"绝对利润"与"相对利润"。他把从交换中一方向另一方的让渡所得称为"相对利润",认为这仅仅"表示财富的天平在有关双方之间摆动,但不意味总基金的任何增加"①。而"绝对利润"则不同,它"对谁都不意味着亏损;它是劳动、勤勉或技能的增进的结果,它能引起社会财富的扩大或增加"②。这样,商品流通就不是社会财富和利润的源泉了,只有劳动生产才是创造财富的前提。

(二) 马尔萨斯"让渡利润"说

马尔萨斯认为:"资本的利润是由商品的价值和生产这些商品所必需的各种垫支的价值之差构成",虽"作为资本的报酬归于资本家"③。而商品的价值是由生产费用决定的。商品的生产费用是由生产中所耗费的劳动加上一个超过额(即利润)构成的。他解释说,垫支的价值(包括工资、地租、赋税和利息)"是可以事先知道并加以衡量的",而"产品的价值以及要用产品价值多大部分来偿还垫支,却要到产品售出以后才能确定"④,并认为利润的大小要决定于市场供求情况。既然利润直接包括在商品价值规定之中,它的产生被排除在生产商品所耗费的劳动之外,而且其数量的大小决定于市场供求情况,即决定于商品所购得的劳动,那么,利润就必定在交换过程中产生,是商品购得劳动与生产该商品所耗费劳动之间的差额,也就是买者向卖者让渡一部分价值的结果。马尔萨斯背离劳动价值论,把市场变动对利润量的影响等同于利润质的确定,结果倒退到"让渡利润"观点上去了。

---

① 《马克思恩格斯全集》第 26 卷第 1 册,第 11 页。
② 同上。
③ 马尔萨斯:《政治经济学原理》,第 95 页。
④ 同上书,第 223 页。

二、地租就是剩余价值说

这种观点把地租确定为收获的农产品扣除一切生产费用(种子和工资)以后的剩余部分。法国重农学派还把资本主义地租看成是"纯产品"。他们认为,地租就是剩余价值借以存在的正常形式或唯一形式。重农主义者更认为提供地租的资本或农业资本,是唯一的生产剩余价值的资本,它所推动的农业劳动,也是唯一的生产剩余价值的劳动。持这种观点的代表人物有:配第、康替龙以及重农主义者魁奈等。重农主义理论体系的创立者弗朗斯瓦·魁奈断言:"土地是财富的唯一源泉,只有农业能够增加财富。"①他写道:"必须把一定的财富上的添加同财富的生产加以区别;换句话说,通过在原材料上进行添加的方法,使已有的消费品增加费用,同作为更新、或作为更新财富的实际增长的财富生产或创造,必须区别开来。"②这里的"财富的添加"是指工业生产,"财富的生产或创造"是指农业生产。在魁奈看来,在工业方面,虽然产品售价要高于购买原材料的支出,但在生产这种产品时增加了工人所消费的生活资料费用,而且工人所使用的原材料和所消费的生活资料,都是农业提供的,因此工业部门只是"添加"财富,而不能"生产或创造"财富;"添加"的部分又要补偿工人的消费,所以工业不能带来财富的增长,只有农业才能不断生产出新产品,从而"创造"和"实际增长"财富。

在上述观点的基础上,魁奈建立了"纯产品"学说。他认为农产品除了补偿生产过程中所耗费的生产资料和工人的生活资料外,还有剩余产品,即"纯产品"。他说:"扣除用于耕作的劳动费用和他必需支出后的多余的土地生产物,是纯产品,它构成国家的收入和土地所有者的收入。"③由此可见,"纯产品"实际上就是以农产品的实物形态表现的剩余价值。

马克思指出:"在重农学派看来,农业劳动是唯一的生产劳动,因为按照他们的意见,这是唯一创造剩余价值的劳动,而地租是他们所知道的剩

---

① 《魁奈经济著作选集》,第372页。
② 同上书,第176页。
③ 同上书,第372页。

余价值的唯一形式。"①

这种认为地租就是剩余价值,而剩余价值是农业生产出来的观点的贡献在于:第一,把剩余价值的来源从流通领域回到生产领域;第二,它正确地认为,一切剩余价值的生产,从而一切资本的发展,按自然基础来说,实际上都是建立在农业劳动生产率的基础上的。它的错误在于:第一,没有把资本主义地租和前资本主义地租分开;第二,把资本主义地租和剩余价值混为一谈。地租是剩余价值,但不是全部剩余价值,资本主义地租只是剩余价值的一部分。

三、古典经济学的利润理论

(一) 英国早期古典经济学家的利润学说

马西是资产阶级经济学家中第一个把利润作为一个独立的范畴提出的,并同休谟最先把产业资本利润作为一个特定的范畴来考察。但是,他们都没有集中探讨利润的来源和实质,而是较多地探讨了利润与利息的关系。马西认为利息是利润的一部分,利息的降低是资本积累以及由此引起的利润下降造成的。休谟也认为利润利息密切相关,并用资本积累和竞争来说明利润率下降的必然性。

(二) 斯密的利润理论

斯密最先把利润看作是随着资本积累产生而出现的范畴,认为在资本积累产生以前,全部劳动产品属于劳动者,只是资本积累在一部分人手里,另一部分人为资本家劳动这种条件下,劳动者的剩余产品,才成为利润的来源。所以利润的产生,是直接生产者与劳动条件相分离,劳动条件作为资本同劳动相对立的结果;同时,利润来源于工人劳动所创造的价值,是被资本家无偿占有的工人的剩余劳动。对此,马克思说,斯密用超过支付工资的那个劳动量以上的劳动引申出利润,是"认识到了剩余价值的真正起源"②。

斯密的上述分析,是与他克服了前人在创造剩余产品的劳动上的狭隘

---

① 《马克思恩格斯全集》第 26 卷第 1 册,第 20 页。
② 同上书,第 58 页。

观点,把这种劳动扩大到应有的生产领域有关。他指出:"其实,利润的扣除,不仅农业生产物为然,一切其他劳动生产物亦莫不如是。在一切工艺或制造工业中,大部分劳动者在作业完成以前都需要雇主给他垫付原材料、工资与生活费。雇主分享他们的劳动生产物,换言之,分享劳动对原材料所增加的价值,而这一分享的份额便是他的利润。"[1]

斯密虽然把利润作为重要的范畴来认识剩余价值,但是他始终没有把剩余价值作为一个独有的范畴提出,没有把剩余价值和它的表现形式——利润区别开来,因此只能从利润本身来说明剩余价值。这就必然地导致他在论述过程中,提出互相矛盾的见解。

斯密一方面说"劳动者对原材料增加的价值……分为两个部分,其中一部分支付劳动者工资,另一部分支付雇主的利润"[2]。这里所说的"雇主利润",实际上是真正意义上的剩余价值。因为它是由花费在工资上的那一部分资本产生的。这样的表述,无疑是正确的。可是,另一方面他又把"利润"(实为剩余价值)说成是用来酬劳企业主"垫付原材料和工资的那全部资本"的。这样的表述,实际上是指真正意义上的利润了。因为它是对全部垫付资本而言的。斯密把两者都说成是"雇主利润",如此概念上的混淆,导致自己的论点前后矛盾。

与上述情形相联系,斯密在把利润归之于工人的无偿劳动的同时,又说"利润的多少与资本的大小恰成比例"。这样,"利润"(实为剩余价值)的多少,不仅取决于可变资本量,而且也取决于不变资本量。这里,前后论点也是矛盾的。

更为甚者,斯密在面临矛盾难以解决的情况下,竟然放弃了劳动价值论,而又从三种收入(地租、利润、利息)构成价值的错误观点出发,得出了利润是资本的"自然报酬",是生产费用的一部分,是构成价值的源泉这样的错误结论。

(三) 李嘉图的利润理论

李嘉图是在分析了工资以后分析利润的。因为他在分析利润时,把用

---

[1] 亚当·斯密:《国民财富性质和原因的研究》上卷,第59—60页。
[2] 同上书,第43页。

于购买生产资料的资本部分撇开不谈,只把利润与工资相联系,因而他考察的利润,实际上就是剩余价值。

由于撇开了生产资料价值,因此李嘉图所说的商品价值,实际上就是新创造的价值。他认为,"商品的全部价值只分成两部分:一部分构成资本利润,另一部分构成劳动工资"①。由此,他得出结论说,利润或者工资的变化,不会使商品价值发生变化。然而,由于利润是商品价值扣除工资后的余额,因此工资与利润按相反方向发生变化。"利润的高低就会与工资的高低成反比。"②"凡是使劳动工资提高的东西都会降低资本利润。"③这样,李嘉图确立了他关于利润(剩余价值)与工资对立的观点。

李嘉图在坚持劳动价值论方面,比起斯密来显得前后一贯。他总是把利润看成是劳动耗费的结果,从而认为商品价值决定于生产商品所耗费的劳动时间。而商品价值一部分作为工资支付给工人,其余则为资本家利润。所以,利润总是商品价值超过工资的余额。这正是李嘉图在利润研究方面所作出的贡献。

但是,李嘉图是从资本主义生产的现实出发,来考察商品的价值大于"劳动的价值"这一事实的。至于这个事实是怎样成立的,工人的总劳动日为什么大于生产工资所必要的劳动时间,他不加注意。这就是说,李嘉图偏重对利润量的考察,而不直接去研究利润的起源和分析它的本质。

四、"额外价值"说

小资产阶级政治经济学创始人西斯蒙第,虽然也没有把剩余价值作为一个独立范畴提出,从剩余价值来揭示利润的来源和实质。但是,在他的"额外价值"概念中,已经包含了这种思想。他写道:"凡是富人利用别人的劳动获得利润,无论就哪方面看,这都和农夫种地一样。他所给工人支付的工资等于他在工人身上播下种子,在一定的时间必定得到收获。……他首先得到和他所播下的种子或他为这项工作所投入的全部资本相等的价值,而这种资本

---

① 李嘉图:《政治经济学及赋税原理》,第 92 页。
② 同上。
③ 同上书,第 173 页。

是他不能出让的财产。此外,他还得一份所谓利润的、构成他的收入的额外价值。"①如此认定利润来自"利用别人的劳动",是从所得收入中扣除补偿与所付资本(支付工资)相等价值的余额——"额外价值",因而"额外价值"实际上就是剩余价值。西斯蒙第还认为地租是利润的派生形式,因此地租也是"额外价值"的形式。并且,他还从劳动和劳动条件相分离这个前提出发,提出企业主利润"只是对他所雇佣工人的一种掠夺"②,以揭示资本主义社会的阶级对立。然而,西斯蒙第也接受了斯密等人的错误观点,时而又错误认为资本创造利润,土地创造地租,劳动创造工资。

五、"节欲"说、"最后一小时"说

西尼耳提出,"利润的定义是节制的报酬"③。他解释说:"节欲既表示放弃把资本用在非生产性消费的行为,又表示一个人宁愿把他的劳动用于生产未来的成果而不用于目前成果的行为。凡是这样做的人就是资本家,而对于他的行为的报酬,就是利润"。显然,这种说法是很荒谬的。节欲是一种主观意志,它既不能计量,也不能创造任何物质财富,又怎能成为利润的来源呢?

西尼耳还炮制了"最后一小时"说,企图证明工厂的利润是在十一小时半工作日的最后一小时创造出来的,因而"劳动时间每天缩短一小时,纯利润就会消失,缩短一小时半,总利润也会消失"。其实,从价值的创造来看,不论先出现的产品还是后出现的产品,其价值都包括生产资料转移的价值部分、工资部分和剩余价值部分。劳动日减少一小时或一小时半,只会使资本家减少这一小时或一小时半的抽象劳动所创造的剩余价值,而不会使其余劳动时间的抽象劳动所创造的剩余价值全部消失。

六、"资本生产力报酬"说

穆勒提出:"产生利润的原因是劳动所生产的比维持劳动所需要的

---

① 西斯蒙第:《政治经济学原理》,第68页。
② 同上。
③ 西尼耳:《政治经济学大纲》,商务印书馆1977年版,第59页。

多",利润的产生"是由于劳动生产力"①,"利润只不过是劳动的报酬"②。继而认为资本家和工人一样都进行劳动,不过是前者为"间接劳动",后者是"直接劳动",因而都应取得报酬。而且资本家应得到更多的报酬。因为工人只是利用工具直接进行劳动,而资本家忍欲、节制,把积累资本转变为生产力,不仅为工人提供了工具,而且为他们提供了食物、衣服等;而所有这些物品,所使用和消费的时间,一般要比生产它们所耗费的时间长,工人依靠使用和消费这些物品,就有更多剩余时间创造利润。

穆勒还将利润分为三部分,除了上述作为使用资本的报酬(称为"利息")外,还有对投资经营承担风险的报酬和对资本家管理经营生产所付出劳动与管理技术的报酬。

从以上论述中可以看出,穆勒首先混淆了物化劳动和活劳动的界限,以至于把工具、食物、衣服等被使用和消费的过程,错误地说成也是劳动,从而认为资本也是一种生产力,也应得到报酬。其次,把生产物的使用价值的持续时间,同工人创造价值的劳动时间混为一谈,从而错误地把生产物的使用时间与其生产所耗费的时间差额,看成是利润的来源。再联系到把利润看成是由三部分报酬构成这种错误观点,可以看出,穆勒的利润理论,集西尼耳"节欲"说、"最后一小时"说,以及萨伊"企业主劳动报酬"说等等错误观点的大成,使其利润学说更趋庸俗化。

七、"时差利息"说

庞巴维克提出了这一利润说。他所说的"利息",不但是指借贷资本的收入,而且还包括企业利润、租金等,可以说,是各种收入形式的概括。他把物品分为两类:一类是直接满足现在欲望的"现代物品",另一类是满足将来欲望的"未来物品"。他说自己所提出的"利息理论"的要点和中心,就是"现在的物品通常比同一种类和同一数量的未来的物品更有价值"③。这是由于人们对"现在物品"的评价总是高于对"未来物品"的评价,由此产生

---

① 车尔尼雪夫斯基:《穆勒政治经济学概述》,商务印书馆1984年版,第143页。
② 穆勒:《政治经济学大纲》,载自《资产阶级庸俗政治经济学选辑》,商务印书馆1963年版,第165页。
③ 庞巴维克:《资本实证论》,商务印书馆1964年版,第243页。

出了价值时差。价值时差的存在,要求同一商品的"现在物品"和"未来物品"进行交换时,"未来物品"的所有者必须付给"现在物品"的所有者等于这个差价的"贴水"。这正是一切"利息"的来源。所以"时差利息"说又叫"贴水"说。

由于"现在物品"和"未来物品"相交换的形式是多种多样的,因此时差利息的形式也是多种多样的。庞巴维克认为,企业利润是"利息"现象中的一个基本形式,是企业主从事生产所取得的收益。企业主预先所购买的生产手段,都是现在物品,但由于不能马上消费,所以在经济上仍为未来物品,把它们转变成消费品,需要生产过程所必须要的时间。企业主所购买的生产性物品的价值,是由它们所生产的消费品的边际效用决定的。例如,一些生产手段在一年内可生产 100 蒲式耳谷物,由于未来物品比现在物品价值要小,因此一年后,这谷物的价值比如说只能等于 95 蒲式耳的现在的谷物。据此理论,当企业主购买劳动时,劳动是生产性物品,假定它能创造 100 镑未来物品,但这 100 镑未来物品只值 95 镑的现在物品。由于购买劳动时所支付的工资是现在物品,因此只要付 95 镑就行了。这样,企业主用 95 镑雇佣工人,经历一定时期后所生产出的产品可卖 100 镑,其中 5 镑就是企业主的利润。它是企业主雇佣工人付出的现在财货的价值大于同种同量未来财货价值的一种表现形式。

时差利息论企图用人的心理感觉和时差因素来说明利润的来源,然而无论是心理感觉还是时差,都根本不可能创造出任何价值,又怎能用来说明利润的来源呢?再则,主观心理与时差都是永恒现象,用它们来说利润的来源,必然抹杀资本主义生产的实质,并使利润范畴永恒化。

八、"分享剩余"说

20 世纪 20 年代,斯拉法批判了边际生产力分配说,提出了工人与资本家分享"剩余"利润说。要了解这一利润学说的基本内容,需要从他的经济理论的基本框架说起。

斯拉法对资本社会经济的分析,先以一种"为维持生存的生产"模式作为分析的起点。他假设在这种生产模式下,全社会只生产两种产品,如小麦与铁。这两种产品彼此交换,以维持社会的生存,并进行不断的再生产。

在这样的生产条件下,由于小麦与铁的产量仅以适应继续生产的投入需要,市场上这两种商品的交换价值或其相对价格(实际为实物交换比率)完全取决于它们的生产方法,即生产它们的技术条件,而不受分配的影响。小麦与铁的交换比率以使产品能恢复原来的分配,并能使生产按原来规模继续进行为条件。如若社会生产多种产品,为使生产过程得以继续进行,各产品的交换价值则需通过各产品之间的交换进行变更。这时,各商品的价格如何确定?斯拉法运用数学方法,先将许多产品中的一种当作"标准产品",并假定其价格为1,再以线性方程求出各产品的价格①。

在作了上述分析和运算之后,斯拉法继而提出,在社会生产不仅维持原有生产的生产,而且是一种有剩余的生产,在这种生产条件下,产品产量扣除在生产过程中的使用量和维持工人生存之后尚有剩余,这时,前面的分析方式需作变更,以能反映出剩余的来源。采用什么方式来反映剩余的来源呢?斯拉法在其假定的数学方程式组中,各加上一个未知数,这就是所有生产部门相一致的利润率。这样,按数学方法来运算,剩余便产生于其中了。

根据以上的假定、分析和演算,所得出的剩余,斯拉法认为这就是利润的来源。对此,他作了进一步说明:剩余"在我们知道价格之前,是不能决定的。另一方面,我们不能把剩余的分配推迟到价格决定之后,因为,我们就要说明,在求出利润之前,价格是不能决定的。结果是,剩余分配的决定,必须和商品价格的决定,通过相同的机构,同时进行"②。据此看来,利润是由同一机构与价格同时决定的。它取决于各种生产资料的使用在习惯上应得的共同利润率(斯拉法通常设定为25%)。至于为什么使用生产资料必定得到利润?为什么此利润必须是各生产部门所共同要求获得的?对这些具有关键性的问题,斯拉法除了说是剩余生产的需要以外,并没有再作说明。

对社会生产剩余作了以上分析后,斯拉法便论述剩余如何分配。他认为,分配关系只取决于社会条件,而不受生产条件的支配,两者相互独立但同时决定。据此,剩余由工人和资本家共同分配。工人在"为维持生存的

---

① 详细演算,见其著作《用商品生产商品》,商务印书馆1963年版,第10—11页。
② 斯拉法:《用商品生产商品》,第12页。

生产"条件下获得"生存工资"的基础上,现在又从总剩余中分得了"剩余工资"。而资本家只得到低于共同利润率水平的利润。

斯拉法的利润理论,虽然给边际生产力利润理论以一定的冲击,但是,在他的分析中,把利润与工资的分配,看成不是决定于客观的经济关系,而是可以人为地加以调节。他未说明"剩余"究竟从何而来,只是在维持再生产的数学方程式组中预先加进一个共同利润率这个自变数,以示利润的由来。这也否定了马克思关于利润是剩余价值转化形式的原理。"分享剩余"说,是反映当代资本主义社会新现象提出的新见解值得注意。

九、"经济剩余"说

"经济剩余"这个概念,是美国激进经济学家保罗·巴兰和保罗·斯威齐提出的,他们合著的《垄断资本》一书中集中阐发了他们的"经济剩余"论。本书"是围绕着一个中心课题来组织并获得本质上的统一的:在垄断资本主义条件下剩余的产生和吸收"。

作者认为:"经济剩余的最简短的定义,就是一个社会所生产的产品与生产它的成本之间的差额。剩余的大小是生产能力和财富的指标,是一个社会享有多大自由来完成它给自己树立的任何目标的指标。"①

他们认为,在一个高度发达的垄断资本主义社会,剩余采取多种形式的伪装。经济剩余的要素是:全部财产收入(利润、利息、地租等),买卖过程中的浪费,某些其他广告费用,金融与法律服务部门从业人员的报酬,以及由政府吸收的剩余。他们试图用"经济剩余"来代替马克思的"剩余价值"。实际上"经济剩余"和剩余价值并没有太大的差别,反而把某些收入和再收入相混淆,引起了误解和混乱。并不是像某些人吹嘘的:《垄断资本》一书是继马克思的《资本论》和列宁的《帝国主义是资本主义的最高阶段》之后的一部"杰作"。

作者认为,在垄断资本主义时期,"经济剩余",不仅绝对量在增长,而且相对量也在增长,存在着"剩余增长趋势规律",要用这个规律代替马克思"利润率下降趋势规律"是有争议的,可以进一步探索。

---

① 巴兰、斯威齐:《垄断资本》,商务印书馆1977年版,第13—15页。

第三节 剩余价值理论的比较研究和探索

马克思主义的剩余价值理论是完整科学的体系,但是,不仅西方经济学,而且现在的社会主义经济学也基本上回避这个问题,所以,这个问题的比较和探索有其特殊性。

一、马克思主义与西方剩余价值理论比较

(一)关于剩余价值与剩余价值的形式

马克思对剩余价值本身及其表现形式是极其明确的。剩余价值是剩余劳动的凝结或者说是劳动力的使用所创造的价值大于劳动力价值的差额,等等。其表现形式,有利润、利息、地租。首先,剩余价值转化为利润形式,利润又转化为平均利润,平均利润又分解为利息和企业主收入,地租又分为绝对地租、级差地租、垄断地租,所有这些都是剩余价值的表现形式。

但是,西方经济学都混淆了剩余价值和剩余价值的表现形式。马克思说:"所有经济学家都犯了一个错误:他们不是就剩余价值的纯粹形式,不是就剩余价值本身,而是就利润和地租这些特殊形式来考察剩余价值。"①

重农学派认为地租就是剩余价值,剩余价值就是地租。李嘉图到处都把利润和剩余价值直接等同起来。"在李嘉图正确叙述剩余价值规律的地方,由于他把剩余价值规律直接说成是利润规律,他就歪曲了剩余价值规律。另一方面,他又想不经过中介环节而直接把利润规律当作剩余价值规律来表述。因此,当我们谈李嘉图的剩余价值理论时,我们谈的就是他的利润理论,因为他把利润和剩余价值混淆起来了。"②

(二)关于剩余价值的起源

马克思的剩余价值理论不仅揭示了剩余价值本身及其表现形式,而且揭示了剩余价值的来源。在资本主义社会,剩余价值是由雇佣工人剩余劳动创造而被资本家无偿占有的那部分,这就揭示了资本主义制度是资本家

---

① 《马克思恩格斯全集》第 26 卷第 1 册,第 7 页。
② 《马克思恩格斯全集》第 26 卷第 2 册,第 424 页。

剥削雇佣工人制度,资本主义的主要矛盾是工人阶级与资产阶级之间对抗性矛盾,只有消灭资本主义制度,工人阶级才能获得解放。"随着那些掠夺和垄断这一转化过程的全部利益的资本巨头不断减少,贫困、压迫、奴役、退化和剥削的程度不断加深,而日益壮大的……工人阶级的反抗也不断增长。资本的垄断成了与这种垄断一起并在这种垄断之下繁盛起来的生产方式的桎梏。生产资料的集中和劳动的社会化,达到了同它们的资本主义外壳不能相容的地步。这个外壳就要炸毁了。资本主义私有制的丧钟就要响了。剥夺者就要被剥夺了。"①

而西方经济学只在剩余价值的特殊表现形式上做文章,不仅不研究剩余价值本身,而且更不敢触及剩余价值的来源。马克思在《资本论》第1卷就说过:"李嘉图从来没有考虑到剩余价值的起源。……这些资产阶级经济学家实际上具有正确的本能,懂得过于深入地研究剩余价值的起源这个爆炸性问题是非常危险的。"②

(三)关于剩余价值的分配

马克思认为剩余价值只是在与资本所有权有关的所有者之间进行分配,产业资本家凭借产业资本所有权获取平均利润参与剩余价值分配,商业资本家凭借商业资本所有权也是获取平均利润参与剩余价值分配,生息资本家凭借生息资本所有权获取利息参与剩余价值分配,土地所有者凭借土地所有权获取地租参与剩余价值分配,官吏凭借权力通过税收参与剩余价值分配。而劳动者是不能凭劳动力所有权参与剩余价值分配的,劳动者的工资只是出卖劳动力的价值或价格。

当代西方经济学最近有一些新的理论如舒尔茨的人力资本论,斯拉法的分享论认为劳动者除了领取工资外,还可以凭借人力资本获取利润,或者通过职工持股的方法,取得红利,这实际上是认为当代资本主义国家的劳动者也是参加剩余价值分配的。这是一个新现象、新问题,可以研究和借鉴。

---

① 《马克思恩格斯全集》第23卷,第831—832页。
② 同上书,第563—564页。

二、超额剩余价值的来源问题

马克思在《资本论》第1卷第10章分析相对剩余价值概念时指出：相对剩余价值是资本家在追逐超额剩余价值的过程中形成的，那么这个超额剩余价值是怎么来的呢？

关于超额剩余价值的来源问题，实际上就是劳动生产率高的企业所获得的超额剩余价值是本企业创造，还是外企业转移的问题。这个问题的讨论已经很久，而且在逐步深入，由原来的两种看法，现在已经发展到至少有以下五种看法。

第一种看法认为，劳动生产率高的劳动在同一时间内比劳动生产率较低的劳动可以创造较高的价值，因而可以获得超额剩余价值，这是价值创造的问题，简称本企业创造论。

第二种看法认为，劳动生产率高的劳动在相同劳动时间内能生产较多的使用价值，按社会价值实现会获得超额剩余价值，这个价值是由劳动生产率低的企业转移过来的，这是价值实现的问题，简称外企业转移论。

第三种看法认为，在不同生产部门之间，不管部门平均劳动生产率怎样变动，等量劳动创造等量价值，但是，在同一部门内部，个别劳动生产率高的劳动比劳动生产率低的劳动，可以创造更多的价值，从而可以获得超额剩余价值，简称个别创造论。

第四种看法认为，在通常情况下，不管劳动生产率怎样变化，在同样多的时间内创造的价值量相等。但是，在特殊情况下，劳动生产率特别高的个别企业，在同样多的劳动时间内比同类劳动创造更高的价值，从而可以获得超额剩余价值，简称特殊论。

第五种看法认为，由于主观因素（包括劳动复杂程度、熟练程度和强度等）所引起的劳动生产率提高可以创造更多的价值；由于客观因素（包括生产资料、技术条件和自然条件等）而引起的劳动生产率提高不能创造较多的价值。

这些看法都是有一定道理的，也是很有启发的。我们认为超额剩余价值不是价值创造而是价值实现的问题，它是劳动生产率高的企业从劳动生产率低的企业转移而来的。要弄清楚这个问题，涉及以下几个理论问题。

第一,超额剩余价值到底是价值实现还是价值决定的问题。如果超额剩余价值是价值实现问题,那么它就是由劳动生产率低的企业转移而来的;如果超额剩余价值是价值决定问题,那么它就是由劳动生产率高的企业本身创造的。

我们认为从马克思在《资本论》第1卷第10章分析超额剩余价值的形成来看,很明显超额剩余价值是一个价值实现的问题,如果某个资本家提高了劳动生产率,降低了生产某种商品的劳动时间,从而他的商品的个别价值就会低于社会价值。因为市场上所承认的现实价值不是它的个别价值,也就是不是由它花费的个别劳动时间来计量,而是它的社会价值,也就是要用生产它所必需的社会平均劳动时间来计量。因此,劳动生产率较高的个别企业在出售商品时,就不仅获得了剩余价值,而且可以获得超额剩余价值。

超额剩余价值的形成从表9-1中可以看出。

表9-1 超额剩余价值的形成

	劳动时间(小时)	产品数量(件)	产品价值(先令)			单位产品价值(便士)		
			合计	c	v+m	合计	c	v+m
1	2	3	4	5	6	7	8	9
社会平均生产条件下	12	12	12	6	6	12	6	6
劳动生产率提高条件下	12	24	18	12	6	9	6	3

因为商品的现实价值不是由劳动生产率高的企业的个别价值(9便士),而是由社会价值(12便士)来计量的,两者的差额(3便士)就是劳动生产率高的企业所获得的超额剩余价值。

第二,劳动生产率到底能不能创造价值。如果劳动生产率能创造价值,那么,劳动生产率高的企业获得的超额剩余价值就是本企业创造的;如果劳动生产率不能创造价值,那么,劳动生产率高的企业所获得的超额剩余价值就是外企业转移而来的。

我们认为根据马克思劳动价值论的基本原理,只有劳动才能创造价值,劳动生产率不能创造价值。马克思讲得很清楚:"不管生产力发生了什么变化,同一劳动在同样的时间内提供的价值量总是相同的。但它在同样的时间内提供的使用价值量会是不同的:生产力提高时就多些,生产力降低时就少些。"①"不论劳动生产率如何变化,从而不论产品量和单个商品的价格如何变化,一定长度的工作日总表现为相同的价值产品。"②这就是说,无论在什么情况下,劳动生产率都不能创造价值。

问题是怎样理解马克思在《资本论》第 1 卷第 10 章说的这样一句话:"生产力特别高的劳动起了自乘的劳动的作用,或者说,在同样的时间内,它所创造的价值比同种社会平均劳动要多。"③我们认为,这是指生产力特别高的企业可以获得超额剩余价值,也就是实现了更多的价值,因而起了自乘的劳动的作用。这里是讲起了这种作用,是当作它所创造的价值比同种社会劳动要多,但实际上不是它可以创造更多的价值。

第三,超额剩余价值是个别价值还是社会价值。如果是个别价值就存在价值转移的问题,如果是社会价值就不存在价值转移的问题。

我们认为超额剩余价值是个别价值,劳动生产率高的企业花费的个别劳动时间少,只形成较少的个别价值,劳动生产率低的企业花费的个别劳动时间多,形成较多的个别价值,而商品的现实价值不是个别价值,而是社会价值,即平均价值。例如,生产某一个产品有三个生产者,如表 9-2 所示。

表 9-2 超额剩余价值的形成

	个别价值(元)	社会价值(元)
劳动生产率高的企业	6	8
具有平均劳动生产率的企业	8	8
劳动生产率低的企业	10	8
合　　作	24	24

---

① 《马克思恩格斯全集》第 23 卷,第 60 页。
② 同上书,第 568 页。
③ 同上书,第 354 页。

表9-2中的劳动生产率高的企业创造的个别价值是6元,而社会价值是8元,有2元的超额剩余价值,这个2元超额剩余价值是从劳动生产率低的企业创造的个别价值中转移过来的。

有些同志认为,马克思讲价值决定时,都是讲的社会价值的决定,个别价值实际上是不存在什么决定不决定的问题的。我们认为,否定个别价值的存在是没有根据的。马克思关于价值量的决定至少有三种提法。

(1) 一般意义的价值决定,就是商品的价值是由劳动创造的,这是就价值的实际内容来说的,是指价值量的实体。

(2) 社会价值的决定,即社会必要劳动时间决定商品的社会价值,这是指现实的价值。

(3) 个别价值的决定,即个别劳动时间决定商品的个别价值,这是就价值的形成来说的。个别价值是社会价值的基础。马克思说:"当新的生产方式被普遍采用,因而比较便宜地生产出来的商品的个别价值和它的社会价值之间的差额消失的时候,这个超额剩余价值就会消失。"[①]所以,那种企图用否定个别价值来否定超额剩余价值是由劳动生产率低的企业所创造的个别价值转移过来的看法,是不能成立的。

三、关于剩余劳动概念的问题

马克思在《资本论》第1—4卷都有关于剩余劳动的论述,尤其在第3卷第七篇有比较多的论述。但是,怎样理解剩余劳动,社会主义有没有剩余劳动,长期以来国内外争论颇多,有的认为剩余劳动是资本主义的特有范畴;有的认为剩余劳动是剥削社会的共有范畴,持上述两种看法的同志,都认为社会主义不应有剩余劳动的概念。有的认为剩余劳动是一般范畴,任何社会都存在剩余劳动,社会主义也存在剩余劳动,各家都引经据典,都有根据。应该怎样看待这个问题呢?

综观《资本论》第1—4卷马克思从多种含义上论述了剩余劳动,所以,社会主义到底存在不存在剩余劳动要看是哪种含义的剩余劳动。

1. 一般剩余劳动。这是指超过一定的需要量的劳动,是任何社会都存

[①] 《马克思恩格斯全集》第23卷,第354页。

在的。关于这种含义的剩余劳动,马克思在《资本论》第3卷第七篇有比较多的论述。如马克思说:"一般剩余劳动,作为超过一定的需要量的劳动,必须始终存在……为了对偶然事故提供保险,为了保证必要的、同需要的发展以及人口的增长相适应的累进的扩大再生产(从资本主义观点来说叫作积累),就需要一定量的剩余劳动。"①"在任何社会生产(例如,自然形成的印度公社,或秘鲁人的较多是人为发展的共产主义)中,总是能够区分出劳动的两个部分,一个部分的产品直接由生产者及其家属用于个人的消费,另一部分即始终是剩余劳动的那个部分的产品,总是用来满足一般的社会需要,而不问这种剩余产品怎样分配,也不问谁执行这种社会需要的代表的职能。"②马克思还说过:"如果我们把工资和剩余价值,必要劳动和剩余劳动的独特的资本主义性质去掉,那末,剩下的就不再是这几种形式,而只是它们的为一切社会生产方式所共有的基础。"③

作为超过一定需要量的剩余劳动,不仅任何社会都存在,而且对社会的发展具有重要作用,它是一切社会发展的基础。恩格斯曾经说过:"劳动产品超出维持劳动的费用而形成的剩余,以及社会生产基金和后备基金靠这种剩余而形成和积累,过去和现在都是一切社会的、政治的和智力的发展的基础。"④

作为超过一定需要量的剩余劳动,一切社会都有,当然社会主义也有。而且,马克思明确指出,社会主义存在这种剩余劳动。"在一个更高级的社会形态内,使这种剩余劳动能够同一般物质劳动所占用的时间的较显著的缩短结合在一起。"⑤"剩余劳动时间,即使没有资本存在,社会也必须不断地完成这个剩余劳动时间。"⑥社会主义为什么必须存在这种剩余劳动呢?

第一,社会主义扩大再生产必须有剩余劳动。马克思说:"即使劳动条件归工人所有,他自己也必须用总产品的一部分补偿这些劳动条件,以便

---

① 《马克思恩格斯全集》第25卷,第925页。
② 同上书,第992—993页。
③ 同上书,第990页。
④ 《马克思恩格斯选集》第3卷,第538页。
⑤ 《马克思恩格斯全集》第25卷,第926页。
⑥ 《马克思恩格斯全集》第26卷第1册,第89页。

按原有的规模继续再生产或者扩大再生产。"①

第二，社会主义为了防止和应付意外事故必须设立保险基金。"这种基金是收入中既不作为收入来消费也不一定用作积累基金的唯一部分。它是否事实上用作积累基金，或者只是用来补偿再生产上的短缺，取决于偶然的情况。这也是在剩余价值、剩余产品、从而剩余劳动中，除了用来积累，即用来扩大再生产过程的部分以外，甚至在资本主义生产方式消灭以后，也必须继续存在的唯一部分。"②

第三，社会主义为了养活由于年龄关系还不能参加生产的人也必须有剩余劳动。社会主义还存在"那些有劳动能力的人必须为社会上还不能劳动或已经不能劳动的成员而不断进行的劳动"③。

所以，作为超过一定需要量的剩余劳动是社会主义社会不可缺少的。否认社会主义社会有这种剩余劳动是完全站不住脚的。

2. 共有剩余劳动。这是指一切剥削社会劳动者为养活不劳而获的剥削者而从事的劳动。这种剩余劳动是一切人剥削人的社会，包括奴隶社会、封建社会、资本主义社会都存在的。马克思曾经说过："资本并没有发明剩余劳动。凡是社会上一部分人享有生产资料垄断权的地方，劳动者，无论是自由的或不自由的，都必须在维持自身生活所必需的劳动时间以外，追加超额的劳动时间来为生产资料的所有者生产生活资料，不论这些所有者是雅典的贵族，伊特剌斯坎的僧侣，罗马的市民，诺曼的男爵，美国的奴隶主，瓦拉几亚的领主，现代的地主，还是资本家。"④

社会主义社会是消灭人剥削人的社会，所以，社会主义不应该存在这种含义的剩余劳动。马克思也明确讲过："除了为那些由于年龄关系还不能参加生产或者已不能参加生产的人而从事的剩余劳动以外，一切为养活不劳动的人而从事的劳动都会消失。"⑤

3. 特有剩余劳动。这是指资本主义社会特有的超出生产劳动力价值

---

① 《马克思恩格斯全集》第26卷第3册，第388页。
② 《马克思恩格斯全集》第25卷，第958页。
③ 同上书，第990页。
④ 《马克思恩格斯全集》第23卷，第263页。
⑤ 《马克思恩格斯全集》第25卷，第958页。

的而为资本家无偿占有的那部分劳动。马克思在《资本论》第1卷第7章分析的剩余劳动就是这种含义的剩余劳动。马克思说:"工人在生产劳动力日价值(如3先令)的工作日部分内,只是生产资本家已经支付的劳动力价值的等价物,就是说,只是用新创造的价值来补偿预付的可变资本的价值,所以,这种价值的生产只是表现为再生产。因此,我把进行这种再生产的工作日部分称为必要劳动时间,把在这部分时间内耗费的劳动称为必要劳动。……劳动过程的第二段时间,工人超出必要劳动的界限做工的时间,虽然耗费工人的劳动,耗费劳动力,但并不为工人形成任何价值。这段时间形成剩余价值,剩余价值以从无生有的全部魅力引诱着资本家。我把工作日的这部分称为剩余劳动时间,把这时间内耗费的劳动称为剩余劳动。"①

这种剩余劳动体现着资本主义剥削关系,是资本主义特有的剩余劳动概念。社会主义社会不应有资本主义剥削关系,因此,社会主义不存在这种含义的剩余劳动。马克思在《资本论》第1卷第15章第四节所说的:"一旦资本主义制度被消灭,剩余劳动就会消失"(法文版中译文第545页),这里所说的剩余劳动就会消失,就是指的资本主义特有的剩余劳动。有些同志,总是喜欢引用这句话作为根据说社会主义社会不存在剩余劳动,这是以偏概全。

4. 以社会分工为依据的剩余劳动,这是指工人阶级为生产全部生活资料以外所从事的劳动。马克思说:"和一个工人的劳动分为必要劳动和剩余劳动一样,工人阶级的全部劳动也可以这样划分:为工人阶级生产全部生活资料(包括为此所需的生产资料)的那部分,完成整个社会的必要劳动;工人阶级所有其余部分所完成的劳动,可以看作剩余劳动。……并且,从社会的观点来看,一些人只从事必要劳动,因为其他的人只从事剩余劳动,反之亦然。这只是他们之间的分工。"②

马克思没有明确论述这种含义的剩余劳动在社会主义社会是否存在的问题。但是,从社会主义社会仍然存在分工来看,这种含义剩余劳动仍

---

① 《马克思恩格斯全集》第23卷,第243页。
② 《马克思恩格斯全集》第25卷,第713页。

然存在。而且这种划分,对社会主义社会劳动的合理分配也是有意义的。

由此可见,马克思在不同场合所讲的剩余劳动有不同的含义,我们不能简单地说社会主义存在不存在剩余劳动,而应该具体分析,哪些含义的剩余劳动在社会主义社会仍然存在,哪些含义的剩余劳动在社会主义社会已经不存在了。

以上是就纯粹的理想的社会主义而言的,现实的我国社会主义初级阶段实际上以上四种含义的剩余劳动都是存在的。

四、关于剩余产品的概念

一般提到剩余产品,人们都认为它是代表全部剩余价值的那部分产品,或者说是剩余劳动创造的全部产品。这种理解不能算是错误的,但是,并不是十分确切的。实际上,关于剩余产品的概念,在不同场合有不同的含义。马克思在《资本论》第3卷第41章曾经指出:"在这里,我们说剩余产品时,总是指产品中那个代表超额利润的相应部分。在其他地方,我们说剩余产品或超额产品时,却是指那个代表全部剩余价值的产品部分,在个别场合,也指那个代表平均利润的产品部分。"①

马克思在这里指出,《资本论》中关于剩余产品的概念,在三种不同情况下,表示不同的含义。

第一,在一般情况下,剩余产品总是指那个代表全部剩余价值的产品部分。例如,《资本论》第1卷指出:"首先,年生产必须提供一切物品(使用价值)以补偿一年中所消费的资本的物质组成部分。扣除这一部分以后,剩下的就是包含剩余价值的纯产品或剩余产品。"②《资本论》第2卷指出的:"通过剥削劳动力,生产了剩余价值(作为产品的一个部分,表现在剩余产品中)。"③《资本论》第3卷指出的:"纯收入却是剩余价值,因而是剩余产品,这种剩余产品是扣除了工资以后所余下的、实际上也就是由资本实现的并与土地所有者瓜分的剩余价值和由这个剩余价值计量的剩余产品。"④

---

① 《马克思恩格斯全集》第25卷,第780页。
② 《马克思恩格斯全集》第23卷,第636页。
③ 《马克思恩格斯全集》第24卷,第50页。
④ 《马克思恩格斯全集》第25卷,第950页。

第二，在分析地租时，剩余产品是指产品中那个代表超额利润的相应部分。例如,《资本论》第3卷所指出的:"无论各追加投资带来的剩余产品是和它们的量成比例,是高于这个比例,还是低于这个比例,从而,在资本增加时,无论资本的超额利润率是不变,是上涨,还是下降,每英亩的剩余产品以及与之相应的超额利润都会增加,从而地租,谷物地租和货币地租,也会增加。"①

第三，在个别情况下，剩余产品是指那个代表平均利润的产品部分。例如《资本论》第3卷第48章所指出的:"在资本主义社会中,这个剩余价值或剩余产品……是作为一份份的股息,按照社会资本中每个资本应得的份额的比例,在资本家之间进行分配的。在这个形态上,剩余价值表现为资本应得的平均利润。"②

所以，关于剩余产品的概念，应该具体情况具体分析，不能一概而论。即使是在剩余价值代表剩余产品的情况下，也不能绝对理解。马克思说过:"虽然剩余价值体现在剩余产品上,但是,反过来,在产品总量单纯增加的意义上所说的剩余产品并不表现剩余价值。它可以代表价值的减少。"③

在一定意义上说，剩余价值是剩余产品的价值表现，先有剩余产品，才有剩余价值。但是，剩余产品增加，不一定剩余价值也增加，甚至它可以代表价值和剩余价值的减少。为什么会出现这种情况呢?

这是因为劳动生产力变化，会出现产品总量(使用价值量)与价值量的对立运动。劳动生产力提高，在同一劳动时间内创造的价值量和剩余价值量不变，但产品总量和剩余产品量会增加。如果用比以前更少的劳动，生产出比以前更多的产品总量和剩余产品，那么，在这种情况下，剩余产品的增加并不表现剩余价值的增加，甚至它可以代表剩余价值的减少。

例如，在劳动生产力未变化以前，一天8小时劳动生产8件产品，即1小时劳动生产1件产品。假设，1小时劳动凝结的价值等于1元，那么，单位产品的价值是1元，全部产品的价值就是8元。如果必要产品为4件产

---

① 《马克思恩格斯全集》第25卷,第779页。
② 同上书,第927页。
③ 同上书,第887页。

品,剩余产品为4件产品,那么,必要产品的价值,即劳动力价值是4元,剩余价值也是4元。现在,劳动生产力提高了1倍,即1小时劳动生产2件商品,单位产品的价值即为0.5元。在这种情况下,只花5小时劳动就可以生产10件产品,产品总产值为5元。如果,必要产品仍为4件产品,其价值只有2元,那么,剩余产品就为6件产品,但剩余价值只有3元。这样,剩余产品从原来的4件产品增加到6件产品,但剩余价值却从原来的4元降为3元。所以,在产品总量单纯增加的意义上所说的剩余产品并不表现剩余价值,它可以代表价值的减少。

五、试析平均利润率的含义

马克思《资本论》第3卷第9章的标题叫《一般利润率(平均利润率)的形成和商品价值转化为生产价格》,从这个标题中,可以明显看出平均利润率就是一般利润率。但是在第10章的头一个标题叫《一般利润率通过竞争而平均化。市场价格和市场价值超额利润》,从这个标题的第一句话来看,似乎一般利润率与平均利润率又有区别。因此,有人提出平均利润率可以从三种意义上去理解:(1)理想的平均利润率;(2)标准的平均利润率;(3)现实的平均利润率。这些提法是很有启发的。但是,翻阅《资本论》第3卷关于平均利润率的含义,似乎还可以从更多的角度去理解。

第一,利润率就是一般利润率,它是社会总剩余价值对社会总资本的比率。马克思说一般利润率"是由社会总资本所生产的剩余价值和这个剩余价值同资本价值的比率决定的"[1]。所以,只有作为社会总剩余价值对社会总资本比率的利润率才可以称为一般利润率,也可以称为平均利润率。

第二,平均利润率是指平均或中等构成的资本的利润率。马克思说:"这种平均利润率,不外就是这些中等构成部门的用百分比计算的利润,在这些部门中利润是同剩余价值一致的。因此,利润率在一切生产部门都是一样的,也就是说,是同资本的平均构成占统治地位的中等生产部门的利

---

[1] 《马克思恩格斯全集》第25卷,第972页。

润率相等的。"① 由于这种资本的利润和它的剩余价值相等,它的平均利润和剩余价值也相等。有些同志把这种利润率称为标准的平均利润率。但这种平均利润率和一般利润率相近似,并不是完全一致,并非绝对标准的。

第三,通过竞争形成的平均利润率,这是通过各个部门之间的竞争,资本的转移所实现的平均利润率。马克思说:"不同的利润率,通过竞争而平均化为一般利润率。"② "资本的不断趋势是,通过竞争来实现总资本所生产的剩余价值分配上的这个平均化,并克服这个平均化的一切阻碍。"③ "竞争只能使不等的利润率平均化。要使不等的利润率平均化,利润作为商品价格的要素必须已经存在。"④ "平均利润率是在互相竞争的资本家势均力敌的时候出现的。竞争可以造成这种均势,但不能造成在这种均势形成的出现的利润率。……每个资本都按照它的量提供相同的利润。但这个利润本身的量与竞争无关。竞争只是把一切偏离不断地化为这个数量。"⑤

第四,理想的平均利润率,即等量资本取得等量利润的客观要求。马克思说过:"一旦资本主义生产发展到一定的程度,各个部门的不同利润率平均化为一般利润率……在这里,基本观念是平均利润本身,是等量资本必须在相同时间内提供等量利润。而又以下述观念为基础:每个生产部门的资本,都应按照各自大小的比例来分享社会总资本从工人那里榨取来的总剩余价值;或者说,每个特殊资本都只作为总资本的一部分,每个资本家事实上都作为总企业的一个股东,按照各自资本股份的大小比例来分享总利润。"⑥ 这种平均利润率,意味着不同部门的资本家,遵照等量资本取得等量利润的原则,各按资本的大小,分得比例相等的一部分剩余价值。在这里,整个资本主义经济好像一个庞大的股份公司,所有的资本家,好比这个股份公司的大小股东,把各个部门所创造的剩余价值汇集在一起,每个股东按照他们入股的多少,取得一份相应的利润。

---

① 《马克思恩格斯全集》第 25 卷,第 193 页。
② 同上书,第 177 页。
③ 同上书,第 858 页。
④ 同上书,第 977 页。
⑤ 同上书,第 978 页。
⑥ 同上书,第 233 页。

第五,平均利润率是一种平均趋势的利润率。马克思说:"资本在不同生产部门之间这样不断地流出和流入,引起利润率上升和下降的运动,这种运动会或多或少地互相平衡,因此有一种使利润率到处都化为一个共同的和一般的水平趋势。"①所以,平均利润率,并非利润的绝对平均化,而仅仅是一种一般的趋势。事实上,在平均利润率规律起作用的条件下,各个生产部门的利润率仍然可以存在着差别。不过,从一个较长的时期看,各个部门的利润率确实存在着平均化的趋势。正如马克思指出的:"总的说来,在整个资本主义生产中,一般规律作为一种占统治地位的趋势,始终只是以一种极其错综复杂和近似的方式,作为从不断波动中得出的、但永远不能确定的平均情况来发生作用。"②

第六,简单平均利润率,这是指不同生产部门的不同利润率的平均数。马克思说:"求出不同生产部门的不同利润率的平均数。"③"一般利润率,又以每个特殊生产部门的利润率已经分别化为同样大的平均率为前提。"④一般利润率就是所有这些不同利润率的平均数(见表9-3)。

表9-3 简单平均利润率的计算方法

资　　本	利 润 率	平均利润率
甲	10%	20%
乙	20%	20%
丙	30%	20%

这是指的平均利润率的一种计算方法。

第七,严格意义的平均利润率(见表9-4)。马克思还说过:"在一般利润率的形成上,不仅要考虑到不同生产部门利润率的差别,求出它们的简单平均数,而且还要考虑到不同利润率在平均数形成上所占的比重。而这取决于投在每个特殊部门的资本的相对量,也就是取决于投在每个特殊生

---

① 《马克思恩格斯全集》第25卷,第231—232页。
② 同上书,第181页。
③ 同上书,第176页。
④ 同上。

产部门的资本在社会总资本中占多大部分。"①

表 9-4　平均利润率的形成

部　门	资本量	利润率	利润量	平均利润率
甲	200	10%	20	22%
乙	400	20%	80	22%
丙	400	30%	120	22%
	1 000		220	

这是"因为一般利润率不仅由每个部门的平均利润率决定，而且还由总资本在不同特殊部门之间的分配决定"②。这也是计算平均利润率的一种方法。按照这种方法计算的平均利润率，比上述简单平均利润率要精确得多。

第八，平均利润率有时是指产业资本的平均利润率。马克思说："一般利润率，首先必须作为不同生产部门的产业资本实际生产的利润或剩余价值的平均化来说明。"③"一般利润率是由各特殊生产部门利润率的平均化而形成的。"④这是因为利润是在物质生产部门生产出来的。所以，利润率首先是指产业资本的利润率。

第九，完成形态的平均利润率。马克思说："在最初考察一般利润率或平均利润率时，这个利润率还不是在它的完成形态上出现在我们面前，因为平均化还只表现为投在不同部门的产业资本之间的平均化。这种情况已经在上一篇得到补充。在那里，我们说明了商业资本如何参加这个平均化，并且说明了商业利润。……在阐述的过程中，以后凡是说到一般利润率或平均利润率的地方，要注意我们总是就后一种意义而言，即只是就平均利润率的完成形态而言。"⑤这种平均利润率实际上就是社会总剩余价值

---

① 《马克思恩格斯全集》第 25 卷，第 182 页。
② 同上书，第 189—190 页。
③ 同上书，第 317 页。
④ 同上书，第 263 页。
⑤ 同上书，第 377 页。

对产业资本和商业资本之和的利润率。这是因为"商人资本虽然不参加剩余价值的生产,但参加剩余价值到平均利润的平均化"①。"因此,商人资本会按照它在总资本中所占的比例,参加决定一般利润率。"②"商人资本不直接参与利润或剩余价值的创造;它按照自己在总资本中所占的部分,从产业资本所生产的利润量中取得自己的份额,只是在这个意义上,它才参加决定一般利润率。"③

第十,纯粹形态的平均利润率。如果把地租因素加进来考察,实际上资本的利润率应该是:$\frac{总利润-地租}{总资本}$。马克思虽然没有明确表明这样的利润率。但是,从马克思的有关论述中,已经包括了这样的思想。马克思说:"当我们在这里说利润是归资本所有的那部分剩余价值时,我们所指的是平均利润(等于企业主收入加上利息),它已经由于从总利润(在数量上和总剩余价值相等)中扣除地租而受到限制。"④我们把这种归资本所有的平均利润率,暂时称为纯粹形态的平均利润率。

上述十种含义的平均利润率,并不是说有十种平均利润率,而是说平均利润率可以从不同的含义上去理解,平均利润率有不同的计算方法,平均利润率也包括不同的范围。不能把平均利润率概念简单化、绝对化,要具体情况具体分析。特别是联系到社会主义经济时,更不能生搬硬套。

由于社会主义社会,还有利润,还有利润率,因此,不仅可以计算个别利润率,而且可以计算部门平均利润率,以及社会平均利润率,这应该是没有问题的。

六、关于利润率的发展趋势

马克思《资本论》第3卷第三篇的篇名叫《利润率趋向下降的规律》。马克思指出:"资本主义生产,随着可变资本同不变资本相比的日益相对减

---

① 《马克思恩格斯全集》第25卷,第319页。
② 同上书,第318页。
③ 同上书,第316页。
④ 同上书,第927页。

少,使总资本的有机构成不断提高,由此产生的直接结果是:在劳动剥削程度不变甚至提高时,剩余价值率会表现为一个不断下降的一般利润率……因此,一般利润率日益下降的趋势,只是劳动的社会生产力日益发展在资本主义生产方式下所特有的表现。"[1]这就是说,在资本主义商品经济中,生产力的提高使人均支配的物质装备程度提高必然表现为利润率的下降。那么这个趋势是否仍然适用于今天的商品经济呢?这包括两方面的问题:

第一,在现代资本主义即垄断资本主义条件下,利润率是否还存在趋向下降的规律。关于这个问题有两种意见:一种意见认为,马克思提出的这一规律只适用于资本主义自由竞争阶段,不适用于垄断阶段。另一种意见认为,马克思揭示的这一规律不仅适用于资本主义自由竞争阶段,而且适用于垄断阶段。

我们是同意和主张第二种意见的,理由是:

1. 利润率下降趋势不能只看资本主义发展的某一阶段,而应该由长期趋势来看。当然,垄断条件下的利润率和自由竞争时代的平均利润率概念是有区别的,但是在商品经济条件下,从理论上考察的总利润对社会总资本这样一种关系还是存在的。因此,可以根据生产力发展的长期变化趋势来确定利润率的发展变化趋势。

2. 资本主义经济中劳动生产力和资本有机构成总的说来是在不断提高的。第二次世界大战以后,资本主义社会的科学技术和劳动生产率有了长足的进步,产业结构发生很大变化。然而,尽管个别时期、个别国家、个别产业部门的资本有机构成可能出现逆向变化,但这种情况并不能说明资本主义经济一般长期变化的趋势。相反,无论在物质生产领域还是在非物质生产领域,人均物质装备率即单个劳动者推动的生产资料量都大大地增加了,因此,资本有机构成总的来说还是提高的。

3. 存在起反作用的因素,这些因素只能阻碍和延缓利润率下降,但不能取消它。"引起一般利润率下降的同一些原因,又会产生反作用,阻碍、延缓并且部分地抵销这种下降。这些原因不会取消这个规律,但是会减弱

---

[1] 《马克思恩格斯全集》第 25 卷,第 237 页。

它的作用。"① 在各种起反作用的因素中,特别值得一提的是股份资本的发展。股份制和股份企业在自由竞争资本主义时代就已经出现了,在那时,由于股份资本主要投在那些耗资巨大、周转缓慢的部门,所以资本一经投入就不容易撤出。而股票只是生息资本的投资领域,其所有者的赢利率只是同借贷利润率相比。因此,这些股份资本"不会参加一般利润率的平均化过程"②,形成抵销平均利润率下降的重要因素。然而,不参加利润的平均化,不等于不对利润率本身发生影响。特别在当代,资本主义企业几乎全都是股份企业或以股份资本为主,而股份资本加快了资本的集中和促进了资本有机构成的提高,所以,在当代资本主义经济中,由于垄断的因素,虽然利润率不再在各个部门之间通过竞争而趋于平均化,但由于生产力和资本有机构成的提高,利润率本身仍然在趋于下降。可以这么说,股份资本的发展在自由竞争时代曾经是抵销平均利润率趋向下降的一个重要因素,但在自由竞争时代和垄断时代,它同时又是促使利润率本身(即总利润对包括股份资本在内的社会总资本的比率或称一般利润率)下降的一个重要因素。

第二,社会主义社会是否存在利润率趋向下降的规律。

针对这个问题也有两种意见:

一种意见认为利润率是指平均利润率,社会主义不存在平均利润率,因此,也就不存在利润率下降趋势。

另一种意见认为社会主义社会仍然存在利润率趋向下降的规律。

我们认为,在社会主义社会,也存在利润率趋向下降的趋势。这是因为:

(1) 在社会主义社会,由于生产资料公有制、实行按劳分配,所以,除了各种必要的扣除以外,劳动成果可以更多地归直接劳动者自己所有。

(2) 由于社会主义生产是为了最大限度地满足广大劳动人民的物质文化需要,所以,必要劳动的范围将逐步扩大,因此,剩余劳动的范围将会逐步缩小。

---

① 《马克思恩格斯全集》第25卷,第266页。
② 同上书,第268页。

（3）社会主义的社会劳动生产率将比资本主义社会增长得更快,资本有机构成也是不断提高的。因此,资本利润率也倾向下降。

在资本主义社会,生产是为了追逐剩余价值和利润,因此,利润率下降的趋势说明了资本主义本身存在着不可克服的矛盾。而社会主义,虽然利润率也有下降的趋势,但这不是社会主义制度的缺陷,而正好是社会主义制度优越性的表现。

在社会主义社会,利润率有下降趋势,并不意味着利润量的减少,更不意味着不存在剩余劳动,不要积累。恩格斯指出:"劳动产品超出维持劳动者的费用而形成的剩余,以及社会生产基金和后备基金从这种剩余中的形成和积累,过去和现在都是一切社会的、政治的和智力的继续发展的基础。"[①]所以,社会主义利润率虽然也有一个倾向下降的趋势,但是,为了增加积累,仍然要大力提高利润率。

七、现代资本主义条件下绝对地租的来源问题

马克思在《资本论》第3卷第45章分析资本主义绝对地租来源时,基本上是以农业落后于工业,农业资本有机构成低于社会资本平均构成为前提的。农业资本有机构成低,等量资本在剩余价值率相等的情况下,可以雇佣更多的劳动力,创造更多的剩余价值。又由于土地所有权的垄断,其他资本不能任意转到农业中来。因此,农业部门创造的剩余价值不参加社会利润的平均化,农产品可以按照高于生产价格的价值出售。这种价值高于生产价格的余额,就是资本主义绝对地租的来源。但是,随着生产力的发展,存在着农业有机构成接近或等于工业有机构成的趋势。这样,就产生了一个问题,在农业有机构成接近或等于工业有机构成的情况下,资本主义绝对地租来源于什么?

关于这个问题,国内外大概有以下几种看法:

一种意见,是绝对地租消失论。根据马克思说过这样一句话:"如果农业资本的平均构成等于或高于社会平均资本的构成,那末,上述意义上的绝对地租,也就是既和级差地租不同,又和以真正垄断价格为基础的地租

---

① 《马克思恩格斯选集》第3卷,第233页。

不同的地租,就会消失。"①

二是绝对地租来源于农业内部工资和利润的扣除。论据是马克思的这样一句话:"如果在一个国家,农业资本的构成与非农业资本的平均构成相等……土地所有者只好自己耕种这些土地,或者在租金的名义下,把他的租佃者的一部分利润甚至一部分工资刮走。"②

三是绝对地租来源于农产品价格高于价值的差额。论据是马克思的这样一句话:"如果由于土地所有权对在未耕地上进行不付地租的投资造成限制,以致谷物不仅要高于它的生产价格出售,而且还要高于它的价值出售,那末,地租就会产生垄断价格。"③

四是绝对地租来源于垄断资本统治下所产生的垄断价格。有这样一个说法:垄断资本统治下所产生的垄断价格才是农业现代化和工业现代化情况下形成绝对地租的条件。

怎样看待这个问题呢?

首先,绝对地租消失论是不能成立的。这是把绝对地租存在的原因和绝对地租量的直接来源相混淆了。绝对地租存在的原因在于土地所有权。马克思说:"如果最坏土地A……不提供一个超过生产价格的余额,即地租,就不可能被人耕种,那末,土地所有权就是引起这个价格上涨的原因。土地所有权本身已经产生地租。"④这就是说,土地所有权的存在,是绝对地租存在的原因。只要存在土地所有权,就不能不支付绝对地租。农业和工业有机构成的接近可以改变绝对地租量的来源,但不能取消绝对地租。绝对地租消失论者引用的马克思那句话:"上述意义上的绝对地租消失了",系指农业资本的平均构成等于社会平均资本的构成的情况下,由于农业有机构成低于社会平均构成,从而农产品价值高于生产价格这个意义上的绝对地租消失了,并不是绝对地租消失了。

那么,在工农业有机构成接近或相等而土地所有权依然存在的情况

---

① 《马克思恩格斯全集》第25卷,第862页。
② 《马克思恩格斯全集》第26卷第2册,第448页。
③ 《马克思恩格斯全集》第25卷,第874页。
④ 同上书,第851页。

下,绝对地租来源于什么呢？在这种情况下,绝对地租是来源于农产品价格超过价值的垄断价格。马克思说:"如果农业资本的平均构成等于或高于社会平均资本的构成,那末,上述意义上的绝对地租,也就是既和级差地租不同,又和以真正垄断价格为基础的地租不同的地租,就会消失。……乍一看来,这似乎是矛盾的:一方面假定农业资本的构成提高,也就是说,它的不变部分比它的可变部分相对地增大,另一方面又假定土地产品的价格上涨到这样的程度,以致新的、比一向耕种的土地更坏的土地也支付地租,而这种地租在这种情况下,只能来自市场价格超过价值和生产价格的余额,简单地说,只能来自产品的垄断价格。"①

马克思一再指出绝对地租存在的条件既可能是农产品价值超过生产价格的余额,又可以是农产品价格超过价值的垄断价格。马克思曾经非常明确地说过:"绝对地租的先决条件或者是产品价值超过它的生产价格以上的已经实现了的余额,或者是超过产品价值的垄断价格。"②马克思还说过:"我们已经看到,只有在两种情况下,地租,从而资本化的地租即土地价格,才能作为决定的因素加入土地产品的价格。第一种情况是,由于农业资本(这个资本和购买土地的资本毫无共同之处)的构成,土地产品的价值高于它的生产价格,市场情况又使土地所有者能够实现这个差额。第二种情况是存在垄断价格。"③马克思还说过:"只要真正的农业地租单纯是垄断价格,那末,这种垄断价格只能是微小的;同样,无论产品价值超过它的生产价格的余额有多大,在正常条件下,绝对地租也只能是微小的。"④

所以,绝对地租存在的条件有两个,一个是价值超过生产价格;一个是价格超过价值。在价值超过生产价格的条件消失后,这种意义上的绝对地租消失了,但是,价格超过价值的绝对地租依然存在。

那么,这个绝对地租又是从哪儿来的呢？马克思认为,绝对地租的源泉只能是剩余价值的扣除。马克思说:"一切地租都是剩余价值,是剩余劳

---

① 《马克思恩格斯全集》第 25 卷,第 862—863 页。
② 同上书,第 907 页。
③ 同上书,第 913 页。
④ 同上书,第 869 页。

动的产物。"①"地租就成了商品价值的一部分,更确切地说,成了商品剩余价值的一部分。"②问题是绝对地租作为剩余价值的扣除,是农业资本家剩余价值的直接扣除呢,还是全社会剩余价值的扣除?

如果认为在工农业有机构成接近或相等情况下,绝对地租来自农业资本家的利润的扣除。那末,农业资本家就得不到平均利润,他就不会对土地进行投资。又怎么理解"在租金的名义下,把他的租佃者的一部分利润甚至一部分工资刮走"呢? 我们知道,租金和地租是不同的,租金除真正的地租外,还包括一部分平均利润,一部分农业工人的工资,以及投入土地的资本的利息。马克思说:"如果租地农场主支付的租金是从他的工人的正常工资中扣除的,或是从他自己的正常平均利润中扣除的,那末,他还是没有支付地租。"③

八、关于绝对地租与垄断价格的关系

马克思在《资本论》第3卷第46章说过:"我们必须加以区别,究竟是因为产品或土地本身有一个与地租无关的垄断价格存在,所以地租才由垄断价格产生,还是因为有地租存在,所以产品才按垄断价格出售。"④从这里,可以看出地租与垄断价格是有很大关系的,而且这里所说的地租,不是级差地租,而主要是绝对地租。那么,绝对地租与垄断价格的关系怎样呢? 关于这个问题国内外是有不同理解的。

一种意见认为,是绝对地租产生垄断价格,是由于土地所有权的存在,要求支付绝对地租,从而产生垄断价格。

另一种意见认为,是由于存在垄断价格,因而农业资本家可以支付绝对地租。

还有一种意见认为,是由于垄断资本统治下所产生的垄断价格,才能形成绝对地租。

我们认为要弄清这个问题,首先要弄清有哪些不同含义的垄断价格。

---

① 《马克思恩格斯全集》第25卷,第715页。
② 同上书,第870页。
③ 同上书,第852页。
④ 同上书,第873页。

在不少政治经济学教材以及辞典中,只把垄断资本凭借自己的垄断地位为获取垄断利润而规定的市场价格,称为垄断价格,这是值得研究的。在马克思主义政治经济学中至少有三种不同含义的垄断价格。

一是垄断特殊的自然条件所产生的垄断价格。这是一种由购买者的购买欲和支付能力所决定的价格,而与一般生产价格或产品价格所决定的价格无关。这种垄断价格不仅高于生产价格,而且高于价值,马克思把它称为真正的垄断价格。马克思说:"除此以外,地租只能以真正的垄断价格为基础,这种垄断价格既不是由商品的生产价格决定,也不是由商品的价值决定,而是由购买者的需要和支付能力决定。"①例如,一个葡萄园只能生产少量特别好的葡萄酒时,就会提供一个垄断价格。由于这种垄断,葡萄种植者会实现一个相当大的利润。这种超额利润,由于土地所有权的存在会转化为地租。在这里,就是垄断价格产生地租。但这里所产生的地租不是绝对地租,而是垄断地租。所以,垄断价格产生的是垄断地租。

二是由于土地所有权的存在需要支付绝对地租而产生的垄断价格,这是绝对地租产生垄断价格。马克思把由于土地所有权存在,在农业有机构成低于社会平均构成的情况下,需要支付绝对地租,使农产品按其超过生产价格的价值出售的价格,称为垄断价格。马克思说:"无论这个绝对地租等于价值超过生产价格的全部余额,还是只等于其中的一部分,农产品总是按垄断价格出售,这并不是因为它们的价格高于它们的价值,而是因为它们的价格等于它们的价值,或者,因为它们的价格低于它们的价值……但又高于它们的生产价格。农产品的垄断在于:它们不像价值高于一般生产价格的工业品那样,会平均化生产价格。"②马克思把由于土地所有权的存在,在农业有机构成接近或等于社会平均构成的情况下,需要支付绝对地租,使农产品按照超过其价值出售的价格,也称为绝对地租。马克思说:"乍一看来,这似乎是矛盾的:一方面假定农业资本的构成提高,也就是说,它的不变部分比它的可变部分相对地增大,另一方面又假定土地产品的价格上涨到这样的程度,以致新的、比一向耕种的土地更坏的土地也

---

① 《马克思恩格斯全集》第25卷,第861页。
② 同上书,第859—860页。

支付地租,而这种地租在这种情况下,只能来自市场价格超过价值和生产价格的余额,简单地说,只能来自产品的垄断价格。"①马克思还明确地说过:"如果由于土地所有权对在未耕地上进行不付地租的投资造成限制,以致谷物不仅要高于它的生产价格出售,而且还要高于它的价值出售,那末,地租就会产生垄断价格。"②马克思把绝对地租产生的垄断价格,称之为普通意义上的垄断价格。马克思说:"土地产品的价格必然是普通意义上的垄断价格,或者说,必然是一种把地租作为赋税(这种赋税只不过由土地所有者征收,而不是国家征收)包含在内的价格?这种赋税有它一定的经济上的界限,这是不言而喻的。"③

三是垄断资本统治造成的垄断价格,这是垄断组织为了获取垄断高额利润而产生的垄断价格。垄断组织依靠它们对生产和市场的垄断,人为地规定垄断价格。它们在销售商品时规定高于价值或一般生产价格的垄断高价,它们在向非垄断企业和小生产者购买生产资料时规定低于价值或生产价格的垄断低价,垄断组织通过垄断价格就可以提高销售价格和压低收购价格,从而攫取垄断利润。这种垄断价格是垄断资本主义条件下的主要价格形式。

我们认为绝对地租与垄断价格的关系是指第二种含义的垄断价格,即是指由于土地所有权存在要求支付绝对地租而产生的垄断价格。因此,就绝对地租和垄断价格的关系来说,是绝对地租产生垄断价格,而不是垄断价格产生绝对地租。而且,无论是由于农产品价值大于生产价格的价格,还是大于价值的价格,都叫垄断价格。有些同志,只把农产品价格大于价值称为垄断价格,而认为农产品价值高于生产价格的价格不是垄断价格,这是不合马克思原意的。实际上,无论在农业有机构成低于工业有机构成时的绝对地租,还是在工农业有机构成接近(或相等)以后还存在的绝对地租都与垄断价格有关系,都是来自垄断价格。第一种含义所说的垄断价格产生地租,这里所说的地租不是绝对地租,而是垄断地租。有些同志认为

---

① 《马克思恩格斯全集》第25卷,第862—863页。
② 同上书,第874页。
③ 同上书,第854页。

是垄断价格产生绝对地租,可能是把由于垄断特别有利的自然条件产生的垄断价格所形成的垄断地租,误解为绝对地租。第三种含义的垄断价格,是资本主义进入帝国主义以后出现的,与马克思的绝对地租理论没有内在联系,用垄断资本形成的垄断价格解释绝对地租是说不通的。

绝对地租产生垄断价格是不是违背价值规律呢?没有。这是因为从全社会来看,商品的价格总额和价值总额还是相等的。马克思指出:"如果剩余价值平均化为平均利润的过程在不同生产部门内遇到人为的垄断或自然的垄断的障碍,特别是遇到土地所有权的垄断的障碍,以致有可能形成一个高于受垄断影响的商品的生产价格和价值的垄断价格,那末,由商品价值规定的界限也不会因此消失,某些商品的垄断价格,不过是把其他商品生产者的一部分利润,转移到具有垄断价格的商品上。"①

第四节 试析社会主义社会的剩余价值及其形式

社会主义社会是否存在剩余价值及其表现形式是一个很值得研究和探索的问题。

一、关于社会主义社会的剩余价值问题

这个问题,长期以来是个禁区,一直认为剩余价值是资本主义的特有概念。最近,有些同志在进行很有意义的探讨。这个问题在我们国内是有不同看法的。我们是倾向于社会主义经济仍然可以有"剩余价值"范畴的。

1. 剩余价值是商品经济的概念,有商品、有价值,就会有剩余价值。资本主义是商品经济,有剩余价值,现阶段的社会主义仍然是商品经济,也应有剩余价值。商品价值仍然应当由 $c+v+m$ 三个部分组成,这是客观事实,不承认是不行的。

2. 现在商品经济的范畴,如:商品、货币、价值、剩余劳动、剩余产品、利润、生产价格等等范畴,在社会主义经济中都运用了,唯独剩余价值不用,是不合逻辑的,特别是作为剩余价值转化形式的利润都用了,而不用剩

---

① 《马克思恩格斯全集》第 25 卷,第 973 页。

余价值是说不通的。试问利润是什么的转化形式呢？现在不敢用剩余价值而用剩余产品的价值实际上是一回事,剩余产品的价值不是剩余价值又是什么呢？

3. 社会主义不应有剩余价值的观点是因为受苏联政治经济学教科书中关于剩余价值定义的束缚。通常政治经济学读物中所说的:"剩余价值是由雇佣工人所创造而由资本家无偿占有的超过劳动力价值的价值。"①其实,这个定义并不是马克思的。我们在上面介绍的马克思关于剩余价值的若干含义都不是这样说的。这个定义是从苏联政治经济学教科书中来的。

4. 其实,马克思说过,如果去掉剩余价值的独特的资本主义性质,它是一切社会生产方式所共有的基础。马克思说:"如果我们把工资和剩余价值,必要劳动和剩余劳动的独特的资本主义性质去掉,那末,剩下的就不再是这几种形式,而只是它们的为一切社会生产方式所共有的基础。"②

当然,社会主义的剩余价值和资本主义剩余价值是有本质区别的。

第一,来源不同。资本主义的剩余价值来自雇佣劳动;社会主义剩余价值来自自愿为社会提供的自觉劳动。

第二,分配不同。资本主义的剩余价值为资本家无偿占有;社会主义剩余价值,归全民或集体,用于社会主义积累。

第三,性质不同。资本主义的剩余价值体现资本家剥削工人的阶级对抗关系;社会主义剩余价值体现国家、集体、个人三者的关系,不是阶级对抗关系。

第四,地位不同。资本主义的剩余价值是资本主义生产的目的、实质、特定内容和动力;社会主义生产的目的和动力是满足需要,而不是剩余价值。

这是一个很大的问题,谈点看法,不是很有把握,供参考,希望引起思考和讨论。

---

① 《政治经济学教科书》,人民出版社1955年版,第115页。
② 《马克思恩格斯全集》第25卷,第990页。

二、充分发挥平均利润率在社会主义经济中的作用

马克思说:"剩余价值,作为全部预付资本的这样一种观念上的产物,取得了利润这个转化形式。"因此,是否可以认为,利润是与社会主义经济完全格格不入的资本主义范畴,社会主义就不能再保留这个范畴呢?我们认为,社会主义社会仍然可以保留利润这个范畴。这主要有两个原因:一是社会主义还存在剩余劳动;二是社会主义还存在着商品、价值、货币等形式。

在社会主义之所以必须存在剩余劳动,这是因为:第一,社会主义社会,还存在许多在经济上是非生产性的,但又是必要的部门或机构,它们的费用包括有关人员的生活费用,要从社会总产品中支出;第二,社会主义社会要扩大再生产必须有积累,而不能把社会产品全部吃光用光;第三,社会主义还要赡养未形成劳动能力或已经丧失劳动能力的人;第四,社会主义社会还要有物质储备,建立保险基金,以应付意外事故。因此,物质生产部门劳动者的劳动还要区分必要劳动和剩余劳动,他们创造的社会总产品,还要区分为必要产品和剩余产品。

那么,社会主义的剩余劳动为什么还要采取利润形式呢?这主要是因为社会主义社会还存在商品生产,还要运用价值和货币形式,因此作为剩余劳动的货币表现就必然表现为利润。

所以,社会主义社会还保留利润范畴是客观的必然的。但它与资本主义的利润范畴有着本质的区别,资本主义利润是作为全部预付资本观念的产物,而社会主义利润可以理解为剩余劳动的货币表现。

社会主义利润和资本主义利润的经济内容也根本不同。资本主义利润归资本家占有,而社会主义利润归全体劳动者所有。利润归谁所有是区分社会主义利润和资本主义利润的根本标志。

列宁曾经批判布哈林把利润和满足社会需要机械地对立起来的观点。布哈林在《过渡时期的经济》一书中说:"在资本实行统治的条件下,生产是剩余价值的生产,是为利润进行的生产。在无产阶级实行统治的条件下,生产是为抵销社会需要进行的生产。"对此,列宁说:"没有成功。利润也是满足'社会'需要的。应该说,在这种条件下,剩余产品不归私有者阶级,而

归全体劳动者,而且只归他们。"①

所以,社会主义社会没有必要忌讳"利润"这两个字,而应该努力提高利润水平,为社会主义建设积累更多的资金。

由于社会主义社会还有利润,也就还有利润率,因此,不仅可以计算个别利润率,而且可以计算部门平均利润率,以及社会平均利润率,这应该是没有问题的。

社会主义的平均利润率可以比较国民经济各部门、各种所有制以及各个企业经营活动的效果,它是社会主义经济的一个重要指标。我们应当充分运用这个指标,促进社会主义经济的发展。

第一,运用平均利润率衡量企业对社会贡献的大小。在全社会有一个平均利润率指标的情况下,如果一个企业的个别利润率高于社会平均利润率,就说明它比一般企业对社会作出了更大的贡献;如果一个企业的个别利润率低于社会平均利润率,就说明它对社会的贡献比一般企业小。这是对企业经济活动效果的一个客观评价,它可以促进各个企业加强经济核算,力争对社会作出更大的贡献。

第二,运用平均利润率可以促进各个企业努力提高劳动生产率,降低产品成本。在存在部门平均利润率指标的情况下,每个企业生产的单位产品的个别价值与社会价值相等,一般说来,可以说明它的个别利润率与部门平均利润率基本相等。如果个别价值高于社会价值,就说明它的个别利润率低于部门平均利润率;如果个别价值低于社会价值,它的个别利润率就高于部门平均利润率。因此,各个企业为了能获得超额利润,就要千方百计降低产品成本,提高个别利润率。

第三,运用平均利润率作为制定理论价格的依据。在社会主义社会,商品的价格仍然必须以商品的价值为基础。在价值还无法直接计算的情况下,每一商品的价值只能用该商品的社会平均成本加社会平均利润近似的反映。一般说来,社会平均成本是比较好计算的,而社会平均利润的计算是比较困难的。因此,只好用该产品的社会平均利润率倒算出平均利润,再加该产品的社会平均成本,作为价格形成的基础。所以,平均利润率

---

① 列宁:《对布哈林〈过渡时期的经济〉一书的评论》,人民出版社1976年版,第40页。

是社会主义商品价格形成的一个重要依据。

第四,运用平均利润率贯彻物质利益的原则。由于平均利润率是衡量企业经营活动效果的一个重要标志,是比较各个企业对国家贡献大小的尺度。因此,国家就可以以平均利润率指标作为贯彻物质利益原则的依据。如果企业的个别利润率等于平均利润率,那只能获得一般的物质利益。如果企业的个别利润率高于平均利润率,就可以获得更多的物质利益。如果企业的个别利润率低于平均利润率,只能获得较少的物质利益。亏本的还要承担经济责任。因此,用平均利润率作为贯彻物质利益原则的依据。把利润率高低与企业的物质利益结合起来,就可以更好调动企业经营活动的积极性。

三、进一步发挥利息的杠杆作用

在社会主义经济中,由于还存在商品货币关系,社会产品的运动还要借助货币运动来实现。在再生产过程中,一方面,仍然会形成闲置货币资金;另一方面,随着社会主义经济事业的发展,又需要大量的越来越多的生产建设资金,这就产生了利用信贷方式进行动员和分配资金的客观要求。所以,只要国民经济活动采取商品、价值、资金运动的形式,信用的存在就是必然的。

利息是同信用联系在一起的。社会主义社会还有信用,当然就还存在利息。

从形式上看,社会主义经济的利息,同资本主义经济中的利息似乎差不多。实际上两者的来源、性质根本不同。在资本主义社会,利息是剩余价值的转化形式,是借贷资本家无偿占有剩余价值的一种形式。在社会主义经济中,利息来自劳动人民为社会提供的那部分价值,是社会主义纯收入的一部分。它是掌握在社会主义国家手中的用经济办法管理经济的重要手段之一,对社会主义经济的发展,具有重要作用,主要表现在:

第一,银行贷款收取一定利息,可以促使企业注意经济核算,节约资金,加速资金周转,以少量资金为国家创造出更多的财富。

第二,对存款支付一定的利息,有助于人们把暂时闲置不用的资金存入银行,为社会主义生产建设事业聚集更多的资金。

第三,利息还是国家积累资金的一种渠道。银行的放款利率大于存款利率,两者的差额形成银行的利润,是国家建设资金的一种来源。

第四,利息是社会主义国家调节经济的工具。通过适应经济形势及时调整利息率,可以促进银行存款增加,增强银行信贷资金供给能力,支持国民经济发展。同时可以促使资金利用效率提高,减少不合理的资金占用,从而使银行腾出一部分资金支援能源、交通、通信等行业和一些市场急需的短线产品的发展,促进产业结构的调整。在发生通货膨胀的情况下,通过调整利率还可以在一定程度上抑制物价上涨。

有些同志认为,利息是资本主义的东西,是剥削关系的体现,好像社会主义讲利息就不光彩,似乎利息率越低,越没有什么差别,就越能体现社会主义制度的优越性。其实这是一种误解。

在利息上,还需要澄清的一个问题就是,银行的储蓄利息是不是剥削。我们的回答是否定的。社会主义银行对劳动者的储蓄也要支付利息。劳动者储蓄取得的利息并不是剥削收入。社会主义银行运用储蓄资金投入社会主义建设,扩大再生产,可以创造更多的纯收入。储蓄利息不过是把纯收入中的一小部分,用来作为对储蓄者的一种奖励。取消这种奖励,则会损害群众储蓄的积极性。

利息是动员和积聚社会资金,促进企业加强经济核算,节约使用资金,加速资金周转,以最少资金取得最大经济效益,从而不断壮大社会主义物质基础的经济杠杆之一。随着社会主义经济的发展,我们应该充分注意发挥利息的杠杆作用。

四、关于社会主义社会的地租问题

社会主义社会还存在地租,现在多数人都承认了。但还有争议,尚未出现在党的正式文件上,我们是同意和主张社会主义社会仍然存在地租的。

通常有一种误解,似乎只要废除了土地私有权就不再存在地租。而马克思《资本论》中告诉我们的是,只有废除一切土地所有权,才能消灭地租。

土地所有权是地租形成的前提和基础。马克思说:"不论地租有什么独特的形式,它的一切类型有一个共同点:地租的占有是土地所有权借以实现的经济形式。"①有土地所有权就要支付地租。要取消地租,不仅要废除土地私有权,而且要废除一切土地所有权。马克思说过:"从一个较高级的社会经济形态的角度来看,个别人对土地的私有权,和一个人对另一个人的私有权一样,是十分荒谬的。甚至整个社会,一个民族,以至一切同时存在的社会加在一起,都不是土地的所有者。他们只是土地的占有者,土地的利用者,并且他们必须像好家长那样,把土地改良后传给后代。"②这就是说,只有到了共产主义社会,不仅取消了土地私有权,而且取消了一切土地所有权(包括土地国有权)的时候,才能废除地租。

在社会主义社会,建立了生产资料公有制,消灭了土地的私有权,但是并没有取消土地所有权。现在,我国的土地仍有两种所有制:土地国有制和土地集体所有制。由于土地所有权存在,所以,地租的经济基础仍然存在。

土地私有权的废除,当然任何组织或个人不得侵占、买卖或者以其他形式非法转让土地。但是,土地的征用和借用始终是存在的。恩格斯说过:"由劳动人民实际占有一切劳动工具,无论如何都不排除承租和出租的保存。"③由于土地所有权的存在,借用土地所支付的代价,实质上就是地租,征用土地所支付的代价也要考虑地租。恩格斯说过:"消灭土地私有制并不要求消灭地租,而且要求把地租——虽然是用改变过的形式——转交给社会。"④

社会主义社会不仅存在土地所有权,而且存在着土地所有权和土地使用权的分离,在农村,土地所有权是属于集体所有的,而土地使用权在实现联产计酬承包制的情况下,是属于承包户的;在城市,土地所有权是国有的,而土地使用权是属于相对独立进行经济核算的各种企业的。使用土地就得支付代价,付地租。马克思说过:"真正的地租是为了使用土地本身而支付的。"使用土地不支付地租就等于取消土地所有权。

所以,在社会主义社会还存在地租这是一个客观事实,无论从理论上

---

① 《马克思恩格斯全集》第25卷,第714页。
② 同上书,第875页。
③ 《马克思恩格斯选集》第2卷,第545页。
④ 同上。

和实践上都是不能否认的。但是,社会主义地租和资本主义地租是有本质区别的。第一,社会主义地租体现的是社会主义国家、集体和劳动者个人三者利益的关系,不是剥削关系;第二,社会主义地租是社会主义土地公有制实现的经济形式,它归国家和集体所有;第三,资本主义地租曾经造成了对土地破坏性的使用,阻碍了生产力的发展,而社会主义地租将能够更好地促进对土地的合理经营和使用,有利于社会主义经济建设的顺利进行。

在社会主义社会由于还存在土地所有权,因此,还不能取消地租。但是,正如恩格斯指出的,这"是用改变过的形式"①的地租。社会主义的地租,在不同的经济关系中,具有不同的实现形式。

第一,地租在集体所有制中的实现形式。在我国农业集体经济中,土地所有权是属于集体的,而在实行"大包干"的情况下,土地使用权是属于承包户的。由于土地集体所有权的存在,承包户应该向集体交付地租。这种地租可以采取土地使用费的形式。现在实行"大包干"责任制的集体经济中,产品的分配是采取的"保证国家的,留够集体的,剩下都是自己的"。所谓"保证国家的",就是保证按规定上交农业税。所谓"留够集体的",就是按包干土地面积向集体提交集体提留的公积金和公益金。现在,农民向集体提交的钱或物,一般都不包括或没有明确包括因使用土地而应交的地租。由于土地集体所有权的存在,看来,在农民向集体提交的钱或物中应该包括作为交付地租的土地使用费。这样,一方面使农民懂得使用土地是要花代价的,从而,更加充分合理地使用土地,另一方面,也可以使集体有专门的资金用于土地的维护和改良。

第二,地租在全民所有制中的实现形式。我国解放后,取消了地租,在城市中心和郊区,建设用地都是无偿使用的。而城市的道路、下水道、绿化等市政建设,是由财政拨款进行的。由于使用土地不付任何代价,我国目前城市土地的占用存在着严重的不合理现象,浪费了大量极其宝贵的城市土地。为了改变这种不合理现象,应该恢复地租,其实现可以采取征收城市土地使用费和市政建设资金的形式。在我国现有的企业向国家交纳的税、利、费中,有的实际上已经包括了地租的成分,但是,没有明确指

---

① 《马克思恩格斯全集》第18卷,人民出版社1964年版,第315页。

出它属于地租的性质,还有一些税、利、费中应该包括地租的,而没有包括。我们认为,已经包括而没有明确的应该明确起来,没有包括的应该包括进去。

第三,绝对地租在居民中的实现形式。在社会主义社会,城市用地是国家所有的,城市居民一般不存在租赁国有土地进行生产的情况。但是,城市居民的住房一般是向国家租赁的。居民向国家租赁房屋是付房租的。而房屋是建筑在土地上的。而现在的房租中只包括土地上建筑物的租赁费,而不包括土地使用费。这样,就使房租显然偏低,从而使少数人多占房屋和土地,而只付极少的代价,造成了房屋使用和分配上许多不合理的现象。由于土地国有制的存在,现在看来,居民向国家租赁房屋不仅应该支付房租,而且应该支付地租,这种地租可以采取加收土地税或费的形式来实现。这样,既有利于合理分配住房,又有利于合理使用住房。

第四,地租在合资企业中的实现形式。随着对外经济关系的发展,与外国客商合资办企业的情况日益增多,土地应该估价作为投资的一个份额。这样,就产生社会主义社会有没有土地价格的问题。我们知道,土地本身不是劳动的产品,没有价值,也不应有价格。但是,在资本主义社会,作为资本化的地租表现为土地价格。当然,土地价格不是土地本身的价格,"土地价格无非是出租土地的资本化的收入"[①]。"这样资本化的地租形成土地的购买价格或价值。"[②]"这个购买价格不是土地的购买价格,而是土地所提供的地租的购买价格。"[③]既然社会主义社会还有地租,那么,社会主义社会是否可以有土地所提供的地租的购买价格呢?我们认为,是可以有的。如果地租相当于存款的利息,那么,假定某一亩土地1年提供级差地租800元,绝对地租100元,年利率是3%,这亩土地所提供的地租的购买价格就是:$(800+100)\div 3\% = 30\ 000$元。而且,经过农业上的利用,土地已经有过劳动的积累,土地改良也要投入资金和劳动,客观上这些土地有一定的价值。假设,这亩土地已经积累的劳动和土地改良的投资为

[①] 《马克思恩格斯全集》第25卷,第705页。
[②] 同上书,第702页。
[③] 同上书,第703页。

20 000元,那么,这亩土地的价格就是50 000元。如果,与外商合资办企业,他们出设备,我们出土地,假定我们提供100亩土地,即相当于500万元的投资。因此,从对外开办合资企业来说,考虑地租,对土地进行合理估价和核算是非常必要的。否则,我们就会吃亏。

在社会主义社会,在国内土地不能自由买卖,但是,在社会主义建设过程中,非农业单位和农业内部占用耕地的现象仍然不可避免。例如,国家征用集体的土地、农民占用的土地建造住房,等等。在这种情况下,考虑地租因素对土地进行合理估价和核算也是必要的。这样,一方面可以正确地给予农业集体经济进行合理的补偿,促进土地利用率的提高,防止滥用土地;另一方面,也可以防止某些集体单位趁国家征用土地之机漫天要价,影响国家建设的顺利进行。

在社会主义制度下,地租的实现是一个复杂的问题。怎样使它既有利于土地的合理使用,又有利于社会主义建设的顺利进行,需要进一步研究和探讨。

第五节 共享价值论初析[①]

社会主义社会是否还存在剩余价值,是一个争议比较大的问题。党的主要文献中没有用过,有关政治经济学教材中也很少出现。但是,在理论界(主要是经济理论界)、在报纸杂志中(特别是学术会议上)还是常有争论,大概主要有以下几种看法:

第一种看法:社会主义社会不存在剩余价值,因为剩余价值是资本主义社会的特有范畴。

第二种看法:社会主义社会仍然还有剩余价值,因为社会主义社会还需要有剩余劳动、剩余产品,现在的社会主义社会还是商品经济,还有商品、货币、价值。有商品、有价值,就会有剩余价值。

第三种看法:社会主义社会还存在剩余价值的经济物质基础,但是可

---

① 刘金燕、洪远朋、叶正茂:《共享价值论初析》,《复旦学报(社会科学版)》2015年第3期,第117—121页。

以不用剩余价值的概念,可改用"多余价值""净增价值""经济剩余",或者称作"剩余产品的价值"等。

以上各种看法都有一定的道理,本文近似于第三种看法,但又不同于第三种看法。我们认为,在社会主义社会,可以不使用剩余价值的概念,社会主义社会存在的"多余价值""净增价值"或"经济剩余",最好称之为共享价值。以下试析之,欢迎批评指教。

一、对原"教科书"关于剩余价值定义的质疑

社会主义不应有"剩余价值"这一概念的观点,实际上是受原苏联政治经济学教科书中关于剩余价值定义的束缚。有关政治经济学读物中说:"剩余价值是由雇佣工人所创造而由资本家无偿占有的超过劳动力价值的价值。"这句话来源于原苏联政治经济学教科书,并不符合马克思的原意。

马克思曾经给剩余价值下过这样的定义:"原预付货币额加上一个增殖额。我把这个增殖额或超过原价值的余额叫做剩余价值。"[1]马克思还说过:"剩余价值就是产品价值超过消耗掉的产品形成要素即生产资料和劳动力的价值而形成的余额。"[2]马克思还认为:"把剩余价值看作只是剩余劳动时间的凝结,只是物化的剩余劳动,这对于认识剩余价值也具有决定性的意义。"[3]根据马克思的这些论述,不能认为剩余价值只是资本主义经济的范畴。马克思实际上认为,剩余价值是个一般范畴,它是一切社会生产方式所共有的基础。马克思是这样说的:"如果我们把工资和剩余价值,必要劳动和剩余劳动的独特的资本主义性质去掉,那末,剩下的就不再是这几种形式,而只是它们的为一切社会生产方式所共有的基础。"[4]

由上述马克思关于剩余价值的具体阐述来看,不能说剩余价值是资本主义独有的经济范畴,也得不出剩余价值一定是被资本家无偿占有的这一

---

[1] 《马克思恩格斯全集》第23卷,第172页。
[2] 同上书,第235页。
[3] 同上书,第244页。
[4] 《马克思恩格斯全集》第25卷,第990页。

二、社会主义仍然存在"剩余价值"的物质经济基础

任何社会的存在和发展,都要存在剩余劳动和剩余产品。如果这个社会还存在商品经济,那么剩余劳动或剩余产品就必然以价值的形式表现出来。

(一) 社会主义还存在剩余劳动

剩余劳动是指超过一定的需要量的劳动,是任何社会都存在的。剩余劳动是一般范畴,任何社会都存在剩余劳动,社会主义也存在剩余劳动。马克思说:"一般剩余劳动,作为超过一定的需要量的劳动,必须始终存在。"①马克思还明确指出,社会主义存在剩余劳动:"在一个更高级的社会形态内,使这种剩余劳动能够同一般物质劳动所占用的时间的较显著的缩短结合在一起。"②"剩余劳动时间,即使没有资本存在,社会也必须不断地完成这个剩余时间。"③这是因为:第一,社会主义扩大再生产必须有剩余劳动。第二,社会主义为了防止和应付意外事故必须有剩余劳动。第三,社会主义为了养活由于年龄关系还不能参加生产的人也必须有剩余劳动。

(二) 社会主义也存在剩余产品

在一定意义上说,剩余价值是剩余产品的价值表现。先有剩余产品,再有剩余价值。

作为超过一定需要量的剩余产品,不仅任何社会都存在,而且它是一切社会发展的基础。恩格斯曾经说过:"劳动产品超出维持劳动的费用而形成的剩余,以及社会生产基金和后备基金靠这种剩余的形成和积累,过去和现在都是一切社会的、政治的和智力的发展的基础。"④

(三) 剩余价值作为剩余劳动时间的凝结,也是任何社会共有的

马克思认为,把剩余价值看作只是剩余劳动时间的凝结,只是物化的

---

① 《马克思恩格斯全集》第25卷,第925页。
② 同上书,第926页。
③ 《马克思恩格斯全集》第26卷第1册,第89页。
④ 《马克思恩格斯选集》第3卷,第538页。

剩余劳动,这对于认识剩余价值也具有决定性的意义。

剩余价值是商品经济的概念,有商品、有价值,就会有剩余价值。资本主义是商品经济,有剩余价值;现阶段的社会主义仍然是商品经济,也应有剩余价值。现在商品经济的范畴,如商品、货币、价值、剩余产品、利润、生产价格等范畴,在社会主义经济中都运用了,唯独剩余价值不用,这是不合逻辑的。特别是作为剩余价值转化形式的利润都用了,而不用剩余价值这一概念是说不通的。

所以,从一定意义上说,从社会主义初级阶段的现实来看,也可以说,社会主义社会仍然存在剩余价值。我们也同意某些同志的看法,社会主义社会实际上存在剩余价值,但是,为了与资本主义社会的主要特征相区别,最好不用剩余价值这一概念。那么,用什么样的价值概念呢?

三、共享价值是社会主义经济的客观要求和体现

社会主义不再用剩余价值这一概念,有人主张用增殖价值,有人主张用净余价值,还有人主张用经济剩余。我们认为,这些概念都有参考价值,但都不能反映社会主义的本质特征。

最近,学习党的十六大以来的文献,发现在党的十六大、十七大、十八大文献中都说过:"发展为了人民,发展依靠人民,发展成果由人民共享""在经济发展的基础上,促进社会全面进步,不断提高人民生活水平,保证人民共享发展成果"。

这反映了社会主义的本质是由全体人民共享发展成果。这使我们联想起"共享""发展成果"这些概念。在现阶段社会主义条件下,还是商品经济,还要用商品、货币、价值等概念,特别是还需要用价值来反映成果,那么,共享发展成果不就是共享价值吗?

用"共享价值"来反映社会主义社会中劳动新创造的价值,确实可以比较好地体现社会主义的本质。因为资本主义社会是生产资料资本家私人所有,所以"M"被称为剩余价值,并且被资本家无偿占有;在现阶段,社会主义实行的是以公有制为主体的、多种所有制共同发展的基本经济制度,因此,"M"作为共享价值,由社会主义社会的全体人民共同享有。

"共享价值"是劳动创造的新价值,是商品价值的构成部分。我们知道,商品价值是由 c+v+m 三部分组成的。c 是生产中已经消耗掉的生产资料价值,v 是生产过程中已消耗掉的劳动力价值。这两部分都需要补偿,所以 c+v 是补偿价值;多余下来的 m 是劳动新创造的价值,这部分需要重新分配。在资本主义社会,由于实行的是资本主义生产资料私人所有制,所以,这部分被资本家无偿占有。马克思称之为剩余价值。马克思还进一步指出:"生产剩余价值或赚钱,是这个生产方式的绝对规律。"①

所以,在社会主义社会的商品经济构成中,虽然也有 m 这个多余部分,但为了区别于资本主义,最好不用"剩余价值"这个概念,而用"共享价值"这个新概念。

共享价值论的提出具有坚实的经济理论基础。

首先,马克思主义经济学的劳动价值论为共享价值论奠定了坚实的理论基础。马克思的劳动价值论认为,凝结在商品中的抽象劳动是形成价值的实体,生产商品所耗费的活劳动是形成价值的源泉。既然如此,活劳动的提供者即劳动者就应当参与新价值的分配,从而共享一部分劳动者自己创造的新价值。

其次,毫无疑问,劳动是创造价值的唯一源泉。但是,价值的形成是一个相当复杂的过程。要进行生产,就必须有劳动、资本、土地三个要素,这三个要素相互配合、相互协调,共同作用于劳动对象。在这三个要素中,只有活劳动才能创造价值,资本和土地是不能创造价值的。但是,劳动、资本、土地这三种生产要素在价值形成过程中各有特定的作用:土地为人们进行劳动、创造价值提供场所;资本(生产资料)是劳动者进行劳动、创造价值不可或缺的条件;劳动则是价值的源泉,耗费在商品生产上的抽象劳动是形成价值的实体。既然各种生产要素在价值形成过程中都发挥了自身的作用,那么,各种生产要素共享劳动创造的新价值就是可以理解的。

假设商品价值为 w,商品中已消耗的生产资料价值为 c,商品中已消耗

---

① 《马克思恩格斯全集》第 23 卷,第 679 页。

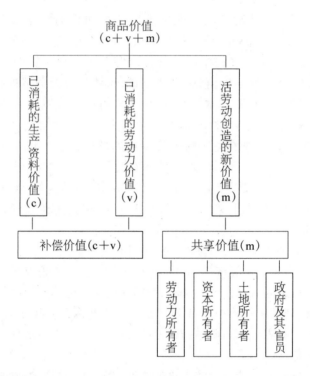

的劳动力价值为 v,商品中活劳动创造的新价值为 m(即共享价值)。则有:

$$w=c+v+m$$

由此,共享价值可以进一步表示为:

$$m=w-(c+v)$$

所以,共享价值(m)就是商品价值(w)减去补偿价值(c+v)。

共享价值论的确立,不仅具有坚实的经济学理论基础,而且也是当代经济发展与变化的现实反映。在自由竞争时期的资本主义社会,企业的剩余为资本家独自占有;在计划经济背景下的社会主义社会,企业的剩余归国家集中拥有。也就是说,企业的剩余之归属,由资本所有者的独自占有逐渐转变为由社会公众共同享有。

随着资本主义的发展,当代资本主义生产的社会化、劳动的社会化、资本的社会化,使一方面,资本主义的基本矛盾(生产的社会化与生产资料资本家私人占有的矛盾)越来越尖锐;另一方面,资本主义社会内部的社会主义经济因素在不断成长。当代资本主义社会出现了一个新现象,即资本家独占剩余价值索取权的局面开始改变。这主要有两种情况:一是通过向资本经营者让渡部分剩余索取权而让出部分剩余。在现代发达资本主义国家,经理阶层的工资和奖金往往是一般职工的几十倍,甚至更多。这样高额的薪酬,包含有经营者对企业剩余的共享。二是资本所有者向普通职工让渡部分剩余索取权,因而使职工分享到一部分企业剩余。当代西方许多国家推广了"职工持股计划",使职工凭自己的劳动和技能共享企业的剩余。当代资本主义社会的各种养老基金、共同基金和保险公司一类的机构持股比例不断上升,表明资本家向社会让渡部分剩余索取权。

由此可见,共享价值是现代经济发展的客观趋势。但这只是一种趋势,在当代资本主义社会中,资本所有者仍然占有剩余价值的绝大部分,攫取剩余价值、赚钱发财仍然是资本主义的基本经济规律。

在我国当代社会主义初级阶段,实行生产资料公有制为主体,多种经济所有制并存、共同发展的基本经济制度。当然,劳动者新创造的价值理该由社会成员共同享有,其中当然包括劳动者本人。劳动者是其劳动力的所有者,作为劳动力的所有者,理所当然地、天然地可以共享价值。所以,共享价值论,不仅是社会主义经济的客观要求,而且是由我国基本国情所决定的必然选择。

四、共享价值论的理论意义与现实意义

(一) 共享价值论的提出,具有重大的理论意义

首先,共享价值论既坚持了马克思主义的劳动价值论,又丰富和发展了马克思主义的劳动价值论。

劳动价值论是马克思主义经济学的基础理论,马克思主义政治经济学是以劳动价值论为基础而建立起来的。坚持马克思主义政治经济学,就要坚持马克思主义的劳动价值论。根据马克思主义的劳动价值论,在

资本主义社会商品的价值(w)是由三个部分组成的：第一，已消耗的生产资料价值(c)；第二，已消耗的劳动力价值(v)；第三，剩余价值(m)，这实际上是活劳动新创造的价值。在资本主义社会，劳动者活劳动新创造的价值，全部被资本家无偿占有，所以，马克思把它称为剩余价值。

马克思说过，攫取剩余价值是资本主义的基本经济规律。这就产生了一个问题，在社会主义社会，商品的价值(w)仍然由c＋v＋m三部分组成，但m能不能再被称为剩余价值呢？这是在经济理论界长期争论但未决的问题。

共享价值论的提出，为m在社会主义社会找到了一个比较符合社会主义本质要求的经济范畴。也就是说，在社会主义社会，劳动者劳动新创造的价值，为社会全体成员共同享有，所以成为共享价值。这既坚持了马克思的劳动价值论，又反映了社会主义制度的本质特征。

其次，共享价值论为社会主义社会的收入分配奠定了理论基础。

在社会主义初级阶段，仍然坚持按劳分配为主体、多种分配方式并存的分配制度。按劳分配是天经地义的。在社会主义社会，m是劳动者活劳动新创造的价值，理该首先由劳动者自己享有，但是其他要素的所有者也参与m的共享，这也是合情合理的。正如党的十八届三中全会之《中共中央关于全面深化改革若干重大问题的决定》中所说的：" 允许混合所有制实行企业员工持股，形成资本所有者和劳动者利益共同体。"[①]实际上，共享价值论决定了在整个社会主义初级阶段都应该形成资本所有者和劳动者的利益共同体。

最后，共享价值论为我国全面深化改革与开放提供了一个坚实的理论支撑。

改革和开放就是要发展生产力，保证全体人民共享开放的成果，共享劳动者新创造的价值，即共享价值。共享价值论的提出，可以为广大人民

---

① 《中国共产党第十八届中央委员会第三次全体会议文件汇编》，人民出版社2013年版，第24～25页。

群众的丰富实践活动和政府部门的相关政策制定提供理论上的指导。

(二) 共享价值论的确立，具有重大的现实意义

首先，共享价值论的确立，把资本所有者、企业经营者和劳动者的关系由过去的主雇关系变为既可以避免劳动者自己不能享受自己创造的价值，又可以防止分工合作不和谐关系的出现，可以进一步推动以公有制为主体的多种所有制的发展，从而进一步完善社会主义初级阶段的基本经济制度。

其次，共享价值论的确立，可以使按劳分配与按生产要素分配有机地结合起来，从而有利于分配制度的完善。

最后，共享价值论的确立，可以保证全体人民共享劳动者新创造的价值，充分调动各方面的积极性，从而进一步解放与发展生产力，促进国民经济持续健康发展。

综上所述，共享价值论的提出，为社会主义社会有没有剩余价值的争论提供了一个新的分析思路。"共享价值论"这一新提法，不是很有把握，供研究讨论。

复习思考题

一、名词解释

剩余价值　超额剩余价值　平均利润　时差利息说　垄断地租　创新补偿论　共享价值论

二、问答题

1. 马克思主义剩余价值理论的主要内容。
2. 西方经济学的主要剩余价值理论。

三、论述题

马克思主义和西方剩余价值理论比较研究与探索。

第十章　经济增长理论比较研究

马克思主义再生产理论和现代西方经济学的经济增长理论基本上是属于经济学的同类问题。经济增长是经济学上的一个大难题,比较研究其发展与现状,对于社会主义经济建设具有重大的现实意义。

第一节　马克思主义的再生产理论

马克思主义再生产理论是马克思和恩格斯在批判地继承古典政治经济学的基础上创立起来的,列宁、斯大林、毛泽东、邓小平在新的历史条件下,结合各国的特点,进一步丰富和发展了马克思主义再生产理论。

一、马克思的再生产理论

马克思主义再生产理论是由马克思首先创立的。恩格斯在马克思主义再生产理论创立中作出了自己的贡献。

(一) 马克思再生产理论的创立

马克思关于再生产的论述,最早可以追溯到19世纪40年代。在《雇佣劳动与资本》和《论自由贸易》中,马克思就提出了资本主义制度的生产与市场之间的矛盾问题。关于社会再生产的理论,马克思在《1857—1858年经济学手稿》中就提出来了。在这个手稿中,他分析资本在流通过程中的再生产和积累,资本的循环和周转,并且初步提出了资本主义再生产的比例关系问题。但是,这个手稿只能说有了再生产理论的雏形。

19世纪60年代初期,马克思较系统地批判古典政治经济学的再生产理论,开始提出自己的再生产理论。这是马克思再生产理论形成中的一个质的飞跃。马克思对自己的再生产理论第一次系统的论述是在1863年7月6日给恩格斯的一封信里。在这封信中,除了批判斯密教条以外,马克思还制作了一份《经济表》来代替魁奈的《经济表》(见图10-1)。

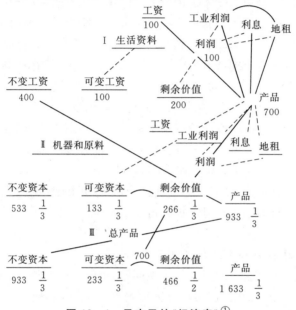

图10-1 马克思的《经济表》[①]

马克思在这个《经济表》中,把社会生产分成生活资料和由机器和原料组成的生产资料两个部类。但这时,马克思把生活资料称为第Ⅰ部类,把生产资料称为第Ⅱ部类,同时,他又明确地把社会总产品的价值分成不变资本、可变资本和剩余价值三个部分。这样,分析社会再生产理论的关键问题就基本解决了。马克思在信中还说到,打算将这张表概括起来插在他的著作最后的一章当中。后来,这张表简化和完善后,就插在《资本论》第2卷最后一章,即第21章当中。

《资本论》这部伟大著作特别是第2卷的完成,也就是马克思再生产理

---

① 《马克思恩格斯〈资本论〉书信集》,人民出版社1976年版,第1186页。

论的完成。由于《资本论》第 2 卷是由马克思的八个稿本拼凑而成的,而第八稿大约写于 1878 年以后或 1880—1881 年,所以,从时间上来说,马克思再生产理论的创立完成于 19 世纪 70 年代末或 80 年代初。

必须指出,马克思的再生产理论主要集中在《资本论》第 2 卷,但是不能说只有《资本论》第 2 卷才是讲再生产理论的,其他各卷也都有对再生产理论的重要论述。第 1 卷着重分析了资本主义生产关系的再生产;第 2 卷着重分析了再生产的运动形式和实现条件;由于第 2 卷分析再生产是假设产业资本家全部占有剩余价值的,因此,第 3 卷分析了剩余价值分为利润、利息和地租以后,再生产的实现问题;第 4 卷主要通过批判资产阶级的再生产理论,进一步阐发了马克思自己的再生产理论。

马克思在创立再生产理论过程中经常向恩格斯请教有关问题,恩格斯根据自己的实践以及调查研究一一作了认真的答复。例如,怎样利用折旧基金来扩大再生产,1867 年 8 月 24 日马克思曾就此写信询问恩格斯。3 天之后,恩格斯就作了回答。恩格斯在回信中用两张表说明,不追加投资,由于合理运用折旧基金也可以扩大再生产。所以,马克思在创立再生产理论中,恩格斯作出了重要贡献。

(二)关于社会再生产的实现问题

社会总资本再生产的核心是实现问题,也就是社会总产品的各个组成部分在价值上如何补偿,在实物上如何替换的问题,归根到底就是社会生产的按比例发展问题。

1. 社会总产品的实物构成和价值构成。社会总产品,就是社会在一定时期内,通常是指一年所生产的全部物质资料的总和。它是由一个国家工业、农业、建筑业等物质生产部门的劳动者共同创造的。社会总产品既是生产过程的结果,又是再生产过程的条件,是整个社会存在和发展的物质基础。

社会总产品从实物形态来看是由生产资料和消费资料两部分组成的。生产资料就是具有必须进入或至少能够进入生产消费的产品。它是人们从事物质资料生产所必需的一切物质条件,也就是人们在生产过程中所使用的劳动资料和劳动对象的总和,包括土地、森林、矿藏、机器、厂房、原材料等等。消费资料就是进入个人消费的产品,它是用来满足人们物质和文化生活需要的那部分社会产品,包括人们吃的、住的、穿的、用的各种消费品。马克思按照社会总产品的实物形态,把社会生产分成两大部类:第Ⅰ部类生产资料生产(简称Ⅰ)和第Ⅱ部类消费资料生产(简称Ⅱ)。

社会总产品从价值形态来看是由不变资本、可变资本和剩余价值三部分组成的。不变资本部分(以 c 表示),就是已消耗的生产资料的价值,是旧价值的转移;可变资本部分(以 v 表示),就是劳动力价值的等价,相当于资本家支付的工资;剩余价值(以 m 表示),就是产业工人剩余劳动创造的价值。所以,社会总产品从价值构成来说,由 c＋v＋m 三部分组成。

马克思把社会总产品按实物形态分为生产资料和消费资料两大部类,按价值形态分为 c、v、m 三个部分,是分析社会再生产的前提。只有弄清了社会产品的组成,才能分析社会总产品的实现问题。

2. 社会总产品的价值补偿和实物补偿。社会总资本再生产的条件,就是社会总产品各个组成部分如何实现的条件,也就是社会再生产的价值补偿和实物补偿的问题。马克思说,社会总运动"不仅是价值补偿,而且是物质补偿,因而既要受社会产品的价值组成部分相互之间的比例的制约,又要受它们的使用价值,它们的物质形式的制约"①。

所谓价值补偿,是指产品价值的各个组成部分如何从商品形态转化为货币形态的问题,也就是社会总产品的各个部分如何卖出和卖给谁的问题。

所谓实物补偿,是指社会产品价值的各个部分在实现为货币形式以后,又如何取得所需要的商品问题,也就是资本家如何和从哪里购买到它再生产所需要的生产资料,资本家和工人又如何和从哪里购买到消费品的问题。

只有社会总产品的各个组成部分既在价值上得到补偿,又在实物上得到补偿,社会总资本的再生产才能继续进行。因此,社会总资本再生产的核心问题,是社会总产品的实现问题,也就是社会总产品的价值补偿和物质补偿的问题。

3. 社会总产品实现的关键在于社会生产的按比例发展。社会总产品

---

① 《马克思恩格斯全集》第 24 卷,第 437—438 页。

的实现,它的价值补偿和实物补偿是通过社会生产两大部类之间以及各部类内部的相互交换来实现的,例如,第Ⅰ部类的资本家把它生产的生产资料卖给第Ⅱ部类资本家,第Ⅰ部类资本家首先得到了价值补偿,然后他又拿这笔钱去向第Ⅰ部类的其他资本家购买生产资料,和向第Ⅱ部类的资本家购买个人消费品,这样他又得到了实物补偿。同样,第Ⅱ部类的资本家把它生产的消费品卖给第Ⅰ部类的资本家,他也就得到了价值补偿,他再拿得到的货币到第Ⅰ部类去购买生产资料,和向第Ⅱ部类的其他资本家购买消费品,这样,他也得到了实物补偿。所以,社会总产品要得到价值补偿和实物补偿,就必须有两大部类之间及其内部的交换关系。

那么,怎样才能使两大部类的全部产品都能顺利实现呢?这就要求第Ⅰ部类生产的生产资料除了自己需用的以外,正好适应第Ⅱ部类对生产资料的需要;第Ⅱ部类所生产的消费品除本身所需要的以外,正好适应第Ⅰ部类对消费品的需要,这就是说,要使社会再生产能够顺利进行,社会生产两大部类之间及其内部必须保持适当的比例关系。马克思说:"按一定比例分配社会劳动的必要性,决不可能被社会生产的一定形式所取消,而可能改变的只是它的表现形式。"① 这就是说,社会生产的按比例发展,也就是按比例分配社会劳动,是任何社会再生产得以顺利进行的条件。

社会再生产到底是怎样具体实现的呢?由于社会再生产有两种类型:简单再生产和扩大再生产,所以,要具体分析社会再生产的实现问题,必须分别从简单再生产和扩大再生产两方面来考虑。

(三) 关于简单再生产的理论

马克思分析社会再生产的实现条件是从简单再生产开始的。所谓简单再生产,就是指生产过程在原有规模上的重复,它是相对于扩大再生产而言的。所谓扩大再生产,就是生产过程比原有规模更大的再生产。资本主义再生产的特点是规模扩大的再生产而不是简单再生产,那么,为什么分析社会总资本的再生产,要先从简单再生产开始呢?

1. 简单再生产是扩大再生产的出发点。首先,简单再生产是扩大再生产的现实要素和出发点。扩大再生产无非就是规模比原来更大的再生

---

① 《马克思恩格斯选集》第4卷,第368页。

产,也就是说,扩大再生产是在简单再生产的基础上,把它的生产规模加以扩充和提高。马克思说:"只要有积累,简单再生产总是积累一部分,所以,可以就简单再生产本身进行考察,它是积累的一个现实因素。"[1]这就是说,在扩大再生产条件下,简单再生产是扩大再生产的一个组成部分,是进行扩大再生产所必经的一个阶段。为了使扩大再生产得以顺利进行,第一步必须先达到原有的生产规模,必须首先保证简单再生产,然后以此为出发点,进行扩大再生产。

其次,简单再生产是实现扩大再生产的物质基础。要扩大再生产就必须有一定数量追加的生产资料和消费资料。这些追加的物质要素,都是上一期生产出来的,也就是说都是原来简单再生产节余和积累的结果。扩大再生产只能由简单再生产生产出来,扩大再生产必须也只能是在简单再生产基础上进行。如果不首先维持和恢复简单再生产,就从事扩大再生产,这是没有基础的,不牢靠的,必将影响整个社会再生产的正常进行。

第三,从简单再生产开始是从抽象到具体的方法运用。马克思说:"在资本主义基础上,没有任何积累或规模扩大的再生产,是一种奇怪的假定,另一方面,生产条件在不同的年份不是绝对不变的(而假定它们是不变的),那末,规模不变的简单再生产就只是一个抽象。"[2]但这是一个科学的合理的抽象。这是因为研究扩大再生产的实现条件,主要困难不在于积累即剩余价值资本化,而在于两大部类之间的相互关系,在于价值补偿和实物补偿。先把积累因素抽象掉,从分析简单再生产开始,有利于集中注意力来解决这个难题。这样,就为研究扩大再生产奠定了基础。

2. 简单再生产的基本交换关系。马克思研究简单再生产以如下图式为出发点。

$$\text{I} \quad 4\,000c + 1\,000v + 1\,000m = 6\,000$$

$$\text{II} \quad 2\,000c + 500v + 500m = 3\,000$$

在以上图式中第一部类产品的价值是6 000,其实物形态都是生产资

---

[1] 《马克思恩格斯全集》第24卷,第438页。

[2] 同上。

料;第二部类产品的价值是3 000,其实物形态是消费资料。全部产品价值为9 000。为了保证简单再生产的顺利进行,两大部类的产品必须经过相互间的交换,才能得到价值补偿和实物补偿。那么,要经过哪些交换呢?马克思的分析告诉我们,简单再生产有三个基本交换关系。

① 第Ⅱ部类工人的工资500v和资本家的剩余价值500m,必须用于消费资料。它们将在第Ⅱ部类内部的相互交换中实现。这样,就有Ⅱ(500v+500m)=1 000,以消费资料形式从总产品中消失。

② 第Ⅰ部类的1 000v+1 000m,同样必须用于消费资料,即用于第Ⅱ部类的产品。因此,它们必须同第Ⅱ部类与它们价值相等的不变资本部分2 000c进行交换。这样,第Ⅰ部类得到价值相等的消费资料;第Ⅱ部类得到价值相等的生产资料。因此,就有Ⅰ 2 000c和Ⅱ(1 000v+1 000m)从计算中消失。

③ 还剩下4 000c,它们由生产资料构成,只能用于第Ⅰ部类,以便补偿该部类消耗掉的不变资本。因此,要通过第Ⅰ部类内部的相互交换来解决。

以上三种基本交换关系如图10-2所示。

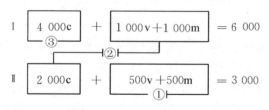

图10-2 三种基本交换关系

3. 简单再生产的实现条件。

第一,两大部类相互交换的实现条件,用公式表示:Ⅰ(v+m)=Ⅱc,这个公式的含义是第Ⅰ部类的可变资本加剩余价值,应等于第Ⅱ部类的不变资本。只有在这个条件下,社会产品的各个组成部分才能顺利实现价值补偿和实物补偿。从而,社会总资本的简单再生产才能正常进行。

这一公式体现了社会生产两大部类之间的内在联系,它表明,要使简单再生产能够正常进行,第Ⅰ部类生产资料的生产和第Ⅱ部类对生产资料的需要之间,以及第Ⅱ部类消费资料的生产和第Ⅰ部类对消费资料的需要之间,都必须保持适当的比例关系。

这一公式是简单再生产实现的基本条件也是平衡条件。因此,Ⅰ(v+m)＝Ⅱc是简单再生产的第一公式,也是基本公式。这一基本公式还可写出两个派生条件和公式。

(1) Ⅱ(c+v+m)＝Ⅰ(v+m)+Ⅱ(v+m),这个公式的含义,第Ⅱ部类每年生产的消费资料总价值等于两大部类可变资本和剩余价值的总和,或者说每年生产的消费资料总价值等于当年新创造的价值。

这一公式表明第Ⅱ部类消费资料的产品的实现和两大部类工人和资本家个人消费之间的关系。在简单再生产条件下,第Ⅱ部类生产的消费资料,在价值上应该和全社会工人取得的工资加资本家的剩余价值总和相等,在实物上,应该与工人和资本家所需要的消费资料相适应。

但是,这个公式不是简单再生产的基本公式,是由第一公式引申出来的。在第一公式Ⅰ(v+m)＝Ⅱc的两端都加Ⅱ(v+m),就可以得出Ⅱ(c+v+m)＝Ⅰ(v+m)+Ⅱ(v+m)。

(2) Ⅰ(c+v+m)＝Ⅰc+Ⅱc。这个公式的含义是第Ⅰ部类生产资料价值的总和,应该等于两大部类不变资本价值的总和。

这一公式表明生产资料的生产同两大部类对生产资料需要之间的关系。在简单再生产条件下,第Ⅰ部类生产资料的供给应该同两大部类对生产资料的需要相等。

这一公式也是一个派生公式,也是从第一公式引申出来的,在第一公式Ⅰ(v+m)＝Ⅱc的两端都加上Ⅰc就可以得出公式Ⅰ(c+v+m)＝Ⅰc+Ⅱc。

第二,第Ⅱ部类内部交换的实现条件。马克思把Ⅱ部类再分成两类:即Ⅱa必要消费资料和Ⅱb奢侈消费资料,得出的结论是,简单再生产的实现条件除掉Ⅰ(v+m)＝Ⅱc以外,还要加上"投入奢侈品生产的v,必须等于以必要生活资料形式生产的、m中和它的价值量相适应的部分,因而就必然小于这整个m,即小于(Ⅱa)m"[①]。这个条件就是Ⅱbv＜Ⅱam。这是

[①] 《马克思恩格斯全集》第24卷,第453页。

因为除了奢侈品部类的工人要消费必要资料以外,还有生产必要消费资料(即Ⅱa)的资本家都需要消费必要消费资料。这就是简单再生产第Ⅱ部类内部交换的条件。

第三,第Ⅰ部类内部交换的实现条件。马克思提出了第Ⅰ部类内部交换的问题。但是,由于马克思还未明确把第Ⅰ部类再分成两大分部类,所以,没有得出简单再生产第Ⅰ部类内部交换实现的具体条件。这是需要我们继续研究和探讨的问题。

第四,固定资本补偿问题引起的实现条件。

以上分析简单再生产的实现条件是假定产品价值组成部分的不变资本价值(c),都是在一年中一次全部转移到新产品中去的,并且都要由当年社会产品中取得实物补偿。但是,实际上不变资本又是由两部分组成的,一部分是不变的流动资本,如原材料等是在生产过程中一次全部转移,当年全部补偿的,还有一部分是不变的固定资本,如机器、厂房等,它们的价值是每年只转移一部分到新产品中去,它的实物形态也不需要每年重新补偿。这样就会产生一个矛盾,每年都要有一部分固定资本的价值通过出卖产品实现出来,但是这一部分价值不能当年就买。因此,在全部产品价值中有一部分只卖不买,这样全社会就会有一部分生产资料的价值不能实现,从而,社会再生产也就不能顺利进行。

马克思说,这个矛盾是可以解决的。这是因为,社会总资本是由许多单个资本形成的。在社会再生产过程中,各个资本家的固定资本可以处在不同的使用阶段,一部分资本家的固定资本在提取折旧基金,积累货币,暂时不买。但是,可能另一部分资本家的固定资本已经折旧完毕,可以用积累的货币来进行固定资本更新。如果这两者在时间上相互衔接,而且价值上也相等,也就是 Ⅱ$c(1)$ = Ⅱ$c(2)$,那么,社会再生产仍然能够顺利进行。

但是,在资本主义社会中,平衡是一种偶然现象。这两者时间上不衔接,价值上不等是经常的。这样,就会产生货币不足,商品过剩,或者货币过剩,商品不足的现象。因此,需要有一种不断的生产过剩来补救。在资本主义社会,这种生产过剩是危机的一个要素,因而是一种祸害。

(四)关于扩大再生产的理论

资本主义再生产的特征不是简单再生产,而是扩大再生产。因此,扩大再生产实现条件的分析具有重要的理论意义和更大的现实意义。

1. 积累和扩大再生产的关系。简单再生产不需要有资本积累,而扩大再生产通常要以积累为前提。所谓资本积累,一般就是指剩余价值的资本化,也就是剩余价值不是全部用于资本家的个人消费,而有一部分转化为新的追加资本,用来扩大生产规模。

马克思在分析资本积累和扩大再生产的关系时指出:"剩余价值不断再转化资本,表现为进入生产过程的资本量的不断增长。这种增长又成为不断扩大生产规模的基础,成为随之出现的提高劳动生产力和加速剩余价值生产的方法的基础。"① 不仅如此,马克思有时甚至把积累同扩大再生产等同起来。马克思曾经说过:"积累就是资本的规模不断扩大的再生产。"② 可见,积累与扩大再生产的关系非常密切,积累是扩大再生产的基础。在有积累的地方,也就有扩大再生产。

但是,扩大再生产并不一定都要增加积累或都按比例增加投资。积累并不是扩大再生产的唯一源泉。马克思非常明确地指出:"没有积累,还是能够在一定界限之内扩大它的生产规模。"③ 还指出,预付资本"在转化为生产资本之后,包含着生产的潜力,这些潜力的界限,不是由这个预付资本的价值界限规定的,这些潜力能够在一定的活动范围之内,在外延方面或内涵方面按不同程度发挥作用"④。马克思在《资本论》中有很多地方,特别是第1卷第22章第4节和第2卷第18章第2节中,详细地分析了不增加积累仍然可以扩大再生产的各种因素。例如,通过提高劳动生产率、提高生产设备利用率、节约使用劳动对象、正确运用折旧资金、扩大对自然资源的利用、提高产品质量、加速资本周转、综合利用废料等等,在一定程度和一定意义上都可以扩大再生产。

必须指出,马克思在分析扩大再生产的实现条件时,是把以上这些与积累无关的因素舍掉的。马克思说:"这里要讲的是特定意义上的资本积累,因此,生产的扩大,要取决于剩余价值到追加资本的转化,也就是要取

---

① 《马克思恩格斯全集》第 23 卷,第 685 页。
② 同上书,第 637 页。
③ 《马克思恩格斯全集》第 24 卷,第 565 页。
④ 同上书,第 395 页。

决于作为生产基础的资本的扩大。"①所以,马克思在具体分析扩大再生产的实现时,是以积累为前提的。

要进行积累用以扩大再生产,必须具备两个条件:首先,必须把一部分剩余价值贮藏起来变成货币积累,并且要积累到一定数量,足够在实际上投入生产过程中去扩大生产规模;第二,能够在市场上买到追加的生产资料和劳动力,以及维持追加劳动力的必需的消费资料。在资本主义社会,由于存在大量失业工人,要追加劳动力是不成问题的。但是,要追加生产资料和生活资料,社会总产品的各个组成部分就不是保持简单再生产时的那种比例关系,而必须建立新的比例关系。

2. 扩大再生产实现的前提条件。要扩大再生产首先必须有两个前提条件和公式。

第一,扩大再生产必须有追加的生产资料,作为两个部类追加不变资本之用。这种追加的生产资料是由第Ⅰ部类的剩余产品提供的。马克思说:"既然把积累作为前提,Ⅰ(v+m)就大于Ⅱc,而不像简单再生产那样,和Ⅱc相等:因为1. 第Ⅰ部类已经把它的一部分剩余产品并入自己的生产资本……2. 第Ⅰ部类要用它的剩余产品为第Ⅱ部类进行积累时所必需的不变资本提供材料。"②所以,扩大再生产的第一个前提条件或者说第一个基本公式应该是

$$\text{Ⅰ}(v+m) > \text{Ⅱ}c \tag{1}$$

这个公式(1)表明,为了能够提供追加的生产资料,第Ⅰ部类中代表可变资本和剩余价值的这两部分产品,在价值总量上必须大于第Ⅱ部类的不变资本。只有这样,这两部分产品在补偿了第Ⅱ部类已消耗的生产资料之后,才能余下一部分生产资料来满足扩大再生产追加生产资料的需要。

第二,扩大再生产还必须有追加的消费资料,作为两个部类追加可变资本之用。就像第Ⅰ部类必须用它的剩余产品为第Ⅰ部类和第Ⅱ部类追加生产资料一样。第Ⅱ部类也要在这个意义上为第Ⅰ部类第Ⅱ部类提供追加的消费资料。马克思说:"在资本主义生产内,Ⅰ(v+m)不能与Ⅱc相

---

① 《马克思恩格斯全集》第24卷,第565页。
② 同上书,第582页。

等,那就是,二者不能在交换上相抵。用 $I\frac{m}{x}$ 表示 Im 中当作资本家收入支出的部分, $I\left(v+\frac{m}{x}\right)$ 可以等于或大于,或小于 IIc;但 $I\left(v+\frac{m}{x}\right)$ 必须比 $II(c+m)$ 总是更小,更小多少,就看第 II 部类资本家阶级在 IIm 中无论如何必须自己消费多大的部分而定。"[①]这就是说,扩大再生产的第二个前提条件或第二个基本公式应该是

$$II\left(c+m-\frac{m}{x}\right) > I\left(v+\frac{m}{x}\right) \tag{2}$$

这个公式(2)中的 $\frac{m}{x}$,代表剩余价值用于资本家阶级个人消费的部分;$m-\frac{m}{x}$ 实际上代表剩余价值中用于积累的部分。

这个公式表明扩大再生产还必须有追加的消费资料。因此,第 II 部类中代表不变资本和供积累用的剩余价值之和就必须大于第 I 部类的可变资本加供资本家个人消费的剩余价值之和。因为只有这样,第 II 部类所提供的消费资料,才能在补偿了第 I 部类工人和资本家的消费之后,还能余下一部分消费资料来满足两大部类扩大再生产对追加消费资料的需要。

扩大再生产这两个前提条件和基本公式反映了扩大再生产两大部类之间互为条件、相互结合、相互促进、相互制约的辩证关系。因此,要扩大再生产首先要求既有追加的生产资料,又要有追加的消费资料。

3. 扩大再生产实现的平衡条件。以上两个前提条件如果得到了满足,扩大再生产就有可能进行,但是,不一定能顺利进行。要使扩大再生产能够顺利实现,也就是要使追加的生产资料和消费资料得到充分实现,社会再生产的实现还要有平衡条件和平衡公式,也就是社会再生产两大部类还必须保持适当的比例关系。

第一,扩大再生产要能顺利进行,第一部类可能追加的生产资料必须和两大部类需要追加的生产资料相等。马克思说:"在以资本的增加的生

---

① 《资本论》第 2 卷,郭大力、王亚南译本,人民出版社 1964 年版,第 518 页。以上这段话没有引用《马克思恩格斯全集》第 24 卷,是因为这个版本以上这句话的翻译是不够正确的。

产中，Ⅰ(v+m)必须=Ⅱc加上再并入资本的那部分剩余产品，加上第Ⅱ部类扩大生产所必需的不变资本部分。"①马克思的这句话明确地指出，为了扩大再生产的顺利进行，不仅要求Ⅰ(v+m)＞Ⅱc，而且要求有

$$\text{Ⅰ}(v+m)=\text{Ⅱ}c+\text{Ⅰ}\Delta c+\text{Ⅱ}\Delta c \tag{3}$$

(Δc表示追加的不变资本，它的物质形态是追加的生产资料)

公式(1)Ⅰ(v+m)＞Ⅱc，只回答要扩大再生产必须有追加的生产资料，而没有回答要追加多少生产资料。公式(3)Ⅰ(v+m)=Ⅱc+Ⅰ∆c+Ⅱ∆c，不仅包含Ⅰ(v+m)＞Ⅱc，而且回答了Ⅰ(v+m)比Ⅱc大出的部分要正好等于第Ⅰ部类和第Ⅱ部类追加的不变资本，也就是说，两大部类需要追加的生产资料和第Ⅰ部类可能提供的生产资料相等。

第二，扩大再生产要能顺利进行，第Ⅱ部类可能提供的追加消费资料必须和两大部类需要追加的消费资料相等。用公式表示，就是

$$\text{Ⅱ}\left(c+m-\frac{m}{x}\right)=\text{Ⅰ}\left(v+\frac{m}{x}\right)+\text{Ⅰ}\Delta v+\text{Ⅱ}\Delta v \tag{4}$$

(Δv表示追加的可变资本，它的实物形态是追加的消费资料)

公式(2)Ⅱ$\left(c+m-\frac{m}{x}\right)$＞Ⅰ$\left(v+\frac{m}{x}\right)$只回答扩大再生产必须有追加的消费资料，而没有回答它需要追加多少消费资料。公式(4)不仅包含Ⅱ$\left(c+m-\frac{m}{x}\right)$＞Ⅰ$\left(v+\frac{m}{x}\right)$，而且回答Ⅱ$\left(c+m-\frac{m}{x}\right)$比Ⅰ$\left(v+\frac{m}{x}\right)$大的部分正好等于第Ⅰ部类和第Ⅰ部类追加的可变资本，也就是说，两大部类需要追加的消费资料要和第Ⅱ部类可能提供的追加消费资料相等。

扩大再生产的平衡条件也可以用下列公式来表示：

$$\text{Ⅰ}\left(v+\Delta v+\frac{m}{x}\right)=\text{Ⅱ}(c+\Delta c) \tag{5}$$

这是因为如果把公式(3)Ⅰ(v+m)=Ⅱc+Ⅰ∆c+Ⅱ∆c中的Ⅰm分解为Ⅰ∆c+Ⅰ∆v+Ⅰ$\frac{m}{x}$，即分解为追加的生产资料、追加的消费资料和资本

---

① 《马克思恩格斯全集》第24卷，第585页。

家的个人消费,那么,就可得出:$Iv+I\Delta c+I\Delta v+I\frac{m}{x}=IIc+I\Delta c+II\Delta c$,把等式左右两端的相同部分$I\Delta c$减去,也就是公式(5) $I\left(v+\Delta v+\frac{m}{x}\right)=II(c+\Delta c)$。

同样,如果把公式(4) $II\left(c+m-\frac{m}{x}\right)=I\left(v+\frac{m}{x}\right)+I\Delta v+II\Delta v$ 中的IIm分解为$II\Delta c+II\Delta v+II\frac{m}{x}$,也就是分解为追加的生产资料、追加的消费资料和资本家的个人消费,那么,就可得出:$IIc+\left(II\Delta c+II\Delta v+II\frac{m}{x}\right)-II\frac{m}{x}=I\left(v+\frac{m}{x}\right)+I\Delta v+II\Delta v$,把等式左右的相同部分$II\Delta v$减去,也就是公式(5):$II(c+\Delta c)=I\left(v+\Delta v+\frac{m}{x}\right)$。

从公式(3)和(4)都可以推导出公式(5),但公式(5)并不能代替公式(3)和(4)。它们可以相互补充,从不同的角度反映不同的含义。公式(5)的含义是第Ⅰ部类产品中可变资本加追加的可变资本再加资本家消费的剩余价值三者之和,应该等于第Ⅱ部类产品中不变资本加追加的不变资本之和。从实物形式看,体现第Ⅰ部类能够向第Ⅱ部类提供的生产资料,和第Ⅱ部类能够向第Ⅰ部类提供的消费资料,其价值相等。

扩大再生产的平衡条件和公式告诉我们,扩大再生产的顺利进行,要求第Ⅰ部类和第Ⅱ部类之间,社会生产和社会需要之间必须保持平衡。这在资本主义社会是不可能的,这是由于资本主义社会生产社会化和生产资料私人占有之间的矛盾,不可能按照社会的客观需要来按比例分配社会劳动。因而,社会生产和社会需要之间总是存在着矛盾,平衡经常遭到破坏,到一定时候只有通过经济危机强制地暂时解决。

总之,马克思的社会再生产理论是一个完整的科学体系,他解决了资产阶级经济学者花了二三百年功夫进行探索没有也不可能解决的问题,是对政治经济学理论的一个重大贡献。

二、列宁对马克思再生产理论的发展

列宁在新的历史条件下,根据马克思再生产的基本原理,结合新的情况,在《市场理论问题述评》《论所谓市场问题》,以及《俄国资本主义的发展》《评经济浪漫主义》《再论实现问题》等著作中,进一步论证和发展了马克思的再生产理论。

列宁在《市场理论问题述评》一文中指出:"社会产品的第一部类(生产资料的制造)能够而且应当比第二部类(消费品的制造)发展得更快。但是决不能由此得出结论说,生产资料的生产可以完全不依赖消费品的生产而发展,也不能说二者毫无联系。……生产消费(生产资料的消费)归根到底总是同个人消费联系着,总是以个人消费为转移的。"[①]列宁根据马克思的再生产理论所作的以上分析,精确地论证了社会生产两大部类之间互为条件、相互制约、相互结合、相互促进的辩证关系,明确提出了扩大再生产条件下社会再生产的两个著名原理:生产资料生产较快增长和生产资料生产的增长最终必须依赖于消费资料生产增长的原理。

马克思在《资本论》第2卷中研究社会总资本的扩大再生产,是在生产技术条件不变,从而资本有机构成不变的假定下进行的。所以,马克思在这里没有专门论证生产资料生产增长较快的原理[②]。但是,马克思在《资本论》第2卷中实际上已经提到这个原理。马克思说过:"资本主义社会把它所支配的年劳动大部分用来生产生产资料(即不变资本),而生产资料决不能以工资形式也不能以剩余价值形式分解为收入,而只能作为资本执行职能。"[③]又说过:"为了从简单再生产过渡到扩大再生产,第Ⅰ部类的生产要能够少为第Ⅱ部类制造不变资本的要素,而相应地多为第Ⅰ部类制造不变资本的要素。"[④]

列宁把技术进步和资本有机构成的提高引入扩大再生产,在《论所谓市场问题》等著作中详细地论证了生产资料生产较快增长的原理,发展了马克思的再生产理论,列宁说:"在资本主义社会中,生产资料的生产比消

---

① 《列宁全集》第4卷,人民出版社1958年版,第44页。
② 这里所说的生产资料增长较快,就是通常人们所说的生产资料优先增长。我们认为应该用生产资料生产增长较快,而不宜用生产资料优先增长。这是因为:第一,优先增长的提法不合马克思和列宁的原意;第二,优先增长是主观上的优先安排,带有人为作用的意思而不是客观规律的要求;第三,优先增长容易使人们理解为生产资料生产的增长,似乎可以脱离消费资料生产的增长而孤立地进行。
③ 《马克思恩格斯全集》第24卷,第489页。
④ 同上书,第560页。

费资料的生产增长得更快。"①还说过："资本发展的规律就是不变资本比可变资本增长得快,也就是说,新形成的资本愈来愈多地转入制造生产资料的社会经济部门。因而,这一部门必然比制造消费品的那个部门增长得快。"②

生产资料生产增长较快原理的基本内容是：在技术进步的条件下,生产资料生产增长的速度快于消费资料生产的增长速度。为什么生产资料生产要增长较快呢？这是因为,随着技术进步,资本有机构成将不断提高。资本有机构成的提高意味着在社会总资本中不变资本的比例逐渐增大,而可变资本的比例相对缩小,因而不变资本比可变资本增长得更快。从实物形态来看,就是生产资料的生产要比消费资料的生产增加得更快。

但是,生产资料生产增长较快,并不意味着生产资料生产可以脱离消费资料的生产而孤立地、片面地发展。马克思说："不变资本和不变资本之间会发生不断的流通(甚至把加速的积累撇开不说也是这样)。这种流通就它从来不会加入个人的消费来说,首先不以个人消费为转移,但是它最终要受个人消费的限制,因为不变资本的生产,从来不是为了不变资本本身而进行的,而只是因为那些生产个人消费品的生产部门需要更多的不变资本。"③列宁在《市场理论问题述评》中也指出："社会产品的第一部类(生产资料的制造)能够而且应当比第二部类(消费品的制造)发展得更快。但是决不能由此得出结论说,生产资料的生产可以完全不依赖消费品的生产而发展,也不能说二者毫无联系。……生产消费(生产资料的消费)归根到底总是同个人消费联系着,总是以个人消费为转移的。"④所以,生产资料生产的增长最终要依赖于消费资料生产的增长,是马克思再生产理论的另一个重要原理。

生产资料生产的增长最终要依赖于消费资料生产的增长,这就是说,生产资料生产的增长不能离开消费资料生产的增长而孤立地进行。生产资料生产的增长必须受消费资料生产增长的制约。同时,消费资料生产不只是消极地被动地适应生产资料的增长而增长,而且它还能够积极地主动

---

① 《列宁全集》第1卷,人民出版社1955年版,第72页。
② 《列宁全集》第2卷,人民出版社1959年版,第122页。
③ 《马克思恩格斯全集》第25卷,第341页。
④ 《列宁全集》第4卷,第44页。

地促进和推动生产资料生产的增长。为什么生产资料生产的增长最终要依赖于消费资料生产的增长呢？这是因为,消费资料生产是人类生存和一切生产一般最先决的条件,如果没有消费资料的生产部门为生产生产资料的部门提供日益增多的消费资料,生产资料的增长是不可能的。同时,生产资料的生产归根到底是为消费资料生产服务的,生产资料的生产部门要以消费资料生产部门为市场,如果消费资料生产没有发展,生产资料就没有销路,不能实现,生产资料生产也就无法发展。

所以,在技术进步的扩大再生产条件下,社会再生产应该有两个经济规律：生产资料生产增长较快的规律,和生产资料的生产增长最终要依赖于消费资料生产增长的规律。否认生产资料生产增长较快是不对的,离开消费资料生产的增长孤立地、片面地发展生产资料生产也是不对的。

列宁在《论所谓市场问题》中,还把生产生产资料的第I部类,明确分为生产生产资料的生产资料和生产消费资料的生产资料两个副类,并且指出："增长最快的是制造生产资料的生产资料生产,其次是制造消费资料的生产资料生产,最慢的是消费资料生产。"①还指出："生产资料增长最快这个规律的全部意义和作用就在于：机器劳动的代替手工劳动(一般指机器工业时代的技术进步)要求加紧发展煤、铁这种真正'制造生产资料的生产资料'生产。"②

列宁在针对布哈林在他的《过渡时期经济》一书中说什么"资本主义商品社会的末日也就是政治经济学的告终"时,指出："不对。甚至在纯粹的共产主义社会里也还有I(v+m)和IIc的关系吗？还有积累呢？"③初步指出马克思再生产理论的某些原理在共产主义社会也是适用的,也是列宁对马克思再生产理论的一个贡献。

三、斯大林对马克思再生产理论的补充

斯大林对马克思再生产理论的补充,主要在于他指出了马克思再生产理论的许多原理,不仅对分析资本主义经济是有效的,而且包含有对一切

---

① 《列宁全集》第1卷,第71页。
② 同上书,第88页。
③ 《对布哈林〈过渡时期的经济〉一书的评论》,第3页。

社会都适用的再生产原理,特别是社会主义社会仍然有效的再生产原理。

斯大林在《苏联社会主义经济问题》中指出:"马克思的再生产公式决不限于反映资本主义生产的特点;它同时包含有对于一切社会形态——特别是社会主义社会形态——发生效力的许多关于再生产的基本原理。马克思的再生产理论的这些基本原理,比如关于社会生产之分为生产资料的生产与消费资料的生产的原理;关于在扩大再生产下生产资料生产的增长占优先地位的原理;关于第一部类和第二部类之间的比例关系的原理;关于剩余产品是积累的唯一源泉的原理;关于社会基金的形成和用途的原理;关于积累是扩大再生产的唯一源泉的原理,——马克思的再生产理论的这一切基本原理,不仅对于资本主义社会形态是有效的,而且任何一个社会主义社会在计划国民经济时,不运用这些原理也是不行的。"①斯大林还正确地提出过:"如果说工业是主脑,那么农业就是工业发展的基础。"②

斯大林指出马克思再生产理论的许多原理对社会主义经济也是有效的,这一点很重要。他批判了某些人认为马克思再生产理论仅仅适用于资本主义再生产的错误,告诉我们要解决社会主义社会再生产的问题,必须掌握马克思的再生产理论。

但是,值得指出的是斯大林对马克思再生产的概括也有不够全面和准确的地方,给社会主义经济建设造成了一些不利的影响。例如,斯大林在上述引文中提到的"关于在扩大再生产下生产资料生产的增长占优先地位的原理",这个概括就是既不准确也不全面。根据马克思和列宁的原意,在扩大再生产条件下社会再生产应该是两大原理:生产资料生产较快增长和生产资料生产的增长最终必须依赖于消费资料生产的增长。又如,在上述引文中提到的"关于积累是扩大再生产的唯一源泉的原理"也是不确切不全面的。根据马克思关于积累与扩大再生产相互关系的原理,应该是:积累是扩大再生产的基础和主要来源,而不是唯一源泉,没有积累还可以在一定界限之内扩大再生产。片面强调"优先增长"容易造成比例失调;片面强调"唯一源泉"容易忽视通过挖潜、革新、改造,不注意充分发挥现有企业的作用。

---

① 斯大林:《苏联社会主义经济问题》,第64页。
② 《斯大林全集》第11卷,人民出版社1955年版,第218页。

四、毛泽东对马克思再生产理论的丰富

毛泽东同志在我国社会主义建设过程中,把马克思再生产理论和我国社会主义建设相结合,提出了正确处理农、轻、重以及其他相互关系的理论,丰富了马克思的再生产理论。

毛泽东同志在《关于正确处理人民内部矛盾的问题》中提出正确处理农业、轻工业与重工业的关系,是社会主义工业化的道路的理论。他说:"这里所讲的工业化道路问题,主要是指重工业、轻工业和农业的发展关系问题。"①长期以来,都说资本主义工业化的道路是优先发展轻工业的道路,社会主义工业化的道路是优先发展重工业的道路。毛泽东同志总结我国社会主义建设的实践经验,以苏联经验为鉴戒,深刻地分析了重工业和轻工业、农业三者之间的辩证关系,提出了正确处理农、轻、重关系的社会主义工业化道路,揭示了国民经济发展的客观规律,丰富了马克思再生产理论。

毛泽东同志在《论十大关系》中还指出在社会主义建设中要正确处理好经济建设与国防建设,大型企业和中型企业,汉族与少数民族,沿海与内地,中央和地方,自力更生和学习外国,积累与消费各种关系,注意综合平衡,这些也都丰富了马克思的再生产理论。

但是,毛泽东同志在再生产理论方面,也肯定了有人提出的一些并非正确的口号,例如1958年提出的"以钢为纲",以及在这个口号下所进行的大炼钢铁,就是不合马克思再生产理论的。1961年毛泽东同志提出"以农业为基础,以工业为主导"的发展国民经济总方针,以及以农轻重为序安排国民经济的方针,实际上已经否定了"以钢为纲"的方针。但是,在实际工作中未能及时扭转。

五、邓小平对马克思再生产理论的贡献

邓小平同志在总结我国社会主义经济建设经验中,对马克思主义再生产理论也有许多发展。最突出的是提出了"发展才是硬道理"的论断。1992年1月他在武昌、深圳、珠海、上海等地的谈话中指出:"对于我们这样发展中的大国来说,经济要发展得快一点,不可能总是那么平平静静、稳

---

① 《毛泽东文集》第7卷,第240—241页。

稳当当。要注意经济稳定、协调地发展，但稳定和协调也是相对的，不是绝对的。发展才是硬道理。"①并且提出了经济发展的"台阶论"。"我国的经济发展，总要力争隔几年上一个台阶。"②"过几年有一个飞跃，跳一个台阶，跳了以后，发现问题及时调整一下，再前进。"③

总之，马克思和恩格斯创立了马克思主义社会再生产理论，列宁、斯大林、毛泽东、邓小平丰富和发展了马克思主义社会再生产理论。这些都是我们进行社会主义建设的重要方针。但是，在社会主义建设的实践过程中，又不断出现了许多新情况，提出了许多新问题，需要我们不断总结和概括，以进一步丰富和发展马克思主义的社会再生产理论。

第二节 西方经济学的经济增长理论

在马克思之前，资产阶级经济学者对社会再生产理论已经探索过了一、二百年，但是，由于历史和阶级的局限性，它们不可能真正解决社会再生产问题，没有形成系统的正确的社会再生产理论。在现代西方经济理论中，把社会再生产的理论称为经济增长理论，取得了一定的进展。

一、康替龙的社会再生产理论

社会再生产的科学分析，最初是由弗朗索瓦·魁奈的《经济表》开始的，但在他以前系统地研究它的基本概念，则是理查·康替龙（生于1680—1690年间，死于1734年）。

1. 康替龙的年产品分配和流通理论。康替龙在他1730—1734年间写的《试论一般商业的性质》一书中，把当时的社会分为三大阶级：(1) 君主和土地所有者；(2) 企业家；(3) 受雇者。企业家包括租地农业主和城市的行会老板。受雇者包括农业工人和城市手工业者。

他认为一国居民的生活资料都是在土地所有者的土地上生产出来的，

---

① 《邓小平文选》第 3 卷，第 377 页。
② 同上书，第 375 页。
③ 同上书，第 368 页。

并认为农村人口和城市人口各占$\frac{1}{2}$。在这种情况下,农产品的分配是:租地农业资本家以农产品的$\frac{1}{3}$作为地租交给土地所有者,$\frac{1}{3}$作为补偿生产成本和支付工人工资,另外$\frac{1}{3}$作为他的利润。

年产品的流通是:占有土地产品$\frac{2}{3}$即$\frac{4}{6}$的租地农业资本家将土地产品的$\frac{1}{6}$通过和城市居民的制造品相交换,而使农产品直接或间接地转入城市居民手中,而缴纳土地所有者地租的$\frac{1}{3}$（即$\frac{2}{6}$）则用以维持那些居住于城市的君主、土地所有者和依附于他们的手工业者和仆役们的生活。这两项加起来,正好占年产品总数的$\frac{1}{2}$（$=\frac{1}{6}+\frac{2}{6}$）,其余的年产品的$\frac{1}{2}$则留在农村由租地农业资本家和农业工人消费。这是用以再生产农村和城市中大致相等的总人口的生活和资本。

流通这种农产品所必需的货币量,康替龙认为只相当于对土地所有者支付的原始地租$\frac{1}{3}$和购自城市制造品的支付额$\frac{1}{6}$,两者相加正好等于农产品的半数,如果考虑到地租的分期缴付和货币的流通速度,那么,一国流通的货币总额大体不会超过年产品的$\frac{1}{9}$或$\frac{1}{10}$。

2. 康替龙的贡献和错误。康替龙关于农产品的分配和流通的理论有比魁奈进步的地方,主要表现在他对一些基本概念的阐述和分析上。比如,被魁奈称之为"纯产品"或"收入"的土地剩余产品,康替龙则是用"地租"概念正确表示它。被魁奈称之为利息的资本收益,康替龙则认为是企业利润。但是尽管如此,康替龙的再生产学说只局限于农产品的分配和流通,关于它和农业资本的关系,以及工业资本和制造品的关系,都没有进行深入分析。他也没有像魁奈用几个粗线条就把整个社会再生产和流通勾画出来。

二、魁奈《经济表》的贡献和局限性

在资产阶级古典政治经济学中,对社会再生产理论曾经作出过重要贡献的是魁奈。他生于1694年，死于1774年，原来是个医生，60岁开始研究经济问题，后来成为重农学派公认的首领。他的《经济表》是对社会资本再生产和流通探讨的第一次天才尝试。

魁奈的《经济表》最早作于1758年，但表的模式不是单一的，也不是一成不变的。1766年，他重新画了《经济表》的一个简要图式，如图10-3所示。

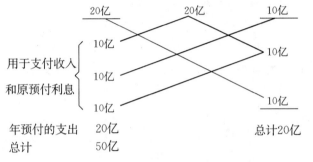

图10-3 魁奈的新《经济表》

这是魁奈《经济表》的基本模式。马克思对魁奈《经济表》的评论也是以这个表为依据的。

马克思对这个表作了很高的评价。马克思说："魁奈的《经济表》用几根粗线条表明，国民生产的具有一定价值的年产品怎样通过流通进行分配，才能在其他条件不变的情况下，使它的简单再生产即原有规模的再生产进行下去。"①"这个尝试是在18世纪30—60年代政治经济学幼年时期做出的，这是一个极有天才的思想，毫无疑问是政治经济学至今所提出的一切思想中最有天才的思想。"②《经济表》的主要贡献在于：

第一，《经济表》把剩余价值出生地从流通领域转入到生产领域，从而为分析资本主义再生产奠定了基础。

---

① 《马克思恩格斯全集》第24卷，第398页。
② 《马克思恩格斯全集》第26卷第1分册，第366页。

第二,《经济表》分析的是再生产过程。魁奈把资本的整个生产过程表现为再生产过程;把流通表现为仅仅是再生产过程的形式;把货币流通表现为仅仅是资本流动的一个要素。

第三,《经济表》是从社会总资本角度来分析社会再生产的。在这个表里,无数单个的流动行动,从一开始就综合成为它们的具有社会特征的大量运动——几个巨大的、职能确定的、经济的、社会阶级之间的流通。

第四,《经济表》以社会总产品的流通来分析社会总资本的再生产和流通,正确地分析了简单再生产的基础。$W'\cdots W'$是魁奈《经济表》的基础,他选用这个形式,而不选用$P\cdots P$形式,来和$G\cdots G'$(重商主义体系孤立地坚持的形式)相对立,这就显示出他的伟大的正确的见识。

第五,《经济表》表明了社会各阶级收入的起源,资本和收入之间的交换,生产消费和个人消费之间的关系,并且把农业和工业之间的流通,看作是再生产过程的要素。

但是,《经济表》也包含着许多缺点和错误。

第一,《经济表》中片面地把农业当作唯一的生产部门,没有把工业列入生产部门,也没有把工业的年产品列入社会总产品。

第二,《经济表》只是把社会生产分为工业和农业,而没有分为生产资料生产和消费资料生产两大部类。

第三,《经济表》还只有"年预付"和"原预付"的概念,还没有固定资本和流动资本的概念,更没有不变资本和可变资本的概念。

第四,《经济表》把社会资本仅限于生产资本,把生产资本仅仅局限于农业资本。因此,魁奈所描绘的社会资本的再生产和流通只是农业资本的再生产和流通,而不是整个产业资本的再生产和流通。

第五,由于魁奈还没有科学的劳动价值论,因此,他还不能把社会总产品分为不变资本、可变资本和剩余价值,因而就不能从价值补偿方面对社会总产品的实现作出正确的说明。

所以,魁奈的《经济表》虽然是重农学派对资本主义生产的第一个系统的理解,但是,由于《经济表》的前提就是错误的,因此,它并没有真正解决社会总资本的再生产和流通问题,也没有为社会再生产理论奠定真正科学的基础。

三、斯密的前进和倒退

英国古典政治经济学的重要代表——亚当·斯密,在再生产理论方面稍有进步,但基本上没有什么重大进展,是停滞甚至倒退的。

斯密的进步在于:第一,把资本概念普遍化,他认为不仅有农业资本,而且还有工业资本。马克思说:"在他那里,这些范畴已经不仅涉及一种特殊形式的资本,即租地农场主的资本,而且涉及每一种形式的生产资本。"[①]

第二,斯密用固定资本和流动资本代替了"原预付"和"年预付",与重农学派相比,这是很大的进步。马克思说:"从农业中得出的年周转和多年周转的区别,被周转时间的不同这个一般的区别所代替,因而,固定资本的一次周转,总是包含流动资本一次以上的周转,而不管流动资本的周转期间是一年,是一年以上,还是不到一年。这样,在斯密那里,'年预付'就成为流动资本,'原预付'就成为固定资本了。"[②]

但是,斯密并没有系统的再生产理论,特别是没有系统的社会再生产理论。在社会再生产问题上,斯密不仅没有继承魁奈的遗产,反而倒退了。

魁奈的《经济表》是以全社会经济运动为对象的宏观分析,而斯密侧重的是以单个经济活动为对象的微观分析。斯密总是从单个企业的角度来考察资本主义生产。所以,在再生产问题上,他也是着眼于单个资本,仅仅有时涉及社会资本。他从单个资本的分析转入社会资本的分析,只是为了解决他在单个资本的分析中所遇到的困难。

斯密教条更为社会再生产理论的发展设置了障碍。斯密教条就是把商品价值分解为工资、利润和地租三种收入,也就是认为可变资本和剩余价值构成商品价值。斯密对社会再生产的分析就是从这个教条出发的,从而造成了许多混乱和错误。

首先,斯密从商品价值中排除了不变资本(生产资料价值),使他无法正确理解社会再生产。事实上,如果社会总产品中生产资料的价值得不到补偿,不仅不能扩大再生产,甚至连简单再生产也不能维持。

---

① 《马克思恩格斯全集》第 24 卷,第 212 页。
② 同上。

其次，斯密从商品价值中排除了生产资料价值，也就使他不能把社会再生产分为生产资料生产和消费资料生产两大部类，而没有两大部类的划分，就不能说明社会再生产的实现。

再次，由于斯密教条，使斯密在再生产问题上把个人消费和生产消费相混同，他把生产消费归结为个人消费，把社会生产归结为消费品生产，这样，生产资料生产就在社会再生产中消失了，这就使他无法分析社会再生产问题。

所以，马克思说："亚当·斯密对再生产过程从而对积累的说明，在很多方面不仅没有比他的前辈特别是重农学派有所进步。"①

斯密之后，李嘉图、西斯蒙第等资产阶级学者由于几乎完全接受斯密的教条，因此，在再生产理论方面也没有什么进展。有个别资产阶级学者如拉姆赛、舍尔比利埃等，对斯密、李嘉图等人忽视固定资本的存在提出了疑问，但由于他们不能把不变资本和可变资本的区别、固定资本和流动资本的区别分清楚，他们一开始提出的问题就是片面的。因此，也不可能在再生产理论上有什么进展。所以，列宁说："至于说到亚当·斯密之后和马克思之前的其他经济学家，他们全都是重复了亚当·斯密的错误，并没有前进一步。"②

只有马克思在分析了魁奈的贡献和缺点，彻底批判了"斯密教条"之后，才创造了科学的完整的再生产理论。

四、列昂惕夫的"投入—产出"分析

"投入—产出"分析是资产阶级经济学家关于资本主义社会经济体系中各部门消耗工料数量（投入）和生产产品数量（产出）的相互依存关系、产品的价值构成，以及收入分配的综合平衡分析方法。

1758年魁奈发表的《经济表》，对社会总资本的再生产作了有意义的早期尝试。1874年里昂·瓦尔拉又提出了一般均衡理论，他构造一套方程组，从数学模型上来说明论证一般均衡的形式。这个模型也反映了经济中生产部门间的关系和每个部门对生产要素的要求。但他的模型是个理论模型，即使有足够的统计数据，也很难计算。到20世纪30年代，美国经济学家W.列

---

① 《马克思恩格斯全集》第23卷，第648页。
② 《列宁全集》第3卷，人民出版社1959年版，第30页。

昂惕夫从研究社会经济各部门生产的消耗量(投入)和生产出来的产品数量(产出)的相互关系出发,编制了美国经济的第一个投入—产出表,提出了社会再生产中"投入—产出"的综合平衡分析方法。

列昂惕夫的"投入—产出"分析的内容包括"棋盘式的经济体系投入—产出关系表"和"线性方程式体系"两部分。

为了编制美国经济投入—产出关系表,列昂惕夫把美国经济体系划分成 41 个部门(以后又划分成 450 个部门),但为了便于说明,我们把它归并为 4 个部门:农业、工业、交通运输及其他和家庭劳务。

(1) 棋盘式的经济体系投入—产出关系表(见表 10-1)。

表 10-1 投入—产出关系表

投入		产出				
		1. 农业	2. 工业	3. 交通运输及其他	4. 家庭劳务	5. 产出统计 $\sum_{i=1}^{i=4} X_{i_k}$
1. 农业		X_{11}	X_{21}	X_{31}	X_{41}	$\sum_{i=1}^{i=4} X_{i_1} = X_1$
2. 工业		X_{12}	X_{22}	X_{32}	X_{42}	$\sum_{i=1}^{i=4} X_{i_2} = X_2$
3. 交通运输及其他		X_{13}	X_{23}	X_{33}	X_{43}	$\sum_{i=1}^{i=4} X_{i_3} = X_3$
4. 家庭劳务	收入(工资、利息、利润)	X_{14}	X_{24}	X_{34}	X_{44}	$\sum_{i=1}^{i=4} X_{i_4} = X_4$
	雇佣人数	X'_{14}	X'_{24}	X'_{34}	X'_{44}	$\sum_{i=1}^{i=4} X'_{i_4} = X'_4$
5. 投入总计 $\sum_{k=1}^{k=4} X_i k$		$\sum_{k=1}^{k=4} X_1 k = X_1$	$\sum_{k=1}^{k=4} X_2 k = X_2$	$\sum_{k=1}^{k=4} X_3 k = X_3$	$\sum_{k=1}^{k=4} X_4 k = X_4$	$\sum_{i=1}^{i=4} \sum_{k=1}^{k=4} X_{i_k} = X$

表 10-1 的左纵列是生产产品的部门名称,上横行是消费产品的部门名称,每个产业部门既是生产产品部门,又是消耗产品的部门。横行各格

内数字表示左端所列部门在一定期间(例如一年)内的产品,被各产业部门(包括该部门自己)在生产中消耗的数量以及用作家庭消费的最终需求品数量。纵列各格内的数字表示顶端所列部门生产该年产品需要消耗各部门(包括该部门自己)的产品数量和家庭劳务数量。由于表中都用价值表现,所以每个横行数字加总等于纵列加总数字,即每个部门的产出总值等于投入总值。家庭劳务雇佣人数横行加总等于总就业量,收入横行加总则等于整个经济的"国民收入"。

(2) 线性方程式体系,把上表横行实际数量的依存关系加以抽象化,并用线性方程式表示出来。设 X_k 代表产业部门($k=1,2,\cdots m$),X_{i_k} 代表 X_k 中被 i 部门($i=1,2,\cdots m$)在生产中消耗的数量,X_{n_k} 代表 X_k 中直接用作家庭消费的最终需求品数量(n 代表家庭),则 $X_k - \sum_{i=1}^{i=m} X_{i_k} = X_{n_k}$($k=1,2,\cdots m$)就是用来描述包括 m 个产业部门的经济体系投入—产出关系的线性方程式体系,这又可以称为"平衡方程式",因为它表示相互依存的平衡关系。

列昂惕夫的投入产出法,研究的也正是再生产过程中的社会总产品的实现问题。关于投入产出法与马克思再生产理论的关系,美国经济学家萨缪尔森曾说过:"所有学派的经济学者都一致认为:卡尔·马克思确实做了大量的分析研究工作,对于建立今天的所谓诺伊曼—列昂惕夫投入—产出增长模型做了重大的贡献。"①波兰经济学家奥斯卡·兰格也说过:"列昂惕夫的产业间接联系的理论是马克思再生产理论的发展。"②

列昂惕夫的"投入—产出"分析方法,在计算技术上有一定的参考价值,但列昂惕夫企图在资本主义条件下,实现社会再生产的综合平衡,是很难办到的。并且列昂惕夫对产业部门的划分,把家庭劳务作为一个独立的部门,而这个部门不仅包括物质生产劳动,而且包括非物质生产劳动,甚至包括资本家的剥削活动在内,就更错误。

---

① 萨缪尔森:《经济学》下册,第 326 页。
② 兰格:《经济计量学导论》,中国社会科学出版社 1980 年版,第 136—143 页。

五、哈罗德—多玛经济增长理论及其发展

由美国哈罗德和美国多玛各自独立提出的但内容基本相同的增长理论,被称为哈罗德—多玛经济增长论。

(一) 哈罗德—多玛经济增长模型

这个模型论述的是经济增长,即扩大再生产。主要考虑三个经济变量在生产过程中的相互关系。这三个变量是:(1) 储蓄率 S,即储蓄在收入中的比重。如假定全社会平均每 100 元的收入中有 88 元用于消费,储蓄量就是 12 元(它代替资本供给),则 S=12%。(2) 资本—产出比率 V。如假定生产出 1 元的产品需厂房、设备、原料等 3 元,则 V=3。(3) 有保证的增长率 Gw。如上期产品为 100,本期产品为 104,则 Gw=4%。哈罗德认为,要保证社会经济年复一年地均衡发展,S、V 和 Gw 这三个变量之间必须保持如下关系:$Gw=\dfrac{S}{V}$。其含义是:如假定 S=12%,V=3,并且每年始终固定不变,为了保持社会经济均衡地发展,就要求生产每年按 4% 的发展速度增长。因为在 V=3 的条件下,意味着要使产量增加 4%,所以投入在收入中所占比重是 3×4%=12%,即所需投资量在收入中所占比重恰好等于给定的储蓄率 S,这样就可以保证每年的储蓄全部转化为投资,使经济得以稳定增长。

此外,假定人口(劳动力)每年增加 1%,劳动生产率每年提高 2%(由这两者共同决定的增长率,哈罗德称为自然增长率 n,上列 n=3%),则为维持充分就业,要求生产增长率等于自然增长率,因而实现充分就业的均衡增长的必要条件是 $n=\dfrac{S}{V}$。

(二) "斯旺—索洛"的增长模型

哈罗德—多玛模型是假定 n、S、V 这三个变量是固定不变的,并且是由各自独立的因素决定的,所以在现实生活中,这三个变量的数值要能满足充分就业的均衡增长所需条件 $\left(n=\dfrac{S}{V}\right)$ 是极为偶然的。"斯旺—索洛"增长模型则认为,对于任何给定的 n 和 S,可以通过 V 即资本—产出比率的调

整来满足 $n=\frac{S}{V}$ 这个条件,从而断言,充分就业的均衡增长是可以实现的,例如在 S=12%, n=3% 的条件下:通过把 V 的数值从 3 提高到 4(这意味着采用另一种生产方法,在这种方法中,每单位劳动所使用的资本较前增加),就可以保持经济 3% 的增长速度。使实现这一增长速度所需要的投资恰好等于给定的储蓄。

(三) 卡尔多的"新剑桥"增长模型

卡尔多等新剑桥学派提出的增长模型,则认为,对于任何给定的 n 和 V,可以通过 S 的调整变化,(如果只有 n 是既定的,则可以同时通过 S 和 V 的调整变化)来满足 $n=\frac{S}{V}$ 的增长条件。他们认为资本家和工人的储蓄倾向是不同的,S 的变化可以通过改变国民收入在工资与利润之间的分配来实现,例如在 n=3% 和 V=3 的条件下,由于工人的储蓄率小于资本家的储蓄率,因而如果足够地增加工资在国民收入中所占的份额,以致全社会的储蓄率降低到 9%,就可以避免储蓄过多而引起的衰退和失业,实现充分就业的均衡增长。

上述三种增长理论和模型,都有一个共同点,即都是使用数学公式进行数量分析,回避生产关系的本质,掩盖资本主义再生产中的对抗性矛盾,他们把投资当作经济增长的关键,也是错误的。因为依靠不断投资所形成的经济增长,只会和广大人民群众相对狭小的有支付能力的需求发生越来越大的矛盾,使社会再生产充满危机和冲突。

六、均衡增长理论

"均衡增长"的倡导者是纳克斯,他认为不发达经济中存在各种恶性循环,阻碍经济的发展。贫穷的恶性循环意味着在不发达经济中,存在一些互相依赖和作用的因素和力量,它们的循环和周转使国民经济处于贫穷状态,处于一种恶性循环,比如:(1) 人均收入低→需求不足,市场狭小→投资低→资本形成少→劳动生产率低→收入低;(2) 收入低→储蓄低→投资低→资本不足→劳动生产率低→收入低。

这样,需求不足,市场狭小是恶性循环中重要的一环。纳克斯试图从市场问题入手,寻找一条打破恶性循环、消除市场瓶颈的道路,这就是要把资本同时投在各个部门中,以各部门的均衡增长来创造需求,扩大市场。他认为某个部门的优先投资不解决问题,因而在整个社会经济和购买力没有提高前,某个部门(比如鞋)的发展,必然会因为其他部门的不发展,缺少对该部门的产品(鞋)的需求,而使该部门的发展受到阻碍。而各个部门的同时投资,则会造成市场的全面扩大。因为一个部门既是原料或消费品的供应者,又是其他部门原料和消费品的购买者,各产业部门充分发挥和利用需求的互补性,互为顾客,互为市场,就能创造和扩大市场。从供给方面看,由于各部门间劳动分工的发展,社会基础设施的充分利用,以及规模经济的收益,而提高了劳动生产率。这样就创造了从恶性循环向良性循环的可能和条件。

"均衡增长"的思想遭到以赫尔希曼为代表的一部分经济学家的反对。

七、非均衡增长理论

赫尔希曼等人提出了"非均衡增长"理论。他们认为,不发达国家的有限资金不可能实现"均衡增长"。投资只能有选择地在若干部门进行,其他部门则通过利用这些部门投资带来的外部经济而逐步得到发展。

他认为,发展的路程好比一条"不均衡的链条",从一个主导部门通向其他部门,从一个产业通向其他产业,从一个企业通向另一个企业。经济发展通常采取踩跷的推进形式,从一种不均衡走向新的不均衡。因此发展政策的任务不是取消而是要维持紧张、不成比例和不平衡,使不均衡的链条保持活力。不发达经济增长的重要任务是制定精心设计的"非均衡增长"战略,首先选择若干战略部门投资。当这些部门的投资创造出新的投资机会时,就能带动整个经济的发展。

在应优先发展哪类部门的问题上,赫尔希曼认为,存在着两种发展途径:一是社会基础设施过剩条件下的发展,一是社会基础设施短缺条件下的发展。他认为社会公共投资应该优先于直接生产部门非均衡的增长,即第一条发展途径,这条发展途径更连贯,更平稳,是一条"自我推进"的发展途径。当然,社会公共投资和直接生产部门投资谁先谁后,还要看一国的具体情况,但无论哪一条发展途径,投资在社会基础设施部门和直接生产部门都是交叉进行,蛙跳式前进的。

但不论"均衡增长"理论,还是"非均衡增长"理论,都忽视发展中国家的许多实际情况。从"均衡增长"理论看,它忽视发展中国家不但缺乏资金,而且缺乏投资能力,百废俱兴,齐头并进的许多条件并未具备。事实上,社会所有的部门都同时发展,既不可能也不现实。从"非均衡增长"理论看,它只强调不平衡现象可以刺激经济的扩张,但却忽视不平衡现象的存在同时亦可能成为经济发展的阻力。某些部门发展相对缓慢的结果,可能会成为整个国民经济发展的瓶颈,妨碍国民经济的进一步发展。发展经济学的经济增长理论,虽然描述了发展中国家的一些表面现象,但却未能触及问题的实质,都未指出社会再生产顺利进行的必然规律。

八、零增长理论

零增长论在20世纪60年代开始流行资本主义世界,1968年西方一些科学家经济学家等聚会罗马,讨论经济增长所带来的各种问题,特别是生态平衡问题。这就是所谓"罗马俱乐部"的由来,他们呼吁注意增长中的生态平衡问题。代表作是1972年米多斯等人发表的《增长的极限》。

零增长论认为如果经济不受阻碍地继续增长下去,到2100年,因为环境污染,粮食不够,人口过多,自然资源耗尽,将出现"世界的末日",人类将毁灭,所以他们要求从现在起实现零经济增长率。他们认为,只有这样才能使世界保持生态平衡。

零增长理论提醒人们在经济增长中要注意生态平衡问题是有积极意义的,但这是悲观论。恰恰相反零增长将会出现"世界的末日":(1)"0"不能达到生态平衡的目的;(2)"0"社会将停滞不前;(3)"0"加剧社会矛盾;(4)"0"不能实现,只是一种空想。

九、最优增长理论

最优增长理论的主要论点是:希望前一代人按照能使平均每人消费额未来达到最大值的投资率来安排现期的消费和投资,以便后代人可以享受最大限度的消费水平。

最优增长理论的主要代表是拉姆赛1928年12月在《经济学杂志》上发表的《数理的储蓄理论》,当代最优增长的研究主要围绕目前的经济增长与未来消费水平的关系而进行。能够使未来消费水平提高程度最大的增长率,被认为是最优增长率。

最优增长理论比零增长理论当然要好。但这是伦理学的问题,而不是经济学的问题,是良好的愿望,实质是古典经济学家的翻版。他提倡当代人节俭再节俭。本代人愿意这样做吗?后代人也这样想吗?

十、可持续发展理论

1992年6月联合国在巴西里约热内卢召开了"环境与发展"全球首脑会议,会议通过了全球可持续发展的纲领性文件——《21世纪议程》,这一得到世界各国公认的面对21世纪的可持续发展的基本思路是:(1)改变单纯经济增长,忽视生态环境保护的传统发展模式;(2)由资源型经济过渡到技术型经济,综合考虑社会、经济、资源与环境效益;(3)通过产业结构调整与合理布局,开发应用新技术,实行清洁生产与文明消费,提高资源与能源的使用效率,减少废物排放等措施,协调环境与发展之间的关系,使社会经济的发展既满足当代人的需求,又不能对后代人的需求构成危害,最终达到社会、经济、资源、人口与环境的持续稳定发展。

可持续发展理论的代表人物是英国农业科学家布朗,1981年出版的《建设一个持续发展的社会》提出控制人口增长、保护资源基础、开发可再生能源是走向持续发展的三大途径。

可持续发展理论比"零增长论"乐观,比"最优"增长理论现实。20世纪80年代开始"可持续发展观已被普遍接受。是解决人与自然矛盾运动中形成的一个较好的发展选择。它关系人类的切身利益和长远利益"。可持续发展"现在已不是学者书斋里的讨论,已成为各国长期发展的战略决策",我国"九五"和2010年发展纲要中也引入"可持续发展",但是注意:(1)各国、各地区情况不一,要从实际出发;(2)警惕发达国家把环境污染向落后国家转移;(3)发展中国家不能由此束缚自己发展的手脚。

第三节 马克思主义再生产理论与西方经济增长理论的比较

把马克思主义再生产理论与西方经济增长理论进行比较研究,对研究社会主义经济增长,进一步发展马克思主义再生产理论具有重要意义。

一、马克思主义再生产理论与西方经济增长理论的联系与区别

马克思关于社会再生产理论的研究,最早可以追溯到19世纪40年代。19世纪60年代初期,马克思系统地研究了资产阶级古典政治经济学的再生产理论,继承吸收了其中的合理成分,批判了其中错误的东西。马克思1863年初拟到《资本论》第2卷最终完成的《经济表》实际上是重农主义主要代表魁奈《经济表》的继承和发展。马克思对魁奈的《经济表》曾作过很高的评价。马克思说:"这个尝试是在18世纪30—60年代政治经济学幼年时期做出的,这是一个极有天才的思想,毫无疑问是政治经济学至今所提出的一切思想中最有天才的思想。"马克思从未隐讳马克思主义再生产理论与资产阶级再生产理论的继承与发展关系。

马克思逝世以后,西方关于经济增长的理论有了很大的发展,取得了许多有价值的成果:在过去二十多项诺贝尔经济学奖中,就有五六项是关于经济增长理论的。其中,某些成果他们也承认是来自马克思的再生产理论。例如,萨谬尔森多次说过马克思是俄裔美国经济学家列昂惕夫投入产出理论的先驱;琼·罗宾逊认为马克思的扩大再生产图式是解决凯恩斯问题的基础,又是哈罗德—多玛的长期经济发展理论的基础。不论是马克思以前的经济学家,还是马克思以后的经济学家,都离不开被马克思深刻阐述过的社会生产的比例这个再生产的核心问题,而在这个问题上,马克思的再生产理论构成了一个完整的经济发展理论体系。马克思的发展理论,不仅对马克思主义经济学家,并且对许多非马克思主义的西方经济学家,也都产生了很大影响,马克思的学说对第三世界决策者的影响,都远远超过了其他西方经济学家。所以,马克思主义的再生产理论与西方经济学的经济增长理论从来就有着相互吸收,继承与发展的关系。

但是,马克思主义的再生产理论与西方经济增长理论也有明显的区别:

第一,马克思主义的再生产理论不仅分析了物质资料的再生产,而且分析了生产关系的再生产。资本主义再生产是资本的再生产,又是劳动力的再生产,一方面再生产资本家,另一方面再生产雇佣工人,而西方经济学

的经济增长理论无论是古典经济学,还是现代经济学,只是分析物质资料的增长,是见物不见人。

第二,马克思主义再生产理论,既有微观再生产的分析,又有宏观再生产的分析,即既分析单个资本的再生产,又分析社会总资本的再生产,而且把两者联系起来分析;而西方经济学的经济增长理论主要着重微观分析,或者是有的经济学家只作微观分析,有的经济学家只作宏观分析,很少有把两者结合起来研究的,因而缺乏整体性。

第三,马克思主义的再生产理论,是从生产过程和流通过程的统一来研究再生产。马克思说:"资本的再生产过程,既包括这个直接的生产过程,也包括真正流通过程的两个阶段,也就是说,包括全部循环。"[①]而西方经济学的经济增长理论,有的只注意生产,流通只是被看作是生产的必要条件。有的只注意流通,生产只是被看作流通的条件,因而有很大的片面性。

二、社会主义社会再生产理论争鸣的简单回顾

社会主义的社会再生产理论是社会主义建设中的一个重要问题。社会主义社会再生产理论当然应该以马克思主义社会再生产理论为基础,但是,同时吸取当代西方经济学中经济增长理论的有用成分,经过几次有益的讨论。

在20世纪二三十年代苏联经济学首先对苏联十月社会主义革命胜利之后,马克思的再生产是否适用于社会主义经济展开了讨论。当时,主要有两种意见:一种是不适用论,一种是适用论。但是,在一个相当长的时间内是不适用论占统治地位。直到20世纪50年代初期斯大林的《苏联社会主义经济问题》发表,明确指出:"马克思的再生产公式决不只限于反映资本主义生产的特点;它同时还包含有对于一切社会形态——特别是对于社会主义社会形态——发生效力的许多关于再生产的基本原理。"[②]之后,这场争论才告一段落。

---

① 《马克思恩格斯全集》第24卷,第389页。
② 斯大林:《苏联社会主义经济问题》,第64页。

苏联长时期以来在社会主义建设的实践上,采取的优先发展生产资料生产的方针,重工业畸形发展,使社会再生产的比例严重失调。因此,从20世纪50年代开始直到80年代,苏联经济学界围绕着社会主义条件下,生产资料是否优先增长的问题展开了多次激烈争论。主要讨论了生产资料生产优先增长规律是否是一般扩大再生产的规律,生产资料优先增长的实质是什么,两大部类之间的比例关系,在技术进步的条件下社会产品中物质消耗的比重是否会提高,积累率是不是生产资料优先增长的决定性因素,怎样理解两大部类发展速度的接近等问题。这些问题有些取得了比较一致的意见,多数问题还需继续讨论。

新中国成立以后,我国关于社会主义社会再生产理论,也先后有过几次大的讨论。第一次是20世纪60年代初期,由于50年代后期的浮夸风,使我国国民经济受到了严重的挫折,为了总结经验教训,贯彻"调整、巩固、充实、提高"的八字方针,我国经济学界对社会主义社会再生产理论进行了比较广泛的讨论。这次主要讨论了:马克思社会再生产理论的基本内容和核心,简单再生产和扩大再生产的联系与区别,怎样区分外延扩大再生产与内涵扩大再生产,关于积累与消费的比例、两大部类比例和农轻重比例的关系,关于扩大再生产的基本公式,关于生产资料生产优先增长等问题。

第二次是20世纪70年代末80年代初,由于"文化大革命",我国社会主义工农业生产遭到很大破坏,国民经济比例关系又一次严重失调。党的十一届三中全会以后,为了贯彻党中央提出的"调整、改革、整顿、提高"新的八字方针,结合总结我国三十多年来社会主义建设中的经验教训,我国经济学界又一次开展了对社会主义社会再生产理论问题的讨论。这次主要是围绕生产资料生产优先增长的问题展开的。大致讨论了:生产资料生产优先增长是不是一个客观经济规律,当代技术进步与生产资料优先增长、生产资料优先增长是不是社会主义社会的经济规律,生产资料优先增长与社会主义工业化道路,生产资料生产优先增长与生产资料生产较快增长,积累是不是扩大再生产的唯一源泉等问题。另外,还讨论了投入产出与社会主义再生产的关系、西方经济学关于经济增长模式的理论与社会主义再生产等等。

第三次是20世纪90年代中期,1995年9月28日中国共产党第十四届中央委员会第五次全体会议通过的《中共中央关于制定国民经济和社会发展"九五"计划和2010年远景目标的建议》中提出:"实现九五"和2010年的奋斗目标,关键是实行两个具有全局意义的根本性转变,一是经济体制从传统的计划经济体制向社会主义市场经济体制转变,二是经济增长方式从粗放型向集约型转变,促进国民经济持续、快速、健康发展和社会全面进步。围绕"建议"我国经济理论界又开展了一次关于经济增长方式的讨论。这次讨论大致有:经济增长方式转变与经济增长的关系,经济增长方式转变中若干辩证关系,经济增长方式的内涵,经济增长方式的类型,经济增长方式转变的制约因素和实现途径,转变经济增长方式与经济体制改革的关系,转变经济增长方式与政府职能转变,转变经济增长方式与企业改革,转变经济增长方式与对外开放,农业经济增长与增长方式的转变,转变经济增长方式与金融、投资、分配、价格改革的关系,等等。

三、社会主义社会再生产理论研究的成果

以马克思主义再生产理论为指导,吸收西方经济增长理论的有用成分,结合社会主义现实,我国研究社会主义社会再生产理论取得了丰硕成果。

(一) 社会主义社会再生产的实质

社会主义再生产,不能简单地理解为物质资料的再生产,它是物质资料再生产、产品价值再生产、劳动力再生产和社会主义生产关系再生产的统一。

第一,社会主义社会总产品的再生产。它不仅表现为物质资料的再生产,而且是产品价值的再生产。所谓社会总产品,就是社会在一定时期内,通常是指一年中所生产的全部物质资料的总和。社会总产品从实物形态来看是由生产资料和消费资料两部分组成的。社会总产品从价值形态来看是由生产资料转移的价值,劳动者为自己的劳动创造的价值和劳动者为社会的劳动创造的价值三部分组成的。因此,社会主义再生产既要有价值补偿,又要有物质补偿,这就告诉我们要组织社会主义再生产,只有货币资金是不够的,还应有相应的物资保证。

第二,社会主义劳动力的再生产。没有劳动,就没有生产,也就没有再

生产,而劳动是劳动力的使用。所以,社会再生产的内容,除了社会总产品的再生产,还有劳动力的再生产。社会主义再生产要求我们两种生产一起抓,即既抓物的生产,也抓人的生产。社会主义劳动力的再生产,不仅表现为人口数量的有计划发展,而且表现为劳动者体力和智力日益全面发展,科学技术水平和文化水平日益提高;社会主义的劳动力再生产不仅要体现劳动者获得日益丰富的物质和文化资料,使劳动者的体力和智力得到正常的恢复和发展,而且要培养和造就一大批有社会主义觉悟的具有文化科学知识技能的新一代劳动者。

第三,社会主义生产关系再生产。在社会主义扩大再生产过程中,社会主义生产关系也不断再生产出来。它表现为社会主义生产关系的日益成熟,更加适合生产力发展水平和社会生产的发展需要。一方面要求坚持社会主义方向,以维护社会主义生产关系,使生产关系更加适合于生产力的发展,另一方面又要求调整和改革生产关系不适应生产力发展的某些方面和环节,通过不断完善社会主义生产关系,来促进社会生产力的发展。

(二) 社会主义社会再生产的类型

社会再生产从规模来看,在正常条件下,可以分为简单再生产和扩大再生产。简单再生产就是全部剩余产品用于非生产性消费、没有积累情况下的再生产,它是生产过程在原有规模上的重复。所谓扩大再生产,就是剩余产品中有一部分作为积累,来扩大再生产规模,它使生产过程在扩大的规模上进行。

所以,划分简单再生产和扩大再生产的主要标准就是有没有积累。所谓积累,在社会主义条件下,就是没有把剩余产品全部吃光、用光,而留下一部分作为建设资金,用来扩大再生产。积累是扩大再生产的主要源泉,但并不是唯一源泉。在一定的界限之内,没有积累仍然可以扩大再生产。例如,没有积累用于追加投资,厂房机器设备也没有增加,但由于改善经营管理,提高了劳动生产率,结果产品的数量增加了,这实际上也就是扩大了再生产。另一方面也可能积累增加,追加了投资,添置了厂房机器,但由于经营不得法,经济效益不好,结果产品数量没有增加,没有完全实现扩大再生产。

那么,简单再生产和扩大再生产之间有什么关系呢? 简单说来,简单再生产是扩大再生产的基础和出发点。马克思在分析社会主义社会的产品分配时,就曾经指出在各种扣除中,"第一,用来补偿消费掉的生产资料的部分"①。这是因为只有在充分保证简单再生产能够正常进行的前提下扩大再生产,才能使社会主义扩大再生产的基础坚实可靠。如果不首先恢复原有的生产能力和实现原有的生产规模,那么,生产模型的进一步扩大就没有立足点。因此,要保证社会主义扩大再生产的顺利进行,必须遵循先简单再生产后扩大再生产的原则。

在社会主义现实经济生活中,简单再生产和扩大再生产的关系,往往是通过一些具体的关系表现出来的。例如,当前生产同基本建设之间的关系,设备维修同制造之间的关系,固定资产的更新同新建扩建之间的关系等等。这些具体的关系,同简单再生产和扩大再生产的关系之间,既存在着密切的联系,又存在着差别。但是,一般说来,当前生产主要是简单再生产,基本建设主要是扩大再生产。所以,正确处理简单再生产和扩大再生产的关系,在现实生活中,就主要表现为正确处理当前生产同基本建设之间的关系。

基本建设是实现扩大再生产的重要手段,积极地又量力地扩大基本建设,对建立社会主义强大的物质技术基础具有重大意义。但是,搞好当前生产,对于发展生产,改善人民生活,积累资金等也有重要作用。这两者必须保持适当的比例关系。如果基本建设搞得太少,从长远来看,生产的发展会受到影响;反之,如果基本建设搞得太多,就会削弱当前生产,影响人民生活,影响资金积累。那么,怎么才能正确处理好这两者的比例关系呢?

根据简单再生产是扩大再生产的基础和出发点的原理,为了保证社会主义再生产的顺利进行,在人力、物力、财力的分配上,一般说来,应该首先保证当前生产,然后安排基本建设,贯彻先当前生产、后基本建设的原则。而且,基本建设的规模必须同社会可能提供的生产资料和生活资料相适应。否则,就会给社会带来损害。

(三)社会主义扩大再生产的形式

社会主义扩大再生产又分为外延的扩大再生产和内涵的扩大再生产

---

① 《马克思恩格斯选集》第3卷,第9页。

两种形式。所谓外延的扩大再生产是指单纯依靠增加生产要素的数量,即依靠增加投资、劳动力、生产资料,扩大生产场所的扩大再生产。这是一种主要靠花钱的扩大再生产。所谓内涵的扩大再生产,是指提高生产要素的效率,即依靠提高投资的效率,提高劳动生产率,提高生产资料的使用效率的扩大再生产,这是一种不花钱或少花钱的扩大再生产。

外延扩大再生产和内涵扩大再生产之间的关系在于:首先,这两种扩大再生产的形式往往是相互交叉、相互渗透的,你中有我,我中有你。在外延中有内涵,在内涵中有外延。所以,不能把这种区分绝对化。第二,外延的扩大再生产是向生产的广度发展,它是内涵扩大再生产的基础,内涵扩大再生产是向生产的深度发展,它是外延扩大再生产的提高。第三,任何时期既有外延扩大再生产,又有内涵扩大再生产,但是,在不同时期,可以有所侧重。

从我国当前来看,由于经过50多年的社会主义建设,我国已经建立起比较完整的工业体系和国民经济体系,已经有了相当的物质基础,我们现在扩大再生产不能主要采取外延的方法,也就是不能主要通过增加投资建新厂、铺摊子来扩大再生产。而应该是要通过内涵的方法,也就是通过挖潜、革新、改造,充分发挥现有企业的作用来扩大社会主义再生产。

那么,可以通过哪些具体办法来实现内涵为主的扩大再生产呢?

第一,从调整经济结构中扩大再生产。目前我国国民经济的结构不尽合理,传统工业产品已出现供过于求的现象,但高科技产业发展不够。大力发展高科技产业,压缩和淘汰供过于求的传统产业,我国的再生产规模就能显著扩大。

第二,从体制改革中扩大再生产。我国现在经济管理体制中的一个主要问题是权力、责任和利益三者没有很好结合起来,企业缺乏活力。如果采用适当的措施,深化经济体制改革,进一步增强企业活力,把他们经营管理的好坏和获得的经济利益密切地联系起来,就可以产生一个自觉发展生产的内部经济活力,从而增加生产。

第三,从加强企业管理中扩大再生产。加强企业管理,把劳动者、劳动资料、劳动对象三者科学地组织起来,使它们充分发挥作用,通过改善经营管理,不增加劳动力,不增添设备,产量就可以大幅度甚至成倍增长。

第四,从提高现有设备的效率中扩大再生产。新中国成立以来,经过50多年的建设,我国工业的固定资产增加了几十倍。现在的这个基础是相当可观的。但是,现有企业的许多设备能力没有充分发挥。通过技术改造、挖潜、革新、改造老企业,充分发挥现有设备的能力,是一条花钱少、见效快的扩大生产规模的途径。

第五,从提高产品质量中扩大再生产。产品质量的提高,一方面表现为生产过程中废品的减少,花费同样多的人力、物力,可以生产出较多的合格产品。另一方面,产品性能好,效率高,经久耐用,实际上等于生产了更多的产品。如果把我国相当数量的工业企业的产品质量提高到一个新水平,就是很大的增产。

第六,从节约中扩大再生产。节约并不是消极的措施,节约是指用同样多的人力、物力生产更多的产品。如果努力降低现有的燃料、动力和原材料的消耗,能创造出更多的物质财富,这本身就是一个很大的增产。

第七,从加速资金周转中扩大再生产。资金是物资的货币表现。在正常的情况下,有一部分物资不直接参加生产过程是不可避免的。如果在保证生产需要的同时,最大限度地压缩储备,使较多的资金投入实际的生产过程,加速资金的周转,使同样的资金发挥更大的作用,就会扩大生产规模。

第八,从综合利用中扩大再生产。综合利用,可以发挥物资本身效能,变无用为有用,变小用为大用,变一用为多用,变有害为有利,既可以物尽其用,避免浪费,又可以为社会创造更多的产品。

第九,合理运用折旧基金扩大再生产。折旧基金本身属简单再生产。但是,合理使用折旧基金可以起到扩大再生产的效果。

可见,内涵扩大再生产的路子是很宽广的。我们要用经济战略眼光看待内涵扩大再生产。

(四)社会主义扩大再生产的两大规律

社会主义扩大再生产有两大规律是必须遵循的。

一是生产资料生产较快增长的规律。这里说的生产资料增长较快,就是通常人们所说的生产资料优先增长。我们认为确切的提法应该是生产资料生产增长较快,而不是生产资料优先增长。这是因为:第一,优先增长的提法不合马克思和列宁的原意;第二,优先增长是主观上的优先安排,带有人为作用的意思而不是客观规律的要求;第三,优先增长容易使人们理解为生产资料生产的增长,似乎可以脱离消费资料生产的增长而孤立地进行。

生产资料生产增长较快规律的基本内容是:在技术进步的条件下,生产资料生产增长的速度快于消费资料生产的增长速度。为什么生产资料生产要增长较快呢?这是因为:

第一,在技术进步、劳动生产率提高的条件下,生产中耗费的生产资料增长较快。马克思说:"只要生产资料的量比并入生产资料的劳动力相对增长,这就表示劳动生产率的增长。因而,劳动生产率的增长,表现为劳动的量比它所推动的生产资料的量相对减少。"①这就要求,生产资料生产比消费资料生产增长得较快一些。

第二,在技术进步、劳动生产率提高的条件下,不仅劳动力的技术装备程度要不断提高,劳动资料的生产要增长得快一些,而且原材料的消耗也要大量增加,生产资料也要增长较快。

二是生产资料生产的增长最终要依赖于消费资料生产的增长的规律。这个规律的基本内容是:生产资料生产的增长较快不能离开消费资料生产增长而孤立地进行。生产资料生产的增长必须受消费资料生产增长的制约。同时,消费资料生产不只是消极地被动地适应生产资料生产的增长而增长,而且它还能够积极地主动地促进和推动生产资料生产的增长。

所以,在社会主义扩大再生产条件下,社会再生产应该有两个经济规律:生产资料生产增长较快的规律和生产资料生产的增长最终要依赖于消费资料生产增长的规律。否认生产资料生产增长较快是不对的,离开消费资料生产的增长,孤立地、片面地发展生产资料生产也是不对的。

遵循社会主义扩大再生产的两大规律,实际上就是要正确处理生产资料生产和消费资料生产两大部类之间的关系。在现实生活中,重工业基本

---

① 《马克思恩格斯全集》第 23 卷,第 683 页。

上是生产生产资料的部门,农业和轻工业基本上是生产消费资料的部门。所以,正确处理两大部类之间的比例关系,实际上就是正确处理农业、轻工业和重工业之间的关系。工业,主要指重工业是国民经济的主导,要进一步发展。但是,农业是国民经济的基础,工业以及整个国民经济发展的规模和速度,归根到底要受农业的生产水平和劳动生产率水平的制约。社会主义建设的实践一再证明,没有农业的发展,工业以及整个国民经济的发展是有困难的,特别是像我国农业人口这样众多的国家,情况更是这样。轻工业投资少,收效快,积累多,可从各方面满足人民吃、穿、用的各种需要,发展轻工业也很重要。

四、西方经济增长理论可以借鉴的东西

西方经济增长理论流派纷呈,模型复杂,很难一一评价,但是,确有一些有价值的东西可以借鉴。

1. 有些西方学者看到经济增长会带来各种问题,例如,环境污染、粮食不够、人口过多、自然资源耗尽,特别是生态平衡问题。因此,有些西方学者面对经济增长中出现的问题提出的最优增长理论,特别是可持续发展理论,主张改变单纯经济增长,忽视生态环境保护的传统发展模式;要综合考虑社会、经济、资源与环境效益;通过开发新技术、调整产业结构等提高资源效率,由资源型经济过渡到技术型经济等,这些具有积极意义的东西,我们可以借鉴和吸取。

2. 在现代西方经济增长理论研究中,运用数学工具及其分析框架,将经济增长理论分析置入数学模型中。无疑增强了理论论证过程的严密性和逻辑性,并且通过建立数学模型来反映经济变量之间的内在联系,使各种变量间的相关关系更为明了和直观。这对于经济增长研究的精确性,是有益的,也可以借鉴。

3. 西方各派经济增长理论都是从某个角度或某一个假设条件作为前提来设计增长模型,确实不能真实地反映和揭示现实经济增长过程的全貌,都具有片面性,但是,每一个增长模型都从它特有的角度,直接或间接地反映和揭示了经济增长实践的部分现实。单独一个经济增长模型,不能解决经济增长的实际问题,但是,如果把各种经济增长模型综合起来分析研究和运用对实际经济增长是有裨益的。

五、社会主义社会再生产理论尚待进一步深入讨论的问题

社会主义再生产主要有简单再生产和扩大再生产,还有缩小再生产等几种类型,或者现代经济学所说的零增长、正增长与负增长三种类型。这大体是明确了,但是区别简单再生产、扩大再生产以及缩小再生产的界限和尺度究竟是什么,是以价值量为尺度,是以使用价值量为尺度,还是既要以价值为尺度,又要以使用价值为尺度,或者还有另外的什么尺度,需要进一步讨论。

把经济增长方式分为粗放型和集约型与社会扩大再生产分为外延型和内涵型,这两者的关系怎样从概念上来说,似乎还没有讨论清楚。经济增长方式转变与经营方式转变的关系似乎还没有好好讨论。

扩大再生产应该有外延扩大再生产和内涵扩大再生产这两种类型,这也是没有问题的。但是,什么是外延扩大再生产,什么是内涵扩大再生产,怎么区分,是以投资,以生产资料,以劳动量,还是以生产场所为标准来区分。社会主义初级阶段扩大再生产应以外延为主,还是以内涵为主,也要进一步讨论。

按照马克思的再生产理论,社会生产从物质构成来说分为生产资料生产和消费资料生产两大部类。在社会主义条件下,把社会再生产只分为两大部类够不够,可不可以分为三大类、四大类、五大类,甚至六大类。"第三产业"属于哪一部类?军事工业属于哪一部类?科学、文化、教育属于哪一部类?在各大部类内部要不要再分,怎么分,分到什么程度,也要深入讨论。

按照马克思的再生产理论,社会总产品从价值角度来看,可分为生产资料转移的价值(c)、劳动力价值(v)和剩余价值(m)三个部分。但是,从再生产角度仅把产品价值分为c+v+m三部分够不够,要不要再分为补偿基金、积累基金和消费基金三大部分,以及这两者的关系如何也要进一步研究。

在当代西方经济学中,有许多经济增长的模式,从大类来说,有关于发达国家的经济增长模式和发展中国家的经济增长模式,我国主要是借鉴发达国家的经济增长模式,还是发展中国家的经济增长模式,以及如何建立具有中国特色的社会主义经济增长模式,这是一个新课题,需要加强研究。特别是像我国劳动力资源特别丰富的国家怎样处理好经济增长方式转变与劳动就业的关系,也是很重要的理论和实际问题。

当代西方经济学中的投入产出理论是从马克思再生产理论中得到启示的。在资本主义社会已经比较广泛地运用的投入产出法,在社会主义社会怎么运用投入产出法探讨社会主义再生产问题,特别在宏观经济中怎么运用投入产出法,也要花大力气去探讨。

社会主义社会再生产理论需要进一步探讨的问题还很多,要不断发现新情况,研究新问题。

第四节　关于经济增长方式转变中的若干辩证关系

经济增长方式简单地说就是引起经济增长的途径和方法,我国现在一般将经济增长方式分为两种基本类型,即粗放型经济增长方式和集约型经济增长方式。所谓经济增长方式转变,就是将粗放型经济增长方式转变为集约型经济增长方式。但是,如何辩证的,而不是绝对化的;全面的,而不是片面的理解和实现经济增长方式的转变,不刮一阵风,不搞一刀切,是一个值得注意的问题,下面谈经济增长方式转变的十个辩证关系。

一、扩大再生产方式转变和经营方式转变的关系

现在较多的人认为经济增长实际上就是扩大再生产的问题,按照马克思的再生产理论,扩大再生产有两种基本方式,即外延型扩大再生产和内涵型扩大再生产,也就是我们现在所说的粗放型经济增长方式和集约型经济增长方式。因此,外延与粗放是一致的,内涵与集约是一致的。有些同志还查阅外文,说明在外文里外延和粗放本来是同一个词,内涵和集约也是同一个词。有些同志不同意这种看法,认为外延不等于粗放,内涵不等于集约。还有些同志认为,这两对词既有联系又有区别。在这两对概念之争中,我们重读《资本论》有一个新的启示。

马克思在分析扩大再生产时提出:"如果生产场所扩大了,就是在外延

上扩大；如果生产资料效率提高了，就是在内涵上扩大。"①又说："积累，剩余价值转化为资本，按其实际内容来说，就是规模扩大的再生产过程，而不论这种扩大是从外延方面表现在为旧工厂之外添设新工厂，还是从内涵方面表现为扩充原有的生产规模。"②可见，马克思在论述扩大再生产时分成外延和内涵两种再生产类型的。马克思在分析农牧业经营方式时指出："在经济学上，所谓耕作集约化，无非是指资本集中在同一土地上，而不是分散在若干毗连的土地上。"③"发展集约化来耕作，也就是说，在同一土地上连续进行投资。"④"在作为独立的生产部门的牧羊业或整个畜牧业中，几乎都是共同利用土地，并且一开始就是粗放经营。"⑤可见，马克思在论述经营方式时是分成粗放和集约两种经营方式的。因此，我们现在提由粗放经济增长方式转变为集约经济增长方式，最好理解为，既包括扩大再生产方式的转变，也包括经营方式的转变，不要只理解为只是扩大再生产方式的转变。而且扩大再生产方式的转变用外延和内涵为好，经营方式的转变用粗放和集约为好。确切地说，经济增长方式的转变，应包括以外延为主的扩大再生产方式向以内涵为主的扩大再生产方式转变，和以粗放为主的经营方式向以集约为主的经营方式转变，两者不可偏废。

二、粗放型增长方式和集约型增长方式的关系

粗放型增长和集约型增长，从来都是同时存在的。转换经济增长方式，不是只要这个增长方式，不要那个增长方式的问题，而是以哪个经济增长方式为主的问题。所以，如果说我国现阶段经济增长方式的转变，最好是提由以粗放型为主的经济增长方式转变为以集约型为主的经济增长方式。是从过去主要依靠铺新摊子，上新项目，扩大建设规模，转变到主要立足于现有基础，把建设的重点放在现有企业的改造、充实和提高上；主要从依靠大量投入增加生产要素的数量来实现增长转变到主要通过提高生产要素的效率来实

---

① 《马克思恩格斯全集》第 24 卷，第 192 页。
② 同上书，第 356 页。
③ 《马克思恩格斯全集》第 25 卷，第 760 页。
④ 同上书，第 766 页。
⑤ 同上书，第 761 页。

现增长。不能片面地认为,转变经济增长方式就不能再搞外延扩张,也不要再增加投资。经济增长,不增加投入,不适当扩大生产规模是不行的。内涵增长主要靠内部挖潜,如果只是拼设备、拼人才,忽视进行技术改造等的必要投入也是不行的。中国目前的国情是资金短缺劳动力过剩。过去,我国经济增长中有相当大的部分是靠增加劳动力投入取得的。今后,转变经济增长方式,要主要通过提高劳动生产率来取得经济增长,但是,考虑我国就业的压力,不适当通过增加劳动力的投入来取得增长也是不现实的。

三、经济增长方式和经济增长的关系

经济增长方式转变,不是不要经济增长。有种说法,转变经济增长方式就是数量型转变为质量型,速度型转变为效益型。似乎转变经济增长方式后,就是不要数量只讲质量,不要速度只要效益。"发展是硬道理。"中国是大国,而且仍然是发展中的国家,有十几亿人口需要吃、住、行、用,没有数量的增长是不行的。为使我国尽快跻身于世界发达国家之林,也必须加快经济增长。在现实经济中,不存在没有数量的质量,也不存在没有速度的效益。但是,不能只追求数量,要注意产品质量、性能和品种,使产品适销对路。也不能没有速度,速度太低了也不行,速度不仅要适当,不能盲目追求速度,而且要求效益。既要提高结构优化效益,又要提高规模经济效益。转变经济增长方式绝不是不要经济增长。而是使经济增长得更快、更好、更有效益。既要增加数量,又要提高质量;既要速度快,又要效益高。

四、"粗放"中有"集约","集约"中有"粗放"

外延粗放型经济增长方式是指通过增加生产要素的数量来扩大再生产,但粗放中包含着集约的因素。马克思曾经说过:"单单资本的量的增加同时也就包含资本的生产力的增加。如果说资本的量的增加是生产力发展的结果,那么反过来说,一个更广阔的、扩大了的资本主义基础又是生产力发展的前提。这里存在着相互作用。因此,在更加广阔的基础上进行的再生产即积累,即使它最初只表现为生产在量上的扩大(在同样的生产条件下投入更多的资本),但在某一点上也总会在质上表现为进行再生产的条件具有较大的效率。"① 因此,在外延粗放型增长中,要讲究内涵,增加生产要素的数量要是国内基础弱而且急需的产业,不能盲目搞重复建设;增加投入要考虑投入产出比,要以最少的投入取得最大的产出;扩大生产所需的能源、原材料、劳动力,要注意降低消耗、减少浪费。内涵集约型经济增长方式主要是通过提高现有生产要素的质量和效益来扩大生产规模,目的还是为了增加产品的数量,提高产品的质量,为社会提供更多更好的产品。但是,内涵集约中伴随有粗放,要提高生产要素的质量和效率也需要适当投入必要的资金用于现有企业设备的技术改造,依靠科技进步和提高劳动者素质也要增加对科学和教育事业的投入。

五、不同地区之间的关系

我国地域辽阔,各地区经济发展很不平衡,特别是东、中、西部差距的扩大,已经是摆在我们面前的一个十分尖锐的问题。

经济增长方式的转变从全国来说,应该实现从以粗放外延型为主的经济增长方式向以集约内涵型为主的经济增长方式转变。但是,不同地区应根据各个地区的实际情况,进行具体分析。东部地区可以说是我国的发达地区。改革开放以来,国家充分利用东部沿海地区资金、技术、人才、地缘等优势,实行向东部沿海地区投资倾斜政策,外延增长较多,今后应主要以内涵增长为主,不宜再增加过多的投入,再上过多的新项目,应主要通过技术进步发展高新技术产业和出口创汇产业。

中部地区可以说是我国的较发达地区。我国中部地区是介于东部发达地区和西部欠发达地区的中间地带,经济发展程度次于东部,又高于西部。在相当一个时期内,经济增长方式以粗放外延型和集约内涵型并重为宜。

西部地区可以说是我国的欠发达地区,经济落后、交通闭塞、投资环境差、人口素质低,现在经济增长还只能主要依靠劳动、资金等生产要素投入的增加,以粗放外延的经济增长方式实现经济增长。国家应加强对西部的投入,大力发展资源开发型产业、劳动密集型产业,并鼓励和促进东部发达

---

① 《马克思恩格斯全集》第26卷第2册,第596页。

地区劳动密集型产业和高耗能、高耗原材料产业向西部欠发达地区转移,待将来经济发达了才能逐步向集约内涵型经济增长方式转移。

同时,在东、中、西部内部也不能一刀切。在东部实行以集约内涵为主的经济增长方式,其中也可能有些地方和产业还只能实行以粗放外延型为主的经济增长方式。在西部实行以粗放外延型为主的经济增长方式,其中也可能有些地方(如重庆、成都、兰州、西安等)和产业实行以集约内涵型为主的经济增长方式。

六、不同产业之间的关系

不同产业,不同行业,在国民经济中的作用大不相同,增长方式也应有所区别。从不同部门来说,大多数部门,特别是大量轻纺工业和一般机械加工工业等在我国国民经济中占有重要地位。但是,已有一定规模的部门,有些已经出现供大于求的情况,这些部门应以内涵增长为主进行结构调整和优化,推动技术进步,提高质量,不能再铺新摊子,上新项目。但是基础产业,如农业、能源工业、原材料工业,它们代表国家经济实力,是国民经济发展的基础。但是,它们的现状同我国社会主义现代化建设的要求仍不适应,制约着我国国民经济的发展,需要加强建设,仍然要有外延的扩大。支柱产业,如电子工业、石油化工、汽车工业是我国国民经济的支柱,代表国家发展的后劲。还有高技术产业,如生物工程、海洋工程等,它们代表国家的技术水平。它们的总量还不是很大,在国民经济的比重还小,需要加快发展,还不能主要只靠内涵增长,仍要外延扩大。粗放外延型经济增长方式是以劳动密集型产业为主的,要转变为集约内涵型经济增长方式,还要逐步由以劳动密集型产业为主过渡到以资本密集型产业为主,还要进一步发展到以技术密集型产业为主。

七、不同时期之间的关系

经济增长方式转变是一个动态变换过程,是不能一蹴而就的。因此,还要处理好不同时期经济增长方式之间的关系。从最终目标来说,我国应实行以集约内涵型为主的经济增长方式。但是,要实现这一目标对我们中国来说,还要有一个相当长的过程。从时期来说,可分阶段实施。第一阶段即现阶段我国经济增长方式实际上是以粗放外延型为主的。这种经济增长方式对我国经济发展起过重要作用,功不可没。但是,这种经济增长方式有许多弊病,如产业结构不合理,技术和管理水平落后,生产成本高,国民经济的整体素质提高不快,突出的是经济效益低。所以,当我国已具备一定工业化基础后,中央及时提出要从粗放型为主的经济增长方式向集约型为主的经济增长方式转变是非常必要和及时的。经过一段时间的努力,将会进入第二阶段,即实际上是粗放和集约这两种增长方式并行的阶段,恐怕在进入中等发达国家以前,不能改变这种状况。以后再经过若干年的经济发展才会进入第三阶段,以集约内涵型为主的经济增长方式阶段。

从不同时期来说,经济发展还是有周期的,要经历萧条、调整、复苏、高涨等阶段。一般说来,在萧条、调整、复苏等阶段应以充分发挥现有生产要素的潜力,实现内涵增长为主,在经济高涨阶段外延的扩大会多一些。

八、宏观经济增长方式和微观经济增长方式的关系

有一种说法,转变经济增长方式的任务在企业。似乎只有微观经济增长方式转变的问题,不存在宏观经济增长方式转变的问题。其实,经济增长方式的转变既有微观领域的问题,也有宏观领域的问题,要处理好两者的关系,不能偏废,应该说转变经济增长方式既是企业的任务,也是政府的任务。

单项资源的配置、劳动生产率的提高、技术含量的增加,是微观经济增长方式的问题。微观经济增长方式的转变主要取决于技术进步。但是,不能单打一,要综合考虑。实现微观经济增长方式转变的任务在企业。只有每个企业大大推进技术进步、加强管理、降低成本、提高质量、增加效益,才能实现微观经济增长方式的转变。一个企业如果投入少、产出多,那就是最好的微观经济增长方式。

不同地区的协调发展,不同产业结构的优化、资源配置和再配置效率的提高,是属于宏观经济增长方式的问题。宏观经济增长方式转变要在调整产业结构、行业结构、产品结构上下功夫。我国要实现宏观经济增长方

式的转变,政府除了制订经济政策、运用经济杠杆以外,还要政府的财力支持。实现宏观经济增长方式转变的任务在政府。

九、经济体制转变和经济增长方式转变的关系

从计划经济体制向社会主义市场经济体制转变,经济增长方式从粗放型向集约型转变,是实现今后15年奋斗目标的关键所在。正确处理这两者的关系非常重要。现在有一种说法,经济体制是经济增长方式转变的前提,甚至有人说,经济体制决定经济增长方式。按照这种看法,似乎只有实现了经济体制的转变才能实现经济增长方式的转变。这里涉及一个根本性的理论问题,即生产力与生产关系和上层建筑的关系问题。大家知道,经济体制是属于生产关系和上层建筑的问题,经济增长是属于生产力发展的问题。生产力决定生产关系和上层建筑,生产关系和上层建筑反作用于生产力,相互促进,相互制约。两个转变关系密切,应该说经济增长方式的转变会促进经济体制的转变,经济增长方式的转变通过提高经济效益增强国家的财力和物力,这样才能强化国家宏观调控力度,为经济体制改革创造一个较为稳定和宽松的经济环境。经济体制的转变也会对经济增长方式的转变发生影响,经济体制的转变,产权关系的明确,经济活动主体之间的利益关系的理顺,有利于经济增长方式的转变。因此,两者要同步前进,决不能认为只要进行经济体制的转变就自然而然地会实现经济增长方式的转变。

十、马克思主义经济学和西方经济学的关系

转变经济增长方式还有个以什么经济理论为指导的问题,有不少同志明确指出,转变经济增长方式应以马克思主义的再生产理论为指导。但是,我们也看到一些论述经济增长方式的文章通篇都是西方经济增长理论的翻版,似乎马克思主义经济理论与经济增长方式转变毫无关系,这里就有一个在学习、研究和宣传转变经济增长方式时,正确处理好马克思主义经济学和西方经济学的关系问题。我们是主张学习、研究和宣传转变经济增长方式应以马克思主义再生产理论为指导,同时注意吸取西方经济增长理论合理成分的。

第五节　习近平关于经济发展与增长方式的论述与评析

对经济增长理论的考察,马克思用再生产理论来研究经济增长。人类社会发展到今天,尤其是中国经济经过40多年的高速发展和社会主义现代化发展程度的深化,中国已经是当今世界上最大最强的发展中国家,世界经济总量排全球第二。所以本节讨论习近平对经济增长理论或再生产理论的论述,就不用经济增长理论,也不用再生产理论,而是用经济发展这一概念。前面已经对马克思主义再生产理论与西方经济学经济增长理论进行了比较研究,这里就主要分析经济增长与经济发展的关系。那么,经济发展与经济增长有什么区别,又有什么联系?本节首先指出经济发展的内涵以及经济增长与经济发展的联系和区别,然后重点讨论与研究习近平关于经济发展与增长模式的相关论述,主要包括新发展理念的提出及其政治经济学分析,与环境协调发展的"两山论"[①]对马克思主义生产力理论的丰富和发展,以及对新发展阶段进行初步的政治经济学分析。

一、经济增长与经济发展的区别与联系

(一) 经济发展的内涵

经济发展指不发达国家和地区摆脱贫穷与落后状态,实现现代化的过程。它既包括经济数量的增长,更包括技术的进步、结构的优化、质量的提高、效率和效益的增进等。具体表现为投入结构及与之对应的产出的变化。投入结构变化,其一,是指各产业部门间的投入比例发生改变,经济越是发展,第三产业比重就越趋增加,第一、二产业相对下降,产业结构就会呈现高度化。其二,是指所投入的生产要素,如资本、技术、劳动等所占比重的改变。一般而言,粗放型增长方式下的投入组合将逐步为集约型增长模式下的投入组合所取代。产出的变化使各产业部门间产出比重的变化,

---

[①] 这里的"两山论",指的是习近平总书记首次提出的"绿水青山就是金山银山"的科学论断。

如工业部门的产出相对于农业部门有所扩大的同时,相对于服务部门又逐渐缩小,而服务部门则逐步扩大。再如,经济发展既表现为人均国内生产总值或人均国民收入的提高,也表现为分配公平程度的改善。此外,还表现为环境污染、生态失衡的状况得到控制并且日益改善等。可见,衡量经济发展比衡量经济增长要复杂得多。

(二) 经济增长与经济发展的关系

西方经济学家对于经济增长(economic growth)和经济发展(economic development)这两个词概念有无区别,也是莫衷一是。有的将这两个概念并列起来,有的在似乎应用发展一词的地方却用了增长一词。有的则在指出它们的某些区别时,又说这两个词可以交换使用①。但大多数西方发展经济学家还是主张应当将这两个概念的内涵加以区别。他们认为,两者的最大区别在于,经济增长研究的是发达的资本主义经济问题,一般把制度结构作为既定条件,而经济发展则以不发达的经济作为研究对象,并把制度结构作为影响经济发展的重要因素。例如,帕金斯等人说:"经济增长和经济发展这两个词,虽在有时是可以互相替代的,但其中却存在着基本的区别。经济增长指的是国民收入或人均国民收入以及国民产值的提高……而经济发展则具有更广泛的涵义。"②他们指出,经济发展除了人均收入的提高以外,还包括经济结构的基本变化。其中两个最重要的变化就是:工业在公民生产总值中的比重上升(以及农业比重的降低)和城市人口所占百分比的上升。除此以外,进入经济发展进程的国家,一般都要度过一个人口高速增长时期和一个减速增长时期。在这两个时期,全国的人口年龄结构会有显著的变化。消费格局也会起变化,人们不再把全部收入用于购买必需品,而是逐步转移到购买耐用消费品和供闲暇时用的消费品及劳务上。他们还认为,经济发展的一个关键是大多数民众能否参与发展的过程。他们不仅参与利益的生产,还参与利益的享受。例如,经济增长只有利于少数富裕阶层,那就没有经济发展。

因此,经济增长和经济发展这两个概念是有一定区别的。经济增长仅

---

① 谭崇台:《发展经济学》,上海人民出版社1989年版,第7页。
② 吉利斯、帕金斯、罗默等:《发展经济学》,经济科学出版社1989年版,第14页。

仅指一国或一个地区,在一定时期以国民生产总值或国民收入等总量指标为特征的包括产品和劳务在内产出的增长。经济发展则意味着随着产出的增长而出现的经济社会和政治结构的变化,这些变化包括投入结构、产出结构、产业比重、分配状况、消费模式、社会福利、文教卫生、群众参与等在内的各种结构的协调和优化。由此可见,经济增长的内涵较狭窄,是一个偏重于数量的概念,它只计算国民生产总值逐年增长的百分比;而经济发展的内涵较广,是一个比较复杂的既包含数量又包含质量的概念,它更注重于结构的协调。所以,在经济增长理论比较研究中,我们就用"习近平关于经济发展与增长方式的论述及评析"来分析研究总结习近平关于经济增长理论方面的思想。

二、新发展理念的政治经济学分析[①]

习近平总书记在党的十八届五中全会上提出"创新、协调、绿色、开放、共享"五大发展理念(以下简称为"新发展理念"),随后又在中央政治局第二十八次集体学习时强调,立足我国国情和发展实践,发展当代中国特色社会主义政治经济学。中国特色社会主义政治经济学是马克思主义经济学基本原理同中国经济建设实际相结合的最新理论成果,是指导中国特色社会主义经济建设的理论基础。其主要内容包括:以民为本的发展思想,发展生产力的思想,社会主义初级阶段构想,基本经济制度理论,基本分配制度,坚持改革的思想,特色市场经济思想,坚持改革开放思想。新发展理念是中国特色社会主义政治经济学的基础和指导,中国特色社会主义政治经济学是新发展理念的细化和发展。

(一)"创新"和"协调"指引经济可持续发展

马克思主义经典危机理论以剩余价值理论和生产过剩理论为基础,以在生产过程中资本主义生产社会性与资本家个人生产无组织性造成的生产结构失调为现实条件,以利润率下降为直接表现,系统地描述了资本主义危机的可能性、必然性、爆发条件和不断加剧,最终导致资本主义走向灭

---

① 参见顾善雯:《"五大发展理念"的政治经济学创新和发展》,《产业与科技论坛》2021年第20卷第14期,第9—11页。

亡的必然规律。由于技术进步导致资本有机构成快于剥削率增长,剩余价值率不断减少,引起利润率不断下降,加之资本主义生产的剥削实质使剩余价值在少数资本家手中不断积聚,造成劳动人民的贫穷与购买力不足,而资本的逐利性又促使资本主义生产不断扩大规模,最终导致生产比例失调和有效需求不足,经济陷入危机,最终走向崩溃。创新是可持续发展的基本动力,是突破经济发展瓶颈的有效手段。

中国在经历了以要素投入、低成本劳动力拉动的粗放式发展之后,在经济高速增长的同时,也造成产能严重过剩、资源环境约束、创新能力不足、经济大而不强等一系列经济发展问题。经济发展动力不足,是当前中国经济可持续发展的最大瓶颈。因此,只有将创新作为中国未来经济可持续发展的一大战略,才能实现经济由粗转精、由大转强、由快转稳的发展。要做到创新驱动,核心是掌握相关领域的核心技术,首先需要推动科技创新与经济社会发展紧密结合,让企业真正成为技术创新的主体。其次,需要政府在关乎民生和国家命运的行业中发挥国家优势,积极推动自主创新。另外,需要注意的是,在积极推动自主创新的同时,要以知识产权保护为基础,只有健全的知识产权保护制度,才能为创新提供长效的制度激励和坚实的法律基础支持。也只有在完善的知识产权保护制度下,创新才能为经济可持续发展提供源源不断的动力。

在经济可持续发展层面的"协调"理念是指产品供给和人民需求之间的协调,经济快速增长与经济结构优化之间的协调,国有企业占主导地位与个体企业全面发展之间的协调。正是在这种"协调"理念的指引下,中国提出了供给侧结构性改革,从提高供给质量出发,用改革的办法推进结构调整,矫正要素配置扭曲,扩大有效供给,提高供给结构对需求变化的适应性和灵活性,提高全要素生产率,更加满足广大人民群众的需要,促进经济社会可持续发展。提出了新常态理论,指出经济进入新常态的三大特征:从高速增长转为中高速增长;经济结构不断优化升级,第三产业消费需求逐步成为新的经济主体;从要素驱动、投资驱动转向创新驱动。在具体理论指导下,中国二零一四、二零一五两年持续进行经济结构优化、创新机制改革以及产业结构转型,虽然增长进入了中高速,但是为持续发展奠定了基础。

对于私有产权引致的贫富分化问题,中国在坚持公有制的基础上,成立大量的国有企业,承担更多诸如创造就业、环境保护、公共设施建设等社会责任,以国有企业肩负一级支付转移职能的方式,控制贫富两极分化。在"创新"和"协调"理念指导下,马克思主义经济学指出的资本主义经济危机的两大根本原因:结构失调和有效需求不足,能够在中国特色社会主义经济发展中很好地避免,从而实现经济可持续发展。

(二)"协调"和"绿色",打造中国特色市场经济

在《资本论》中,马克思使用"同化"和"异化"概念来描述人与自然的物质交换。同化是人改造自然的过程,异化是向自然排放污染的过程[①]。马克思认为,资本主义市场经济制度会对人与自然之间同化和异化的平衡造成破坏,最终导致对自然资源的浪费和对自然环境的破坏。在资本主义市场经济条件下,由于以私有产权为基础的自然所有权以及资本家对利润的狂热追求,在改造自然、发展经济的同时,对生命的破坏,对资源矿产的过度开采,对土地盲目开垦,"从来都起很大作用"。相比之下对环境的"养护和生产""简直不起作用"[②]。因为资本家的贪欲,试图从自然界索取一切可以为其带来利润的资源,而不会关心资源的可再生性。这样,人与自然之间和谐的同化关系就被资本主义市场经济所破坏。不仅如此,在异化方面,资本主义生产不会顾及负外部性,以最小的成本向自然界排放大量污染物,在破坏自然环境的同时,还对人类生存的社会环境造成破坏。

马克思在《资本论》中以泰晤士河为例,描述了资本主义生产为追求利润最大化,将废物排放到河流中,最终造成水源、土壤和空气的污染,进而威胁人类的生存与发展。西方经济学惯用GDP测度经济发展状况。中国社会科学院学部委员程恩富教授认为,从以人为本的科学发展经济价值目标角度看,GDP存在诸如只测算市场经济活动的直接成果,而忽略许多对福利来说非常重要的其他方面成果;只能反映增长部分的数量,无法反映增长部分的质量,只反映经济增长的流量,不反映经济增长的存量,不能明确反映价格的外部性、成本和收益等缺陷。对此,程恩富教授提出以国内

---

① 卢森堡:《资本积累论》,生活·读书·新知三联书店1959年版,第236—257页。
② 丁晓钦、陈昊:《国有企业社会责任的理论研究及实证分析》,《马克思主义研究》2015年第12期,第68—69页。

生产福利总值为核心的新价值模式,认为现行 GDP 应该通过内外部新的福利价值修正才能合理描述经济发展。

在中国特色社会主义市场经济制度下,"协调"发展理念,要求我们在粗放发展和集约发展之间进行协调,在利用自然和保护自然之间进行协调,在当前发展和长期发展之间进行协调,在市场配置和政府监管之间进行协调。中国特色社会主义政治经济学提出了政府和市场关系的理论,在市场作用和政府作用的问题上,要讲辩证法、两点论,使市场在资源配置中起决定性作用和更好发挥政府作用。两者是有机统一的,不是相互否定的,不能把两者割裂开来、对立起来。既不能用市场在资源配置中的决定性作用取代甚至否定政府作用,也不能用更好地发挥政府作用取代甚至否定市场在资源配置中起决定性作用。中国特色社会主义下的市场决定性作用和政府的规划配置作用是一个有机的整体,两者在功能上能够实现良性互补,在效应上能够达到协同,在机制上力求实现背反。

"绿色"发展理念,正是要求我们跳出唯 GDP 论经济发展的狭隘观念,从更广阔和更全面的视角看待经济发展。该理念要求我们必须坚持节约资源和保护环境的基本国策,坚持可持续发展,坚定走生产发展、生活富裕、生态良好的文明发展道路,加快建设资源节约型、环境友好型社会,形成人与自然和谐发展、现代化建设新格局,推进美丽中国建设,为全球生态安全做出新贡献。在"协调"和"绿色"发展理念指引下,中国特色社会主义市场经济能够克服资本主义市场经济对环境破坏和污染的困境,建设一个既繁荣富强又鸟语花香的社会主义新中国。

(三)"共享"发展理念推动劳动人民全面发展

"共享经济"理念建立在以公有制为基础的全民所有权基础上,生产资料为每个劳动者共同占有、共同使用、共同受益,以按劳分配为基础参与利润分配的标准是劳动贡献的大小,而不是资本占有的多寡。全体人民按照共商、共建、共享的原则,共同推进社会主义现代化建设,同时也共同分享现代化带来的便利。全体发展成果由人民共享,全部社会产品也由劳动者共享,最终使人民幸福感极大提升,直至实现共同富裕。"共享"发展理念是其五大发展理念的落脚点,也是社会主义中国发展的最终目标。中国共产党的基本施政宗旨,更进一步来讲,"共享"发展理念,全面完成了经济发展过程中资本和劳动的双重修复,实现了劳动人民初级、中级和高级全面发展。

经济学家大卫·哈维在其著作中提出资本修复概念。他认为,诚如马克思在《共产党宣言》中所言,资本主义生产方式的变革,为人类社会带来了积极丰富的物质财富堆积,这些财富比之前所有社会形态下生产的财富加起来的还要多。但是,由于资本主义剩余价值规律这一基本经济规律的限制,资本对剩余价值的近乎狂热的追求,在带来大量产品供给的同时,也造成了经济虚假繁荣。阶层分化严重,环境破坏等众多经济社会生态问题日益凸显,这些问题在资本主义各种治标不治本的所谓社会改进中不断积累发酵,最后会以爆发式的经济危机的形式表现出来,衰退、大量污染接踵而至。社会陷入萧条,资本大量闲置,这时就需要通过各种方法恢复资本的利润率,从而使经济复苏。这种恢复利润率的过程就叫做资本积累。

丁晓钦提出劳动修复的概念。他认为,和资本积累一样,劳动者劳动力的恢复与再生产,只是劳动修复的最初级层次,劳动者在参与劳动的过程中,要想使其劳动不被异化,进而自身能够全面发展,必须得到更全面和更高层次的修复。例如,通过终身学习不断提高劳动能力,能够优质地辅育下一代,以及享有公平正义的社会关系、丰富多样的社会产品和优美健康的自然环境等等。在实际的政策中则需要不断提高劳动者收入,为其个人发展创造各种有利条件,保证其公平公正的社会权利,并为其提供充分、全面的社会保障。但由于资本主义对于剩余价值的过度榨取,劳动者仅能维持基本的生存要求,更高层次的劳动修复无法完成。共享经济理念不但具有资本修复功能,其主要目的和作用主要表现在其劳动修复能力上。共享经济在包括生产、分配、交换、消费在内各种经济活动中都体现出强大的劳动修复能力。

首先,在生产领域,生产资料的全民共享使全民创业变为可能,利润不再完全被占有生产资料的资产阶级所垄断,每一个独立个体都能在生产领域展示其才能、发挥其力量,以主人公身份从事管理和决策工作,在体现发展依靠人民的同时,使其劳动能力得到充分发展,劳动得到了高层次修复。近年来,信息技术、大数据网络的综合运用使很多生产技术和市场信息的共享进一步成为可能。这种共享打破了垄断企业对技术和信息的独占,进一步刺激了生产红利的释放,为满足人民物质文化需要奠定更加充实的产出基础。其次,全体发展成果由人民共享,不存在资本逐利性问题,更加平均的分配结构引致更加合理的生产比例,以及更加合理和丰富的有效需求,既可以避免经济危机,又可以因更加丰富和多元化的有效需求,使劳动在初、中、高级得到全面修复。再次,供求信息、产品信息、交易信息的充分共享,极大程度缩短资本流通时间,提高了商品交换效率,进而加快了物质财富生产,使劳动人民能够提高收入,更加充分满足其物质需要,使劳动得到更好的修复。在共享信息资源条件下,交换过程可以以一种最优方式和路径进行,将非生产费用降低到最低限度,进一步增加共享经济的收益。最后,合理安排经济利润,将其中一部分用在具有正外部性的公共产品,如公园、绿地、医院、学校等公共设施的建设上,这样可以使人民的消费更加科学、理性。教育、医疗、环境等高固定成本的资源共享,可以进一步提高劳动人民的生活水平和受教育程度,对劳动者进行更加全面的劳动修复[1]。

(四)"创新"和"开放"构建中国新世纪独立共赢的国际关系

巴兰和伊曼纽尔认为,由于帝国主义的剥削,以及在自由贸易掩盖下的不平等交换,导致二战之后独立的国家在短期经济繁荣之后重新陷入不发展,甚至是落后。中东国家长期以资源出口为主要的经济支柱,获得了巨大财富,但其经济缺乏独立性,受世界经济冲击过大,已被发达国家左右其内政,而且在旧能源逐渐枯竭、新能源不断研发的世界形势下,其经济发展也陷入了低谷。本质上,这些国家之所以在短暂的繁荣之后就陷入危机中,究其原因,是因为其经济发展的驱动力和外交政策的独立性存在缺陷。这些国家经济发展驱动方面,一个共同特点就是依靠资源和初级产品出口带动经济增长。这种做法无异于饮鸩止渴,杀鸡取卵,短期颇有成效,但难以维持。而他们的外交政策也多是接受西方的自由思想和资本主义经济制度的限制,推行全无限制的自由贸易政策,这种外交政策使新帝国主义对其国家的隐性剥削成为可能。

---

[1] 丁晓钦、郭艳青:《马克思主义视阈下的劳动修复及其当代意义》,《马克思主义研究》2014年第10期,第81—88页。

习近平总书记提出的"创新"发展理念,要求把创新摆在国家发展全局的核心位置,不断推进理论创新、制度创新、科技创新、文化创新等各方面广义创新。在狭义层面上,创新主要是指科技创新。中国应当自主塑造更多优势驱动型创新,特色驱动型创新以及可持续发展型创新,这样就可以有效避免因资本主义隐性剥削和因不平等交换而耗尽发展红利。如果不能自主创新,要发展就只能使用外国的专利和技术,处于微笑曲线的低端,而靠出口初级产品和资源以及廉价劳动力换取科学技术专利,这样发展取得的成果也会被资本家、跨国公司通过专利费用剥削窃取,从而不能将发展成果惠及全民,不能实现开放、独立、民主、富强的中国梦。

当今中国正在一步步践行创新和开放并举的原则,高铁技术在全球的推广,"一带一路"全球经济发展战略的积极推进,亚投行的积极筹备,对抗美国霸权,谨慎参与全球化进程,为世界其他国家的发展树立非资本主义模式的榜样,是中国今后的世界使命和担当。因此,以"开放"和"创新"理念为指导,通过这 40 年来取得的资本积累,发挥人口红利优势,注意保护环境和资源节约利用,审慎对待国际经济交往与贸易中的种种状况,严防发达国家垄断资本家为获得不平等收益而设下的陷阱。中国完全可以构建出新世纪独立共赢的国际关系。

三、习近平"两山理论"对马克思主义生产力理论的丰富和发展[①]

习近平总书记在十九大报告中指出:"坚持人与自然和谐共生。建设生态文明是中华民族永续发展的千年大计。必须树立和践行绿水青山就是金山银山的理念,坚持节约资源和保护环境的基本国策,像对待生命一样对待生态环境,统筹山水林田湖草系统治理,实行最严格的生态环境保护制度,形成绿色发展方式和生活方式。坚定走生产发展、生活富裕、生态良好的文明发展道路,建设美丽中国,为人民创造良好生产生活环境,为全球生态安全做出贡献。"[②]"两山论"是习近平总书记任浙江省委书记时提出

---

① 参见叶冬娜:《习近平"两山理论"对马克思主义生产力理论的丰富和发展》,《广西社会科学》2020 年第 12 期,第 7—11 页。
② 2015 年 5 月,中共中央、国务院发布的《关于加快推进生态文明建设的意见》。

的,他指出,"我们追求人与自然的和谐,经济与社会的和谐,通俗地讲,就是既要绿水青山,又要金山银山"。随着时间的推移,习近平总书记将其改为"绿水青山就是金山银山"的科学论断。习近平"两山理论"充分说明了生态环境保护和自然资源利用是齐头并进的。此理论展现出马克思主义有关生态环境即是生产力的观点,为中国大力推进生态文明建设提供了重要的理论和实践支撑。当前,深入把握习近平"两山理论"对马克思主义生产力理论的丰富和发展具有极为重要的理论和现实意义。

(一)习近平"两山理论"是对马克思主义自然生产力理论的丰富和发展

习近平"两山理论"以马克思主义自然生产力理论为基础,融入生态环境生产力思想,丰富和发展了马克思主义生产力要素构成理论。马克思曾说:"劳动过程的简单要素是:有目的的活动或劳动本身,劳动对象和劳动资料。"马克思主义指出,劳动者的劳动、劳动对象与劳动资料构成了劳动生产力的基本元素,而全部的劳动生产力都可以归结为自然生产力。可见,马克思主义高度评价的自然力在生产力中的重要作用。无论是劳动者、劳动对象还是劳动资料,唯有通过自然力并且与其结合,才能构成现实生产力。原因在于:第一,生产力的基本元素来源于自然界,自然界是人类赖以生存的物质前提,工人在其中进行自己的劳动活动,由此生产出和借以生产出劳动产品的物质资料。第二,人是自然的对象。这是由于人是自然界的一部分,人类通过实践活动作用于其身外的大自然,进而改造自然界,在改造自然界的实践活动中又得以改造自身。如果人的自然力量作用于人之外的自然力,它就构成了自然生产力。因此,一切生产力归根到底都来源于自然界。随着人类社会的进步,人们对自然生产力理论的理解也逐步加深。以习近平同志为核心的党中央提出了"两山理论",强调生态就是资源,这就是马克思所说的"自然界是生产力的基础构成要素"。习近平"两山理论"明确指出,生态环境即是资源,人类主体这个生物有机体可以被称为资源,具有自然力;周围的外部非生物的生态环境也可作为资源,具有自然力。另外,人与其周围外部环境的和谐发展,以及由此形成的良好生态环境,可视为资源,具备自然力。这正是习近平所说的"绿水青山就是金山银山。"因此,习近平"两山理论"即是将绿水青山的自然资源视为社会生产力的基础要素,这对于社会主义生产力理论具有重要的意义。这些观点深入阐明了自然界乃是促进社会生产力不断发展的重要物质基础。所以,人类在利用自然资源的同时,必须秉承人与自然和谐共生的价值理念,以确保人类社会的可持续发展。可见,习近平"两山理论"是在摒弃传统工业生产力理论弊端的基础上,对马克思主义自然生产力理论的当代发展。这不仅是马克思主义理论发展的新阶段,也是当代中国的重要理论、实践以及方法论的创新。

"两山理论"是基于改革开放以来生态环境保护和社会生产力发展、经济发展之间的现实矛盾问题提出的,体现了新时代中国直面生态问题的担当精神,生动诠释了社会主义生产力发展之历史逻辑。如何在人与自然和谐共生的基础上,推动社会经济生产力的高质量发展,提高人民的物质生活水平,这是人类的生存与发展所需要面临的基本问题。人类通过社会实践活动,有目的地利用自然、改造自然,这与自然环境这个基础和前提是分不开的。习近平强调"山水林田湖是一个生命共同体"[①]。究其根源,人类自身乃是自然界的构成部分。但是,自工业革命以来,西方传统工业化的发展,在给人类社会带来极大的物质财富的同时,也造成了严峻的生态问题。"两山理论"并非将人与自然之间的关系孤立割裂开来,而是将生态环境和社会生产力视为一个总体性存在而统一起来,促使马克思主义生产力理论得以不断提升和发展。无论是农业社会,还是工业社会,良好的生态环境均为社会生产力、经济发展的基础元素,这是由于自然规律起着不可忽视的作用。"两山理论"在坚持"人与自然和谐共生"这一理念的基础上,致力于达成社会主义初级阶段社会生产力水平的总目标和总任务,力图实现保护自然与经济发展、发展生产力之有机统一。社会主义的优越性,从根本上取决于社会生产力发展的更高水平,这就是社会主义的本质。虽然自改革开放以来,中国的经济建设取得了举世瞩目的成就,但在将来很长的一段时间内,"做大蛋糕",即解放生产力和发展生产力,仍然是社会主义初级阶段的首要任务。"两山理论"在新的历史起点上提出促进社会生产

---

① 中共中央文献研究室:《习近平关于社会主义生态文明建设论述摘编》,中央文献出版社2017年版,第47页。

力发展的基本原则：不但要以保护与改善生态环境为基础，而且要从良好生态环境即是自然生产力的发展高度，重新把握生态环境对人类生存与发展的重要意义。因此，"两山理论"为纠正以往一味地追求社会生产力的发展而不顾生态环境的片面做法提供理论支撑，让我们更加全面系统地认识了生产力概念的内涵与外延，从而丰富和发展了马克思主义生产力理论。

（二）习近平"两山理论"是对马克思主义自然资源利用与生产力发展关系理论的丰富和发展

习近平"两山理论"丰富和发展了马克思主义自然资源利用与生产力发展关系理论，为我们合理地解决自然资源利用和生产力发展之间的矛盾关系指明了方向。

首先，在绿色发展理念和生态生产力目标的指导下，促进自然资源与社会生产力之间的协调发展。马克思主义指出，社会生产力和自然资源利用彼此关联，彼此促进。自然界是人类为生存而需要与之处于交互作用过程的人的无机身体。人类对自然资源的认识和利用是一个漫长的过程，这个认识和利用自然资源因而获得自由的过程，必定是社会历史发展的产物。"自由不在于幻想中摆脱自然规律而独立，而在于认识这些规律，从而能够有计划地使自然规律为一定的目的服务"。

随着自然资源开采程度的逐步提高，人类对自然规律的理解和把握也逐渐加深。相比社会经济、生产力的发展，以习近平同志为核心的党中央更加重视生态资源的保护和利用。习近平强调，生态即是生产力。根据赫克尔的观点，"生态"的含义，实质上是生物有机体和外部环境之关系，目前是指以人为主体的生物有机体和外部环境之和谐关系。因此，生态就是生产力。换言之，生态生产力即是人和外部环境在协调发展的基础上获得生产生活资料之实际能力。习近平在坚持马克思自然资源利用和社会劳动生产力发展相统一理论的基础上，提出"既要金山银山，又要绿水青山"[①]。强调以绿色发展理念为指引，发展生态环境保护与劳动生产力发展相协调

---

① 中共中央宣传部：《习近平总书记系列重要讲话读本》，人民出版社2016年版，第230页。

的生态生产力理论,从而形成"绿水青山"即是"金山银山"的生态生产力发展目标。此种生态生产力理论强调人类与外部自然环境是一种和谐发展的关系,而不是人类对自然资源的单维度的利用。这也正是对马克思主义自然资源利用与生产力发展关系理论的丰富和发展。

其次,坚持以绿色发展理念为指导,以生态生产力为发展目标,来解决生态环境保护与社会生产力发展之间的矛盾关系。马克思主义主张,自然资源的可持续利用与社会生产力的发展之间存在着矛盾关系。自然力自身是有局限性的,资本主义在生产过程中对自然力的滥用和自然力的有限性之间存在巨大的矛盾,这实际上是自然力质量降低和数量耗竭的后果,说明人与自然之间物质交换关系的断裂,体现为资本主义竭力追逐经济价值和顾虑人本价值和生态价值之间矛盾关系的尖锐化,尤其是在资本主义为了获取剩余价值和超额利润而拼命扩大再生产的情况下。"作为价值增殖的狂热追求者,他肆无忌惮地迫使人类去为生产而生产,从而去发展社会生产力,去创造生产的物质条件。"恩格斯曾经指出:"地力耗损——如在美国;森林消失——如在英国和法国,目前在德国和美国也是如此。"马克思主义论证了资本生产的目的是追求剩余价值,最终造成了对自然生产力的滥用和破坏。自然界的报复是由于自然资源的资本主义滥用改造和社会劳动生产力的发展之间的矛盾得不到妥善解决而产生的,自然界的报复会破坏社会生产力的发展,破坏涵盖人类在内的全部自然力。就此,习近平强调,"宁要绿水青山,不要金山银山"①。这意味着宁可减缓经济增长速度,也要维护生物有机体与周围环境的自然力。可以说,以习近平同志为核心的党中央从总体上提出了如何合理化解生态环境保护和社会经济发展、生产力发展的矛盾关系。

绿色发展理念、"五化协同"的现代化战略、美丽中国的发展目标和"两山理论"都是源远流长、一脉相通的。要建设一个具有绿色山水的美丽中国,我们必须切实转变发展的方式,坚持绿色发展理念,将绿色化融入新型工业化、城镇化、信息化、农业现代化,协调推进"新五化"。这将开创社会

---

① 中共中央宣传部:《习近平总书记系列重要讲话读本》,人民出版社2016年版,第230页。

主义生态文明的新时代,习近平"两山理论"有着坚固的实践基础,不但体现了崭新的发展观,并且为实施具体的绿色发展战略,扭转"GDP至上论",促进绿色转型提供了基本的策略遵循。

（三）习近平"两山理论"是对马克思主义劳动价值论的丰富和发展

"两山理论"还是马克思主义劳动价值论的当代发展。马克思主义认为,商品是一种兼具价值和使用价值的双要素存在,而价值仅限定于人的劳动、劳动量决定价值量。这就是说,价值量的大小是由社会必要劳动时间决定的。这就意味着生态环境,只有相对于人来说的使用价值,并且仅限于生产领域才有意义。马克思既无法预见当代自然资源的稀缺性和人类对自然生态的破坏性,也无法想象当今工业化所带来的经济社会的迅速发展,社会物质生产体系对自然资源的需求。逐渐扩大的物质生产需求和相对稳定的生态环境系统的承载能力受到限制之间必然会产生矛盾。此外,自然资源日益紧缺的趋势,尤其是不可再生资源能源的枯竭,要求人们生产新的可再生资源能源产品,对其进行全面的治理和修复。这一切都要消耗人的劳动,但是,传统的马克思主义劳动价值论并没有考虑到这一点,当今的人类劳动,已然区别于马克思主义生产剩余价值的劳动。习近平指出,生态环境治理是一项系统工程,要以系统工程的思维理念看待关乎民生的生态环境问题。在社会主义生态文明建设过程中,需要各种硬性的生态环境和保护规章制度,其中一些较易于制定和实施,如生态红线划分、资源能源的节约、生态科学技术的开发和应用、生态环境责任追究制度等;其中一些却难以实施,如技术含量较高的生态补偿制度、资源有偿使用制度、环境损害赔偿制度和资源绿色税收制度等。因此,市场资源配置需要综合考虑生态环境是否有价值以及如何评估其价值的问题。

在马克思看来,劳动力的价值核算主要包括:维持劳动力占有者所需谋生资料的价值,维持劳动力占有者子女所需谋生资料的价值,维持劳动力占有者获取某些劳动力部门的技能所需教育和培训的价值。这就是说,生活资料的总和是使劳动者个人得以在正常的生活条件下维持自己的生产生活,并且"劳动力的价值可以归结为一定量的生活资料的价值,它也随着这些生活资料及生产这些生活资料所需要的劳动时间量改变而改变"。所有基于市场定价的生态补偿、生态税收和生态交易机制的制定,要么是上述三种价值的结合,要么是基于一定价值的核算,并考虑到其他价值的核算。而无论何种生态补偿,只要是与这三大核心价值分离的,即是对生态环境和自然资源的一种掠夺。

习近平"两山理论"从宏观上为解决生态环境问题提供了基本的方法论遵循:第一,坚持劳动生产率和自然资源利用率评价相符合;第二,坚持生产生活物质资料的积累和自然资源的利用耗费相符合;第三,坚持生产生活物质资料价值和生态环境系统价值(生态服务价值)相符合,对生物多样性的保护和园林的美化绿化等所耗费的人类劳动即生态环境系统价值(生态服务价值)。因此,习近平"两山理论"的核心实质即是"保护、发展与建设生态环境,进而保护、发展与建设社会生产力"。保护、发展与建设生态环境即是将生态环境系统之中的社会必要劳动时间加以物化,而价值的核算即是以此种社会必要劳动时间为基本的衡量单位,这是对马克思主义劳动价值论的丰富和发展。习近平"两山理论"是对马克思主义生产力理论中生态思想的当代阐发,是马克思主义生产力理论中国化的最新成果。

四、新发展阶段的政治经济学分析[①]

"十四五"时期是我国全面建成小康社会、实现第一个百年奋斗目标之后,开启全面建设社会主义现代化国家新征程,向第二个百年奋斗目标进军的第一个五年,我国将进入新发展阶段。在这一历史节点上,习近平总书记在经济社会领域专家座谈会上的讲话,从党和国家事业发展的战略全局的高度,以辩证思维看待新发展阶段的新机遇、新挑战,以畅通国民经济循环为主构建新发展格局,以科技创新催生新发展动能,以深化改革激发新发展活力,以高水平对外开放打造国际合作和竞争新优势,以共建共治共享拓展社会发展新局面,对新发展阶段我国中长期经济社会发展大问题做出系统阐释。对实现第二个百年奋斗目标中,中国特色社会主义经济关系的发展及其趋势做出新发展阶段序言式的中国政治经济学分析,具有重要意义。

---

① 参见顾海良:《新发展阶段的政治经济学"序言"》,《红旗文稿》2020年第18期,第4—7页。

（一）对新发展阶段政治经济学对象的变化作出了深刻阐述

政治经济学在本质上是一门历史的科学,这不仅在于作为政治经济学对象的社会经济关系是历史的、变化的,还在于作为政治经济学对象的经济过程和经济运行也是历史的、变化的。在两个100年奋斗目标交替的历史时刻,我们面对的中国的社会经济关系和国际的社会经济关系正发生着深刻的、急剧的变化。对这些变化做出准确判断,把握这些变化的本质特征,成为新发展阶段政治经济学分析的首要问题。

我国经济正处在转变发展方式、优化经济结构、转换增长动力的攻关期,经济发展前景总体向好。特别是党的十九大以来,在大力推进现代化经济体系建设中,在经济结构优化、质量提升、效益升级、动力变革等方面已经取得明显成效和突破性进展。在面对各种经济社会风险冲击和困难挑战中,我们比以往任何时候都具有更强大的应对定力、经济实力、创新活力和抗风险能力。但是,由于国内外经济环境、条件等方面的变化,也产生了诸多发展中的困难和挑战,甚至危机。其中有多年以来经济发展的结构性痼疾、体制性症候和周期性变化交互作用的结果,也有当下出现的新情况和新问题,特别是突如其来的新冠肺炎疫情,给我国经济社会发展带来前所未有的冲击,经济过程中生产和流通、分配、消费环境受到严重影响,社会生产和再生产的循环和周转严重受阻,在抗疫形势最严峻的时候,经济社会发展一些方面一度按下"暂停键"。同时,经济发展的外部环境严重恶化,国际经济交往特别是国际贸易和国际投资显著萎缩,国际金融市场跌宕起伏,世界经济陷于深度衰退,一些国家保护主义和单边主义盛行,国际经济、科技、文化、安全、政治等格局发生急剧动荡和深刻调整。正如习近平总书记在讲话中指出的:"今后一个时期,我们将面对更多逆风逆水的外部环境,必须做好应对一系列新的风险挑战的准备。"

我国经济过程和经济发展面临严峻的风险考验,但是我国经济潜力足、韧性强、回旋空间大、政策工具多的基本特点没有改变,经济发展的"大局"依然在掌控之中,成就中国经济发展的"新机"、"新局"依然存在,谋求"大势"、成就"大事"的制度优势和发展动力依然强盛。正如习近平总书记在讲话中指出的:"凡事预则立,不预则废,我们要着眼长远、把握大势,开门问策、集思广益,研究新情况、作出新规划。"

（二）对新发展阶段社会主要矛盾转化的新特点及其新要求作出深入分析

要辩证分析和全面理解国内外大事,统筹中华民族伟大复兴战略全局和世界百年未有之大变局,就要深刻把握和充分认识我国社会主要矛盾转化的新特点及其新要求,准确识变、科学应变、主动求变,推进新发展阶段我国经济社会的全面跃升。

我国社会主要矛盾已经转化为人民日益增长的美好生活需要和不平衡不充分的发展之间的矛盾。"十四五"时期是新发展阶段的开端,如何不断满足人民群众对涵盖物质、文化、民主、法治、公平、正义、安全和环境等方面的美好生活的需要,是实践一切为了人民,永远把人民对美好生活的向往作为奋斗目标的实际体现。美好生活所涵盖的各个方面需要,归根到底要依靠经济建设、政治建设、文化建设、社会建设和生态文明建设的不断发展来逐步实现。这"五大建设"作为"供给"一方,与"需求"的增长相比,还是不平衡和不充分的;不断推进发展的平衡性和充分性,就成为解决好社会主要矛盾的基本路径和根本要求。新发展阶段,特别是在作为这一阶段开局的"十四五"时期,要坚持以人民为中心的发展思想,以新发展理念为主导,在发展的平衡性和充分性上取得显著成效,更好实现幼有所育、学有所教、劳有所得、病有所医、老有所养、住有所居、弱有所扶,努力让改革发展成果更多更公平惠及全体人民,更加注重维护社会公平正义,更好地实现满足人民群众美好生活的发展目标,促进人的全面发展和社会全面进步。

习近平总书记在讲话中指出:"我国发展不平衡不充分问题仍然突出,创新能力不适应高质量发展要求,农业基础还不稳固,城乡区域发展和收入分配差距较大,生态环保任重道远,民生保障存在短板,社会治理还有弱项。"为了解决好这些发展中的问题,习近平总书记对新发展阶段经济理论和实践作出如下整体部署:

提出了新发展阶段要以畅通国民经济循环为主构建新发展格局。随着外部环境和我国发展所具有的要素禀赋的变化,市场和资源两头在外的国际大循环动能明显减弱,而我国内需潜力随着美好生活满足程度的逐步提高而不断释放,提升日夜强劲的国内大循环活力,成为解决好社会主要矛盾的重要根据。

提出了新发展阶段要强化以科技创新催生新发展动能、以深化改革激发新发展活力、以高水平对外开放打造国际合作和竞争新优势。解决好不平衡不充分发展的现状，就要实现依靠创新驱动的内涵型增长，就要全面深化改革、进一步解放和发展社会生产力，就要全面提高对外开放水平、形成国际合作和竞争新优势，这些成为社会主要矛盾中改变发展不平衡不充分现状的根本要求。

提出了新发展阶段要以共建共治共享拓展社会发展新局面。适应社会结构、社会关系、社会行为方式、社会心理等深刻变化，实现更加充分、更高质量的就业，健全全覆盖、可持续的社保体系，强化公共卫生和疾控体系，促进人口长期均衡发展，加强社会治理，化解社会矛盾，维护社会稳定，成为处理和解决好社会主要矛盾的现实基础。

在新发展阶段，抓住了社会主要矛盾，牢牢把握新发展格局、新发展动能、新发展活力、发展新局面，以及国际合作和竞争新优势，一切问题就能迎刃而解。新发展阶段中呈现的发展新格局、新动能、新活力、新局面和新优势，构成了新发展阶段政治经济学分析概述的理论纲要和思想挈领。

（三）提出了新发展阶段政治经济学的战略思维和根本方法，对新发展阶段经济运行总体过程和环节之间的关系作出全面认识

"努力在危机中育新机、于变局中开新局。"这是2020年五月份以来，习近平总书记在对经济形势分析中几次提到的重要思想，在经济社会领域专家座谈会的讲话中再次作了强调。这也是新发展阶段政治经济学中战略思维和科学方法的集中体现。"在危机中育新机、于变局中开新局"战略思想的核心要义就在于，深刻认识新发展阶段的新特征和新要求，提升解决社会主要矛盾的主导意识，增强辩证分析能力和总体意识，把握经济过程及其基本趋势，勇于斗争、善于斗争、敢于斗争，着力于"育新机""开新局"，在"两个一百年"交汇的节点上，交出中国特色社会主义现代化强国建设的"合格答卷"。

无论是"育新机"还是"开新局"，都有一个如何处理好经济关系和经济运行总体及其各环节之间关系的问题。马克思在对政治经济学对象阐释时,提出"一定的生产决定一定的消费、分配、交换和这些不同要素相互间的一定关系",而"生产就单方面形式来说也决定于其他要素","它们构成一个总体的各个环节",揭示了社会经济运行过程的特征和趋势。在习近平总书记的讲话中,把马克思关于政治经济学对象阐释的理论,运用于新发展阶段政治经济学中,赋予马克思这一理论以新的时代内涵。在战略思维上,要着力打通经济运行和过程中生产、分配、流通、消费各个环节及其联系,在总体上形成更多新的增长点、增长极,逐步以畅通国民经济循环为主构建新发展格局。要防止从经济运行的单一的环节或局部的过程看待发展问题,也要避免按一时的经济变化静止地或片面地判断经济走势。坚持供给侧结构性改革的主线,扭住扩大内需这个战略基点,形成需求牵引供给、供给创造需求的更高水平动态平衡,要使生产、分配、流通、消费更多地依托国内市场,提升供给体系对国内需求的适配性,全面开拓新发展阶段中"育新机"和"开新局"的新优势和新路向。

无论是"育新机"还是"开新局",也都有一个处理好发展、改革和开放的总体关系的问题。作为新发展阶段政治经济学分析,习近平总书记在讲话中强调,在发展问题上,要以科技创新催生新发展动能,实现依靠创新驱动的内涵型增长,要大力提升自主创新能力,关键核心技术要尽快实现实质性的突破。在改革问题上,要以深化改革激发新发展活力,拿出更大的勇气、更多的举措破除深层次体制机制障碍,坚持和完善中国特色社会主义制度,推进国家治理体系和治理能力现代化。在开放问题上,国际经济联通和交往仍是世界经济发展的客观要求,经济全球化仍是历史潮流,各国分工合作、互利共赢是长期趋势,人类是休戚与共的命运共同体。开放是国家繁荣发展的必由之路,以开放促改革、促发展,是我国现代化建设不断取得新成就的重要法宝,也是新发展阶段政治经济学的重要课题。

(四)初步厘清和提出了新发展阶段中国特色"系统化的经济学说"的新课题和新导向

推进中国特色"系统化的经济学说"建设,是2015年11月习近平总书记在主持十八届中央政治局第28次集体学习时提出的重要思想。近五年来,一直是中国特色社会主义政治经济学发展的重要课题。在经济社会领域专家座谈会的讲话中,习近平总书记作出了新的探索。

提出了中国特色"系统化的经济学说"中"术语的革命"的问题。恩格斯在《资本论》第一卷"英文版序言"中提出:"一门科学提出的每一种新见解都包含这门科学的术语的革命。"习近平总书记在讲话中提出,我们在"重大问题上提出了许多重要论断",其中主要如发展理念、所有制、分配体制、政府职能、市场机制、宏观调控、产业结构、企业治理结构、民生保障、社会治理等。在政治经济学概念和范畴上的这些重要论断,实际上就是"术语的革命",是中国特色"系统化的经济学说"的科学基础。

对中国特色"系统化的经济学说"作出新的概括,呈现了新发展阶段政治经济学分析的意蕴。习近平总书记在讲话中对社会主义本质理论,社会主义初级阶段基本经济制度理论,新发展理念理论,发展社会主义市场经济理论,我国经济发展进入新常态、深化供给侧结构性改革、推动经济高质量发展理论,推动新型工业化、信息化、城镇化、农业现代化"四化"同步发展和区域协调发展理论,农民承包的土地具有"三权"属性理论,用好国际国内两个市场、两种资源理论,加快形成以国内大循环为主体、国内国际双循环相互促进的新发展格局理论,促进社会公平正义、逐步实现全体人民共同富裕的理论,统筹发展和安全理论等做出系统化的概述,进一步指出,"这些理论成果,不仅有力指导了我国经济发展实践,而且开拓了马克思主义政治经济学新境界"。

提出研究和探索政治经济学的方法问题,成为新发展阶段政治经济学分析的标准。一是要从国情出发,从中国实践中来,到中国实践中去,把论文写在祖国大地上,使理论和政策创新符合中国实际、具有中国特色,不断发展中国特色社会主义政治经济学。二是要深入调研,查实情、出实招,充分反映实际情况,使理论和政策创新有根有据、合情合理。三是要把握规律,坚持马克思主义立场、观点、方法,透过现象看本质,从短期波动中探究长期趋势,使理论和政策创新充分体现先进性和科学性。四是要树立国际视野,从中国和世界的联系互动中探讨人类面临的共同课题,为构建人类命运共同体贡献中国智慧、中国方案。这四个方面,成为新发展阶段政治经济学分析的方法指南,成为中国特色"系统化的经济学说"新篇章的思想指导和学理依循。

复习思考题

一、名词解释

再生产　扩大再生产　社会再生产　经济增长　经济增长方式　投入产出　均衡增长理论　可持续发展　五大发展理念（新发展理论）

二、问答题

1. 马克思主义再生产理论的主要内容。
2. 西方经济增长理论的主要内容。

三、论述题

马克思主义再生产理论与西方经济增长理论比较研究与探索。

第十一章 经济周期理论比较研究

经济周期理论是经济理论的主要问题之一。马克思主义很重视经济周期的研究,西方经济学也很重视经济周期的研究,把这两种经济周期理论进行比较研究,为我们研究资本主义经济周期奠定理论基础,同时也对探索社会主义经济周期问题有理论的指导意义。

第一节 马克思主义经济周期理论

在经济思想史上,马克思和恩格斯第一次科学地揭示了资本主义经济的周期性,建立了一套较为完整的经济周期理论体系。之后,经典作家根据资本主义的发展和社会主义的实践,进一步丰富和发展了马克思主义经济周期理论,它对我们研究当代资本主义经济周期、探索社会主义经济周期有重要理论指导意义。

一、马克思主义经济周期理论是一个完整的体系

马克思首次提出了资本主义经济周期,研究了经济周期的内在结构,探索了经济周期的形成,经济周期的直接原因和间接原因,经济周期的物质基础,以及影响经济周期的各种因素,并分析了经济周期对资本主义生产方式的作用等等。马克思对经济学的这些独到贡献,构成了一个完整的资本主义经济周期理论体系。

(一)经济周期的内涵

虽然亚当·斯密就有资本主义经济危机的思想萌芽,西斯蒙第和马尔

萨斯也研究了资本主义经济危机,但提出资本主义经济危机周期性的,马克思是第一人,他十分形象地指出,资本主义经济危机好像彗星一样有规律地反复出现,经过一定时期后就会有规则地重复发生。

资本主义的每一个经济周期都是由繁荣、危机、萧条和复苏四个阶段所构成。"不断重复出现周期——工商业繁荣、生产过剩、危机、恐慌、经常的萧条、逐渐复苏,而复苏并不是长期好转的先兆,而是新的生产过剩和新的危机的先兆。"①这四个环节中,危机是其关键环节。危机既是一个经济周期的终点,又是另一个经济周期的起点,这是因为危机总是大规模新投资的起点。因此,就整个社会考察,危机又或多或少地是下一个周转周期的物质基础。危机之后,经过大规模的投资,仍然会带来新的经济繁荣。在这个意义上,可以把经济周期叫作经济危机的周期。

马克思既不像斯密那样,认为资本主义经济危机是一般的生产过剩的危机,也不像西斯蒙第和马尔萨斯那样,认为资本主义经济危机是消费不足的危机,马克思认为,资本主义经济危机实质上是相对生产过剩的危机。所谓相对生产过剩,有四层含义:相对过剩是生产相对于有货币支付能力的需求的过剩;相对过剩是生产相对于一定价格水平下的需求的过剩;相对过剩是生产相对于一定市场规模的过剩;相对过剩是生产相对于保存资本价值和增殖资本价值的过剩,或相对于一定利润的过剩。在这个意义上,资本主义经济周期又是指生产相对过剩的经济周期。

(二) 经济周期的形成及其条件

资本主义经济周期至少有三个特征:一是供给与需求的周期性严重失衡;二是全社会供给与需求的周期性严重失衡;三是以总供给大于总需求为标志的周期性失衡。具备这三个特征的经济周期并不是从来就有的,它的形成是一个历史过程,需要一系列条件。首先,自然经济条件下没有经济周期,因为经济周期的形成要以商品经济为前提,只有在商品经济条件下,才可能出现供给与需求的周期性变化,否则,人类社会的供给永远总是需要的。在自然经济条件下,出现的只能是大于供给的需求,不可能出现大于需求的供给。

---

① 《马克思恩格斯全集》第 21 卷,第 416 页。

其次,简单商品经济条件下没有经济周期,因为经济周期的形成要以一定的市场发育程度为前提,只有形成全国性的统一的市场体系,才能通过竞争的作用,将在一个工业部门中失去工作的工人投入另一些最容易学会工作的部门中去,将在一个市场上卖不出去的商品转运到其他市场上去,最后,使个别的小危机一天天地汇合起来,逐渐形成一连串的定期重演的危机。简言之,全社会总供给与总需求的严重失衡要以一定发育程度的市场体系为条件。

最后,资本主义简单协作和工场手工业时期没有经济周期,因为经济周期的形成要以机器大工业为前提。马克思指出:经济周期"现代工业这种独特的生活过程,我们在人类过去的任何时代都是看不到的"[①]。形成总供给大于总需求的前提是社会生产力的极大提高,这就要以大工业为基础。在大工业形成之前或者大工业初期,经济的周期性危机尚未明显地表现出来,危机仍然是暂时性的和局限性的现象,只有当大工业在19世纪20年代脱离幼年期,从1825年的危机才开始它的现代生活的周期性循环。所以,马克思说:"现代工业才会经常地出现生产过剩和生产不足的现象——由于比例失调而带来的经常的动荡和痉挛。"[②]

(三) 经济周期的直接原因

首先,供给或生产方面的直接原因:经济周期是资本积累的必然结果。只有当资本积累到一定的规模才会出现生产过剩。当资本积累得足够大,促使旧生产部门扩大,新生产部门出现,生产就会由中等活跃走向高度繁荣,接下来便进入危机和停滞中。资本积累的内在动力:对剩余价值的追求。外在压力:竞争,使资本主义经济又不断地摆脱危机,实现复苏,走向繁荣。

其次,需求或消费方面的直接原因:消费与生产的矛盾决定积累及其实现的矛盾。从需求的角度看,是消费对生产的制约而导致由积累带来的生产的扩大难以实现,消费对生产的限制既包括总量的限制,也包括结构的限制,马克思认为,相对于供给,导致整个社会经济严重失衡的原因主要

---

① 《马克思恩格斯全集》第23卷,第697页。
② 马克思:《政治经济学批判大纲》第3分册,第359页。

在于需求方面,即大多数人总是处于贫困状态的需求的限制。

再次,需求与供给即消费与生产中介:流通方面的直接原因。马克思区别了最终需求和中间需求。最终需求即消费者的需求。中间需求即流通环节各中间商的需求。中间环节越多,最终需求越容易被夸大。需求是用货币量来表示的,而货币又存在自身的放大机制,所以,中间需求有很大的虚假性。生产者如果按照中间需求来安排生产,生产和消费就会脱节,导致危机。

最后,生产和流通中竞争方面的直接原因,生产和消费之所以脱节是由于信息不完善:生产者不知道消费者需要什么,需要多少或什么时候需要。信息不完善是由于生产和流通中的竞争和无政府状态。

(四)经济周期的根本原因

经济周期的直接原因之所以成为经济周期的原因,它由更深层的原因决定。首先,资本主义经济周期性危机的根本原因在于资本主义生产方式的内在矛盾。马克思、恩格斯指出:"几十年来的工业和商业的历史,只不过是现代生产力反抗现代生产关系、反抗作为资产阶级及其统治的存在条件所有制关系的历史。要证明这一点,只要指出在周期性的循环中愈来愈危及整个资产阶级社会生存的商业危机就够了。"[①]资本主义生产方式的内在矛盾表现,一方面具有绝对促进生产的趋势,而生产发展的结果又会成为进一步发展的障碍。劳动生产力的发展使利润率的下降成为一个规律,这个规律在某一点上和劳动生产力本身的发展发生最强烈的对抗,因而必须不断地通过危机来克服。

其次,进一步分析,资本主义经济周期的深层原因在于资本主义经济利益关系的背离阻碍了社会生产力的发展。

恩格斯《在爱北斐特的演说》中指出,资本主义社会的利益关系是对立的,因此导致了商业不景气等一系列困难处境。他说:"商业的不景气……是由什么引起的呢?就是人们的利益彼此背离。"[②]资本主义社会经济利益关系的对立包括多个方面。最重要的利益对立是资产阶级和无产阶级的

[①] 《马克思恩格斯选集》第1卷,第256页。
[②] 《马克思恩格斯全集》第2卷,第605页。

经济利益关系的对立。马克思在《资本论》中所揭示的资本主义积累的一般规律：一极是资本家财富的积累，一极是工人阶级贫困的积累，集中体现了这种利益关系的对立。资本积累必然导致经济危机，就在于这种利益关系的对立。其次，重要的利益对立关系还包括资本家之间的对立。马克思指出，在危机时期，"每个资本家的利益和资本家阶级的利益之间的对立就显示出来了"①。因为各个资本家都是其自身利益即私利的追求者。为了追求更多的利润，各产业、各部门的资本家不断进行竞争，资本转移，其结果不可避免地出现了生产过剩。马克思所揭示的平均利润趋于下降的规律体现的就是这种利益关系的对立。

（五）经济周期的物质基础

经济周期根源于资本主义生产方式的内在矛盾。其中生产关系方面的，经济利益关系的背离是经济周期的根本原因；生产力方面的，以大工业为基础的固定资本的大规模更新构成了经济周期的物质基础。

首先，经济周期与再生产周期是相适应的，经济危机的周期在当时是十年一次，因为生产周期也是十年。马克思说："简直可以毫无疑问，自从固定资本大规模发展以后，工业所经历的大约以十年为期的循环周期是和这样规定出来的整个资本再生产段落有密切联系的。"②机器设备更新的平均时间，是说明大工业巩固以来工业发展所经过的多年周期的重要因素之一。固定资本更新的平均时间特别是大工业中最有决定意义的部门的固定资本的更新周期决定了经济周期的长短。马克思恩格斯根据1847年以后大工业发展的实际情况，发现当时大约十年时间为一个周期的危机是以当时主要大工业部门的固定资本的平均为十年的寿命周期为基础的。

其次，固定资本的周期更新为周期性的危机造成了物质基础。马克思指出："这种由若干互相联系的周转组成的包括若干年的周期（资本被它的固定组成部分束缚在这种周期之内），为周期性的危机造成了物质基础。"③之所以说固定资本的大规模更新是周期性经济危机的基础，一方面

---

① 《马克思恩格斯全集》第25卷，第282页。
② 《政治经济学批判大纲》第3分册，第375页。
③ 《马克思恩格斯全集》第24卷，第207页。

是因为危机总是形成大规模投资的起点。在危机爆发后,资本家为了要在激烈的竞争中使自己的企业仍然能够获利,除了加紧剥削工人外,不得不加紧采用新的机器设备、新的技术和新的生产方法,这就引起了固定资产的大规模更新。"虽然资本投下的时期是极不相同和极不一致的,但危机总是大规模新投资的起点。因此,就整个社会考察,危机又或多或少地是下一个周期周转的新的物质基础。"①另一个方面,大规模的投资又促使经济走向危机。因为大规模的固定资本的更新往往伴随着科技进步、管理改善、企业规模扩大和效率提高,其结果是更多的产品供给市场,从而形成新的经济繁荣。而当社会总供给量超过社会总需求量或总供给结构和总需求结构严重失去平衡便引发了新的危机。总之,固定资本的大规模更新既是经济摆脱危机的物质基础,又是走向经济危机的物质基础。所以说,固定资本的大规模更新是经济周期的物质基础。

正因为固定资本的更新是经济周期的基础,所以,经济周期的长短变化在很大程度上由固定资本更新的时间变化所决定。固定资本的更新时间决定于其磨损程度,而固定资本的磨损分有形磨损和无形磨损。随着科技进步,生产力水平提高,有形磨损速度放慢,而无形磨损速度加快。所以,经济周期期间变化,从生产力方面来看,有两个相反的力量在起作用。科技越是进步,生产力越是发展,有形磨损在磨损中的作用相对缩小。相反,无形磨损在磨损中的作用越来越大,因而,固定资本折旧的速度越来越快,从而固定资本的更新周期越来越短。由此决定经济周期也越来越短。但是,经济周期并不会无休止地越来越短,因为,经济周期的长短还要受其他多种多样主客观因素的影响。

(六)经济周期的影响因素

经济周期的原因和经济周期的物质基础所说明的是经济周期的必然性,它不能说明经济周期的偶然性。例如,经济危机为什么在特定的时间、特定的地点、因特定的事件而引发等。引起经济周期偶然性变化的诱因既有经济因素,也有非经济因素;既有国内因素,也有国际因素。

第一,粮食和工业原料价格变动对经济周期的影响。关于粮食歉收、

---

① 《马克思恩格斯全集》第24卷,第207页。

涨价与危机的关系,马克思指出,粮食歉收、涨价往往是危机的诱因。因为粮食不同于其他产品,会随涨价而使需求下降,它的需求弹性较小,由于粮食涨价,所以用货币来表示的对粮食的需求量就变得更大。如果社会购买力在短期内是既定的,那对其他商品的需求量就会减少,从而引起其他一切商品的价格下跌,导致生产过剩。

关于工业原料价格与经济周期的关系,马克思认为,原料价格和工厂制成品价格之间的对比变化与增加机器设备一样是引起景气周期和不景气周期互相更替的主要诱因之一。随着资本主义经济的发展,工业经济的发展要快于农业经济,这样就会出现植物性原料和动物性原料的相对生产不足及机器和其他固定资本的相对生产过剩。

第二,长期投资对资本主义经济周期的影响。由于长期投资往往规模较大,因而在一个时期内就会形成巨大的社会需求,包括投资需求和消费需求。巨大的社会需求又会刺激生产的进一步膨胀。不同产业部门具有不同的生产周期,生产周期较长的部门的需求和供给的变化会对生产周期较短的部门的供给和需求带来扩张性的影响,就不可避免地造成巨大的经济波动。

第三,信用、利率变化对经济周期的影响。关于信用与经济周期的关系,马克思指出,信用是资本主义经济周期形成的条件之一。因为价值与使用价值的分离所形成的可以伸缩的再生产过程,由于信用制度而被强化到了极限,因为或多或少地扩大信贷,一向是掩盖生产过剩的形式。

关于利率对经济周期的影响,马克思认为,利率既是经济周期变化的一种反映,反过来利率的变化又会加剧经济的周期性波动。

第四,贵金属流通与经济周期的关系。首先,关于黄金和外汇储备与经济周期的关系,马克思认为,黄金和外汇的储备量要适量,太多或太少都会影响一国经济的运行。

贵金属流出流入对经济周期的影响与贵金属储备的影响相似。贵金属的输入意味着或将促进生产的发展,经济的繁荣;而贵金属的输出则意味着或将促使经济的危机。严重的工商业危机往往以金融恐慌为先导,而金融恐慌则可能由贵金属的流出流入而引起。贵金属的大量的输出可能性成为引发经济危机的直接原因。可见,贵金属的流入流出与一国经济的繁荣与危机,从而与一国经济的周期性波动密切相关。

第五,国际贸易、国际收支与经济周期的关系。首先,进出口贸易可以起到贸易伙伴间传递危机的作用。如果说经济周期性危机是资本主义的一种严重疾病,那么,国际贸易就是其传染或转嫁机制或媒介。但传染或转嫁的情况,取决于贸易双方的贸易量。随着国际贸易的发展,世界市场的拓展,一切国家都先后卷入危机。危机的传递与贸易政策密切相关。自由贸易政策使进出口贸易转嫁危机的作用得以充分发挥。其次,马克思还指出了国际贸易缓解一国经济周期的积极作用,并指出这种暂时缓解作用,只是将矛盾推入更广的范围而已。

关于国际收支状况对经济周期的影响,马克思认为,贸易顺差有助于一国缓和经济危机。但是,这并不意味着顺差国就不会产生经济危机。他指出:"出现贸易逆差的市场和出现贸易顺差的市场会同时发生危机。"①因为,"在普遍危机的时刻,支付差额对每个国家来说,至少对每个商业发达的国家来说都逆差"。"支付差额和贸易差额之间平时适用的期限,由于危机而废除或缩短;所有的支付都要一下子结清。"②

第六,世界市场的变动,交通通信工具的变革对经济周期的影响。首先,世界市场的扩大会扩大各国之间经济周期的相互影响的程度。其次,如果世界市场扩大速度较快,就可以推迟或暂时缓解危机。再次,世界市场的扩大,刺激产品的供给总量迅速增加,而且市场的扩大还赶不上生产的增长,工业的巨大而迅速的发展超过了国外市场的扩大和需求的增加。最后,国际市场的缩小,必然会加速一国的危机。可见,世界市场的扩大或缩小都会引起经济的周期性波动。

交通通信工具变革对经济的影响是两方面的。首先是交通通信工具的改进大大缩短了流通时间。而流通时间的变化会影响经济周期的长短。其次,交通通信工具的变革,增大了资本的投资场所。

第七,政府干预、战争与经济周期。关于关税制度、税率与经济周期的关系。就关税的影响看,相对落后的国家,降低关税有可能使一国经济卷

---

① 《马克思恩格斯全集》第 24 卷,第 353 页。
② 《马克思恩格斯全集》第 25 卷,第 557 页。

入世界或别国的经济周期之中;反之,实行提高关税的关税保护制度,则有利于保证自己独占国内市场,以及在短期限内可以起到缓解本国生产过剩、促进生产发展的作用。但是,之后它又会成为加剧本国生产过剩的原因。

就税率对经济周期的影响看,提高税率会限制经济发展,而降低税率则会刺激经济发展。所以,税率的变化可以加速或延缓经济的危机而影响经济周期。

关于银行立法与经济周期,马克思认为,合理的银行立法有利于促进经济的繁荣,而不明智的银行立法则有可能带来经济的危机。

关于战争或国民经济军事化与经济周期的关系,马克思认为也是两方面的,首先,战争或国民经济军事化可以在某种情况下推迟或避免危机。其次,战争或国民经济军事化又会加剧危机。

综上可见,粮食、工业原料价格、信用利率的变化、贵金属流通、进出口贸易、世界市场、战争和国民经济军事化以及国家政府对经济周期的影响都是双方面的。在一定条件下,它们会导致经济走向危机,在另一些条件下,它们则会促使经济趋向繁荣。

经济周期的根本原因决定直接原因。经济周期的直接原因又通过各种各样的偶然因素表现出来。偶然性为必然性开辟道路。经济周期不可避免。

(七)经济周期对资本主义生产方式的作用

首先,经济周期对生产力既有破坏作用又有促进作用,这是因为它能使资本主义的各种矛盾得以暂时的解决,"各种互相对抗的要素之间的冲突周期性地在危机中表现出来。危机永远只是现有矛盾的暂时的暴力的解决,永远只是使已经破坏的平衡得到瞬间恢复的暴力的爆发"①。资本主义的各种矛盾集中表现的是资本主义生产关系与生产力之间的矛盾。资本主义的经济周期是怎样解决生产关系与生产力的矛盾呢?也就是说,它是变革生产关系使之与生产力相适应,还是变动生产力使之与生产关系相适应呢?对此,马克思明确指出:资本主义生产方式的独特性质,"是把

---

① 《马克思恩格斯全集》第25卷,第277—278页。

现有的资本价值用作最大可能地增殖这个价值的手段。它用来达到这个目的的方法包含着:降低利润率,使现有资本贬值,靠牺牲已经生产出来的生产力来发展劳动生产力"①。正是周期性经济危机,更加有力地推动了世界生产和劳动社会化的发展。资本主义经济的周期性运行是跳跃式的,它是以"进两步退一步"的方式进行的,当然"有时甚至两步都退回来"。正因此,资本主义生产力是在不断发展的。周期性危机引起的波动,已"成为资本主义社会习以为常的生存条件"。

其次,经济周期威胁着资本主义经济制度并预示着资本主义的崩溃。经济危机期间,无产阶级和资产阶级之间、地主和农民之间的阶级斗争日益尖锐起来。危机促使工人运动发展,并进而引起社会革命;危机还会导致战争。所以,日益加剧且日益严重的周期性的经济危机使资本主义经济走进了死胡同,除了彻底改变这个社会的经济制度以外,没有别的出路。

二、马克思主义经济周期理论的发展

马克思主义经济周期理论是一个开放的体系、发展的体系。它随着实践的发展而不断丰富、完善。马克思资本主义经济周期理论严格地说是自由竞争阶段资本主义经济周期的理论。随着资本主义由自由竞争阶段到垄断阶段的演变,随着社会主义革命和社会主义经济建设的发展,经过恩格斯、列宁、斯大林、毛泽东和邓小平等人的努力,形成了关于垄断资本主义经济周期,资本主义向社会主义过渡时期经济周期,以及社会主义经济周期的理论。

(一)恩格斯的发展

马克思经济周期理论,某种意义上是恩格斯和马克思共同的思想成果。此外,恩格斯在晚年对资本主义经济周期理论还有他独有的贡献。首先,恩格斯研究了垄断条件下的经济周期问题:第一,不论是私人垄断(如股份公司),还是国家垄断(转化为国家财产),都不可能消除经济周期,反而会加剧危机,将经济的周期性震荡推向顶点,因为垄断并没有消除生产力的资本属性,资本关系并没有被消灭。第二,由于垄断不能消除竞争,无

---

① 《马克思恩格斯全集》第25卷,第278页。

限制的竞争产生垄断,垄断又产生竞争,垄断和竞争并存加剧生产的周期性波动。第三,恩格斯还讲到,垄断组织卡特尔,虽然在经济景气(繁荣)时,对生产有一定的调节作用,但在危机风暴到来时就无能为力了。

其次,恩格斯提出了经济长周期的思想。他认为从19世纪60年代末和70年代初以来,由于美国、德国等后起国家与英国竞争激烈,英国在国际市场上丧失了垄断地位,使工业循环中出现了一种新的平衡方式,即"长期萧条"。这是经济思想史上最早的资本主义周期思想。

再次,恩格斯提出了中间危机的理论。尽管马克思也研究了中间危机的种种现象,但中间危机这一概念是恩格斯提出来的。他说:"必须注意中间危机,它们有些是比较带地方性的、而有些是比较带特殊性的;这种局限于纯粹证券投机事业内的中间危机,现在我们正在经历。"①

如果把恩格斯的长周期思想、中间周期理论和马克思恩格斯当时所考察的资本主义国家的经济大约十年为一周期的经济危机综合起来,可见,马克思、恩格斯已经有短周期、中周期和长周期的思想了。恩格斯所说的中间危机即短周期大约为五年;马克思和恩格斯所肯定的一般的资本主义经济危机周期即中周期大约为十年;恩格斯所提出的"长期萧条"即长周期则时间要更长。

(二)列宁的发展

列宁根据垄断资本主义的发展及其所领导的苏联社会主义过渡时期的实践丰富和发展了马克思主义经济周期理论。首先,列宁认为垄断和危机并存是一般帝国主义最重要的特征。他批判了伯恩斯坦、希法亭宣传的卡特尔等所谓"有组织的资本主义"可以消除经济危机的谬论,明确指出,垄断不能消除危机,而且能使危机日益加深,因为垄断无法消除资本主义的基本矛盾,垄断使生产无政府状态愈来愈严重。有人说,企业主的卡特尔限制和调节生产就能够挡住危机,但列宁指出,这是骗人的谎话,其实恰巧相反,在几个工业部门中形成的垄断,使整个资本主义生产所特有的混乱现象更加紧张,更加剧烈。

其次,列宁根据战时共产主义的实践,认为在资本主义向社会主义的

---

① 《马克思恩格斯全集》第35卷,人民出版社1971年版,第259页。

过渡时期由于政策的原因或经济体制的原因仍然会存在经济危机,列宁在《新经济政策和政治教育局的任务》中总结苏联实行军事共产主义的经验教训时说:"农村的余粮收集制,这种解决城市建设任务的直接的共产主义办法,阻碍了生产力的提高,它是我们在 1921 年春天遭到严重经济危机和政治危机的主要原因。"[1]列宁虽然提出了过渡时期的经济危机,但并没有讲到过渡时期也存在经济周期。

(三) 斯大林的发展

斯大林对马克思主义经济周期理论的贡献是多方面的。首先,斯大林明确提出了资本主义经济周期的根源在于资本主义制度。虽然马克思、恩格斯和列宁都从生产方式的内在矛盾探讨了资本主义经济周期的根本原因。但是,斯大林明确提出了经济周期的根源在于资本主义经济制度,即生产的社会性和生产成果的资本主义占有形式之间的矛盾。资本主义生产的社会性与占有的个人性之间的矛盾,一方面表现为个别企业生产的有组织性和整个社会的无政府状态的矛盾,另一方面表现为生产无限扩大的趋势和劳动人民有支付能力需求相对缩小的矛盾。因为个别企业的有组织性是占有的个人性决定的,劳动人民有支付能力的需求的相对缩小也是由占有的个人性引起的。而整个社会的无政府状态则是以个人占有为前提的生产的社会性的表现,生产无限扩大的趋势也是社会化生产的要求。

生产无限扩大的趋势与劳动人民有支付能力需求相对缩小的矛盾导致资本主义经济周期性社会总需求与总供给的总量失衡。个别企业生产的有组织性和整个社会的无政府状态的矛盾引发的是资本主义经济周期性总供给与总需求的结构失衡。

其次,斯大林研究了资本主义垄断时期的经济危机的特点。认为垄断条件下的危机是世界性的危机即各个主要资本主义国家同时发生的危机,是扩展到一切产业部门的危机,是比过去更为严重更为深刻的危机。斯大林还指出了军事工业是不卷入危机的部门,因为军事工业产品的生产和销售是不进入市场的。

再次,斯大林提出了资本主义总危机理论。斯大林所谓的资本主义体

---

[1] 《列宁全集》第 33 卷,第 45 页。

系的总危机是包括经济危机和政治危机在内的全面危机。资本主义体系总危机的基础是世界资本主义经济体系的日益瓦解。资本主义体系的总危机开始于第一次世界大战,这是第一次总危机,第二次世界大战是第二次总危机。两次世界大战是总危机发展的两个阶段。虽然"总危机"这个概念是由列宁提出来的,但斯大林对总危机作了较为全面的分析。斯大林的总危机理论基本符合两次世界大战及其战后初期的实际情况。但是,斯大林给垄断资本主义所下的结论过于简单化,忽视了科学技术对资本主义经济的促进作用,忽视了资本主义生产关系的自我调整的余地。因而就难以解释20世纪60年代以来资本主义经济的迅速发展。

最后,斯大林虽然在大多数场合,明确表示,社会主义不存在经济危机,社会主义经济是按计划进行的,不会有危机的余地。但他同时又指出:"经济中的每个严重失算,都不会只以某种个别危机来结束,而一定会打击到整个国民经济""都可能变成打击全国的总危机"①。斯大林认为,社会主义国家发生经济危机的原因不同于资本主义,它是由于计划经济的失算。但他又认为,特别明智,特别谨慎小心,特别善于正确领导,就可使失算的情况减少,而要做到这一点又很不容易。所以,斯大林当时似乎意识到了计划经济本身固有的局限性,它会导致经济危机。斯大林开出的药方过于简单,他想用"后备"来"弥补",不过从这里可知,斯大林所说的社会主义经济危机的特征是与资本主义的生产过剩相反的,是生产不足。显然,斯大林又肯定了社会主义经济危机,但没有提出社会主义经济周期问题。

(四) 毛泽东的发展

毛泽东继承了马克思主义经济危机的理论,认为,我们仍然处在帝国主义和无产阶级革命的时代,他曾指出,帝国主义国家在第二次世界大战中增强起来的经济力量,遇到日益缩小的国内外市场就会引发经济危机,资本主义社会所固有的种种矛盾,无法克服,最终会表现为剧烈的对抗和冲突,表现为阶级斗争,这只有通过革命才能解决。毛泽东深受斯大林总危机理论的影响,总是把资本主义经济危机与社会革命联系起来,把经济危机与战争联系起来。如果说斯大林的认识过于简单,那么,毛泽东对帝

---

① 斯大林:《斯大林全集》第7卷,人民出版社1958年版,第248页。

国主义经济危机将必然引起革命的爆发,以致到了20世纪70年代还在强调我们处在革命和战争的时代,这就有所偏颇了。正因为这样,毛泽东的战争弦总是绷得比较紧的,一直在准备打大仗,打第三次世界大战,与此相关阶级斗争就抓得比较紧,经济建设就会因此而受到影响。

毛泽东在领导社会主义建设的实践中提出了经济建设波浪式发展的思想。1956年11月他在《中国共产党第八届第二次全体会议上的讲话》中指出:我们的经济建设"有进有退,主要的还是进,但不是直线前进,而是波浪式地前进"①。他说,波浪式就一系列的波浪,从波峰到波谷,从波谷到波峰,都是起伏不平的;但是在波峰与波峰、波谷与波谷之间又是相对平衡的。显然,毛泽东对社会主义经济周期是肯定的。

(五)邓小平的发展

邓小平根据我国社会主义经济建设和改革的实践,肯定了社会主义经济周期。首先,他认为社会主义计划经济条件下存在经济周期,他分析了我国的改革前的经济周期,1957年经济形势非常好,之后是困难时期,1962年恢复并逐渐好转,1966—1976年大灾难,1977—1978年徘徊,1979年开始恢复发展。邓小平肯定计划经济条件下存在经济周期与前述马克思认为的经济周期要以商品经济为条件并不矛盾,因为我国实行计划经济时并没有完全排除商品经济。其次,他认为社会主义市场经济条件下也存在经济周期。他总结了我国20世纪70年代末改革以来的情况,他说:"从我们自己这些年来的经验来看,经济发展隔几年上一个台阶是能够办到的。""看起来我们的发展,总要在某一个阶段,抓住时机搞几年,发现问题及时加以治理,尔后继续前进。""稳定协调是相对的不是绝对的。"

虽然邓小平和毛泽东都没有使用经济周期这一概念,但对社会主义经济周期的事实都是肯定的,提出了经济周期思想。毛泽东和邓小平强调的都是"前进"的一面、"发展"的一面。所以,他们事实上是肯定了社会主义经济周期的积极作用。在他们看来,社会主义经济周期是社会主义经济不断发展的周期。

---

① 《毛泽东著作专题摘编》,中央文献出版社2003年版,第965页。

第二节 西方经济学的经济周期理论

西方经济学中不同的流派在不同的时期对经济周期问题进行了多种不同角度的探讨,构成了西方经济学理论中一个很有特色的组成部分。

一、经济周期的分类与度量

对经济周期问题进行研究,首先需要解决的问题是应当对经济周期本身作出明确的界定,即回答什么样是经济周期。人类社会经济活动中存在波动现象,不时地有上有下,有涨有落,这是有目共睹的事实,然而经济波动并不等于经济周期,马克思明确指出,作为经济周期有两个基本的特征:一是不断地反复地出现,二是每个周期都由相同的四个阶段构成,即经济周期是相连经济运行阶段的循环往复的运动形式。西方各派经济学理论大都回避对经济周期一词作出明确的定义,这种现象延续至今。是无意中出现的忽略,还是有意造成的模糊?实为不解之谜。

西方经济学文献中广泛采用的"Business Cycle"(直译为商业循环)一词,从字面上看也包含着周期的含义。因为循环的运动本身具有周而复始的特点。不过,循环之说并不包含对循环过程的阶段性划分,西方经济学家并没有像马克思那样对经济周期的各个阶段作出具体的说明,尤其是不少西方经济学理论对经济周期中的某些特殊阶段加以否认和抹杀。因此,商业循环理论可以说不是严格意义上的经济周期理论。有些西方经济学家更进一步,只谈经济波动(Economic Fluctuation)而讳言经济周期。正是由于缺乏一个关于经济周期的明确定义,所以,西方经济周期理论的研究从一开始就是有缺陷的,由此不时产生出一些无谓的争论。

但是,伴随着资本主义生产方式登上历史舞台,经济周期很快地以成熟的形式充分地展现在人们的眼前。西方经济学家大都不得不把经济周期这个既存的事实作为研究对象,各家成派的经济学理论都要对经济周期问题提出自己的看法。除了早期萨伊以供给创造需求来公开否定危机的可能性,以及其他少数人除外,西方经济学对经济周期问题的研究是相当重视的。总的看来,西方经济学理论是把注意力重点放在对经济周期现象描述和原因探讨等等方面。这里我们先讨论前一个方面。我们认为,在西方经济学家对经济周期问题长达一百多年的研究中,也许其关于经济周期类型划分和计量指标的讨论是较为客观公正的。

(一) 经济周期的主要类型

经济周期本身的运动形式具有多样性,早期西方经济学主要从不同的角度对经济周期进行归纳和描述。1860年开始,有关经济周期的描述逐步问世,而到20世纪20年代,各种有关经济周期的假设都已经纷纷提出来了,然后由熊彼特在20世纪30年代作出理论上总结,形成了较为完整的长中短三种周期并存的经济周期理论框架,并一直沿袭到今天,虽然后来西方经济学对经济周期的划分提出了不同的方案,有五种周期说,有四种周期说等不同的划分方法,然而大都缺乏严格的标准和明晰的逻辑,能够得到广泛采用的还是三种类型经济周期的划分。

1. 长波经济周期。由俄国经济学家尼古拉·康德拉季夫于1925年提出。所谓长波经济周期,是指平均长度为50年的长期经济运行循环,又被后人称之为"康德拉季夫周期"。根据对1780—1920年间约140年西方工业国家的经济统计资料进行的分析,康德拉季夫认为,这些国家的经济运行可以划分为两个半长的经济周期,并较为准确地预测了当时资本主义经济已经进入下降阶段。随后熊彼特等人对经济长波理论作出了证实,进一步提出了以技术创新为特征的经济长波,并用以解释资本主义经济发展过程中周期性波动现象。此后的一段时期内长波周期理论曾受到西方经济学家的冷落,但20世纪70年代开始又引起了广泛的兴趣。

2. 中波经济周期。由法国经济学家克莱门·朱格拉于1860年提出。这是指平均长度为9～10年的经济周期,后来被广泛地称之为"朱格拉周期"。他在《论法英和美的商业危机及其发生周期》一书中,提出危机在西方国家里不是一种独立的现象,而是会周期性地发生的具有连续性阶段的过程。他指的三个阶段分别是繁荣、危机和清算,并用生产就业人数、利润和物价指标来衡量经济周期的变动。尽管朱格拉对经济周期的解释存在明显的局限,但是首次明确提出了"商业周期"这一概念并于后来在西方得到广泛的使用,也是他第一个在对经济周期的分析中把理论探讨和历史性统计资料较好地结合起来。

3. 短波经济周期。由美国经济学家约瑟夫·基钦于1923年提出。这是指平均长度大约为40个月的短期性经济波动的现象,后来就被命名为"基钦周期"。他在《经济因素中的周期与趋势》一书中,对1890—1922年间英国和美国的经济发展史进行了研究,重点是对物价和利润率指标的变动进行了分析。认为这些国家的经济有周期地波动的现象。这种波动周期可分为大周期和小周期,小周期是大周期的组成部分,一个大的周期要包含三个小的周期。由于长波周期和中波周期理论先前已经存在,人们感兴趣是基钦所提出的小的经济周期,后来被广泛地作为短波经济周期的代表形式。

西方经济理论大都是把上三种周期当作互相包含和互相补充的现象,即普遍地赞同熊彼特的这样一种看法,在一个中波里包含若干个小波,在一个长波内有若干个中波和许多小波。当然,上述经济周期类型的划分只是以时间长度作为基本的尺度,而并不涉及到经济周期的内在特征等方面,因而能被西方经济学家所普遍接受。

(二) 经济周期的度量指标

客观现实存在的经济周期用什么样的具体指标来衡量,直接关系到能否对经济周期现象作出准确的观察,并影响到对经济周期形成原因的解释和对政策干预措施的选择。西方经济理论在这个方面的研究也经历了一个相当长的演变过程,逐步建立起较为复杂的指标体系,目前这方面仍在不断地进行新的探索。

1. 绝对数与相对数。人们对经济周期问题的关注,开始当然是起源于对国民生产总量波动的观察和思考,也很自然地以国民生产总量的绝对数量来度量经济周期。在经济向上增长的阶段,国民收入水平达到某个高峰后会骤然停顿下来,向下滑动;而在经济下跌的阶段,当国民收入总量降到谷底之后又会出现反弹,再次走向繁荣。从早期资本主义社会的一个完整的经济周期来看,在危机阶段上国民收入的总量同繁荣阶段相比较通常有非常显著的下降,国民收入绝对数量的波动也应当是衡量经济周期的指标。但是,第二次世界大战之后,由于西方国家政府对市场的干预,即使发生经济危机国民收入总量也不至于明显下跌,在发达国家里以国民收入总量的绝对数波动为特征经济周期基本退出了历史舞台,故此美国经济学家西蒙·库兹涅茨等倡导以相对数量即国民经济增长率的变动来衡量经济周期。通过对大量实证资料的分析,库兹涅茨发现人类社会经济的发展的确存在增长率的周期性变化现象,即经济增长率在某些年份高些,某些年份低些,往往呈现出循环性的变动。目前这种以增长率变动为尺度的方法在西方国家里已经获得了广泛的认同,并使经济周期具有了更为普遍的意义。

2. 主要指标与配套指标。采用某种单一的指标来测量经济周期虽然具有逻辑上简洁明确的优点,但从理论分析和政策应用的角度来考虑恐怕是不够的。因为经济周期本身是一种宏观的经济现象,也需要用综合的指标体系来进行观察,以多角度多层次地分析和处理问题。特别是随着电子计算机的出现和广泛应用,数据的收集和处理变得相当地方便和迅速,这为进行经济周期问题的数量分析提供了新的手段。20世纪60年代以来,西方一些经济学者开始着手建立和使用整套的指标体系来衡量经济周期。例如,美国麻省理工学院的杰伊·福累斯教授领导的一个小组,长期研究有关经济周期的动态系统模型。他们用数十个变量来分析经济周期问题。宏观层次的指标除了国民生产总值的变动,还包括投资、消费、价格、财政政策的结构变动等方面的指标。此外,模型中还包括对一些微观经济指标的考虑,如企业的债务、红利和管理人员的预期等。

3. 自变量和因变量。对经济周期的度量当然不只是限于记录性描述的需要,往往还能够也应当为深入地分析提供方便。部分地由于数量经济学兴起的影响,部分地由于信息技术的进步,西方经济学者越来越多地建立分析性的模型,即在用一些现实经济指标来反映经济周期的同时,也力图寻找一些实际的经济指标来说明经济波动的原因,并通过这样一些指标来预测经济周期。前一类指标即是经济周期函数中的因变量,后一类指标可统称为自变量。目前西方经济学中一种常见的思路是把某些经济变量视作"外生的",即独立于经济的运行而内在地自我决定和变化,进而把它们作为影响和支配经济周期的因素。比如,前面所提到的动态系统经济周期模型,就是把人口增长、技术进步、政府提供的服务和偶然干扰等,作为引起经济波动的自主性原因。

二、经济周期的形成原因与机制

从文献资料的数量、学术讨论所涉及的深度和广度以及理论所产生的现实影响等角度来看,西方经济学理论对经济周期问题的关注重心无疑是放在其形成原因和机制上。应当承认,这是很富有挑战性的研究领域。关于经济周期成因的讨论今天已经远远超出了纯经济理论研究的范围,涉及到了政治、文化和自然等各个方面。西方经济学所使用的方法也是五花八门,抽象思维、数量分析、预期、非均衡分析、突变论、混沌论等等工具都有人尝试。与在许多方面仅仅停留在对表面现象的粗浅描述相比较,比如同价格理论相比较,西方经济学对经济周期成因与机制的分析应当说要算是颇为深刻的一个方面了。

要对西方关于经济周期成因与机制的各种学说进行分类存在着相当的困难,这是因为各种理论之间往往在一些重要的问题上并非泾渭分明,而更多是在某些枝节性问题上存在分歧。另一方面,随着时间的推移,西方各派的经济理论在发展过程也在互相借鉴和互相补充。但是,根据西方经济学对经济周期的起因和运行机制等方面的分析,大体上还是可以从以下几个方面来进行分类。一是造成经济周期的原因究竟是人为的因素还是非人为的因素?主张非人为因素的有早期的自然因素理论,以及新近出现突变理论、混沌理论等。主张人为因素的包括投资、技术、政治和心理等,它们显然占多数,影响也更大。二是造成经济周期的主导性因素究竟是经济因素还是非经济因素。前者有投资说、货币说等,后者则以心理说、政治说等为代表,以下我们分八个方面来概述西方经济学有关经济周期的一些主要理论。

1. 自然因素周期论。这一类理论的特点是把经济周期归因于外部自然因素的干扰,带有明显的辩护性质和宿命论色彩。

早在1875年,英国资产阶级经济学家 W. S. 杰文斯就宣称,根据当时自然科学的发现,太阳每10年半左右出现一次黑子,而经济周期现象也刚好与此相符,前者就是后者的原因。基本的理由是,每当太阳黑子出现就会导致气候发生变化,从而影响农作物的收成,农业收成的丰歉则直接导致整个经济活动发生周期性波动。这就是所谓有名的"太阳黑子说"。此后,W. H. 杰文斯又于1910年将太阳黑子说改为"太阳热力说",即太阳的黑子影响到太阳的热力,而太阳的热力周期导致农业生产出现周期,进而引起工业生产和整个社会经济发生周期性的波动。1914年美国的亨利·穆尔又在太阳黑子说的基础上提出"雨量说",他认为,由于金星每8年一次会运行到太阳与地球之间,使太阳的光线不能充分地照射到地面,雨量发生变化,这就引起农业收成发生变动,进而导致整个社会经济的波动。

值得注意的是,像"太阳黑子论"这样以纯粹的外在的自然因素来解释经济周期的主张,在西方却不断地有人加以翻新。卡斯等人近期提出,太阳黑子象征着一种与经济运行无关的外生变量,它虽然不能直接地对实际的经济变量,如产量和消费者的选择偏好产生客观的影响,但却可以通过对经济主体的影响来引起经济波动。例如,在经济变量本身具有不确定性的条件下,如公众相信价格和产量会明显地受到随机因素(比如太阳黑子)的支配,就会使市场均衡受到冲击。因为对某种事物的相信往往会导致自我实现,大家都相信某种商品会涨价,都去抢购,该商品就会真的涨价,从而真的发生商品供不应求现象。如果不是某种随机因素造成公众相信某种事物会发生,本来是不会出现涨价,不会出现商品供求失衡的。概而言之,外在的随机因素可能引起预期的变动,而预期的自我实现机制会带来社会经济的波动。他们甚至认为,17世纪发生于荷兰的郁金香狂热和20世纪30年代的经济大危机,都是可以从预期的自我实现机制中来得到解释的。

2. 货币信用周期论。这种理论的基本特点是以市场经济中的货币因素当作解释经济周期的根本性原因甚至是唯一的原因,把经济周期视为一种单纯的货币现象或流通领域中的现象。

该理论早期的代表人物是英国经济学家马歇尔。一方面,马歇尔仍然摆脱不开"萨伊定律"的束缚,相信一种产品的产量增加一倍,就会使其他产品的购买力扩大一倍,不可能出现普遍的生产过剩危机。另一方面却认为,信用的膨胀能够对生产的扩张形成干扰,造成商品的供求关系失衡,进而出现局部性的商品剩余,引发出经济波动和周期。简而言之,信用膨胀是经济周期的内在原因和引发机制。货币数量说的主要代表人物费雪则针锋相对地指出,货币信用供给不足才是经济危机的原因。他认为,当经济扩张时商品价格上涨,利息率下降,会诱使企业增加投资。但是,货币信用的增长往往跟不上经济扩张的需要,于是出现信用紧张、利息率上升等事实,迫使企业压缩投资,减少生产,从而爆发经济危机。

随后,霍曲莱等人把经济周期归结为一种纯粹的货币现象。他认为,经济周期性波动的原因就在于货币供应量的变动,即银行信用的扩张或收缩。这是因为银行信用的变动决定生产的变动。例如,当银行降低利息率时,厂商就会增加向银行的借款,即扩大了订货的数量,也会增大生产的规模。这时还会引起消费者的收入增加,并通过收入的增加使对商品的需求普遍上升,造成存货减少,价格上涨,它们会反过来推动信用扩张和生产规模扩大。然而,银行扩大信用的能力是有限的,当银行准备金逐渐枯竭时,就不得不停止信用的扩张甚至收紧信用,结果会导致订货下降,生产规模萎缩。这时会出现消费者的收入普遍下跌,从而引起生产和信用的进一步下降。直到经历一个较长的萧条时期之后,厂商的贷款陆续还清,资金因较多地退出流通而使银行的准备重新增大,开始新的一轮信用扩张并带动生产规模再次走向高峰,然后又会再次进入危机。

弗里德曼也是这一理论观点的积极鼓吹者。作为货币主义的主要代表人物,弗里德曼一贯强调货币供应量是生产量和就业量变动的原因,因而自然也就是经济发生周期性波动的原因。他认为,货币是资产的一种形式,可以同其他非货币形式的资产相互替代。货币数量的变动会改变货币资产同非货币资产之间的相对收益率,从而不仅引起价格水平发生变动,也会造成实际国民收入水平、实际总产出和实际就业量出现变化,因此,货币供给的不稳定性就带来了经济周期波动。例如,当货币数量增加时会产生两种效应:一是人们通过购买将增加的货币转化为非货币资产,二是货币供应量的增大促使利息率下降,诱导公众将原先的货币资产转化为非货币资产。两者都会诱使企业增加投资,政府扩大公共建设的规模,社会的总就业增加。概而言之,货币数量的增大必然导致总需求扩张,从而打破原来的市场均衡。一旦货币供给的增长停顿,实际的生产过程必然受到很大冲击。由于各种原因,货币数量的变化往往是随机性的,这就使生产总量和就业总量变化不定,社会经济的波动难以消除。

3. 投资过度周期理论。这种理论着眼于从投资的数量和类型来分析经济周期,以过度的投资作为解释经济波动的主要原因和启动机制。

早期的投资因素周期理论是在广义的形态上讨论投资的过度造成经济周期,而且主要指非货币形态的固定资本投资过度。斯皮索夫等人认为,导致固定资本大规模扩张的主要原因是外来的比较强烈的诱发因素,如新的技术发明,农业生产的丰收,银行利率的下降等。它们会刺激投资品的需求上升,投资品的价格上涨,产生出滚雪球的效应,带动整个经济繁荣起来。不过,在资本品不断地生产出来也就是资本品的供给持续增加时,种种原因会使储蓄的增长滞后,造成货币的供给不足,结果带来对资本品的需求不足,生产过剩,经济萧条。当重新出现强烈的外部刺激时,生产会再次走向高峰。如果没有外来因素的刺激,经济运行的自动调整不足以打破僵局。对此,卡塞尔更为系统地阐述,强调技术进步和银行政策等对固定资本投资有重大的诱导刺激作用,是形成经济周期的原因。

晚期的投资过度论则是专指货币投资的过度导致经济周期。米塞尔最先提出,一国通货的扩张累积必然刺激实际投资增长,进而出现经济繁荣。但过于便利的信用制度最终会造成投资过剩,使经济陷入周期性的萧条。之后,哈耶克对米塞尔的理论作了补充完善,重点指出了利息率的变动会导致生产结构的调整,由此而引起整个经济的波动。根据哈耶克的看法,市场竞争本身要求货币利率(实际利率)保持在均衡利率(自然利率)的水平上,整个经济也就处于均衡状态。然而当社会的生产技术条件不变,不存在闲置生产资源时,银行却会将利率降低到均衡利率之下,造成信用扩张。这就会刺激投资,使投资品的需求上升,价格上涨,促使生产要素从消费品生产部门转向资本品部门,消费品的供给减少。另一方面投资增加时会使货币工资上升,拉动消费品价格上涨。两股力量结合起来形成"强迫性储蓄"。不过,当消费品价格上升到一定程度时,人们就不会继续进行储蓄,银行信用因缺乏资金来源而不能继续扩张信用,于是商品销售不出去,社会经济从繁荣走向萧条。而在萧条时期,人们的情绪悲观,商品的价格下降,储蓄再次增多,市场利率又会高于自然利率,带来新的一轮信用扩张,形成新的经济周期。哈耶克的基本结论是,经济活动的周期性波动在于银行对货币和信用的处理不当。这在很大的程度上与弗里德曼的观点是一致的。

4. 技术创新周期理论。这种理论以技术创新作为解释经济周期的根本原因。它是由熊彼特所创立,在西方经济周期理论中可谓独树一帜,其影响恐怕也是最为广泛的。

所谓"技术创新",熊彼特是指建立一种新的生产函数,即企业家对生产要素进行新的组合,而不只是狭义上的生产技术发明创造。在这里,创新的内容包括新生产技术的采用、新产品的推广、新原料的发现和利用、新组织形式的建立和新市场的开拓。熊彼特认为,进行创新是企业家的本能,是资本主义经济的突出特征,技术创新过程所具有的重要特点构成了经济周期的内在原因。这是因为当某些企业家率先进行技术创新时,就会在市场竞争中获得超额利润,引起其他企业群起而仿效之,投资规模扩大,银行信用扩张,社会经济走向繁荣。但对创新的模仿也可能出现失误和引发过度的投资,造成产品供过于求,盈利机会消失,经济走向衰退。这时,企业往往会缩小生产规模,银行会紧缩信贷,进而导致经济由衰退走向萧条。直到出现新的技术创新,经济才会重新复苏起来。简而言之,相对于每个技术创新的周期也就会出现一个经济波动的周期。另一方面,重大技术创新的出现往往是不均匀的,有时会密集地产生技术创新,有时则要过相当长的时间才有技术创新,因此,在不同的时期社会经济也就会有很大的波动性。此外,技术创新的影响范围也是极不相同的。有的创新可能在较大的范围内长时间地带动社会经济的繁荣,有的创新则可能只具有较短期的影响,所以,相应于不同类型的技术创新,经济就会出现"长波""中波"和"短波"三种周期。

技术创新周期理论在西方经济学家中引起了广泛的兴趣和争议。其中最引人注目的一个问题是:技术创新本身是一个完全独立的外在变量呢?还是它也是经济过程的一种因变量?熊彼特在用技术创新来解释经济周期时并没有澄清这一点,他实际上在很大程度上是把技术创新当作独立的外部因素,早期追随这一理论的人基本上也都是把技术创新当成决定经济周期的外生变量,而技术的创新则是自我地内在决定的。人们把这种技术创新称为"供给推力说",并把这里的技术创新比喻为一个随意的漫步者。但是,实证资料和理论分析都表明,技术创新本身也会受到经济景气状况的影响,有人据此而提出了"需求拉力说"。按照这种理论,企业是否进行技术创新,一方面要取决于创新的机会成本。在经济繁荣时期,企业往往不会对创新感兴趣,甚至有意推延技术创新,因为这时现有的投资仍能获得较高的报酬,因此机会成本较高。而在经济萧条时期,现有资本的预期收益下降,机会成本下降,企业则更愿意进行资本更新和技术改造。另一方面,创新还要考虑市场的吸纳能力。繁荣时期现有产品销路好,企业不急于进行创新;而在萧条时期,企业则必须靠开发新产品来占领市场。或者预期繁荣即将到来,加速进行技术创新。简而言之,市场需求波动对技术创新的影响使它可能具有反周期运行的性质,而不应当只是强调技术因素变化对导致经济波动的单向作用。

5. 心理因素周期理论。这派理论的共同特点是以经济行为主体的心理因素来解释经济波动的周期。在不同时期西方都有一些比较有名的经济学家青睐这一学说,然而发展过程其基本的框架没有什么大的变化。

从庇古开始,心理预期因素就被系统地引入到经济分析中来了。包括对经济周期问题的讨论。在庇古看来,人们的预期总是具有不确定性,未来的事情离现在越远,预期的不确定性就越大。人们的经济行为因预期的不同而不同。预期可以是乐观的,也可以是悲观的,而且都可能发生错误。情绪乐观时会有错误,情绪悲观时也可能有错误,比如错误的乐观会导致错误的悲观。乐观的预期会带来生产的扩张,推动经济走向繁荣,悲观的预期会诱使生产实行紧缩,造成经济进入衰退。经济从繁荣到衰退,原因也就在于人们的情绪老是在乐观和悲观之间无常地变化着。

当代理性预期学派人物卢卡斯则对心理因素周期理论作了较为精密的解释。他认为,资本主义经济的各个周期有某种共同的特点,这就是价格的波动和货币总量的波动发生在产量的波动之前,因此应从价格波动和货币波动中来寻找产量波动的原因。为此,卢卡斯划分出两种类型的价格波动,即总价格水平的波动和相对价格水平的波动。前者是指由通货膨胀或通货紧缩引起的一般价格水平的变化,它最终来源于货币总量的变化。后者是指不同商品相对价格水平的变动,这是由生产技术条件或消费者偏好的变化所引起的。在市场经济中,相对价格的变动是经常性的,它所影响的是企业的投资方向而不会造成宏观经济波动。总价格水平的变动则不一样,它是非经常性的,其影响也是短暂的。如果人们能对总价格水平变动作出正确的预期,那它就不会使实际的总产量和就业量发生变动。但是由于信息不完全等原因,当总价格水平发生变化时(比如政府增加货币的供应量)往往会被误认为是相对价格的变动,诱使企业扩大投资,增加产量,经济走向繁荣。然而,虚假的信息不久就会被完全的信息所代替,人们搞清楚原来的预期是错误的后,就会着手减少生产,使经济转向萧条,简单地说,卢卡斯的结论是,信息不完全导致的对价格水平变动的错误预期是产生经济周期的原因。

6. 政治因素周期理论。这是用非经济因素来解释经济周期问题的西方理论的一种典型代表。在西方国家里倡导该理论的人为数不少,近期引起了各方面较为广泛的注意。

波兰经济学家卡莱斯基最早提出政治因素周期理论,目的在于解释资本主义的长波周期,特别是试图解释资本主义社会的失业问题。后来有英美等国的经济学家作了发展和补充,形成了对长波经济周期的一种特殊解释。该理论认为,在资本主义社会的民主制度下,政府制定经济政策要受到不同政治力量斗争的约束,随着占优势地位的政治力量不时地转换,政府的经济政策也定期地改变,因而导致出经济上繁荣和萧条交替出现。这是因为,如果社会上存在严重的失业,劳工的工会的政治影响力就逐渐增强,迫使政府实行扩张性政策,经济便由衰退转向繁荣。如果社会长期处于充分就业的状态,资本家要求提高效率的呼声就会高涨,其政治影响力也日益增大,进而迫使政府实行紧缩政策,由此而就带来了经济萧条。

随后,英国剑桥学派经济学家琼·罗宾逊等用该理论来解释中短期的经济波动。他们的主要根据是,西方国家里政治上的选举周期直接引起了经济上的周期性波动。在大选要到来前的半年至一年中,当执政者出于政治利益上的考虑,往往会采取各种政策措施如降低利率、税率等来刺激投资,扩大就业,使经济走向繁荣。一旦选举结束,执政者就要削减财政赤字,提高效率,控制通货膨胀,为此就要实施紧缩政策,因而导致经济走向萧条。这种局面大约要持续一两年,直到新的一轮选举临近,政府的政策进行调整,经济因而再度走向繁荣。政治上的定期选举是法律所规定的,经济上周期性波动也就无法避免。20 世纪 70 年代以后美国一些经济学家进一步提出党派周期理论,其分析逻辑并没有什么新的创造。

7. 乘数—加速数机制周期理论。这种理论通过投资增量与需求增量之间的数量关系讨论，试图以经济运行过程中的纯技术机制来解释资本主义社会中存在的周期性经济波动。

所谓乘数原理，是指投资的数量有所增加时，会带来社会总需求有数倍于投资数量的扩张。它最早由英国经济学家卡恩表述，后被西方经济学家在分析宏观经济时广泛使用。所谓加速数原理，是指假如投入产出的系数不变，投资数量要按照固定的速度增长，就要求市场销售量以不断加快的速度向前增长。这是法国经济学家阿芙塔里昂首先提出用来解释经济周期的，后来成为西方主流经济学的一大法宝。最初对乘数—加速数原理作出分析的是哈罗德，萨缪尔逊等人进行了补充和发展，形成了乘数—加速经济周期模型，根据萨缪逊等人的分析，在经济上升的阶段，主要是乘数原理在发挥作用，投资的增长推动社会总产量迅速扩大，就业增加，经济呈现景气状态。然而，市场的扩张不可能是无限的。当经济达到繁荣阶段时，市场需求增长的速度会放慢（并不需要出现市场需求增长停滞或负增长），无法保障在投入产出比例关系不变的条件下让投资按照先前同样的速度增长，结果会使投资下降，并产生出乘数效应，经济由繁荣转向萧条。这就是说，即使经济持续地处在增长过程中，加速数也会使经济突然转向下跌，一直要到资本存量出现了相当规模的负增长，加速数原理才会失去作用。而在经济下滑的过程中，乘数原理到一定时点会自动地启动，重新拉动经济走向高涨，然后又要受到加速数原理的制约。

希克斯的理论要较为"完善"一点。他将投资理论、收入决定理论、经济增长理论和乘数—加速数结合在一起，提出了一个形式上较为完整的分析模型。希克斯是在经济增长的框架内来讨论经济周期问题的。他认为，投资与储蓄相等是保持经济稳定增长的唯一条件，而投资的不确定性则是造成经济波动的原因。按照希克斯的分析，投资分为两种类型：一是自发性投资，它不受上一期（比如上个年度）产量变动的影响，大部分是长期性的，短期内不会产生效益，因而比较稳定。二是诱发性投资，它随着上一时期产量的变动而变动，比如上个年度国民收入增加了，本年度的投资规模就会相应地扩大，这种投资变动的幅度往往很大。如果经济增长只是由自发投资引起的，经济可能会长期处于动态的均衡状态。但是技术进步等多种因素可能造成诱发性投资大规模地增长,开始时它通过乘数原理使生产出现累积性扩张,经济走向繁荣。可是由于加速数原理的存在,不久就会遇到资源稀缺和充分就业的制约,经济转而走向萧条,生产和投资都会出现收缩。当然,经济下跌到一定谷底时,诱发投资消失,加速数原理停止发挥作用,自发性投资通过乘数原理又会带动经济慢慢地上升,再次产生出诱发性投资,形成一个新的经济周期。

8. 其他新近出现的周期理论。20 世纪 70 年代以来,在西方经济学对经济周期问题的研究重新趋于活跃的背景下,又出现了一些新的经济周期理论,其中有相当一部分是传统理论的改头换面,但也有一些理论试图提出新的思想或分析方法,其中一种流行的趋势是引入自然科学某些研究领域的方法来讨论经济周期。这里简要地介绍几个与先前理论差异较大的经济周期理论分析模型。

非线性函数周期理论。由卡多尔创立的用纯数学方法来论证经济周期不可避免的一种理论。凯恩斯主义诞生之后在西方产生了广泛的影响,于是不少人试图把凯恩斯的一套东西数学化。凯恩斯认为,投资和储蓄都会随国民收入的变动而变动,有人把这几个宏观经济变量之间的相互关系称之为线性函数。简单地说,就是当国民收入水平上升时,投资和储蓄都会相应地增长。经济周期波动可能是起源于预期不合理而带来的投资与储蓄的背离,也可能是乘数—加速数机制起作用的结果。

卡多尔认为,上述线性函数的假设不符合实际,投资函数和储蓄函数都应当是非线性的。即投资与国民收入的关系是 S 型的,而储蓄与国民收入的关系是反 S 型的,正是这种非线性关系导致出经济的周期性波动。按照卡多尔的分析,投资和储蓄的变动都要考虑现有资本的存量的影响,投资是现有资本存量的递减函数,而储蓄是现有资本存量的递增函数。因此,两者的数量虽然有时候是一致的,但在经济过热和过冷的状态下就存在明显的反差。比如,当国民收入达到较高的水平时,现有资本的存量也较大,这时边际投资倾向下降,而边际储蓄倾向却在上升,结果是储蓄大于投资,有效需求不足,导致经济从繁荣走向萧条。而在经济萧条的阶段,资本存量较少,这时边际投资倾向较高,但边际储蓄倾向较低,投资大于储蓄造成总需求扩张,整个经济逐步走向繁荣。既然投资函数和储蓄函数都是非线性的,社会经济就会呈现出周期性波动。

突变周期理论。突变理论是研究生物过程而产生的一种数学理论,产生于20世纪60年代末期,后来被广泛地应用到物理分析和对社会现象的研究中。从1979年开始,外林就把突变理论用来研究经济周期问题。尽管他使用的数学模型和图表相当复杂,然而其思想却并无什么深奥之处。第一步,外林基本上是沿袭卡多尔提出的非线性函数理论,仍旧使用S型曲线来描述国民收入、消费、投资和储蓄等变量之间的关系,而只是把有关的方程写得更加复杂一些。第二步,外林加上自己的一点发明创造。当投资的增量达到某个临界点时,国民收入会偏离原来的移动曲线,出现跳跃性的变化即突变。这种情况常见于S型曲线的转折点上,繁荣或危机的到来均是突变的结果。

混沌周期理论。混沌理论也是20世纪60年代末期产生的一种解释运动轨迹变化的数学理论。该理论认为,在一个简单的确定性然而是非线性的系统中,比如一个一阶非线性差分方程,能够产生极为复杂的时间道路。在这里,人们所选择的参数不同,数值变动的轨迹就大不相同,只要参数稍作改变,数值的变动就是十分显著的。理查德·戴等人认为,这种情况很适合用来解释经济周期现象。从新古典经济增长模型来看,生产总量是投资的函数,而人均资本存量等经济变量最适合用一阶非线性方程来描述。现实生活中,资本存量和收入水平的时间序列完全是随机变动的,由此而产生的一个结果是,经济总量老是处在波动之中,而且其波动的轨迹是混沌的,难以明确地预测的。我们认为,这实际是在利用现代科学方法的幌子下对宿命论的复归。

第三节 马克思主义经济周期理论和西方经济周期理论的比较

研究马克思主义经济周期理论的特色。探索西方经济周期理论的发展趋势,对两者进行比较研究,我们得出许多重要启示。

一、马克思主义经济周期理论的特色

马克思主义经济周期理论,由马克思和恩格斯创立。它是一个包括经

济周期内涵、形成、原因、物质基础,影响因素和作用等内容的资本主义经济周期理论体系。后经恩格斯、列宁、斯大林、毛泽东和邓小平等的发展,而进一步完善。它给我们展示的多彩的特色,显示出其所具有的重要的现实意义。

第一,马克思主义经济周期理论是一个完整的科学的体系。之所以说它"完整",是因为它既有经济周期结构的理论,又有经济周期功能(作用)的理论;既分析经济周期形成,又分析经济周期变化;既探讨经济周期必然性,又探讨经济周期偶然性;既研究资本主义经济周期,又研究社会主义经济周期等等。之所以说它是"体系",是因为它的各个部分的理论,相互联系,环环相扣,自成体系。如经济周期的根本原因决定直接原因,直接原因又通过种种偶然的影响表现出来,而这整个的逻辑过程的成立又必须以社会化生产基础上固定资本的大规模更新为条件。之所以说它"科学",是因为它是建立在劳动价值论、再生产理论、资本积累理论、平均利润和生产价格理论基础上的,有其坚实的理论基础。马克思主义经济周期理论作为一个完整的科学体系,还表现在,马克思以前的经济学家,如西斯蒙第、马尔萨斯、欧文等人只限于经济危机原因的探讨,且又只是停留在对资本主义经济的表面现象作一些描述。马克思之后的西方经济学家所谓的"自然因素周期理论""货币信用周期理论""投资过度周期理论""创新周期理论"和"政治因素周期理论"等,无非是对马克思所揭示的经济周期的种种偶然因素的研究成果而已。

第二,马克思主义经济周期理论十分重视制度分析。马克思分析了经济周期的各种原因和影响因素,但他强调资本主义经济周期根源于资本主义生产方式的内在矛盾。生产方式内部生产力和生产关系,何者是决定经济周期的矛盾的主要方面呢?马克思说是生产力反抗生产关系,恩格斯说是经济利益关系的对立,斯大林说在于资本主义经济制度,说法不一,含义相同。重视制度分析且强调基本经济制度分析是马克思与资产阶级经济周期理论之根本区别所在。当代西方学者研究资本主义经济周期大多是对制度因素避而不谈,存而不论。虽然西方制度经济学也从经济制度角度来探讨资本主义经济周期。但他们所谓的制度都不过是基本经济制度的实现形式,或操作性的经济制度而已,不涉及社会基本矛盾。

第三,马克思主义经济周期理论突出经济周期中的危机阶段。马克思恩格斯认为资本主义经济周期最主要的特征是不断发生的生产相对过剩的经济危机。资本主义经济周期表现为资本主义经济不断走向危机和不断摆脱危机的过程。因此在周期的四个环节中集中研究了经济危机。无论是对经济周期的形成的分析,还是对经济周期的原因的考察,或者是对经济周期物质基础的探讨,或者对经济周期作用的研究,等等都是以经济危机为核心展开的。如果有人因此认为马克思只有经济危机理论,没有经济周期理论,这是一种误解,这是一种只见树木不见森林的片面。

第四,马克思主义经济周期理论,既揭示了资本主义经济周期的特殊性,又揭示了经济周期的一般性。例如经济周期的形成要以发达的商品经济和机器大工业为条件,这是经济周期形成的客观前提。只要具备这些条件就有形成经济周期的可能性;经济周期都是有阶段性的,尽管表述可以各不相同;经济周期的根本原因在于社会基本矛盾,从而是由于经济利益关系的背离或矛盾,只要存在利益关系的矛盾,就有了经济周期的深层原因;经济周期对生产力既有破坏作用,又有促进作用,因此,人们对经济周期并不是无所作为的。影响经济周期的因素各种各样,有自然的、技术的、经济的、政治和军事的等等,在其他条件具备的情况下,其中任何一方面的因素的变化都会诱发经济周期的变化。正因为经济周期的变化的决定、影响因素很多,所以,每一个经济周期的形成,其根源是一样的,但直接原因或诱发因素往往不同,所以,要作具体分析。

第五,马克思主义经济周期理论以经济利益为核心,对资本主义经济周期进行了综合研究。经济周期之所以存在,是因为有经济利益关系的矛盾或背离,如前所述;经济周期之所以消除,是因为经济利益关系的和谐与一致。从马克思到斯大林乃至毛泽东,他们都认为计划取代市场之后,经济周期便不复存在。为什么?关键在于计划代表的是社会利益或整体利益,而市场代表的是个体利益或个人利益。恩格斯说,"在共产主义社会里,人和人的利益并不是彼此对立的,是一致的,因而竞争就消灭了。……在生产和分配必要的生活资料的时候,就不会再发生私人占有的情形。每一个人都不必再单枪匹马地冒着风险乞求发财致富,同样也就自然而然地不会再有商业危机了"。不仅如此,"随着社会对生产力的占有,这种社会性就将成为生产者完全自觉地运用,并且从造成混乱和周期性崩溃的原因变为生产本身的最有力的杠杆"①。邓小平肯定社会主义经济周期,在逻辑上也是因为他肯定了社会主义既有计划又有市场,存在着个人利益与整体利益,中央利益与地方利益等各种利益的矛盾和冲突。人们在对个人利益、个体利益、局部利益、地方利益或眼前利益的追求中,会因自然、技术、经济、政治等各种因素中某种因素的作用或某几种因素的同时作用,使之与集体利益、社会利益、总体利益、中央利益或长远利益的矛盾和冲突得以展示。这便是经济的周期性波动或危机。

第六,马克思主义经济周期理论是一个开放的、发展的体系。马克思主义经济周期理论由马克思和恩格斯创立,恩格斯、列宁、斯大林、毛泽东和邓小平等又进一步丰富和发展。可见,它是一个开放的发展的体系。马克思经济周期理论的发展是随着资本主义经济和社会主义经济实践的发展而不断发展的,经济实践是其生命的源泉。当代资本主义生产力发展迅速,生产关系特别是国际经济关系变动剧烈,社会主义经济关系也在改革之中不断创新,如此等等都对经济周期理论的进一步发展提出了要求。而且,马克思主义经济周期理论,特别是当代资本主义和社会主义经济周期的理论所作出的只是总体的原则的说明。马克思主义经济周期理论已有的大框架之中,尚有许许多多的具体问题需要进行探讨,这便是现实给理论工作者提出的任务。每一个马克思主义经济理论工作者对此责无旁贷。

第七,马克思主义经济周期理论有重大的现实意义。正因为,马克思主义经济周期理论是开放的、发展的理论,所以,对现实就会有重大意义。马克思主义经济周期理论中所包含的经济周期的四个环节,经济周期形成的客观条件、经济周期的物质基础、经济周期的根本原因、经济周期的直接原因、经济周期的影响因素,经济周期的作用等等,在西方、在我国都是客观存在。因此,我们必须运用马克思主义的经济周期理论来研究当代资本主义经济周期和社会主义经济周期。而不是只知道搬用当代西方经济周期理论,否则就难免失之偏颇。当然,我们对西方资产阶级经济周期理论也不能简单地一概否定。因为它们确实对经济周期的直接原因和种种偶

---

① 《马克思恩格斯全集》第20卷,第304页。

然因素作了较为深入的研究,得出了不少有价值的理论结论。因此研究当代资本主义和社会主义经济周期,必须坚持以马克思主义经济周期理论为指导。

二、对西方经济周期理论的评价

(一)西方经济周期理论的演变趋势

单纯就学术本身的发展来看,西方经济周期理论的演变过程是比较有特色的。可以毫不夸张地说,在西方经济学的研究中,经济周期问题既是最古老的话题,又是最前沿的领域。西方经济周期理论研究上的沿革和创新同样地十分明显。一百多年来,经济周期始终是各派经济理论关注的一个中心,很少有其他经济问题能像经济周期一样引起长期持续的理论探索热情。同时,在经济周期问题上理论创新又是层出不穷的,从观察计量方法到抽象理论分析,从运行机制探索到控制对策设计,几乎在每个时期都会出现大的"突破"。当然,出现新的东西并不都等于理论上的发展,例如,当代一些西方经济学者用纯数学的方法或片面借用其他自然科学领域的研究方法来讨论经济周期问题,既对实际生活没有什么意义,又很可能会把学术研究引入死胡同。不过,总体上说,西方经济学对经济周期的研究是在发展之中的,其演变过程表现出三种值得注意的趋势。

第一,关于经济周期原因的解释越来越广泛。西方经济学对经济周期原因的解说五花八门。很难找到一个适当的词汇来作概括性的描述。在西方经济学家的眼中,引起社会经济周期性波动的原因几乎无所不在,所有能够直接或间接地影响经济生活的重要因素,不管是自然的还是社会的,主观的还是客观的,都已被引入到经济周期原因的分析中来了。随着时间的推移,西方经济学还在试图不断地发掘产生经济周期新因素,每次出现一种新理论,就总是要提出解释经济周期的新原因,以至几乎形成了与泛神论相似的泛周期理论。对于西方经济周期理论的这种现象,我们可以从两个方面来进行评价:就积极的一面来看,尽量把各种可能的因素考虑进来,有利于拓宽研究和分析的视野,检验和补充以前的理论。的确,各种独立的西方经济理论对周期原因的解释,都有从单一因素走向多元因素趋势,不过至今并未真正形成综合性分析体系。从消极的方面来看,长期地沉于对新因素的探寻,必然导致对引起经济周期的真实原因缺乏深入的研究。西方经济学至今未出现一种具有内在逻辑力关于经济周期原因的理论解说,这也恐怕是其中的原因之一。

第二,对经济周期的研究越来越偏重实证分析。这种趋势主要表现在两个方面,即数量分析的强化和对具体机制研究的深化。就前者而言,从历史上看,有关经济周期问题的研究也许是经济学中最早重视用数据说话的领域之一,因为经济周期最先是从对历史性统计数据和资料的分析中发现的一种现象,进而提出了有关的理论假设。在随后的西方经济学关于经济周期的研究中,数量分析不仅一直是各种学派使用的一个重要工具,更是西方经济学家们倾其心血试图取得突破的一个主要方向。这里的原因绝不只是一个方法论的偏好和选择,而是有着深层的利益驱动和功利色彩。一方面,复杂的数量分析可以掩盖理论上的浅薄,使自家学说在回避对社会矛盾进行深入探讨的时候能披上高深的面纱。另一方面,数量分析也是为了增强应用性,扩大理论的实际影响。就后者而言,西方对经济周期波动具体运行机制的研究在二次大战后明显地上升了,虽然西方早期各种学派在解释经济周期问题时,都在一定程度上涉及到了经济周期的具体运行机制,比如危机通过什么样的因素引发,如何从萧条转向繁荣等,然而分析并不深入。近期许多西方经济学家则把重点放在经济周期的具体运行机制分析上。这方面值得一提的有对技术创新和经济周期关系的研究,货币数量和利率变动对经济周期的作用,以及投资数量、消费数量和经济周期的联系等方面的研究。

第三,关于经济周期的探讨越来越重视预测和对策。在西方经济学对经济周期问题的讨论中,来自于纯理论学术角度的兴趣愈来愈多地被对现实问题的关注所替代,或者说,西方经济学家在这方面愈来愈多地把注意力放在如何"熨平"经济周期上,以谋求自身的最大利益。例如,20世纪70年代末80年代初经济长波周期的研究重新趋于活跃,很大程度上就是为了判断20世纪90年代西方国家经济的可能走势。有人认为,20世纪90年代末21世纪初世界经济又将再次处在长波的下降阶段,也有人认为将会进入技术创新高潮所带动的上升阶段,估计不一样,决策因而也就不相同。在这样的背景下,西方对经济周期预测技术等方面的研究就获得了空前的重视,估计将会成为经济周期研究的一大热点。另一方面,从凯恩斯起出现的反经济周期的对策研究,一直受到各个方面的热烈欢迎,西方经济学家力图使之更加系统化、更加合理化。西方实证性的解释是为制定政策服务的,而对策研究需要以实证分析为基础。西方经济学理论现在所提供的不再是对现实的简单辩护,而是可以获得经济效益的工具和手段。

(二)西方经济周期理论的借鉴意义

从现实生活中来看,经济周期不只是资本主义生产方式所特有的现象,在公有制为基础的生产方式中仍然存在,尤其是在社会主义市场条件下更是一个值得关注的问题。应当看到,迄今为止,资本主义市场经济要比社会主义市场经济的历史长得多,因而就市场经济运行中可能碰到的矛盾和冲突而言,西方经济学家的经历要比我们丰富得多,我们能够也应当从西方经济学理论中批判地继承和吸收一些有用的东西。具体就经济周期的研究而言,我们认为有三个方面是可以供我们借鉴的。

第一,关于产生经济周期的具体原因。我们今天分析研究公有制经济条件下的经济周期问题,无疑需要把重心放在经济运行的侧面上,这方面西方经济学较有可取之处。由于历史条件的原因,马克思对资本主义经济周期所作的分析是着重揭露和批判私有制的不合理性。随着时间的推移,资本主义制度发生了许多重大的变化,社会生产和市场交换等现实的经济运行过程则更有深刻而广泛的变动,这些使经济周期的原因和表现也更加复杂化了,我们对经济周期问题的分析当然不能停留在马克思生活的时代。今天的以公有制为基础的市场经济是马克思当年不曾预见到的,它在某些方面与西方国家的市场经济有共同之处。西方经济学对经济周期的研究长期把注意力集中在各种可能导致周期性波动的具体原因方面,技术、货币、投资和消费等具体因素对经济波动的影响所进行的分析,有不少还是带有普遍意义的,对我们研究社会主义经济运行中的周期问题有直接的参考作用。有些问题我们过去不曾碰到而现在开始出现了,有些在将来可能遇到,认真把西方的经济周期理论搞懂,有助于我们在把握住事物本质的条件下较快地把复杂的经济现象作出有效的观察和分析,节省时间和费用。

第二,关于经济周期的定量分析方法。世界正在进入信息时代,电子计算机日益广泛地得到应用,各种统计组织和体系日益完善,通信手段不断现代化,这些为我们对社会经济运行时及时有效的预测和调控提供了有利的条件。为了达到预期的目标,我们需要把有关经济问题的分析数量化大大地推向前进。应当承认,在对社会主义经济周期进行的研究中,数量分析不足是一个明显的薄弱环节。比如,国民经济的周期性波动以什么指标和怎样进行分析?为了防止经济出现过热或过冷,最终导致宏观经济发生过大的波动,应当主要对哪些经济进行监测呢?主要宏观经济变量在多大的范围内波动是安全呢?这些方面我们目前的研究水平还不是很高的。西方经济学在这方面作了很多的工作,方法论本身的阶级性也比较弱,我们在这方面还是应当多借鉴一点人家经验。创新不是凭主观愿望就能实现的,不了解和利用整个人类思想的发展进程的各种积极成果,实际上往往是搞一些低效的重复劳动,这种状况是我们必须要努力避免的。

第三,关于经济周期问题的应对措施。对于国民经济的成长发展来说,周期性波动无疑是一个不利的因素,应当制定必要的对策。西方经济学为"熨平"经济周期进行了长期的探讨,针对经济周期问题提出了多种多样的治理性政策措施,其中有些是适合于市场经济的一般情况的,并被实践证明具有一定的效果,我们也应当吸收其中的合理成分。比如说,用以反周期的财政政策、货币政策、科学技术政策和市场竞争机制等,仍然可能作为我们在社会主义市场经济条件下熨平周期性波动的直接措施和手段,在一个相当长的历史时期内,避免和治理经济周期仍然是政策的最主要职能之一。在治理经济周期性波动时,必须要注意不同政策措施的合理搭配,以求能达到预期的效果,如何进行搭配西方经济学提供了某些有益的思考。对出台实施的政策措施应当客观地全面地评价其多方面的效应,尽量减少决策过程中片面性,这方面西方经济学进行过不少的研究。当然,这些问题上西方经济学理论不可能有现成的正确的答案,我们必须有分析有借鉴,以求真正地做到去伪存真,去粗取精。

三、马克思主义经济周期理论与西方经济周期理论的主要区别

首先,目的不同,马克思主义的经济周期理论的目的,是通过经济周期及其危机的分析,说明资本主义制度的局限性和资本主义要被社会主义代

替的必然性。西方经济周期理论的目的,是通过经济周期的研究,来维护资本主义制度,为"熨平"周期,减少危机损失寻找药方。

第二,重点不同。马克思主义经济周期研究的重点是放在危机阶段。在马克思看来,经济周期最显著的特征和标志是危机阶段。从这个意义上说,马克思主义的经济周期理论就是经济危机理论,而西方经济学则有意或无意地模糊这一点,而把重点放在经济波动方面,从这个意义上说,西方经济学的经济周期理论就是经济波动理论。

第三,方法不同。马克思主义经济周期理论是从本质上分析经济周期的根本原因是不同社会的基本矛盾,而西方经济学的经济周期理论大都在现象上做文章。西方经济学家往往都是抓住经济周期某些表面现象来说明经济周期的原因。现在西方解释经济周期原因的说法不下几十种,学派纷呈,但都不能抓住经济周期真正原因,具有很大的片面性。

四、关于经济周期的几点基本认识

从以上分析我们可以得出几点基本认识。

1. 经济周期不是资本主义特有的现象,也不是资本主义特定时期的现象,自由竞争时期资本主义有经济周期,当代在垄断资本主义条件下仍然有经济周期。资本主义有经济周期,社会主义也有经济周期,原苏联东欧国家有经济周期,当代中国也有经济周期。

2. 经济周期的成因有经济制度的原因,也有生产力方面的原因。只要是社会化大生产,机器大工业的商品经济都会有经济周期,而且固定资本的更新都是经济周期的物质基础。在不同经济制度下,经济周期的根源都在于不同经济制度下的基本矛盾。在资本主义国家经济周期的根源在于生产社会化与私人占有这一基本矛盾,在社会主义国家经济周期的根源在于生产的发展与需要不断增长之间的这一基本矛盾。但是,不同经济制度下,经济周期产生的直接原因以及影响经济周期形成的因素是很复杂的,即就是在同一经济制度下,不同国家,或者同一国家不同时期,经济周期形成的直接原因以及周期的表现形式也是不同的,需要具体情况具体分析。

3. 研究经济周期是经济理论的主题之一。马克思主义经典作家很重视经济周期的研究,西方经济学也很重视经济周期的研究。但是,近年来我国经济学界对经济周期的研究似乎有所忽视,应该加强这一方面的研究。

4. 马克思主义经济周期理论具有强大的生命力。无论是研究资本主义经济周期还是社会主义经济周期都应以马克思主义经济周期理论为指导,同时,注意吸取西方经济学关于经济周期理论的有益成果来丰富和发展马克思主义经济周期理论。

第四节 关于社会主义经济周期问题的探讨

社会主义经济发展过程中是否存在经济波动,是否有可能存在经济周期和经济危机,这在社会主义社会较长的时间里是一个争议颇大的问题。

一、关于社会主义经济周期的观点

按照传统理论的思路,在社会主义条件下,由于生产资料的公有制和社会大生产是相适应的,所以社会主义经济是能够有计划、按比例、稳定协调地向前发展的。原苏联政治经济学教科书就曾认定:社会主义经济发展没有停顿,沿着一条增长直线,保持着高增长率。

然而,在社会主义经济发展过程中,经济周期作为一种经济常态现象展现在我们面前了,并愈来愈明显地成为社会主义不可否认的现实问题和不可回避的理论问题。为此,马克思以后的经典作家和经济学者都对于这个问题进行了重新的认识和分析。

马克思恩格斯以后的经典作家最初和马克思恩格斯关于经济危机的观点是一致的,即认为经济危机是和资本主义经济制度相始终、共存亡的现象。但是,后来的社会主义实践使他们对于这个结论有个突破。

列宁在《新经济政策和政治教育局的任务》中指出:"农村的余粮收集制,这种解决城市建设任务的直接共产主义的办法,阻碍了生产力的提高,它是我们在1921年春遭到严重经济危机和政治危机的主要原因。"

斯大林在联共(布)第十四次代表大会上的报告中指出:社会主义国家"经济中的每个严重失算,都不会只以某种个别危机来结束,而一定会打击到整个国家经济。每次危机,不论是商业危机、财政危机或工业危机,在我们这里都可能变成打击全国的总危机"①。

布哈林 1928 年 9 月 30 日在苏联《真理报》上刊载的文章:《一个经济学家的札记》中认为,只要社会主义生产和需求的比例失调,就可能发生危机,但是,他指出社会主义经济危机具有与资本主义制度下的经济危机"颠倒"的性质,那里是生产过剩,这里是商品荒,那里是产品的求大大低于供,这里是求过于供,那里和这里都投入巨额"资本",那里是积累过多,这里是资本缺乏。

社会主义经济学者是从 20 世纪 50 年代开始承认社会主义存在周期性经济波动的,到了 20 世纪 70 年代才进行了较广泛的研究。综合社会主义各国经济学者关于社会主义经济周期问题的观点,可以大致分为两类:

一是经济周期论。持这种观点的经济学者虽然都从不同角度阐述了社会主义经济周期的根源和机理,但是,他们都在与资本主义经济危机相区别的前提下承认社会主义存在经济危机,并且认为这个危机具有周期性。理由是:第一,经济危机不是资本主义特有的经济现象,社会主义也会存在经济危机,并且有着反复性和重复性。第二,通过对社会主义各国的经济进行大量的实证分析之后证明了社会主义周期的客观性和普遍性。

二是经济波动论。持这种观点的经济学者承认社会主义存在经济波动,有的也承认存在经济危机,但是不承认经济波动和经济危机具有周期性。这是因为,第一,社会主义基本矛盾和主要的经济规律消除了经济周期波动的客观基础。社会主义发生经济波动不是社会主义经济中的必然现象,而是偶然发生的,没有一个规律支配着整个经济周期的波动。第二,不能滥用危机来解释各种不同的社会现象,不能把经济工作的失误和政治上的原因造成的危机当成危机的周期性。

上述,马克思以后的经典作家对马克思经济危机论的大胆突破和社会主义经济学者对社会主义经济周期的认识,表明社会主义经济理论已冲出了传统的经典理论的局限,并有了新的进展。然而,社会主义经济学者对经济周期的不同层次的观点也说明了对社会主义经济周期问题的认识还有待于进一步地深化。

---

① 《斯大林全集》第 7 卷,第 248 页。

社会主义存在着经济周期这应当是毋庸置疑的。首先,社会主义仍具有经济周期的基础。诸如,技术的进步,商品经济的存在,社会主义基本矛盾的运动,经济体制的弊端,政治上的动荡等等。这些都会不同程度地导致经济周期的波动。其次,纵观社会主义经济发展的全过程,经济周期一直伴随着社会主义的经济运行过程。据一些学者的测算,苏联从1919—1945年在经济上经历了两个周期,1950—1989年则出现了7个周期。南斯拉夫自1947—1989年,经过了6个经济周期。我国的经济从1953—1989年共有过8个周期。

二、社会主义经济周期的原因

诚然,社会主义经济学者都没有无视社会主义经济波动的现实,也都前后不同程度地承认了社会主义经济波动和经济周期。可是,他们对于社会主义经济周期的原因的分析却是众说纷纭,莫衷一是。归纳起来大致有以下几种说法:

第一,社会再生产说。认为由于现代生产是多部门的,多层次的活动,社会主义并不会因为有宏观计划而消除了两大部类的增长波,社会再生产的两大部类的增长会发生错落,从而就会出现一个再生产周期。

第二,技术进步说。其基本观点是,技术进步是直接发生在生产资料生产部门的,通过投资引起生产资料产生波浪式的扩张,从而导致消费品生产和整个经济的技术变动乃至动荡。他们又指出,制度不同,可能会改变技术运用的方式和方向,但无法改变技术能量释放的周期轨迹。

第三,投资周期说。持这种观点的经济学者认为,固定资产的更新报废,不是以固定速率进行的,即使在简单再生产条件下,由于机器设备的不同物理寿命和精神寿命,某一时期就可能出现固定资产替换高潮,另一时期会出现替换低谷,从而使固定资产的再投资出现波浪式的进程。还有人认为,传统体制使固定资产投资存在一种过冷和过热的反应机制,由于投资的这种扩张和收缩使经济增长随之扩张和收缩交替发生。

第四,供求矛盾说。这种观点认为,从需求方面看,社会主义国家的政府及企业由于扩张冲动,投资和消费饥渴产生了需求膨胀。投资的冲动是来自于"企业压力"和"赶超压力"。从供给方面看,社会主义供给的效益很差,有的认为社会主义经济是资源约束型经济,这就产生了投资的障碍。投资冲动是社会主义经济扩张的动因,投资障碍是社会主义经济扩张的障碍,当国家通过抑制需求来调整供求关系时就会出现经济周期。

第五,农业周期说。持这种观点的学者认为,农业波动是整个经济周期波动的原因。中国农业产量波动是比较明显的,这种波动通过粮食、原料、劳动力和市场等途径影响投资和工业,从而形成了经济周期波动。

第六,政治周期说。这种观点认为,社会主义国家的经济波动主要是由政治变动造成的,而社会主义国家政治不稳也呈现一定的周期性和摇摆性。持这种观点的学者在对苏联、东欧各国及我国的经济波动进行实证考察之后,指出这些经济波动都具有明显的"政治周期"性。

社会主义经济学者分别从不同角度剖析了产生社会主义经济周期的原因,提出了很多有见地的见解,这无疑对我们继续这一问题的研究是有启发的。但是,许多经济学者也都认为形成社会主义经济波动的原因是相当复杂的,而且社会主义各国的具体情况上的差异,也使构成经济周期的原因不会是相同的。所以,仅从某一方面、某一角度、某一点来解释这个问题是不能令人足以置信的。

我们认为,分析社会主义经济周期产生的原因,应当是多方面、多角度和多层次的,不仅要分析其一般的和特殊的原因,而且也要分析内在的和外在的,经济的和非经济的原因。

首先,经济周期的产生有其共同原因。这些共同原因包括:(1)科学技术的进步。生产力自身就有自己的运动规律,它的发展不可能是直线的,一成不变的,而必然呈现出波浪式的轨迹。科学技术本身就是生产力,当科学技术进步处于高潮阶段,它会直接作用社会生产,引起社会经济的加速增长,当科学技术处于一般的状态和低峰阶段,则会出现相反的情况。(2)生产的社会化。生产的社会化本身也会使经济出现失衡。在扩大再生产条件下,价值补偿和实物补偿在结构上必须平衡,但是,在生产日益社会化的情况下,产业部门的技术结构和生产水平变化很快,比例经常会失衡,均衡只是动态的。(3)市场经济。只要是市场经济,也就必然存在社会生产与社会需求的矛盾。马克思在《资本论》中分析资本主义经济危机时指出:只要存在商品、货币交换,就存在生产过剩危机的可能性,这种可能性一旦生产和商品交换有了很大的发展,商品信用制度得以确立后就会转变为现实性。所以,社会主义商品经济条件下,由于供需矛盾也会导致生产"过剩"或"不足",从而产生经济周期。

其次,社会主义经济周期除了具有上述这些一般性的原因之外,还具有着特殊的原因。第一,社会主义经济周期的内在原因。不言而喻,内在原因即社会主义基本矛盾是引起经济周期的决定性或根本的因素。社会主义基本矛盾是人们日益增长的物质文化要求同落后的社会生产之间的矛盾。这一基本矛盾又派生出两个矛盾:一是工业生产的无限扩大和资源短缺的矛盾;一是投资要求无限扩大和生产缺乏活力与效率的矛盾。社会主义社会只要存在基本矛盾的运动,经济运行就会呈现周期性波动。第二,社会主义经济周期的外在原因。外在原因是指引起经济周期的外部因素,它是通过内在原因对经济周期起到加速或延慢,弱化或强化作用的。引起社会主义经济周期的外在原因的范围很广,如政治上的波动、自然灾害、战争、国际经济形势的变化等都可以对经济周期起到一定的作用。

社会主义经济周期的特殊性原因除了上述的内在、外在原因外,还有其人为的原因。因为,现在社会主义制度本身还是不成熟的,不完善的,社会主义经济的发展中非经济因素的介入是不可避免的。在社会主义社会里,导致经济周期的人为因素也是多方面的。第一,指导思想上的失误。受传统理论的影响,对社会主义公有制存在着错误的认识。造成了指导思想上的偏向,结果使社会财产关系约束弱化,这不仅导致企业行为的短期化,而且诱发了投资的行为扩张和收缩。第二,发展战略上的偏向。会造成社会生产的比例失调,贪图过高的速度,急于求成,盲目求供,出现经济发展的力不从心。第三,体制方面的缺陷。旧体制高度集中,直接干扰经济正常运行。新旧体制转换过程中,由于中央对经济控制的弱化,又没有及时建立间接控制的决策体制,形成了一个既无计划,又无充分发育的市场的局面,经济无法正常有效地运行。

社会主义经济虽然也有周期,但与资本主义经济周期有本质区别,两者不能相提并论。第一,两者的根据不同。资本主义经济周期的根据是资本主义生产社会化与生产资料私人占有之间的矛盾。社会主义经济周期则源于人民日益增长的物质文化要求同落后的社会生产之间的矛盾。第二,两者的性质不同。资本主义经济周期是具有对抗性质,是一种不可能克服的恶性循环的周期性危机。社会主义经济周期是非对抗性的性质,社会主义自身是可以克服和调整的。

三、社会主义经济周期理论值得进一步探讨的问题

迄今为止,社会主义经济周期问题的各种观点和诸多说法,还没有一种是比较完善的理论。社会主义经济周期理论仍需不断地发展,有许多问题必须进一步研究和探索。

第一,关于社会主义经济周期的提法。在社会主义经济周期的研究中,对于这一经济现象的提法很多。有些学者提经济波动、经济周期性波动、经济增长等,有些学者提经济危机、经济周期等。而同一提法的内涵也是有差异的,诸如经济周期的内涵就有几种规定:一种是指一国经济活动水平的扩张与收缩形成有规律的交替和循环;一种是指经济现象或变量在连续过程中重复出现涨落,等等。

社会主义经济周期如果作为一个理论体系,在提法上就有一个一般性的规定。经济危机是马克思从资本主义经济现象中抽象出特有的经济范畴,这个经济现象从动态上分析就是经济周期。我们对于社会主义的经济周期波动的现象的抽象是否也可以沿用经济危机这样的经济范畴,如果我们沿用这些经济范畴从内涵上应做哪些区分。

第二,关于社会主义经济周期原因的分析。社会主义经济学者们对于社会主义经济周期的原因的分析,往往采用描述性、实证性的考察较多,理论上的探求,较深层次的挖掘较少。然而,社会主义经济周期深层次的原因才是经济周期的根源,它能回答经济周期为什么能发生,而其他的原因只可能说明经济周期是如何形成的。

因此,要建立一个完善的社会主义经济周期理论,关键之一是找到这一理论的中心环节——根源。这就要求我们研究的视觉应放在对较深层次的理论问题的探讨上,这不仅能使我们制定出有效的对策,而且也能使我们的理论研究进展得更快。

第三,关于社会主义经济周期的期间。经济学者对于经济周期的期间的分析是多方位、多角度的,结论也是多样的。譬如,关于我国经济周期的

长度就有 4 年、4.6 年、5 年、6 年、7 年、10 年等之分。经济周期是一种动态的运动,它不是一个固定不变的常数,它呈现的有规则的波动仅是发展过程中一种运动趋势,然而,社会主义经济周期作为一种运动趋势,它总是有个规律可循的。马克思预测资本主义经济周期的长度大约 10 年,经济学者又推论战后资本主义经济周期有一个缩短的趋势。我们也应对社会主义经济周期的运动规律有一个基本的估计。

第四,关于社会主义经济周期的对策。经济学者对于社会主义经济周期的治理对策上也是仁者见仁,智者见智。但有两点值得考虑:(1)社会主义经济周期在各国的差异很大,因此,社会主义在经济周期治理对策的选择上应给予具体的分析。(2)资本主义在反危机方面已具有丰富的经验,但是,社会主义市场经济与资本主义是不相同的,所以,我们在对西方理论及政策的借鉴上更要予以探索。

社会主义经济周期理论还是极不成熟和完善的,需要我们发扬勇于探索,大胆突破,脚踏实地,以刻苦进取的精神,使这一问题的研究进一步系统化、理论化、模型化和实用化,用以指导我国经济稳定协调发展。

第五节 关于世界经济危机的十点思考

2008 年,从美国开始的金融危机和经济危机席卷全球,其范围之广、影响之深,历史上少见。全球——不论是美洲,还是亚洲、非洲;各界——无论是政界、商界还是学界,很多人在考察、在思考、在寻找原因、在寻求对策。其中高见不少,很受启发,来谈十点思考。

一、给这次经济危机定性

2008 年爆发的这次空前的危机,到底是什么性质的危机,众说纷纭。通常的或官方的说法是金融危机;有的学者说是商业危机;较多的学者说是经济危机。编者认为,这次危机是一个金融危机和经济危机交织在一起的危机,这次危机是从金融领域开始的,人们把它定为金融危机是很好理解的,但这是一个表面现象。马克思在《资本论》中曾经提出过两种货币危机的理论,在第一卷第三章一个附注中说:"本文所谈的货币危机是任何普遍的生产危机和商业危机的一个特殊阶段,应同那种也称为货币危机的特种危机区分开来。"①所以,马克思在这里实际上提出了两种货币金融危机的理论。

其一,作为经济危机一个阶段或表现的货币危机。这种货币危机是指资本主义生产过剩的危机在货币信用领域里的反映。它的主要表现是现金奇缺,利息率猛涨,有价证券价格暴跌,银行大批倒闭,信用极端紧缩等。资本主义的货币信用危机是在生产过剩的危机的基础上爆发的,但它反过来使生产过剩的危机进一步加深。这是因为,货币信用危机迫使资本家为了追逐现金而不得不勉强出卖商品,从而使物价下跌,企业得不到贷款,只能进一步缩减生产,而银行的破产又会激起工商业新的倒闭风潮。这一切都使经济危机进一步加深。

2008年的这次危机也具有作为经济危机一个阶段或表现的货币金融危机的特征。

其二,是独立于经济危机而发生的货币危机。这种独立于周期性经济危机以外爆发的货币信用危机,是由于灾荒、战争等特殊的政治经济原因而引起的货币信用危机。在帝国主义阶段,随着资本主义政治经济危机的不断加深,资本主义的货币信用危机不断尖锐化,发展成为全面的金融货币危机。金融货币危机同周期性经济危机中的货币信用危机不同,它具有经常性的特点,不仅在生产过剩的危机之际可以同时爆发金融危机,而且在生产过剩危机之前或之后,甚至在经济回升阶段也会爆发。

2008年的这次危机也具有独立于经济危机而发生的货币金融危机的特点。

现在看来,2008年开始爆发的这次危机不只是独立于经济危机而发生的单纯货币金融危机,也不只是作为经济危机一个阶段或表现的货币金融危机,而是兼而有之。它具有马克思所提示的典型的资本主义生产过剩的周期性经济危机的特征,它又具有独立于经济危机的货币金融危机的许多特点,是一次金融危机和经济危机交织在一起的危机。所以,我把这次危机定性为一场金融危机和经济危机交织在一起的危机,可以简称为经济危

---

① 《马克思恩格斯全集》第23卷,第158页。

机,因为经济危机可以包括金融危机;但不能简称为金融危机,因为金融危机不能包括经济危机。

二、给这次经济危机定量

这次危机范围到底多大,说法不一。有的学者说是美国的金融领域的危机;有的说是资本主义世界金融领域的危机;有的说是资本主义世界的经济危机;有的说是资本主义世界的金融危机和经济危机;还有的说是世界性的金融危机和经济危机,或者说是世界范围内的虚拟经济危机和实体经济危机。

这些说法,是随着危机的发展而逐步扩大的,现在危机还没有见底,还很难下结论。我认为,这次危机是世界经济危机史上范围最广的,也就是说涉及面最大的一次危机,是全世界范围的虚拟经济危机和实体经济危机,是世界范围的金融危机和经济危机。

其一,这次危机始于金融领域,是次贷危机引起的,但不只是金融信贷个别领域的危机,信贷扩展到证券、保险,是整个金融领域的危机。它又不纯粹是金融领域的危机,还有房地产领域的危机,是整个虚拟领域的经济危机。它也不仅仅是虚拟经济的危机。它由虚拟经济向实体经济蔓延,又是实体经济的经济危机。在实体经济中它不只是传统老产业(钢铁、纺织、汽车等产业)的危机,而且包括新兴产业(电子、信息等产业)的危机,这次危机量大面广涉及经济领域的各个领域、各个方面,是经济领域的全面危机。

其二,这次危机从美国开始,逐步蔓延到资本主义重要发达国家(欧洲、日本),再扩展到发展中国家、新兴经济国家,不仅包括资本主义大国,也包括资本主义小国,如冰岛整个国家面临破产。因此,它是整个资本主义世界的全面危机。而且,它不只是资本主义世界的经济危机,也包括社会主义国家,主要标志是社会主义中国也卷进去了。从1929—1933年危机看,因为当时经济尚未全球化,当时的社会主义苏联与资本主义世界的经济联系不密切,没有卷入那次大危机。所以,这次危机是范围最大的既包括资本主义又包括社会主义的世界范围的金融危机和经济危机。

三、给这次经济危机定级

2008年从美国开始爆发的这次危机，是1929—1933年世界资本主义大危机以后最深刻的经济危机。

其深刻程度从如下表现来看是全方位的：

一是货币金融领域动荡。国际金融市场罕见恐慌，全球股市狂泻，各类债务利差扩大，信用空前收缩，短期融资市场冻结，一片乱象，触目惊心。据国际货币基金组织统计，全球银行有毒资产为2万多亿美元，但欧洲各国部长最近的一次会晤则估测高达16万亿美元，超过了美国或欧盟27国国内生产总值。

二是生产萎缩。战后危机生产萎缩主要表现为生产增长幅度下降，而这次危机是生产指标负增长。据估计2009年全球GDP即收缩1.3%，美联储预测美国经济2009年下降1.3%~2%。欧洲央行新预测，欧元区16国的经济活动2009年将萎缩4.6%。这都是罕见的。

三是大规模失业。据国际劳工组织预计，到2009年年底，全球约有2.3亿失业人口，比2008年增加5 000万人，美国的失业率达到了25年以来最高的8.9%。国际劳工组织总干事称：全球就业危机可能持续6~8年。这是二次大战后少见的。

四是企业倒闭严重。国际知名金融机构雷曼、美林、AIG纷纷破产。美国通用汽车公司2009年6月1日在纽约申请破产保护。"通用"曾作为美国经济力量和活力标志的"百年老店"，这次破产是美国制造业有史以来规模最大的破产案。

其深刻程度还反映在危机时间长。这次危机至今还没有见底。何时复苏？各种预计大体有三种观点：一是乐观派，2009年年底可以见底；二是谨慎的乐观派，3~5年见底；三是悲观派，要10年左右才能真正走出低谷。哪种预测正确要让实践来检测。但就最乐观的估计：2009年年底见底来看，这次危机时间也就够长了。这次危机一般认为在2008年开始的，实际上2007年底在美国已经显现。如果以2007年底到2009年底为准来计算，那么这次危机时间已达两年。这可算二次大战后危机时间最长的一次了。

四、给这次经济危机寻根

关于这次经济危机的根本原因,说法颇多。有金融祸害论、创新周期论、产能过剩论、道德问题论、新自由资本主义缺陷论,等等。这些看法,从某一角度看都有一定的道理。但是,都不能很好地解释这次经济危机的根本原因,都没有找到真正的病根。要真正找到病根,还是马克思主义政治经济学所揭示的,资本主义经济危机的根本原因在于生产社会化与资本主义占有之间的矛盾。

关于资本主义经济周期性危机的根本原因,在于资本主义生产方式的内在矛盾,马克思、恩格斯早就指出:"几十年的工业和商业的历史,只不过是现代生产力反抗现代生产关系、反抗作为资产阶级及其统治的存在条件的所有制关系的历史。要证明这一点,只要指出在周期性的循环中愈来愈危及整个资产阶级社会生存的商业危机就够了。"①斯大林明确提出:经济周期性危机的根源在于资本主义经济制度,即生产的社会性和生产成果的资本主义占有形式之间的矛盾。资本主义生产的社会性与占有的个人性之间的矛盾,一方面表现为个别企业生产的有组织性和整个社会的无政府状态的矛盾;另一方面表现为生产无限扩大的趋势和劳动人民有支付能力需求相对缩小的矛盾。这种矛盾引起的强烈对抗,必须不断地通过危机来克服。进一步分析,资本主义经济周期性危机的深层原因,在于资本主义经济利益关系的背离阻碍了社会生产力的发展。

恩格斯在《在爱北斐特的演说》中指出,资本主义社会的利益关系是对立的,因此导致了商业不景气等一系列困难处境。他说:"商业的不景气……是由什么引起的呢?就是人们的利益彼此背离。"②首先,资本主义社会经济利益关系的对立包括多个方面。最重要的利益对立是资产阶级和无产阶级的经济利益关系的对立。马克思在《资本论》中揭示了资本主义积累的一般规律:一极是资本家财富的积累,一极是工人阶级贫困的积累。资本积累必然导致经济危机,就在于这种利益关系的对立。其次,重

---

① 《马克思恩格斯选集》第 1 卷,第 256 页。
② 《马克思恩格斯全集》第 2 卷,第 605 页。

要的利益对立关系还包括资本家之间的对立。马克思指出,在危机时期,"每个资本家的利益和资本家阶级的利益之间的对立就显示出来了"①。据新华社消息,这次危机的祸首之一,美国全国金融公司前董事长兼首席执行官安杰洛·莫齐洛于2009年6月4日受民事欺诈和内幕交易指控非法获利超过1.39亿美元,成为金融危机后美国政府起诉的最引人注目的被告。因为各个资本家都是其自身利益即私利的追求者,为了追求更多的利润,各产业,各部门的资本家不断进行竞争,资本转移,其结果不可避免地出现了生产过剩,爆发了危机。

五、给这次经济危机"下药"

关于经济危机的应对措施,西方经济学为"熨平"经济周期进行了长期的探讨,针对经济危机问题提出了多种多样的治理性政策措施,有许多药方。比如说,用以反周期的财政政策、货币政策、科学技术政策和市场竞争机制等。在治理经济周期性波动时,必须要注意不同政策措施的合理搭配,以求能达到预期的效果。如何进行搭配,西方经济学提供了某些有益的思考。对出台实施的政策措施应当客观地全面地评价其多方面的效应,尽量减少决策过程中的片面性,这方面西方经济学家做过不少的研究。当然,这些问题西方经济学理论不可能有现成的正确答案。

应对这次经济危机,我们仍然可以有分析地加以借鉴。应对经济危机,给经济危机"下药",实质上是一个利益再分配的问题,也就是"劫贫济富"还是"劫富济贫"的问题。

在应对这次危机中也有不同的观点和措施:有的人主张拯救富人、为资本家谋利;有的主张拯救穷人、为劳动者维利。美国保险业国际集团,因经营困境累计接收1 700亿美元的政府救助。但它的首席执行官竟拿出1.56亿美元,给"起祸"的高管发奖金。人们对金融垄断寡头的贪婪非常愤慨,对此无法理解。其实,不难理解,读一点马克思主义政治经济学就会知道,这是资本的本性。马克思曾引用登宁的一段话说得好,资本的本性就是追求利润,"资本害怕没有利润或利润太少,就像自然界害怕真空一样,

---

① 《马克思恩格斯全集》第25卷,第282页。

一旦有适当的利润,资本就胆大起来。如果有 10% 的利润,它就保证到处被使用;有 20% 的利润,它就活跃起来;有 50% 的利润,它就铤而走险;为了 100% 的利润,它就敢践踏一切人间法律;有 300% 的利润,它就敢犯任何罪行,甚至冒绞首的危险"①。

经济危机不可避免。资本家、资产阶级政府以及资产阶级经济学家对此无能为力。但是,资本家为了摆脱经济危机,他们想靠牺牲商品主要消费者的利益,牺牲工人的利益,牺牲农民的利益,牺牲劳动者的利益来摆脱危机。其结果不是摆脱危机而是加深了危机,形成了引起更加剧烈的新危机的新前提。因此,我们认为,应对经济危机应该"劫富济贫",首先拯救穷人,维护劳动者的利益。其实,这也是促进消费的一种手段。但这些都是治标的对策。治本要涉及资本主义经济制度。

六、这次经济危机的特点

这次危机与资本主义世界历次经济危机,特别是与 1929—1933 年的资本主义大危机比较有什么特点,由于这次危机还没有见底,现在还不能完全看清楚,初步看来,至少有以下几个特点:

一是虚拟经济危机与实体经济危机交织在一起。以往的资本主义经济危机基本上是实体经济的周期性经济危机,就连 1929—1933 年的大危机也基本如此。但是,这次是从美国金融危机开始迅速蔓延,金融领域的危机依然存在,实体经济危机的种种特征逐步显现。看来,不是单纯的金融危机乃至整个虚拟经济的危机,而是同时也发生实体经济的周期性经济危机,是虚拟经济危机和实际经济危机交织在一起的危机。这是这次危机的新现象、新特点。

二是科技创新的长周期和中短期的商业周期交织在一起。资产阶级经济学家熊比特研究资本主义经济发展新情况,提出了一个技术创新周期理论。这一理论认为,每一个重大技术创新的周期也就会出现一个经济波动的周期。而一个重大技术创新的周期是比较长的,通常是 40～60 年左右,也就是长周期。根据这一理论,资本主义世界是从 20 世纪 50 年代以

---

① 《马克思恩格斯全集》第 23 卷,第 829 页。

来,以电子、信息、技术创新为支柱的长周期到现在(21世纪末),将可能进入新的科技创新。例如以新能源创新技术为标志的新周期。这次危机正是这次长周期转型的标志。同时,从中短周期的商业危机来说,1990—1995年间主要西方国家经历了一次经济危机(即中短期商业周期危机),到了2007年差不多是10年左右。这次危机正好是长周期的科技创新和中短期的商业周期危机交织在一起,此乃这次危机的第二个特点。

三是资本主义世界的周期性经济危机和社会主义国家的周期性经济危机交织在一起。1929—1933年的资本主义世界危机,当时的社会主义苏联没有卷入,这次大危机社会主义的中国却卷入了。有人认为,中国的危机只是输入的。恐怕不能这样讲,中国的这次危机还有内在的因素,也是社会主义中国自身发展中的一个周期的低谷。中国经济的长期发展正面临着一个产业结构调整的周期。资本主义世界的周期性经济危机和社会主义中国的周期性危机交织在一起,是这次危机的第三个特点。

七、这次经济危机与中国

这也要从三个方面去认识。

一是这次世界经济危机的一个重要特点,是社会主义中国也卷进去了。2008年世界经济危机爆发后,中国的GDP从2007年的13%,2008年下降为9%,跌了4个百分点,2008年第四季度更严重,同比只增长6.8%;进出口总额大幅下降;中小企业关闭较多;就业严峻,农民工返乡2 000～3 000万,大学毕业生就业难,等等。

中国卷进去的主要原因是资本主义因素的作用。这是因为经济全球化的发展和我国的对外开放,使我国经济逐步地卷入资本主义发达国家主导的市场经济轨道,对外依赖度越来越大,对外贸易依存度达到60%以上,出口依存度近40%。这样,我国就不可避免地卷入了资本主义世界的周期性经济危机,这是外部原因。

同时,我国经济的市场化改革,市场经济的周期波动也不可避免,我国经济30年的改革开放导致经济快速增长,经济结构失衡,纺织、钢铁等传统产品大量过剩,房市股市扩张的周期波动,这是我们卷入这次世界性经济危机的内因。我国面临的可能是外部输入型危机和内部自生性危机交织作用的复杂局面。

二是我国受影响相对较轻。这次世界经济危机,中国虽然也卷进去了,但是与其他国家比较起来相对较轻,GDP 增长幅度下降了,但是没有负增长;金融领域基本稳定,银行、大企业没有出现倒闭现象,等等。中国相对较轻,是社会主义因素的作用,是强大的能掌握国家经济命脉的国有经济和强有力的国家宏观调控体系在起作用。还有我们在对外开放中,资本项目没有开放,人民币没有自由兑换,等等。

三是中国起什么作用。在这次世界经济危机中,中国应起什么作用,脑子不能太热。(1)中国不应该也不可能拯救资本主义;(2)中国不应该也不可能拯救全世界;(3)中国主要应该自己救自己;(4)中国也应该做一个负责任的国家。多做有利于中国、有利于中国人的实事和好事;如果可能,也应该做一些力所能及的有利于别国人民的好事。

我国这次卷入的经济危机既有外因,更有内因。主要是生产过剩和需求不足。需求不足有内需不足和外需不足。资本主义世界经济危机,使外需更加不足,更加要依靠内需。而内需又有投资需求和消费需求。扩大内需,投资需求依然重要,但是改革开放以来,我国贫富差别不断扩大,消费需求更加不足,因此,增加贫困居民的收入,增长消费需求更加重要。扩大投资,投向哪里,又是问题。投向已经产能过剩的钢铁、纺织业,越投越过剩,危机将越来越深;只有投向新兴产业,如新能源、新材料等,才有出路。

美国出台的救市计划是为了美国的利益。美国出台 7 870 亿美元的经济刺激计划,有一个"买美国货"的条款,将美国政府采购的范围限定在本国产品,例如在进行基础设施建设时只能使用美国钢铁企业的产品。外国人包括中国人得不到好处。

我国的救市计划也应该是为了中国的利益。我们没有必要为了外国人包括美国人的利益去买单,当然,如果能够双赢,那是最好的。

八、经济危机与经济学

2008 年从美国开始的金融危机和经济危机席卷全球后,欧洲重新出现了马克思热、《资本论》热。在德国,书架上沉睡多年的《资本论》重新畅销,柏林卡尔·迪茨出版社出版的《资本论》到 2008 年 10 月已卖出 1 500 套,是2007年全年销量的3倍。在影界,德国新电影之父阿历山大·克鲁格正准备将《资本论》拍成电影。在政界,法国总统萨科奇和德国财政部长施泰因·布吕克也开始在阅读马克思的著作《资本论》。现在《资本论》的新读者还有一批比较年轻的读者群,德国左翼党下属的社会主义民主大学生联合会,在德国30多所高校组织了《资本论》研读会,还有中学生看到海报后要求加入研读会。德国"马克思纪念图书馆"还专门编辑了供年轻人学习的《资本论》简读本。近来,欧洲的这股《资本论》热,绝不是偶然的。这是因为《资本论》是分析资本主义制度最深入、最详尽的著作,人们企望从中找到资本主义弊端的原因,并找到对策和出路。

在中国,人们在研究和分析这场席卷全球的金融危机和经济危机中,有识之士也想到了马克思,想到了《资本论》。2008年12月中旬的一个休假日,我在上海郊区,突然接到一个出版社编辑打来的电话,希望我再版20多年前出版的《通俗〈资本论〉》,这个突然的信息,使我十分惊喜。

其实,这些现象绝不是偶然的,2008年的世界经济危机爆发以后,国内外许多人包括政界、商界、学界都在思考一些重大问题:危机是偶然的政策失误,还是制度的缺陷;怎么"救",是救富人还是穷人;新自由主义不灵了,人们便想到马克思主义;私有化出问题了,人们便想到国有化;资本主义不怎么美妙了,人们便想到社会主义,等等,这些涉及马克思主义政治经济学的基本问题。

现在,不是在倡导人们在战胜这次经济危机时要读书吗,问题是读什么书。当然,读什么书不要规定得太死,但是,在战胜危机中主要应该读什么书,还是要明确的。

第一,应该多读经济学的书。经济危机是属于经济领域的问题,要懂得什么是危机,根源何在,如何应对,没有经济学的基本常识是不行的,特别要提倡党政领导干部多读经济学著作。

第二,应该主要读马克思主义经济学。马克思主义经济学,特别是马克思的《资本论》,对经济周期或经济危机理论有一个完整的理论体系,是我们认识经济危机,治理经济危机的指导思想。

第三,还要学西方经济学。西方经济学对经济危机也有很多的研究,也有不少可供借鉴的见解。如经济周期类型中关于长波经济周期、中波经济周期、短波经济周期的分析;如熊彼特的技术创新周期理论,如凯恩斯反经济周期的政策措施,等等。

九、经济危机与经济学家

在这次经济危机中,出现了一个新现象。经济学家的话语权增加了,出场费提高了,百年一遇的"经济危机"使经济学家身价倍增。听说,现在宣讲"经济危机"的出场费,最高可达 12 万元。同时对经济学家的议论也多了。

2009 年全国人大和政协会议是在世界经济危机和我国经济下滑的情况下召开的,一些全国人大代表和政协委员,公开指名道姓批评某些主张新自由主义的经济学家,并提出要部分经济学家辞职。这是一个好现象。现在的人大代表和政协委员可以从经济学的角度问政、参政,说明人大代表和政协委员素质的提高。同时指名道姓公开批评,说明全国人大、政协会议的民主氛围在提高。然而,问题在于,一是中国的经济学家无论是马克思主义经济学家还是新自由主义经济学家,真正能进入决策圈的有多少,能不能把现在的经济问题算在经济学家身上。二是能不能把新自由主义一棍子打死。现在的新自由主义经济学渊源于资产阶级古典政治经济学,它的"老祖宗"是亚当·斯密;现代的马克思主义经济学家,渊源于马克思创立的无产阶级经济学,老祖宗是马克思。马克思建立的科学的无产阶级经济学是在吸收英国古典政治经济学的合理成分的基础上形成的,现代的马克思主义政治经济学难道不也可以从新自由主义经济学中吸取合理成分吗?对新自由主义经济学"神化"、照搬照抄是不对的,但全部否定也是不可取的。

经济学家当然在"经济危机"中应该有更多的话语权,起更好的作用。首先,政府、社会应多听听经济学家的见解。现在,外国的经济学家在中国的话语权很大,有人到处演讲,但是不了解中国情况,不得要领。在国内不少从事西方经济学研究的经济学家,也有作为"座上宾"被官员请去咨询的。但是,马克思主义经济学家的话语权还不够,有待提高。其次,经济学家要自爱。现在专门研究经济周期和经济危机的经济学家很少见了。应该有有志者从事专门研究,也应该有更多的经济学家关注这个问题。在这次危机中,有些经济学家没有研究,出了不好的主意,当然会引起人们的不满。

十、这次经济危机的深层次思考

这次世界经济危机和金融危机是一件坏事,也是一件好事,它教我们深层次思考问题,教我们重新认识资本主义,重新认识社会主义。

一段时间以来,特别原苏联、东欧社会主义国家解体后,有一种议论:资本主义万古常青,社会主义已被战胜。这次危机告诉我们,资本主义并不是理想的制度,资本主义也不会万古常青。这次危机也告诉我们新自由主义宣扬的私有化、市场化、自由化,也不是拯救资本主义的灵丹妙药。

随着2008年开始的经济危机的深化,欧美许多国家掀起国有化的浪潮,"百年老店"通用汽车公司实际也国有化了,还引起了关于国有化的争论。有人赞成,有人反对,有人称之为"暂时国有化"。但是,无论如何,国有化成了拯救危机的一个举措,至少是一个临时举措。它说明了私有制不能拯救危机,资本主义"国有化",国家干预的加强,国家垄断资本主义的发展,没有改变资本主义本质,但是,正如列宁所指出的,"国家资本主义是社会主义的最完备的物质准备,是社会主义的入口"①。资本主义国有化是资本主义社会内部社会主义经济因素的成长。它告诉我们社会主义是不可抗拒的,条条道路通向社会主义。

如果说通过这次危机,资本主义即将灭亡了,那也太天真了。美国《金融时报》2009年3月13日报道,耶鲁大学历史学教授保罗·肯尼迪认为:目前(2008年开始爆发)的经济危机,使"资本主义的形式会有所改变,但不会消失"。

这次危机还告诉我们,社会主义优越于资本主义,特别是中国特色社会主义具有很大的生命力,社会主义必将战胜资本主义也是不可抗拒的历史潮流。但是,社会主义也不是完美无缺的,它还有经济周期波动,甚至还会出现经济危机,需要我们不断地改革和调整。

---

① 《列宁选集》第3卷,第164页。

复习思考题

一、名词解释

经济周期　　经济危机　　经济周期的物质基础　　长波经济周期
技术创新周期理论　　投资过度周期理论　　混沌周期理论

二、问答题

1. 马克思主义经济周期理论的特色。
2. 西方经济周期理论的演变趋势。

三、论述题

马克思主义和西方经济周期理论比较研究与探索。

第十二章 经济理论的回顾与展望

人类经济生活的历程已经几千年或上万年了,经济理论的形成迄今已有二千多年的历史,经济学作为一门独立的科学却只有几百年的历史。经济理论本身有一个产生、形成和发展的过程。由经济理论演成的经济科学也有一个产生、形成和发展的过程。现在,由经济理论演成的经济科学,已发展成一个庞大的经济科学体系。

第一节 经济理论的产生和演变

人类一开始就有了经济活动,即从事生产、交换、分配、消费等活动。但是,经济作为一个概念,却有个变化发展的过程。

一、"经济"的含义

在我国的古书中虽然很早就有经济这个词,但其含义与现在所说的经济一词完全不同。

经、济两字在中国古籍中最早见于周《易》。"经济"两字连起来用,最早见于隋《文中子·礼乐篇》的"经济之道"。唐代大诗人杜甫《水上遣怀》诗中有:古有经济才,何事独罕有。宋史《王安石传》称王安石"以文章节行高一世,而尤以道德经济为己任"。明朝冯梦琦编有《经济类编一书》。清代名著《红楼梦》第五回中有"从今后,万万解释,改悔前情,留意于孔孟之间,委身于经济之道"。但是,以上所说的"经济"都是指"经世济民""治国平天下"的意思,实际上是现在所说的"政治",与近代所说的财政经济的含义不是一回事。19世纪下半叶,我国才知道"经济"一词的现代用法。当时,"经济""理财""生计"等各种译法相持不下,一直到辛亥革命以后,在孙中山先生的肯定下,才算把"经济"这种译法肯定下来。

那么,现在所说的"经济"其含义是什么呢?大体说来,主要有这样几种含义:一是指生产、交换、分配、消费各种活动。所以,经济广义说,是指人类从事经济活动的总称。二是指社会的经济基础,即指生产关系的总和而言的。通常所说的"经济是基础,政治是上层建筑",这里所说的经济就是指生产关系。三是指节约,精打细算、算账等,即人们在生产和流通中如何节约人力、物力、财力的问题,通常所说的,"社会主义建设事业一定要讲究经济效益",这里所说的"经济效益"也有节约、精打细算的意思。因为所谓经济效益,就是指要以最小的劳动耗费取得最大的经济收益。所以,经济这个词在不同场合是有不同含义的。但是,有些人却往往把"经济"一词只理解为其中的某一种含义,而忽略了其他含义,这是不全面的。

二、"经济学"的起源

对各种经济活动和经济关系的研究就形成经济理论。研究人类社会经济活动和经济关系的各种经济理论形成经济学。

"经济学"这一名词的出现,要比人类有经济活动晚得多,大概是奴隶社会产生以后的事情。在西欧各国,经济学这一名词的字音都差不多,它们都是从希腊文演变而来的。"经济学"这个词,原出于希腊文"Oikonomia",原意是家庭管理的意思。古希腊的"家"是个生产单位。古希腊思想家所说的家庭管理,实际上是研究奴隶制的经济问题。古希腊思想家色诺芬曾写了《经济论》一书,这是使用经济一词作为书名的第一本经济学著作。在这本书中,色诺芬从奴隶主的立场出发,第一次给经济学的研究对象下了一个定义,认为经济学就是善良的主人如何管理好自己的财产。继色诺芬以后,亚里士多德写了一本《政治学》,这本书第一篇是讨论治家问题,他明确地详细地探讨了"经济学"的对象和任务。他认为,"经济学"是研究家务,即当时奴隶主的家庭经济的管理问题。因为在自给自足的自然经济占统治地位的奴隶社会和封建社会里,经济问题确实主要是限于奴隶主和封建主的家庭经济或庄园经济的范围之内。因此,亚里士多德对经济学研究对象的定义,在西欧流传了两千多年。至于越出奴隶主和封建主的家庭、庄园的经济问题,如国家财政、商业、货币流通等问题,当时人们经常把它们放在政治学、伦理学等著作中来研究。所以,在亚里士多德以后的两千多年内,一直只存在"经济学"这一名词。

三、政治经济学的出现

"政治经济学"这一名称的出现,不是偶然的,它是与资本主义生产方式的产生和发展相联系的。

从16—17世纪初,是西欧封建自然经济解体和资本主义商品经济不断萌生发展的时期。这时人们相互间的经济联系扩大和加强了,国内市场和世界市场也逐步形成,这就使经济问题由家庭生活问题,发展到集体生产、相互交换的社会经济问题。社会经济问题成为代表资本家阶级利益的政治家们和学者们所关注的问题。

于是,到17世纪初期出现了"政治经济学"这个名词。这个名词来源于希腊文中的"城市国家"和"经济学"两个词。第一次使用"政治经济学"这个名词的,是法国早期重商主义的代表人物安·德·蒙克莱田。重商主义是代表当时商业资产阶级利益的经济学说。认为金银即货币是财富的唯一形式,一切经济活动的目的都是为了获得金银。国家除了开采金银矿藏以外,必须发展对外贸易,以不断增加财富。蒙克莱田在1615年发表了《献给皇上皇太后的政治经济学》一书。他之所以要把他的书命名为"政治经济学"就是想说明他所论述的经济问题已经超出了自然经济的范围,不是家务或家庭的管理问题,而是国家或社会的经济问题。当然,尽管它最初使用了政治经济学这一名称,但是正如马克思所指出的:"政治经济学作为一门独立的科学,是在工场手工业时期才产生的。"[①]所以,政治经济学的出现和形成,是与资本主义生产方式的产生和发展相联系的。这是因为资本主义生产方式的特征不是自然经济,而是商品经济,经济问题已经超越了家庭管理范围,而成了一个社会问题。

在蒙克莱田以后,政治经济学这一名词就广泛地流传开来,特别是18

---

① 《马克思恩格斯全集》第23卷,第404页。

世纪以后,各派经济学家都把自己的著作称为政治经济学。例如,英国资产阶级古典政治经济学的完成者——大卫·李嘉图,1817年发表了他的最主要的著作,名叫《政治经济学和赋税原理》。法国资产阶级古典政治经济学的完成者,又是小资产阶级政治经济学的代表人物——西斯蒙第,1819年发表了《政治经济学新原理》。无产阶级政治经济学的创始人——马克思,写了《政治经济学批判》,马克思的最主要著作《资本论》的副标题,也叫"政治经济学批判",而且政治经济学成了马克思主义的三个组成部分之一。

四、经济理论的综合与分化

早期的经济学是和伦理学、政治学混为一体的,后来慢慢地分离出来、形成一门独立的学科。在经济理论的发展史上,不断地呈现出由综合到分化,由分化再综合,不断分化、不断综合的趋势。

建立经济理论的科学体系是资产阶级古典经济学的功绩。但是,古典经济学的经济理论是综合的。亚当·斯密的代表作《国民财富的性质和原理的研究》(《国富论》)的内容包罗万象,被称为"经济学的百科全书"。李嘉图是古典经济学体系的完成者。在他的代表作《政治经济学和赋税原理》中,不仅研究基本经济理论问题,也广泛涉及货币流通和信贷、国际经济关系以及税收等问题,仍然是各种经济理论的综合。

但是,在往后的半个多世纪中,资产阶级经济学不断发生新的分化。例如,历史学派、数量学派、边际效用学派相继以传统经济理论的革命者的姿态出现,标新立异、另辟蹊径,分化出许多新的经济理论。英国剑桥学派的马歇尔1890年发表的《经济学原理》中,兼收并蓄传统古典经济理论和历史学派、边际学派、数理学派的经济理论和方法,拼凑成一个折衷主义的综合经济学体系。在马歇尔的《经济学原理》中,不仅有政治经济学,还有企业管理学、市场经济学、消费经济学、人口经济学、心理经济学等内容,这是资产阶级微观经济理论的一次大综合。

然而,面对20世纪30年代的大危机,传统的以市场机制为基础的微观经济学受到了所谓凯恩斯革命的冲击。凯恩斯在1936年发表的《就业·利息和货币通论》一反常态,把其经济理论分析的重点放在宏观经济的总需求分析上,指出资本主义经济运行机制必然存在有效需求不足,只有依靠政府干预,才能实现充分就业的经济均衡,于是产生了资产阶级宏观经济学。这是资产阶级经济学又一个新的分化和发展。

当代美国经济学家保罗·萨缪尔森在其代表著作《经济学》中,又把马歇尔的微观经济分析和凯恩斯的宏观经济分析进行了综合,形成了当代新古典综合体系。在《经济学》中,不仅把传统的市场均衡理论和凯恩斯的有效需求理论综合起来了,宏观经济理论和微观经济理论综合起来了,而且把理论经济学和应用经济学、边缘经济学等各门经济学科也综合起来了。在这本风靡当代的经济学教科书中,我们不仅看到作为核心的资产阶级基本经济理论,而且还包括财政学、会计学、经济统计、货币银行学、公司财务、经济预期理论、劳动经济学、经济计量学、经济学说史、比较经济制度、国际金融与国际贸易等等,又是资产阶级经济理论的一次大综合。

近来,以萨缪尔森为代表的新古典综合派又遇到了新的挑战,又相继出现了货币主义、供应学派、新自由主义、合理预期学派等,而且新的经济学科还在不断产生。

五、经济理论的发展形成了一个庞大的经济科学体系

随着社会经济的发展,经济理论日益深化,经济学科越来越多。纵观当今经济学科领域,各类分支学科林立,边缘经济学科崛起,经济科学的大家庭呈现一派兴旺繁盛的景象。据我们大体概括:

在基础经济理论方面,有政治经济学、宏观经济学、微观经济学、生产力经济学、比较经济学、发展经济学等等。

在应用经济理论方面,按部门分的有:工业经济学、农业经济学、商业经济学、运输经济学、建筑经济学等等;按职能和要素分的有:财政学、货币银行学、劳动经济学、投资学、土地经济学等等;按区域分的有:地区经济学、空间经济学、流域经济学、城市经济学、山区经济学、乡镇经济学等等。

在经济理论工具方面,有国民经济计划学、经济统计学、会计学、审计学、计量经济学等等。

在经济理论边缘学科方面,有生态经济学、经济控制论、人口经济学、环境经济学、经济法学、卫生经济学、教育经济学、科学经济学等等。

在经济史学方面,研究经济本身发展历史的有:如中国经济史、美国经济史、苏联经济史等等的国别经济史;如工业经济史、农业经济史、商业经济史等等的专业经济史。研究经济理论发展历史的有:资产阶级经济学说史、马克思主义经济学说史、中国经济学说史、英国经济学说史、剩余价值理论史、价值理论史,等等。

新的经济学科还在不断涌现。现在,经济科学已经成为门类最多、范围最广、影响最大、问题最多的一门社会科学。经济学作为各种经济学科的总称,它和政治经济学这一名词的含义已经大不相同了。所以,政治经济学只是经济科学体系中的一个组成部分,而不是全部,政治经济学不能代替整个经济学。

有一段时期,人们把经济科学主要局限于政治经济学,忽视了全面开展经济理论的研究。后来,打破了这种局限性,应用经济学引起了广泛的重视,这是值得欢迎的新现象。但是,现在有人又只注重与具体经济业务有关的应用经济学,而忽视作为理论基础的政治经济学,这也是不对的。政治经济学是各门经济学科的理论基础,它在整个经济科学中占有特别重要的地位。一方面,各种应用经济学只有在政治经济学基本理论的指导下,研究一个部门或一个领域的经济运动,才能提高他们的理论性和实践性;另一方面,应用经济学的发展还会提出许多基本理论问题需要政治经济学从总体上加以解决,从而进一步丰富政治经济学。有鉴于此,所以,本书研究经济理论比较,主要是政治经济学基本经济理论的比较,用以为社会主义经济建设服务。

第二节 经济科学的现状及其分类

当代经济学科可算是社会科学中最繁荣的学科,不下数百种,据一本经济科学学科辞典收集就有近四百条学科条目,这一庞大的经济科学体系,可以从不同的角度加以分类。

一、资产阶级经济学和无产阶级经济学

经济学要涉及到各个阶级的经济利益,所以,不同的阶级为了维护本阶级的利益,都有自己的经济学。当今世界主要有两大阶级,所以,从阶级属性来划分,主要有资产阶级经济学和无产阶级经济学。

资产阶级经济学,主要指资产阶级政治经济学是为资产阶级利益服务的经济理论。

在资本主义上升时期,产生了资产阶级古典经济学。它代表了资产阶级经济学发展中的一个进步阶段,产生于17世纪中叶,到19世纪初期。它的创始人是英国的威廉·配第和法国的皮埃尔·布阿吉尔贝尔。它的主要代表人物是英国的亚当·斯密和大卫·李嘉图。17—19世纪初,无产阶级和资产阶级的阶级斗争还没有充分展开,社会的主要矛盾还是资产阶级同封建地主阶级及其残余的斗争。古典经济学作为新兴资产阶级反对封建主义的思想武器,抨击封建制度,反对国家干预经济生活,主张经济上自由放任,并试图说明资本主义经济的内在联系。因此,它具有一定的科学性。随着资本主义的发展,无产阶级同资产阶级的矛盾日益尖锐,资产阶级经济学日益走向庸俗和反动。到19世纪30年代,资产阶级庸俗经济学就完全代替了古典经济学。它的主要代表,有法国的萨伊、巴斯夏;英国的马尔萨斯、西尼耳;美国的凯里、克拉克、奥国的门格尔、庞巴维克等等。他们完全适应资产阶级的需要,为资本主义辩护,是在资本主义经济表面现象上兜圈子的经济理论。资本主义发展到帝国主义阶段,又出现了现代经济学,又叫当代西方经济学,如以英国马歇尔为代表的剑桥学派,以瑞典维克塞尔等为代表的瑞典学派,以凯恩斯为代表的凯恩斯主义,以美国弗里德曼为代表的货币主义,以萨缪尔森为代表的后古典综合派,等等。他们或者公开为垄断资产阶级辩护,或者提出了标榜自由经济以维护国家垄断资本主义的新自由主义。

当然,当代西方经济学也并非全部都是无稽之谈。其中有些对于资本主义国家的经济政策和经济发展有着重大影响;有些分析方法对我们发展社会主义经济也有一定借鉴作用。

无产阶级经济学,主要是指无产阶级政治经济学是为无产阶级利益服务的经济理论。

无产阶级政治经济学,就是马克思主义政治经济学。它是在资本主义高度发展时期,适应无产阶级革命斗争的需要,总结了无产阶级长期斗争的经验,批判地继承英国古典经济学的基础上产生的。无产阶级政治经济学的创始人是马克思和恩格斯。他们为创立无产阶级政治经济学,奋斗了50年。马克思的主要著作《资本论》,就是无产阶级政治经济学的代表作,列宁和斯大林总结了无产阶级革命和苏联社会主义建设的经验教训,分别写了《帝国主义是资本主义的最高阶段》《苏联社会主义经济问题》等重要著作,创立了关于帝国主义的理论,并且提出了社会主义革命和建设的许多新原理,发展了无产阶级政治经济学。毛泽东同志、邓小平同志和他们的战友,在领导我国社会主义革命和建设的过程中,把马克思主义普遍真理同中国革命和建设的具体实践相结合,提出了不少重要论断,进一步丰富和发展了无产阶级政治经济学。

无产阶级政治经济学是马克思主义的三个组成部分之一,是马克思主义的主要内容,是无产阶级制定纲领、路线、方针和政策的理论基础,是引导工人阶级和劳动人民推翻资本主义,建设社会主义的强大思想武器,也是其他经济学科的理论基础。

二、理论经济学和应用经济学

经济学按其研究领域和适用范围的不同,可分为理论经济学和应用经济学。

理论经济学是研究经济学中的一般理论问题,揭示经济活动一般规律的科学。资产阶级经济学和无产阶级经济学中,都使用理论经济学这一概念。

在资产阶级经济学中,斯密的《国富论》和李嘉图的《政治经济学和赋税原理》对资本主义生产关系的内部联系作了初步的分析,发现了若干重要的一般经济规律,可以算是资产阶级古典理论经济学的代表作。但是,第一次提出理论经济学这一概念的,是19世纪中叶奥地利学派创始人卡尔·门格尔,他在反对德国历史学派抛弃经济理论时,首次提出把经济学分为理论经济学、应用经济学和历史统计经济学的主张。

在无产阶级经济学中,马克思的《资本论》,揭示了资本主义经济运动的规律,人类社会经济运动的一般规律,以及社会主义经济运动的主要规律,是无产阶级理论经济学的代表作。在马克思主义经典作家中,恩格斯曾经在《反杜林论》一书中明确使用过"理论经济学"这一概念。

长期以来,人们往往把政治经济学和理论经济学当作同义语,这只能说是狭义的理论经济学。广义的理论经济学,除政治经济学外,还应包括生产力经济学、比较经济学、世界经济学、经济理论史等。

应用经济学是运用经济理论研究某一具体经济领域的特定经济问题并加以应用的科学。

应用经济学以理论经济学在经济实践中的应用为研究目的,涉及的范围十分广泛,其分歧学科繁多。一般将部门经济学科(如工业经济学、农业经济学、商业经济学等)、专门经济学科(如劳动经济学、市场经济学、分配经济学、消费经济学等)、数量经济学科(如经济数学、统计学、会计学、审计学等)、边缘经济学科(如科学经济学、信息经济学、文化经济学、教育经济学等)都列入应用经济学。它随着社会经济的发展,将不断分化和发展。

应用经济学的发展不能离开理论经济学的指导。资本主义国家的应用经济学的理论基础是资产阶级理论经济学,社会主义国家应用经济学的理论基础是马克思主义理论经济学。同时,应用经济学的发展也可以进一步丰富和推动理论经济学的发展。

三、微观经济学和宏观经济学

经济科学从考察对象和分析的着重点不同,可以分为微观经济学和宏观经济学。

微观经济学,亦称"小经济学",它以单个经济单位(单个生产者、单个消费者)、单个市场的经济活动作为研究对象,分析单个生产者的成本、价格、产量和雇佣人数等等如何确定,分析收入如何在单个生产者之间进行分配,分析单个消费者的消费行为受哪些因素的制约,以及分析单个商品市场上的价格和供求的变动,等等。

"微观"原是物理学所用的概念,本意是"微小",20世纪30年代开始移用于经济学。微观经济学,除了吸收早期庸俗经济理论以外,又补充和发展了奥地利学派、瑞士洛桑学派和英国剑桥学派的市场均衡理论,以此来解释当代资本主义社会中的垄断与竞争、计划与市场、技术创新、经济增长、对价格的"合理预期"等问题。马歇尔的《经济学原理》集微观经济学之大成。

微观经济学作为研究资本主义社会中单个经济单位的经济行为,以及相应的经济变量的单项数值如何决定的经济理论,对于单个家庭和消费者如何把有限的收入分配在各种不同商品的消费上,以取得最大效用,对于单个企业和资源所有者如何把有限的资源分配在各种商品的生产上,以取得最大利润是有一定作用的。但是,它不涉及资本主义生产关系的实质,避开资本主义社会收入分配的阶级内容,具有很大的局限性。

社会主义经济仍然存在着商品货币关系,微观经济学作为一种分析工具和方法,对于社会主义制度下企业的运行,以及制定价格政策、劳动工资政策等等有一定参考价值。近来,我国有些学者也开始运用微观经济分析,在尝试建立社会主义微观经济学,并取得了一些可喜的成果。

宏观经济学,亦称"大经济学",它以整个国民经济活动作为研究对象,分析一国国民生产总值和国民收入的变动及其与社会就业、经济周期波动、通货膨胀、经济增长、财政和金融等等之间的关系。

"宏观"原来也是物理学所用的概念。原意是"宏大",20 世纪 30 年代移用于经济学。"宏观经济学"一词是挪威资产阶级经济学家弗瑞希于 1933 年首先提出的。1936 年出版的凯恩斯名著《就业、利息和货币通论》被认为是第一部系统地运用总量分析方法来研究整个国民经济活动的宏观经济学著作。现在宏观经济学主要包括凯恩斯主义、瑞士学派、货币主义等等。

宏观经济学用数学方法来处理经济总量之间的关系,可以使人们深入认识经济活动的过程。有助于有意识地、能动地指导经济活动。但是,宏观经济学撇开了资本主义生产关系的实质,把各种经济总量关系看成是纯粹的数量关系,具有很大的局限性。

近年来,我国有些学者借用宏观分析方法,来研究我国生产资料公有制条件下的社会主义经济运动总量及其相互关系,研究社会总供给与总需求、总量变动与结构变动、经济增长与经济波动、宏观调控与体制改革等等关系,出版了多部社会主义宏观经济学著作,初步建立了社会主义宏观经济学。但是,现在看来尚不成熟,还需进一步研究和深化。

四、规范经济学和实证经济学

经济理论"按是否以价值判断为出发点"来划分,可以分为规范经济学和实证经济学。

规范经济学是研究经济活动的价值判断准则的经济学。价值判断,简单地说,就是回答是好是坏的问题。规范经济学提出经济活动的标准,研究经济活动的"规范",判断什么是应当做的,什么是不应当做的;什么是值得实现的,什么是不值得实现的。

规范经济学是近代才明确提出的。1891年,约翰·内维·凯恩斯,即约翰·梅纳德·凯恩斯之父,第一次以是否涉及到价值判断为标志,才把经济学区分为规范经济学和实证经济学。

规范经济学可以是整个社会经济制度的价值判断。例如,资产阶级经济学中的福利经济学、制度经济学、激进经济学等等,都属于规范经济学的学科或流派。规范经济学也可以是在某些具体的侧面提出是否适宜的价值判断。例如,对一个国家工业化过程中出现的各种问题:生态失衡、环境污染、资源枯竭等以及应该采取的相应措施,就有一个从价值判断角度去进行评价的问题。就这方面来说,环境经济学、生态经济学等,都涉及价值判断的问题,也属于规范经济学的范畴。

资产阶级的规范经济学比实证经济学具有更强烈的为资本主义制度辩护的性质,而且又是以没有阶级偏见的、公正的社会评价的面目出现的,因而也更具有欺骗性。所以,就资产阶级规范经济学整个理论体系来说,必须加以批判。但它所揭露的不少现实社会经济的缺陷和问题,如环境污染、生态平衡的破坏、分配失调、社会危机等等,对我们也有参考和借鉴的意义。我们是社会主义国家,在实现工业化的过程中,对待这些问题,必须运用马克思主义原理进行深入的研究,及早采取措施,防止可能产生的严重后果,可喜的是现在我国已经有了以马克思主义为指导的我们自己编写的环境经济学、生态经济学等。

实证经济学是研究经济活动中各种现象间的相互关系但回避作出社会评价的经济理论。按照现代资产阶级经济学家的说法,实证经济学提出的现实经济的命题是事实判断,即要用事实加以检验的命题或判断。简单地说,实证经济学只回答"是"和"否"的问题,不回答"好"和"坏"的问题。它运用"大胆假设,小心求证"的方法,研究经济活动中各种经济现象之间的相互联系,建立经济事务之间关系的规律,并用以分析和预测经济行为的后果,但撇开和回避社会经济活动的价值判断,不对经济体系的运行作出社会评价。

经济学的实证倾向产生于资产阶级经济学的庸俗化时期,19世纪上半叶就开始出现把资产阶级经济学变成为无价值判断的纯粹经济学的意图,突出的代表人物是法国的萨伊和英国的西尼耳。现代资产阶级经济学的主流派,如凯恩斯主义经济学,包括新古典综合派经济学和新剑桥学派经济学等,都自诩为实证经济学。现在,经济计量学的发展,把经济理论、数学和统计学结合起来,成了实证经济学的核心。

实证经济学标榜,它可以如同天文学和气象学那样超脱于阶级利害关系而客观地研究资本主义经济体系运动的规律。但是,经济现象与自然现象是不能等同对待的,研究经济现象不能完全回避价值判断。现代资产阶级主流派以实证经济学的面目出现,来掩盖其为资本主义制度辩护的实质,具有很大的欺骗性。

不过,我们也应看到实证经济学在经济现象定量分析方面作了大量的研究和试验,其中提出的某些经济数学模型对我们分析经济问题也可供参考。社会主义经济学在研究经济问题时,不仅要注重质的分析,也要注意量的分析。社会主义也应该建立自己的计量经济学。

五、静态经济学和动态经济学

按分析方法的不同,经济科学可分为静态经济学和动态经济学。

静态经济学是指在生产要素等被假设不变的情况下,对经济的自然均衡以及有关经济变量达到均衡状态所需要的条件进行研究的一种经济分析方法。它研究的是在各种经济因素,主要是资本、人口、技术、组织和需求状况等因素假定不变的条件下发生作用的经济规律。

静态经济分析最早萌芽于19世纪70年代后期法国资产阶级经济学家里昂·瓦尔拉的一般均衡理论中。19世纪末,美国资产阶级经济学家克拉克在《财富的分配》一书中,第一次明确提出,要了解现实社会的经济规律必须首先了解静态下的规律,并首次明确划分静态和动态的概念。后来,熊彼特等人进一步充实和完善了这一分析方法。

动态经济学是考察在一定条件下,从旧的均衡过渡到新的均衡的变化调整过程的一种经济分析方法。它在对经济行为的考察中加进了时间因素和发展概念,研究诸如资本、人口、技术、生产组织、需求状况等各种经济因素的变化,如何导致一个经济体系背离均衡,又如何恢复和保持均衡,要使它按照一定增长率持续而又均衡地发展的条件是什么,实现这些条件的机制又是什么等问题。

动态经济学最早是由法国的瓦尔拉和美国的克拉克提出的。后来,英国的希克斯和哈罗德等作了进一步补充和发展,特别是哈罗德,在《动态经济学导论》(1948年)和《动态经济学》(1973年)两本著作中,将动态经济分析方法与研究现实经济问题联系起来,提出了经济增长的理论。

动态经济学企图以动态经济分析方法来解决资本主义基本矛盾所产生的经济失调和衰退,显然是不可能的。但是,不仅资产阶级经济学要研究经济增长问题,马克思主义经济学也要研究经济增长问题。运用动态经济分析方法,研究社会主义经济发展中的问题,对于我国社会主义国民经济持续、稳定、协调地发展,是有一定借鉴作用的,可以吸取。

第三节 经济科学的未来发展趋势

经济理论繁荣昌盛,经济科学方兴未艾。我们的经济科学正处于大发展的黄金时代,经济理论的繁荣必将大大推进经济学科的建设。我们不但要认识经济科学发展的过去,立足于现在,而且要预测它的未来。

一、经济科学的内部深化

随着社会分工的发展,经济工作越做越细,专业越来越多,经济科学内部将不断深化,使经济学科越分越细。

首先,随着科学技术的进步和生产的发展,还会不断涌现出新的经济学科,例如,以信息、网络产业为代表的"新科技产业"的发展,网络经济和网络经济学已成为炙手已热的话题。1999年达沃斯世界经济论坛年会的中心议题之一是基因革命,并将21世纪认定为生物工程世纪,由此,又引发了经济学界对生物经济学的探讨。又如经济科学从考察对象和分析着重点的不同,可以分为微观经济学和宏观经济学。但是,微观经济学是个量分析,主要是研究企业和个人的经济行为,宏观经济学是总量分析,主要是研究国民经济总体的运行,而介于企业经济个体与国民经济总体之间,还有部门、地区以及集团的经济活动,有人把它称为中观经济。在经济研究领域比较明确提出"中观领域"的是德国埃登堡大学的汉斯—鲁道夫·彼得斯教授。他认为中观经济领域是经济部门、地区经济和集团经济,按其规模是个介于个体经济和总体经济之间的中间聚合体。中观经济在国民经济中占有重要的地位,而以往的经济学只注重研究宏观经济领域和微观经济领域的问题,中观经济领域被忽视了。近年来,我国有些学者也提出要研究中观经济问题,并对中观经济学的建立作了尝试。但是,中观经济学还没有建立起独立的理论基础,更未形成自己完整的理论体系。随着部门、地区和集团经济的发展,中观经济学将会在经济科学体系中占一席之地。

其次,随着科学在工艺上的应用,劳动过程更加专业化,社会上将出现各种新部门,一个部门内行业将越来越多,与此相适应经济科学将不断纵向深化。例如,人类初期物质生产部门主要是工业和农业,因此,长期以来就物质生产部门的经济学来说,大体可分为工业经济学和农业经济学。但随着工业生产部门的专业化,出现了机械工业、纺织工业、食品工业,工业经济学又深化分为机械工业经济学、纺织工业经济学、食品工业经济学;随着科学技术的发展,在机械工业中又分化出航空工业、造船工业、仪表工业等等,机械工业经济学还将会进一步深化分为航空工业经济学、造船工业经济学、仪表工业经济学等。随着农业生产的专业化,出现了种植业、林业、畜牧业、水产业等等,农业经济学又深化分为种植业经济学、林业经济学、畜牧业经济学、水产业经济学等。随着种植业内部分工的发展,又出现了种植粮食和种植糖料的分工,将会出现粮食经济学和糖料经济学。

再次,随着劳动社会化,劳动分工将进一步发展,各部门内部职能的分工也会越来越细,与此相适应经济科学将会按职能横向发展。例如,在工业内部由于职能分工的发展,工业经济学中横向扩展出工业生产经济学、工业组织管理学、工业经营管理学、工业规模经济学,等等。在商业内部由于职能分工的发展,从商业经济学中游离出广告学、商标学、包装学等。地区经济学演化出山区经济学、边疆经济学、特区经济学等。

当然,经济科学毕竟是一定程度的理论概括,不能无限地细分下去,不能无边际地扩展出去。但是,经济科学不是一个封闭系统,而是一个开放系统,经济科学必将进一步深化和发展是确定无疑的。

二、经济科学的边缘交叉

各种科学相互交叉是科学发展的规律。经济科学与其他科学的相互渗透和吸收,交叉性的经济学科将越来越多。

经济科学与其他科学的交叉,是随着社会经济发展和科学技术的发展而不断发展的。社会经济的发展对科学技术不断提出新的要求,越来越多的社会经济问题要求提供多学科、多种技术交叉的综合手段,这就为经济科学与其他科学的交叉打下了基础。

经济科学与其他科学的交叉主要是通过渗透和吸取等方式产生和发展的。渗透是指经济科学与其他科学相互渗透有机地结合而产生的。例如,经济学与哲学相互渗透形成经济哲学。吸取,包括"引进来",即经济科学吸取其他科学的方法来解决经济学中的某些问题,如用数学方法研究经济学中的数量问题,便产生经济计量学;用控制论的方法来研究经济控制问题,形成经济控制论;用系统论研究经济体系,形成经济系统学。吸取,也包括"走出去",即用经济理论研究和解决其他学科的问题。例如,用经济理论研究教育方面的问题,形成教育经济学;用经济理论研究海洋方面的问题,形成海洋经济学。

经济科学在社会科学中具有联系最广、门类最多的特点,因而它在与其他科学互相渗透和吸取过程中不断产生出来的边缘交叉学科特别多。

一是经济科学内部的边缘交叉产生新的经济学科。例如,经济管理学这门研究社会经济活动的管理组织及其规律性的科学,就是经济科学内部生产力经济学、政治经济学、经济政策学与管理学交叉而产生的新学科。经济管理是指对包括生产、交换、分配和消费在内的社会生产总过程的经济活动进行组织、指挥、监督和调节,这里涉及到人对物的管理,这是生产力经济学所要解决的问题;也涉及到人对人的管理,这是研究生产关系的政治经济学所要解决的问题;还涉及到管理的规章制度,这是经济政策学和经济法学所要解决的问题。所以,经济管理学是经济科学内部多学科边缘交叉而产生的新学科。随着经济科学的发展这种内部交叉的新学科还会继续出现。

二是经济科学与其他社会科学边缘交叉产生新的经济学科。例如,经济社会学作为一门以社会活动中的经济活动为研究对象,揭示经济活动与社会活动的关系及其发展变化规律的学科,是综合应用社会学和经济学而独立发展起来的一门新学科,它既不同于以经济活动为研究对象的经济学,又不同于以社会生活为研究对象的社会学,而是经济学和社会学之间交叉的边缘经济学科。在我国,经济社会学还是一门尚待建立的学科。又如,经济学与历史学交叉形成经济史学等。

三是经济科学与自然科学边缘交叉产生新的经济学科。例如,生态学与经济学互相渗透、互相结合,产生两门边缘新学科:一是经济生态学。它从经济学的角度研究生态经济系统,侧重点在生态方面,是生态学的分支学科。二是生态经济学。它从生态学的角度研究经济生态系统,侧重点在经济方面,是经济学的新分支学科。又如,能源经济学,研究能源生产、流通、分配、消费过程中出现的经济关系、经济现象及其运动规律,是能源科学与经济科学相互渗透而产生的一门边缘经济学科。经济动力学,运用动力学的原理和方法研究经济运动,是经济学与动力学相结合而产生的交叉新经济学科。随着自然科学技术的不断发展,还会出现更多经济学与自然科学相交叉而形成的新经济学科。

四是经济科学与其他社会科学、自然科学、数学等多科交叉产生新的经济学科。例如,研究经济发展同环境的相互关系和变化规律的环境经济学,就是经济学与生态学、化学、物理学、地理学、人口学等多种学科交叉而形成的新经济学科。研究人口运动和经济运动内在联系的人口经济学,也是由经济学、人口学、统计学、医疗保健学等多学科交叉而形成的新经济学科。

三、经济科学的多层次综合

合久必分,分久必合,合了再分,分了再合,经济科学在不断分化、交叉的基础上,存在着要求多层次综合的趋势。我们把经济学科的分类情况大致勾画如下(见图 12-1)。

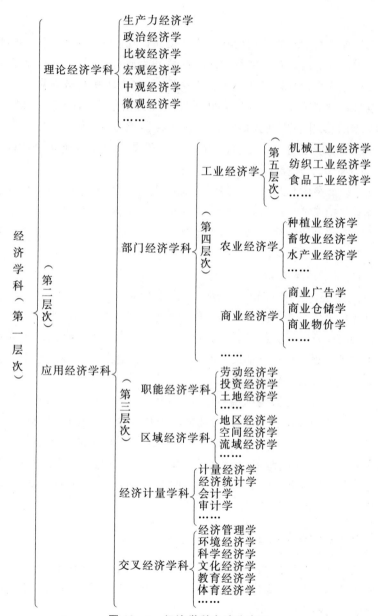

图 12-1 经济学科大致分类图

从图 12-1 中可以看出,由于经济科学的不断深化,存在着不同层次的经济学科,经济科学需要多层次的综合。

首先,第四层次的经济学科要对第五层次的经济学科进行理论和方法的综合。把机械工业经济学、纺织工业经济学、食品工业经济学,等等加以综合形成工业经济学,它应该是概括所有工业部门中的经济关系和经济活动共同规律的科学。把种植业经济学、畜牧业经济学、水产业经济学,等等加以综合形成农业经济学,它应该是概括所有农业部门中的经济关系和经济活动共同规律的科学。商业经济学也应如此。

其次,第三层次的经济学科要对第四层次的经济学科进行理论和方法的综合。例如,把工业经济学、农业经济学、商业经济学,等等部门经济学科进行综合形成部门经济学。部门经济学还有待建立。也有必要把各种边缘交叉学科的共同问题和方法进行综合形成边缘经济学。在第三层次的综合上,还可以进行交叉综合,把所有第四层次的经济学科按照是否是生产领域综合成生产领域经济学和非生产领域经济学。例如,把科学经济学、教育经济学、文化经济学等非生产领域的经济学科综合成非生产领域经济学,它应研究国民经济非生产领域经济规律的特征及其各部门发展的共同规律性。

再次,第二层次的经济学科要对第三层次的经济学科进行理论和方法的综合形成理论经济学和应用经济学。长期以来,人们把理论经济学和政治经济学混为一谈。实际上,理论经济学与政治经济学是不能划等号的。政治经济学只是从生产关系角度研究一般经济理论的,除此而外,还有从生产力角度研究一般经济理论的生产力经济,从宏观角度研究一般经济理论的宏观经济学,从微观角度研究一般经济理论的微观经济学,等等。因此,有必要把所有从各种不同角度研究一般经济理论的经济学科综合起来形成一门新的理论经济学。同样,有必要把所有应用经济学科的共同问题和方法综合起来形成应用经济学。

最后,是最高层次的综合,也就是把所有经济学科的共同问题和方法进行综合。从理论内容的综合来说,应该有一门综合经济学(简称经济学)。从体系和方法的综合来说,可以建立一门经济科学。

经济科学的多层次综合,有些层次已经完成,当然还要充实和完善,有些还未建立。我们相信,经过广大经济理论工作者的共同努力,将来定会逐步建立。

第四节　社会主义需要建立综合经济学

社会主义经济的发展和经济体制改革的深入,对社会主义经济科学提出了新的更高的要求,也为经济科学的繁荣和发展带来了新的活力。面对这一情况,近来有人说,传统的政治经济学面临着危机。这种说法,似乎有点危言耸听,我们不大赞成。还有人说,经济科学面临着一场革命。能不能这样说,我们觉得也没有把握。但是,我们认为,适应经济生活的迫切要求,经济科学必须发展、提高和前进,这是毫无疑义的。基于这一基本认识,我们认为有必要建立社会主义综合经济学。

一、为什么要建立社会主义综合经济学

无论从经济建设的实践,经济理论的发展以及经济科学的普及来看,都需要创建一门社会主义综合经济学。

社会主义建设的中心是经济建设。要进行社会主义经济建设就要着重解决社会主义经济如何运行的问题。社会主义经济的运行,既要协调国家经济职能、企业经济行为和个人偏好选择之间的纵向关系,又要平衡国民经济各个部门、社会生活各个领域、各个分支之间的横向联系;我们的经济建设不仅应该吸取和借鉴历史上的经验教训,而且应该参考和借鉴当代世界各国经济建设的成败得失,还应该做好对未来的经济发展战略的规划和预测。我们的经济科学不仅应该对经济生活的基本特征和属性给出质的规定性,而且应该对经济现象尽可能精确地给出量的规定性;它不仅应该对经济行为按照社会主义的道德标准进行规范分析,而且应该对经济运行的机制本身作出客观的实证分析。

社会主义经济建设提出的这些要求,现有的各门经济学科尽管都从某个角度、某个方面作出了一定的解答,但是要对它们的总体面貌给出一个清晰、明了的描述,却是现有任何一门经济学科的对象都不能包容的。最近,面对经济体制改革和经济振兴的新局面,许多同志看到了现有经济学

科,尤其是社会主义政治经济学在这方面的局限性,纷纷提出了许多改革政治经济学的设想。有同志提议改变社会主义政治经济学的研究对象,即从研究社会主义生产关系变为研究社会主义财富的生产。还有的同志提议扩大社会主义政治经济学的研究范围,从研究所有制、经济规律变为研究社会主义经济运行机制和一切经济现象。我们认为,现有的社会主义政治经济学固然需要改革,但改革的方向是面对社会主义生产关系的实际,从实际出发而不是从经典教条出发论述社会主义生产关系。如果我们把不属于政治经济学研究范围的内容统统硬塞到它的框架中去,实用性固然加强了,但是,马克思主义政治经济学这门研究生产关系的学科本身就被弄得面目全非,不伦不类了。我们认为,适应经济建设的需要,比较妥当的办法是在完善和加强原有学科(包括社会主义政治经济学)的同时,建立一门综合性的社会主义经济学。

随着社会主义经济建设的发展,迫切需要大批具有现代经济知识和其他科学技术知识的专门人才和通用人才,亟须在广大干部和青年中普及经济科学知识。

需要普及的经济科学知识的内容是非常丰富的,既有社会主义经济的基本理论,又有社会主义经济的各种应用理论;既有宏观经济的理论,又有微观经济的理论;既有生产力方面的理论,又有生产关系方面的理论;既有生产关系各个环节:生产、流通、分配、消费方面的理论,又有国民经济各个部门:工业、农业、商业、交通运输、建筑等的理论;既有边缘经济方面,如环境、生态、人口等的理论;又有经济核算工具:会计、统计、数学等;既有中外经济史方面的理论,又有中外经济思想学说史方面的理论,真可谓五花八门,品种繁多。

要掌握这样丰富的经济理论知识,仅靠普及研究生产关系的政治经济学显然是不够的。如果要每个人将所有这些学科一门一门都啃下来,则既没有必要又是不可能的,那么出路何在呢?我们认为,一方面应改革社会主义政治经济学本身的内容,另一方面则需要建立一门综合性的经济学科——社会主义综合经济学。通过对它的学习,能够使学者对经济理论的概貌有一个系统而总括的了解,对与经济生活相关的主要分支学科的基本内容和基本技能也有一个概略的知晓和初步的应用。由于社会主义综合经济学的研究对象不受生产关系的限制,所以就能较快地、更广泛地对社会主义经济建设中的各类问题作出理论上的反映。反过来,这样又非常有利于经济科学本身的建设和发展。另外,由于社会主义经济学综合和吸收了一切主要经济理论和相关学科,又可以供学者根据不同的目的和需要有重点地选择使用。

二、社会主义综合经济学是怎样一门学科

简单地说,社会主义综合经济学是研究社会主义经济运动规律的一门综合性的经济学。如何理解它是综合经济学,它综合的范围有多广,它与社会主义政治经济学到底有哪些区别呢?

第一,社会主义经济学作为一门综合性的经济学,它不仅研究生产关系,而且研究生产力和上层建筑。社会主义政治经济学是研究社会主义生产关系的科学,当然也要联系生产力和上层建筑,但它只是联系而已。社会主义经济学研究生产力不是一般的联系,而是作为一项主要任务。它不仅要研究社会主义社会生产关系与生产力的关系,也就是生产力对生产关系的决定作用,以及生产关系对生产力的反作用,而且要研究生产力的现状,如何发展社会生产力,以及生产力发展的方向。社会主义经济学研究上层建筑也不是一般的联系,而是作为主要任务之一来研究。它不仅研究社会主义社会上层建筑与经济基础的关系,也就是经济基础决定上层建筑,上层建筑又如何反作用于经济基础的问题,而且要直接研究国家的经济职能、经济体制以及经济政策等问题。

第二,社会主义经济学作为一门综合的经济学,是宏观经济、中观经济与微观经济的综合。过去的社会主义政治经济学主要侧重于研究宏观经济,社会主义经济学,当然也要研究宏观经济,研究社会主义经济运行的总体概况以及国家对经济活动的宏观控制,但它还要研究中观经济,研究如何发挥各地区、各部门的优势和积极性,如何发挥中心城市的作用等。社会主义经济学还要研究微观经济,研究如何增强企业的活力,如何发挥劳动者个人的聪明才智和首创精神。它既要从纵的方面研究如何正确处理国家、地方、企业、个人之间的利益关系,又要从横的方面研究如何协调不同部门、不同地区、不同企业、各个劳动者之间的利益关系。

第三,社会主义经济学作为一门综合性的经济学,它要综合现有各国、各家、各派社会主义经济理论的合理成分。社会主义政治经济学在揭示社会主义生产关系运动规律的一般原则时,也要求综合各国、各学派对社会主义生产关系的客观分析,但其范围仅限于生产关系方面。近年来,一些社会主义经济的理论专著的研究对象和范围超过了生产关系的界限。此外,资产阶级的一些学者,无论是马克思主义的同情派还是反对派,对社会主义经济问题也从不同的角度作了研究和探讨。他们的研究兴趣主要集中在社会主义经济中的资源配置、需求分析、消费平衡、投资效果、市场机制等方面。作为综合性的社会主义经济学,应本着实事求是的态度,不仅综合各国、各学派关于生产关系理论中的合理成分,而且要综合其他有关社会主义经济运行理论分析中的合理成分。

第四,社会主义经济学作为一门综合性的经济学,是各门经济科学和相关学科的综合。社会主义政治经济学只是一门理论经济学,而社会主义综合经济学是理论经济学,又是应用经济学。它不仅为社会主义经济建设提供基本原理,而且告诉人们社会主义经济如何具体运行,要运用哪些工具,掌握经济运行的机制必须具备哪些基本的经济科学知识,要向前人或当代各家各派的经济理论吸取哪些养料。因此,它是理论经济学(包括生产力经济学、政治经济学等)、应用经济学(各部门、各方面的经济科学)、边缘经济学、经济工具学、经济学说史等各类经济学的综合。它还要综合与经济问题分析相关的一些自然科学和社会科学的有关内容。但它不是这些学科的简单相加,而是吸收它们的精华,将它们融为一体。

第五,社会主义经济学作为一门综合经济学,还是各种经济分析方法的综合。社会主义政治经济学的对象是生产关系,它主要研究社会主义经济质的规定性。社会主义经济学不仅要研究社会主义经济质的规定性,揭示社会主义经济制度的本质,优越性及其发展方向,而且要对经济效益、发展目标、经济成长、经济杠杆的运用等作出量的规定性。因此,社会主义经济学将以经济数学作为它的一个重要分析工具。此外,社会主义经济学不仅要对社会主义经济作静态分析,而且要作动态分析,因为社会主义经济本身是发展的、运动的、开放的,所以经济理论也要对经济运行机制从静态和动态两方面考察其运行、变化及其发展趋势。最后,社会主义经济学还要在对社会主义经济机制作了客观的实证描述的基础上,按照社会主义社会的伦理道德标准对经济行为作规范的论证。

总之,社会主义经济学是一门综合的经济学。它以社会主义经济建设活动为对象,从总体上研究社会主义经济的运行。但是,社会主义综合经济学不是要取消社会主义政治经济学和其他应用经济学科,而是与它们并列,在它们之上,对社会主义经济生活的各个方面加以综合概括和描述。

三、如何建立社会主义综合经济学

社会主义综合经济学所包括的内容决定了它的体系结构的建立是一件相当难的任务。我们觉得,内容的多而杂,不应该导致体系的松而散。它不应当仅仅变成是各种经济学常识和相关学科介绍的百科知识词典,相反,它应当组织成一个有机的艺术整体。每一个部分内容都应有其适当的归宿。但是,社会主义经济学体系结构的最终形成,必须在实践中摸索,而且必然有一个从不成熟到成熟的过程。我们设想,最初只能是一个拼盘,然后变为杂烩,最后才形成一个艺术的整体。

由于建立综合性的社会主义经济学,是一件相当艰巨而复杂的任务。我们现在还拿不出具体的方案。但是,我们认为建立这门社会主义经济学必须遵循以下几个原则。

1. 必须坚持以马克思主义为指导。社会主义经济学虽然是对各种经济理论相关学科的综合,但它不是无原则的混合,而必须坚持以马克思主义为指导。马克思主义的历史唯物主义论证了社会发展的规律,是对人类社会活动的科学总结和概括。它对于一切社会科学来说,既是指导思想,又是理论基础。同样,马克思主义的政治经济学应该成为社会主义经济学所综合的总体结构的核心和基本层次。作为马克思主要著作的《资本论》不仅是社会主义革命的经济学,而且是社会主义建设的经济学,就经济理论本身而言,马克思的《资本论》涉及了经济生活中的主要环节和主要领域。马克思对一般经济规律的论述,对商品经济运行规律性的论述,甚至是对资本主义商品经济范畴及其运行规律的大部分论述,只要撇除其反映的资本属性,完全可以作为社会主义经济建设的指导原则。此外,马克思在揭示资本主义经济运行规律的同时,常常用对比的方式科学地揭示了社会主义经济运动的一系列客观规律。这些都是我们建立社会主义经济学的指导原理。当然,我们又必须看到,马克思的《资本论》距今已有100多年,马克思不是算命先生,他没有社会主义建设的实践,因而当然不可能解答社会主义经济建设中的所有问题。而且,马克思当时对社会主义的预见与现在的情况也不尽一致。例如,马克思原来设想的社会主义是单一的社会所有制,不存在商品经济。但是,现在的社会主义国家,不管属于什么类型,事实上都有不同的所有制,都存在商品生产和商品交换。此外,这100多年科学技术的突飞猛进,使经济生活出现了马克思年代不可思议的巨变,大量新的经济现象出现了。这些问题,要想从《资本论》中找到现成的答案,当然也是不可能的。总之,今天我们正确的态度应该是背靠马列、面对现实,进一步丰富和发展马克思主义的经济理论。

2. 必须从社会主义经济的实际出发。社会主义经济理论,主要应该到社会主义经济建设实践中去总结,去提高。离开社会主义经济建设的实践,就不可能建立社会主义经济学。因此,建立社会主义经济学,必须从社会主义经济建设的现实出发,运用马克思主义原理,发现新问题,研究新情况,总结新经验。

社会主义经济学,应该从社会主义实践出发,它不能仅以一个企业或一个地方作为研究对象,以个别替代一般,也不能仅以一个社会主义国家为对象。社会主义经济学不仅应该反映本国社会主义经济发展的经验,而且应该反映社会主义各国经济发展的经验,应该从分析比较中揭示社会主义经济运行的一般规律。当然,每一个国家研究社会主义经济学又不能不以本国情况为主,带有本国经济特色。我们现在建立的社会主义经济学也不能不是具有中国特色的社会主义经济学。

社会主义经济学应该从社会主义实际出发,它不能仅仅根据几天、几月,也不能以一年或某几年发生的实际情况就概括出社会主义经济运行的一般规律,而应该根据相当长时间的经常反复出现的实际情况概括社会主义经济运行的规律。由于社会主义建设的时间总的来说还不长,根据一段时间概括出来的社会主义经济运行的规律还要继续经受实践的检验。

3. 应当吸取当代自然科学和社会科学的新成果。在经济学的研究上,新的方法论起着重要的作用。因为经济生活是一个复杂的、含有人的因素的多极、多支、多变量的大系统,而且许多经济活动必须与数量现象打交道。因此,在经济学的研究中,运用自然科学的最新成果,应用数学分析工具,引进心理行为分析,借助控制论、系统论、信息论等先进学科,这是社会主义经济本身提出的要求。

随着社会生产的发展,现代科学技术的进步,经济科学和自然科学相互结合,相互渗透的趋势越来越明显。在社会主义经济学中,应该也可以引进某些自然科学的术语,如"定性分析""定量分析""系统""反馈""信息"等。应当承认,数学、计算机科学、信息论、控制论、系统论,还有突变论、协同论、耗散结构论相继进入经济学,将极大地丰富经济科学的内容,并开辟研究经济现象的新途径。但是,在社会主义经济学的研究中运用自然科学的方法、概念、术语,决不能忽视经济科学本身的社会性质。例如,由于经济活动的特殊社会性,决定了我们不应该用数学方法完全取代理论分析。因为社会主义经济关系的实质,并不能完全靠数学公式推导出来,而且经济关系中的数量关系也不是一种机械的关系。在现实的经济生活中,正像有不少现象需要精确处理一样,另一些经济现象并不需要也不可能精密计量。在后一类问题上,过于精密的计算反而会导致相反的结果,使人们被形式上的精巧所蒙蔽,看不清事物的本质和内在变动的趋势。因此,在经济学的研究中使用各种自然科学的研究方法,决不能忽视了经济科学本身的特殊性。

4. 批判地吸收当代资产阶级经济学的合理成分。由于社会主义经济是作为资本主义经济的对立物而出现的,而资产阶级经济学是为资本主义制度辩护和出谋划策的,因此,资产阶级经济学的整个理论体系,不能机械地搬到社会主义经济学中来。但是,资本主义经济和社会主义经济都是社会化大生产,都必须遵循经济的一般规律。因此,我们必须承认当代资产阶级经济学中有不少内容可供我们参考和借鉴。

例如,资产阶级经济学提出的宏观经济和微观经济这两个经济范畴在社会主义经济中也是可以运用的。这是因为社会主义经济学不仅要研究个别企业的经济活动,而且也要研究整个国民经济的活动。又如,凯恩斯的"乘数原理",如果把它从凯恩斯主观主义体系中剥离开来,它所反映的再生产过程的连锁反应,对于我们研究社会主义再生产问题,也有参考价值。再如,资产阶级经济学运用的"边际分析",只要扬弃掉它包含的主观唯心主义因素,作为分析工具,对于我们分析各经济变量及其增量之间的相互依存关系,也是很有用的。此外,资产阶级经济学根据各国经济发展的史实,总结出许多经验教训,对社会主义经济建设也有值得借鉴之处。

四、综合经济学体系框架的构想

一种全新的经济学理论体系的诞生需要具备一系列条件,比如,需要方法论上的全面创新,需要在某种相对稳定的制度背景下积累丰富的实践经验,需要在经济学的各个领域有大量的高质量的文献积累,等等。而这些条件在我国经济学界均不具备,因此目前还不可能创立一门成熟的崭新的综合经济学。但是,经济学的综合创新乃是时代的必然。我们对综合经济学体系框架大致作如下设想:

第一篇,导论。在这一篇,我们将从系统论角度入手,指出经济系统仅是社会经济大系统的子系统,经济系统与社会经济大系统的其他子系统如政治、体制、文化、环境、社会、生产力等子系统之间均存在能量和信息的交流。正是在与其他子系统的运动中经济系统才得以维持和发展。由此可见,经济系统是一个开放的,动态的非均衡系统。鉴于这种认识,我们认为描述经济系统的运行和发展的综合经济学,就不能仅仅研究经济系统本身,也必须研究相关的社会经济大系统中的其他子系统,从而给出综合经济学的研究对象和范围。在复杂的社会经济大系统中,人是一切社会经济活动的中心,而人类一切经济活动的最终目标都是为了增进自身的经济利益。因此,我们将以经济利益的生产和实现作为综合经济学的中心和主线,展开整个综合经济学体系。由于在现代社会中,经济利益关系异常复杂,原有的经济分析方法显然已难以驾驭,因此需要把各种先进的分析方法诸如有限理性假定、不确定性、对策论、控制论、动态非均衡理论、耗散结构论等熔于一炉,进行方法论创新。总之,在这一篇,我们试图以新的视角对综合经济学的对象、范围、核心、体系、方法、地位、意义作一综述。

第二篇,综合生产力。西方经济学着力探讨和分析了稀缺资源如何有效配置来满足人类需要的问题,或者说描述了如何实现生产力构成要素的有效配置以增进人类自身福利的问题。可见,它触及了生产力的一个层面。但是,生产力是一个多层次的综合系统,而且又是社会经济大系统的一个子系统。因此,不对生产力系统的运行和发展作全面的分析,仅触及其某一层面,就难以揭示生产力提高和发展的全貌。鉴于此,本篇的主要内容是揭示生产力系统的构成要素、内部联结和耦合、生产力的源泉与外界交流、生产系统的运行与结果,综合生产力发展的机制和途径等问题。

第三篇,综合经济基础。生产力系统运行的结果,表现为生产力水平的非均衡的演进。而生产力水平的非均衡演进(进步或退步)必然会反映在社会经济制度的变迁上。换言之,社会经济制度的变迁与生产力水平的非均衡演进是一种互动的关系,其中后者起着更为能动、更有决定性的作用。因此,在分析和描述了生产力系统之后,本篇专门分析综合经济基础。即以生产力与生产关系的矛盾运动规律为基本原理,吸收新制度经济学的合理内容,首先分析社会经济制度的更替和内部变革的机制;然后阐明社会主义经济制度的产生和改革;再次,揭示与目前的生产力状况相对应,社会主义经济所处的发展阶段;最后分析社会主义初级阶段所有制结构、分配结构及其对经济运行的影响。

第四篇,经济运行综合体系(上)——微观经济运行。在分析了生产力系统、制度背景这两大系统之后,便进入对经济系统本身运行机制的研究。由于经济系统是在特定的客观背景下各级经济行为主体如公众、企业、各级政府等在各种协调机制的调节下相互作用而构成的复杂体系,我们将用微观经济运行、中观经济运行、宏观经济运行三篇来描述经济体系的综合运行。这一篇我们将分析公众(居民和户)、企业的经济行为。首先给出各主体的目标函数,然后描述在各种特定背景下各行为主体为实现自己的目标而可能采取的各种经济行为。另外,还将分析企业组织的演进过程及未来趋向。

第五篇,经济运行综合体系(中)——中观经济运行。由于中国是发展中的大国,幅员辽阔,地域差异极大,二元结构明显,产业结构处于急剧变迁之中,从而各级地方政府和各行业的行为对整个经济系统将产生巨大的影响。因此而决定在本篇中将首先分析地方政府的经济行为及其对地区经济发展的影响,其次分析企业集团行业经济的发展;再次,分析市场和计划机制的运行。

第六篇,经济运行综合体系(下)——宏观经济运行。在这一篇将对整个国民经济系统的运行进行描述,并把中国经济放入世界经济大背景中予以考察。这样,这一篇由宏观经济运行、增长与发展、开放经济中的中国经济等章节来展开。

第七篇,综合经济学与上层建筑。在对生产力、经济基础、经济系统运行分析进行考察后,这一篇考察综合上层建筑与经济运行的关系。在这一篇中将分别从经济法规、经济政策、文化背景等方面展开论述。

第八篇,人口、环境与经济的综合发展。经济系统是社会经济大系统的一个子系统,而社会经济系统又是自然生态系统的一个子系统。经济系统与整个自然生态系统存在着信息与能量的相互交流。因此,环境、人口等自然生态系统的子系统的运行状况,必将影响着经济系统的运行效率。为此,这一篇将对经济系统运行的自然环境作综合分析。

第九篇,综合经济系统中的核算工具。综合经济学研究经济利益及其实现形式,这就决定了它不仅要对经济利益进行质的分析,更应对经济利益进行量的分析。对经济利益进行量的分析,就必然要求有一整套规范的被普遍接受的测算经济利益的核算工具体系。为此,这一篇将分别对会计、统计、审计、国民收入账户体系等核算工具的基本原理、设计目的、互相关系、发展趋势等进行综合考察。

第十篇,经济学的分化、交叉和综合。本篇是对整个经济学发展史作一综合的回顾与考察。之所以要在最后一部分介绍经济学说史,是想告诉人们:经济学的发展是没有止境的,随着时代的变迁,经济学本身也在不断地演变。它将循着"合久必分、分久必合、合了再分、分了再合"的轨迹不断前进。

复习思考题

一、名词解释

经济　政治经济学　无产阶级政治经济学　资产阶级政治经

济学

二、问答题

1. 微观经济学和宏观经济学。
2. 理论经济学和应用经济学。

三、论述题

经济学的现状和发展趋势。

主要参考文献

1. 《邓小平同志重要谈话 1987 年 2 月—7 月》,人民出版社 1987 年版。
2. 《邓小平文选》第 1 卷,人民出版社 1994 年版。
3. 《邓小平文选》第 2 卷,人民出版社 1994 年版。
4. 《邓小平文选》第 3 卷,人民出版社 1993 年版。
5. 《建设有中国特色的社会主义(增订本)》,人民出版社 1987 年版。
6. 《江泽民文选》第 1 卷,人民出版社 2006 年版。
7. 《江泽民文选》第 2 卷,人民出版社 2006 年版。
8. 《列宁全集》第 1 卷,人民出版社 1955 年版。
9. 《列宁全集》第 20 卷,人民出版社 1958 年版。
10. 《列宁全集》第 25 卷,人民出版社 1958 年版。
11. 《列宁全集》第 26 卷,人民出版社 1990 年版。
12. 《列宁全集》第 28 卷,人民出版社 1956 年版。
13. 《列宁全集》第 29 卷,人民出版社 1956 年版。
14. 《列宁全集》第 2 卷,人民出版社 1959 年版。
15. 《列宁全集》第 33 卷,人民出版社 1957 年版。
16. 《列宁全集》第 3 卷,人民出版社 1959 年版。
17. 《列宁全集》第 42 卷,人民出版社 1987 年版。
18. 《列宁全集》第 43 卷,人民出版社 1987 年版。
19. 《列宁全集》第 4 卷,人民出版社 1958 年版。
20. 《列宁全集》第 8 卷,人民出版社 1986 年版。

21. 《列宁全集》第9卷,人民出版社1959年版。
22. 《列宁选集》第1卷,人民出版社1972年版。
23. 《列宁选集》第2卷,人民出版社1972年版。
24. 《列宁选集》第3卷,人民出版社1995年版。
25. 《列宁选集》第4卷,人民出版社1972年版。
26. 《马克思恩格斯全集》第13卷,人民出版社1962年版。
27. 《马克思恩格斯全集》第16卷,人民出版社1964年版。
28. 《马克思恩格斯全集》第18卷,人民出版社1964年版。
29. 《马克思恩格斯全集》第1卷,人民出版社1956年版。
30. 《马克思恩格斯全集》第20卷,人民出版社1971年版。
31. 《马克思恩格斯全集》第21卷,人民出版社1965年版。
32. 《马克思恩格斯全集》第22卷,人民出版社1965年版。
33. 《马克思恩格斯全集》第23卷,人民出版社1972年版。
34. 《马克思恩格斯全集》第24卷,人民出版社1972年版。
35. 《马克思恩格斯全集》第25卷,人民出版社1974年版。
36. 《马克思恩格斯全集》第26卷第1册,人民出版社1972年版。
37. 《马克思恩格斯全集》第26卷第2册,人民出版社1973年版。
38. 《马克思恩格斯全集》第26卷第3册,人民出版社1974年版。
39. 《马克思恩格斯全集》第27卷,人民出版社1972年版。
40. 《马克思恩格斯全集》第2卷,人民出版社1972年版。
41. 《马克思恩格斯全集》第30卷,人民出版社1975年版。
42. 《马克思恩格斯全集》第31卷,人民出版社1972年版。
43. 《马克思恩格斯全集》第32卷,人民出版社1974年版。
44. 《马克思恩格斯全集》第34卷,人民出版社1972年版。
45. 《马克思恩格斯全集》第35卷,人民出版社1971年版。
46. 《马克思恩格斯全集》第38卷,人民出版社1972年版。
47. 《马克思恩格斯全集》第39卷,人民出版社1974年版。
48. 《马克思恩格斯全集》第3卷,人民出版社1972年版。
49. 《马克思恩格斯全集》第42卷,人民出版社1979年版。
50. 《马克思恩格斯全集》第46卷上册,人民出版社1979年版。

51. 《马克思恩格斯全集》第46卷下册,人民出版社1980年版。
52. 《马克思恩格斯全集》第47卷,人民出版社1979年版。
53. 《马克思恩格斯全集》第4卷,人民出版社1958年版。
54. 《马克思恩格斯选集》第1卷,人民出版社1972年版。
55. 《马克思恩格斯选集》第2卷,人民出版社1972年版。
56. 《马克思恩格斯选集》第3卷,人民出版社1972年版。
57. 《马克思恩格斯选集》第4卷,人民出版社1972年版。
58. 《毛泽东文集》第7卷,人民出版社1999年版。
59. 《毛泽东选集》第3卷,人民出版社1991年版。
60. 《毛泽东选集》第4卷,人民出版社1991年版。
61. 《斯大林全集》第11卷,人民出版社1955年版。
62. 《斯大林全集》第7卷,人民出版社1958年版。
63. 《斯大林文选1934—1952》上册,人民出版社1962年版。
64. 斯密:《国民财富的性质和原因的研究》,商务印书馆1972年版。
65. 李嘉图:《政治经济学及赋税原理》,商务印书馆1976年版。
66. 萨伊:《政治经济学概论》,商务印书馆1963年版。
67. 李斯特:《政治经济学的国民体系》,商务印书馆1983年版。
68. 马歇尔:《政治经济学原理》(上、下卷),商务印书馆1981年版。
69. 庞巴维克:《资本实证论》,商务印书馆1981年版。
70. 凯恩斯:《就业、利息和货币通论》,商务印书馆1983年版。
71. 萨缪尔森、诺德豪斯:《经济学》(第12版),中国展望出版社1992年版。
72. 科斯:《论生产的制度结构》,上海人民出版社1994年版。
73. 布罗姆利:《经济利益与经济制度》,上海人民出版社1996年版。
74. 舒尔茨:《人力投资:人口质量经济学》,1981年英文版。
75. 斯拉法:《用商品生产商品》,商务印书馆1963年版。
76. 汉森:《经济政策与充分就业》,上海人民出版社1959年版。
77. 罗伯茨:《供给学派的革命》,上海译文出版社1987年版。
78. 艾哈德:《来自竞争的繁荣》,商务印书馆1983年版。
79. 缪勒:《公共选择》,商务印书馆1992年版。

80. 加尔布雷思:《经济学和公共目标》,商务印书馆1980年版。
81. 刘易斯:《增长与波动》,商务印书馆1987年版。
82. 哈伯勒:《繁荣与萧条》,商务印书馆1988年版。
83. 奈斯比特:《大趋势——改变我们生活的十个新方向》,中国社会科学出版社1984年版。
84. 托宾:《十年来的新经济学》,商务印书馆1980年版。
85. 克拉克:《财富的分配》,商务印书馆1959年版。
86. 希克斯:《价值与资本》,商务印书馆1982年版。
87. 哈耶克:《通往奴役之路》,中国社会科学出版社1997年版。
88. 洪远朋、王克忠:《经济理论的轨迹》,辽宁人民出版社1992年版。
89. 魏埙、洪远朋、胡培兆:《现代经济学论纲》,山东人民出版社1997年版。
90. 洪远朋:《〈资本论〉难题探索》,山东人民出版社1985年版。
91. 洪远朋:《新编〈资本论〉教程》(1—4卷),复旦大学出版社1988—1992年版。
92. 洪远朋:《经济利益关系通论》,复旦大学出版社1999年版。
93. 洪远朋:《价格理论的发展与社会主义价格的形成》,经济科学出版社1989年版。
94. 洪远朋:《合作经济的理论与实践》,复旦大学出版社1996年版。
95. 洪远朋:《马克思主义经济周期理论在当代》,世界经济文汇增刊,1996年。
96. 张薰华:社会科学争鸣大系《社会主义经济理论卷》,上海人民出版社1991年版。
97. 吴易风:《当前经济理论界的意见分歧》,中国经济出版社2000年版。
98. 程恩富:《当代中国经济理论探索》,上海财经大学出版社2000年版。
99. 樊纲:《现代三大经济理论体系的比较与综合》,上海三联书店,上海人民出版社1994年版。
100. 王慎之:《生产力理论史》,吉林人民出版社1988年版。

101. 吴宣恭等:《产权理论比较》,经济科学出版社2000年版。
102. 刘诗白:《产权新论》,西南财经大学出版社1993年版。
103. 程恩富:《西方产权理论评析》,当代中国出版社1997年版。
104. 胡代光、周安军:《当代国外学者论市场经济》,商务印书馆1996年版。
105. 黄亚钧等:《知识经济论》,山西经济出版社1998年版。
106. 马艳等:《知识经济中的风险利益》,上海财经大学出版社2001年版。
107. 黄达:《货币银行学》,四川人民出版社1992年版。
108. 叶正茂、叶正欣:《组织人力资本论》,复旦大学出版社2007年版。
109. 洪远朋等:《共享利益论》,上海人民出版社2001年版。
110. 叶正欣、徐叶林、叶正茂:《对外直接投资企业核心竞争力与人力资本研究》,上海财经大学出版社2011年版。
111. 谭崇台:《发展经济学》,上海人民出版社1989年版。
112. 顾善雯:《"五大发展理念"的政治经济学创新和发展》,《产业与科技论坛》2021年第20卷第14期,第9—11页。
113. 叶冬娜:《习近平"两山理论"对马克思主义生产力理论的丰富和发展》,《广西社会科学》2020年第12期,第7—11页。
114. 顾海良:《新发展阶段的政治经济学"序言"》,《红旗文稿》2020年第18期,第4—7页。

后记(一)

　　编教材就是编教材,不是写学术专著。编这本《经济理论比较研究》就是把有关这方面的主要成果都能吸取过来,编进去,所以,我首先要向所有有关作者表示衷心的感谢。但这本教材,主要是在洪远朋、王克忠主编的《经济理论的轨迹》和魏埙为主编、洪远朋和胡培兆为副主编的《现代经济学论纲》的基础上选择、整理、修改、补充、加工而成的,直接涉及的原编写者以编章为序主要有余政、陆德明、申海波、周世江、宋运肇、刘宁、程恩富、陈飞翔、马艳、叶正茂等,这些原编写者实际上也就成为本教材的编写者。另外,叶正茂、许玫参加统稿并校阅了全书。

　　这本教材主要是供经济学学科硕士研究生使用的,经济类专业高年级本科生和博士生也可作参考教材。由于本书不纯粹是本教材,在一定程度上,也可以说是一本学术专著,所以,其他经济理论工作者和实际工作者也可参阅。

　　这本教材的出版得到复旦大学出版社经济管理分社徐惠平社长以及其他领导和有关人员的大力支持,表示由衷的感谢。

　　此教材不是很成熟,欢迎批评指正。

洪远朋
2010年5月5日

后记(二)

2022年出版的《经济理论比较研究》(第二版),实际上是这本书的第三个版本。第一个版本是洪远朋于2001年主编出版的,第二个版本是以洪远朋为主编,叶正茂、许玫为副主编于2010年在第一个版本基础上修订后重印的,第三个版本是以叶正茂、洪远朋、许玫为主编于2022年再版的。一方面,这说明《经济理论比较研究》的内容在丰富,以后还会出第四个版本、第五个版本等;另一方面,我们的研究团队要逐渐年轻化,欢迎更多的年轻人参加经济理论比较研究,经济理论的研究才越来越兴旺,中国经济理论的研究方兴未艾。

2021年,中国共产党成立100周年,党的十九届六中全会成功召开。全会审议通过了《中共中央关于党的百年奋斗重大成就和历史经验的决议》,全会的经验总结和行动指南,为理论工作者提出了研究与行动方向。2022年,中国共产党第二十次全国代表大会即将召开。

《经济理论比较研究》(第二版)的出版,也力求更好地体现习近平新时代中国特色社会主义经济思想,基本上每章都增加了习近平经济思想的相关论述。社会不断前进,理论不断发展。正如马克思所说的:"在科学上没有平坦的大道,只有不畏劳苦沿着陡峭山路攀登的人,才有希望达到光辉的顶点。"(《马克思恩格斯全集》第23卷,第26页)

《经济理论比较研究》(第二版)的出版得到复旦大学出版社副总编徐惠平、经管分社副总编岑品杰和编辑谢同君的大力支持,在此表示衷心的感谢。还要感谢周夏英同志,她为本书新增加的内容进行输入、编辑以及对部分内容进行修改。

理论研究永远是开放的,理论之树常青,愿共勉之。

洪远朋
2022年8月

图书在版编目(CIP)数据

经济理论比较研究/叶正茂,许玫,洪远朋编著. —2版. —上海:复旦大学出版社,2022.11
(复旦博学. 经济学系列)
ISBN 978-7-309-16332-2

Ⅰ.①经…　Ⅱ.①叶…②许…③洪…　Ⅲ.①经济理论-对比研究　Ⅳ.①F0-03

中国版本图书馆 CIP 数据核字(2022)第 135811 号

经济理论比较研究(第二版)
JINGJI LILUN BIJIAO YANJIU (DI ER BAN)
叶正茂　许　玫　洪远朋
责任编辑/谢同君

复旦大学出版社有限公司出版发行
上海市国权路 579 号　邮编:200433
网址:fupnet@fudanpress.com　http://www.fudanpress.com
门市零售:86-21-65102580　团体订购:86-21-65104505
出版部电话:86-21-65642845
上海新艺印刷有限公司

开本 787×960　1/16　印张 36.5　字数 543 千
2022 年 11 月第 2 版
2022 年 11 月第 2 版第 1 次印刷

ISBN 978-7-309-16332-2/F·2905
定价:88.00 元

如有印装质量问题,请向复旦大学出版社有限公司出版部调换。
版权所有　侵权必究